Ellen G. White

VELIKI SUKOB
Konačna pobjeda dobra

Nakladnik
ZNACI VREMENA
www.znaci-vremena.com

Izvornik
The Great Controversy Between Christ and Satan
by Ellen G. White
ISBN 9781543267440

Urednik
Mario Šijan

Prijevod
Hinko Pleško

Lektura
Đurđica Garvanović-Porobija

Korektura
Ljiljana Đidara

Prijelom
Miroslav Vukmanić

Tisak
ZNACI VREMENA
Zagreb 2023.

Ellen G. White

VELIKI SUKOB

Konačna pobjeda dobra

Sedmo izdanje

Ako nije drukčije naznačeno, svi biblijski redci navedeni su iz Zagrebačke Biblije, Kršćanska sadašnjost, 1999.

Brojke na marginama knjige ukazuju na brojeve stranica u izvorniku; izostavljene su stranice na kojima se u izvorniku nalaze ilustrativni prilozi.

CIP zapis dostupan u računalnom katalogu
Nacionalne i sveučilišne knjižnice u Zagrebu
pod brojem 001161590

www.nsk.hr

ISBN 978-953-183-190-1

Predgovor

Knjiga *Veliki sukob – konačna pobjeda dobra* (poznata još i kao *Velika borba* te *Svemirski sukob*) jedno je od najznačajnijih djela istaknute spisateljice Ellen G. White. Od vremena svog prvog objavljivanja na izvornom jeziku, 1888. godine, ova je knjiga doživjela mnogobrojna izdanja i prevedena je na sve važnije svjetske jezike. Ona je od osobitog značenja za marljive istraživače Biblije i crkvene povijesti, kao i za sve one koji žele znati kako je otpočeo veliki sukob između dobra i zla, kako se on tijekom tisućljeća odvijao i kako će se završiti. Knjiga započinje završnim prizorima iz povijesti Jeruzalema, koji je 70. godine poslije Krista doživio svoj tragičan pad. Zatim je opisan život kršćana tijekom prvih triju stoljeća, kad su mnogi zbog Krista pretrpjeli mučeničku smrt; prikazan je veliki otpad u krilu kršćanske Crkve kad je Konstantin sjedinio Crkvu s državom; opisana je duga borba koju je vodio Božji narod Ostatka za očuvanje Kristovih načela istine i morala tijekom mračnog Srednjega vijeka; prikazani su borci reformacije – Wycliffe, Hus, Luther, Calvin i drugi; opisana su velika buđenja u 18. i 19. stoljeću; iznesene su velike istine iz izvora Božje riječi, koje nam govore što je, zapravo, istinska vjera "koja je jednom bila predana svetima".

U ovoj knjizi autorica opisuje i završnicu velikog sukoba između Krista i Sotone, i upućuje na trenutak kojemu idemo ususret – događaj kad će život pobijediti smrt, dobro nadvladati zlo i ljubav mržnju.

U povijesti kršćanstva bilo je trenutaka kad kršćanska Crkva nije bila potpuno vjerna biblijskom nauku. Ova knjiga se kritički osvrće na te trenutke, ali ne s ciljem da osudi bilo kojeg pojedinca ili vjersku skupinu. Vjerujemo da u mnogim vjerskim zajednicama postoje iskreni kršćani koji žele svoj život uskladiti s Biblijom. Stoga se nadamo da će ova knjiga biti poticaj za povratak biblijskoj vjeri očišćenoj od vjekovne ljudske predaje, kao i za reformu osobnog života i života kršćanske Crkve. Na kraju knjige nalazi se dodatak s *Bilješkama, Navedenim djelima, Biblijskim navodima, Općim kazalom* i *Bilješkom o spisateljici.*

Uredništvo

Uvod

Prije nego što se na svijetu pojavio grijeh, Adam je uživao 5 u osobnoj zajednici sa svojim Stvoriteljem. Ali od trenutka kad se čovjek prijestupom odvojio od Boga, ta mu je uzvišena prednost uskraćena. Međutim, planom spasenja otvoren je put kojim stanovnici Zemlje još uvijek mogu biti povezani s Nebom. Bog je svojim Duhom komunicirao s ljudima, i preko objava što ih je dao svojim izabranim slugama slao božansku svjetlost svijetu. "Nego su ljudi govorili potaknuti od Duha Svetoga." (2. Petrova 1,21)

Tijekom prvih dviju i pol tisuća godina ljudske povijesti nije bilo pisane Božje objave. Ljudi poučeni od Boga prenosili su svoje znanje drugima i tako se ono tijekom naraštaja prenosilo s oca na sina. Tek se u Mojsijevo doba počela pripremati pisana riječ. Nadahnute su se objave unosile u nadahnutu Knjigu. Ovo je trajalo dugo, čitavih šesnaest stoljeća – počevši od Mojsija, povjesničara koji je opisao stvaranje svijeta i davanje Zakona, pa sve do Ivana, koji je zapisao najuzvišenije istine Evanđelja.

Biblija tvrdi kako je njezin pisac Bog; pa ipak je napisana ljudskom rukom. Raznoliki stil njezinih knjiga pokazuje vrline više pisaca. Sve su njezine otkrivene istine "od Boga nadahnute" (2. Timoteju 3,16) pa ipak iskazane ljudskim riječima. Beskonačni je svojim Svetim Duhom prosvijetlio umove i srca svojih slugu. On im je dao snove i viđenja, simbole i slike, a oni kojima je istina bila tako otkrivena sami su misao izrazili ljudskim jezikom.

Sâm Bog je izgovorio Deset zapovijedi i napisao ih svojom rukom. One su božansko, a ne ljudsko djelo. Ali Biblija je, s 6 istinama danim od Boga a izrečena ljudskim jezikom, sjedinjenje božanskog i ljudskog. Takva je zajednica postojala u Kristovoj naravi, jer On je bio Sin Božji i Sin Čovječji. Stoga se za Bibliju može reći isto što i za Krista: "I riječ je tijelom postala i nastanila se među nama." (Ivan 1,14)

Pisane u različita vremena, od ljudi vrlo različnih položaja i zvanja, umnih i duhovnih sposobnosti, biblijske knjige pokazuju veliku stilsku raznovrsnost kao i različitost iznijetih predmeta. Razni pisci služili su se različitim izrazima pa je često jedan pisac istu istinu prikazao jasnije od drugoga. Budući da je više pisaca iznosilo određeni predmet u različitim okolnostima i iz različitih uglova, to se površnom i nemarnom čitatelju prepunom predrasuda može učiniti da među piscima postoji nesuglasje i proturječje, dok pozoran i pobožan istraživač pronicljivo među njima prepoznaje savršeni sklad. Budući da su je prikazali različiti pojedinci, istina je prikazana i iz različitih motrišta. Jedan je pisac više pod snažnim dojmom jedne faze predmeta, te obrađuje one točke koje se slažu s njegovim iskustvom i s njegovom sposobnošću shvaćanja i uvažavanja. Drugi, međutim, promatra predmet s drugoga gledišta. I svaki, vođen Svetim Duhom, iznosi ono što je na njegov um ostavilo najsnažniji dojam – različito područje istine u svakoga, ali u svih savršeni sklad. Tako otkrivene istine čine savršenu cjelinu, prilagođenu da ispuni potrebe ljudi u svim okolnostima i životnim zbivanjima.

Bog je svoju istinu htio priopćiti svijetu preko ljudskih oruđa i On ih je sâm, svojim Svetim Duhom, opremio i pripremio da izvrše to djelo. On je upravljao umom u izboru onoga što trebaju reći i onoga što će napisati. To je blago povjereno "zemljanim posudama", ali je ipak nebeskog podrijetla. Svjedočanstvo je preneseno nesavršenim izrazom ljudskog jezika, pa ipak je to Božje svjedočanstvo, a ponizno Božje dijete ispunjeno vjerom vidi u njemu slavu božanske snage, punu milosti i istine.

Bog je u svojoj Riječi predao ljudima znanje potrebno za spasenje. Sveta pisma treba primiti kao pouzdanu i nepogrešivu objavu Njegove volje. Ona su mjerilo karaktera, objava nauka i sredstvo za ispitivanje iskustva. "Svako je Pismo od Boga nadahnuto i korisno za pouku, za karanje, za popravljanje i odgajanje u pravednosti, da čovjek Božji bude savršen – opremljen za svako djelo ljubavi." (2. Timoteju 3,16.17)

Ali činjenica da je Bog čovjeku otkrio svoju volju u pisanoj Riječi ne isključuje potrebu za stalnom prisutnošću i vodstvom Svetoga Duha. Naprotiv, naš je Spasitelj obećao svojim učenicima Svetoga Duha, koji će Njegovu Riječ otkriti svojim slugama te rasvijetliti i primijeniti njezino učenje. Budući da je Božji Duh nadahnuo Bibliju, nemoguće je da Njegovo učenje proturječi pisanoj Riječi.

Duh nije dan, niti će ikada biti dan, da zamijeni Bibliju,
jer Sveto pismo izričito kaže kako je Božja riječ mjerilo kojim
se mora ispitati svako učenje i iskustvo. Apostol Ivan kaže: "Nemojte vjerovati svakom duhu, već duhove podvrgnite kušnji da
vidite jesu li od Boga, jer su se pojavili mnogi lažni proroci u
svijetu." (1. Ivanova 4,1) A Izaija izjavljuje: "Uza Zakon! Uza svjedočanstvo! Tko ne rekne tako, zoru neće dočekati." (Izaija 8,20)
Veliku su sramotu djelovanju Svetoga Duha nanijele zablude onih koji, tvrdeći da su Njime prosvijetljeni, kažu da im više
nisu potrebne upute Božje riječi. Njima rukovode utjecaji za
koje oni vjeruju kako su Božji glas koji se javlja u njihovoj duši.
Ali duh koji njima upravlja nije Božji Duh. Povoditi se za doj   8
movima, a zanemariti Pisma, može voditi samo smućenosti, obmani i propasti. To pak samo pomaže razvitku planova Zloga.

Budući da je služba Svetoga Duha od životne važnosti za Kristovu Crkvu, to je jedno od Sotoninih lukavstava da s pomoću
zabluda ekstremista i fanatika osramoti djelo Duha i navede Božji
narod da zanemari ovaj izvor snage za koji se sâm Bog pobrinuo.

U suglasju s Božjom riječju Njegov je Duh trebao nastaviti
svoje djelovanje tijekom evanđeoskog razdoblja. Tijekom stoljeća
u kojima je dano Sveto pismo – Stari i Novi zavjet – Sveti Duh
nije prestao rasvjetljivati umove pojedinaca, neovisno o objavama
koje će ući u Sveti kanon. Sama Biblija izvješćuje da su ljudi
preko Svetog Duha primali opomene, ukore, savjete i upute u
vezi s predmetima koji nisu povezani s davanjem Pisma. U njoj
su spomenuti proroci koji su živjeli u raznim vremenima, a čije
riječi nisu zabilježene. Jednako je tako, nakon što je kanon dovr
šen, Sveti Duh trebao nastaviti svoje djelo prosvjećivanja, opominjanja i utješavanja Božje djece.

Isus je svojim učenicima obećao: "A Branitelj, Duh Sveti,
kojega će Otac poslati zbog mene, naučit će vas sve i sjetiti
vas svega što vam rekoh. ... A kada dođe on, Duh Istine, uvest
će vas u svaku istinu ... i objavit će vam buduće." (Ivan 14,26;
16,13) Pismo jasno uči da se ova obećanja ne odnose samo na
apostolsko doba, već i na Kristovu Crkvu u svim vremenima.
Spasitelj je svojim sljedbenicima rekao: "Ja sam s vama u sve
vrijeme do svršetka svijeta." (Matej 28,20) A apostol Pavao izjavljuje da su darovi i djelovanje Svetoga Duha stavljeni na raspo

laganje Crkvi "da priprave svete za djelo službe, za izgradnju Kristova Tijela, dok svi zajedno ne dođemo k jedinstvu u vjeri *9* i u pravoj spoznaji Sina Božjega, k savršenom čovjeku, k mjeri punine veličine Kristove" (Efežanima 4,12.13).

Za vjernike u Efezu apostol se molio: "Da vam Bog našega Gospodina Isusa Krista, Otac slave, dadne duha mudrosti i otkrivenja da ga potpuno upoznate: da vam dadne prosvijetljene oči vašeg srca da uvidite koliku nadu pruža njegov poziv ... koliko je ... izvanredno velika njegova snaga koja odgovara djelotvornosti silne moći njegove." (Efežanima 1,17-19) Apostol Pavao je za efešku crkvu tražio blagoslov djelovanja božanskoga Duha u prosvjećivanju i otvaranju uma za razumijevanje dubokih istina svete Božje riječi.

Nakon čudesnog djelovanja Svetoga Duha na Pedesetnicu, Petar je pozvao narod na pokajanje i krštenje u Kristovo ime, za oprost grijeha, i rekao: "Tako ćete primiti dar – Duha Svetoga. Vama je, naime, ovaj obećani dar namijenjen, vašoj djeci i svima koji su daleko, koliko god ih pozove k sebi Gospodin, naš Bog." (Djela 2,38.39)

U vezi s prizorima velikoga Božjeg Dana, Gospodin je preko proroka Joela obećao posebno djelovanje svog Duha. (Joel 2,28) Ovo se proročanstvo djelomično ispunilo na Duhove, ali će se ono u cijelosti ispuniti djelovanjem božanske milosti koje će pratiti završno djelo Evanđelja.

Veliki će sukob između dobra i zla u svojoj snazi jačati do samoga kraja. Sotona je u svim vjekovima pokazao da ne podnosi Kristovu Crkvu. A Bog je svojem narodu dao milosti i Svetoga Duha kako bi ga ojačao da se može oduprijeti moći Zloga. Kada su Kristovi apostoli trebali navijestiti Njegovo Evanđelje svijetu i zapisati ga za buduće vjekove, On ih je posebno obdario mu-*10* drošću Svetoga Duha. Ali kako se Crkva bude približavala svome konačnom izbavljenju, Sotona će raditi sve većom snagom: On silazi "s velikim gnjevom, svjestan da ima samo još malo vremena!" (Otkrivenje 12,12). On će djelovati "svakovrsnim silnim djelima, varavim čudesnim znakovima" (2. Solunjanima 2,9). Već šest tisuća godina ovaj se velebni um, koji je nekada bio najviši među Božjim anđelima, posvema posvetio obmanjivanju i uništavanju. I u tom posljednjem sukobu poslužit će se protiv Božjeg naroda koristeći sve sotonsko umijeće i lukavost, svu okrutnost što ju je razvio tijekom ovih stoljeća sukoba. I u to opasno vrijeme Kristovi sljedbenici trebaju upozoriti svijet na skori Kristov dolazak, kao i da se pripravi narod koji će "bez ljage i mane" stati pred Njega kad dođe (2. Petrova 3,14). U to će vrijeme Crkvi biti potrebna posebna božanska milost i snaga kao i u apostolsko doba.

Prosvjetljenjem Svetoga Duha spisateljici ove knjige otkriveni su prizori dugotrajnog sukoba između dobra i zla. S vremena na vrijeme dano mi je da u različitim stoljećima promatram prizore odvijanja velike borbe između Krista, Kneza života, Začetnika našeg spasenja; i Sotone, kneza zla, začetnika grijeha i prvog prijestupnika Božjeg svetog Zakona. Sotona je svoje neprijateljstvo prema Kristu usmjerio na Njegove sljedbenike. U cijeloj prošlosti može se uočiti prisutnost iste mržnje prema načelima Božjeg zakona, ista uporaba laži kojom se zabluda prikazuje kao istina, i kojom se ljudski zakoni stavljaju namjesto Božjih zakona, a ljudi navode na klanjanje stvorenjima namjesto Stvoritelju. U sva vremena Sotona se uporno trudio da pogrešno prikaže Božji karakter kako bi ljudi imali pogrešno shvaćanje o Bogu pa Ga promatrali sa strahom i mržnjom namjesto s ljubavlju. Trudio se da ukloni božanski Zakon, navodeći ljude da povjeruju kako su oslobođeni njegovih zahtjeva. A progonio je one koji su se usudili usprotiviti njegovim obmanama. Sve je to prisutno u povijesti patrijarhâ, proroka i apostola, mučenika i reformatora. *11*

U posljednjem velikom sukobu Sotona će se poslužiti istom taktikom, pokazati isti duh i nastojati postići isti cilj kao i u svim prošlim vremenima. Ono što je bilo, opet će biti, osim što će buduća borba biti tako strašna da je svijet još nije vidio. Sotonine će zamke biti lukavije, a njegovi napadi odlučniji. Nastojat će zavesti, kad bi bilo moguće, i izabranike. (Marko 13,22)

Kad mi je Božji Duh otkrio velike istine svoje Riječi i pokazao prizore prošlosti i budućnosti, rečeno mi je da upoznam druge s onim što mi je otkriveno – da slijedim tijek povijesti sukoba u prošlim vjekovima te da ga prikažem tako da rasvijetli budući sukob koji se naglo približava. Kako bih postigla taj cilj, nastojala sam odabrati i svrstati događaje iz crkvene povijesti tako da slijedim razvoj velikih ključnih istina koje su u raznim vremenima objavljene svijetu, a izazvale su Sotoninu srdžbu i neprijateljstvo Crkve koja ljubi svijet, ali su sačuvane svjedočanstvom onih koji "su prezreli svoj život do smrti".

U ovim izvješćima možemo vidjeti sliku predstojećeg sukoba. Ako ih promatramo u svjetlosti Božje riječi i uz prosvjetljenje Njegova Duha, vidjet ćemo razotkrivena lukavstva Zloga i opasnosti što ih trebaju izbjegavati oni koji žele stajati "bez mane" pred Gospodinom za Njegova dolaska.

Veliki događaji koji su obilježavali napredak reforme u prošlim vremenima dio su povijesti, dobro poznati i priznati u protestantskom svijetu. To su činjenice koje nitko ne može osporiti. Ovu sam povijest iznijela ukratko, u skladu s ciljem i opsegom knjige. Činjenice su sažete na što je moguće manje prostora, koliko je nužno za pravilno razumijevanje njihove primjene. U nekim slučajevima, kad je povjesničar tako skupio događaje da bi ukratko prikazao sažeti pregled predmeta, ili prigodno sažeo pojedinosti, navela sam njegove riječi. Ali ponekad nisu navedeni izvori, jer navodi nisu uzeti da bi se istaknuo autoritet pisca, već zato što njegove izjave pružaju jasan i uvjerljiv prikaz predmeta. U prikazivanju iskustva i gledišta onih koji u naše vrijeme unapređuju djelo reforme, poslužila sam se na isti način njihovim objavljenim djelima.

Svrha ove knjige nije toliko da iznese nove istine o borbama u prošlim vremenima, koliko da istakne činjenice i načela koja se tiču budućih događaja. Ali promatrani kao dio sukoba između sila svjetlosti i tame, ovi izvještaji iz prošlosti dobivaju novo značenje. Od njih dolazi svjetlost koja osvjetljava budućnost i put onih koji će, kao nekada reformatori, biti pozvani posvjedočiti za "Božje zapovijedi i vjeru u Isusa", čak i uz opasnost da izgube sva zemaljska dobra.

Prikazati prizore velike borbe između istine i zablude; otkriti Sotonine prijevare i sredstva kojima mu se možemo uspješno oduprijeti; pružiti prihvatljivo rješenje velikog problema zla; rasvijetliti podrijetlo i završno uklanjanje grijeha kako bi se u cijelosti objavila Božja pravednost i milostivost u svim postupcima prema Njegovim stvorenjima, i pokazati svetost i nepromjenjivost Božjeg zakona – ciljevi su ove knjige. Iskrena je molitva spisateljice da se zahvaljujući utjecaju ove knjige ljudi izbave od sila tame i postanu "dostojni sudioništva u baštini svetih u svjetlu", na slavu Onoga koji nas je ljubio i sebe predao za nas.

Ellen G. White

1

Razorenje Jeruzalema

"Kad bi i ti u ovaj dan priznao ono što ti je za mir! Ali je sada sakriveno tvojim očima. Doći će ti vrijeme kada će te tvoji neprijatelji opasati opkopom, opkoliti te i pritijesniti sa svih strana. Sravnit će sa zemljom tebe i tvoju djecu u tebi. Neće ostati u tebi ni kamen na kamenu, jer nisi priznao određeno vrijeme kad te Bog pohodi." (Luka 19,42-44) Isus je s vrha Maslinske gore promatrao Jeruzalem. Pred Njime se pružao prizor koji je odisao ljepotom i mirom. Bilo je vrijeme Pashe pa su se Jakovljevi potomcii okupili sa svih strana da slave veliki narodni blagdan. Usred vrtova, vinograda i zelenih padina, prošarani šatorima hodočasnika, uzdizali su se terasasti brežuljci, otmjene palače i jaki zidovi izraelske prijestolnice. Činilo se kao da kći sionska ponosito govori: *Sjedim kao kraljica i nikada neću okusiti tuge.* Bila je tako lijepa i sigurna u nebesku naklonost kao u vrijeme kada je kraljevski pjesnik pjevao: "Sveto brdo njegovo, brijeg veličanstven, radost je zemlji svoj, Grad Sion ... grad Kralja velikog." (Psalam 48,3) Veličanstvene hramske građevine bile su svima vidljive. Zrake zalazećeg sunca osvjetljavale su snježnu bjelinu njihovih mramornih zidina i odsjajivale od zlatnih vrata, kule i tornjića. "Na glasu ljepotom" stajao je Hram, ponos židovske nacije. Koji bi Izraelac mogao promatrati ovaj prizor bez ushita radosti i divljenja?! Ali Isus je bio zaokupljen sasvim drugim mislima. "Kad se približi te ugleda grad, zaplaka nad njim." (Luka 19,41) Usred sveopćeg veselja zbog trijumfalnog ulaska, dok su svi oko Njega mahali palmovim granama, dok je radosno "hosana" odjekivalo brežuljcima, a tisuće Ga glasova proglašavalo kraljem,

Spasitelja svijeta je iznenada preplavila tajanstvena tuga. On, Božji Sin, Obećani, čija je moć svladala smrt i pozvala njezine zatočenike iz groba, plakao je, ali ne iz obične žalosti, već iz snažne, neobuzdane duševne patnje. On nije prolijevao suze zbog sebe, premda je dobro znao kamo Ga vodi Njegov put. Pred Njime se nalazio Getsemani, mjesto patnje što Ga je uskoro očekivalo. Vidio je Ovčja vrata, kroz koja su stoljećima dovođene žrtve, a koja će se otvoriti za Njega kad Ga budu vodili "ko jagnje na klanje" (Izaija 53,7). Tu u blizini bila je Golgota, mjesto raspeća. Na put kojim će Krist uskoro koračati mora pasti užas velike tame kad bude svoju dušu dao na žrtvu za grijeh. Ali u ovim trenucima radosti Njega nije rastužilo razmišljanje o ovim prizorima. Ni slutnja o natčovječanskoj patnji nije zasjenila Njegov nesebični duh. Plakao je zbog tisuća Jeruzalemaca, zbog sljepila i nekajanja onih koje je došao blagosloviti i spasiti.

Pred Isusovim je očima prolazilo više od tisuću godina povijesti Božje posebne naklonosti i zaštitničke skrbi za izabrani narod. Tu je bilo brdo Morija na kome je sin obećanja, dragovoljna žrtva, bio vezan na žrtveniku – simbol žrtve Božjega Sina. Tu je ocu vjere bio potvrđen Savez blagoslova, slavno obećanje o dolasku Mesije. (Postanak 22,16-18) Tu je plamen žrtve što se uzdizao prema nebu s Ornanova gumna odvratio mač anđela zatornika (1. Ljetopisa 21) – prikladni simbol Spasiteljeve žrtve i posredovanja za grešne ljude. Bog je Jeruzalemu iskazao čast kakvu nije iskazao nikome na Zemlji. Gospodin "odabra Sion", "njega zaželje sebi za sjedište" (Psalam 132,13). Tu su sveti proroci stoljećima objavljivali svoje opomene. Tu su svećenici kadili svojim kadionicama, a oblak se kâda zajedno s molitvama štovatelja dizao Bogu. Tu se svakog dana prinosila krv zaklanih janjaca, upućujući na Božjeg Janjca. Tu je Jahve otkrio svoju prisutnost u oblaku slave iznad prijestolja milosti. Tu je počivalo podnožje onih tajanstvenih ljestava što povezuju Zemlju s Nebom (Postanak 28,12; Ivan 1,51) – tih ljestava po kojima su se Božji anđeli uspinjali i silazili, a koje su ljudima otvorile put u Svetinju nad svetinjama. Da je Izrael kao nacija ostao vjeran Nebu, Jeruzalem bi ostao zauvijek izabran od Boga. (Jeremija 17,21-25) No povijest ovoga povlaštenog naroda bila je izvještaj o neprekidnom otpadu i pobunama. Oni su se opirali Božjoj milosti, zlorabili svoje prednosti i omalovažavali prilike koje su im se pružale.

Premda se Izrael rugao "Božjim glasnicima, prezirući njegove riječi i podsmjehujući se njegovim prorocima" (2. Ljetopisa 36,16), On im se i dalje otkrivao kao "Bog milosrdan i milostiv, spor na srdžbu, bogat ljubavlju i vjernošću" (Izlazak 34,6). Unatoč stalnom odbacivanju, Njegova je milost i dalje nastavila posredovati za njih. S ljubavlju koja nadmašuje očevu sućutnu ljubav prema svome sinu, Bog im je zarana slao "svoje glasnike, slao ih svejednako, jer mu bijaše žao svojega naroda i svojega Prebivališta" (2. Ljetopisa 36,15). Kad prosvjedi, molbe i ukori nisu pomogli, poslao im je najveći dar Neba; zapravo im je u tom jednom Daru izlio cijelo Nebo!

Sâm Božji Sin poslan je da se zauzme za nepokajani grad. Krist je prenio Izrael poput čokota iz Egipta. (Psalam 80,9) Svojom je rukom istjerao neznabošce pred njime. On je taj vinograd posadio "na brežuljku rodnome". Ogradio ga je ogradom. Poslao je sluge da ga njeguju. "Što još mogoh učiniti za svoj vinograd", uzvikuje On, "pa da nisam učinio?" (Izaija 5,1-4) Kad se nadao da će uroditi grožđem, izrodio je vinjagu. U nadi da će ipak uroditi, On je osobno došao u svoj vinograd ne bi li ga spasio od uništenja. Okopao ga je, obrezao i njegovao. Neumorno se trudio da spasi vinograd koji je sâm posadio.

Tri godine se Bog svjetlosti i slave kretao među svojim narodom. On je "prošao čineći dobro i ozdravljujući sve koje đavao bijaše tlačio", iscjeljivao je slomljena srca, oslobađao sužnje, vraćao vid slijepima, činio da hromi hodaju i gluhi čuju, čistio gubave, podizao mrtve i siromasima propovijedao Radosnu vijest. (Djela 10,38; Luka 4,18; Matej 11,5) Svima bez razlike upućivao je milostivi poziv: "Dođite k meni svi koji ste umorni i opterećeni, i ja ću vas okrijepiti." (Matej 11,28)

Premda su Mu vraćali zlo za dobro i mržnju za ljubav (Psalam 109,5), On je neumorno nastavljao svoje poslanje milosti. Nikada nije odbijao one koji su tražili Njegovu milost. Premda je i sâm bio putnik bez doma i svakodnevno trpio prijezir i oskudicu, živio je da služi potrebama ljudi i olakša njihove nevolje, moleći ih da prime dar života. Valovi milosrđa, odbijani od tvrdih srca, vraćali su se u jačem naletu sućutne, neiskazane ljubavi. No Izrael se okrenuo od svog najboljeg Prijatelja i

20

jedinog Pomagača. Prezirao je pozive Njegove ljubavi, odbijao Njegove savjete i ismijavao Njegove opomene. Vrijeme nade i oprosta brzo je protjecalo; čaša Božje dugo odgađane srdžbe bila je gotovo puna. Oblaci koji su se nakupljali tijekom stoljećâ otpada i pobune, sada prijeteće crni, samo što se nisu sručili nad grešnim narodom, a Onoga koji ih je jedini mogao izbaviti od nesreće što ih očekuje – prezreli su, naružili, odbacili i namjeravali uskoro raspeti. Kad Isus bude visio na golgotskom križu, Izrael će prestati biti od Boga povlašten i blagoslovljen narod. Gubitak makar i jedne duše nesreća je koja daleko nadmašuje dobitke i blaga cijeloga svijeta. Ali dok je Isus promatrao Jeruzalem, sudbina jednoga cijeloga grada, jednoga cijeloga naroda, nalazila se pred Njegovim očima – toga grada, tog naroda što ga je Bog nekada izabrao kao svoju posebnu dragocjenost.

Proroci su plakali nad Izraelovim otpadom i užasnim pustošenjima kojima će biti pohođen zbog svojih grijeha. Jeremija je poželio da su mu oči vrutak suza kako bi danju i noću mogao plakati nad poginulim kćerima, nad Božjim stadom koje odlazi u izgnanstvo. (Jeremija 9,1; 13,17) Kolika je onda bila bol Onoga čiji je proročki pogled obuhvaćao ne samo godine – već stoljeća! Promatrao je anđela uništenja s podignutim mačem nad gradom koji je tako dugo bio Jahvino prebivalište. S vrha Maslinske gore, upravo onoga mjesta što su ga kasnije zauzeli Tit i njegova vojska, gledao je preko udoline sveto predvorje i trijemove i očima zamagljenim suzama promatrao užasan prizor, zidove opkoljene stranom vojskom. Čuo je koračanje vojske koja se sprema za boj; čuo je glasove majki i djece kako plaču za kruhom u opkoljenom gradu. Vidio je u plamenu njegov sveti i prekrasni Dom, njegove palače i kule, i na mjestu gdje su nekoć stajale – samo gomilu zadimljenih ruševina.

Gledajući stoljećima unaprijed, vidio je narod Saveza raspršen po svim zemljama poput ostataka broda na pustoj obali. U ovozemaljskoj odmazdi koja će uskoro snaći Izraelove sinove, On je vidio tek prvi gutljaj iz čaše gnjeva koju će na Posljednjem sudu morati ispiti do dna. Božanska sućut našla je izraza u sljedećim bolnim riječima: "Jeruzaleme, Jeruzaleme, što ubijaš proroke i kamenuješ one koji su ti poslani! Koliko puta htjedoh skupiti tvoju djecu kao što kvočka skuplja svoje piliće pod krila, i vi ne htjedoste." (Matej 23,37; Luka 19,41-44) O da si ti, narode povlašten pred svima drugima, priznao određeno vrijeme kada te Bog pohodi i ono što ti je za mir! Zaustavio sam anđela osvete i pozvao te na pokajanje, ali uzalud. Ti si odbio i odbacio ne samo sluge, poslanike i proroke, nego i Sveca Izraelova, svoga Spasitelja. Ako budeš uništen, sâm si tome uzrok. "Ali vi nećete da dođete k meni da primite život." (Ivan 5,40)

Krist je u Jeruzalemu vidio simbol svijeta, okorjelog u nevjerstvu i pobuni, koji žuri ususret odmazdi u Božjim sudovima. Bijeda palog ljudskog roda, pritiskujući Njegovu dušu, otela Mu je s usana ovaj krajnje bolan uzvik. Gledao je povijest grijeha odzrcaljenu u ljudskoj bijedi, suzama i krvi. Njegovo je srce bilo dirnuto beskrajnom sućuti prema onima koji su na Zemlji trpjeli i patili. Želio ih je sve izbaviti. Ali ni Njegova ruka neće moći preokrenuti plimu ljudske patnje; malo će ih potražiti svoj jedini Izvor pomoći. Bio se sâm ponudio na smrt da bi im donio spasenje nadohvat ruke, no malo ih je došlo k Njemu da bi imali život.

Veličanstvo Neba u suzama! Sin vječnoga Boga uznemiren u duhu, skrhan tjeskobom! Ovaj prizor ispunio je cijelo Nebo čuđenjem. On nam otkriva krajnju grešnost grijeha; pokazuje kako je teško, čak i za Beskonačnu Silu, spasiti krivca od posljedica kršenja Božjeg zakona. Isus je, gledajući sve do posljednjeg naraštaja, vidio svijet uvučen u obmanu sličnu onoj što je prouzročila uništenje Jeruzalema. Veliki grijeh Židova bio je u tome što su odbacili Krista; veliki grijeh kršćanskoga svijeta bit će njegovo odbacivanje Božjeg zakona, temelja Njegove vladavine na Nebu i na Zemlji. Gospodnji će propisi biti prezreni i proglašeni ništavnima. Milijuni u ropstvu grijeha, Sotonini robovi, osuđeni da podnesu drugu smrt, neće htjeti slušati riječ istine u dan svoga pohođenja. Strahovita sljepoća! Nepojmljiva zaluđenost!

23

Dva dana prije Pashe, kad je Krist posljednji put napustio Hram nakon što je osudio prijetvornost židovskih vođa, On je ponovno s učenicima otišao na Maslinsku goru i s njima sjeo na travnati obronak s kojega se pružao pogled na grad. Još je jednom promatrao njegove zidine, kule i palače. Još je jednom promatrao Hram u njegovu blistavu sjaju, vijenac ljepote kojim je okrunjeno sveto brdo.

Tisuću godina ranije psalmist je veličao Božju slavnu naklonost prema Izraelu imenujući njegov sveti Dom svojim prebivalištem. "U Šalemu je šator njegov, na Sionu boravište." (Psalam 76,2) "Odabra pleme Judino i goru Sion koja mu omilje. Sagradi svetište ko nebo visoko." (Psalam 78,69) Prvi Hram bio je podignut u vrijeme najuspješnijeg razdoblja Izraelove povijesti. Kralj David je u tu svrhu skupio silne zalihe blaga, a nacrti za njegovu gradnju načinjeni su pod božanskim nadahnućem. (1. Ljetopisa 28,12.19) Salomon, najmudriji od svih izraelskih kraljeva, dovršio je posao. Ovaj je Hram bio najveličanstvenija građevina koju je svijet ikada vidio. Pa ipak je Gospodin u vezi s drugim Hramom objavio preko proroka Hagaja: "Slava ovoga drugog Doma bit će veća nego prvoga − riječ je Jahve nad vojskama. ... Potrest ću sve narode, da dođe blago svih naroda, i slavom ću napunit ovaj Dom − kaže Jahve nad Vojskama." (Hagaj 2,9.7)

Nakon što je Nabukodonozor razorio Hram, otprilike pet stotina godina prije Kristova rođenja obnovili su ga povratnici iz dugogodišnjeg zatočeništva koji su se vratili u poharanu i gotovo pustu zemlju. Među njima bilo je i starih ljudi koji su vidjeli slavu Salomonova Hrama pa su plakali pri postavljanju temelja za novi Hram, jer je bio toliko skromniji od prethodnoga. Prorok je snažnim riječima ocrtao prevladavajući osjećaj: "Ima li još koga među vama koji vidje ovaj Dom u njegovoj staroj slavi? A kakva ga sada vi vidite? Prema onome, nije li to ko ništa u vašim očima?" (Hagaj 2,3; Ezra 3,12) Tada je bilo dano obećanje da će slava ovog potonjeg doma biti veća od slave pređašnjega.

No drugi se Hram po veličanstvenosti nije mogao usporediti s prvim, niti je bio posvećen onim vidljivim znakovima božanske prisutnosti kao prvi. Nije bilo ni pokazivanja nadnaravne sile da naznači njegovo posvećenje. Nije se vidio oblak slave koji bi ispunio novo podignuto svetište. Vatra nije sišla s Neba kako bi spalila žrtvu na njegovu žrtveniku. Više nije bilo šekine da počiva između kerubima u Svetinji nad svetinjama; u njemu više nije bilo Kovčega, prijestolja milosti, ni ploča Svjedočanstva. Nije bilo glasa s Neba koji bi na svećenikov zahtjev objavio Božju volju.

Stoljećima su Židovi uzalud nastojali pokazati u čemu se ispunilo Božje obećanje dano proroku Hagaju, ali su im ponos i nevjerstvo zaslijepili umove za pravo značenje prorokovih riječi. Drugi Hram nije bio počašćen oblakom Jahvine slave, već živom nazočnošću Onoga u kome je tjelesno stanovala sva punina Božanstva – koji je bio sâm Bog očitovan u tijelu. "Blago svih naroda" uistinu je došlo u svoj Hram kada je Čovjek iz Nazareta učio i liječio u svetim predvorjima. Kristovom nazočnošću, i samo time, drugi je Hram nadmašio slavu prvoga. Ali je Izrael odbacio ponuđeni nebeski Dar. Sa skromnim Učiteljem koji je tog dana izišao na zlatna vrata, slava je zauvijek napustila Hram. Već su se ispunile Spasiteljeve riječi: "Evo vaša će kuća biti prepuštena vama – pusta." (Matej 23,38)

Kristovo proricanje o rušenju Hrama ispunilo je učenike strahopoštovanjem i čuđenjem, pa su poželjeli dublje razumjeti značenje Njegovih riječi. Bogatstvo, trud i građevinsko umijeće obilno su korišteni više od četrdeset godina da povećaju njegov sjaj. Herod Veliki obasuo ga je rimskim bogatstvom i 25 židovskim blagom, i čak ga je imperator svijeta ukrasio svojim darovima. Teški blokovi bijeloga mramora, gotovo nevjerojatne veličine, dopremljeni iz Rima s tom svrhom, tvorili su dio njegove građevine. Učenici su na njih skrenuli pozornost svojeg Učitelja riječima: "Gledaj! Kakva li kamenja, kakve li zgrade!" (Marko 13,1)

Na ove riječi Isus je svečano odgovorio zapanjujućom izjavom: "Zaista, kažem vam: ovdje sigurno neće ostati ni kamen na kamenu. Svaki će se srušiti." (Matej 24,2)

Učenici su razorenje Jeruzalema povezali s događajima uz Kristov osobni dolazak u zemaljskoj slavi da preuzme prijestolje sveopćeg kraljevstva, da kazni nepokajane Židove i oslobodi narod od rimskoga jarma. Gospodin im je rekao da će doći po drugi put. Stoga su se, na spominjanje sudova nad Jeruzalemom, mislima vratili na taj dolazak, i na Maslinskoj gori okupljeni oko Spasitelja upitali: "Kad će to biti i koji je znak tvog dolaska i svršetka svijeta?" (Matej 24,3)

Budućnost je učenicima bila milostivo sakrivena. Da su u to vrijeme u cijelosti shvatili dvije strašne činjenice – Otkupiteljevu patnju i smrt te razorenje njihovog grada i Hrama – bili bi svladani užasom. Krist im je naznačio glavne crte važnih događaja koji će se zbiti prije završetka vremena. Njegove riječi nisu posvema razumjeli, ali im se njihov značaj trebao otkriti tek kada im budu bile potrebne upute koje su sadržavale.

Proročanstvo što ga je izrekao imalo je dvostruko značenje: dok je s jedne strane nagoviještalo razorenje Jeruzalema, s druge je unaprijed oslikavalo strahote posljednjeg velikog Dana. Isus je pozornim učenicima objavio sudove koji su trebali doći na otpali Izrael, a posebno osvetničku srdžbu koja će ih snaći zbog odbacivanja i raspeća Mesije. Strahovit kraj najavit će nedvojbeni znakovi. Strašan čas doći će iznenada i brzo. Stoga je Spasitelj upozorio svoje sljedbenike: "Kad dakle vidite grozu pustoši, o kojoj govori prorok Daniel, gdje stoji na svetom mjestu – tko čita, da shvati! – tada neka bježe u gore koji budu u Judeji." (Matej 24,1.15.16; Luka 21,20.21) Kad idolopoklonička znamenja Rimljana budu postavljena na svetom tlu koje se protezalo nekoliko stotina metara izvan gradskih zidina, tada Kristovi sljedbenici trebaju potražiti spas u bijegu. Kad primijete znak upozorenja, oni koji se žele spasiti ne smiju oklijevati. U cijeloj Judeji, kao i u Jeruzalemu, moraju odmah poslušati znak za bijeg. Onaj tko se zatekne na krovu, ne smije sići u kuću, čak ni zato da spasi svoje najvrednije blago. Oni koji su radili u polju ili u vinogradu, nisu smjeli trošiti vrijeme da se vrate po plašt što su ga odložili da bi mogli raditi na dnevnoj vrućini. Nisu smjeli ni trenutka oklijevati, da ih ne bi zahvatilo sveopće uništenje.

Za Herodova kraljevanja Jeruzalem je ne samo bio uvelike uljepšan, već je podizanjem kula, zidina i utvrda što su ojačale njegov prirodni položaj postao naoko neosvojivim. Onaj tko bi u ono vrijeme prorekao njegovo razorenje bio bi poput Noe koji je u svoje doba proglašen poludjelim uzbunjivačem. Ali Krist je rekao: "Nebo će i zemlja proći, ali riječi moje neće proći." (Matej 24,35) Na Jeruzalem je zbog njegovih grijeha bila zazvana srdžba i uporno nevjerstvo zapečatilo je njegovu sudbinu.

Gospodin je po proroku Miheju objavio: "Čujte dakle ovo, glavari kuće Jakovljeve, suci doma Izraelova, vi kojima se pravda gadi te izvrćete sve što je ispravno! Vi koji gradite Sion u krvi i Jeruzalem u zločinu! Glavari njegovi sude prema mitu, svećenici njegovi poučavaju radi zarade, proroci njegovi bale za novac. A na Jahvu se oni pozivaju i govore: 'Nije li Jahve u našoj sredini? Neće na nas zlo navaliti.'" (Mihej 3,9-11)

Kako su ovim riječima točno opisani podmitljivi i samopravedni žitelji Jeruzalema! Dok su tvrdili da strogo poštuju propise Božjeg zakona, oni su se ogriješili o sva njegova načela.

Mrzili su Krista zato što su Njegova čistoća i svetost otkrivali njihovu pokvarenost; optuživali su Ga da je uzrokom svih nevolja – a one su ih snalazile kao posljedica njihovih grijeha. Premda su znali da je bezgrešan, izjavili su da je Njegova smrt nužna za sigurnost njihove nacije. "Ako ga pustimo da tako nastavi", govorili su židovski poglavari, "svi će vjerovati u nj, pa će doći Rimljani te nam uništiti hram i narod." (Ivan 11,48) Kad bi Krist bio žrtvovan, mogli bi ponovno postati moćnim ujedinjenim narodom. Takvim umovanjem pristali su uz odluku velikog svećenika koji je tvrdio kako je bolje da umre jedan čovjek nego da propadne čitav narod.

Na taj su način židovske vođe "gradile Sion u krvi i Jeruzalem u zločinu" (Mihej 3,10). Dok su s jedne strane razapeli svojega Spasitelja zato što je kudio njihove grijehe, s druge su strane bili toliko uvjereni u svoju pravednost da su se smatrali Božjim omiljenim narodom i očekivali da ih Gospodin izbavi od njihovih neprijatelja. "Poradi vas i vaše krivnje", nastavlja prorok, "Sion će biti polje preorano, Jeruzalem ruševina, a goru Doma pokrit će šuma." (Mihej 3,12)

Tijekom četrdesetak godina, nakon što je sâm Krist navijestio propast Jeruzalema, Gospodin je odgađao svoje sudove nad gradom i narodom. Čudesna je bila Božja strpljivost prema onima koji su odbacili Njegovo Evanđelje i ubili Njegova Sina. Usporedba o neplodnoj voćki prikazuje Božje postupanje sa židovskim narodom. Zapovijed je glasila: "Posijeci je! Zašto da iscrpljuje zemlju?" (Luka 13,7), ali ju je božanska milost još zakratko poštedjela. Još je uvijek među Židovima bilo mnogo onih kojima Kristov karakter i djelo nisu bili poznati. A ni djeca nisu imala prilike upoznati ili primiti svjetlost koju su njihovi roditelji omalovažili. Bog se pobrinuo da ih propovijedanjem apostola i njihovih pomagača obasja svjetlošću. Mogli su vidjeti kako su se ispunila proročanstva ne samo u Kristovu rođenju i životu, nego i u Njegovoj smrti i uskrsnuću. Djeca nisu bila osuđena zbog grijeha roditelja, ali su – nakon što bi upoznala svjetlost danu njihovim roditeljima i odbila dodatnu svjetlost danu njima osobno – postala sudionicima roditeljskih grijeha, napunivši svoju mjeru bezakonja.

Božja strpljivost prema Jeruzalemu samo je učvrstila Židove u njihovom tvrdoglavom nepokajanju. U svojoj mržnji i okrut-

28

nosti spram Isusovih učenika odbacili su posljednju ponudu milosti. Tada je od njih Bog povukao svoju zaštitu i udaljio silu kojom je obuzdavao Sotonu i njegove anđele, pa je narod bio prepušten nadzoru vođe koga je izabrao. Izraelovi sinovi odbacili su Kristovu milost koja bi im dala snage da ukrote svoje zle nagone, pa su ovi sada njima zavladali. Sotona je u njima probudio najžešće i najniže strasti. Ljudi više nisu imali moć rasuđivanja; bili su onkraj razuma – rukovođeni nagonima i slijepim bijesom. U svojoj okrutnosti postali su slični Sotoni. U obitelji, kao i unutar nacije, jednako među najvišim i najnižim slojevima, vladali su sumnjičavost, zavist, mržnja, sukobi, pobune i ubojstva. Nigdje nije bilo sigurnosti. Prijatelji i rođaci su se međusobno izdavali. Roditelji su ubijali svoju djecu, a djeca svoje roditelje. Narodni vladari nisu imali snage vladati sobom. Razularene strasti učinile su ih krvnicima. Židovi su prihvatili lažno svjedočenje da osude nevinog Božjeg Sina. Sada su lažne optužbe učinile njihove vlastite živote nesigurnima. Svojim postupcima odavno su govorili: "Uklonite nam s očiju Sveca Izraelova!" (Izaija 30,11) Sada im se želja ispunila. Više ih nije uznemiravao Božji strah. Sotona je bio na čelu naroda, a najviše građanske i vjerske vlasti bile su pod njegovim utjecajem.

Predvodnici suprotstavljenih stranaka katkad bi se ujedinili u pljačkanju i mučenju svoje jadne žrtve, da bi se ponovno okomili jedan na drugog te ubijali bez milosti. Čak ni svetost Hrama nije mogla obuzdati njihovo strahovito divljaštvo. Vjernici su ubijani ispred žrtvenika pa je svetište bilo oskvrnjeno tijelima pobijenih. Pa ipak su u svojoj slijepoj i bogohulnoj drskosti nositelji ovog paklenskog djelovanja javno izjavljivali kako nema bojazni da bi Jeruzalem mogao biti uništen, jer je Božji grad. Da bi još više učvrstili svoju moć, podmićivali su lažne proroke da navješćuju, čak i dok su rimske legije opsjedale Hram, kako narod treba čekati spasenje od Boga. Do samoga kraja mnoštvo je čvrsto vjerovalo da će se Svevišnji uplesti i poraziti njihove neprijatelje. Ali Izrael je odbacio božansku zaštitu i sada je ostao bez obrane. Nesretni Jeruzalem, razdiran unutarnjom neslogom, dok je krv njegove djece koja su se međusobno ubijala obojila njegove ulice u crveno, a strana vojska rušila utvrde i ubijala njegove bojovnike!

Sva Kristova proročanstva o uništenju Jeruzalema ispunila su se do posljednjeg slova. Židovi su iskusili istinitost Njegovog upozorenja: "Kako budete mjerili, onako će se i vama mjeriti." (Matej 7,2) Najavljujući nesreću i propast, pojavili su se znakovi i čudesa. Nad Hramom i žrtvenikom usred noći pojavila se nadnaravna svjetlost. Pri zalasku sunca, na oblacima su bila prikazana bojna kola i vojnici koji se pripremaju za bitku. Tajanstveni zvukovi zastrašivali su svećenike koji su noću služili u svetištu; zemlja se tresla i čulo se mnoštvo glasova što govore: "Bježimo odavde!" Velika istočna vrata, toliko teška da ih je dvadesetak ljudi s teškoćom zatvaralo, osigurana silnim željeznim šipkama učvršćenim duboko u tvrdu, kamenu podlogu, otvorila su se u ponoć sama od sebe.[1]

30

Tijekom sedam godina jedan je čovjek stalno hodao jeruzalemskim ulicama navješćujući nesreće koje će doći na grad. Noću i danju odzvanjala je njegova strašna naricaljka: "Glas s istoka! Glas sa zapada! Glas s četiriju krajeva! Glas protiv Jeruzalema i Hrama! Glas protiv mladoženje i nevjeste! Glas protiv cijeloga naroda!"[2] Ovo su čudno biće utamničili i bičevali, ali preko njegovih usana nije prešla nikakva pritužba. Na uvrede i zlostavljanja samo je odgovarao: "Teško, teško Jeruzalemu; teško, teško žiteljima njegovim!" Njegov upozoravajući glas nije utihnuo sve dok ga nisu ubili za opsade koju je prorekao.

Pri uništenju Jeruzalema nije poginuo nijedan kršćanin. Krist je upozorio svoje učenike i svi koji su vjerovali Njegovim riječima iščekivali su obećani znak. "A kad vidite Jeruzalem opkoljen vojskom," rekao je Isus, "onda znajte da je blizu njegovo opustošenje. Koji tada budu u Judeji, neka bježe u gore! Koji budu u Jeruzalemu, neka iziđu van! A koji budu na polju, neka se ne vraćaju u grad." (Luka 21,20.21) Nakon što su pod Cestijem okružili grad, Rimljani su se iznenada povukli, upravo kad se sve činilo pogodnim za izravni napad. Lišeni nade u učinkovit otpor, opkoljeni su već bili gotovi za predaju, kad je rimski vojskovođa bez ikakvog vidljivog uzroka povukao svoje snage. Bog je milosrdnom providnošću upravljao događajima na dobro svog naroda. Kršćani koji su čekali vidjeli su obećani znak i sada se pružila prilika svima koji su htjeli poslušati Spasiteljevo upozorenje. Događaji su se tako odvijali da ni Židovi ni Rimljani nisu mogli spriječiti bijeg kršćana. Nakon Cestijeva povlačenja Židovi su nagrnuli iz Jeruzalema i počeli progoniti njegovu vojsku. Dok su obje strane bile zaokupljene međusobnom borbom, kršćani su imali priliku napustiti grad. U to je *31* vrijeme i okolina bila očišćena od neprijatelja koji bi ih mogli zadržati. Tijekom opsade Židovi su se okupili u Jeruzalemu da proslave blagdan Sjenica, pa su tako kršćani u cijeloj zemlji imali prigodu za neometani bijeg. Bez oklijevanja pobjegli su na sigurno mjesto – u grad Pelu, u pokrajini Pereji, s onu stranu Jordana.

Židovske snage, goneći Cestija i njegovu vojsku, bacile su se takvom žestinom na njegovu zaštitnicu da se činilo kako će je potpuno uništiti. Rimljani su se tek s velikom mukom uspjeli povući. Židovi su uspjeli proći s neznatnim gubicima pa su se trijumfalno vratili u Jeruzalem, natovareni plijenom. Ali ovaj prividni uspjeh donio im je samo zlo. On je u njima izazvao duh upornog otpora Rimljanima, koji je ubrzo donio neizrecive patnje gradu osuđenom na propast.

Strahovite su bile nesreće koje su se sručile na Jeruzalem kada je Tit nastavio opsadu. Grad je opsjednut u vrijeme Pashe, kad su se unutar njegovih zidina skupili milijuni Židova. Njihova skladišta namirnica koja bi, da su brižno čuvana, još godinama bila dovoljna za opskrbu njegovih stanovnika, prije toga su bila uništena zbog zavisti i odmazde zavađenih stranaka pa su se žitelji sada našli izloženi užasima gladi. Mjera pšenice prodavala se za talenat. Muke od gladi bile su tolike da su ljudi žvakali kožu svojih pojaseva, sandala i prevlake na štitovima. Ljudi su se noću iskradali kako bi prikupili divlje biljke koje su rasle izvan gradskih zidina, premda su mnogi uhvaćeni i ubijani uz strašne muke; a često je onima koji su se uspjeli vratiti nakon izlaganja takvoj opasnosti oteto sve što su skupili. Moćnici su vršili neljudska nasilja kako bi od gladi pogođenim ljudima uzeli i posljednje oskudne zalihe koje su možda uspjeli skriti. Te okrutnosti nerijetko su vršili ljudi koji su sami bili dobro uhranjeni i čija je jedina želja bila nagomilati pričuve za budućnost.

32 Tisuće su umrle od gladi i kuge. Činilo se da je posvema nestalo prirodne naklonosti. Muževi su potkradali svoje žene i žene svoje muževe. Mogli ste vidjeti djecu kako otimaju hranu iz usta svojih ostarjelih roditelja. Pitanje proroka: "Može li žena zaboravit svoje dojenče?" dobilo je odgovor unutar zidina ovog osuđenog grada: "Žene, tako nježne, kuhaše djecu svoju, njima se hraniše za propasti kćeri naroda moga." (Izaija 49,15; Tužaljke 4,10) Opet se ispunilo upozoravajuće proročanstvo izrečeno četrnaest stoljeća ranije: "I žena najnježnija i najmekša što bude u tebe – toliko nježna i tankoćutna da se ne usuđuje spustiti stopala na zemlju – zlobnim će okom gledati na muža u svome naručju, i na sina svoga, i na kćer svoju, i na postelju svoju što joj iziđe između nogu, i na djecu što ih ima roditi jer će ih potajno jesti, oskudna u svemu, zbog nevolje i jada kojim će te neprijatelj tvoj pritisnuti po svim gradovima tvojim." (Ponovljeni zakon 28,56.57)

Rimske su vođe nastojale zastrašiti Židove i tako ih prisiliti na predaju. Židove koji bi se opirali zarobljavanju bičevali bi, mučili i razapinjali pred gradskim zidinama. Stotine su tako ubijane svakog dana i ovo užasno djelo nastavljeno je dok duž Jošafatove doline i na Golgoti nije bilo podignuto toliko križeva da se između njih jedva moglo proći. Tako je strahovito ispunjena grozna kletva izrečena pred Pilatovom sudačkom stolicom: "Krv njegova neka padne na nas i na našu djecu!" (Matej 27,25)

Tit je bio spreman učiniti kraj tom strašnom prizoru i tako poštedjeti Jeruzalem pune mjere njegova suda. Obuzeo ga je užas kada je vidio mrtva tjelesa kako u gomilama leže po jamama. Kao začaran gledao je s vrha Maslinske gore na veličanstveni Hram te zapovjedio da se nijedan njegov kamen ne smije dirati. Prije nego što je pokušao osvojiti tu utvrdu, uputio je ozbiljan poziv židovskim vođama da ga ne prisiljavaju da to sveto mjesto okalja krvlju. Ako bi izišli i borili se na kojem drugom mjestu, nijedan Rimljanin ne bi okaljao svetost Hrama. Sâm Josip Flavije vrlo rječito ih je pozivao na predaju kako bi spasili sebe, grad i mjesto svog bogoslužja. Na njegove riječi odgovorili su ogorčenim kletvama. Strijelama su osuli svog posljednjeg ljudskog posrednika dok je moleći ih stajao pred njima. Židovi su odbili usrdne molbe Božjeg Sina, i sada su ih uvjeravanja i molbe samo još više učvrstile u odluci da se odupru do kraja. Uzaludni su bili Titovi napori da sačuva Hram. Jedan veći od njega objavio je da u njemu neće ostati kamen na kamenu. 33

Slijepa nepopustljivost židovskih vođa i odvratni zločini počinjeni u opkoljenome gradu izazvali su užasavanje i ogorčenost Rimljana pa je Tit na koncu odlučio Hram zauzeti na juriš. No on je čvrsto nakanio da ga, ako je ikako moguće, sačuva od uništenja. Ali su njegove zapovijedi zanemarene. Kad se jedne večeri povukao u svoj šator, Židovi su provalili iz Hrama i napali rimsku vojsku. U žestini borbe jedan je vojnik bacio baklju kroz otvor u predvorju i cedrovinom obložene prostorije oko svetog Doma smjesta su buknule u plamenu. Praćen generalima i legionarima, Tit je požurio na to mjesto te zapovjedio vojnicima da ugase vatru. Nitko se nije obazirao na njegove riječi. U svome bijesu vojnici su bacali upaljene baklje u prostorije koje su graničile s Hramom, a onda mačevima sasjekli veliki broj onih koji su tamo našli sklonište. Krv se slijevala hramskim stubama poput vode. Tisuće i tisuće Židova je izginulo. Iznad bojne vreve čuli su se glasni uzvici: "Ikabod!" – otišla je slava.

"Tit je shvatio da je nemoguće smiriti bijes vojnika. Ušao je sa svojim časnicima i razgledao unutrašnjost svete građevine. Zapanjila ih je njezina ljepota i, dok vatra još nije zahvatila Svetinju, učinio je posljednji napor da je spasi. Skočio je i ponovno naredio vojnicima da zaustave širenje požara. Centurion Liberalis pokušao je svojim autoritetom nagnati ljude na poslušnost, ali ni imperatorov autoritet nije mogao spriječiti strašno neprijateljstvo protiv Židova, divlju uzbuđenost izazvanu borbom i nezasitnu težnju za pljačkom. Vojnici su vidjeli kako sve oko njih blista u zlatu koje je zasljepljujućom svjetlošću bliještalo u divljem plamenu; bili su uvjereni da je u svetištu pohranjeno neprocjenjivo blago. Jedan od vojnika je neprimjetno gurnuo baklju između vratnica i za nekoliko je trenutaka cijela zgrada bila u plamenu. Zaslijepljeni dimom i vatrom, časnici su se morali povući, a dragocjena je građevina bila prepuštena svojoj sudbini.

Bio je to užasan prizor za Rimljane, a kamoli za Židove! Čitav vrh brežuljka koji se dizao nad gradom buktio je kao vulkan. Zgrade su se rušile jedna za drugom i uz strahoviti tresak nestajale u ognjenom bezdanu. Krovovi od cedrovine sličili su na vatreno more, pozlaćeni tornjići svijetlili su kao crveni klinovi, a s kula nad vratima dizali su se visoki stupovi plamena i dima. Obližnji su brežuljci bili osvijetljeni, a u mraku su tamne skupine ljudi s užasom i strahom promatrale širenje pustošenja. Zidine i uzvisine gornjega grada bile su prepune ljudi; neka lica bila su blijeda od strašnog očaja, a druga smrknuta od nemoćne želje za osvetom. Povici rimskih vojnika koji su jurili amo-tamo i urlici ustanika koji su nestajali u plamenu, miješali su se s hukom vatrene stihije i s treskom urušenih greda. Jeka s brda ponavljala je ili vraćala vrisak naroda na uzvisinama; posvuda duž zidina odjekivali su krikovi i jauci. Ljudi upola mrtvi od gladi prikupljali su posljednju snagu da ispuste krik straha i očaja. Ubijanje u unutrašnjosti bilo je još strašnije od vanjskog 35 prizora. Ljudi i žene, mlado i staro, ustanici i svećenici, oni koji su se borili i oni koji su tražili milost, bili su bez razlike sasječeni u krvoproliću. Broj pobijenih premašio je broj onih koji su ubijali. Legionari su se morali penjati preko gomila mrtvih da bi nastavili istrebljivati."³ Nakon uništenja Hrama ubrzo je cijeli grad pao u ruke Rimljana. Židovski vođe napustili su neosvojive kule i Tit ih je našao puste. Promatrao ih je s divljenjem i ustvrdio da mu ih je Bog predao u ruke, jer nikakva bojna oruđa, koliko god bila moćna, ne bi mogla svladati te nevjerojatne zidine. Grad i Hram razoreni su do temelja, a zemlja na kojoj je stajao sveti Dom, bila je kao "polje preorano". (Jeremija 26,18) Tijekom opsade i pokolja koji je uslijedio poginulo je više od milijun ljudi; preživjeli su odvedeni kao zarobljenici, prodani u roblje, odvučeni u Rim da posluže osvajačevu trijumfu, bačeni pred divlje zvijeri u arenama ili rasijani kao beskućnici po cijeloj zemlji.

Židovi su sami sebi iskovali okove; sami su za sebe napunili čašu odmazde. Njihovo posvemašnje uništenje kao nacije i sve nevolje koje su ih pratile nakon raspršenosti bile su žetva onoga što su sami posijali. Prorok kaže: "Sâm si sebe uništio, Izraele, ... jer zbog svojeg si bezakonja posrnuo." (Hošea 13,9; 14,1)⁴ Njihove su patnje često predočavane kao kazna što ih je zadesila po izravnoj Božjoj odluci. To je način na koji veliki varalica nastoji prikriti svoje vlastito djelo. Upornim odbijanjem božanske ljubavi i milosrđa Židovi su prouzročili povlačenje Božje zaštite i Sotoni je bilo dopušteno da njima vlada po svojoj volji. Strašne okrutnosti počinjene prigodom uništenja Jeruzalema dokaz su Sotonine osvetničke moći nad onima 36 koji se prepuštaju njegovom nadzoru.

Mi nismo svjesni koliko dugujemo Kristu za mir i zaštitu što ih uživamo. Božja obuzdavajuća moć sprečava da čovječanstvo u cijelosti prijeđe pod Sotoninu vlast. Neposlušni i nezahvalni imaju mnogo razloga da zahvale za Božje milosrđe i strpljivost, koje očituje obuzdavanjem okrutne i zloćudne sile Zloga. Ali kad ljudi prekorače granice božanske strpljivosti, to se obuzdavanje povlači. Bog se ne postavlja prema grešniku kao izvršitelj presude za prijestup, nego one koji odbacuju Njegovo milosrđe prepušta sebi samima, da požanju ono što su posijali. Svaka odbačena zraka svjetlosti, svako prezreno ili zanemareno upozorenje, svako udovoljavanje strasti, svaki prekršaj Božjeg zakona, posijano je sjeme koje će sigurno donijeti žetvu. Ako se grešnik uporno odupire Božjem Duhu, On se na kraju povlači od njega i tada nema sile koja bi mogla vladati zlim strastima duše, pa nema zaštite od Sotonine zlobe i neprijateljstva. Uništenje Jeruzalema zastrašujuće je svečano upozorenje svima koji se neozbiljno odnose prema ponudi božanske milosti i opiru se pozivima božanskog milosrđa. Nikada nije odlučnije posvjedočeno o Božjoj mržnji prema grijehu i sigurnoj kazni koja će stići krivce.

Spasiteljevo proročanstvo o sudovima koji će zadesiti Jeruzalem ima i drugo ispunjenje, prema kome je ovo pustošenje samo blijeda slika. U sudbini izabranog grada možemo vidjeti sudbinu čitavog svijeta koji je odbacio Božju milost i pogazio Njegov Zakon. Mračna su izvješća o ljudskoj bijedi o kojoj zemlja svjedoči tijekom dugih stoljeća zločina. Kad o tome razmišlja, srce drhti, a um gubi svijest. Strašne su bile posljedice odbacivanja nebeskog autoriteta. Ali budućnost otkriva još strašnije prizore. Izvješća iz prošlosti – dugi niz nemira, sukoba i revolucija, "sva bojna obuća, svaki plašt krvlju natopljen" (Izaija 9,4) – što je to kad se usporedi s užasima onog dana u koji će se Božji Duh koji obuzdava povući od zlih i više neće sprečavati provalu ljudskih strasti i Sotonin gnjev! Tada će svijet vidjeti, kao nikada prije, posljedice Sotonine vladavine.

Ali toga dana, kao u doba uništenja Jeruzalema, Božji će se narod izbaviti, svatko tko se nađe zapisan. (Izaija 4,3) Krist je objavio da će po drugi put doći da sâm skupi svoje vjerne: "Tada će se ukazati na nebesima znak – Sin Čovječji; tada će proplakati sva plemena na zemlji i vidjet će Sina Čovječega gdje dolazi na oblacima nebeskim s velikom moći i slavom. I on će poslati anđele svoje s glasnom trubom da skupe izabranike njegove od četiri vjetra, od jednoga kraja nebesa do drugoga." (Matej 24,30.31) Tada će oni koji nisu poslušali Evanđelje biti uništeni duhom Njegovih usta i razoreni sjajem Njegova dolaska. (2. Solunjanima 2,8) Kao i stari Izrael, zli će sami sebe uništiti; past će kao žrtva svojega bezakonja. Svojim su se grešnim životom toliko udaljili od Boga, njihova se narav toliko iskvarila zlom, da će pojava Božje slave za njih biti oganj što proždire.

Neka se ljudi čuvaju da ne zanemare pouke koje su im objavljene u Kristovim riječima! Kao što je upozorio svoje učenike na uništenje Jeruzalema, dajući im znak buduće propasti kako bi se mogli izbaviti, tako je upozorio svijet na dan konačnog uništenja i dao im znakove o njegovu približavanju, da bi svi koji žele mogli pobjeći od nadolazeće srdžbe. Isus je objavio: "Pojavit će se znaci na suncu, mjesecu i zvijezdama. Na zemlji će narodi biti u tjeskobi i neizvjesnosti." (Luka 21,25; Matej 24,29; Marko 13,24-26; Otkrivenje 6,12-17) Svi koji vide ove preteče Njegova dolaska trebaju znati "da je blizu – na samim vratima". (Matej 24,33) "Pazite zato", Njegove su riječi upozorenja. (Marko 13,35) Oni koji budu poslušali upozorenje neće biti ostavljeni u tami da ih onaj dan iznenada zatekne. Ali za sve koji ne budu bdjeli, "Dan Gospodnji [će] doći kao lopov u noći" (1. Solunjanima 5,2).

Svijet nije danas spremniji povjerovati upozorenju za ovo vrijeme nego što su Židovi bili spremni prihvatiti Spasiteljevo upozorenje za Jeruzalem. Kad god došao, Božji dan će za bezbožne doći neopazice. Dok život bude tekao svojim uobičajenim tijekom, dok ljudi budu obuzeti zadovoljstvima, poslovima, trgovinom, stjecanjem novca, dok vjerski vođe budu veličali svjetski napredak i prosvjetljenje, i dok će ljudi biti uljuljani u lažnu sigurnost – tada će se, kao što se lopov noću prikrada nečuvanoj kući, iznenada na bezbrižne i bezbožne oboriti propast, "i nipošto joj neće umaći" (1. Solunjanima 5,3).

38

2

Progonstvo u prvim stoljećima

39   Kad je svojim učenicima otkrio sudbinu Jeruzalema i prizore svog drugog dolaska, Isus je prorekao i poteškoće kroz koje će Njegov narod prolaziti od trenutka kad se bude uzeo od njih do svog povratka u sili i slavi, kada će ih doći izbaviti. Spasitelj je s Maslinske gore gledao oluje koje će se sručiti na apostolsku Crkvu i, gledajući dalje u budućnost, vidio žestoke razorne bure koje će se u budućim stoljećima mraka i progonstva oboriti na Njegove sljedbenike. S nekoliko kratkih rečenica, bremenitih sudbonosnim značenjem, prorekao je dio koji će vlastodršci ovog svijeta dodijeliti Božjoj Crkvi. (Matej 24,9. 21.22) Kristovi sljedbenici moraju koračati istim putem poniženja, sramote i stradanja kojim je prošao njihov Učitelj. Neprijateljstvo što je provalilo protiv Spasitelja svijeta doći će do izražaja i protiv svih onih koji budu vjerovali u Njegovo ime. Povijest prve Crkve potvrđuje ispunjenje Spasiteljevih riječi. Zemaljske i paklene sile svrstale su se protiv Krista, progoneći Njegove sljedbenike. Neznaboštvo je predvidjelo da će pobjedom Evanđelja njegovi hramovi i oltari biti sravnjeni sa zemljom, pa je skupilo sve svoje snage da bi uništilo kršćanstvo. Zapaljene su vatre progonstva. Kršćane su lišavali imovine i protjerivali iz njihovih domova. "Podnosili [su] čestu borbu — patnje." (Hebrejima 10,32) "Iskusiše izrugivanja i udarce i povrh

40   toga okove i tamnice." (Hebrejima 11,36) Velik broj njih zapečatio je svoje svjedočanstvo krvlju. Plemići i robovi, bogati i siromašni, učeni i neobrazovani, svi su bili nemilosrdno ubijani.

     Ova progonstva, koja su otpočela u doba Nerona, otprilike kad je Pavao stradao mučeničkom smrću, nastavljena su stoljećima s većom ili manjom žestinom. Kršćane su lažno optuživali za najstrašnije zločine i proglašavali ih uzročnicima velikih nesreća – gladi, kuge i potresa. Budući da su postali predmetom opće mržnje i sumnjičenja, brzo su se našli potkazivači koji su iz koristoljublja izdavali nevine. Bili su osuđivani kao buntovnici protiv Imperija, kao neprijatelji religije, kao kuga za društvo. Mnogi su bacani pred divlje zvijeri ili živi spaljivani u arenama. Neke su razapeli, druge su prekrivali kožama divljih životinja i bacali u arenu da ih psi raskinu. Njihovo je kažnjavanje često bila glavna zabava za narodnih svečanosti. Veliko mnoštvo okupljalo se da uživa u tim prizorima, pozdravljajući njihove samrtne muke smijehom i pljeskom.

Gdje god bi potražili utočište, Kristovi su sljedbenici bili gonjeni kao divlje zvijeri. Morali su potražiti sklonište u pustim i osamljenim mjestima. Bili su "oskudni, nevoljni i zlostavljani – oni kojih svijet ne bijaše dostojan! – lutajući po pustinjama, gorama, po špiljama i zemaljskim pukotinama" (Hebrejima 11,37.38). Katakombe su tisućama pružile zaklon. Ispod brežuljaka izvan Rima prokopani su dugi hodnici kroz zemlju i stijene; mračna i zamršena mreža prolaza širila se kilometrima izvan gradskih zidina. U tim su podzemnim skrovištima Kristovi sljedbenici pokapali svoje mrtve. Ovdje su, kada bi bili osumnjičeni i proganjani, nalazili dom. Kada Darivatelj života bude probudio one koji su bili plemenitu bitku vjere, onda će mnogi koji su mučeni zbog Krista izići iz tih mračnih špilja.

Ovi Isusovi svjedoci sačuvali su svoju vjeru neokaljanom i *41* u vrijeme najstrašnijih progonstava. Premda lišeni svake udobnosti, daleko od sunčeve svjetlosti, prebivajući u mračnom ali prijateljskom okrilju zemlje, ipak se nisu tužili. Riječima vjere, strpljenja i nade hrabrili su jedan drugoga da podnesu oskudicu i nevolje. Gubitak svakog zemaljskog blagoslova nije ih mogao nagnati da se odreknu vjere u Krista. Kušnje i progonstva bile su samo stube kojima su se približavali svome miru i nagradi.

Kao i Božje sluge u prošlosti, mnogi "stavljeni na muke, ne prihvatiše oslobođenja da bi ih zapalo bolje uskrsnuće" (Hebrejima 11,35). Prisjećali su se riječi svojega Učitelja da se trebaju preobilno radovati kada ih budu progonili zbog Krista, jer ih čeka velika nagrada na nebesima; ta tako su progonili i proroke koji su živjeli prije njih. Radovali su se što su smatrani dostojnima da trpe za istinu, pa su se usred pucketanja plamena uzdizale pobjedničke pjesme. Gledajući u vjeri, vidjeli su Krista i anđele kako se naginju preko nebeskih zidina, promatraju ih s najdubljim zanimanjem i odobravanjem zbog njihove postojanosti. S Božjeg prijestolja obratio im se glas: "Ostani vjeran do smrti, i dat ću ti vijenac – život!" (Otkrivenje 2,10) Uzalud je Sotona pokušavao nasiljem uništiti Božju Crkvu. Velika borba u kojoj su učenici dali svoje živote nije prestala kada su ti vjerni stjegonoše pali na svome položaju. Porazom su pobijedili. Božji su radnici bili pobijeni, ali je Njegovo djelo stalno napredovalo. Evanđelje se širilo, a broj se njegovih pristaša stalno povećavao. Ono je prodrlo u područja koja su bila nepristupačna čak i za rimske orlove. Raspravljajući s neznabožačkim vladarima koji su zagovarali progonstvo, jedan je kršćanin rekao: "Vi nas možete ubijati, mučiti, osuditi... Vaša nepravda dokaz je naše nevinosti. Ni vaša vam okrutnost ništa ne koristi." Ona nije bila drugo do snažniji poziv da drugi slijede njihove stope. "Što nas više pokosite, to smo brojniji. Krv kršćana je sjeme."[1]

Tisuće su bile zatvarane i ubijane, ali su drugi prilazili i zauzimali njihova mjesta. A oni koji su mučenički umirali za svoju vjeru bili su sigurni u Kristu i On ih je smatrao pobjednicima. Oni su vojevali plemenitu bitku vjere pa im je bio osiguran vijenac slave kada Krist dođe. Stradanja kroz koja su kršćani prolazili sjedinila su ih još više međusobno i s njihovim Otkupiteljem. Primjer njihova života i svjedočanstvo njihove smrti bili su stalni svjedoci u prilog istini; i kad se najmanje očekivalo, Sotonini podanici napuštali su njegovu službu i stupali pod Kristov stijeg.

Stoga je Sotona skovao plan za uspješniju borbu protiv Božje vladavine time što je svoj stijeg postavio u kršćansku Crkvu. Ako bi Kristove sljedbenike uspio prevariti i navesti ih da uvrijede Boga, nestalo bi njihove snage, čvrstoće i nepokolebljivosti, pa bi lako postali njegovim plijenom.

Od tog se trenutka veliki protivnik trudio da lukavstvom postigne ono što nije mogao postići silom. Progonstvo je prestalo, a namjesto njega pojavila se opasna privlačnost zemaljskog blagostanja i svjetovnih časti. Idolopoklonici su navedeni da prihvate dio kršćanske vjere, dok su druge važne istine odbacili. Tvrdili su da prihvaćaju Isusa kao Božjeg Sina i da vjeruju u Njegovu smrt i uskrsnuće, ali su ostali neosjetljivi na grijeh i nisu osjećali potrebu za kajanjem ili promjenom srca.

Uz nekoliko ustupaka sa svoje strane predlagali su da i kršćani učine ustupke kako bi se svi mogli ujediniti na osnovi vjere u Krista. Sada je Crkvi zaprijetila strašna opasnost. Tamnica, mučenje, vatra i mač bili su blagoslovi u usporedbi s ovom opasnosti. Neki su kršćani ostali nepokolebljivi, izjavljujući da ne mogu pristati ni na kakav kompromis. Drugi su bili spremni na   *43* ustupke ili preinake nekih obilježja svoje vjere i za ujedinjenje s onima koji su prihvatili dio kršćanstva, uvjereni da bi to pospješilo njihovo potpuno obraćenje. Za Kristove je sljedbenike to bilo vrijeme ozbiljnog strahovanja. Pod plaštem hinjenog kršćanstva sâm se Sotona uvukao u Crkvu kako bi pokvario njihovu vjeru i njihove misli odvratio od riječi istine.

Naposljetku je većina kršćana pristala sniziti vjerska načela, pa je došlo do ujedinjenja kršćanstva i neznaboštva. Premda su obožavatelji idola tvrdili da su doživjeli obraćenje i ujedinili se s Crkvom, oni su još uvijek bili čvrsto vezani uz klanjanje idolima, osim što su zamijenili predmete svojega obožavanja slikama Isusa, pa čak i Marije i svetaca. Nečisti kvasac idolopoklonstva, tako unesen u Crkvu, nastavio je svoje pogubno djelo. Lažna učenja, praznovjerni i neznabožački obredi ušli su u njezino vjerovanje i bogoslužje. Budući da su se Kristovi sljedbenici ujedinili s idolopoklonicima, kršćanska se religija pokvarila i Crkva je izgubila svoju čistoću i silu. Ali neki se nisu dali zavesti tim obmanama. Ostali su dalje vjerni Izvoru istine i klanjali se samo Bogu.

Među onima koji su tvrdili da slijede Krista uvijek su bile dvije skupine. Dok jedna proučava Spasiteljev život i ozbiljno nastoji ispraviti svoje nedostatke i uskladiti se s Uzorom, druga izbjegava jasne i praktične istine koje razotkrivaju njezine pogreške. Čak i u svojem najboljem stanju Crkva se nije sastojala samo od vjernih, čistih i iskrenih. Naš je Spasitelj učio da u Crkvu ne smiju biti primljeni oni koji svjesno griješe; a ipak se povezivao s ljudima nesavršena karaktera i darivao ih blagoslovima svog učenja i primjera da bi imali priliku uvidjeti svoje pogreške i popraviti se. Među dvanaestoricom apostola bio je i jedan izdajnik. Judu nije primio zbog mana njegova karak-   *44* tera, već unatoč njima. Združio ga je s učenicima ne bi li zahvaljujući Kristovim poukama i primjeru naučio što čini kršćanski karakter, i tako uvidio svoje pogreške, pokajao se i pomoću božanske milosti očistio svoju dušu "pokoravanjem istini". Ali Juda nije hodio u svjetlosti koja ga je tako milostivo obasjavala. Popuštajući grijehu, otvorio je vrata Sotoninim kušnjama. Nadvladale su zle crte njegova karaktera. Dopustio je da njegovim duhom upravljaju sile tame, ljutio se kad su ga korili zbog njegovih mana i tako je došao dotle da počini strašan zločin izdaje svojega Učitelja. Jednako tako svi koji pod plaštem pobožnosti njeguju zlo, mrze one koji ih uznemiravaju osuđivanjem njihova grešna puta. Kad im se pruži zgodna prilika, takvi će poput Jude izdati one koji su ih korili za njihovo dobro.

Apostoli su u Crkvi nailazili na one koji su se pokazivali pobožnima, dok su potajno gajili grijeh. Ananija i Safira su bili varalice, praveći se da Bogu prinose cijelu žrtvu, premda su jedan dio gramzivo zadržali za sebe. Duh istine otkrio je apostolima pravi karakter tih lažnih kršćana, a Božji sudovi su oslobodili Crkvu od ove mrlje koja je kvarila njezinu čistoću. Ovaj vidni dokaz prisutnosti pronicljiva Kristova Duha u Crkvi bio je užas za prijetvornike i prijestupnike. Oni nisu mogli dugo ostati u zajednici s onima koji su u svojim navikama i sklonostima bili vjerni Kristovi predstavnici, i kad su na Njegove sljedbenike došle kušnje i progonstva, samo su oni koji su bili spremni zbog istine ostaviti sve – željeli postati Njegovim učenicima. Stoga je Crkva, dokle god je trajalo progonstvo, ostala uglavnom čista. Ali čim je ono prestalo, došli su manje iskreni i posvećeni novoobraćenici, pa je Sotoni bilo omogućeno da nađe uporište.

45   Između Kneza svjetlosti i kneza tame nema zajednice, pa je ne može biti niti između njihovih sljedbenika. Kad su pristali ujediniti se s onima koji su se samo djelomice odvratili od neznaboštva, kršćani su zakoračili putem koji ih je sve više odvajao od istine. Sotona se radovao što je uspio prevariti tako veliki broj Kristovih sljedbenika, pa ih je svim snagama nastojao potaknuti na progonstvo onih koji su ostali vjerni Bogu. Nitko nije mogao bolje razumjeti kako se valja suprotiti pravoj kršćanskoj religiji, od onih koji su nekada bili njezini branitelji. Ti otpali kršćani, ujedinjeni sa svojim polupoganskim drugovima, upravili su svoje napade na najvažnija obilježja Kristova nauka.

Oni koji su htjeli ostati vjerni morali su se upustiti u očajničku borbu da bi odoljeli prijevarama i odurnostima koje su se, prerušene u svećeničke halje, uvukle u Crkvu. Biblija se više nije prihvaćala kao mjerilo vjere. Učenje o vjerskoj slobodi nazvano je krivovjerjem, a njezini su zagovornici bili omrznuti i progonjeni.

Nakon duge i žestoke borbe, mali broj vjernih odlučio je prekinuti svaku vezu s otpalom Crkvom, ukoliko ona i dalje bude odbijala osloboditi se laži i idolopoklonstva. Uvidjeli su da je odvajanje prijeko potrebno ako žele biti poslušni Božjoj riječi. Nisu se usuđivali trpjeti zablude opasne za svoje vlastite duše i time dati primjer koji je mogao izložiti opasnosti vjeru njihove djece i unučadi. Da bi sačuvali mir i jedinstvo, bili su spremni učiniti sve ustupke koji se ne kose s vjernošću Bogu, ali su smatrali da bi mir bio preskupo plaćen ako bi ga morali kupiti po cijenu žrtvovanja načela. Ako se jedinstvo može sačuvati samo po cijenu žrtvovanja istine i pravde, onda neka bude razlike, pa ako treba i borbe.

Bilo bi dobro za Crkvu i za svijet kad bi načela koja su oduševljavala te vjerne ljude opet oživjela u srcima onih koji se smatraju Božjim narodom. Danas postoji zabrinjavajuća ravnodušnost prema učenjima koja su stupovi kršćanske vjere. Sve se više širi mišljenje da ona ipak nisu od životne važnosti. Takvo izopačavanje okrepljuje ruke Sotoninim zastupnicima, pa danas tisuće onih koji tvrde da su Kristovi sljedbenici s naklonošću gledaju na lažne teorije i opasne obmane zbog kojih su u prošlim stoljećima vjerni izložili svoje živote opasnosti kako bi im se oduprli i razotkrili ih. <!-- 46 -->

Prvi kršćani bili su doista poseban narod. Njihovo besprijekorno ponašanje i nepokolebljiva vjera bili su stalni ukor koji je narušavao mir grešnika. Premda malobrojni, bez bogatstva, položaja i počasnih titula, oni su bili strah i trepet za zle gdje god se znalo za njihov karakter i vjeru. Stoga su ih zli mrzili kao što je bezbožni Kajin mrzio Abela. Oni koji su se željeli osloboditi ograničavanja od strane Svetoga Duha ubijali su Božju djecu iz istog razloga zbog kojeg je Kajin ubio Abela. Iz istog su razloga Židovi odbacili i razapeli Spasitelja – jer su čistoća i svetost Njegova karaktera bili stalni ukor njihovoj sebičnosti i pokvarenosti. Od Kristovih dana pa sve do danas Njegovi su vjerni učenici izazivali mržnju i protivljenje onih koji vole putove grijeha i njima idu. Kako se Evanđelje može nazvati porukom mira? Kad je prorekao Mesijino rođenje, Izaija Mu je dao ime "Knez mironosni". Kad su pastirima objavili Isusovo rođenje, anđeli su na betlehemskim visovima pjevali: "Slava Bogu na visini i na zemlji mir ljudima koje ljubi!" (Luka 2,14) Postoji prividna proturječnost između ovih proročkih izjava i Kristovih riječi: "Nisam došao da donesem mir, nego mač." (Matej 10,34) Ali pravilno shvaćene, obje su u savršenu skladu. Evanđelje je poruka mira. Evanđelje je sustav koji će, ako ga čovjek primi i posluša, širiti mir, sklad i sreću po cijelom svijetu. Kristova religija ujedinit će u blisko bratstvo sve koji prihvaćaju njezina učenja. Isusova je zadaća bila pomiriti ljude s Bogom i tako jedne s drugima. Ali veći dio svijeta nadzire Sotona, Kristov najžešći neprijatelj. Evanđelje iznosi ljudima načela života koja su u sukobu s njihovim navikama i željama; stoga ustaju protiv njega. Oni mrze čistoću koja otkriva i osuđuje njihove grijehe; stoga progone i uništavaju sve koji ističu njegove pravedne i svete zahtjeve. U tom se smislu – budući da uzvišene istine koje ono donosi izazivaju mržnju i sukobe – Evanđelje naziva mačem.

Tajanstvena promisao koja dopušta da zli progone pravedne bila je uzrokom velike zbunjenosti za mnoge slabe u vjeri. Neki su čak spremni odbaciti svoje povjerenje u Boga zato što dopušta napredovanje najpodlijih koji svojom okrutnom silom tlače i muče najbolje i najčestitije. Kako to, pitaju se neki, da Onaj koji je pravedan, milosrdan i neograničeno moćan – trpi takvu nepravdu i nasilje? To se pitanje nas ne tiče. Bog nam je dao dovoljno dokaza o svojoj ljubavi, i ako ne razumijemo djelovanje Njegove promisli, ne smijemo sumnjati u Njegovu dobrotu. Gledajući unaprijed sumnje koje će pritiskivati njihove duše u dane kušnji i tame, Spasitelj je rekao svojim učenicima: "Sjetite se riječi koju vam rekoh: 'Nije sluga veći od svoga gospodara!' Ako su mene progonili, i vas će progoniti." (Ivan 15,20) Isus je za nas stradao više nego što bi itko od Njegovih sljedbenika mogao postradati od okrutnosti zlih ljudi. Oni koji su pozvani da pretrpe muke i mučeničku smrt, samo idu stopama Božjeg dragog Sina.

"Ne odustaje Gospodin od izvršenja obećanja." (2. Petrova 3,9) On ne zaboravlja i ne zanemaruje svoju djecu, ali dopušta zlima da otkriju svoj pravi karakter, kako u pogledu njihovog karaktera nitko tko želi vršiti Njegovu volju ne bi bio u zabludi. Ponavljam, pravedni dolaze u peć nevolja da bi se očistili, da bi njihov primjer i druge uvjerio u stvarnost vjere i pobožnosti, a i zato da bi njihova postojanost mogla osuditi bezbožne i nevjerne.

Bog dopušta zlima da napreduju i otkriju svoje neprijateljstvo prema Njemu da bi svi, kad napune mjeru svoje zloće, u svom potpunom uništenju mogli vidjeti Njegovu pravednost i milosrđe. Približava se dan Njegove odmazde, kada će svi koji su prestupali Njegov Zakon i tlačili Njegov narod primiti pravednu plaću za svoja djela i kada će biti kažnjen svaki čin okrutnosti i nepravde učinjen Božjim vjernima, kao da je učinjen samome Kristu.

Postoji još jedno važnije pitanje koje bi trebalo privući pozornost današnjih crkava. Apostol Pavao je izjavio da će "svi koji hoće pobožno živjeti u Kristu Isusu" biti progonjeni (2. Timoteju 3,12). Zašto se onda čini da je progonstvo gotovo zamrlo? Jedini je razlog taj što se Crkva prilagodila svjetovnim mjerilima te ne izaziva nikakvo protivljenje. Vjera naših dana više nema onaj čisti i sveti karakter koji je obilježavao kršćansku vjeru u vrijeme Krista i Njegovih apostola. Kršćanstvo je, po svemu sudeći, tako popularno u svijetu samo zbog duha kompromisa s grijehom, jer se ravnodušno gleda na velike istine Božje riječi i jer u Crkvi ima tako malo prave pobožnosti. Čim dođe do oživljavanja vjere i sile prve Crkve, opet će oživjeti duh progonstva i ponovno se raspaliti njegove vatre.

3

Razdoblje duhovne tame

49   Apostol Pavao je u svojoj Drugoj poslanici Solunjanima pro-
rekao veliki otpad od vjere koji će dovesti do uspostave papinske
vlasti. Rekao je da Krist neće doći dok "prije ne dođe onaj otpad
i ne pojavi se Čovjek grijeha – sin propasti, Protivnik koji sam
sebe oholo uzdiže protiv svega što ljudi nazivaju Bogom ili dr-
že za sveto, tako da sjedne u Božji hram pokazujući sebe kao
da je Bog". Štoviše apostol upozorava svoju braću da "tajna be-
zakonja već očituje svoju silu". (2. Solunjanima 2,3.4.7) Već u
ono vrijeme je apostol vidio kako se u Crkvu uvlače zablude
koje će pripremiti put razvitku papinstva.

  "Tajna bezakonja" razvijala se postupno, u početku pota-
jice i tiho, a kad je ojačala i zadobila vlast nad ljudskim umo-
vima, pokazivala je sve otvorenije svoje prijevarno i bogohul-
no djelo. U kršćansku su se Crkvu gotovo neosjetno uvukli ne-
znabožački običaji. Velika progonstva što ih je Crkva podno-
sila od strane neznabožaca neko su vrijeme priječila duh kom-
promisa i prilagodbe svijetu. Ali kad je progonstvo prestalo i
kršćanstvo ušlo u kraljevske dvorove i palače, ono je zamije-
nilo skromnu jednostavnost Krista i Njegovih apostola sjajem i
ohološću poganskih svećenika i vladara. Na mjesto Božjih zah-
50 tjeva uvelo je ljudske teorije i predaje. Konstantinovo prividno
obraćenje, početkom četvrtog stoljeća, izazvalo je veliku radost,
i u Crkvu je ušao svijet zaogrnut plaštem pravde. Sada je po-
kvarenost brzo napredovala. Neznaboštvo, naoko pobijeđeno,
zapravo je postalo pobjednikom. Njegov je duh zavladao u Cr-
kvi. Njegov nauk, obredi i praznovjerje pripojili su se vjeri i
bogoslužju onih koji su se smatrali Kristovim sljedbenicima.

Taj kompromis između poganstva i kršćanstva imao je za posljedicu pojavljivanje "Čovjeka grijeha", koji je u proročanstvu predočen kao onaj koji se protivi i uzdiže iznad Boga. Ovaj je divovski sustav lažne religije remek-djelo Sotonine moći – spomenik njegovih nastojanja da zasjedne na prijestolje i upravlja Zemljom po svojoj volji. Sotona je jednom pokušao načiniti kompromis s Kristom. Pristupio je Božjem Sinu u pustinji kušanja i, pokazujući Mu sva kraljevstva ovoga svijeta i njihovu slavu, ponudio Mu sve to ako prizna vrhovnu vlast kneza tame. Krist je ukorio drskog kušača i natjerao ga da se udalji. Ali Sotona ima veći uspjeh kad s istim kušnjama pristupa čovjeku. Da bi osigurala svjetovna blaga i počasti, naveo je Crkvu da traži naklonost i podršku zemaljskih velikaša. Kad je tako odbacila Krista, naveo ju je da obeća vjernost Sotoninu predstavniku, rimskom biskupu.

Jedno od glavnih učenja rimokatolicizma jest da je papa vidljiv poglavar sveopće Kristove Crkve i da mu je povjerena vrhovna vlast nad biskupima i svećenicima u cijelome svijetu. Štoviše, papi su dane i same titule Božanstva. Nazvan je "Gospodin Bog Papa" (vidi Dodatak) i proglašen nepogrešivim. On zahtijeva da mu svi odaju počast. Isti zahtjev što ga je Sotona postavio u pustinji kušanja, on ponovno iznosi preko rimske Crkve i veliki mu je broj ljudi spreman iskazati odanost.

Ali oni koji se boje i štuju Boga, odbit će ovaj drski zahtjev riječima kojima je Krist odbio ponude podmuklog neprijatelja: "Gospodaru, Bogu svojemu, klanjaj se i njemu jedinom služi!" (Luka 4,8) Bog nigdje u svojoj Riječi nije nagovijestio da ijednog čovjeka kani postaviti za poglavara svoje Crkve. Učenje o papinskoj vlasti suprotno je učenju Svetog pisma. Papa ne može imati vlast nad Kristovom Crkvom, osim ako je protuzakonito ne prisvoji. *51*

Pristaše Rima uporno optužuju protestante zbog krivovjerja i namjernog odvajanja od prave Crkve. Ali te optužbe mogu se ponajprije odnositi na njih same. Oni su se odrekli Kristova stijega i odstupili od "vjere koja je jedanput zauvijek predana svetima" (Juda 3).

Sotona je dobro znao da će Sveto pismo omogućiti ljudima da zamijete njegove prijevare i odupru se njegovoj sili. Sâm Spasitelj svijeta odupro se njegovim napadima uz pomoć Svetoga pisma. Svaki napad Krist je dočekao štitom vječne istine, rekavši: "Pisano je!" Svakom nagovaranju neprijatelja suprotstavio je mudrost i snagu Božje riječi. Jedini način da Sotona uspostavi vlast nad ljudima i učvrsti vlast papinskog prisvajača jest da održi svijet u neznanju s obzirom na Sveto pismo. Biblija uzvisuje Boga i čovjeku određuje njegovo pravo mjesto; stoga je njezine svete istine trebalo skriti i zabraniti. Tu je logiku prihvatila rimska Crkva. Stotinama godina bilo je zabranjeno širiti Bibliju. Narodu je nije bilo dopušteno čitati ili je imati u svojoj kući, a nesavjesni svećenici i biskupi tumačili su njeno učenje tako da podrži njihove težnje. Tako je došlo do toga da papa bude gotovo sveopće priznat Božjim namjesnikom na Zemlji, koji ima vlast nad Crkvom i državom.

Budući da je uklonjeno sredstvo kojim se mogu otkriti zablude, Sotona je mogao raditi po svojoj volji. Proročanstvo je objavilo da će papinstvo pomišljati "da promijeni blagdane i Zakon" (Daniel 7,25). Ono nije oklijevalo da to pokuša. Da bi obraćenicima iz neznaboštva pružilo zamjenu za štovanje idola i tako pomoglo lakšem prihvaćanju prividnog kršćanstva, u kršćansko bogoslužje postupno se uvodio kult štovanja kipova i relikvija. Ukazom općeg crkvenog sabora (vidi Dodatak) napokon je i uspostavljen takav sustav idolopoklonstva. Da bi dovršio bogohulno djelo, Rim se iz Božjeg zakona usudio izbrisati drugu zapovijed koja zabranjuje štovanje likova, a da bi broj zapovijedi ostao nepromijenjen, podijelio je desetu, načinivši od nje dvije.

Duh kompromisa s neznaboštvom otvorio je put daljnjem preziranju autoriteta Neba. Služeći se neposvećenim vođama Crkve, Sotona je počeo neovlašteno dirati i četvrtu zapovijed, pokušavajući ukinuti drevnu subotu, dan koji je Bog blagoslovio i posvetio (Postanak 2,2.3), i na njezino mjesto uzdignuti blagdan koji su neznabošci svetkovali kao "časni dan Sunca". Isprva se ta promjena nije pokušavala izvesti otvoreno. U prvim stoljećima svi su kršćani svetkovali subotu. Revnovali su za Božju čast i, uvjereni u nepromjenjivost Njegovog Zakona, gorljivo su čuvali svetost Božjih propisa. Ali da bi postigao cilj, Sotona je s velikom domišljatošću radio preko svojih zastupnika. Da bi skrenuo pozornost naroda na nedjelju, ona je proglašena blagdanom u čast Kristova uskrsnuća. Toga su se dana održavala bogoslužja, a ipak su ga smatrali danom razonode, jer se još uvijek svetkovala subota.

Da bi pripravio put za djelo što ga je namjeravao izvršiti, Sotona je prije nego što se pojavio Krist naveo Židove da subotu opterete najstrožim zahtjevima, tako da je njezino svetkovanje postalo teretom. Koristeći se lažnom svjetlošću u kojoj je uspio prikazati subotu, učinio je da se na nju gleda s prijezirom kao na židovsku ustanovu. Dok su kršćani općenito nastavili slaviti nedjelju kao dan radosti, on ih je naveo da subotu pretvore u dan posta, dan tuge i žalosti, kako bi pokazali svoju 53 mržnju prema židovstvu.

Početkom četvrtog stoljeća car Konstantin izdao je proglas kojim je nedjelju proglasio općim blagdanom u cijelom Rimskom Carstvu. (Vidi Dodatak.) Dan Sunca štovali su neznabožački podanici, a slavili su ga i kršćani. Imperator je svojom politikom želio ujediniti suprotne interese poganstva i kršćanstva. Na taj su ga korak nagovorili biskupi Crkve koji su, potaknuti ambicijom i željom za vlašću, zaključili da će, svetkuju li i kršćani i neznabošci isti dan, to neznabošcima pomoći u prihvaćanju kršćanstva i uvećati moć i slavu Crkve. Premda su mnogi bogobojazni kršćani postupno prihvaćali da nedjelja ima neki stupanj svetosti, još uvijek su subotu smatrali svetim Gospodnjim danom i svetkovali je poslušni četvrtoj zapovijedi.

Stari varalica nije dovršio svoje djelo. Odlučio je okupiti kršćanski svijet pod svoju zastavu, a svoju vlast ostvariti preko svojega predstavnika, oholog pontifeksa koji je tvrdio da je Kristov namjesnik. Svoju je nakanu proveo preko poluobraćenih pogana, častoljubivih biskupa i svećenika koji su ljubili svijet. S vremena na vrijeme održavali su se veliki koncili na koje bi se okupili crkveni dostojanstvenici iz cijelog svijeta. Gotovo na svakom od njih sve se više potiskivala subota koju je Bog uspostavio, i sve više uzdizala nedjelja. Najposlije se poganski blagdan štovao kao božanska ustanova, dok je biblijska subota proglašena ostatkom židovstva, a njeni poštovatelji izopćenicima.

Veliki otpadnik uspio se uzdići "više svega što se zove Bog, ili se poštuje" (2. Solunjanima 2,4). Usudio se promijeniti jednu zapovijed božanskog Zakona koja jasno obraća pozornost cijelog čovječanstva na pravoga i živoga Boga. U četvrtoj zapovijedi Bog je otkriven kao Stvoritelj neba i Zemlje, čime se razlikuje od svih lažnih bogova. Kao uspomena na stvaranje, sedmi 54 je dan posvećen da bude za čovjeka dan odmora. Bio je određen da ljude stalno podsjeća na Boga kao na izvor života i predmet štovanja i klanjanja. Sotona nastoji odvratiti ljude od njihove odanosti Bogu i od iskazivanja poslušnosti Njegovom Zakonu; stoga svoje napore upravlja osobito protiv zapovijedi koja upućuje na Boga kao Stvoritelja.

Protestanti danas tvrde da je Kristovo uskrsnuće u nedjelju taj dan učinilo kršćanskom subotom. Ali za takvu tvrdnju nema dokaza u Svetome pismu. Ni Isus ni Njegovi apostoli nisu tome danu ukazivali takvu čast. Svetkovanje nedjelje kao kršćanske ustanove vuče svoje podrijetlo od one "tajne bezakonja", koja je već u Pavlove dane počela svoje djelo. (2. Solunjanima 2,7) Gdje i kada je Gospodin posvojio ovo papinsko dijete, nedjelju? Kakav se valjan dokaz može dati za promjenu koju Sveto pismo ne potvrđuje?

U šestom stoljeću papinstvo se već jako utvrdilo. Prijestolje njegove moći bilo je postavljeno u imperatorovu gradu, a rimski je biskup bio proglašen glavom cijele Crkve. Neznaboštvo je ustupilo svoje mjesto papinstvu. Zmaj je predao Zvijeri "svoju moć, svoje prijestolje i veliku vlast" (Otkrivenje 13,2). (Vidi Dodatak.) Ovim je otpočelo 1260 godina papinskog nasilja proročenog u Danielovim proročanstvima i u Otkrivenju. (Daniel 7,25; Otkrivenje 13,5-7) Kršćani su bili prisiljeni birati: ili se odreći svoje postojanosti i prihvatiti papinske obrede i bogoslužje, ili svoj život završiti u tamnicama, na stolu za rastezanje, na lomači, ili od krvnikove sjekire. Sada su se ispunile Kristove riječi: "Predavat će vas čak i roditelji, braća, rođaci i prijatelji, i neke će od vas poubijati. Svi će vas mrziti zbog moga imena." (Luka 21,16.17) Otpočelo je veliko progonstvo vjernih, strašnije nego ikada ranije, i svijet je postao prostranim bojnim poljem. Stotinama godina je Kristova Crkva nalazila utočište u zabitim i osamljenim mjestima. Prorok kaže ovako: "A Žena pobježe u pustinju, gdje joj je Bog pripravio sklonište, da se ondje hrani tisuću dvjesta i šezdeset dana." (Otkrivenje 12,6)

Dolazak Rimske Crkve na vlast označio je početak mračnog srednjeg vijeka. Što joj je moć više rasla, to je i tama postajala gušćom. S Krista, pravog Temelja, vjera je prenesena na papu u Rimu. Namjesto da se za oprost grijeha i vječno spasenje obrati Božjem Sinu, narod se obraćao papi i od njega ovlaštenim svećenicima i biskupima. Poučavali su ga da je papa njihov zemaljski posrednik i da samo preko njega mogu pristupiti Bogu; osim toga da je on Božji namjesnik pa su mu se dužni bezuvjetno pokoravati. Odstupanje od njegovih zahtjeva bio je dovoljan razlog da se tijelo i duša prijestupnika kazne najoštrijom kaznom. Tako su čovjekove misli odvraćali od Boga i usmjeravali na pogrešive, slabe i okrutne ljude, štoviše na samoga kneza tame koji je preko njih vladao. Grijeh se zaodjenuo plaštem svetosti. Kad nema mjesta Svetom pismu i kad čovjek počne sebe smatrati vrhovnim bićem, onda kao posljedicu možemo očekivati samo prijevaru, obmanu i ponižavajuće bezakonje. S uzdizanjem ljudskih zakona i predaja pojavila se izopačenost, koja je nužna posljedica odbacivanja Božjeg zakona.

Za Kristovu su Crkvu nastali opasni dani. Vjernih Kristovih stjegonoša bilo je doista malo. Premda istina nije ostala bez svjedoka, ponekad se činilo da će zabluda i praznovjerje potpuno zavladati i da će prava religija nestati sa Zemlje. Evanđelje je izgubljeno iz vida, ali su se namnožile religijske forme pa je narod bio opterećen strogim izvršavanjem propisa vanjske pobožnosti.

Ne samo što su narod učili da u papi vidi svog posrednika, već su ih učili i da se uzdaju u svoja djela kao u sredstvo za čišćenje od grijeha. Duga hodočašća, djela pokore, obožavanje relikvija, podizanje crkava, hramova i oltara, plaćanje velikih svota Crkvi – takvim i sličnim djelima nastojala se ublažiti Božja srdžba ili osigurati Njegova naklonost; kao da je Bog sličan čovjeku koga sitnica može naljutiti, pa Ga se može umilostiviti darovima i vršenjem pokore!

Premda je porok vladao čak i među vođama Rimske Crkve, činilo se da njezin utjecaj stalno raste. Krajem osmog stoljeća papine su pristaše tvrdile da su u prvim stoljećima Crkve rimski biskupi imali istu duhovnu vlast koju su sada prisvajali. Da bi potkrijepili ovu tvrdnju, morali su se poslužiti sredstvima koja će joj dati izgled istine, a za to se spremno postarao otac laži. Redovnici su krivotvorili stare rukopise. Otkriveni su dotad nepoznati dekreti crkvenih sabora, kojima se dokazivala sveopća vrhovna vlast pape od najranijih vremena. A Crkva koja je odbacila istinu pohlepno je prihvatila ove prijevare. (Vidi Dodatak.)

Manjina vjernih koji su zidali na pravome Temelju (1. Korinćanima 3,10.11) bila je zbunjena i u dvojbi, jer su naplavine lažnog učenja ometale posao. Slično graditeljima jeruzalemskih zidova u Nehemijino vrijeme, neki su bili spremni reći:

56

"Snage su nosačima klonule, a ruševina je mnogo: nećemo nikada stići sagraditi zida!" (Nehemija 4,4) Umorni od neprekidne borbe protiv progonstva, prijevara, nepravdi i svih drugih smetnji što ih je Sotona izmislio da bi zaustavio njihov napredak, neki od vjernih graditelja su se obeshrabrili; radi sigurnosti svoga života i imetka odvratili su se od pravog temelja. Drugi su, ne obazirući se na protivljenje svojih neprijatelja, hrabro govorili: "Ne bojte se. ... Mislite na Gospoda, velikoga i strašnoga" – i nastavljali posao, svaki s mačem za pojasom. (Nehemija 4,8; Efežanima 6,17)

Ovaj isti duh mržnje i protivljenja istini nadahnjivao je Božje neprijatelje u svim vremenima, a ista budnost i vjernost tražila se od Njegovih sljedbenika. Kristove riječi upućene prvim učenicima važe za Njegove sljedbenike do kraja vremena: "Što vama velim, to velim svima: Bdijte!" (Marko 13,37)

Činilo se da tama postaje sve gušćom. Obožavanje likova se još više proširilo. Pred kipovima i slikama paljene su svijeće i njima su upućivane molitve. Prevladali su najbesmisleniji i najpraznovjerniji običaji. Ljudskim je umovima toliko zavladalo praznovjerje da se činilo kako je i sâm razum izgubio moć. Budući da su sami svećenici i biskupi uživali u nasladama, i bili razbludni i pokvareni, što se drugo moglo očekivati od naroda, koji je u njima gledao vođe, nego da potone u neznanje i porok.

Drugi korak u papinskom prisvajanju vlasti učinjen je kada je u jedanaestom stoljeću papa Grgur VII. proglasio Rimsku crkvu savršenom. Među tvrdnjama što ih je iznio nalazila se i izjava da prema Svetom pismu Crkva nije nikada pogriješila niti će ikada pogriješiti. Ali ova tvrdnja nije bila potkrijepljena dokazima iz Svetoga pisma. Oholi pontifeks također je tvrdio da ima vlast svrgavati kraljeve i podizati careve, da nitko ne može mijenjati presudu koju je izgovorio, ali da ima pravo mijenjati odluke svih drugih. (Vidi Dodatak.)

Zoran primjer samovolje ovog zastupnika nepogrešivosti njegov je postupak prema njemačkom kralju Henriku IV. Nakon što se usudio prezreti papin autoritet, ovaj je vladar bio izopćen iz Crkve i lišen prijestolja. Prestrašen odmetanjem i prijetnjama svojih knezova koje je papinska vlast poticala na pobunu protiv njega, Henrik je uvidio da se mora pomiriti s Rimom. U pratnji svoje supruge i jednog vjernog sluge prešao je Alpe usred zime, da bi se mogao poniziti pred papom. Kad je stigao do dvorca u koji se Grgur povukao, uveli su ga bez njegove pratnje u vanjsko dvorište i tamo je, izložen jakoj zimskoj hladnoći, otkrivene glave i bosih nogu, bijedno odjeven, 58 čekao da ga papa primi. Tek nakon tri dana posta i kajanja pontifeks je pristao udijeliti mu pomilovanje. Čak je i to učinio pod uvjetom da kralj čeka papino odobrenje prije nego što bude ponovno uzeo znakove kraljevskog dostojanstva i počeo vršiti vlast. Oduševljen svojim uspjehom, Grgur se hvalio kako je njegova dužnost poniziti gordost kraljeva.

Kakve li uočljive razlike između gordosti ovog oholog pontifeksa i Kristove krotkosti i blagosti, koji se predstavlja kako pred vratima srca moli da uđe, kako bi donio oprost i mir, i koji je učio svoje učenike: "A tko želi biti prvi među vama, neka bude vaš sluga." (Matej 21,27)

Sljedeća stoljeća bila su svjedoci stalnog porasta zabluda što ih je Rim širio. I prije uspostave papinstva, učenja neznabožačkih filozofa privukla su pozornost i utjecala na Crkvu. Mnogi koji su tvrdili da su obraćeni, još su se držali zâsada neznabožačke filozofije, i ne samo što su ih nastavili proučavati, nego su ih nametnuli drugima ne bi li proširili svoj utjecaj među neznabošcima. Tako su se u kršćansku vjeru uvukle ozbiljne zablude. Posebno istaknuto među njima bilo je vjerovanje u čovjekovu prirođenu besmrtnost i njegovu svjesnost u smrti. Ovo je učenje postalo temeljem na kome je Rim zasnivao zazivanje svetaca i obožavanje Djevice Marije. Otuda se pojavilo i krivovjerje o vječnim mukama nepokajanih, koje je rano uključeno u papinsko vjerovanje.

Zatim je pripravljen put za uvođenje još jedne neznabožačke izmišljotine koju je Rim nazvao čistilištem i koristio je za zastrašivanje lakovjernog i praznovjernog mnoštva. Ovim se krivovjerjem tvrdi da postoji mjesto mučenja u kome duše onih koji nisu zaslužili vječnu propast trpe kaznu za svoje grijehe i 59 iz kojega odlaze na Nebo, nakon što se prethodno očiste od nečistoće. (Vidi Dodatak.)

Rimu je bila potrebna još jedna izmišljotina da bi imao koristi od straha i poroka svojih sljedbenika. Bilo je to učenje o oprostu grijeha uz pomoć oproštajnica. Svima koji budu sudjelovali u pontifeksovim ratovima s ciljem da proširi svoju ovovremenu vlast, da kazni svoje neprijatelje ili istrijebi sve one koji bi se usudili poricati njegovu duhovnu prevlast, obećan je potpuni oprost grijeha, prošlih, sadašnjih i budućih, i oslobođenje od svih muka i zasluženih kazni. Učili su narod da se plaćanjem Crkvi može osloboditi grijeha, a isto tako osloboditi duše svojih preminulih prijatelja koje su osuđene na mučenje u vatri. Na taj je način Rim punio svoje riznice i održavao raskoš, sjaj i poroke takozvanih predstavnika Onoga koji nije imao gdje glavu skloniti. (Vidi Dodatak.)

Biblijski obred Gospodnje večere zamijenjen je idolopokloničkom misnom žrtvom. Papini su svećenici glumili da svojim nerazumljivim mrmljanjem pretvaraju običan kruh i vino u stvarno "Kristovo tijelo i krv".[1] Bogohulnom drskošću otvoreno su tvrdili da imaju vlast stvoriti Boga, Stvoritelja svijeta. Od kršćana se tražilo pod prijetnjom smrću da priznaju svoju vjeru u ovo strašno, za Nebo uvredljivo krivovjerje. Mnogi koji su to odbili bili su spaljeni. (Vidi Dodatak.)

U trinaestom stoljeću uvedeno je najužasnije od svih papinskih sredstava − inkvizicija. Knez tame surađivao je s vođama papinske hijerarhije. Na njihovim tajnim sjednicama Sotona i njegovi anđeli upravljali su umovima zlih ljudi, dok je usred njih neviđen stajao Božji anđeo, koji je bilježio zastrašujući izvještaj o njihovim opakim dekretima i pisao povijest djelâ koja su bila i previše grozna za ljudske oči. "Babilon veliki" bio je "opijen krvlju svetih". Krv milijuna mučenika i iznakažena tijela vapila su Bogu za osvetom nad ovom otpadničkom silom.

Papinstvo je postalo svjetskim tiraninom. Kraljevi i carevi pokoravali su se dekretima rimskog pontifeksa. Činilo se da je sadašnja i vječna sudbina ljudi u njegovoj vlasti. Stotinama su se godina u velikoj mjeri i bezuvjetno prihvaćala učenja Rima, pobožno se vršili njegovi obredi, a posvuda štovali njegovi blagdani. Njegov je kler bio poštovan i velikodušno podupiran. Nikada kasnije Rimska crkva nije dostigla veću čast, sjaj i moć.

Ali "podne papinstva bilo je ponoć za svijet".[2] Sveto pismo bilo je gotovo nepoznato ne samo narodu već i svećenicima. Slično negdašnjim farizejima, papinske su vođe mrzile svjetlo koje bi otkrilo njihove grijehe. Budući da su uklonili Božji zakon, mjerilo pravde, služili su se neograničenom moći i odavali se neobuzdanom razvratu. Prevladavali su prijevara, lakomost i porok. Ljudi nisu prezali ni od kakvog zločina kojim bi mogli postići bogatstvo i položaj. Palače papa i biskupa bile su pozornice najgoreg razvrata. Neki od vladajućih pontifeksa odali su se tako odvratnim zločinima da su svjetovni vladari pokušavali svrgnuti te crkvene dostojanstvenike kao previše strašna čudovišta da bi se mogla trpjeti. Stoljećima u Europi nije bilo napretka u znanosti, umjetnosti i civilizaciji. Moralna i intelektualna obamrlost pogodila je kršćanstvo.

Stanje svijeta pod rimskom vlašću predstavljalo je strašno i porazno ispunjenje riječi proroka Hošea: "Moj narod gine: nema znanja; jer si ti znanje odbacio, i ja odbacujem tebe ... jer si Zakon svoga Boga zaboravio i ja ću tvoje zaboraviti sinove. ... Nema više vjernosti, nema ljubavi, nema znanja Božjega u zemlji, već proklinjanje i laž, ubijanje i krađa, preljub i nasilje, jedna krv drugu stiže." (Hošea 4,6.2) Takve su bile posljedice uklanjanja Božje riječi.

4

Valdenzi

61   Usred mraka koji se tijekom dugog razdoblja papinske prevlasti spustio na Zemlju, svjetlost istine nije posvema ugasnula. U svakom razdoblju bilo je Božjih svjedoka – ljudi koji su njegovali vjeru u Krista kao jedinoga posrednika između Boga i ljudi, koji su Bibliju držali jedinim pravilom života i svetkovali subotu. Budući naraštaji neće nikada saznati koliko svijet duguje tim ljudima. Bili su žigosani kao krivovjerci, napadane su njihove pobude, njihovi karakteri oklevetani, njihovi spisi uklanjani, pogrešno predstavljani ili sakaćeni. Ipak su ostali čvrsti i iz razdoblja u razdoblje čuvali su svoju vjeru u njezinoj čistoći kao sveto naslijeđe za buduće naraštaje.

Povijest Božjeg naroda tijekom stoljećâ mraka koja su uslijedila pod rimskom vlašću zapisana je na Nebu. Za nju je bilo malo mjesta u ljudskim izvješćima. Malo se tragova o njemu može naći, osim u optužbama njegovih progonitelja. Rim je u načelu uklanjao svaki trag neslaganja s njegovim učenjima i dekretima. Crkva je nastojala uništiti svako krivovjerje, bilo da se radilo o osobi ili spisima. Iskazi sumnje ili pitanja o vjerodostojnosti rimskih dogmi bili su dovoljan razlog za oduzimanje života bogatima ili siromašnima, velikima ili malima. Rim je također nastojao uništiti svako izvješće o svojoj okrutnosti prema onima koji se nisu s njim slagali. Papinski koncili naredili

62   su da se spale knjige i spisi koji sadrže takva izvješća. Prije izuma tiskarskog stroja bilo je malo knjiga, i zbog oblika ih je bilo nezgodno čuvati; stoga je malo toga moglo spriječiti pristaše Rima da ostvare svoj cilj.

Nijedna crkva unutar područja pod rimskom vlašću nije ostavljena da dugo uživa u slobodi savjesti. Čim je zadobilo vlast, papinstvo je ispružilo ruke da uništi sve koji odbijaju priznati njegovu moć, pa su se crkve jedna za drugom, pokorile njegovoj vlasti. U Velikoj Britaniji je prvobitno kršćanstvo vrlo rano uhvatilo korijena. Evanđelje što su ga Britanci prihvatili u prvim stoljećima bilo je još neiskvareno rimskim otpadom. Jedini poklon što su ga prve crkve u Britaniji primile od Rima bila su progonstva što su ih pokretali poganski imperatori, koja su doprla i do tih udaljenih obala. Mnogi .kršćani koji su bježali od progonstva u Engleskoj, našli su utočište u Škotskoj; odatle je istina prenesena u Irsku i u svim tim zemljama bila je prihvaćena s radošću.

Kad su Saksonci zauzeli Britaniju, prevladalo je neznaboštvo. Osvajačima je bilo ispod časti da ih uče njihovi robovi, pa su se kršćani morali povući u brda i pustopoljine. Ali je svjetlo, premda neko vrijeme prikriveno, nastavilo svijetliti. U Škotskoj je jedno stoljeće kasnije zasvijetlilo takvom snagom da su njegove zrake doprle do najudaljenijih zemalja. Iz Irske je došao pobožni Columba sa svojim suradnicima, koji su, okupljajući oko sebe vjernike rasijane po pustom otoku Ioni, taj otok pretvorili u središte svoje misionarske djelatnosti. Među tim evanđelistima nalazio se i jedan štovatelj biblijske subote i tako su tu istinu i drugi upoznali. Na otoku Ioni osnovana je škola iz koje su misionari odlazili ne samo u Škotsku i Englesku, nego i u Njemačku, Švicarsku i čak u Italiju.

Ali Rim je svoj pogled usmjerio na Britaniju i odlučio je staviti pod svoju vlast. U šestom stoljeću rimski su misionari došli obratiti neznabožačke Saksonce. Ponositi su ih barbari blagonaklono primili, pa su tisuće njih pristale prihvatiti rimsku vjeru. Kako je njihovo djelo napredovalo, papinske vođe i njihovi obraćenici su naišli na sljedbenike prvih kršćana. Pokazalo se da među njima postoji uočljiva razlika. Ti potomci prvih kršćana bili su jednostavni, krotki i sukladni Pismu u karakteru, učenju i ponašanju, dok su ovi drugi pokazivali praznovjerje, raskoš i oholost papinstva. Rimski poslanik zahtijevao je da te kršćanske crkve priznaju vrhovnu vlast pontifeksa. Britanci su krotko odgovorili da žele voljeti sve ljude, ali da papa nema pravo na vrhovnu vlast u Crkvi i da mu mogu pokazati samo onu pokornost koju su dužni svakom Kristovom sljedbeniku. Ponavljali su se pokušaji da ih se navede na pokornost Rimu, ali ti ponizni kršćani, začuđeni ohološću što su je očitovali papini poslanici, uporno su odvraćali da ne priznaju drugog gospodara osim Krista. Sada se otkrio pravi duh papinstva. Rimski je vođa rekao: "Ako ne primate braću koja vam donose mir, primit ćete neprijatelje koji će vam donijeti rat. Ako se ne udružite s nama da Saksoncima pokažemo put u život, od njih ćete primiti smrtni udarac."[1] Ovo nisu bile prazne prijetnje. Protiv tih svjedoka biblijske vjere upotrijebljeni su rat, intrige i prijevare, dok britanske crkve nisu bile uništene ili prisiljene da se pokore vlasti pape.

U zemljama koje nisu bile pod rimskom vlašću postojale su tijekom mnogih stoljeća velike skupine kršćana koje su ostale gotovo potpuno pošteđene od papinske izopačenosti. Bili su okruženi neznaboštvom pa su tijekom vremena prihvatili neke od njegovih zabluda, ali su i dalje Bibliju smatrali jedinim pravilom vjere i sačuvali mnoge njezine istine. Ovi su kršćani vjerovali u neprolaznost Božjeg zakona i svetkovali subotu propisanu četvrtom zapovijedi. Crkve koje su se držale ove vjere i običaja postojale su u središnjoj Africi i među Armencima u Aziji.

64　　　Ali među onima koji su se opirali nadiranju papine moći, na prvom su mjestu bili valdenzi. Upravo su u zemlji u kojoj je papinstvo postavilo svoju stolicu, njegova prijetvornost i izopačenost naišli na nepokolebljivi otpor. Stoljećima su crkve u Pijemontu uspjele sačuvati svoju neovisnost, ali je na kraju došlo vrijeme kad je Rim zatražio da mu se pokore. Nakon neuspješne borbe protiv papinske tiranije, vođe tih crkava nerado su priznale vrhovnu vlast sile kojoj se, kako se činilo, klanjao cijeli svijet. Međutim, bilo je nekih koji su odbili priznati vlast pape ili biskupa. Oni su odlučili ostati vjerni Bogu i sačuvati čistoću i jednostavnost svoje vjere. Došlo je do odvajanja. Oni koji su ostali privrženi staroj vjeri sada su se povukli; neki su napustili svoje zavičajne Alpe i podigli stijeg istine u stranim zemljama; drugi su se povukli u samotne doline i stjenovitu sigurnost planina i tu sačuvali svoju slobodu da služe Bogu.

Vjera što su je stoljećima držali i učili valdenški kršćani bila je u oštroj suprotnosti s lažnim učenjem koje je dolazilo iz Rima. Njihovo se vjersko uvjerenje temeljilo na pisanoj Božjoj riječi, pravom sustavu kršćanstva. Ali ti skromni seljaci, u svojim zabačenim skloništima daleko od svijeta, zauzeti svakodnevnim trudom oko svojih stada i vinograda, nisu sami došli do istine toliko suprotne dogmama i krivovjerju otpale Crkve. Oni nisu prihvatili neku novu vjeru. Svoje su vjerovanje baštinili od svojih otaca. Oni su se borili za vjeru apostolske Crkve, za vjeru "koja je jedanput zauvijek predana svetima". (Juda 3) "Crkva u pustinji", a ne ponosita hijerarhija ustoličena u velikoj svjetskoj prijestolnici, bila je prava Kristova crkva, čuvar blaga istine koju je Bog povjerio svome narodu da je objavi svijetu.

Među vodećim uzrocima koji se doveli do odvajanja prave 65 Crkve od Rima, bila je njegova mržnja prema biblijskoj suboti. Kao što je u proročanstvu bilo prorečeno, papinska sila oborila je istinu na zemlju. Božji je Zakon bio pogažen, dok su se ljudske predaje i običaji uzdizali. Crkve koje su bile pod vlašću papinstva rano su prisiljene da svetkuju nedjelju. Usred sveopće zablude i praznovjerja mnogi su, čak i od pravog Božjeg naroda, bili toliko zbunjeni da su se, svetkujući subotu, i nedjeljom uzdržavali od rada. Ali to nije zadovoljilo papinske vođe. Ne samo što su zahtijevali da se nedjelja svetkuje, nego i da se subota obeščasti; najoštrijim su riječima osuđivali one koji su je poštivali. Samo oni koji bi pobjegli od rimske vlasti mogli su u miru pokazati poslušnost Božjem zakonu.

Valdenzi su prvi od svih europskih naroda dobili prijevod Svetoga pisma. (Vidi Dodatak.) Stotinama godina prije reformacije imali su rukopis Biblije na svom materinskom jeziku. Imali su čistu istinu i stoga su bili osobiti predmet mržnje i progonstva. Oni su Rimsku crkvu proglasili palim Babilonom iz Otkrivenja pa su, uz opasnost po svoj život, ustajali da se odupru njezinoj pokvarenosti. Dok su neki pod pritiskom dugotrajnog progonstva pristali na kompromis svoje vjere i malo-pomalo popustili u njezinim načelima, dotle su se drugi čvrsto držali istine. U nizu stoljeća mraka i otpada bilo je valdenza koji su osporavali vrhovnu vlast Rima, odbacivali klanjanje kipovima i slikama kao idolopoklonstvo i svetkovali pravu subotu. Pod najžešćim provalama neprijateljstva oni su održali svoju vjeru. Premda probadani savojskim kopljima i spaljivani na rimskim lomačama, nepokolebljivo su branili Božju riječ i Njegovu čast.

Valdenzi su našli skrovište iza visokih utvrda što su ih pružale planine koje su u svim stoljećima bile utočište progonje-

66 nima i tlačenima. Ovdje se održavao plamen svjetlosti istine usred mraka srednjeg vijeka. Ovdje su svjedoci istine tisuću godina čuvali svoju staru vjeru.

Bog je svom narodu osigurao veličanstveno utočište, koje je odgovaralo silnim istinama koje su mu bile povjerene. Za te vjerne prognanike planine su bile simbol Jahvine nepromjenjive pravednosti. Oni su pogled svoje djece usmjeravali na visine koje su se nepromjenjivim veličanstvom uzdizale iznad njih i govorile im o Onome u koga nema ni promjene, ni zasjenjenja od mijene, čija je Riječ stalna kao vječni brežuljci. Bog je čvrsto postavio planine i opasao ih snagom; nijedna ruka, osim Beskonačne sile, ne može ih pomaknuti s njihovih mjesta. Na isti je način utvrdio i svoj Zakon, temelj svoje vladavine na Nebu i na Zemlji. Ljudska ruka može stići druge ljude i uništiti njihov život, ali ta ruka ne može pomaknuti planine s njihovih temelja i baciti ih u more, kao što ne može promijeniti nijednu zapovijed Jahvina Zakona ili izbrisati ijedno od Njegovih obećanja danih onima koji vrše Njegovu volju. U svojoj vjernosti Njegovom Zakonu, Božji sluge trebaju biti čvrsti kao nepromjenjivi brežuljci.

Planine koje su okruživale njihove doline stalno su svjedočile o Božjoj stvaralačkoj sili i bile neprekidna potvrda Njegove zaštitničke skrbi. Ovi putnici na Zemlji zavoljeli su nijeme simbole Jahvine prisutnosti. Nisu se prepuštali nezadovoljstvu zbog tegoba kojima su bili izloženi; nikada se nisu osjećali sami usred planinske samoće. Zahvaljivali su Bogu što im je pripremio utočište od gnjeva i okrutnosti ljudi. Radovali su se slobodi da mogu izlaziti pred Njega. Često im je, kad su ih neprijatelji progonili, planinska snaga pružala sigurnu zaštitu. S mnogih nepristupačnih litica pjevali su slavopoje Bogu i niti vojske Rima nisu mogle ušutkati njihove pjesme zahvalnosti.

67   Čista, jednostavna i žarka bila je pobožnost tih Kristovih sljedbenika. Načela istine bila su im draža od kuća i zemlje, od prijatelja, rodbine, pa čak i od samoga života. Ta su načela ozbiljno nastojali usaditi u srca mladih. Od najranijeg djetinjstva mlade su poučavali iz Svetoga pisma i učili ih da su zahtjevi Božjeg zakona sveti. Primjerci Svetog pisma bili su rijetki, stoga su njegove dragocjene riječi učili napamet. Mnogi su mogli napamet izgovoriti velike dijelove Staroga i Novoga zavjeta. Božje misli bile su podjednako povezane s uzvišenim kra-

jolicima i skromnim blagoslovima svakodnevnog života. Mala djeca su učila da u Bogu sa zahvalnošću vide Darovatelja svakog blagoslova i utjehe.

Roditelji, premda nježni i puni ljubavi, mudro su pazili da ih ne naviknu na ugađanje sebi. Očekivao ih je život pun stradanja i poteškoća, a možda i mučenička smrt. Od djetinjstva su ih odgajali da trpe poteškoće, da se podvrgavaju njihovom nadzoru, a ipak da samostalno misle i djeluju. Vrlo rano su ih naučili da nose odgovornosti, da paze na svoje riječi i shvate mudrost šutnje. Samo jedna nepromišljena riječ koju bi čulo neprijateljevo uho, mogla je ugroziti život ne samo onoga koji ju je izgovorio, već i živote stotine njegove braće; jer kao što vukovi love svoj plijen, tako su neprijatelji istine progonili one koji su se usudili zahtijevati slobodu vjere.

Valdenzi su zbog istine žrtvovali napredovanje u svijetu i ustrajnim strpljenjem borili se za svakidašnji kruh. Obradili su svaki dio obradive zemlje među planinama; doline i manje plodne obronke obrađivali su da donesu svoj urod. Štednja i strogo samoodricanje bili su dio odgoja što su ga djeca primala kao svoje jedino naslijeđe. Učili su ih da je Bog odredio da život bude škola i da svoje potrebe mogu podmiriti samo osobnim trudom, dalekovidnošću, brigom i vjerom. Takav je postupak bio težak i zamoran, ali je bio sveobuhvatan, upravo onakav kakav je bio potreban čovjeku u njegovom grešnom stanju, škola koju je Bog odredio za njegovo obrazovanje i razvitak. Dok su mlade tako privikavali na rad i trud, ni razvijanje uma nije bilo zapostavljeno. Učili su ih da sve njihove snage pripadaju Bogu i da ih sve treba usavršavati i razvijati za Njegovu službu. *68*

Crkve u području Vaud po svojoj su čistoći i jednostavnosti bile slične apostolskoj Crkvi. Odbacivši vrhovnu vlast pape i biskupâ, držale su Sveto pismo najvišim i jedinim nepogrešivim autoritetom. Njihovi pastori, nasuprot nadmenim svećenicima Rima, slijedili su primjer svojega Učitelja "koji nije došao da mu služe, nego da on služi". Hranili su Božje stado, vodeći ga na zelene pašnjake i žive izvore Njegove svete Riječi. Daleko od spomenika ljudskog sjaja i oholosti, narod se nije okupljao u veličanstvenim crkvama i silnim katedralama, već u sjeni brda, u alpskim dolinama ili, u vrijeme opasnosti, u nekoj stjenovitoj utvrdi, da sluša riječ Kristovih slugu. Pastori nisu samo propovijedali Evanđelje već su posjećivali bolesne, poučavali djecu, opominjali zalutale, nastojali izgladiti sporove i unaprijediti slogu i bratsku ljubav. U vrijeme mira izdržavali su se od dobrovoljnih priloga, ali je svaki od njih imao neku struku ili zanimanje kojim se u slučaju potrebe mogao izdržavati, poput Pavla koji je izrađivao šatore.

Mlade su poučavali njihovi pastori. Iako su posvećivali pozornost predmetima općeg obrazovanja, glavni predmet proučavanja bila je Biblija. Učili su napamet Evanđelje po Mateju i po Ivanu, kao i mnoge poslanice. Također su prepisivali Sveto pismo. Neki su prijepisi sadržavali cijelu Bibliju, a drugi samo kratke ulomke, kojima su oni koji su mogli tumačiti Sveto pismo dodavali kratka objašnjenja teksta. Na taj se način iznosilo blago istine, tako dugo skrivane od onih koji su se nastojali uzdići iznad Boga.

69   Strpljivim i neumornim trudom, katkad u dubokim mračnim špiljama, u svjetlosti baklji prepisivali su Sveto pismo redak po redak, poglavlje po poglavlje. Tako se djelo nastavljalo, a otkrivena Božja volja sjala je kao čisto zlato; koliko sjajnije, jasnije i snažnije zbog nevolja koje su zbog nje podnijeli, to su mogli shvatiti samo oni koji su sudjelovali u tom radu. Nebeski anđeli okruživali su te vjerne djelatnike.

Sotona je požurivao papine svećenike i biskupe da Riječ istine pokopaju pod naplavinama zablude, krivovjerja i praznovjerja, ali je ona na najneobičniji način bila sačuvana nepokvarenom kroz sve mračne vjekove. Ona nije nosila ljudski, već Božji pečat. Ljudi su se neumorno trudili da zamrače jasno i jednostavno značenje Pisma i prikažu ga kao da proturječi svom vlastitom svjedočanstvu, ali poput lađe na uzburkanom moru, Božja riječ odolijeva svim olujama koje joj prijete uništenjem. Kao što rudnik ispod zemljine površine skriva bogate žile zlata i srebra, pa svi koji žele otkriti njegovo blago moraju kopati, tako i Sveto pismo sadrži blaga istine koja uz molitvu može otkriti samo ozbiljan i ponizan istraživač. Bog je odredio da Biblija bude udžbenik za cijelo čovječanstvo, u djetinjstvu, u mladosti, u zrelim godinama, i da se stalno proučava. On je ljudima dao svoju Riječ kao objavu samoga sebe. Svaka novootkrivena istina svježe je otkriće karaktera njezina Autora. Proučavanje Svetoga pisma božanska je namisao da dovede ljude u tješnju vezu s njihovim Stvoriteljem i pruži jasnije poznavanje

Njegove volje. Ono je posrednik u održavanju veze između Boga i čovjeka.

Iako su valdenzi smatrali Gospodnji strah početkom mudrosti, nisu bili slijepi prema važnosti održavanja veze sa svijetom, poznavanja ljudi i djelatnog života za razvijanje umnih sposobnosti i osvježavanje pronicljivosti. Iz škola u planinama slali su izabrane mladiće na sveučilišta u francuske i talijanske gradove, gdje im se pružalo šire polje za učenje, razmišljanje i promatranje nego u njihovim zavičajnim Alpama. Ti su mladići bili izloženi raznim kušnjama, bili su svjedoci poroka i sretali se s lukavim Sotoninim pomagačima koji su im iznosili jedva primjetna krivovjerja i najopasnije obmane. No odgoj koji su primili od djetinjstva pripremio ih je za to.

U školama koje su pohađali nisu se smjeli nikome povjeriti. Njihova je odjeća bila tako skrojena da su mogli sakriti svoje najveće blago – dragocjene rukopise Svetoga pisma. Njih su, kao plod višemjesečnog i višegodišnjeg truda, nosili sa sobom, i kad god su to mogli učiniti tako da ne pobude sumnju, oprezno su stavljali neki primjerak pred one čija su im srca izgledala otvorena za primanje istine. Još od majčinog krila mladi valdenzi odgajani su s tim ciljem pred očima. Oni su razumjeli svoje djelo i vjerno ga obavljali. U tim učilištima pridobivali su obraćenike na pravu vjeru i često se događalo da njezina načela prožmu cijelu školu. Pa ipak, papinske vođe ni uz najpažljiviju istragu nisu mogle ući u trag tom takozvanom "štetnom krivovjerju".

Kristov duh je misionarski duh. Prva je težnja obnovljenog srca da i druge dovede Spasitelju. Takav je bio duh valdenških kršćana. Oni su držali da Bog od njih zahtijeva više negoli da samo u svojim crkvama sačuvaju istinu u njezinoj čistoći; mislili su kako na njima počiva svečana odgovornost da njihovo svjetlo zasvijetli i onima koji su u mraku. Moćnom silom Božje riječi nastojali su raskinuti okove što ih je Rim nametnuo. Valdenški propovjednici su se školovali da budu misionari. Tko god je namjeravao stupiti u propovjedničku službu, morao je prvo steći iskustvo kao evanđelist. Prije nego što će preuzeti brigu o nekoj crkvi u domovini, trebao je služiti tri godine u nekom misijskom polju. Takva služba, koja je od samog početka zahtijevala samoodricanje i žrtvu, bila je odgovarajuća priprema za život pastora u onim vremenima teških kušnji.

Mlade, koji su rukopolagani za svetu službu, nije očekivao život ispunjen stjecanjem zemaljskog blaga i slave, već život truda i opasnosti, a možda i mučenička smrt. Misionari su odlazili dvojica po dvojica, kao što je Isus slao svoje učenike. Svakom je mladiću obično bio pridružen stariji i iskusniji pratitelj koji je služio kao vođa mlađemu; njemu je mlađi bio odgovoran za svoj rad i njegovim se uputama trebao pokoravati. Ti suradnici nisu uvijek bili zajedno, ali su se često sastajali da bi se molili i savjetovali, jačajući jedan drugoga u vjeri. Obznaniti cilj svojega poslanja značilo bi doživjeti poraz. Stoga su pažljivo prikrivali njegov pravi karakter. Svaki propovjednik imao je neku struku ili zanimanje, pa su ti misionari djelovali pod izlikom nekog svjetovnog zvanja. Obično su birali zvanje trgovca ili torbara. "Nosili su svilu, nakit i druge predmete koji su se u to vrijeme mogli nabaviti samo u najudaljenijim središtima, pa su kao trgovci bili dobrodošli tamo gdje bi ih kao misionare otjerali."[2] Sve to vrijeme podizali su srca Bogu, tražeći mudrost da bi mogli ponuditi blago mnogo dragocjenije od zlata ili dragulja. Potajno su sa sobom nosili primjerke Biblije, cijelu ili u dijelovima, i kad god bi se pružila prilika, obraćali su pozornost svojih kupaca na te rukopise. Često su tako probudili zanimanje za čitanje Božje riječi, pa su rado ostavljali poneki njezin dio onima koji su je željeli primiti.

Djelatnost tih misionara počinjala je u ravnicama i dolinama u podnožju njihovih planina, ali je sezala daleko iza tih granica. Bosih nogu, obučeni u grubu odjeću, prašnjavi od putovanja kao njihov Učitelj, prolazili su kroz velike gradove i stizali u daleke zemlje. Svuda su sijali dragocjeno sjeme. Na njihovim putovima nicale su crkve, a krv mučenika svjedočila je za istinu. Dan Gospodnji otkrit će bogatu žetvu duša skupljenu radom tih vjernih ljudi. Prikriveno i tiho krčila je Božja riječ put kroz kršćanski svijet i nailazila na radostan prijam u domovima i srcima ljudi.

Za valdenze Sveto pismo nije bilo samo izvještaj o Božjem postupanju s ljudima u prošlosti i objava sadašnjih dužnosti i odgovornosti, već objava budućih opasnosti i slave. Oni su vjerovali da je kraj svemu blizu. Kad su Bibliju proučavali s molitvama i suzama, još su ih se dublje dojmile njezine dragocjene riječi i obveza da drugima navijeste njezine spasonosne istine. Na svetim stranicama jasno su vidjeli otkriven plan spasenja pa su u vjeri u Isusa nalazili utjehu, nadu i mir. Što je svjetlo više osvijetlilo njihov razum i unosilo radost u njihova srca, to su više težili da njegove zrake obasjaju i one koji su živjeli u mraku papinskih zabluda.

Vidjeli su kako pod vodstvom pape i svećenika mnoštvo uzalud nastoji dobiti oprost trapljenjem tijela zbog grijeha svojih duša. Poučavani da se za spasenje pouzdaju u svoja dobra djela, stalno su gledali na sebe i bavili se svojim grešnim stanjem, uvjereni da su izloženi Božjem gnjevu, i trapili tijelo i dušu, ali nije bilo olakšanja. Tako je učenje Rima sputavalo savjesne duše. Tisuće su napuštale svoje prijatelje i rođake te provodili život u samostanskim ćelijama. Čestim postovima i okrutnim bičevanjem, dugim noćnim bdjenjem, ležanjem satima na hladnim i vlažnim kamenim pločama svog bijednog stana, dugim hodočašćima, ponižavajućom pokorom i strašnim mučenjem tisuće su uzalud nastojale naći mir za svoju savjest. Pritisnuti osjećajem grešnosti, obuzeti strahom od Božjeg osvetničkog gnjeva, mnogi su nastavili patiti, dok iscrpljena priroda nije popustila pa su bez ijedne zrake svjetlosti i nade silazili u grob. 73

Valdenzi su čeznuli da tim izgladnjelim dušama ponude kruh života, da im otkriju poruke mira u Božjim obećanjima i upute ih ka Kristu kao svojoj jedinoj nadi u spasenje. Držali su da je učenje po kojem dobra djela mogu nadoknaditi prijestup Božjeg zakona zasnovano na laži. Oslanjanje na ljudske zasluge sprečava da pogled vidi Kristovu beskrajnu ljubav. Isus je umro kao žrtva za ljude, jer palo čovječanstvo ne može učiniti ništa čime bi se moglo preporučiti Bogu. Zasluge raspetog i uskrslog Spasitelja temelj su kršćanske vjere. Oslanjanje duše na Krista mora biti tako stvarno i njezina veza s Njime tako tijesna kao što je ud povezan s tijelom ili loza s trsom.

Učenja papa i svećenika navela su ljude da Boga, i Krista, smatraju strogim, smrknutim i odbojnim. Spasitelja su prikazivali toliko lišenog osjećaja prema čovjeku u njegovom palom stanju, da treba zatražiti posredovanje svećenika i svetaca. Oni čija su srca bila rasvijetljena Božjom riječju čeznuli su da te duše upute na Isusa kao suosjećajnog, ljubavlju ispunjenog Spasitelja, koji raširenih ruku poziva sve da sa svojim teretom grijeha, svojim brigama i umorom dođu k Njemu. Čeznuli su da uklone zapreke što ih je Sotona nagomilao da ljudi ne bi mogli vidjeti obećanja i doći izravno Bogu, ispovijediti svoje grijehe te dobiti oprost i mir. Revno bi valdenški misionar otkrivao zainteresiranom umu dragocjene evanđeoske istine. Oprezno bi vadio pomno prepisane dijelove Svetoga pisma. Njegova je najveća radost bila pružiti nadu savjesnoj, grijehom ranjenoj duši, koja je poznavala samo osvetoljubivog Boga koji čeka da izvrši pravdu. Drhtavih usana i suznih očiju, često na koljenima, pokazivao je svojoj braći dragocjena obećanja koja otkrivaju jedinu nadu za grešnika. Tako je svjetlo istine prodiralo u mnoge mračne umove, razgonilo tamne oblake, dok Sunce pravde nije obasjalo srce sa zdravljem u svojim zrakama. Često se događalo da su neke dijelove Svetoga pisma čitali višeput, jer je slušatelj htio da mu ih ponove, kao da se želio uvjeriti je li pravilno čuo. Osobito bi često tražili da se ponove riječi: "Krv nas njegova Sina, Isusa, čisti od svakoga grijeha." (1. Ivanova 1,7) "Kao što je Mojsije podigao zmiju u pustinji, tako mora biti podignut Sin Čovječji, da svatko tko vjeruje u njega ima život vječni." (Ivan 3,14.15)

Mnoge zahtjevi Rima nisu mogli prevariti. Uvidjeli su kako je zaludno posredovanje ljudi ili anđela u korist grešnika. Kad je pravo svjetlo zasvijetlilo u njihovim umovima, uzvikivali su s radošću: "Krist je moj svećenik; Njegova je krv moja žrtva; Njegov je žrtvenik moja ispovjedaonica!" Oni su se posve oslonili na Isusove zasluge, ponavljajući riječi: "Bez vjere nemoguće mu je ugoditi." (Hebrejima 11,6) "Spasenja nema ni po jednom drugom, jer je pod nebom to jedino ime dano ljudima po kojem nam se treba spasiti." (Djela 4,12)

Nekima od tih jadnih, životnim olujama izloženim ljudima, činilo se da neće moći shvatiti toliku Spasiteljevu ljubav. Toliko im je veliko olakšanje donijela i tolikom su svjetlošću bili obasjani da im se činilo kao da su preneseni na Nebo. S pouzdanjem su svoje ruke položili u Kristovu ruku, a nogama se čvrsto uprli u Stijenu vjekova. Nestao je svaki strah od smrti. Sada su mogli čeznuti za tamnicom i lomačom, ako bi time proslavili ime svojeg Spasitelja.

Tako je Božja riječ stizala na skrovita mjesta i tu se čitala, katkad jednoj jedinoj duši, a katkad maloj skupini koja je čeznula za svjetlom i istinom. Često se tako provodila cijela noć. Čuđenje i divljenje slušatelja bilo je tako veliko da je vjesnik milosrđa često bio prisiljen prekinuti s čitanjem dok um ne bi shvatio radosnu poruku spasenja. Često bi se čule riječi: "Hoće li Bog doista primiti moju žrtvu? Hoće li me milostivo pogledati? Hoće li mi oprostiti?" Tada se čitao odgovor: "Dođite k meni svi koji ste umorni i opterećeni, i ja ću vas okrijepiti." (Matej 11,28) Vjera bi se uhvatila za obećanje i začuo bi se radostan odgovor: "Nema više potrebe za dugim hodočašćima, nema više mučnih putovanja do svetih mjesta. Mogu doći k Isusu takav kakav jesam: grešan i neposvećen, i On neće prezreti moju pokajničku molitvu. 'Oprošteni su ti grijesi!' I moji, čak i moji mogu biti oprošteni!"

Plima svete radosti ispunila bi srce, a Isusovo bi se ime veličalo hvalom i zahvaljivanjem. Takve sretne duše vraćale su se svojim domovima da prošire svjetlost, i drugima, koliko to mogu, ponove svoje novo iskustvo: kako su pronašli pravi i živi Put. Čudna se i svečana snaga krila u riječima Svetoga pisma koje su izravno govorile srcima onih koji su čeznuli za istinom. Bio je to Božji glas i on je osvjedočavao one koji su slušali.

Vjesnik istine nastavio je put, ali njegova skromna pojava, njegova iskrenost, ozbiljnost i duboka revnost bili su predmetom mnogih primjedbi. U mnogo slučajeva slušatelji ga nisu pitali odakle dolazi ili kamo ide. Bili su toliko obuzeti isprva čuđenjem, a nakon toga zahvalnošću i radošću, da se nisu sjetili za to ga upitati. Kad bi ga pozvali da pođe u njihov dom, on bi odgovorio da mora posjetiti izgubljenu ovcu iz stada. Pitali su se nije li to možda bio anđeo s Neba?

U mnogo slučajeva nikada više nisu vidjeli vjesnika istine. On je otišao u druge zemlje ili mu je život prolazio u nekoj nepoznatoj tamnici, ili su se možda njegove kosti bijelile na mjestu na kojem je posvjedočio za istinu. Ali riječi što ih je ostavio iza sebe nisu mogle biti uništene. One su vršile svoje djelo u srcima ljudi; blagoslovljeni ishodi bit će u cijelosti poznati tek na dan Suda.

Valdenški su misionari ulazili u Sotonino kraljevstvo pa su sile tame pobudili na veći oprez. Knez zla pratio je svaki trud za unapređenje istine i poticao strah u svojim pomagačima. Papinske vođe vidjele su u djelovanju tih skromnih putnika predznak opasnosti koja prijeti njihovoj stvari. Kad bi svjetlosti istine bilo dopušteno da slobodno svijetli, ona bi rastjerala teške

76

oblake zabluda koji su okruživali narod. Ona bi usmjerila misli ljudi samo na Boga i na kraju bi uništila vrhovnu vlast Rima.

Sámo postojanje toga naroda koji je čuvao vjeru stare Crkve bilo je stalno svjedočanstvo o rimskom otpadu, i stoga je izazvalo najogorčeniju mržnju i progonstvo. Njihovo odbijanje da predaju Sveta pisma bilo je također uvreda koju Rim nije mogao podnijeti. Odlučio ih je zbrisati s lica Zemlje. Sada su otpočeli najstrašniji križarski ratovi protiv Božjeg naroda u njegovim planinskim domovima. Postavljeni su inkvizitori da ih slijede, pa se često ponavljao prizor u kojemu nevini Abel pada pred ubojicom Kajinom.

Uvijek bi iznova njihova plodna polja bila opustošena, njihovi domovi i kapele sravnjeni sa zemljom, tako da je tamo gdje su nekada bile plodne njive i domovi tog bezazlenog radišnog naroda, ostala samo pustoš. Kao što izgladnjela zvijer postaje bješnjom kad okusi krv, tako je i stradanje njihovih žrtava još jače raspalilo bijes papista. Mnogi od tih svjedoka čiste vjere bili su gonjeni po planinama i hvatani u dolinama u kojima su se skrivali, ograđeni silnim šumama i stjenovitim vrhovima.

Nikakva optužba se nije mogla podići protiv moralnog karaktera ovog naroda stavljenog izvan zakona. Čak su i njihovi neprijatelji potvrđivali da je to miroljubiv, miran i pobožan narod. Njihov veliki zločin bio je u tome što nisu htjeli služiti 77 Bogu po papinoj volji. Za taj zločin bili su izlagani poniženju, uvredama i mučenju kakvo su samo ljudi i đavoli mogli izmisliti.

Kad je Rim jednom odlučio istrijebiti tu omrznutu "sektu", papa je izdao bulu kojom ih je osudio za krivovjerje i predao da se pobiju. (Vidi Dodatak.) Oni nisu bili optuženi za lijenost, ili nepoštenje, ili pak neurednost, već je objavljeno da imaju vanjski oblik pobožnosti i svetosti koji zavodi "ovce iz pravoga tora". Stoga je papa naredio da "podmukla i odvratna sekta pogubnih", ako se "odbije pokoriti, bude satrta poput zmije otrovnice".[3] Je li ovaj oholi vlastodržac znao da će se ponovno sresti s tim riječima? Je li znao da su one zabilježene u nebeskim knjigama i da će ih čuti na dan Suda? "Meni ste učinili", kaže Isus, "koliko ste učinili jednomu od ove moje najmanje braće." (Matej 25,40)

Ta je bula pozivala sve pripadnike Crkve da se ujedine u križarskom ratu protiv krivovjeraca. U nakani da ih potakne na to okrutno djelo, ona ih je "oslobodila svih crkvenih muka i kazni, općih i pojedinačnih, razriješila od svake zakletve sve koji se budu pridružili tom križarskom pohodu, ozakonila njihovo pravo na bilo kakav imetak koji bi stekli na nezakonit način i obećala oprost svih njihovih grijeha ukoliko ubiju nekog heretika. Proglasila je ništavnim sve ugovore sklopljene u korist valdenza, naredila njihovim slugama da ih napuste, zabranjivala svima da im pruže bilo kakvu pomoć i svakoga opunomoćila da im uzme ono što imaju."[4] Taj dokument jasno otkriva čiji duh stoji u zaleđu. U tome se čuje rika Zmaja, a ne Kristov glas.

Papinske vođe nisu htjele uskladiti svoj karakter s velikim mjerilom Božjeg zakona, već su postavile mjerilo koje će njima odgovarati, odlučni da sve prisile da se usklade s njim, jer tako je bila volja Rima. Dogodile su se najstrašnije tragedije. Pokvareni i bogohulni svećenici i pape vršili su zadaću koju im je Sotona odredio. U njihovoj duši nije bilo mjesta milosrđu. Isti duh koji je raspeo Krista i pobio apostole, koji je potaknuo krvožednog Nerona protiv vjernih u njegovo vrijeme, djelovao je da zbriše sa Zemlje voljenu Božju djecu.

Progonstva koja su ga kroz mnoga stoljeća pratila, taj je pobožni narod podnosio strpljivo i postojano kako bi proslavio svojeg Spasitelja. Unatoč križarskim ratovima koji su vođeni protiv njih, i nečovječnom pokolju kojem su bili izloženi, nastavili su slati misionare da prošire dragocjenu istinu. Bili su progonjeni do smrti, ali je njihova krv natopila posijano sjeme i ono nije ostalo bez ploda. Tako su valdenzi stoljećima prije Lutherova rođenja svjedočili za Boga. Raspršeni po mnogim zemljama, posijali su sjeme reformacije koja je otpočela u Wycliffeovo doba, raširila se i učvrstila u Lutherovo vrijeme i koju do završetka vremena trebaju nastaviti oni koji su također gotovi pretrpjeti sve "zbog riječi Božje i zbog Isusova svjedočanstva" (Otkrivenje 1,9).

78

5

John Wycliffe

U vrijeme prije reformacije bilo je vrlo malo primjeraka Svetoga pisma, ali Bog nije dopustio da Njegova riječ bude posve uništena. Njezine istine nisu smjele ostati zauvijek skrivene. On je jednakom lakoćom mogao osloboditi riječi života, kao što je mogao otvoriti tamnička vrata i njihove željezne zasune da bi oslobodio svoje sluge. Božji Duh je u raznim europskim zemljama potaknuo ljude da traže istinu kao skriveno blago. Providnošću dovedeni Svetome pismu, oni su sa živim zanimanjem proučavali svete stranice. Bili su spremni prihvatiti svjetlost ne pitajući za cijenu. Premda nisu sve jasno vidjeli, mogli su razumjeti mnoge davno pokopane istine. Pošli su kao nebeski poslanici raskinuti okove zabluda i praznovjerja, i pozvati one koji su tako dugo bili zarobljeni da se dignu i osiguraju svoju slobodu.

Osim među valdenzima, Božja je Riječ stoljećima bila zatvorena u jezike koje su poznavali samo učeni ljudi. Sada je došlo vrijeme da se Sveto pismo u raznim zemljama prevede i preda ljudima na njihovom narodnom jeziku. Za svijet je ponoć prošla. Sati tame su istjecali i u mnogim su se zemljama pojavili predznaci nastupajuće zore.

U četrnaestom stoljeću u Engleskoj se pojavila "jutarnja zvijezda reformacije". John Wycliffe bio je glasnik reforme ne samo za Englesku već i za čitav kršćanski svijet. Veliki prosvjed koji je podigao protiv Rima više se nikada nije mogao ušutkati. Prosvjed je bio početak borbe koja je pojedincu, Crkvama i narodima donijela slobodu.

Wycliffe je stekao svestranu naobrazbu i za njega je strah Gospodnji bio početak mudrosti. U koledžu je bio podjednako zamijećen po svojoj usrdnoj pobožnosti kao i po značajnim sposobnostima i velikoj učenosti. Željan znanja nastojao se upoznati sa svakom granom znanosti. Dobro je proučio skolastičku filozofiju, crkveno i građansko pravo, a posebno građanske zakone svoje zemlje. U njegovom kasnijem radu očitovala se vrijednost tog ranog obrazovanja. Temeljito poznavanje spekulativne filozofije njegovog doba omogućilo mu je da otkrije njezine pogreške, a zahvaljujući studiju državnih i crkvenih zakona bio je spreman sudjelovati u velikoj borbi za građansku i vjersku slobodu. Dok se s jedne strane mogao poslužiti oružjem iz Božje riječi, s druge je stekao intelektualnu školsku disciplinu, pa je poznavao taktiku kojom se služe učeni ljudi. Snaga njegova genija i temeljitost njegova znanja osigurali su mu poštovanje i prijatelja i neprijatelja. Njegovi su se pristaše sa zadovoljstvom uvjerile da je njihov junak na prvom mjestu među vodećim umovima svojega naroda, pa njegovi neprijatelji nisu mogli ozloglasiti djelo reforme upućujući na neznanje ili slabost njezinog pokrovitelja.

Još dok se nalazio u koledžu, posvetio se proučavanju Svetoga pisma. U ona rana vremena, kad je Sveto pismo postojalo samo na drevnim jezicima, samo su učeni ljudi mogli naći put do izvora istine koji je neobrazovanima ostao zatvoren. Tako je već bio pripravljen put Wycliffeovu budućem radu kao reformatora. Učeni ljudi proučavali su Božju riječ i u njoj našli objavljenu veliku istinu o Njegovoj besplatnoj milosti. Na svojim predavanjima širili su znanje o toj istini i tako druge poticali da se obrate živoj Božjoj riječi.

Kad je Wycliffe obratio pozornost na Sveto pismo, prišao je njegovom proučavanju istom temeljitošću koja mu je omogućila da svlada školsko znanje. Ranije je osjećao veliku prazninu koju nisu mogle popuniti ni njegove skolastičke studije ni učenje Crkve. U Božjoj riječi našao je ono za čime je ranije uzalud tragao. Ovdje je vidio otkriven plan spasenja i Krista istaknutog kao jedinog posrednika za čovjeka. Posvetio se Kristovoj službi i odlučio objaviti istine koje je otkrio.

Kao i kasniji reformatori, Wycliffe u početku svog rada nije ni slutio kamo će ga to odvesti. On se nije namjerno usprotivio Rimu. No odanost istini morala ga je dovesti u sukob s neis-

81

tinom. Što je jasnije uviđao zablude papinstva, to je ozbiljnije iznosio učenje Svetoga pisma. Vidio je da je Rim ostavio Božju riječ za ljubav ljudske predaje; neustrašivo je optužio svećenstvo da je uklonilo Sveto pismo i zahtijevao da se Biblija vrati narodu i da se njezin autoritet ponovno uspostavi u Crkvi. Bio je sposoban i ozbiljan učitelj i rječit propovjednik, a njegov je svakodnevni život bio prikaz istina što ih je pripovijedao. Njegovo poznavanje Pisma, moć rasuđivanja, čistoća njegova života i njegova nepokolebljiva hrabrost i poštenje osigurali su mu opće poštovanje i povjerenje. Mnogi iz naroda postali su nezadovoljni svojom ranijom vjerom kad su vidjeli bezakonje koje je prevladavalo u Rimskoj crkvi, te su s neskrivenom radošću pozdravljali istine koje im je Wycliffe otkrivao. Ali papinske su se vođe tresle od bijesa kad su shvatile da je utjecaj ovog reformatora veći od njihovog.

82 Wycliffe je bio znalac u razotkrivanju zabluda te je neustrašivo napadao mnoge zloporabe što ih je Rim odobravao. Kao kraljevski kapelan hrabro je ustao protiv plaćanja poreza koji je papa tražio od engleskog kralja i pokazao kako se papina tvrdnja da ima vlast nad svjetovnim vladarima protivi razumu i božanskoj objavi. Zahtjevi pape izazvali su u Engleskoj veliko ogorčenje, a Wycliffeovo je učenje vršilo snažan utjecaj na vodeće ljude u narodu. Kralj i plemići su se ujedinili u poricanju pontifeksove tvrdnje da ima vremenitu vlast i odbili su plaćati porez. Time je u Engleskoj nanesen djelotvoran udarac papinskoj prevlasti.

Drugo zlo protiv kojeg je reformator vodio dugu i odlučnu borbu bila je uspostava reda redovnika-prosjaka. Ti su redovnici preplavili Englesku i postali pogubni za veličinu i napredak nacije. Radinost, odgoj, moral – u svemu se tome osjetio njihov štetni utjecaj. Život što su ga redovnici provodili u lijenosti i prosjačenju bio je ne samo težak teret za narodno gospodarstvo, već je poticao prijezir prema korisnom radu. Takvo je ponašanje obeshrabrivalo i kvarilo mladež. Pod utjecajem redovnika mnogi su odlučili otići u samostane i posvetiti se redovničkom životu, i to ne samo bez odobrenja svojih roditelja, već i bez njihova znanja i protiv njihovih uputa. Uzdižući redovnički život iznad obveza djetinje ljubavi i dužnosti, jedan od ranih otaca Rimske crkve izjavio je: "Ako bi ti otac ležao pred vratima plačući i naričući i ako bi ti majka pokazivala tijelo koje te rodilo i grudi koje su te dojile, zgazi ih svojim nogama i pođi naprijed ravno ka Kristu." Tim "monstruoznim nečovještvom", kako ga je kasnije nazvao Luther, "koje više priliči vuku i tiraninu negoli kršćaninu i čovjeku", otvrdnuli su dječja srca prema njihovim roditeljima.[1] Tako su papinske vođe, slično farizejima u prošlosti, ukidali Božju zapovijed zbog svoje predaje. Tako su domovi ostajali pusti, a roditelji lišeni zajednice sa svojim sinovima i kćerima.

Čak su i studenti na sveučilištu bili prevareni lažnim razlaganjima redovnika i nagovoreni da stupe u njihove redove. Mnogi su se zbog svog koraka kasnije kajali kad su vidjeli da su upropastili svoj život i ožalostili roditelje; ali kad su se jednom uhvatili u mrežu, bilo je nemoguće ponovno vratiti slobodu. Bojeći se utjecaja redovnika, mnogi roditelji nisu slali svoje sinove na sveučilište. U velikim učilištima osjećalo se značajno opadanje broja studenata. Škole su životarile, a neznanje je prevladalo.

Papa je tim redovnicima dao pravo da primaju ispovijed i daju oprost. To je postalo izvorom velikog zla. U želji da uvećaju svoje prihode, redovnici su bili spremni dati oproste u toj mjeri da su se k njima stjecali zločinci svih vrsta, pa se kao posljedica toga brzo povećao broj najgorih poroka. Bolesne i siromašne su ostavljali da stradaju, dok su darovi koji bi zadovoljili njihove potrebe dolazili redovnicima koji su prijetnjama tražili milostinju od naroda i proglašavali bezbožnima sve koji ne budu darivali njihove redovnike. Unatoč tvrdnji da su se zavjetovali siromaštvu, bogatstvo redovnika se stalno povećavalo, a njihove veličanstvene građevine i prepuni stolovi još su više isticali rastuće siromaštvo nacije. Dok su sámi provodili vrijeme u raskoši i zadovoljstvima, namjesto sebe slali su među svijet neuke ljude koji nisu znali drugo do potanko pričati čudesne bajke, legende i šale da bi zabavljali narod i još ga više navodili da vjeruje redovnicima. Ali redovnici su i dalje zadržali moć nad praznovjernim mnoštvom i navodili ga da povjeruje kako se sva njegova vjerska dužnost sastoji u priznavanju papine vrhovne vlasti, u obožavanju svetaca i davanju milostinje redovnicima, što je dovoljno da im osigura mjesto na Nebu.

Uzalud su učeni i pobožni ljudi nastojali reformirati te samostanske redove. Ali je Wycliffe, jasnijim zapažanjem, udario u korijen zla kad je izjavio da je sâm sustav pogrešan i da ga treba ukinuti. Došlo je do rasprave i pojavila su se mnoga pitanja. Promatrajući kako redovnici obilaze zemlju i prodaju papine oproste, mnogi su počeli sumnjati da se oprost može kupiti novcem pitajući se ne bi li oprost trebalo tražiti od Boga umjesto od rimskog pontifeksa. (Vidi Dodatak.) Drugi su se zgražali nad pohlepom redovnika, čije se lakomstvo nije moglo zasititi. Govorili su: "Redovnici i svećenici Rima izjedaju nas kao rak. Bog nas mora izbaviti, inače će narod propasti."[2] Da bi opravdali svoju pohlepu, ti su redovnici-prosjaci tvrdili da slijede Spasiteljev primjer, izjavljujući da su Isus i Njegovi učenici živjeli od milostinje naroda. Pokazalo se da su to tvrdili na svoju štetu, jer je to mnoge dovelo Bibliji da sami doznaju istinu, što je od svega najmanje odgovaralo Rimu. Umovi ljudi bili su upućeni na Izvor istine koji je Rim htio sakriti.

Wycliffe je počeo pisati i objavljivati rasprave protiv redovnika, ali ne s nakanom da se s njima prepire, već da bi ljudima skrenuo pozornost na učenje Biblije i na njezinog Autora. Izjavio je da papa nema veću vlast praštanja ili izopćenja od običnih svećenika i da nitko ne može biti punovažno izopćen, osim ako nije sâm na sebe navukao Božju osudu. Wycliffe nije mogao naći uspješniji način da obori divovsku tvorevinu duhovne i svjetovne vlasti koju je papa podigao i u kojoj su se duše i tijela milijuna držale u ropstvu.

Wycliffea su pozvali da brani prava engleske krune protiv uplitanja Rima, i nakon što je imenovan kraljevim poslanikom proveo je dvije godine u Nizozemskoj, gdje je pregovarao s povjerenicima Rima. Tu je došao u vezu sa svećenstvom iz Francuske, Italije i Španjolske te je mogao vidjeti što se zbiva iza zastora i saznati štošta što bi mu u Engleskoj ostalo skriveno. Naučio je puno toga što mu je pomoglo u njegovu kasnijem radu. U tim predstavnicima papinskog dvora upoznao je pravu narav i ciljeve hijerarhije. Vratio se u Englesku da svoje ranije učenje ponovi još otvorenije i s većim žarom, izjavljujući da su pohlepa, ponos i prijevara bogovi Rima.

U jednoj od svojih rasprava rekao je, govoreći o papi i njegovim skupljačima poreza: "Oni izvlače iz naše zemlje zaradu siromašnog čovjeka i godišnje mnoge tisuće maraka kraljevog novca za sakramente i duhovne stvari, što je prokleto krivovjerje simonije, i prisiljavaju sve kršćanske zemlje da pristanu uz ovo krivovjerje i podrže ga. I kad bi naša zemlja imala veliko brdo zlata i kad nitko od njega ne bi uzimao osim tog oholog svjetovnog svećeničkog skupljača, tijekom vremena i ono bi se potrošilo, jer on stalno uzima novac iz naše zemlje, a ne daje ništa osim Božjeg prokletstva za svoju simoniju."[3] Kralj je Wycliffea ubrzo nakon njegova povratka u Englesku imenovao župnikom u Luttherworthu. Bio je to dokaz da kralj bar zasad nije nezadovoljan njegovom otvorenošću. Wycliffeov se utjecaj osjećao u donošenju odluka na dvoru i u oblikovanju vjerovanja nacije. No uskoro su ga počeli zasipati papini gromovi. U Englesku su poslane tri papine poslanice: sveučilištu, kralju i prelatima; sve tri su naređivale poduzimanje hitnih i odlučnih mjera da se ušutka učitelj krivovjerja.[4] Međutim, prije nego što su te bule stigle, biskupi su u svojoj revnosti pozvali Wycliffea da iziđe pred njih na sud. Ali dva najmoćnija kneza u kraljevstvu pošla su s njim, a narod koji je okružio zgradu provalio je u sudnicu i toliko zastrašio suce da je suđenje odloženo, a on je mogao mirno otići. Nešto kasnije umro je Edvard III., koga su prelati u njegovoj starosti nastojali pridobiti protiv reformatora, a Wycliffeov je dotadašnji zaštitnik postao regentom kraljevstva.

Objavom papinih bula cijeloj je Engleskoj oštro naređeno da heretika uhiti i zatvori u tamnicu. Te su mjere vodile izravno na lomaču. Činilo se da Wycliffe mora uskoro pasti kao žrtva osvete Rima. Ali Onaj koji je u prošlosti izjavio: "Ne boj se, ... ja sam ti zaštita" (Postanak 15,1), opet je pružio ruku da zaštiti svog slugu. Smrt nije snašla reformatora, nego pontifeksa koji je naredio njegovo uništenje. Grgur XI. je umro, a svećenici koji su se okupili zbog suđenja Wycliffeu razišli su se.

Božja se providnost i dalje miješala u zbivanja kako bi omogućila napredak reformacije. Nakon Grgurove smrti izabrana su dvojica suparničkih papa. Sada su dvije protivničke sile, koje su obje tvrdile da su nepogrešive, zahtijevale poslušnost. (Vidi Dodatak.) Svaki je pozivao vjerne da mu pomognu u borbi protiv drugoga, potkrepljujući svoje zahtjeve strašnim anatemama protiv svojih protivnika i obećanjima nebeske nagrade svojim pomagačima. Ovaj je događaj uvelike oslabio moć papinstva. Protivničke strane bile su zauzete međusobnom borbom pa je Wycliffe neko vrijeme bio ostavljen na miru. Anateme i uzajamne optužbe letjele su od pape na papu i potoci krvi bili su proliveni u borbi kao potpora njihovim suprotnim tvrdnjama. Zločini i

86

skandali preplavili su Crkvu. U međuvremenu je reformator u tišini svoje župe u Lutterworthu marljivo radio na tome da pozornost ljudi preusmjeri sa sukobljenih papa na Isusa, Kneza mira.

Raskol, sa svim svojim sukobima i pokvarenošću koju je prouzročio, pripremio je put reformaciji, budući da je narodu omogućio da vidi kakvo je papinstvo bilo u stvarnosti. U jednoj raspravi koju je objavio, *O raskolu papa,* Wycliffe je pozvao 87 narod da ozbiljno promisli ne govore li obojica papâ istinu kad jedan drugoga nazivaju antikristom. "Bog", rekao je, "nije mogao dulje trpjeti da zakleti neprijatelj vlada samo u jednom takvom svećeniku, nego ... je među njih unio razdor, tako da bi, u Kristovo ime, ljudi mogli lakše nadvladati obojicu."[5]

Kao i njegov Učitelj, Wycliffe je propovijedao Evanđelje siromašnima. Budući da se nije zadovoljio da svjetlost širi samo u skromnim domovima svoje župe u Lutterworthu, odlučio je da je treba odnijeti u sve dijelove Engleske. Da bi to postigao, okupio je skupinu propovjednika, ljude jednostavne i pobožne, koji su ljubili istinu, čija je najveća želja bila da je prošire. Ti su ljudi išli svuda, učili na tržnicama, na ulicama velikih gradova i na seoskim putovima. Potražili bi stare, bolesne i siromašne i navješćivali im Radosnu vijest Božje milosti.

Budući da je bio profesor teologije u Oxfordu, Wycliffe je propovijedao Božju riječ u sveučilišnim dvoranama. Tako je vjerno iznosio istinu studentima kojima je predavao, da je dobio titulu "doktor Evanđelja". No njegovo najveće životno djelo bio je prijevod Svetog pisma na engleski jezik. U svom djelu *O istini i značenju Pisma* najavio je nakanu da prevede Bibliju kako bi svaki čovjek u Engleskoj na svom materinskom jeziku mogao saznati za divna Božja djela.

Ali iznenada je njegov rad prekinut. Premda još nije navršio šezdeset godina, neprekidan trud, učenje i napadi njegovih neprijatelja načeli su njegovu snagu i on je prije vremena ostario. Razbolio se od opasne bolesti. Na tu su se vijest redovnici silno obradovali. Mislili su da će se sada gorko kajati za zlo što ga je počinio Crkvi pa su požurili u njegovu sobu da čuju njegovu ispovijed. Predstavnici četiriju vjerskih redova, zajedno s 88 četirima građanskim službenicima, okružili su očito umirućeg čovjeka. "Smrt ti je na usnama," govorili su, "neka te dirnu tvoje pogreške i u prisutnosti svih nas poreci sve što si govorio protiv nas." Reformator ih je mirno slušao, a onda zamolio svog poslužitelja da ga uspravi u postelji i, gledajući ih uporno dok su čekali na njegovo odricanje, progovorio čvrstim i snažnim glasom koji ih je nagnao da zadrhte: "Neću umrijeti, nego ću živjeti; i dalje ću objavljivati zla djela redovnika."[6] Zaprepašteni i posramljeni, redovnici su požurili iz sobe.

Wycliffeove su se riječi ispunile. Živio je da bi svojim zemljacima stavio u ruke najmoćnije od svih oružja protiv Rima – dao im je Bibliju, to Nebom određeno sredstvo za oslobađanje, prosvjetljenje i evangeliziranje naroda. Da bi se to djelo obavilo, bilo je potrebno svladati mnoge velike prepreke. Wycliffe je tjelesno jako oslabio. Znao je da mu za rad preostaje samo još nekoliko godina. Vidio je oporbu s kojom se mora sukobiti, ali ohrabren obećanjima Božje riječi, išao je neustrašivo naprijed. U punoj snazi svojih intelektualnih moći, bogat iskustvom, on je Božjom posebnom providnošću bio sačuvan za to najveće od svih svojih djela. Dok je cijeli kršćanski svijet bio ispunjen nemirom, reformator se u svojem župnom dvoru u Lutterworthu, ne obzirući se na oluju koja je vani bjesnila, posvetio svom izabranom djelu.

Napokon je djelo bilo dovršeno – prvi engleski prijevod Biblije. Božja je Riječ bila na raspolaganju Engleskoj. Reformator se sada nije bojao ni zatvora ni lomače. On je u ruke engleskog naroda stavio svjetlo koje se nikada više ne smije ugasiti. Time što je svojim sunarodnjacima dao Bibliju učinio je više na raskidanju okova neznanja i poroka, na oslobađanju i uzdizanju svoje zemlje, nego što su to ikada učinile najslavnije pobjede izvojevane na bojnome polju.

Budući da je umijeće tiskanja još bilo nepoznato, primjerci Biblije su se mogli umnožiti samo sporim i zamornim prepisivanjem. Zanimanje za tu knjigu bilo je toliko da su se mnogi dragovoljno posvetili njezinom prepisivanju, pa ipak prepisivači nisu mogli zadovoljiti potražnju. Neki bogatiji kupci htjeli su imati prijepis cijele Biblije. Drugi su kupovali samo neki dio. U mnogo slučajeva više se obitelji udružilo da nabavi primjerak Biblije. Tako je Wycliffeov prijevod Biblije brzo našao put u domove ljudi. *89*

Pozivanje na zdrav ljudski razum probudilo ih je iz njihove pasivne pokornosti papinskim dogmama. Wycliffe je sada propovijedao osobita učenja protestantizma – spasenje vjerom u

Krista i nepogrešivost jedino Svetoga pisma. Propovjednici koje je slao širili su Bibliju zajedno s reformatorovim spisima, i to s takvim uspjehom da je "novu vjeru" prihvatila gotovo polovica engleskog naroda.

Pojava Svetoga pisma izazvala je očaj crkvenih vlasti. Sada su se morali sresti s moćnijim protivnikom od Wycliffea, s protivnikom protiv koga njihovo oružje neće mnogo vrijediti. U to vrijeme u Engleskoj nije postojao zakon koji bi zabranjivao Bibliju, jer ona nikada ranije nije bila objavljena na narodnom jeziku. Takvi su se zakoni donijeli kasnije i strogo se primjenjivali. U međuvremenu, unatoč nastojanjima svećenika, to je bila prilika za širenje Božje riječi.

Ponovno su papinske vođe skovale zavjeru da ušutkaju reformatorov glas. Pozvali su ga pred tri suda zaredom, ali uzalud. Prvo je jedan biskupski sinod proglasio njegove spise krivovjerjem i, pridobivši mladog kralja Richarda II., uspio pribaviti kraljev ukaz prema kome treba pozatvarati sve koji se drže zabranjenog učenja.

Poslije te odluke sinoda, Wycliffe se obratio parlamentu. Pred narodnom je skupštinom neustrašivo optužio hijerarhiju i zahtijevao reformu mnoštva zlouporaba što ih je je Crkva odobravala. Uvjerljivom je snagom opisao uzurpaciju i pokvarenost papinske stolice. Neprijatelji su se zbunili. Wycliffeovi su se prijatelji i pomagači morali povući, pa se pouzdano očekivalo *90* da će se i reformator, u svojoj dubokoj starosti, sâm i bez prijatelja, pokloniti ujedinjenom autoritetu krune i mitre. Ali u tome su papisti doživjeli poraz. Potaknut Wycliffeovim ozbiljnim pozivima, parlament je povukao proglas i reformator je ponovno bio na slobodi.

I treći je put izveden pred sud; taj put pred najviši crkveni sud u zemlji. Ovdje neće biti milosti za krivovjerje. Tu će Rim napokon trijumfirati, a reformatorovo će djelo biti zaustavljeno. Tako su mislili papisti. Ako uspiju ostvariti svoj cilj, Wycliffe će biti prisiljen odreći se svojeg učenja ili će napustiti sudsku dvoranu da bude predan plamenu lomače.

Ali Wycliffe nije opozvao svoje učenje; on neće jedno govoriti a drugo misliti. Neustrašivo je branio svoje učenje i pobijao optužbe svojih tužitelja. Zaboravljajući na sebe, svoj položaj i sredinu, pozivao je svoje slušatelje pred božanski sud i izmjerio njihova lukavstva i prijevare na vagi vječne istine. U dvorani se osjećala sila Svetoga Duha. Slušatelji su sjedili na svojim mjestima kao da su prikovani Božjom silom. Kao da nisu imali snage napustiti dvoranu. Slično strijelama odapetim s Božjeg luka, reformatorove su riječi probijale njihova srca. Optužbom o krivovjerju, koju su podigli protiv njega, on je uvjerljivom snagom optužio njih. Zašto se, pitao je, usuđuju širiti svoje zablude? Zbog zarade, da bi trgovali Božjom milošću? "Što mislite", zapitao ih je na kraju, "protiv koga se borite? Protiv starca koji je jednom nogom već u grobu? Ne! Vi se borite protiv istine — istine koja je jača od vas i koja će vas pobijediti!"[7] Nakon tih riječi povukao se iz sudske dvorane i nitko od njegovih protivnika nije se usudio zaustaviti ga.

Wycliffeovo djelo bilo je gotovo završeno. Uskoro će ispustiti iz ruke stijeg istine koji je tako dugo nosio. Ali još jednom je morao posvjedočiti za Evanđelje. Istinu je trebalo objaviti u samoj utvrdi kraljevstva zablude. Wycliffe je bio pozvan pred papinski sud u Rimu, koji je tako često prolijevao krv svetih. Nije bio slijep za opasnost koja mu je prijetila, ali bi se odazvao pozivu da ga udar kapi nije spriječio na tom putu. Premda se njegov glas nije mogao čuti u Rimu, on je mogao govoriti pismom i to je odlučio učiniti. Iz svojeg župnog dvora u Lutterworthu uputio je papi pismo, koje je, premda uljudno po tonu i kršćansko po duhu, ipak bilo oštar prijekor raskoši i gordosti papinske stolice.

"Doista se radujem", pisao je, "što mogu otkriti i objaviti svakom čovjeku, a osobito rimskom biskupu svoju vjeru, koju će, s obzirom da je smatram zdravom i istinitom, on svakako potvrditi ili, ako je pogrešna, ispraviti.

Prvo, pretpostavljam da Kristovo Evanđelje sadrži sav Božji zakon. ... Držim da je rimski biskup, to više što je Kristov zamjenik ovdje na Zemlji, više od svih ljudi vezan za taj zakon Evanđelja. Jer se veličina među Kristovim učenicima nije sastojala u svjetovnom dostojanstvu i časti, nego u tome da što potpunije i točnije slijede Krista u Njegovu životu i ponašanju. ... Za svog boravka ovdje na Zemlji Isus je bio vrlo siromašan; odrekao se svake svjetovne vlasti i časti. ...

Nijedan vjernik se ne bi trebao ugledati na papu niti na kojega sveca, osim u onome u čemu je slijedio Gospodina Isusa Krista, jer su Petar i Zebedejevi sinovi pogriješili težeći za svjetovnom časti namjesto da pođu Kristovim stopama, a u takvim ih pogreškama ne trebamo slijediti. ... Papa treba svjetovnoj vlasti prepustiti svu zemaljsku vlast i nadzor, i to zahtijevati od svega svojega svećenstva, jer tako je činio Isus, a posebno preko svojih apostola. Ako sam u ovome u bilo kakvoj zabludi, smjerno ću primiti ukor pa i smrt ako je potrebno. Kad bih mogao učiniti po svojoj volji i želji, osobno bih došao pred rimskog biskupa. Ali Gospodin je inače drukčije odlučio i naučio me da se trebam više pokoravati Bogu nego ljudima."

Završavajući dodao je: "Molimo se našem Bogu da utječe, kao što je počeo, na našega papu Urbana VI., da bi se on i svećenstvo koje mu je podložno ugledali na život i ponašanje Gospodina Isusa Krista i pravilno podučavali narod, kako bi ih u tome mogao vjerno slijediti."[8]

Wycliffe je time papi i njegovim kardinalima pokazao Kristovu krotkost i poniznost, čime je ne samo njima nego i cijelom kršćanskom svijetu pokazao razliku između njih i Učitelja čijim su se predstavnicima smatrali.

Wycliffe je bio siguran da će svoju vjernost platiti životom. Kralj, papa i biskupi ujedinili su se da ga unište, pa se činilo da će najviše za nekoliko mjeseci završiti na lomači. Ali njegova se hrabrost nije pokolebala. "Zašto govorite da po krunu mučenika treba ići daleko?", govorio je. "Propovijedaj Kristovo Evanđelje nadmenim biskupima, i mučeništvo te neće mimoići. Što? Da živim i šutim? ... Nikada! Neka udarac padne! Ja ga čekam!"[9]

Ali Božja je providnost još štitila svojeg slugu. Čovjek koji je cijelog svog života hrabro stajao braneći istinu, svakodnevno izložen životnoj opasnosti, neće pasti kao žrtva mržnje svojih neprijatelja. Wycliffe nikada nije pokušavao zaštititi sebe, ali je Gospodin bio njegov zaštitnik. U trenutku kad su njegovi neprijatelji bili uvjereni da im žrtva neće umaknuti, Božja ruka uklonila ga je izvan njihova domašaja. Pao je pogođen od kapi u svojoj crkvi u Lutterworthu, dok se spremao da podijeli Gospodnju večeru, i ubrzo nakon toga umro.

Bog je Wycliffea pozvao na određeno djelo. Stavio je u njegova usta riječ istine i postavio stražu oko njega da bi ta riječ mogla stići do naroda. Zaštitio je njegov život i produžio rad dok nije postavljen temelj velikom djelu reformacije.

Wycliffe se pojavio iz mraka srednjeg vijeka. Prije njega nije bilo nikoga čije bi djelovanje moglo utjecati na njegov sustav reforme. Podignut kao Ivan Krstitelj da izvrši naročitu zadaću, postao je vjesnikom novog doba. Ali u sustavu istine koju je iznosio bilo je jedinstva i cjelovitosti koju ni kasniji reformatori nisu nadmašili, a neki od njih to nisu dostigli ni stotinu godina kasnije. On je položio tako širok i dubok temelj, podigao tako čvrst i trajan okvir da oni koji su došli poslije njega na njemu nisu imali što mijenjati.

Veliki pokret što ga je Wycliffe pokrenuo s ciljem da oslobodi savjest i um, kao i da oslobodi narode koji su tako dugo bili upregnuti u trijumfalna kola Rima, imao je izvorište u Bibliji. Tu je bio izvor rijeke blagoslova koja je kao živa voda tekla vjekovima od četrnaestog stoljeća dalje. Wycliffe je bezuvjetnom vjerom prihvatio Sveto pismo kao nadahnutu objavu Božje volje, kao pouzdano pravilo vjere i života. On je bio odgojen da Rimsku crkvu poštuje kao božanski, nepogrešivi autoritet i da neupitnim poštovanjem prihvati postojeće učenje i običaje stare tisuću godina. Ali je sve to napustio da bi poslušao Božju svetu Riječ. Na taj je autoritet upućivao narod. Namjesto da Crkva govori preko pape, on je izjavio da je jedini autoritet Božji glas koji govori kroz Njegovu Riječ. Učio je ne samo da je Biblija savršena objava Božje volje, nego da je Sveti Duh njezin jedini tumač i da svaki čovjek proučavanjem njezinog nauka treba spoznati svoju dužnost. Tako je srca ljudi odvraćao od pape i Rimske crkve i upućivao na Božju riječ.

Wycliffe je bio jedan od najvećih reformatora. Po snazi uma, *94* jasnoći misli, čvrstoći kojom je držao istinu i hrabrosti kojom ju je branio, malo je bilo sličnih među onima koji su došli nakon njega. Čistoća života, neumorna marljivost u proučavanju i radu, nepotkupljivo poštenje i Kristova ljubav i vjernost u službi bile su odlike prvog od reformatora. I sve to bez obzira na intelektualni mrak i moralnu izopačenost vremena u kojemu se pojavio.

Wycliffeov karakter dokaz je odgojne i preobražavajuće sile Svetoga pisma. Biblija je od njega načinila ono što je bio. Nastojanje da se shvate velike istine božanske objave daje svim sposobnostima svježinu i energičnost. Ono razvija razum, izoštrava pronicljivost i daje zrelost rasuđivanju. Proučavanje Biblije oplemenit će svaku misao, osjećaj i težnju kako to ne može nijedno drugo proučavanje. Ono daje odlučnost, strpljivost, hrabrost i čvrstoću; ono čisti karakter i posvećuje dušu. Ozbiljno i ponizno proučavanje Svetoga pisma koje dovodi um istraživača u neposrednu vezu s beskonačnim Umom, dalo bi svijetu ljude snažnijeg i aktivnijeg razuma kao i plemenitijih načela nego što ga je najbolje obrazovanje koje pruža ljudska filozofija ikada dalo. "Objava riječi tvojih prosvjetljuje", kaže David, "bezazlene urazumljuje." (Psalam 119,130)

Istine što ih je Wycliffe učio širile su se još neko vrijeme. Njegovi sljedbenici, poznati kao viklifovci i lolardi, ne samo što su putovali Engleskom, već su se raspršili i po drugim zemljama, pronoseći spoznaju Evanđelja. Budući da je njihov vođa bio uklonjen, propovjednici su radili s još većom revnošću i mnoštvo se okupljalo slušati njihovo učenje. Neki od plemića, pa čak i kraljeva supruga, ubrajali su se među obraćenike. U mnogim mjestima zamjećivala se značajna promjena u ponašanju ljudi, a idolopoklonički simboli Rimske crkve uklonjeni su iz crkava. Ali uskoro se nesmiljena oluja progonstva sručila na one koji su se usudili prihvatiti Bibliju za svog vodiča. Engleski kraljevi, u želji da učvrste vlast osiguravanjem podrške Rimu, nisu oklijevali žrtvovati reformatore. Prvi je put u povijesti Engleske smrt na lomači određena za učenike Evanđelja. Umirao je mučenik za mučenikom. Branitelji istine, progonjeni i mučeni, mogli su vikati samo u uši Gospodinu nad vojskama. Progonjeni kao neprijatelji Crkve i izdajice kraljevstva, nastavili su propovijedati Evanđelje na skrovitim mjestima, nalazeći kakvo-takvo sklonište u skromnim domovima siromašnih, često se skrivajući čak u brlozima i špiljama.

Unatoč žestini progonstva još je stoljećima odjekivao miran, predan, ozbiljan i strpljiv prosvjed protiv prevlađujuće izopačenosti vjere. Kršćani su u ono vrijeme samo djelomično poznavali istinu, ali su naučili ljubiti i poslušati Božju riječ te su zbog nje strpljivo podnosili stradanje. Kao učenici u vrijeme apostola, mnogi su svoj svjetovni imetak žrtvovali za Kristovo djelo. Oni kojima je bilo dopušteno da ostanu u svojim domovima rado su primali svoju prognanu braću, a kad su i sami bili protjerani, radosno su dijelili sudbinu prognanih. Istina, tisuće su, zastrašene bijesom svojih progonitelja, kupili slobodu žrtvovanjem svoje vjere i napuštali zatvor odjeveni u pokorničku odjeću u znak javnog odricanja od vjere. Ali nije bilo malo onih – među njima su bili ljudi i plemićkog i skromnog podrijetla – koji su neustrašivo svjedočili za istinu u tamničkim ćelijama, u "lolardskim kulama" i usred mučenja i plamena, radujući se što su se udostojili imati udio u Njegovim patnjama.

Dok je bio živ, papisti nisu mogli ostvariti svoju nakanu s Wycliffeom i njihova se mržnja nije mogla zadovoljiti dokle god je njegovo tijelo mirno počivalo u grobu. Odlukom crkvenog sabora u Konstanzu, više od četrdeset godina nakon njegove smrti, njegove su kosti iskopane i javno spaljene, a pepeo je prosut u obližnji potok. "Taj potok", kaže jedan stari pisac, "odnio je njegov prah u Avon, a Avon u Severn, a Severn u priobalno more, a odatle u ocean. Tako je Wycliffeov prah postao simbolom njegova učenja koje se raširilo po cijelome svijetu."[10]

Wycliffeovi spisi naveli su Jana Husa u Češkoj da se odrekne mnogih zabluda Rimske crkve i otpočne djelo reforme. Tako je posijano sjeme istine u tim dvjema međusobno udaljenim zemljama. Iz Češke se djelo proširilo u druge zemlje. Pozornost ljudi bila je usmjerena na davno zaboravljenu Božju riječ. Božanska ruka pripremala je put velikoj reformaciji.

6

Hus i Jeronim

97   Evanđelje je u Češkoj uhvatilo korijena već u devetom sto-
ljeću. Biblija je bila prevedena i bogoslužje se održavalo na
narodnom jeziku. Ali kako je papinska vlast rasla, tako je Božja
riječ sve više padala u zasjenak. Grgur VII., koji je odlučio po-
niziti oholost kraljeva, ništa manje nije nastojao podjarmiti i
narod, pa je izdan ukaz kojim se zabranilo vršenje javnog bo-
goslužja na češkom jeziku. Papa je objavio kako je "Svemogu-
ćem ugodno da se bogoslužje obavlja na nepoznatom jeziku i
da je nepoštovanje toga pravila izazvalo mnoga zla i hereze".[1]
Tako je Rim naredio da se ugasi svjetlo Božje riječi, a narod
bude prepušten tami. No Nebo je predvidjelo druga sredstva
da sačuva Crkvu. Mnogi valdenzi i albigenzi, prognani iz svo-
jih domova u Francuskoj i Italiji, došli su u Češku. Premda se
nisu usudili učiti javno, oni su revno djelovali u tajnosti. Tako
se prava vjera čuvala iz stoljeća u stoljeće.
     Još prije Husa u Češkoj su se pojavili ljudi koji su otvo-
reno osuđivali pokvarenost u Crkvi i razuzdanost naroda. Nji-
hovo djelovanje izazvalo je široko zanimanje. Hijerarhija se upla-
šila pa je opet izbilo progonstvo usmjereno na učenike Evan-
98   đelja. Natjerani da bogoslužja obavljaju u šumama i planinama,
i ondje su bili izvrgnuti progonstvu vojnika, a mnogi su bili
osuđeni na smrt. Nakon nekog vremena proglašeno je da svi
koji su napustili rimsko bogoslužje trebaju biti spaljeni. Krš-
ćani su žrtvovali svoje živote s očekivanjem da će budućnost
donijeti pobjedu. Jedan od onih koji su učili "da se spasenje
može dobiti samo vjerom u raspetog Spasitelja", izjavio je na
samrti: "Danas smo izloženi gnjevu neprijatelja istine, ali tako

neće biti zauvijek; ustat će jedan između običnog naroda, bez
mača i vlasti, i njega neće moći nadvladati."² Lutherovo je vrijeme
još bilo daleko, ali je već ustajao jedan čije će svjedočanstvo
protiv Rima pokrenuti narode.

Jan Hus je bio skromnog podrijetla, siroče koje je rano ostalo
bez oca. Njegova pobožna majka, smatrajući odgoj u Gospod-
njem strahu vrednijim od sveg blaga, nastojala je to nasljed-
stvo osigurati svome sinu. Hus je najprije učio u seoskoj školi,
a zatim je primljen na Sveučilište u Pragu. Majka ga je pratila
na putu u Prag; obudovjela i siromašna nije svome sinu mogla
dati darove svjetovnog blaga, ali kad su se približili velikome
gradu, kleknula je pored mladića bez oca i molila nebeskog
Oca za blagoslov nad njime. Nije ni slutila kako će njezina mo-
litva biti uslišana.

Na sveučilištu se Hus ubrzo istaknuo svojim neumornim
radom i brzim napretkom, a njegov besprijekoran život i blago
privlačno ponašanje pribavili su mu opće poštovanje. Bio je
iskreni pristaša Rimske crkve i ozbiljno je tražio duhovne bla-
goslove što ih je ona obećavala. Prigodom neke obljetnice otišao
je na ispovijed, dao nekoliko posljednjih novčića iz svojih os-
kudnih zaliha i pridružio se procesiji kako bi dobio obećani
oprost. Po završenom studiju postao je svećenikom i brzo na-
predovao te se pojavio i na kraljevskom dvoru. Bio je imeno-
van profesorom, a zatim rektorom sveučilišta na kojem je ste-
kao svoje obrazovanje. Za samo nekoliko godina skromni siro-
mašni student postao je ponosom svoje zemlje, a njegovo se
ime pročulo po cijeloj Europi.

Međutim, Hus je na jednom drugom području otpočeo djelo
reforme. Nekoliko godina nakon zaređenja za svećenika, ime-
novan je propovjednikom Betlehemske kapele. Utemeljitelj te
kapele zahtijevao je, kao veoma važno, da se Sveto pismo pro-
povijeda na narodnom jeziku. Unatoč tome što se Rim proti-
vio tom običaju, on u Češkoj nije potpuno nestao. Vladalo je
veliko nepoznavanje Biblije i među ljudima svih staleža prevla-
davali su najteži poroci. Hus je bespoštedno osudio ta zla, po-
zivajući se na Božju riječ kako bi potkrijepio objavljena načela
čistoće i istine.

Jedan od praških građana, Jeronim, koji kasnije postaje Hu-
sovim najbližim suradnikom, donio je pri povratku iz Engleske
Wycliffeove spise. Engleska kraljica, koja je prihvatila Wycliffeovo

99

učenje, bila je češka princeza pa su zahvaljujući i njezinom utjecaju reformatorova djela postala poznata u njezinoj domovini.

Hus ih je čitao s velikim zanimanjem; bio je uvjeren da je njihov pisac iskreni kršćanin, pa je bio sklon reformama što ih je on zastupao. Tako je Hus, premda to nije znao, zakoračio na put koji će ga odvesti daleko od Rima.

Nekako u to vrijeme iz Engleske su u Prag stigla dva stranca, učeni ljudi, koji su primili svjetlo i došli ga raširiti u toj dalekoj zemlji. Budući da su počeli otvorenim napadom na papinsku prevlast, vlasti su ih ubrzo ušutkale; ali kako se nisu namjeravali odreći svojeg cilja, poslužili su se drugim sredstvima. Budući da su bili umjetnici i propovjednici, odlučili su se poslužiti svojim talentom. Na jednom su mjestu otvorenom za javnost postavili dvije slike. Jedna je prikazivala Kristov ulazak u
100   Jeruzalem, "... ponizan i jaše na magarici" (Matej 21,5), kako Ga prate Njegovi učenici, odjeveni u pohabanu odjeću i bosih nogu. Druga je slika prikazivala procesiju s pontifeksom – papu odjevenog u najskupocjenije haljine, s trostrukom krunom na glavi, kako jaši na veličanstveno okićenom konju, dok pred njim idu trubači i prate ga kardinali i biskupi u blještavom ruhu.

Takva je propovijed privukla pozornost svih društvenih slojeva. Mnoštvo se okupljalo pred tim slikama. Svatko je razumio poruku i na mnoge je dubok dojam ostavila suprotnost između krotkosti i poniznosti Krista Učitelja i oholosti i taštine pape koji se izdavao za Njegovog slugu. U Pragu je zavladalo veliko uzbuđenje i nemir, pa su ta dva stranca ubrzo stekla uvjerenje da bi zbog svoje sigurnosti trebala otputovati. Ali poruka koju su ostavili nije bila zaboravljena. Njihove su se slike duboko dojmile Husa i potaknule ga na dublje proučavanje Biblije i Wyckliffeovih spisa. Premda čak ni tada još nije bio spreman prihvatiti sve reforme što ih je Wyckliffe zahtijevao, ipak je jasnije vidio pravi karakter papinstva i s većom revnošću osudivao gordost, težnje i izopačenost hijerarhije.

Iz Češke se svjetlo proširilo na Njemačku. Zbog nemira na sveučilištu, stotine njemačkih studenata napustilo je Prag. Mnogi od njih primili su od Husa svoje prvo znanje o Bibliji, i nakon povratka počeli širiti Evanđelje u svojoj domovini.

Vijesti o zbivanjima u Pragu stigle su u Rim, i ubrzo je Hus pozvan da iziđe pred papu. Odazvati se tom pozivu značilo je izložiti se sigurnoj smrti. Češki kralj i kraljica, sveučilište, članovi plemstva i vladini službenici zajedno su uputili molbu pontifeksu zahtijevajući da se Husu dopusti ostati u Pragu i da Rimu odgovori preko poslanstva. Namjesto da udovolji toj molbi, papa je nastavio sa suđenjem, i Husa osudio, a Prag prokleo.

U ono je vrijeme takva presuda, kad god bila objavljena, *101* izazvala opću uzbunu. Obredi kojima je bilo popraćeno njezino izricanje smišljeni su da izazovu užas u narodu koji je u papi gledao predstavnika samoga Boga, koji drži ključeve od Neba i pakla i ima vlast da objavi svjetovne kao i duhovne kazne. Vjerovalo se da su nebeska vrata zatvorena cijelom području koje je bilo pod kletvom i da su, dok papi ne bude ugodno da skine prokletstvo, mrtvi isključeni iz mjesta blaženstva. U znak te strašne nesreće bile su zabranjene sve vjerske službe. Zatvarane su crkve. Vjenčanja su obavljana u crkvenom dvorištu. Mrtvi, koje je bilo zabranjeno pokopati na posvećenom mjestu, pokapani su bez uobičajenih pogrebnih obreda u jarke ili na njivama. Djelujući takvim mjerama na maštu, Rim je nastojao zavladati savješću ljudi.

Prag je bio ispunjen nemirom i zbunjenošću. Mnogi su okrivljavali Husa da je uzročnik za sve njihove nesreće, i zahtijevali da bude predan odmazdi Rima. Da bi stišao oluju, reformator se za neko vrijeme povukao u svoje rodno selo. Otuda je pisao prijateljima koje je ostavio u Pragu: "Ako sam se povukao iz vaše sredine, učinio sam to zato da slijedim savjet i primjer Isusa Krista kako ne bih dao priliku zlima da na sebe navuku vječnu osudu, a i da pobožnima ne bih bio uzrokom nevolja i progonstva. Također sam se povukao bojeći se da bezbožni svećenici ne bi na dulje vrijeme zabranili propovijedanje Božje riječi među vama. Ali vam nisam dopustio da se odrečete božanske istine, za koju sam, Božjom pomoću, spreman umrijeti."[3] Hus nije prestao djelovati nego je putovao po okolici, propovijedajući mnoštvu koje ga je željno slušalo. Tako su mjere kojima se papa poslužio da spriječi širenje Evanđelja postale uzrokom njegovog još većeg širenja. "Ta ništa ne možemo protiv istine, nego samo za istinu." (2. Korinćanima 13,9)

"U tom razdoblju svojega djelovanja Hus je, čini se, pro- *102* življavao tešku duševnu borbu. Premda ga je svojim munjama Crkva nastojala uništiti, on joj nije odricao autoritet. Za njega

je Rimska crkva još bila Kristova nevjesta, a papa Božji pred-
stavnik i namjesnik. Hus se borio protiv zloporabe vlasti, a ne
protiv nje same. To je dovelo do strašnog sukoba između ono-
ga što mu je govorio razum i zahtijevala njegova savjest. Ako
je autoritet bio pravedan i nepogrešiv, kao što je to vjerovao,
zašto se osjeća ponukanim da ga ne posluša? Poslušati ga, vidio
je, bilo bi grijeh; ali zašto bi poslušnost nepogrešivoj Crkvi iza-
zvalo takve posljedice? Bio je to problem koji nije mogao rije-
šiti; bila je to sumnja koja ga je neprekidno izjedala. Najbliža
sličnost rješenju do kojega je došao bilo je da se ponovilo ono
što se dogodilo u Spasiteljevo doba kada su se zli svećenici po-
služili svojom zakonitom vlašću za postizanje nezakonitih cilje-
va. To ga je navelo da za vodiča prihvati, i drugima počne ob-
javljivati načelo prema kojemu pravila Svetog pisma, prihvaće-
na razumom, trebaju upravljati savješću; drugim riječima, da
je jedini nepogrešivi vodič samo Bog koji govori u Bibliji, a ne
Crkva koja govori preko svećenstva."[4]

Kad se nakon nekog vremena uzbuđenje u Pragu stišalo,
Hus se vratio u Betlehemsku kapelu, da s još većom revnošću
i hrabrošću nastavi naviještati Božju riječ. Njegovi su neprija-
telji bili aktivni i moćni, ali su kraljica i mnogi plemići bili
njegovi prijatelji, a na njegovoj su strani bili i mnogi iz naro-
da. Uspoređujući njegovo čisto i oplemenjujuće učenje i sveti
život, s ponižavajućim dogmama što su ih pristaše Rima propo-
vijedali, i s pohlepom i razvratom u kome su živjeli, mnogi su
smatrali čašću da budu na njegovoj strani.

Dotada je u svojem radu Hus bio sâm, ali sada mu se u
djelu reforme pridružio Jeronim, koji je za svog boravka u Engle-
103   skoj prihvatio Wycliffeovo učenje. Od tog trenutka postali su
ujedinjeni u životu, pa se neće razdvojiti ni u smrti. Jeronim
je bio obdaren briljantnošću genija, rječitošću i učenošću – da-
rovima koji privlače simpatije – ali je u osobinama koje ističu
pravu snagu karaktera Hus bio veći. Njegovo staloženo rasuđiva-
nje obuzdavalo je nagli Jeronimov duh. Jeronim je istinskom
poniznošću prepoznavao Husovu vrijednost i prihvaćao njego-
ve savjete. Udruženim radom reforma se još brže širila.

Bog je velikom svjetlošću rasvijetlio umove tih izabranih
ljudi, otkrivajući im mnoge zablude Rima. Ali oni nisu primili
svu svjetlost namijenjenu svijetu. Preko njih, svojih slugu, Bog
je izvodio narod iz mraka rimskih zabluda, ali pred njima su

bile mnoge i velike prepreke, pa ih je vodio korak po korak, onako kako su mogli podnijeti. Oni nisu bili spremni najedanput prihvatiti cjelokupnu svjetlost. Kao što bi pun sjaj podnevnog sunca djelovao na one koji su dugo bili u mraku, svjetlost bi ih, da je iznesena, nagnala da joj okrenu leđa. Stoga ju je Bog tim vođama otkrivao malo-pomalo, onoliko koliko je narod mogao primiti. Iz stoljeća u stoljeće dolazit će drugi vjerni djelatnici da narod vode dalje putem reforme. I dalje je trajao raskol u Crkvi. Sada su se trojica papa borila za vlast, i njihov je sukob ispunjavao kršćanski svijet zločinima i bunama. Kako se nisu zadovoljili bacanjem anatema, latili su se zemaljskog oružja. Svaki od njih nastojao je pribaviti oružje i prikupiti vojsku. Dakako, za to je bio potreban novac, a da bi ga pribavili, prodavali su crkvene darove, položaje i blagoslove. (Vidi Dodatak.) Povodeći se za primjerom svojih pretpostavljenih, svećenici su pribjegli simoniji i ratu da bi ponizili svoje suparnike i ojačali svoju vlast. Hus je iz dana u dan sve hrabrije grmio protiv gadosti koje su se trpjele u ime religije, a narod je otvoreno optuživao vođe Rimske crkve da su uzrok bijede koja je preplavila kršćanski svijet.

Činilo se da je Prag ponovno na pragu krvavog sukoba. *104* Kao i u prošlim vremenima, Božji je sluga bio optužen kao "onaj koji upropašćuje Izraela" (1. Kraljevima 18,17). Nad gradom je opet izrečena kletva i Hus se opet povukao u svoje rodno selo. Došao je kraj svjedočanstvu što ga je tako vjerno iznosio u svojoj dragoj Betlehemskoj kapeli. Prije nego što bude položio život kao svjedok istine, trebao je progovoriti s veće pozornice.

Da bi se izliječila zla koja su harala Europom, sazvan je opći crkveni sabor u Konstanzu. Sabor je sazvan po želji cara Žigmunda, a sazvao ga je papa Ivan XXIII., jedan od trojice suparničkih papa. Zahtjev za sazivanjem koncila nije bio dobrodošao papi Ivanu, čiji bi karakter i politika teško mogli izdržati kritiku — pa dolazila ona i od strane prelata tako slabog morala kao što su bili crkvenjaci onog vremena. Međutim, nije se usudio usprotiviti Žigmundovoj volji. (Vidi Dodatak.)

Glavni ciljevi toga sabora bili su da se izliječi raskol u Crkvi i iskorijeni krivovjerje. Stoga su na sabor bila pozvana dvojica suparničkih papa i vodeći zagovornik novih mišljenja Jan Hus. Bojeći se za svoju sigurnost, prvi nisu došli na sabor osobno, već su poslali svoje zastupnike. Papa Ivan XXIII., koji je naoko sazvao sabor, došao je u Konstanz s mnogim zlim slutnjama, sumnjajući da ga imperator potajno namjerava svrgnuti. Ujedno se bojao da ga ne pozovu na odgovornost za poroke kojima je osramotio trokrunu, kao i za zločine s pomoću kojih ju je stekao. Ali u Konstanz je ušao s velikom pompom, praćen crkvenim velikodostojnicima i svitom dvorana. Svećenstvo i gradski velikodostojnici, s mnoštvom naroda, izišli su pred njega da mu izraze dobrodošlicu. Nad njim se uzdizala zlatna nebnica koju su nosila četiri visoka gradska službenika. Pred njim su nosili hostiju, a bogata odjeća kardinala i plemića predstavljala je veličanstveni okvir prizora.

U isto vrijeme Konstanzu se približavao još jedan putnik. *105* Hus je bio svjestan opasnosti koja mu prijeti. Oprostio se od svojih prijatelja kao da ih nikada više neće vidjeti i pošao na put osjećajući da ga vodi na lomaču. Bez obzira što je od češkog kralja dobio zajamčen slobodan prolaz, a takvo pismo na putu i od cara Žigmunda, ipak je sve tako uredio kao da ga čeka smrt.

U pismu što ga je uputio svojim prijateljima u Prag pisao je: "Braćo moja, ... odlazim s kraljevim jamstvom slobodnog prolaza da sretnem svoje brojne i smrtne neprijatelje. ... Ja se posvema uzdam u svemogućeg Boga i svog Spasitelja. Uvjeren sam da će čuti vaše usrdne molitve, da će mi u usta staviti svoju razboritost i mudrost da bih im se mogao oprijeti, i da će mi dodijeliti svoga Svetoga Duha da me učvrsti u Njegovoj istini tako da mogu hrabro podnijeti kušnje, tamnicu i, ako bude potrebno, okrutnu smrt. Isus Krist je stradao za one koje je ljubio; trebamo li se čuditi što nam je ostavio primjer da bismo i sami sve strpljivo podnosili za naše spasenje? On je Bog, a mi Njegova stvorenja; On je Gospodin, a mi Njegovi sluge; On je Učitelj svijeta, a mi prijezira vrijedni smrtnici – pa ipak je stradao! Zašto onda i mi ne bismo stradali, posebno ako je stradanje za nas čišćenje. ... Stoga, ljubljeni, ako moja smrt treba poslužiti Njemu na slavu, molite se da dođe brzo i da me On osposobi da mogu postojano podnijeti sve nevolje. Ali ako je bolje da se vratim k vama, molimo se Bogu da se vratim bez mrlje, to jest da ne izostavim ni jedno slovo evanđeoske istine, kako bih svojoj braći ostavio dobar primjer. Iz toga razloga možda u Pragu više nikada nećete vidjeti mog lica, ali ako volja svemogućeg Boga dopusti da vam se vratim, napredujmo sa čvršćim srcem u poznavanju i ljubavi Njegova Zakona."[5]

U drugom pismu što ga je uputio jednom svećeniku koji je postao učenikom Evanđelja, Hus s dubokom poniznošću govori o svojim pogreškama, optužujući sebe da je "sa zadovoljstvom nosio raskošnu odjeću i da je potrošio sate na ispraznosti". A onda je dodao ove dirljive savjete: "Neka bi Božja slava i spasenje duša zaokupljali tvoj um, a ne posjedovanje župnih dvorova i imanja. Čuvaj se da svoj dom ne ukrašavaš više nego svoju dušu, a iznad svega posveti se izgradnji duhovne građevine. Budi pobožan i krotak prema siromašnima i ne troši svoja dobra na gozbe. Ako ne promijeniš svoj život i ne uzdržiš se od nepotrebnih stvari, bojim se da ćeš biti oštro kažnjen kao ja. ... Ti znaš moje učenje, jer si od djetinjstva primao moje pouke; stoga je nepotrebno da ti više pišem. Ali te zaklinjem milosrđem našega Gospodina da me ne oponašaš ni u jednoj taštini u koju si vidio da sam pao." Na omotnici pisma dodao je: "Zaklinjem te, prijatelju moj, da ovaj pečat ne slomiš dok ne budeš siguran u moju smrt."[6]

Na svojem putu Hus je posvuda nailazio na znakove proširenosti svojeg učenja i na naklonost za njegovu stvar. Mnoštvo je naroda izlazilo pred njega, a u nekim gradovima pratili su ga ulicama visoki gradski službenici.

Po dolasku u Konstanz Hus je uživao punu slobodu. Imperatorovom pismu jamstva slobodnog prolaza papa je dodao obećanje svoje osobne zaštite. Ali kršeći te svečane i ponavljane izjave, na zapovijed pape i kardinala, reformator je ubrzo uhićen i strpan u tamnicu. Kasnije je premješten u utvrđeni zamak na drugoj obali Rajne i tu zadržan kao uhićenik. Papi nije ni najmanje koristila njegova podmuklost, jer je uskoro i sâm strpan u istu tamnicu.[7] Sabor ga je proglasio krivim za najgore zločine – uz ubojstvo, simoniju i preljub – "grijehe koje je nezgodno spomenuti". Tako je sâm koncil objavio, pa je na kraju lišen trokrune i bačen u tamnicu. I ostali su pape svrgnuti, a na njihovo je mjesto izabran novi pontifeks.

Premda je sâm papa bio okrivljen za mnogo veće zločine od onih za koje je Hus ikada optuživao svećenike i zbog kojih je tražio reformu, isti koncil koji je svrgnuo papu odlučio je uništiti reformatora. Husovo utamničenje izazvalo je veliko ogorčenje u Češkoj. Moćni plemići uputili su koncilu oštre prosvjede

106

107

protiv takvog postupka. I sam car, koji nije htio dopustiti da se prekrši riječ koju je dao, usprotivio se sudskom postupku protiv Husa. Ali neprijatelji reformatora bili su prepuni zlobe i odlučni. Iskoristili su careve predrasude, njegov strah i revnost za Crkvu. Iznijeli su opširne dokaze da se "ne mora održati riječ dana krivovjercima ili osobama osumnjičenima za krivovjerje, bez obzira imali carevo ili kraljevo pismo koje jamči slobodan prolaz".[8]

Oslabljen bolešću i utamničenjem – jer je vlažan i nečist tamnički zrak prouzročio groznicu koja ga je zamalo pokosila – Hus je na kraju izveden pred sabor. Vezan lancima stajao je pred carem koji se časno i pošteno zakleo da će ga zaštititi. Tijekom svog dugog suđenja reformator je čvrsto branio istinu i u nazočnosti okupljenih crkvenih i državnih velikodostojnika uputio je svečan i ozbiljan prosvjed protiv pokvarenosti hijerarhije. Kad su ga pozvali da izabere hoće li se odreći svog učenja ili pretrpjeti smrt, on je izabrao sudbinu mučenika.

Božja ga je milost hrabrila. Tijekom tjedana stradanja koji su prethodili izvršenju presude, nebeski je mir ispunio njegovu dušu. "Ovo pismo pišem u zatvoru, okovanom rukom," pisao je jednom prijatelju, "očekujući sutra svoje pogubljenje. ... Kad se, uz pomoć Isusa Krista, ponovno sretnemo u preslatkom miru budućeg života, saznat ćeš kako se Bog pokazao milosrdnim prema meni, kako me je djelotvorno podupirao usred mojih kušnji i nevolja."[9]

108　　U svojoj mračnoj tamnici Hus je vidio pobjedu prave vjere. Sanjao je kako se vratio u kapelu u Pragu u kojoj je propovijedao Evanđelje i gledao papu i njegove biskupe kako brišu slike Krista što ih je on nacrtao na njezinim zidovima. "To ga je viđenje zbunilo. Ali sljedećeg dana vidio je mnoge slikare kako te likove obnavljaju u većem broju i ljepšim bojama. Čim su završili, slikari su, okruženi mnoštvom svijeta, uskliknuli: 'Neka pape i biskupi sada dođu! Nikada ih više neće izbrisati!'" Kad je pričao ovaj san, reformator je rekao: "Držim sigurnim da Kristova slika nikada neće biti izbrisana. Oni su je željeli uništiti, ali će je bolji propovjednici od mene iznova naslikati u svim srcima."[10]

Hus je posljednji put izveden pred sabor. Bio je to veliki i sjajni skup: car, državni knezovi, kraljevi poslanici, kardinali, biskupi i svećenici te golemo mnoštvo koje je došlo vidjeti što će se tog dana dogoditi. Iz svih kršćanskih zemalja okupili su se svjedoci te prve velike žrtve u dugoj borbi kojom je trebalo osigurati slobodu savjesti.

Pozvan da se još jednom izjasni o svojoj konačnoj odluci, Hus je odbio ponudu da se odrekne svojeg uvjerenja i, uprijevši svoj prodoran pogled u cara koji je svoju danu riječ tako sramno pogazio, izjavio: "Odlučio sam slobodnom voljom doći pred ovaj sabor, pod javnom zaštitom i na časnu riječ ovdje prisutnog cara."[11] Duboko rumenilo oblilo je Sigismundovo lice kada su svi prisutni uprli pogled u njega. Nakon izricanja smrtne presude otpočeo je obred degradacije. Biskupi su svojeg uhićenika obukli u svećeničku odjeću. Dok je oblačio svećeničku haljinu, Hus je rekao: "Našega Gospodina Isusa Krista ogrnuli su bijelim plaštem u znak poniženja kada ga je Herod doveo pred Pilata."[12] Nakon što su ga ponovno pozvali da se odrekne, odgovorio je obrativši se narodu: "Kakvim bih licem mogao gledati nebesa? Kako bih mogao pogledati mnoštvo kome sam propovijedao čisto Evanđelje? Ne, njihovo spasenje smatram vrednijim od ovog jadnog tijela, sada osuđenog na smrt." Tada su s njega počeli skidati jedan po jedan komad svećeničke odjeće i svaki je velikodostojnik izgovorio po jedno prokletstvo obavljajući svoj dio obreda. Na kraju su mu "na glavu stavili papirnatu kapu u obliku mitre, oslikanu zastrašujućim likovima demona, s vidljivim natpisom 'arhiheretik' sprijeda. Hus je uskliknuo: 'S najvećom ću radošću zbog Tebe, o Isuse, ponijeti ovu sramnu krunu, jer si Ti zbog mene nosio trnov vijenac!'"

Kad su ga tako odjenuli, prelati su izjavili: "Sada predajemo tvoju dušu vragu." "A ja", rekao je Hus dižući oči k Nebu, "predajem svoj duh u Tvoje ruke, o Isuse, jer si me Ti otkupio."[13]

Nakon toga predali su ga svjetovnim vlastima i poveli na stratište. Pratila ga je golema povorka, stotine naoružanih vojnika, svećenika i raskošno odjevenih biskupa te stanovnici Konstanza. Kad su ga privezali za stup na lomači i kad je sve bilo pripremljeno za paljenje vatre, još su jednom pozvali mučenika da spasi život odricanjem od svojih "zabluda". Hus je odgovorio: "Kojih se zabluda trebam odreći? Ni za jednu nisam kriv. Pozivam Boga za svjedoka da je sve što sam propovijedao i pisao imalo za cilj izbaviti duše od grijeha i propasti. Stoga ću s velikom radošću svojom krvlju zapečatiti istine koje sam

109

pisao i propovijedao."[14] Kad su plamenovi liznuli, Hus je počeo pjevati: "Isuse, Sine Davidov, smiluj mi se!" – i nastavio dok njegov glas nije utihnuo zauvijek. Čak su i neprijatelji bili zadivljeni njegovim junaštvom. Jedan revnosni papist, opisujući mučeničku smrt Husa i Jeronima, koji je umro nešto kasnije, kaže: "Obojica su pokazala staloženo rasuđivanje kad im se približio posljednji čas. Pripremali su se za oganj kao da odlaze na vjenčanje. Od njih se nije čuo krik boli. Kad se vatra razgorjela, počeli su pjevati himne i žestina vatre jedva je mogla zaustaviti njihovu pjesmu."[15]

Kad je Husovo tijelo potpuno izgorjelo, njegov je pepeo, zajedno sa zemljom na kojoj je bio, pokupljen i bačen u Rajnu koja ga je odnijela u ocean. Uzalud su njegovi neprijatelji zamišljali da su iskorijenili istine što ih je on propovijedao. Nisu ni slutili da će pepeo koji je tog dana odnesen u more biti sličan sjemenu posijanom u svim zemljama svijeta i da će u dotada nepoznatim zemljama donijeti obilne plodove u svjedočenju za istinu. Glas koji je odjeknuo u sabornoj dvorani u Konstanzu izazvao je jeku koja će se čuti u svim sljedećim stoljećima. Husa više nije bilo, ali istine za koje je umro nikada više nisu mogle nestati. Njegov primjer vjere i postojanosti ohrabrit će mnoge da čvrsto stanu uz istinu, bez obzira na muke i smrt. Njegovo pogubljenje otkrilo je cijelom svijetu podlu okrutnost Rima. Neprijatelji istine, premda to nisu znali, poticali su napredak djela kojega su uzalud nastojali uništiti.

Još je jedna lomača trebala biti podignuta u Konstanzu. Krv još jednog svjedoka mora posvjedočiti za istinu. Kad se opraštao s Husom prije njegova odlaska na sabor, Jeronim ga je pozvao da bude hrabar i postojan, uvjeravajući ga da će mu priteći u pomoć ako bi mu zaprijetila bilo kakva opasnost. Kad je dočuo da je reformator utamničen, vjerni se učenik odmah pripremio da ispuni obećanje. Bez ikakvog pisma o zaštiti, samo s jednim pratiteljem, pošao je u Konstanz. Čim je stigao u grad, shvatio je da se samo izložio velikoj opasnosti te da ništa ne može učiniti za Husovo oslobođenje. Pobjegao je iz grada, ali je na povratku uhićen i pod jakom vojnom pratnjom vraćen u lancima. Kad je prigodom svog prvog izlaska pred koncil pokušao odgovoriti na optužbe iznesene protiv njega, njegove su riječi bile zaglušene povicima: "U vatru s njime! U vatru!"[16] Bacili su ga u tamnicu, okovali u položaju koji je izazivao velike bolove i davali mu samo kruh i vodu. Nakon nekoliko mjeseci okrutnog tamnovanja Jeronim se teško razbolio pa su njegovi neprijatelji, bojeći se da ga ne izgube, ublažili strogost zatvora, premda je u njemu ostao još godinu dana.

Husova smrt nije donijela rodove kojima su se papisti nadali. Gaženje pisma kojim je jamčena zaštita izazvalo je buru negodovanja, pa je sabor, smatrajući to boljim, odlučio Jeronima prisiliti, ako je moguće, da se odrekne svoje vjere namjesto da ga spale. Izveli su ga pred sabor i ponudili mu da bira hoće li se odreći ili umrijeti na lomači. U početku njegova tamnovanja smrt bi za njega bila blagoslov u usporedbi sa strašnim mukama što ih je pretrpio; ali sada, oslabljen bolešću, strogim zatvorskim mjerama i mučen strahom i neizvjesnošću, odvojen od svojih prijatelja i obeshrabren Husovom smrću, Jeronim je izgubio hrabrost i pristao se pokoriti saboru. Obećao je da će se držati katoličke vjere i prihvatio odluke koncila u osudi Wycliffeova i Husova učenja, osim, dakako, "svetih istina" koje su oni naučavali.[17]

Ovim postupkom Jeronim je pokušao ušutkati glas svoje savjesti i izbjeći smrt. Ali u samoći tamnice postalo mu je jasnije što je učinio. Sjetio se Husove hrabrosti i vjernosti, a onda razmišljao o svom poricanju istine. Sjetio se božanskog Učitelja kome je obećao da će služiti i koji je radi njega pretpio smrt na križu. Prije svojega odricanja, usred svih patnji, nalazio je utjehu u sigurnosti Božje naklonosti; ali sada su kajanje i sumnje izjedale njegovu dušu. Znao je da ga čekaju i druga odricanja prije nego što se bude pomirio s Rimom. Put kojim je pošao mogao je završiti samo potpunim otpadom. Stoga je odlučio: da bi izbjegao kratko vrijeme stradanja, on se neće odreći svojega Gospodina!

Ubrzo su ga opet izveli pred sabor. Njegova pokornost nije zadovoljila suce. Njihova žeđ za krvlju, izazvana Husovom smrću, tražila je nove žrtve. Jeronim je mogao sačuvati život samo bezuvjetnim odricanjem od istine. Ali on je odlučio priznati svoju vjeru i slijediti svojeg brata mučenika u plamen lomače.

Porekao je svoje ranije odricanje i, kao čovjek osuđen na smrt, zatražio priliku da se brani. Bojeći se utjecaja njegovih riječi, prelati su zahtijevali da samo prizna ili porekne istinitost optužbi koje su iznesene protiv njega. Jeronim je prosvjedovao protiv takve okrutnosti i nepravde. "Držali ste me u strašnoj tamnici tri stotine i četrdeset dana", rekao je, "u nečistoći, smradu, lišenog najpotrebnijeg, a sada me izvodite pred sebe i slušajući moje smrtne neprijatelje, odbijate me saslušati... Ako ste doista mudri ljudi i svjetlost svijeta, pazite da ne sagriješite protiv pravde. Što se mene tiče, ja sam samo slabi smrtnik; moj život nema veliku vrijednost. I ako vas upozoravam da ne izričete nepravednu presudu, to činim više zbog vas nego zbog sebe."[18] Napokon su udovoljili njegovom zahtjevu. Jeronim je kleknuo u prisutnosti svojih sudaca i molio da Božji Duh upravlja njegovim mislima i riječima da ne bi rekao nešto suprotno istini ili što je nedostojno Učitelja. Tog dana ispunilo se obećanje što ga je Bog dao prvim učenicima: "Izvodit će vas zbog mene pred upravitelje i kraljeve. ... A kad vas predadnu, ne budite zabrinuti kako ćete ili što ćete govoriti, jer će vam se onoga časa dati što treba da govorite. Jer nećete govoriti vi, nego će Duh Oca vašega govoriti preko vas." (Matej 10,18-20)

Jeronimove su riječi izazvale čuđenje i divljenje čak i njegovih neprijatelja. Cijelu godinu je bio zatvoren u podzemnoj tamnici u kojoj nije mogao čitati, pa ni vidjeti, izložen velikim tjelesnim patnjama i duševnom strahu, pa ipak je svoje dokaze iznio takvom jasnoćom i silom kao da je imao neometanu priliku za proučavanje. Skrenuo je pozornost svojih slušatelja na dugi niz ljudi koje su osudili nepravedni suci. U gotovo svakom naraštaju bilo je onih koji su nastojali uzdići narod svojeg vremena, koji su bili sramoćeni i prezirani, da bi se kasnije pokazalo da su zasluživali poštovanje. Sâm Krist osuđen je kao zločinac od strane nepravednog suda.

U svom prijašnjem poricanju Jeronim je priznao pravednost presude koja je bila izrečena nad Husom. Sada je izjavio da se zbog toga kaje pa je posvjedočio o mučenikovoj nevinosti i svetosti. "Poznajem ga od djetinjstva", rekao je. "Bio je izvanredan čovjek, pravedan i svet. Osuđen je unatoč svojoj nevinosti. ... I ja sam gotov umrijeti. Neću ustuknuti pred mukama koje mi pripremaju moji neprijatelji i lažni svjedoci koji će jednog dana odgovarati za svoje klevete pred velikim Bogom kojega ništa ne može prevariti."[19]

Okrivljujući samoga sebe za što se odrekao istine, Jeronim je nastavio: "Od svih grijeha koje sam počinio od svojega djetinjstva, nijedan mi nije toliko težak i ne uzrokuje mi toliko

113

bolna kajanja koliko taj što sam ga učinio na ovom kobnom mjestu, kad sam se složio s nečasnom presudom izrečenom protiv Wycliffea i svetoga mučenika Jana Husa, svog učitelja i prijatelja. Da! Priznajem cijelim srcem i izjavljujem s užasavanjem da sam sramotno ustuknuo kad sam iz straha od smrti osudio njihovo učenje. Stoga molim ... svemogućega Boga da se udostoji oprostiti moje grijehe, a posebice ovaj najpodliji od svih.” Pokazujući na svoje suce, odlučno je rekao: “Vi ste osudili Wycliffea i Jana Husa ne zato što su uzdrmali učenje Crkve, već zato što su žigosali sramna djela svećenstva – njihovu raskoš, njihovu nadmenost i sve poroke biskupa i svećenika. Ono što su tvrdili, a što je nepobitno, i ja tvrdim i mislim kao oni.” 114

Prekidali su ga dok je govorio. Biskupi, dršćući od gnjeva, vikali su: “Kakav nam dokaz treba?! Svojim očima vidimo da je najtvrdoglaviji krivovjerac!”

Ne osvrćući se na oluju, Jeronim je uzviknuo: “Što! Mislite da se bojim umrijeti? Godinu dana držali ste me u strašnoj tamnici, strašnijoj od same smrti. Postupali ste sa mnom okrutnije nego što bi to učinio Turčin, Židov ili poganin, i moje živo meso doslovce je istrunulo na mojim kostima. Pa ipak se ne tužim, jer jadikovanje ne dolikuje čovjeku od srca i hrabrosti. Ali ne mogu a ne izraziti čuđenje nad tako velikim barbarstvom prema jednom kršćaninu.”[20]

Opet je provalila oluja srdžbe pa su Jeronima brzo odveli u tamnicu. Na saboru je bilo ljudi na koje su njegove riječi ostavile dubok dojam pa su mu željeli spasiti život. Crkveni su velikodostojnici došli u tamnicu kako bi ga nagovorili da se pokori saboru. Obećavali su mu najslavniju budućnost kao nagradu ako se odrekne svojeg protivljenja Rimu. Ali kao i njegov Učitelj kojemu je bila ponuđena sva slava svijeta, Jeronim se nije dao pokolebati.

“Dokažite mi iz Svetoga pisma da sam u zabludi”, rekao je, “i ja ću se odreći.”

“Sveto pismo!” uskliknuo je jedan od njegovih kušača. “Treba li sve prosuđivati prema njemu? Tko ga može razumjeti dok ga Crkva ne objasni?”

“Zar se treba više vjerovati ljudskoj predaji nego Evanđelju našega Spasitelja?” odvratio je Jeronim. “Pavao nije savjetovao one kojima je pisao da slušaju ljudsku predaju, već je rekao: ‘Istražujte Pisma.’”

"Heretiče!" glasio je odgovor. "Kajem se što sam se tako dugo bavio s tobom. Vidim da te đavao potiče."[21] Napokon je Jeronim osuđen na smrt. Poveli su ga na isto *115* mjesto na kojem je Hus položio svoj život. Pošao je pjevajući, a njegovo je lice bilo obasjano radošću i mirom. Njegov je pogled bio usmjeren na Krista i smrt je za njega izgubila svoju strahotu. Kad je krvnik pristupio da iza njega zapali lomaču, mučenik je uzviknuo: "Stani slobodno ispred mene, zapali je preda mnom! Da sam se bojao, ne bih bio ovdje." Posljednje riječi što ih je izgovorio kad ga je plamen obavio, bile su riječi molitve. "Gospodine, svemogući Oče," povikao je, "budi mi milostiv i oprosti moje grijehe, jer Ti znaš da sam uvijek ljubio Tvoju istinu."[22] Njegov je glas umuknuo, ali su se njegove usne još uvijek pokretale u molitvi. Kad je oganj dovršio svoje djelo, mučenikov je pepeo skupljen zajedno sa zemljom na kojoj je ležao i kao Husov bačen u Rajnu.

Tako su nestali Božji vjerni svjetlonoše. Ali svjetlo istine koju su navješćivali — svjetlo njihovog junačkog primjera — nije se moglo ugasiti, kao što bi ljudi uzalud pokušali vratiti Sunce na njegovu putu da spriječe zoru dana koja je već svitala nad svijetom.

Husovo smaknuće zapalilo je u Češkoj plamen ogorčenja i užasavanja. Sav je narod smatrao da je reformator bio žrtva svećeničke zlobe i careve vjerolomnosti. Za Husa se govorilo da je bio vjeran učitelj istine, a sabor koji ga je osudio na smrt proglašen je krivim za ubojstvo. Njegovo je učenje sada privlačilo veću pozornost nego ikada ranije. Papinim su ediktima Wycliffeovi spisi osuđeni na spaljivanje. Ali oni koji su sačuvani od uništenja sada su izvučeni iz svojih skrovišta i proučavani u vezi s Biblijom ili njezinim dijelovima do kojih su ljudi mogli doći. Tako su mnogi navedeni da prihvate reformiranu vjeru.

Husove ubojice nisu mirno stajale po strani i promatrale pobjedu njegovog djela. Papa i car su udružili svoje snage da unište pokret, pa je Sigismundova vojska udarila na Češku. *116* Ali javio se osloboditelj. Čehe je poveo Jan Žiška, koji je uskoro nakon početka rata potpuno oslijepio, ali koji je bio jedan od najsposobnijih vojskovođa svog doba. Uzdajući se u Božju pomoć i pravednost svoje stvari, taj je narod odolijevao najsilnijim vojskama koje su se dizale protiv njega. Car je Češku uvijek iznova napadao novim snagama, da bi pretrpio sramotni poraz. Husiti su nadvladali strah od smrti i nitko im nije mogao odoljeti. Nekoliko godina nakon početka rata umro je hrabri Žiška, a zamijenio ga je Prokop, isto tako hrabar i vješt vojskovođa, u određenom pogledu još sposobniji vođa.

Neprijatelji Čeha, znajući da je slijepi vojskovođa mrtav, smatrali su kako je to prilika da povrate sve što su izgubili. Papa je objavio križarski rat protiv husita; ponovno su velike vojske navalile na Češku, ali samo zato da bi doživjele još jedan strašan poraz. Objavljen je novi križarski pohod. U svim europskim papinim zemljama prikupljani su ljudi, novac i oružje. Mnoštvo je pohrlilo pod papinu zastavu, uvjereno da će napokon učiniti kraj husitskim "krivovjercima". Uvjereno u sigurnu pobjedu, mnoštvo je ušlo u Češku. Narod se okupio da ih odbije. Dvije vojske približavale su se jedna drugoj dok ih nije odvajala samo rijeka. "Križari su predstavljali daleko nadmoćniju silu, ali namjesto da pojure preko rijeke i započnu borbu s husitima zbog kojih su tako daleko došli, stajali su u tišini i gledali ove bojovnike."²³ Odjednom je to mnoštvo obuzeo tajanstveni strah. Bez ikakva napada, ta se moćna vojska razbila i raspršila kao da je to učinila neka nevidljiva sila. Husitska je vojska pobila u gonjenju veliki broj bjegunaca i u ruke pobjednika pao je golemi plijen, tako da je rat Čehe obogatio, a ne – kako se moglo očekivati – osiromašio.

Nekoliko godina kasnije novi je papa poveo još jedan križarski rat. I sada, kao i za ranijih pohoda, skupljeno je mnoštvo ljudi i sredstava iz europskih papinih zemalja. Velike povlastice obećane su onima koji budu sudjelovali u tom opasnom pothvatu. Svakom križaru osiguran je oprost najgnusnijih zločina. Svima koji u ratu poginu obećana je bogata nagrada na Nebu, a oni koji ga prežive, na bojnom će polju steći čast i bogatstvo. Ponovno je okupljena golema vojska koja je prešla granicu i ušla u Češku. Husiti su se pred njom povukli i tako je namamili sve dublje u unutrašnjost zemlje, ostavljajući dojam da je pobjeda već izvojevana. A onda je Prokopova vojska stala, okrenula se prema neprijatelju i krenula u napad. Križari, uvidjevši svoju pogrešku, ostali su u taboru očekujući napad. Kad se začula buka od približavanja vojske, čak i prije nego što su ugledali husite, među križarima je ponovno zavladala panika. Knezovi, vojskovođe i vojnici bacili su oružje i bježali u svim smjerovima. Uzalud je papin legat koji je vodio pohod po-

117

kušao skupiti svoju uplašenu i razbijenu vojsku. Unatoč svim njegovim naporima, val bjegunaca povukao je i njega samoga. Poraz je bio potpun i ponovno je golem plijen pao u ruke pobjednika.

Tako je i drugi put, bez ijednog udarca, golema vojska poslana iz najmoćnijih europskih zemalja, mnoštvo hrabrih na ratovanje naviknutih ljudi, dobro uvježbanih i naoružanih za borbu, pobjegla pred braniteljima jednog malog i slabog naroda. Ovom se prigodom pokazala božanska sila. Napadače je spopao nadnaravni strah. Onaj koji je faraonovu vojsku uništio u Crvenom moru, koji je u bijeg nagnao madijansku vojsku pred Gideonom i njegovih tri stotine ljudi, koji je u jednoj noći uništio moć gordih Asiraca, ponovno je pružio svoju ruku da uništi silu tlačitelja. "Od straha će drhtat, gdje straha i nema, jer Bog će rasuti kosti onih koji tebe opsjedaju, bit će posramljeni, jer će ih Bog odbaciti." (Psalam 53,6)

118		Papinske vođe, očajne što ne mogu pobijediti silom, na kraju su pribjegle diplomaciji. Načinjen je kompromis koji je Česima prividno jamčio slobodu savjesti, ali ih je zapravo podvrgnuo vlasti Rima. Česi su naveli četiri točke kao uvjet za mir s Rimom: slobodno navješćivanje iz Biblije, pravo cijele Crkve na kruh i vino prigodom Gospodnje večere, uporaba materinskog jezika u bogoslužju i isključenje svećenstva iz svih svjetovnih službi i vlasti; a u slučaju zločina kleru i laicima podjednako sudi građanski sud. Predstavnici papinske vlasti na kraju su "pristali prihvatiti četiri uvjeta husita, s tim da pravo njihovog točnog tumačenja pripada saboru − drugim riječima, papi i caru".[24] Na toj osnovi sklopljen je ugovor i Rim je pretvaranjem i prijevarom dobio ono što nije mogao izboriti silom, jer je, pošto je dobio pravo tumačenja smisla husitskih točaka, kao i Svetoga pisma, mogao izvrtati njihovo značenje kako je to odgovaralo njegovim ciljevima.

Veliki dio naroda u Češkoj, videći da mu je sloboda ugrožena, nije mogao pristati na pakt. Došlo je do nesloge i podvojenosti, što je dovelo do sukoba i krvoprolića među njima samima. U tom sukobu pao je plemeniti Prokop, a s njime su nestale i slobode u Češkoj.

Sigismund, Husov i Jeronimov izdajica, sada je postao kraljem Češke i, unatoč svojoj zakletvi da će zastupati prava Čeha, nastavio je uspostavljati papinstvo. Ali njegova podređenost Rimu bila mu je od male koristi. Dvadeset je godina njegov život bio ispunjen borbama i opasnostima. Njegove su vojske bile uništene, a riznice iscrpljene od dugog i neuspješnog ratovanja. A sad je nakon jednogodišnjeg vladanja umro, ostavljajući svoje kraljevstvo na rubu građanskog rata i potomstvu ime obilježeno žigom sramote. Nemiri, sukobi i krvoprolića su nastavljeni. Ponovno su strane vojske upale u Češku, a unutarnje razmirice nastavile su uznemiravati naciju. Oni koji su ostali vjerni Evanđelju bili su izloženi krvavom progonstvu.

119

Budući da su njihova ranija braća, sklapajući savez s Rimom, usvojila njegove zablude, oni koji su se držali stare vjere osnovali su posebnu Crkvu koju su nazvali Ujedinjena braća. Tim činom navukli su na sebe osudu svih staleža, ali ih to nije pokolebalo. Prisiljeni da potraže utočište u šumama i špiljama, oni su se i dalje okupljali da bi čitali Božju riječ i sjedinili se u bogoslužju.

Preko glasnika koje su potajno slali u razne zemlje, doznali su da tu i tamo "postoje usamljeni sljedbenici istine, nekolicina u ovom i onom gradu, da su i oni izloženi progonstvu, a da usred Alpa postoji stara Crkva koja se temelji na Svetom pismu i prosvjeduje protiv idolopokloničke pokvarenosti Rima".[25] Tu su vijest primili s velikom radošću i stupili u prepisku s valdenškim kršćanima.

Vjerni Evanđelju, Česi su tijekom duge noći progonstva, u najmračnijem času, upirali oči prema obzorju kao ljudi koji očekuju jutro. "Njihova je sudbina pala u zle dane, ali... oni su se sjećali riječi što ih je Hus prvi izgovorio, a Jeronim kasnije ponovio: da mora proći jedno stoljeće prije no što će svanuti dan. Te su riječi za taborićane (husite) bile ono što su Josipove riječi bile za plemena u ropstvu: 'Ja ću, evo, naskoro umrijeti. Ali će se Bog, zacijelo, sjetiti vas i odvesti vas iz ove zemlje.'"[26] "Završno razdoblje petnaestog stoljeća svjedoči o sporom ali sigurnom povećanju broja crkava 'braće'. Premda nisu bili slobodni od uznemiravanja, ipak su uživali bar neki mir. Početkom šesnaestog stoljeća imali su već dvije stotine crkava u Češkoj i Moravskoj."[27] "Ostatak koji se izbavio od uništavajuće žestine ognja i mača bio je toliko pobožan da mu je bilo dopušteno vidjeti kako sviće dan koji je Hus prorekao."[28]

7

Luther se odvaja od Rima

120 Na čelu onih koji su bili pozvani da izvedu Crkvu iz papinskog mraka u svjetlost čiste vjere stajao je Martin Luther. Revan, vatren i posvećen, ne znajući za strah osim Božjeg straha, i priznajući kao temelj vjere samo Sveto pismo, Luther je bio čovjek svojega vremena. Bog je preko njega izvršio veliko djelo reformiranja Crkve i prosvjećivanja svijeta.

Poput prvih glasonoša Evanđelja, Luther je ponikao iz siromašnog sloja. Svoje prve godine proveo je u skromnom domu njemačkog seljaka. Svakodnevnim teškim radom u rudniku otac je zarađivao sredstva za njegovo obrazovanje. Želio je da mu sin postane pravnik, ali Bog ga je namjeravao učiniti graditeljem u velikom hramu koji se tijekom niza stoljeća tako polagano dizao. Težak život, oskudica i stroga disciplina bili su škola u kojoj je Beskonačna Mudrost pripremala Luthera za važnu zadaću u životu.

Lutherov otac bio je čovjek snažnog i živahnog uma, čvrstog karaktera, pošten, odlučan i otvoren. Bio je vjeran osjećaju dužnosti, ne mareći za posljedice. Njegovo ga je zdravo rasuđivanje navelo da s nepovjerenjem gleda na redovnički sustav. Stoga je bio silno nezadovoljan kad je Luther, bez njegova odobrenja, stupio u samostan. Trebale su proći dvije godine da se pomiri sa sinom, ali je i dalje ostao pri svom uvjerenju.

121 Lutherovi su roditelji poklanjali veliku pozornost obrazovanju i odgoju svoje djece. Nastojali su ih uputiti u spoznaju o Bogu i u primjenu kršćanskih vrlina. Luther je često slušao kako se otac moli da mu sin ne zaboravi na Gospodnje ime i da jednog dana pomogne u širenju Njegove istine. Ti su roditelji

(94)

koristili svaku priliku koju bi im njihov život napornog rada pružio – za moralno i intelektualno uzdizanje. Oni su se ozbiljno i neumorno trudili pripremiti svoju djecu za pobožan i koristan život. Katkad su u svojoj odlučnosti i čvrstoći bili prestrogi, ali je sâm reformator, premda svjestan da su znali i pogriješiti, o njihovoj disciplini imao više pohvala nego pokuda.

U školi, u koju su ga vrlo rano poslali, s Lutherom se postupalo vrlo grubo pa čak i nasilno. Siromaštvo njegovih roditelja bilo je toliko da je neko vrijeme, nakon što je otišao od kuće da bi se školovao u drugom gradu, bio prisiljen pribavljati hranu pjevanjem od vrata do vrata, ali je ipak često gladovao. Sumorne i praznovjerne predodžbe o religiji koje su vladale u ono doba ispunjavale su ga strahom. Uvečer bi legao tužna srca, gledajući sa strepnjom u mračnu budućnost, u stalnom strahu pri pomisli da je Bog strog, neumoljiv sudac, okrutni tiranin, a ne ljubazni nebeski Otac.

Pa ipak je, unatoč tolikim mnogim i velikim obeshrabrenjima, Luther odlučno nastojao dosegnuti viši moralni i umni ideal koji ga je toliko privlačio. Bio je žedan znanja, i njegov ozbiljan i praktičan duh potaknuo je u njemu težnju za onim što je trajno i korisno, a ne za onim što je razmetljivo i površno.

Kad je s osamnaest godina stupio na Sveučilište u Erfurtu, stanje u kojem se nalazio bilo je povoljnije i izgledi svjetliji nego u ranijim godinama. Budući da su njegovi roditelji štedljivošću i marljivošću stekli dovoljno sredstava za život, mogli su mu pružiti svaku potrebnu pomoć. A utjecaj razboritih prijatelja donekle je umanjio sumorne posljedice njegovog ranijeg *122* obrazovanja. Posvetio se proučavanju najboljih pisaca, upijajući njihove najbolje misli i usvajajući njihovu mudrost. Još dok je bio pod strogim nadzorom svojih prijašnjih učitelja, puno je obećavao, a sada, izložen povoljnim utjecajima, njegov se um naglo razvijao. Dobro pamćenje, živa mašta, snažna moć rasuđivanja i neumoran rad ubrzo su mu pribavili najistaknutiji položaj među kolegama. Intelektualna disciplina pomogla je sazrijevanju njegova uma i potaknula umnu aktivnost i oštroumnost pripremajući ga za sukobe u njegovom životu.

Gospodnji strah ispunjavao je Lutherovo srce. On ga je osposobio da sačuva čvrstoću namjere i priveo na duboku poniznost pred Bogom. Imao je stalan osjećaj da ovisi o božanskoj pomoći pa nije propustio da svaki dan počne s molitvom, dok je njegovo srce stalno disalo molbom za vodstvom i potporom. "Dobro se moliti", običavao je govoriti, "bolja je polovica proučavanja."[1] Dok je jednog dana pregledavao knjige u sveučilišnoj knjižnici, Luther je pronašao latinsku Bibliju. Nikada ranije nije vidio takvu knjigu. Čak nije znao da postoji. Ranije je slušao dijelove iz Evanđelja i Poslanica koje su čitali narodu na javnom bogoslužju pa je mislio da oni čine cijelu Bibliju. Sada je po prvi put pred sobom imao cijelu Božju riječ. Dok je listao njene svete stranice, u njemu su se miješali strah i čuđenje; ubrzanog bila i srcem koje je lupalo sâm je čitao riječi života, zaustavljajući se tu i tamo da bi uskliknuo: "O kad bi mi Bog dao da imam takvu knjigu!"[2] Nebeski anđeli bili su pored njega, a zrake svjetlosti s Božjeg prijestolja otkrivale su njegovom razumu bogatstva istine. Uvijek se bojao da bi mogao uvrijediti Boga, a sada ga je, kao nikada ranije, obuzelo duboko uvjerenje o njegovom grešnom stanju.

123   Iskrena želja da se oslobodi grijeha i pomiri s Bogom na kraju ga je navela da stupi u samostan i posveti se redovničkom životu. Ovdje se od njega zahtijevalo da obavlja poniižavajuće poslove i da prosi od kuće do kuće. Bio je u dobi kada se više od svega čezne za poštovanjem i uvažavanjem i ti poniižavajući poslovi duboko su vrijeđali njegove urođene osjećaje, ali je strpljivo podnosio to poniižavanje, uvjeren da je ono nužno zbog njegovih grijeha.

Svaki trenutak koji je mogao odvojiti od svojih svakodnevnih dužnosti koristio je za proučavanje; zbog toga se lišavao sna i čak otimao trenutke posvećene svojim skromnim obrocima. Više od svega uživao je u proučavanju Božje riječi. Našao je jednu Bibliju lancem vezanu o samostanski zid i često se vraćao na to mjesto. Kako se njegovo uvjerenje zbog počinjenih grijeha produbilo, on je svojim vlastitim djelima nastojao pribaviti oprost i mir. Vodio je strog život, nastojeći postom, bdjenjem i bičevanjem pokoriti zlo u svojoj naravi, od koje ga život u samostanu nije oslobodio. Nije prezao ni od kakve žrtve kako bi stekao čistoću srca koja bi mu omogućila da ugodi Bogu. "Doista sam bio pobožan redovnik", reći će kasnije. "Izvršavao sam pravila svoga reda točnije nego što to mogu iskazati riječima. Ako bi ikada neki redovnik mogao steći Nebo svojim redovničkim djelima, ja bih sigurno imao pravo na njega. ... Da sam malo duže nastavio, moja bi me mučenja odvela u smrt."[3] Posljedica te bolne stege bila je da je izgubio snagu i patio od grčeva koji bi izazvali nesvjesticu, od čijih se posljedica nikada više nije sasvim oporavio. Ali unatoč svim naporima njegova opterećena duša nije nalazila olakšanja. Na kraju je dospio na rub očaja.

Kad se Lutheru činilo da je sve izgubljeno, Bog mu je podigao prijatelja i pomoćnika. Pobožni Staupitz je Lutherovom umu otvorio Božju riječ i pozvao ga da pogled odvrati od sebe, da prestane razmišljati o beskonačnoj kazni zbog prijestupa Božjeg zakona i usmjeri pogled na Isusa, svojega Spasitelja, koji oprašta grijehe. "Namjesto da mučiš sebe zbog svojih grijeha, baci se u Spasiteljevo naručje. Pouzdaj se u Njega, u pravednost Njegova života, u pomirenje kroz Njegovu smrt. ... Poslušaj Božjeg Sina. On je postao čovjekom kako bi te uvjerio u božansku naklonost. ... Ljubi Onoga koji je prvi tebe ljubio!"[4] Tako je govorio taj vjesnik milosrđa. Njegove su riječi ostavile na Luthera dubok dojam. Nakon niza borbi s dugo njegovanim zabludama, bio je spreman shvatiti istinu i u njegovoj je uznemirenoj duši zavladao mir.

Luther je bio zaređen za svećenika i pozvan iz samostana da preuzme profesorsku katedru na Sveučilištu u Wittenbergu. Tu se posvetio proučavanju Svetog pisma na izvornim jezicima. Počeo je držati predavanja o Bibliji pa su Psalmi, Evanđelja i Poslanice otvoreni razumijevanju mnoštva oduševljenih slušatelja. Staupitz, njegov prijatelj i prior, nagovarao ga je da stupi za propovjedaonicu i propovijeda Božju riječ. Luther je oklijevao, smatrajući se nedostojnim da narodu govori namjesto Krista. Tek je nakon drugotrajnog opiranja popustio molbama svojih prijatelja. Tada je već bio odličan poznavatelj Svetog pisma i Božja je milost počivala na njemu. Njegova je rječitost osvajala slušatelje, jasnoća i sila kojom je iznosio istinu osvjedočavale su njihov razum, a njegov je žar dirao njihova srca.

Luther je još uvijek bio odani sin papinske Crkve i nije ni pomišljao da bi ikada bio što drugo. Po Božjoj providnosti trebao je posjetiti Rim. Krenuo je na put pješice, a usput noćivao po samostanima. U jednom samostanu u Italiji začudilo ga je bogatstvo, sjaj i raskoš što ih je tamo vidio. Uživajući kneževske prihode, redovnici su živjeli u raskošnim prostorijama, odijevali se u najraskošnije i najskuplje haljine i gostili za bogato

postavljenim stolom. S bolnom zabrinutošću uspoređivao je taj prizor sa samoodricanjem i bijedom svojega života. Bio je sve zbunjeniji. Napokon je u daljini ugledao grad na sedam brežuljaka. Du-
125 boko ganut pao je na zemlju i uzviknuo: "Sveti Rime, pozdravljam te!"⁵ Ušao je u grad, posjetio crkve, slušao čudnovate priče što su ih ponavljali svećenici i redovnici, i izvršio sve propisane obrede. Posvuda je nailazio na prizore koji su ga ispunjavali čuđenjem i užasavanjem. Uvidio je da u svim slojevima svećenstva vlada pokvarenost. Od biskupa je čuo nepristojne šale i bio užasnut njihovim strašnim bogohuljenjem čak i tijekom mise. Dok se kretao među redovnicima i građanima, sretao je razuzdanost i razvrat. Kamo god bi se okrenuo, namjesto svetosti nailazio je na oskvrnuće. "Nitko ne može zamisliti", pisao je kasnije, "kakvi se sve grijesi i bezbožna djela čine u Rimu. To treba vidjeti i čuti da bi se moglo vjerovati. Stoga su i navikli govoriti: 'Ako ima pakla, Rim je sagrađen na njemu; to je bezdan iz kojega izlaze grijesi svake vrste.'"⁶

Nedavno objavljenim dekretom papa je obećao oprost svima koji se budu na koljenima popeli "Pilatovim stubama", za koje se tvrdilo da je njima silazio naš Spasitelj nakon što je napustio rimsku sudnicu, a koje su iz Jeruzalema na čudesan način prenesene u Rim. Luther se jednoga dana pobožno penjao uz te stube, kad je iznenada začuo glas sličan grmljavini koji kao da je progovorio njemu: "Pravednik će živjeti od vjere." (Rimljanima 1,17) Skočio je na noge i posramljen i užasnut požurio s tog mjesta. Nikada se više nije mogao osloboditi tih riječi. Od tog trenutka shvatio je, jasnije nego ikada, lažnost pouzdanja u spasenje ljudskim djelima i potrebu trajne vjere u Kristove zasluge. Oči su mu se otvorile i više se nikada neće zatvoriti za papinske zablude. Kad se licem okrenuo od Rima, okrenuo se od njega i svojim srcem, i od tog se vremena sve više odvajao od Rima dok nije prekinuo svaku vezu s papinskom Crkvom.

Nakon povratka iz Rima, Luther je na Sveučilištu u Wittenbergu dobio titulu doktora teologije. Sada se, kao nikada prije,
126 mogao posvetiti proučavanju Pisma koje je toliko volio. Svečano se zavjetovao da će cijelog svog života pomno proučavati i vjerno propovijedati Božju riječ, a ne kazivanja i učenja papa. On više nije bio samo redovnik i profesor, već opunomoćeni

vjesnik Biblije. Bio je pozvan da kao pastir pase Božje stado koje je gladovalo i žeđalo za istinom. Odlučno je izjavljivao da kršćani ne trebaju prihvaćati druga učenja osim onih koja počivaju na autoritetu Svetoga pisma. Tim je riječima udario u sâm temelj papinske vlasti. One su sadržavale najvažnije načelo reformacije. Luther je vidio kakvu opasnost predstavlja uzdizanje ljudskih teorija iznad Božje riječi. Neustrašivo je napadao spekulativno nevjerstvo učenih i usprotivio se filozofiji i teologiji koje su tako dugo porobljavale narod. Njihova razmatranja proglasio je ne samo bezvrijednima, već i štetnima, te nastojao umove svojih slušatelja odvratiti od mudrovanja filozofa i teologa i usmjeriti ih na vječne istine što su ih iznijeli proroci i apostoli.

Dragocjena je bila vijest koju je donio nestrpljivom mnoštvu što je gutalo svaku njegovu riječ. Nikada prije nisu takva učenja doprla do njihovog uha. Radosna vijest o Spasiteljevoj ljubavi, sigurnost u oprost i mir stečen zahvaljujući Njegovoj zamjeničkoj žrtvi obradovali su njihova srca i nadahnuli ih besmrtnom nadom. U Wittenbergu je zapaljeno svjetlo čije zrake trebaju doprijeti do najudaljenijih krajeva Zemlje, a koje će do kraja vremena postajati sve jače i svjetlije.

Ali svjetlost i tama se ne mogu pomiriti. Između istine i zablude vlada nepomirljivi sukob. Podržati i braniti jedno znači napasti i srušiti drugo. Sâm je naš Spasitelj rekao: "Nisam došao da donesem mir, nego mač." (Matej 10,34) Luther je nekoliko godina nakon početka reformacije rekao: "Bog me ne vodi, nego me gura naprijed. On me nosi. Ja nisam svoj gospodar. Volio bih živjeti u miru, a našao sam se usred nemira i revolucija."[7] Sad ga je očekivala borba.

Rimska je Crkva od Božje milosti načinila trgovinu. Pored svojih oltara postavila je stolove mjenjača (Matej 21,12) pa je zrakom odjekivala vika kupaca i prodavača. Pod izlikom skupljanja priloga za gradnju crkve Svetog Petra u Rimu, javno su po nalogu pape na prodaju nuđeni oprosti za grijehe. Po cijenu zločina trebalo je podići Bogu hram, čiji je ugaoni kamen predstavljao plaću za bezakonje! Upravo ono što je smišljeno za veličanje Rima zadalo je smrtni udarac njegovoj sili i veličini. To je pokrenulo jednog od najodlučnijih i najuspješnijih neprijatelja papinstva i dovelo do bitke koja je potresla papinu stolicu i uzdrmala trokrunu na pontifeksovoj glavi.

127

Tetzel, službeno ovlašten da vodi prodaju oprosta u Njemačkoj, bio je osuđen za najgore prijestupe protiv društva i Božjeg zakona, ali je, izbjegavši zasluženu kaznu za svoje zločine, postavljen da promiče papine koristoljubive i bezobzirne projekte. S velikom je drskošću ponavljao najbezočnije laži i iznosio čudesne priče da bi obmanuo neuki, lakovjerni i praznovjerni narod. Da su imali Božju riječ, ne bi bili tako zavedeni. Ali Biblija im je bila uskraćena da bi ostali pod nadzorom papinstva, i time povećali moć i bogatstvo njegovih slavohlepnih poglavara.[8]

Kad bi Tetzel ulazio u neki grad, pred njime bi glasonoša objavljivao: "'Milost Božja i svetoga oca je pred vašim vratima.' A narod je bogohulnog prevaranta pozdravljao dobrodošlicom kao da je sâm Bog sišao s Neba među njih. Sramna je trgovina smještena u crkvu, a Tetzel je s propovjedaonice hvalio prodavanje oprosta kao najskupocjeniji Božji dar. Tvrdio je da će se zahvaljujući njegovim oproštajnicama kupcu oprostiti svi grijesi koje bi kasnije poželio učiniti, pa pokajanje nije ni potrebno."[9] Štoviše, uvjeravao je slušatelje da oproštajnice imaju moć ne samo spasiti žive, već i mrtve; i da će u trenutku kada novčić zazveči na dnu njegove škrinjice, duša za koju je plaćeno izići iz čistilišta i otići u Nebo.[10]

Kad je Šimun Mag ponudio novac kako bi od apostola dobio moć da čini čuda, Petar mu je odgovorio: "Neka ide u propast tvoj novac zajedno s tobom ... jer si vjerovao da dar Božji možeš steći novcem!" (Djela 8,20) Ali tisuće su željno prihvatile Tetzelovu ponudu. U njegovu riznicu slijevalo se zlato i srebro. Spasenje koje se moglo kupiti novcem lakše se stjecalo od onoga koje je zahtijevalo pokajanje, vjeru i odlučan napor da se čovjek opre i nadvlada grijeh. (Vidi Dodatak.)

Takvom učenju o oprostu usprotivili su se učeni i pobožni ljudi u Rimskoj crkvi. Bilo je mnogo onih koji nisu vjerovali u tvrdnje protivne zdravom razumu i božanskoj objavi. Premda se nijedan biskup nije usudio podići glas protiv te pokvarene trgovine, ljudi su bili zbunjeni i uznemireni, a mnogi su se iskreno pitali neće li Bog posredovati kako bi očistio svoju Crkvu.

Luther se, premda je još uvijek bio papist u najstrožem smislu, užasnuo na bogohulne tvrdnje prodavača oprosta. Mnogi od njegovih župljana kupili su oproštajnice i ubrzo počeli dolaziti

128

svome pastoru ispovijedajući različite grijehe i očekivati odrješenje, ne zato što su se pokajali i poželjeli promijeniti, već na temelju potvrda o oprostu. Luther im je odbio dati odrješenje i upozorio ih da će propasti u svojim grijesima ako se ne budu pokajali i promijenili svoj život. Silno zbunjeni vratili su se   *129* Tetzelu sa žalbom da njihov ispovjednik ne priznaje njegove oproštajnice, a neki su čak smjelo zahtijevali da im vrati novac. Redovnik se razbjesnio. Izgovorio je najstrašnije kletve, naložio da se na gradskim trgovima zapale vatre i objavio da "od pape ima zapovijed da spali sve krivovjerce koji bi se usudili usprotiviti njegovim najsvetijim oproštajnicama".[11] Tada je Luther hrabro otpočeo svoje djelo borca za istinu. S propovjedaonice je odjeknuo njegov glas pun ozbiljnog i svečanog upozorenja. Prikazao je narodu odvratnu narav grijeha i poučio ga da je čovjeku nemoguće svojim vlastitim djelima umanjiti krivnju ili izbjeći kaznu. Ništa osim pokajanja i vjere u Krista ne može spasiti grešnika. Kristova se milost ne može kupiti, ona je besplatni dar. Savjetovao je narodu da ne kupuje oproštajnice, nego da vjerom gleda na razapetog Otkupitelja. Ispričao im je svoje bolno iskustvo uzaludnih pokušaja da poniženjem i djelima pokore pribavi sebi spasenje, i uvjeravao je svoje slušatelje da je odvraćanjem pogleda od sebe i vjerovanjem u Krista našao mir i radost.

Budući da je Tetzel i dalje nastavio s trgovinom i bezbožnim tvrdnjama, Luther se odlučio na učinkovitiji prosvjed protiv tih drskih zloporaba. Ubrzo mu se za to pružila prilika. Dvorska crkva u Wittenbergu imala je mnogo relikvija koje bi na određene blagdane izlagali narodu, pa je svima koji bi u to vrijeme došli u crkvu na ispovijed bio zajamčen potpuni oprost grijeha. Stoga su u te dane ljudi u velikom broju dolazili u crkvu. Približavao se jedan od najvećih blagdana, blagdan Svih svetih. Na dan prije njega, pridruživši se mnoštvu koje je već odlazilo u crkvu, Luther je na crkvena vrata pričvrstio dokument s devedeset i pet teza protiv učenja o oprostima. Izjavio je da je na   *130* Sveučilištu idućeg dana spreman braniti te teze pred svima koji misle da ih treba pobiti.

Njegove su teze privukle sveopću pozornost. Čitali su ih, ponovno čitali i ponavljali po cijelome kraju. Na Sveučilištu i u cijelome gradu nastalo je veliko uzbuđenje. Tim je tezama pokazano da vlast praštanja grijeha i oslobađanja od njegove kazne nije nikada bila povjerena papi niti bilo kojem drugom čovjeku. Čitava zamisao bila je lakrdija – sredstvo da se koristeći praznovjerje naroda od njega izmami novac – Sotonino sredstvo da uništiti duše svih koji bi povjerovali njegovim lažnim tvrdnjama. Također je bilo jasno prikazano da je Kristovo Evanđelje najvrednije blago Crkve i da se Božja milost, otkrivena u njemu, besplatno daje svima koji je traže pokajanjem i vjerom. Lutherove su teze izazivale na raspravu, ali se nitko nije usudio prihvatiti izazov. Pitanja koja je postavio za nekoliko su se dana raširila po cijeloj Njemačkoj, a za nekoliko tjedana pročula se cijelim kršćanskim svijetom. Mnogi pobožni sljedbenici Rimske crkve, koji su gledali i oplakivali strašnu pokvarenost koja je vladala u Crkvi, ali nisu znali kako joj stati na put, čitali su teze s velikom radošću i u njima prepoznali Božji glas. Osjećali su da je Gospodin milostivo pružio ruku da zaustavi naglo širenje plime izopačenosti što je potjecala od rimske Svete stolice. Knezovi i magistrati su se potajno radovali što će se obuzdati drska sila koja je odricala pravo žalbe na njezine odluke.

Ali se praznovjerno mnoštvo koje je voljelo grijeh užasnulo kad je nestalo lukavih laži koje su umirivale njihov strah. Vješti su se svećenici, ometeni u odobravanju zlodjela i svjesni da su njihovi prihodi u opasnosti, prepuni gnjeva udružili da obrane svoje tvrdnje. Reformator se morao sučeliti s ogorčenim tužiteljima. Jedni su ga optuživali za nagli i nepromišljeni postupak. Drugi su ga optuživali za samouvjerenost, tvrdeći da ga nije vodio Bog nego je postupio potaknut ponosom i drskošću. Odgovorio je: "Kome nije poznato da čovjek rijetko može iznijeti neku novu zamisao a da naoko ne bude ponosan i optužen za izazivanje svađe? ... Zašto su Krist i svi mučenici pobijeni? Zato jer se činilo da oholo preziru mudrost svojeg vremena i šire novotarije, a da se prethodno nisu ponizno posavjetovali s poznavateljima drevnih mišljenja."

Ponovno je izjavio: "Što god činio, neće biti učinjeno ljudskom mudrošću, već Božjom promisli. Ako je ovo djelo od Boga, tko će ga zaustaviti? Ako nije, tko ga može unaprijediti? Neka ne bude moja volja, ni njihova ni naša, nego neka bude Tvoja volja, o sveti Oče, koji si na nebesima!"[12]

Premda je Sveti Duh pokrenuo Luthera da otpočne to djelo, nije ga mogao nastaviti bez žestokih sukoba. Prijekori njegovih neprijatelja, njihovo izvrtanje njegovih nakana, njihove nepravedne i zlobne primjedbe na račun njegova karaktera i pobuda sručili su se na njega poput bujice i nisu bili bez posljedica. Bio je uvjeren da će se narodne vođe u Crkvi i u školama radosno ujediniti s njime u nastojanjima za reformom. Riječi ohrabrenja onih na visokim položajima nadahnule su ga radošću i nadom. Već je zamišljao da vidi kako se za Crkvu rađa svjetliji dan. Ali ohrabrenje se uskoro pretvorilo u prijekor i osudu. Mnogi crkveni i državni velikodostojnici bili su uvjereni u istinitost njegovih teza, ali su ubrzo shvatili da bi prihvaćanje tih istina dovelo do velikih promjena. Prosvijetliti i promijeniti narod značilo bi potkopati autoritet Rima, zaustaviti tisuće potoka koji su se tada ulijevali u njegove riznice i time uvelike smanjiti rasipnost i raskoš papinskih vođa. Osim toga, naučiti ljude da misle i rade kao odgovorna bića koja očekuju spasenje samo od Krista značilo bi srušiti pontifeksovu stolicu, a možda čak i njegov osobni autoritet. Iz tog su razloga odbacili spoznaju pruženu od Boga i u svojem protivljenju čovjeku kojega je On poslao da ih prosvijetli, ustali su protiv Krista i istine.

    Luther je zadrhtao kad je pogledao sebe – jedan čovjek protiv najmoćnijih zemaljskih sila. Katkad se pitao je li ga uopće Bog vodio da ustane protiv autoriteta Crkve. "Tko sam bio ja", pisao je, "da se suprotstavim veličanstvu pape pred kojim ... drhte kraljevi zemaljski i čitav svijet? ... Nitko ne zna koliko je moje srce patilo tijekom prvih dviju godina i u kakvu sam potištenost, mogu reći i očaj, pao."[13] Ali Luther nije ostavljen da se sasvim obeshrabri. Kad nije bilo ljudske potpore, gledao je na samoga Boga i naučio da se savršenom sigurnošću može osloniti na tu svemoćnu ruku.

    Jednom je prijatelju reformacije pisao: "Sveto pismo ne možemo razumjeti ni proučavanjem ni razumom. Tvoja je prva dužnost da počneš s molitvom. Usrdno moli Gospodina da ti svojim velikim milosrđem dade pravilno razumijevanje svoje Riječi. Nema drugog tumača Božje riječi osim njezinog Autora, koji je sâm rekao: 'Bit će svi naučeni od Boga!' Ne nadaj se ničemu od svoga truda, od svoga razuma: uzdaj se samo u Boga i u djelovanje Njegovoga Duha. Vjeruj onome tko je to iskusio."[14]

    Ovo je pouka od životne važnosti za sve koji osjećaju kako ih je Bog pozvao da drugima iznesu svečane istine za ovo vrije-

132

me. One će izazvati neprijateljstvo Sotone i ljudi koji vole pričice što ih je smislio. U sukobu sa silama zla potrebno je nešto više od snage uma i ljudske mudrosti.

Kad su se neprijatelji pozivali na običaje i tradiciju, ili na papine tvrdnje i autoritet, Luther im se suprotstavljao Biblijom i samo Biblijom. U njoj su se nalazili dokazi koje nisu mogli pobiti. Stoga su robovi formalizma i praznovjerja zahtijevali njegovu krv, kao što su Židovi zahtijevali Kristovu krv. "On je heretik!" uzvikivali su rimski zeloti. "Dopustiti takvom krivovjercu da živi samo sat dulje najveća je izdaja protiv Crkve. Odmah s njim na lomaču!"[15] Ali Luther nije postao plijenom njihova bijesa. Bog mu je povjerio djelo koje je trebao izvršiti pa je poslao nebeske anđele da ga zaštite. Međutim, mnogi koji su od Luthera primili dragocjenu svjetlost postali su predmetom Sotonina gnjeva i zbog istine neustrašivo podnijeli mučenje i smrt.

Lutherova učenja privukla su pozornost misaonih ljudi u cijeloj Njemačkoj. Iz njegovih propovijedi i spisa izvirale su zrake svjetlosti koje su probudile i rasvijetlile tisuće. Živa vjera zamijenila je mrtvi formalizam u kojem je Crkva tako dugo držana. Ljudi su iz dana u dan gubili povjerenje u praznovjerje Rimske crkve. Zidovi predrasuda su oboreni. Božja riječ, kojom je Luther ispitivao svaki nauk i svaku tvrdnju, bila je poput dvosjeklog mača koji se probija do srca ljudi. Posvuda se zamjećivalo buđenje želje za duhovnim napretkom. Posvuda se osjećala glad i žeđ za pravdom kakve nije bilo stoljećima. Oči naroda, tako dugo upravljene na ljudske obrede i zemaljske posrednike, sada su se u pokajanju i vjeri okretale Kristu, i to raspetome.

Ovo naširoko rasprostranjeno zanimanje izazvalo je još veći strah papinskih vlasti. Luther je pozvan da dođe u Rim i tamo odgovori na optužbu za krivovjerje. Ta je zapovijed njegove prijatelje ispunila užasom. Dobro su znali kakva mu opasnost prijeti u tom pokvarenom gradu, pijanom od krvi Isusovih mučenika. Stoga su prosvjedovali protiv njegova odlaska u Rim i zahtijevali da bude ispitan u Njemačkoj.

Napokon je postignut dogovor i papa je imenovao legata koji će preuzeti slučaj. U uputama što ih je pontifeks dao svom predstavniku bilo je rečeno da je Luther već proglašen heretikom. Legatu je stoga naređeno "da ga bez odlaganja optuži i ograniči". Ako bi ostao uporan, a legat ga ne bi mogao zadržati u svojoj vlasti, bio je ovlašten "staviti ga izvan zakona u cijeloj Njemačkoj i prognati, prokleti i izopćiti sve koji su s njim povezani".[16] Osim toga, da bi potpuno iskorijenio zarazno "krivovjerje", papa je dao upute svome legatu da, osim cara, izopći sve koji propuste uhvatiti Luthera i njegove pristaše, bez obzira na njihov crkveni i svjetovni položaj, i predati ih odmazdi Rima.

Ovdje se vidi pravi duh papinstva. U cijelom tom dokumentu nema ni traga kršćanskim načelima ni običnoj ljudskoj pravdi. Luther je bio daleko od Rima; nije imao prilike objasniti ni braniti svoje stajalište. A ipak, prije nego što je njegov slučaj ispitan, proglašen je heretikom i istog dana opomenut, optužen, osuđen, i to sve od samozvanog svetog oca, jedinog vrhovnog, nepogrešivog autoriteta u Crkvi i državi.

U to vrijeme, kad su Lutheru itekako bili potrebni sućut i savjet pravog prijatelja, Božja je providnost u Wittenberg poslala Melanchtona. Mlad, skroman i povučen, zdravog rasuđivanja, golemog znanja, uvjerljive rječitosti, čistog i čestitog karaktera, Melanchton je stekao opće divljenje i poštovanje. Briljantnost njegovih talenata nije zasjenila blagost njegove naravi. Ubrzo je postao ozbiljnim učenikom Evanđelja i Lutherov najvjerniji prijatelj i cijenjeni pomagač. Njegova blagost, razboritost i točnost bili su dopuna Lutherovoj hrabrosti i energičnosti. Njihova je suradnja ojačala reformaciju i bila izvor velikog ohrabrenja Lutheru.

Za mjesto suđenja bio je određen Augsburg, i reformator se tamo zaputio pješice. Ljudi su ozbiljno strahovali za njegov život. Čule su se otvorene prijetnje da će ga na putu uhvatiti i ubiti, pa su ga njegovi prijatelji molili da se ne izlaže takvoj opasnosti. Čak su ga molili da za neko vrijeme napusti Wittenberg i potraži sigurnost kod onih koji će ga rado zaštititi. Ali on nije htio napustiti mjesto na koje ga je Bog postavio. Mora nastaviti vjerno čuvati istinu, bez obzira na oluje koje su se sručile na njega. Govorio je: "Ja sam poput Jeremije, čovjek koji izaziva sukobe i nemire; ali što mi više prijete, to se više radujem. ... Već su pogazili moju čast i uništili moj dobar glas. Još mi preostaje jedno: moje jadno tijelo. Neka ga uzmu, time će mi skratiti život za nekoliko sati, ali dušu mi ne mogu uzeti. Tko želi navijestiti Kristovu Riječ svijetu, mora svakog trenutka očekivati smrt."[17]

135

Vijesti o Lutherovu dolasku u Augsburg izazvale su veliko zadovoljstvo papinog legata. Činilo se da je neugodan heretik, koji je izazivao pozornost cijeloga svijeta, bio sada u vlasti Rima, i legat je odlučio da mu neće pobjeći. Reformator je propustio sebi osigurati jamstveni list slobodnog prolaza. Prijatelji su ga nagovarali da se bez njega ne pojavi pred legatom, a sami su poduzeli da ga ishode od cara. Legat je namjeravao prisiliti Luthera da, ako je moguće, porekne svoje teze, ili ako u tome ne uspije, učiniti da bude odveden u Rim kako bi podijelio sudbinu Husa i Jeronima. Stoga je preko svojih suradnika nastojao navesti Luthera da dođe bez jamstvenog lista, s pouzdanjem u njegovu milost. Luther je to odlučno odbio i nije izišao pred papinog poslanika dok nije dobio ispravu kojom mu je car jamčio svoju zaštitu.

Sukladno svojoj politici, pripadnici Rimske crkve su odlučili Luthera pokušati pridobiti prividnom blagošću. U razgovorima s njim legat je pokazao veliku ljubaznost, ali je zahtijevao da se Luther bezuvjetno pokori vlasti Crkve i da bez argumenta ili pitanja odustane od svake svoje točke. Ali nije pravilno procijenio karakter čovjeka s kojim je imao posla. U svojem odgovoru Luther je izrazio svoje poštovanje prema Crkvi, svoju želju za istinom, spremnost da odgovori na sve primjedbe o onom što je podučavao i da svoje učenje prepusti prosudbi nekih vodećih sveučilišta. Istodobno je prosvjedovao zbog kardinalova zahtjeva da porekne svoje učenje bez dokaza da je u zabludi.

Jedini je odgovor bio: "Poreci, poreci!" Reformator je pokazao da njegovo stajalište podržava Sveto pismo i odlučno izjavio da se ne može odreći istine. Nesposoban da odgovori na Lutherove argumente, legat ga je obasuo bujicom prijekora, poruge i laskanja, pomiješanim navodima iz predaje i spisa crkvenih otaca, ne dajući reformatoru da dođe do riječi. Videći da će sastanak, ako tako nastavi, biti potpuno beskoristan, Luther je napokon nevoljko ishodio dozvolu da odgovori pismeno.

"Takvim postupkom", rekao je pišući svome prijatelju, "tlačeni ima dvostruku korist; prvo, ono što je napisano može se podvrgnuti prosudbi drugih; drugo, čovjek ima bolju mogućnost da se sučeli sa strahom, ako ne sa savješću drskog i brbljivog silnika, koji bi inače mogao nadvladati svojim zapovjedničkim glasom."[18]

Na sljedećem sastanku Luther je jasno, sažeto i snažno iznio svoja gledišta, potkrijepivši ih mnogim navodima iz Svetoga pisma. Nakon što ga je pročitao, svoj je rad pružio kardinalu koji ga je, međutim, prezrivo bacio, izjavljujući da je to samo mnoštvo praznih riječi i bezvrijednih citata. Luther, kome su se oči otvorile, sada je sreo oholog kardinala na njegovom vlastitom području – predaji i učenju Crkve – i posvema srušio njegove tvrdnje.

Kad je prelat uvidio da je nemoguće odgovoriti na Lutherovo dokazivanje, izgubio je nadzor nad sobom i u bijesu povikao: "Poreci, ili ću te poslati u Rim gdje ćeš doći pred suce kojima je naloženo da se upoznaju s tvojim slučajem. Izopćit ću tebe i tvoje sljedbenike, a sve koji te budu podržavali izbacit ću iz Crkve!" Na kraju je oholim i gnjevnim tonom rekao: "Poreci, ili mi više ne izlazi pred oči!"[19]

Reformator se odmah povukao sa svojim prijateljima, čime je jasno dao do znanja da se od njega ne može očekivati nikakvo odricanje. To kardinal nije očekivao. Laskao je sebi da nasilnošću može natjerati Luthera na odricanje. Ostavljen nasamo sa svojim istomišljenicima, gledao je sad jednoga sad drugoga, zlovoljan zbog neočekivanog neuspjeha svojih planova.

Lutherovi napori tom prilikom nisu bili bezuspješni. Veliki skup nazočnih mogao je usporediti ova dva čovjeka i za sebe prosuditi koji su duh pokazali, kao i snagu i istinitost njihovih gledišta. Kakva suprotnost! Reformator, jednostavan, ponizan, odlučan, stajao je u Božjoj sili, s istinom na svojoj strani; a papin predstavnik, uobražen, drzak, ohol i nerazuman, nije imao nijednog dokaza iz Svetoga pisma, ali je bijesno vikao: "Poreci, ili ću te poslati u Rim da te kazne!"

Unatoč tome što je Luther posjedovao jamstveni list, Rimu vjerni ljudi kovali su plan kako da ga uhite i utamniče. Njegovi prijatelji nagovarali su ga da se bez oklijevanja vrati u Wittenberg, budući da nema koristi i dalje ostati, i da bude krajnje oprezan u otkrivanju svojih namjera. Stoga je prije zore na konju napustio Augsburg, praćen samo jednim vodičem kojega mu je dao magistrat. Pun različitih slutnji prolazio je tihim i mračnim gradskim ulicama. Neprijatelji, oprezni i okrutni, smišljali su kako ga uništiti. Hoće li izbjeći zamkama što su ih postavili? To su bili trenuci zabrinutosti i usrdne molitve. Tako je stigao do malih vrata u gradskom bedemu. Otvorili su ih za

137

138 njega i on je s vodičem nesmetano izišao iz grada. Kad su se našli vani na sigurnom, bjegunci su požurili i prije no što je legat saznao za Lutherov odlazak, već se nalazio izvan domašaja svojih progonitelja. Sotona i njegovi poslanici doživjeli su poraz. Čovjek za koga su mislili da je u njihovoj vlasti nestao je, izmaknuvši im poput ptice iz ptičareve zamke. Vijest o Lutherovu bijegu zaprepastila je i razbjesnila legata. Nadao se velikoj časti zbog svoje mudrosti i odlučnosti u postupanju s tim uzbunjivačem Crkve; a sada mu se nada izjalovila. Svom je gnjevu dao oduška u pismu što ga je uputio Friedrichu, izbornom saksonskom knezu, ogorčeno klevetajući Luthera i zahtijevajući od Friedricha da reformatora pošalje u Rim ili da ga protjera iz Saske.

U obrani je Luther tražio da mu legat ili papa iz Svetog pisma otkriju njegove zablude, a on se obvezao na najsvečaniji način odreći svojeg učenja ako mu dokažu da je ono suprotno Božjoj riječi. Izrazio je i svoju zahvalnost Bogu što ga je smatrao dostojnim da strada zbog tako svete stvari.

Izborni je knez dotada slabo poznavao reformatorovo učenje, ali su iskrenost, snaga i jasnoća Lutherovih riječi ostavili na njega dubok dojam; i dok se ne dokaže da je reformator u zabludi, Friedrich je odlučio biti njegovim zaštitnikom. U odgovoru na legatov zahtjev pisao je: "'Budući da se doktor Martin pojavio pred vama u Augsburgu, trebate se time zadovoljiti. Nismo očekivali da ćete ga pokušati navesti na odricanje a da ga ne osvjedočite o njegovim zabludama. Nijedan od učenih ljudi u našem vojvodstvu nije me izvijestio da je Martinovo učenje bezbožno, protukršćansko ili heretičko!' Štoviše, knez je odbio Luthera poslati u Rim ili ga prognati iz svojih zemalja."[20]

Izbornom je knezu bilo poznato da su moralna ograničenja u društvu doživjela potpuni slom. Bilo je nužno provesti veliku reformu. Složena i skupa nastojanja da se spriječe ili kazne zločini bila bi nepotrebna kad bi ljudi priznali i poslušali Božje naloge i upozorenja prosvijetljene savjesti. Vidio je *139* da Luther nastoji ostvariti ovaj cilj pa se radovao što se u Crkvi počeo osjećati bolji utjecaj.

Također je primijetio da je Luther bio iznimno uspješan kao sveučilišni profesor. Prošla je samo jedna godina otkako je reformator stavio svoje teze na vrata dvorske crkve, a već se znatno smanjio broj hodočasnika koji su za blagdan Svih sve-

tih posjećivali crkvu. Rim više nije imao toliko štovatelja i da-
rova kao ranije, ali njihovo je mjesto zauzela druga skupina ljudi
koji su sada došli u Wittenberg, ne kao hodočasnici i klanjate-
lji relikvijama, već studenti koji su napunili dvorane učilišta.
Lutherovi su spisi posvuda zapalili novo zanimanje za Sveto pi-
smo, pa su u Sveučilište nagrnuli ne samo studenti iz Njemač-
ke, nego i iz drugih zemalja. Mladi ljudi koji bi po prvi put
ugledali Wittenberg, "dizali su ruke k nebu i zahvaljivali Bogu
što je učinio da svjetlost istine zasvijetli iz toga grada, kao nekada
s drevnog Siona, i odatle se proširi do najudaljenijih zemalja".[21]
Luther se dotad samo djelimično obratio od zabluda Rim-
ske crkve. No dok je uspoređivao sveta proroštva s papinskim
dekretima i pravilima, bio je silno začuđen. "Čitam papinske
dekrete", pisao je, "i ... ne znam je li papa sâm antikrist ili
njegov apostol; toliko je Krist u njima pogrešno prikazan i raza-
pet."[22] U to je vrijeme Luther još uvijek podržavao Rimsku cr-
kvu i nije se ni pomišljao ikada od nje odvojiti.

Reformatorovi spisi i njegovo učenje širili su se po cije-
lom kršćanskom svijetu. Djelo se proširilo na Švicarsku i Nizo-
zemsku. Primjerci njegovih spisa uspjeli su doprijeti do Fran-
cuske i Španjolske. U Engleskoj su njegovo učenje prihvatili kao
riječ života. Istina se proširila i na Belgiju i Italiju. Tisuće ljudi
probudilo se iz svoje obamrlosti na radostan život vjere i na-
de.

Rim je bio sve više ozlojeđen Lutherovim napadima, pa   *140*
su neki od njegovih fanatičnih protivnika, čak i neki profesori
katoličkih sveučilišta, izjavili da onaj tko ubije buntovnog re-
dovnika ne bi zgriješio. Jednoga je dana reformatoru prišao neki
stranac s pištoljem skrivenim pod ogrtačem i upitao ga zašto
se kreće sâm. "Ja sam u Božjim rukama", odgovorio je Luther.
"On mi je snaga, On mi je štit. Što mi može učiniti čovjek?"[23]
Na te je riječi stranac problijedio i pobjegao kao da se našao
pred nebeskim anđelima.

Rim je čvrsto odlučio uništiti Luthera, ali Bog je bio nje-
gova obrana. Njegovo se učenje posvuda pročulo – "u koliba-
ma i samostanima, u plemićkim dvorovima, na sveučilištima i
u kraljevskim palačama. Posvuda su ustajali plemeniti ljudi da
poduru njegove napore."[24]
Nekako u to vrijeme Luther je, čitajući Husova djela, ot-
krio da je češki reformator vjerovao u veliku istinu o oprav-

danju vjerom, koju je sâm nastojao podržati i poučavati. "Svi smo mi", rekao je Luther, "Pavao, Augustin i ja bili husiti, a da to nismo znali! ... Bog će sigurno pohoditi svijet", nastavio je, "budući da mu je prije jednog stoljeća objavljena istina koju je spalio."[25]

U pozivu upućenom caru i njemačkom plemstvu, Luther je pisao o papi: "Jezovito je promatrati onoga koji se naziva Kristovim namjesnikom kako se razmeće sjajem kojega nijedan car ne može oponašati. Je li u tome sličan siromašnom Isusu ili skromnom Petru? On je, kažu, gospodar svijeta! Ali je Krist, čijim se namjesnikom hvali da jest, rekao: 'Moje kraljevstvo nije odavde.' Može li područje namjesnika biti veće od područja njegova poglavara?"[26]

O sveučilištima je pisao sljedeće: "Silno se bojim da će se pokazati kako su sveučilišta široka vrata pakla, ukoliko ne budu marljivo radili na objašnjavanju Svetoga pisma i usađivali ga u srca mladih. Nikome ne preporučujem da svoje dijete šalje tamo gdje se Sveto pismo ne cijeni više od svega. Svaka se institucija u kojoj ljudi neumorno ne proučavaju Božju riječ mora izopačiti."[27]

Ovaj se poziv brzo proširio Njemačkom i izvršio snažan utjecaj na narod. Cijela se nacija uskomešala i mnoštvo se počelo okupljati oko zastave reforme. Izgarajući od želje za odmazdom, Lutherovi su neprijatelji nagovarali papu da poduzme odlučne mjere protiv njega. Objavljeno je da njegovo učenje treba odmah osuditi. Lutheru i njegovim pristašama dano je šezdeset dana, nakon kojih će, ako se ne odreknu, svi biti izopćeni.

To je bio strašan trenutak krize za reformaciju. Stoljećima je rimska presuda o izopćenju izazivala užas moćnih vladara. Ona je moćna carstva ispunila jadom i pustoši. Svi su gledali sa strahom i užasom na one na koje bi pala njezina prokletstva. Takvi nisu mogli kontaktirati sa svojim bližnjima i s njima se postupalo kao s ljudima koji su stavljeni izvan zakona, da bi ih se progonilo do istrebljenja. Luther nije bio slijep da ne bi vidio buru koja se nadvila nad njega, ali je stajao čvrsto, uzdajući se u Krista da će biti njegov pomoćnik i zaštitnik. S tom vjerom i hrabrošću mučenika pisao je: "Što će se dogoditi, ne znam niti želim znati. ... Bez obzira gdje će udarac pasti, ja se ne bojim. Ni list ne pada s drveta bez volje našega Oca.

Koliko li će se više brinuti o nama! Lako je umrijeti za Riječ, budući da je Riječ koja je postala tijelom, umrla. Ako s Njim umremo, s Njim ćemo i živjeti; i prolazeći kroz ono kroz što je On prošao prije nas, bit ćemo tamo gdje je i On i boraviti s Njime zauvijek."[28] Kad je papina bula stigla do Luthera, rekao je: "Prezirem je i protivim joj se kao bezbožnoj i lažnoj ... U njoj se osuđuje sâm Krist. ... Radujem se što trebam stradati zbog najboljeg od svih slučajeva. U srcu već osjećam veću slobodu; napokon znam da je papa antikrist i da je njegovo prijestolje prijestolje samoga Sotone."[29] Ipak, nalog Rima nije ostao bez učinka. Tamnica, mučenje i mač bili su prigodno oružje kojim se mogla iznuditi pokornost. Slabi i praznovjerni drhtali su pred papinim dekretom. Premda je Luther uživao opću simpatiju, mnogima je život bio previše drag da bi ga žrtvovali u djelu reforme. Po svemu se činilo da je reformatorovo djelo pri kraju.

Ali je Luther još uvijek bio neustrašiv. Rim je na njega bacio svoje anateme i svijet ga je promatrao ne sumnjajući da će ili propasti ili biti prisiljen na popuštanje. Ali strahovitom snagom reformator je vratio Rimu osudu prokletstva i javno proglasio svoju odluku da s njime raskida zauvijek. U prisutnosti mnoštva studenata, profesora i građana svih staleža, Luther je spalio papinu bulu zajedno sa zakonikom kanonskog prava, dekretima i spisima koji su podupirali papinsku vlast. "Moji su neprijatelji spaljivanjem mojih knjiga", rekao je, "uspjeli naškoditi stvari istine kod običnih ljudi i upropastiti njihove duše, stoga i ja zauzvrat spaljujem njihove knjige. Ozbiljna je borba upravo započela. Dosad sam se s papom samo igrao. Ovo djelo započeo sam u Božje ime; ono će se završiti bez mene i Njegovom silom."[30]

Na prijekore svojih neprijatelja koji su ismijavali slabost njegove stvari, Luther je odgovorio: "Tko zna da me nije izabrao i pozvao Bog pa da se stoga ne trebaju bojati kako će prezirući mene prezreti samoga Gospodina? Prigodom izlaska iz Egipta Mojsije je bio sâm. Ilija je bio sâm za vladanja kralja Ahaba; Izaija je bio sâm u Jeruzalemu, Ezekiel u Babilonu. ... Bog za proroka nikada nije izabrao nekog velikog svećenika ili neku drugu poznatu ličnost. Obično je birao jednostavne i prezrene ljude, a jednom čak i pastira Amosa. U svakom razdob-

142

143

lju sveti su morali koriti velikaše, kraljeve, knezove, svećenike i učene ljude, uz opasnost za svoj život. ... Ne kažem da sam prorok, ali velim da se trebaju bojati budući da sam ja sâm, a njih je mnogo. Siguran sam da je Božja riječ uz mene, a ne uz njih."[31] Ipak se Luther bez strahovite unutarnje borbe sa samim sobom nije odlučio konačno odvojiti od Crkve.

Nekako u to vrijeme je pisao: "Svakim danom sve više i više osjećam kako je teško napustiti ono što su nam usadili u djetinjstvu. O, koliko me je boli stajalo da opravdam samoga sebe što sam se usudio sâm ustati protiv pape i proglasiti ga antikristom, premda sam uz sebe imao Sveto pismo! Kako mi je srce patilo! Koliko sam puta sebi postavljao gorko pitanje koje su papisti tako često ponavljali: 'Zar si samo ti mudar? Zar je moguće da su svi drugi u zabludi? Što će biti ako si nakon svega ti u zabludi i u svoju zabludu uvlačiš tolike duše koje će na kraju zauvijek propasti?' Tako sam se borio sa sobom i Sotonom, dok Krist svojom nepogrešivom Riječju nije učvrstio moje srce protiv tih sumnji."[32]

Papa je Lutheru zaprijetio izopćenjem ako se ne odrekne, i sada je prijetnju ostvario. Pojavila se nova bula kojom je objavljeno reformatorovo konačno odvajanje od Rimske crkve, proglašavajući ga "prokletim od Neba" i uključujući u istu osudu sve koji prihvate njegovo učenje. Velika borba je buknula svom žestinom.

Protivljenje čeka sve koje Bog odredi da navijeste istinu koja je posebno primijenjena na njihovo vrijeme. U Lutherovo doba postojala je sadašnja istina, istina od posebne važnosti za ono vrijeme. Postoji sadašnja istina i za Crkvu danas. Onaj koji sve čini po svojoj volji našao je za potrebno da ljude stavi u razne okolnosti i povjeri im dužnosti koje odgovaraju vremenu u kome žive i prilikama u kojima se nalaze. Ako budu cijenili danu svjetlost, otvorit će im se širi vidici istine. Ali danas većina isto tako malo teži za istinom kao i papisti koji su ustali protiv Luthera. Kao u prošlim vjekovima, i danas postoji sklonost da se namjesto Božje riječi prihvate ljudske teorije i predaje. Oni koji iznose istinu za sadašnje vrijeme ne trebaju očekivati da će biti primljeni s većom naklonošću nego raniji reformatori. Veliki sukob između istine i zablude, između Krista i Sotone, sve će se više zaoštravati do kraja povijesti ovoga svijeta.

Isus je rekao svojim učenicima: "Kad biste pripadali svijetu, svijet bi ljubio svoje. Budući da ne pripadate svijetu – ja vas izabrah od svijeta – zato vas svijet mrzi. Sjetite se riječi koju vam rekoh: Nije sluga veći od svoga gospodara. Ako su mene progonili, i vas će progoniti. Ako su moju riječ držali, i vašu će držati." (Ivan 15,19.20) S druge strane, naš je Gospodin jasno objavio: "Jao vama kad vas svi ljudi budu hvalili. Ta, isto su tako postupali s lažnim prorocima očevi njihovi." (Luka 6,26) Danas duh svijeta nije ništa više u suglasnosti s Kristovim Duhom nego što je to bio u ranijim vremenima, i oni koji danas propovijedaju Božju riječ u njezinoj čistoći neće biti primljeni s većom naklonošću nego u prošlim vremenima. Protivljenje istini može izmijeniti oblik, neprijateljstvo može biti manje otvoreno jer je suptilnije, ali to protivljenje još uvijek postoji i pokazivat će se do kraja.

8

Luther pred državnim Saborom

Novi car Karlo V. stupio je na prijestolje Njemačke pa su mu poslanici Rima požurili čestitati i navesti ga da upotrijebi svoju moć protiv reformacije. S druge strane, izborni saksonski knez, kojemu je Karlo itekako dugovao svoju krunu, molio je cara da protiv Luthera ništa ne poduzima dok ga ne sasluša. Tako se car našao u vrlo teškom položaju i neprilici. Papisti se ne bi zadovoljili ničim manjim osim carskim ediktom kojim bi Luther bio osuđen na smrt. Izborni je knez odlučno izjavio da "ni njegovo carsko Veličanstvo niti itko drugi nije dokazao da su Lutherovi spisi pobijeni". Stoga je zahtijevao "da se doktora Luthera opskrbi jamstvenim listom kako bi se mogao pojaviti pred sudom učenih, pobožnih i nepristranih sudaca".[1]

Pozornost svih stranaka sada je bila upravljena na skupštinu njemačkih država koja je sazvana u Wormsu ubrzo nakon Karlova stupanja na prijestolje. Na tom nacionalnom saboru trebalo je razmotriti važna politička pitanja i interese. Po prvi su se put njemački knezovi trebali sastati sa svojim mladim vladarom u savjetodavnoj skupštini. Sa svih strana domovine stigli su crkveni i državni velikodostojnici. Svjetovni velikaši visoka roda, moćni i ljubomorni na svoja nasljedna prava; kneževski svećenici svjesni svojeg visokog položaja i moći; dvorski vitezovi i njihova oružana pratnja; veleposlanici stranih i dalekih zemalja – svi su se okupili u Wormsu. Ali predmet koji je pobudio najdublje zanimanje tog golemog skupa bio je slučaj saskog reformatora.

Karlo V. je prethodno uputio izbornog kneza da dovede Luthera pred sabor, jamčeći mu zaštitu i slobodu da s mjerodavnim osobama raspravlja o spornim točkama. Luther je jedva čekao da stupi pred cara. U to mu se vrijeme zdravlje jako pogoršalo; pa ipak je pisao izbornom knezu: "Ako ne budem mogao zdrav ići u Worms, odnijet će me tamo bolesnog kakav jesam. Ako me car zove, ne dvojim da je to poziv samoga Boga. Ako se protiv mene kane poslužiti nasiljem, što je vjerojatno (jer mi nisu naredili da dođem kako bih ih poučio), ja stvar prepuštam u Gospodnje ruke. Još uvijek živi i vlada Onaj koji je trojicu mladića sačuvao u užarenoj peći. Ako me On ne spasi, moj život malo vrijedi. Spriječimo da Evanđelje bude izloženo poruzi zlih i radije prolijmo svoju krv u njegovu obranu nego da im dopustimo da trijumfiraju. Nije na meni da odlučim hoće li spasenju sviju više pridonijeti moj život ili moja smrt. ... Očekujte od mene sve ... osim bijega i odricanja. Pobjeći ne mogu, a još se manje mogu odreći."[2]

Kad su se Wormsom proširili glasovi da će se Luther pojaviti pred Saborom, nastalo je opće uzbuđenje. Aleander, papin legat kome je pitanje Luthera bilo posebno povjereno, veoma se uznemirio i razljutio. Shvatio je da će to polučiti kobne posljedice za papinstvo. Pokrenuti istragu o slučaju u kojem je papa već proglasio osudu bilo bi neuvažavanje autoriteta suverenog pontifeksa. Osim toga, bojao se da bi rječiti i snažni dokazi tog čovjeka mogli mnoge knezove odvratiti od papine odluke. Stoga je najenergičnije prosvjedovao kod Karla zbog Lutherova dolaska u Worms. Nekako u to vrijeme objavljena je bula o Lutherovom izopćenju. To je, zajedno s nagovaranjem legata, navelo cara da popusti. Izbornom knezu napisao je da Luther, ukoliko se ne odrekne, mora ostati u Wittenbergu.

147

Nezadovoljan tom pobjedom, Aleander je svom raspoloživom snagom i lukavstvom nastojao osigurati Lutherovu osudu. Upornošću dostojnom nekog boljeg cilja, zahtijevao je da knezovi, prelati i drugi članovi Sabora obrate pozornost na taj slučaj, optužujući reformatora "za ustanak, pobunu, bezbožnost i svetogrđe". Ali žestina i ljutnja koju je legat pokazivao jasno su otkrivali duh kojim je bio prožet. "Njega više pokreće duh mržnje i osvete", glasila je opća primjedba, "nego revnost i pobožnost."[3] Većina u Saboru bila je više nego ikada naklonjena Lutherovu djelu.

Aleander je udvostručenom revnošću navaljivao na cara da provede papine ukaze. No prema njemačkim zakonima to nije bilo moguće bez pristanka knezova. Na kraju, nadvladan legatovim navaljivanjem, Karlo ga je pozvao da svoju stvar iznese pred državni Sabor. "To je za nuncija bio dan slavlja. Skup je bio velik, a predmet još veći. Aleander je trebao zastupati Rim... majku i gospodaricu svih crkava." Trebao je opravdati vrhovnu Petrovu vlast pred okupljenim poglavarima kršćanstva. "Imao je dar rječitosti i pokazao se dorastao prigodi. Providnost je odredila da se Rim pred najuzvišenijim sudom pojavi i brani putem svojih najsposobnijih govornika prije no što bude osuđen."[4] Oni koji su bili naklonjeni reformatoru očekivali su s određenom bojazni djelovanje Aleanderova govora. Izborni saski knez nije bio nazočan, ali su prema njegovoj uputi neki od njegovih savjetnika bili tu da zabilježe nuncijev govor.

148   Svom snagom učenosti i rječitosti Aleander je nastojao pobiti istinu. Protiv Luthera je dizao optužbu za optužbom, nazivajući ga neprijateljem Crkve i države, živih i mrtvih, svećenstva i laika, koncila i kršćana pojedinačno. "U Lutherovim zabludama ima dovoljno toga", izjavio je, da opravda spaljivanje "sto tisuća heretika".

U zaključku je pokušao omalovažiti pristaše reformirane vjere: "Tko su ti luterani? Šarena rulja bezobraznih pedagoga, pokvarenih svećenika, raskalašenih redovnika, pravnika neznalica, osramoćenih plemića, s običnim pukom kojega su zaveli i izopačili. Koliko ih katolička stranka nadmašuje po brojnosti, sposobnostima i moći! Jednodušna odluka ove dične skupštine prosvijetlit će proste, upozoriti nepromišljene, učvrstiti neodlučne i ojačati slabe."[5]

Takvim su oružjem u sva vremena napadani branitelji istine. Isti se argumenti još uvijek koriste protiv svih koji se, nasuprot utvrđenim zabludama, usuđuju iznositi jednostavna i izravna učenja Božje riječi. "Tko su ti propovjednici novih učenja?" uzvikuju oni koji žele popularnu religiju. "Oni nisu učeni, malo ih je i potječu iz siromašnijih slojeva, a tvrde da posjeduju istinu i da su Božji izabrani narod. Oni su neupućeni i obmanuti. Koliko je naša Crkva nadmoćnija po broju i utjecaju! Koliko se velikih i učenih ljudi nalazi među nama! Koliko više moći je na našoj strani!" To su argumenti koji snažno utječu na svijet, ali nisu ni danas uvjerljiviji no što su bili u dane reformatora.

Reformacija nije, kao što mnogi misle, završila s Lutherom. Ona se treba nastaviti sve do kraja povijesti ovoga svijeta. Pred

Lutherom je bilo veliko djelo: trebao je druge obasjati svjetlošću kojom ga je Bog obasjao; ali nije primio svu svjetlost koju svijet treba primiti. Od onog vremena do danas nova je svjetlost *149* stalno sjala na Sveto pismo i stalno su otkrivane nove istine. Legatov govor duboko se dojmio državnog Sabora. Nije bilo Luthera koji bi jasnim i uvjerljivim istinama Božje riječi nadvladao papinog branitelja. Nitko nije pokušao braniti Luthera. Pokazalo se da je većina ne samo sklona osuditi Luthera i njegovo učenje već, ako je moguće, iskorijeniti krivovjerstvo. Rim je imao najpogodniju priliku da brani svoju stvar. Sve što je mogao reći u svoju obranu bilo je rečeno. Ali prividna pobjeda bila je nagovještaj poraza. Od tog trenutka još će se jasnije vidjeti razlika između istine i zablude, jer će se voditi otvoreni rat. Od toga dana Rim nikada više neće stajati tako sigurno kao dotada.

Premda većina članova Sabora ne bi oklijevala predati Luthera odmazdi Rima, mnogi od njih su uviđali izopačenosti u Crkvi i žalili zbog njih te željeli da se učini kraj zloporabama što ih je njemački narod trpio kao posljedicu pokvarenosti i pohlepe hijerarhije. Legat je papinsku vladavinu prikazao u najljepšem svjetlu. U tom je trenutku Gospodin pokrenuo jednog člana Sabora da ocrta prave posljedice papinske tiranije. S plemenitom odlučnošću saski knez Georg ustao je u toj kneževskoj skupštini i zastrašujućom točnošću naveo prijevare i gadosti papinstva te njihove strašne posljedice. U završnoj je riječi rekao:

"To su samo neke od zloporaba koje viču protiv Rima. Oni su odbacili svaki stid i jedini im je cilj ... novac, novac, novac ... tako da propovjednici, koji bi trebali naučavati istinu, ne govore ništa drugo do laži, i ne samo što ih trpe nego i nagrađuju, jer što su veće njihove laži, to je veći njihov dohodak. Iz tog smrdljivog izvora istječu takve prljave vode. Razvrat pruža ruku pohlepi. ... Nažalost, skandal što ga je prouzročio kler gura tolike jadne duše u vječnu propast. Mora se provesti temeljita reforma."[6]

Ni sâm Luther ne bi mogao iznijeti određeniju i silniju op- *150* tužbu papinskih zloporaba, a činjenica da je govornik bio odlučan neprijatelj reformatora davala je posebnu težinu njegovim riječima.

Da su oči skupštine bile otvorene, oni bi u svojoj sredini vidjeli Božje anđele kako zrakama svjetlosti razgone mrak zabluda i otvaraju umove i srca za primanje istine. Upravo je snaga Božje istine i mudrosti, koja je utjecala i na neprijatelje reformacije, pripravila put velikom djelu koje je trebalo ostvariti. Martin Luther nije bio nazočan, ali se na toj skupštini čuo glas Onoga koji je bio veći od njega.

Državni je Sabor odmah izabrao povjerenstvo koje je trebalo pripremiti popis svih papinih tlačenja koja su tako teško pritiskivala njemački narod. Taj je popis od stotinu i jedne točke predan caru sa zahtjevom da odmah poduzme mjere za ispravljanje tih zloporaba. "Kakav gubitak kršćanskih duša", rekli su podnositelji molbe, "kakvo pljačkanje, kakvo iznuđivanje zbog skandala kojima je okružena duhovna glava kršćanstva! Naša je dužnost da spriječimo propast i sramotu našeg naroda. Stoga vas najpokornije ali i najhitnije zaklinjemo da naredite opću reformu i preuzmete njezino sprovođenje."[7]

Sada je odlučeno da se reformator pojavi pred Saborom. Unatoč Aleanderovom zaklinjanju, prosvjedima i prijetnjama, car je na kraju pristao, i Luther je dobio poziv da izađe pred Sabor. S pozivom je izdan i jamstveni list kojim mu se jamči povratak na sigurnost. Poziv je u Wittenberg odnio jedan glasonoša kome je naređeno da doprati Luthera u Worms.

Lutherovi su se prijatelji uznemirili i zabrinuli. Znajući za predrasude i mržnju prema njemu, bojali su se da neće poštovati jamstveni list pa su ga molili da svoj život ne izlaže opasnosti. On je odgovorio: "Papisti ne žele da dođem u Worms, 151   nego žele moju osudu i smrt. Nije važno! Ne molite za mene, nego za Božju riječ. ... Krist će mi dati svojega Duha da nadvladam te sluge zabluda. Prezirem ih dok sam živ, a svojom smrću ću ih pobijediti. U Wormsu smišljaju kako da me prisile na poricanje, a moje poricanje glasit će ovako: Ranije sam govorio da je papa Kristov namjesnik, a sada tvrdim da je neprijatelj našega Gospodina i đavoljev apostol."[8]

Luther nije smio sâm poći na ovaj opasan put. Tri njegova najbolja prijatelja odlučila su ga pratiti uz carskoga glasonošu. Melanchton im se žarko želio pridružiti. Njegovo je srce bilo vezano s Lutherovim pa ga je želio slijediti ako bude potrebno u tamnicu ili u smrt. Ali njegovoj molbi nisu udovoljili. U slučaju da Luther pogine, nade reformacije se moraju osloniti na njegovog mladog suradnika. Opraštajući se s Melanchtonom, reformator je rekao: "Ako se ne vratim i ako me moji neprijatelji ubiju, nastavi podučavati Riječ i stoj čvrsto u istini. Radi namjesto mene. ... Ako preživiš, moja smrt neće biti tako tragična."[9] Studenti i građani koji su se okupili da isprate Luthera bili su duboko dirnuti. Mnogi čija su srca bila dirnuta Evanđeljem oprostili su se s njime u suzama. Tako su reformator i njegovi pratitelji napustili Wittenberg. Putem su primijetili da je narod bio pritisnut mračnim slutnjama. U nekim gradovima nisu im ukazali nikakvu čast. Kad su se zaustavili da prenoće, jedan je prijateljski naklonjeni svećenik izrazio svoje strahovanje tako što je pred Luthera stavio sliku talijanskog reformatora koji je umro mučeničkom smrću. Sljedećeg se dana saznalo da su Lutherovi spisi osuđeni u Wormsu. Carevi glasonoše objavljivali su carski ukaz i pozivali narod da zabranjena djela preda sucima. Glasonoša, bojeći se za Lutherovu sigurnost na Saboru, misleći da se možda pokolebao u svojoj odlučnosti, upitao ga je "želi li još uvijek nastaviti put". Luther je odgovorio: "Iako pod prokletstvom u svakom gradu, nastavljam put."[10]

U Erfurtu su Luthera primili s velikim počastima. Okružen *152* mnoštvom poštovatelja hodao je ulicama kojima je tako često prolazio sa svojom prosjačkom torbom. Posjetio je svoju samostansku ćeliju i sjetio se borbe zahvaljujući kojoj je svjetlost koja je sada preplavila Njemačku obasjala njegovu dušu. Pozvali su ga da propovijeda. To mu je bilo zabranjeno, ali je glasonoša dao svoj pristanak pa je redovnik, koji je nekada robovao u samostanu, sada stupio na propovjedaonicu.

Veliko okupljeno mnoštvo uputio je na Kristove riječi: "Mir vama!" "Filozofi, učeni ljudi i pisci", rekao je, "nastojali su poučiti ljude kako mogu steći vječni život – i nisu uspjeli. A ja ću vam sada to reći: Bog je jednog Čovjeka, Isusa Krista, uskrisio iz mrtvih da bi uništio smrt, ispaštao za grijeh i zatvorio vrata pakla. To je djelo spasenja. ... Krist je nadvladao! To je Radosna vijest i mi se spašavamo Njegovim, a ne svojim djelima. ... Naš Gospodin Isus Krist je rekao: 'Mir vama; pogledajte moje ruke.' To znači: Gledaj, o čovječe! Ja sâm, ja jedini uzeo sam tvoj grijeh i otkupio te. I sada imaš mir, veli Gospodin."

Nastavio je kazujući da se prava vjera pokazuje u svetom životu. "Budući da nas je Bog spasio, vršimo svoja djela tako da ih On može prihvatiti. Jesi li bogat? Neka tvoja dobra služe potrebama siromašnih. Jesi li siromašan? Neka tvoja služba bude prihvatljiva za bogate. Ako tvoj rad koristi samo tebi, onda je služba koju misliš da vršiš Bogu lažna."[11] Ljudi su slušali kao očarani. Kruh života bio je prelomljen tim izgladnjelim dušama. Krist je pred njima bio uzdignut iznad papa, legata, careva i kraljeva. Luther nije spomenuo svoj opasan položaj. Nije htio sebe učiniti predmetom razmišljanja ili sućuti. Razmišljajući o Kristu izgubio je iz vida sebe. Skrio se iza Mučenika s Golgote, samo nastojeći predočiti Krista kao Otkupitelja grešnikâ.

153   U nastavku putovanja reformator je svuda bio predmet najvećeg zanimanja. Znatiželjno mnoštvo tiskalo se oko njega, a prijateljski glasovi upozoravali su ga na namjere rimokatolika: "Spalit će te!" govorili su jedni, "Tvoje će tijelo pretvoriti u prah kao što su učinili s Janom Husom." Luther je odgovarao: "Kad bi duž cijelog puta od Wormsa do Wittenberga zapalili vatru čiji bi plameni jezici dosezali do neba, ja bih kroz nju išao u Gospodnje ime. Izići ću pred njih; ući ću u čeljust te nemani i slomiti joj zube, ispovijedajući Gospodina Isusa Krista."[12]

Vijest o njegovom približavanju Wormsu izazvala je veliku uznemirenost. Njegovi su prijatelji drhtali za njegovu sigurnost, a neprijatelji se bojali za uspjeh svoje stvari. Veliki su se napori ulagali kako bi ga odvratili od ulaska u grad. Papisti su ga nagovarali da se smjesti u dvorac jednog prijateljski raspoloženog viteza, gdje se, tvrdili su, sve može miroljubivo srediti. Prijatelji su opisivanjem opasnosti koje su mu prijetile nastojali u njemu izazvati strah. Svi su napori bili uzaludni. Luther je, još uvijek nepokolebljiv, izjavio: "Kad bi u Wormsu bilo đavola koliko je crepova na krovovima, ipak bih ušao u grad."[13]

Kad je stigao u Worms, veliko je mnoštvo nagrnulo k vratima da mu zaželi dobrodošlicu. Tako veliko mnoštvo nije se skupilo ni za doček cara. Uzbuđenje je bilo veliko, kad se usred mnoštva začuo prodoran i tugaljiv glas koji je zapjevao pogrebnu pjesmu kao upozorenje Lutheru na sudbinu koja ga očekuje. "Bog će biti moja obrana", rekao je silazeći s kola.

Papisti nisu vjerovali da će se Luther stvarno usuditi doći u Worms, pa je njegov dolazak izazvao zabrinutost. Car je smjesta sazvao svoje savjetnike da razmotre što valja poduzeti. Jedan od biskupa, okorjeli papist, izjavio je: "Mi smo dugo raspravljali o tom predmetu. Neka se vaše Veličanstvo odmah riješi tog čo-

vjeka. Nije li Sigismund učinio da Jan Hus bude spaljen? Mi
nismo obvezni ni davati ni poštovati jamstveni list jednog he-
retika." "Ne," rekao je car, "mi moramo održati naše obećanje."[14]
Stoga je odlučeno da se reformatora sasluša.

154

Čitav je grad bio nestrpljiv da vidi tog iznimnog čovjeka i
ubrzo je mnoštvo posjetitelja napunilo njegov stan. Luther se
tek oporavio od nedavne bolesti; bio je umoran od puta koji
je trajao puna dva tjedna. Trebao se pripremiti za sutrašnje zna-
čajne događaje pa mu je bio potreban mir i odmor. Ali želja
da ga vide bila je toliko velika da mu je za odmor ostalo samo
nekoliko sati, jer su se oko njega okupili plemići, vitezovi, sve-
ćenici i građani. Među njima bilo je mnogo plemića koji su od
cara smjelo zahtijevali reformu zbog crkvenih zloporaba i koji
su, kaže Luther, "svi bili oslobođeni Evanđeljem koje sam pro-
povijedao".[15] Dolazili su prijatelji i neprijatelji da vide neustra-
šivog redovnika, a on ih je primao nepokolebljivim mirom i
svima dostojanstveno i mudro odgovarao. Držao se čvrsto i hra-
bro. Njegovo blijedo, mršavo lice, obilježeno tragovima truda
i bolesti, imalo je ljubazan i čak radostan izraz. Svečanost i du-
boka ozbiljnost njegovih riječi davale su mu silu kojoj se ni
njegovi neprijatelji nisu mogli potpuno oprijeti. I prijatelji i
neprijatelji bili su ispunjeni divljenjem. Jedni su bili osvjedo-
čeni da ga okružuje božansko ozračje, a drugi su izjavljivali,
kao i farizeji o Kristu: "Ima zlog duha."

Sutradan je Luther pozvan da iziđe pred Sabor. Jedan je
carski službenik određen da ga dovede u dvoranu za prijam,
ali je to jedva uspio. Sve su ulice bile prepune promatrača, željnih
da vide redovnika koji se usudio oprijeti autoritetu pape.

U trenutku kad je Luther trebao izići pred svoje suce, jedan
stari vojskovođa, junak iz mnogih bitaka, ljubazno mu se obra-
tio: "Jadni, jadni redovniče, pred tobom je borba kakvu ni ja
niti bilo koji drugi vojskovođa nismo vodili ni u najkrvavijoj
bitci. Ali ako je tvoja stvar pravedna i ako si u nju siguran, idi
naprijed u Božje ime i ne boj se ničega. Bog te neće napusti-
ti."[16]

155

Napokon je Luther stajao pred državnim Saborom. Car je
sjedio na prijestolju okružen najuglednijim ličnostima carstva.
Nikada se nijedan čovjek nije pojavio pred veličanstvenijim sa-
borom nego što je bio taj pred kojim je Martin Luther trebao
odgovarati zbog svoje vjere. "Sama činjenica da se pojavio pred

više nego veličanstvenim skupom bila je značajna pobjeda nad papinstvom. Papa je tog čovjeka osudio, a sada je taj isti čovjek stajao pred sudom koji se, upravo tim postupkom, stavio iznad pape. Papa ga je stavio pod interdikt i izopćio ga iz društvene zajednice, a ipak je bio pozvan biranim riječima i primljen na najuzvišenijem skupu na svijetu. Papa ga je osudio na vječnu šutnju, a on je sada trebao govoriti u nazočnosti tisuća pozornih slušatelja okupljenih iz najudaljenijih kršćanskih zemalja. Tako je Lutherovom zaslugom ostvaren silan prevrat. Rim je već silazio sa svog prijestolja, a uzrok tom poniženju bio je glas jednog redovnika."[17]

Pred tako moćnom i časnom skupštinom reformator skromnog podrijetla djelovao je zbunjeno i iznenađeno. Više mu je knezova, koji su primijetili njegovo uzbuđenje, prišlo i jedan od njih mu je šapnuo: "Ne bojte se onih koji ubijaju tijelo, a dušu ne mogu ubiti." Drugi je rekao: "Kad vas zbog mene dovedu pred upravitelje i kraljeve, onog će vam se časa dati što trebate govoriti." Tako su najveći ljudi ovoga svijeta upotrijebili Kristove riječi da bi ohrabrili Njegovog slugu u trenutku kušnje.

Luthera su doveli do mjesta točno ispred careva prijestolja. Mrtva tišina zavladala je prepunom skupštinom. Tada je ustao carev službenik i pokazujući na zbirku Lutherovih spisa, zahtijevao da reformator odgovori na dva pitanja: priznaje li ih svojima i namjerava li se odreći mišljenja što ih je u njima iznio. 156 Nakon što su pročitani naslovi knjiga, Luther je odgovorio da, što se tiče prvog pitanja, priznaje da su knjige njegove. "Što se tiče drugog pitanja", rekao je, "budući da je to pitanje koje se tiče vjere i spasenja duša, a u koje je uključena Božja riječ, najveće i najdragocjenije blago na Nebu i na Zemlji, postupio bih nerazborito kad bih odgovorio bez razmišljanja. Mogao bih potvrditi manje nego što okolnosti zahtijevaju, ili više nego što traži istina, pa bih sagriješio protiv Kristovih riječi: 'Tko se mene odreče pred ljudima, i ja ću se njega odreći pred svojim Ocem nebeskim.' (Matej 10,33) Stoga najponiznije molim Vaše carsko veličanstvo da mi dâ vremena, kako bih mogao odgovoriti a da se ne ogriješim o Božju riječ."[18]

Ovom molbom Luther je mudro postupio. Njime je uvjerio skupštinu da ne postupa iz strasti ili nagonski. Takva smirenost i samosvlađivanje, neočekivani od onoga koji se pokazao tako odvažnim i nepopustljivim, pridodali su njegovoj snazi i omogućili mu da kasnije odgovori razborito, odlučno, mudro i dostojanstveno, što je iznenadilo i razočaralo njegove neprijatelje i predstavljalo ukor njihovoj drskosti i ponositosti. Sljedećeg je dana trebao izići pred Sabor kako bi dao svoj konačni odgovor. Zakratko mu je srce klonulo kad je pomislio na sile koje su se udružile protiv istine. Njegova je vjera klonula; obuzeli su ga strah i drhtanje, a spopao užas. Opasnosti su se množile pred njim; činilo se da će njegovi neprijatelji likovati i sile tame prevladati. Okružili su ga oblaci pa se činilo da će ga odvojiti od Boga. Čeznuo je za sigurnošću da će Gospodin nad vojskama ostati uz njega. U duhovnoj tjeskobi bacio se licem na zemlju i ispustio povike što kidaju srce, a koje samo Bog može potpuno razumjeti.

"O, svemogući i vječni Bože," molio je, "kako je strašan ovaj svijet! Eto, otvorio je usta da me proguta, a ja se tako malo pouzdajem u Tebe. ... Ako se moram osloniti samo na snagu ovoga svijeta, svemu je kraj. ... Kucnuo mi je posljednji čas, objavljena je moja presuda. ... O, Bože, pomozi mi protiv sve mudrosti ovoga svijeta. Učini to. ... Ti sâm; ... jer ovo nije moje, već Tvoje djelo. Nemam što ovdje raditi, nemam se zašto raspravljati s velikanima ovoga svijeta. ... Ali ovo je Tvoje djelo, ... i ono je pravedno i vječno. O, Gospodine, pomozi mi! Vjerni, nepromjenjivi Bože, ne uzdam se ni u jednoga čovjeka. ... Sve što je ljudsko, nesigurno je. Sve što dolazi od čovjeka propada. ... Ti si me izabrao za ovo djelo... Stoj uz mene radi svog ljubljenog Isusa Krista, koji je moja obrana, štit i jaka utvrda."[19]

Svemudra Providnost dopustila je da Luther shvati kakva mu opasnost prijeti, da se ne bi pouzdao u vlastitu snagu i samosvjesno srljao u pogibelj. Ali nije to bio strah od patnji, ili mučenja, ili pak smrti koja se činila neodložnom, što ga je ispunilo užasom. Nastupila je kriza, a on se osjećao nesposobnim da je dočeka. Djelo istine moglo bi zbog njegove slabosti pretrpjeti poraz. On se borio s Gospodinom ne za svoju osobnu sigurnost, nego za pobjedu Evanđelja. Osjećao je strah i duševnu borbu, kao i Izrael u onoj noćnoj borbi pored pustog potoka. I kao Izrael, on je nadvladao s Bogom. U potpunoj bespomoćnosti uhvatio se vjerom za Krista, moćnog Izbavitelja. Bio je ohrabren sigurnošću da pred Sabor neće izaći sâm. Mir se vratio u njegovu dušu i on se radovao što mu je dopušteno da pred glavarima naroda uzvisi Božju riječ.

157

S čvrstim pouzdanjem u Boga Luther se pripremao za borbu koja mu je predstojala. Smislio je plan kako će odgovoriti, provjerio neka mjesta u svojim spisima i u Bibliji potražio pogodne dokaze da potkrijepi svoje stajalište. Tada je, stavljajući lijevu ruku na svetu Knjigu otvorenu pred njim, podigao desnicu k Nebu i zavjetovao se "da će ostati vjeran Evanđelju i slobodno ispovijedati svoju vjeru, čak ako svoje svjedočanstvo mora zapečatiti krvlju".[20]

158

Kad je ponovno izveden pred državni Sabor, na njegovom licu nije bilo ni traga straha ili zbunjenosti. Spokojan i miran, a ipak silno hrabar i plemenit, stajao je među velikanima ove zemlje kao Božji svjedok. Carski službenik zahtijevao je da čuje njegovu odluku hoće li opozvati svoje učenje. Luther je odgovorio prigušenim i poniznim glasom, bez žestine ili strasti. Njegovo vladanje bilo je ponizno i ljubazno te je pokazivao pouzdanje i radost, koje su iznenadile skupštinu.

"Mnogouzvišeni care, svijetli knezovi, milostivi gospodari," rekao je Luther, "izlazim danas pred vas po nalogu koji sam jučer dobio i Božjom milošću molim Vaše veličanstvo i Vašu svijetlu uzvišenost da milostivo saslušate obranu stvari za koju sam uvjeren da je pravedna i istinita. Ako možda iz neznanja povrijedim dvorske običaje i propise, molim vas da mi oprostite, jer nisam odrastao u kraljevskim palačama, već u samoći samostana."[21]

Zatim je kao odgovor na pitanje objasnio da njegova objavljena djela nisu sva istog karaktera. U nekima je raspravljao o vjeri i dobrim djelima, pa ih čak ni njegovi neprijatelji nisu smatrali opasnima, već korisnima. Opozvati ih značilo bi osuditi istine što ih priznaju sve strane. Drugu vrstu knjiga čine spisi koji otkrivaju papinske pokvarenosti i zloporabe. Opozvati te spise značilo bi ojačati tiraniju Rima i otvoriti vrata mnogim i velikim bezbožnostima. U trećoj vrsti svojih knjiga ustao je protiv pojedinaca koji su branili postojeća zla. Što se njih tiče, otvoreno priznaje da je često bio oštriji nego što se pristoji. Ne tvrdi da je bez mane, ali se ni tih knjiga ne može odreći, jer bi takvim postupkom ohrabrio neprijatelje istine, pa bi oni iskoristili priliku da s još većom okrutnošću tlače Božji narod.

159

"No ja sam samo čovjek, a ne Bog", nastavio je. "Stoga ću se braniti kao što je Krist činio: 'Ako sam krivo rekao, dokažite da je krivo.' ... Zaklinjem Vas milošću Božjom, najuzvišeniji care, i vas, najsvjetlije knezove, i sve bez obzira na stalež, da mi iz spisa prorokâ i apostola dokažete da sam zabludio. Čim se u to uvjerim, odreći ću se svake zablude i prvi ću zgrabiti svoje knjige i baciti ih u vatru.

Ovo što sam upravo rekao jasno pokazuje, nadam se, da sam pomno odvagnuo i razmotrio opasnosti kojima se izlažem. Ali daleko od toga da se bojim, već se radujem što vidim da je Evanđelje i danas, kao u prošlim vremenima, uzrok nemira i nesloge. Takva je narav, takav je usud Božje riječi. Isus Krist je rekao: 'Nisam došao da donesem mir, nego mač.' Bog je čudesan i strašan u svojim savjetima; budite stoga oprezni da ne biste, pod izgovorom gušenja nesloge, progonili svetu Božju riječ i na se navukli strašnu poplavu nesavladivih opasnosti, sadašnjih nesreća i vječnu pustoš. ... Mogao bih navesti mnogo primjera iz Božje riječi. Mogao bih govoriti o faraonima, babilonskim i izraelskim kraljevima koji su svojim radom mnogo djelotvornije pridonijeli vlastitoj propasti upravo onda kad su naoko mudrim savjetima nastojali učvrstiti područja svoje vladavine. 'Bog brda premješta, a ona to ne znaju.'"[22]

Luther je govorio njemački; a onda su od njega tražili da iste riječi ponovi na latinskom. Premda iscrpljen prethodnim naporom, pokorio se zahtjevu i ponovno održao svoj govor istom jasnoćom i snagom kao prvi put. Za to se postarala Božja providnost. Umovi mnogih knezova bili su toliko zaslijepljeni zabludom i praznovjerjem da prigodom prvog iznošenja nisu zamijetili snagu Lutherovih zaključaka, ali im je ponovno iznošenje omogućilo da iznesene točke shvate jasnije.

One koji su uporno zatvarali oči pred svjetlom i odlučili da ih istina neće osvjedočiti, razbjesnila je snaga Lutherovih riječi. Kad je Luther prestao govoriti, govornik državnog Sabora je ljutito rekao: "Nisi odgovorio na postavljeno pitanje. ... Od tebe se traži da odgovoriš jasno i određeno. ... Hoćeš li opozvati ili ne?"

Reformator je odgovorio: "Budući da vaše prejasno veličanstvo i vaša silna uzvišenost traže od mene jasan, jednostavan i izričit odgovor, ja ću vam ga dati. A on glasi: Ne mogu svoju vjeru podčiniti ni papi ni koncilima, jer je kao dan jasno da su oni često griješili i međusobno proturječili. Stoga ako me dakle ne osvjedoče svjedočanstvom Svetoga pisma ili jasnijim zaključivanjem, ako me ne osvjedoče tekstovima koje sam naveo i tako moju savjest vežu uz Božju riječ, ja se ne mogu i neću odreći, jer je za kršćanina opasno govoriti protivno svojoj savjesti. To je moj stav i drukčije ne mogu; neka mi Bog bude u pomoći! Amen!"[23] Tako je taj pravedan čovjek stajao na sigurnom temelju Božje riječi. Nebeska mu je svjetlost obasjavala lice. Svi su vidjeli veličinu i čistoću njegova karaktera, njegov mir i radost srca dok je svjedočio protiv snage zabluda i o nadmoćnosti vjere koja nadvlađuje svijet. Čitav je skup za trenutak zanijemio od iznenađenja. Isprva je Luther govorio tihim glasom, vladajući se ljubazno i gotovo pokorno. Zagovornici Rima su to smatrali dokazom slabljenja njegove hrabrosti. Zahtjev za odlaganjem smatrali su uvodom u njegovo odricanje. Sâm Karlo, promatrajući upola prezrivo redovnikov pognut stas, njegovu skromnu odjeću i jednostavnost njegova govora, izjavio je: "Taj redovnik iz mene nikada neće učiniti heretika." Ali hrabrost i odlučnost što ih je sada pokazao, zajedno sa snagom i čvrstoćom njegovog rasuđivanja, izazvala je kod svih stranaka čuđenje. Car je zadivljeno uzviknuo: "Ovaj redovnik govori s neustrašivim srcem i nepokolebljivom hrabrošću!" Mnogi njemački knezovi gledali su s ponosom i radošću tog predstavnika svoje nacije.

161

Pristaše Rima bile su poražene; njihova se stvar pokazala u najnepovoljnijoj svjetlosti. Nastojali su sačuvati vlast ne pozivajući se na Sveto pismo, nego pribjegavajući prijetnjama, tim nepogrešivim argumentima Rima. Govornik državnog Sabora je rekao: "Ako se ne odrekneš, car i države carevine razmotrit će što treba poduzeti protiv nepopravljivog heretika."

Lutherovi prijatelji, koji su s velikom radošću slušali njegovu plemenitu obranu, na te su riječi zadrhtali; ali doktor je mirno rekao: "Bog neka mi bude pomoćnikom, jer ja se ničega ne mogu odreći."[24]

Dok su knezovi vijećali, Luther je trebao izaći iz Sabora. Osjećalo se da je nastupila ozbiljna kriza. Lutherovo uporno odbijanje da se pokori moglo bi stoljećima utjecati na tijek povijesti Crkve. Odlučeno je da mu daju još jednu priliku za odricanje. Posljednji je put izveden pred skupštinu. Ponovno mu je postavljeno pitanje hoće li opozvati svoje učenje. "Nemam drugog odgovora", rekao je, "osim onoga kojega sam već dao."

Bilo je očito da ga neće moći navesti ni obećanjima ni prijetnjama da se pokori zahtjevima Rima.

Papinski su se glavari ljutili što njihovu moć, pred kojom su drhtali kraljevi i plemići, tako prezire jedan obični redovnik. Čeznuli su da osjeti njihov gnjev u mučenju do smrti. Ali Luther je, svjestan opasnosti, govorio svima s kršćanskim dostojanstvom i mirnoćom. U njegovim riječima nije bilo ni oholosti, ni strasti, ni izvrtanja. Izgubio je iz vida sebe i velikaše koji su ga okruživali i bio je svjestan prisutnosti Jednog, beskrajno uzvišenijeg od papa, prelata, kraljeva i careva. Krist je progovorio kroz Lutherovo svjedočanstvo snagom i veličanstvenošću 162 koja je u prijateljima i neprijateljima za neko vrijeme pobudila strahopoštovanje i divljenje. Božji Duh, prisutan u tom Saboru, djelovao je na srca državnih poglavara. Više je knezova smjelo priznalo pravednost Lutherove stvari. Mnogi su bili osvjedočeni u istinu, ali za neke dojam nije bio trajan. Postojala je još jedna skupina koja u to vrijeme nije izrazila svoje osvjedočenje, ali koji su kasnije, nakon što su sami istraživali Sveto pismo, postali neustrašivi pomagači reformacije.

Izborni knez Friedrich je zabrinuto očekivao Lutherovo pojavljivanje pred državnim Saborom, pa je duboko uzbuđen slušao njegovo izlaganje. S radošću i ponosom promatrao je njegovu hrabrost, odlučnost i pribranost i odlučio ga još jače braniti. Usporedio je strane u sukobu i vidio da je mudrost papa, kraljeva i kardinala posramljena snagom istine. Papinstvo je doživjelo poraz čije će se posljedice osjećati među svim narodima u svim budućim vjekovima.

Kad je legat vidio učinak Lutherova govora, pobojao se, kao nikada ranije, za sigurnost vlasti Rima pa je odlučio upotrijebiti sva raspoloživa sredstva da isposluje uništenje reformatora. Svom rječitošću i diplomatskim umijećem, po kojima je bio posebno poznat, predstavio je mladom caru ludost i opasnost žrtvovanja prijateljstva i podrške moćne Svete stolice zbog slučaja jednog beznačajnog redovnika.

Njegove riječi nisu ostale bez učinka. Dan nakon Lutherova odgovora, car Karlo je objavio državnom Saboru svoju odluku da nastavi politiku svojih prethodnika i zaštiti katoličku vjeru. Budući da se Luther nije htio odreći svojih zabluda, protiv njega i "krivovjerja" što ga je učio treba primijeniti najoštrije mjere. "Jedan usamljeni redovnik, zaveden svojom ludošću, us-

163 tao je protiv vjere cijelog kršćanskog svijeta. Žrtvovat ću svoja kraljevstva, svoje blago, svoje prijatelje, svoje tijelo, svoju krv, svoju dušu i svoj život da zaustavim tu bezbožnost. Otpustit ću augustinca Luthera i zabraniti mu da izaziva i najmanji nemir u narodu; zatim ću protiv njega i njegovih pristaša ustati izopćenjem, kletvom i svim mogućim sredstvima kako bih uništio te zarazne heretike. Pozivam podanike svojih zemalja da se ponašaju kao vjerni kršćani."[25] Međutim, car je objavio da se Lutherov jamstveni list mora poštovati i da mu se, prije nego što se protiv njega poduzmu koraci, mora dopustiti da sigurno stigne kući.

Članovi državnog Sabora imali su dva suprotna mišljenja. Papini emisari i predstavnici su ponovno zahtijevali da se zanemari reformatorov jamstveni list. "Rajna bi trebala primiti njegov pepeo", govorili su, "kao što je prije sto godina primila Husov."[26] Ali njemački knezovi, premda sâmi papisti i Lutherovi zakleti neprijatelji, prosvjedovali su protiv takvog gaženja dane riječi, jer bi to bila ljaga na časti nacije. Podsjetili su na nesreće koje su došle nakon Husove smrti i izjavili da se na Njemačku i na glavu svojeg mladog cara ne usuđuju navući takva strašna zla.

Sâm Karlo je na podli prijedlog odgovorio: "Ako bi čast i vjera bili prognani iz cijeloga svijeta, trebali bi naći utočište u srcima knezova."[27] Ali i dalje su najogorčeniji Lutherovi papinski neprijatelji navaljivali na cara da s njim postupi kao što je Sigismund postupio s Husom – da ga prepusti na milost i nemilost Crkvi. Ali sjetivši se kako je Jan Hus na javnom skupu pokazao na svoje okove i podsjetio monarha na pogaženu riječ, Karlo V. je izjavio: "Ne bih se želio crvenjeti kao Sigismund."[28]

Ipak, Karlo je svjesno odbacio istine što ih je Luther zastupao. "Čvrsto sam naumio slijediti primjer svojih predaka",
164 pisao je.[29] Odlučio je da neće napustiti put običaja, čak ni zato da bi kročio putem istine i pravednosti. On će podržati papinstvo sa svom njegovom okrutnošću i pokvarenošću, zato što su to činili njegovi preci. Odlučio se na to, odbijajući prihvatiti bilo kakvo svjetlo koje njegovi preci nisu prihvatili, ili bilo kakvu dužnost koju oni nisu vršili.

I danas se mnogi ne daju otkinuti od otačkih običaja i predaje. Kad im Bog pošalje veću svjetlost, oni je odbacuju jer ne žele prihvatiti ono što nisu prihvatili njihovi očevi. Mi nismo postavljeni tamo gdje su bili naši preci, pa stoga naše dužnosti i odgovornosti nisu iste. Mi nećemo ugoditi Bogu ako, namjesto da sami istražujemo Riječ istine, određujemo što je naša dužnost po primjeru svojih predaka. Mi snosimo veću odgovornost od svojih predaka. Odgovorni smo za svjetlost koju su oni primili i predali nama u nasljeđe, ali isto tako i za veću svjetlost koja nas sada osvjetljuje iz Božje riječi. Krist je rekao o nevjernim Židovima: "Da im nisam došao i da im nisam govorio, ne bi imali grijeha. Ali sada nemaju isprike za svoj grijeh." (Ivan 15,22) Ista božanska sila govorila je kroz Luthera caru i njemačkim knezovima. I dok je svjetlost sijala iz Božje riječi, Njegov je Duh posljednji put pozivao mnoge na tom skupu. Kao što je Pilat stoljećima ranije dopustio da mu oholost i častoljublje zatvore srce za riječi Spasitelja svijeta; kao što je uplašeni Feliks zamolio vjesnika istine: "Sad zasad hajde! Kad imadnem zgodno vrijeme, opet ću te k sebi dozvati"; kao što je oholi Agripa priznao: "Zamalo pa me uvjeri te kršćaninom postah" (Djela 24,25; 26,28 − DF) pa se ipak odvratio od vijesti poslane s Neba, tako je i Karlo V., prepuštajući se utjecaju svjetovnog ponosa i politike, odlučio odbaciti svjetlost istine.

Glasine o nakanama protiv Luthera naveliko su kružile uzrokujući silno uzbuđenje u gradu. Reformator je stekao mnogo 165 prijatelja koji su, poznavajući vjerolomnu okrutnost Rima prema svima koji su se usudili otkriti njegovu pokvarenost, odlučili da on ne bude žrtvovan. Stotine plemića se obvezalo da će ga zaštititi. Više njih je javno proglasilo carsku odluku znakom pokoravanja nadzoru i vlasti Rima. Na vratima kuća i na javnim mjestima pojavili su se plakati na kojima su jedni osuđivali, a drugi podržavali Luthera. Na jednome od njih bile su napisane značajne riječi mudrog čovjeka: "Jao tebi, zemljo, kada ti je kralj premlad." (Propovjednik 10,16) Opće oduševljenje širom cijele Njemačke za Luthera osvjedočilo je cara i državni Sabor da bi svaka nepravda prema njemu ugrozila mir carstva, pa čak i sigurnost prijestolja.

Friedrich Saski zadržao je promišljenu suzdržljivost, pažljivo prikrivajući svoje stvarne osjećaje prema reformatoru, dok je istodobno neumorno pratio svaki njegov pokret i pokrete njegovih neprijatelja. A bilo je i mnogo onih koji nisu pokušavali skrivati svoju naklonost prema Lutheru. Posjećivali su ga knezovi, grofovi, baruni i druge utjecajne svjetovne i duhovne ličnosti. "Mala doktorova soba", pisao je Spalatin, "nije mogla primiti sve koji su ga htjeli posjetiti."[30] Ljudi su zurili u njega kao da je nešto više od čovjeka. Čak i oni koji nisu vjerovali njegovom učenju nisu mogli a ne diviti se toj uzvišenoj čestitosti koja ga je navela da prkosi smrti samo zato da se ne ogriješi o svoju savjest.

Uloženi su ozbiljni napori da se Luthera nagovori na nagodbu s Rimom. Plemići i knezovi su mu prikazali da će, ako ustraje u postavljanju vlastitog razmišljanja nasuprot mišljenju Crkve i koncila, ubrzo biti protjeran iz carstva i tako ostati bez zaštite. Na taj poziv Luther je odgovorio: "Kristovo se Evanđelje ne može propovijedati a da ne izazove protivljenje. ... Zašto bi me onda strah ili bojazan od opasnosti odvojili od Gospodina i od božanske Riječi koja je jedina istina? Ne, radije bih žrtvovao svoje tijelo, svoju krv i svoj život."[31]

Ponovno su ga pozivali da se pokori carevom sudu, pa se neće imati čega bojati. "Pristajem cijelim srcem", odgovorio je, "da car, knezovi pa i najjednostavniji kršćani ispitaju i ocijene moje knjige, ali pod uvjetom da im Božja riječ bude mjerilom. Ljudi ne trebaju učiniti ništa drugo do poslušati je. Ne izlažite moju savjest nasilju; ona je vezana i okovana Svetim pismom."[32]

Na drugu molbu odgovorio je: "Pristajem da se odreknem svog jamstvenog lista. Predajem u ruke caru sebe i svoj život, ali Božju riječ – nikada!"[33] Potvrdio je svoju spremnost da se pokori odluci sveopćeg koncila, ali samo uz uvjet da je koncil obvezan odlučivati u skladu sa Svetim pismom. "U onome što se tiče Božje riječi i vjere", dodao je, "svaki kršćanin može isto tako dobro prosuđivati kao papa, podržavao ga i milijun koncila."[34] Napokon su se i prijatelji i neprijatelji uvjerili da bi bio uzaludan svaki daljnji pokušaj izmirenja.

Da je reformator odstupio samo u jednoj točki, Sotona i njegove vojske odnijeli bi pobjedu. Ali njegova nepokolebljiva čvrstoća bila je sredstvo za oslobađanje Crkve i početak novog i boljeg doba. Utjecaj tog jednog čovjeka koji se o vjerskim stvarima usudio razmišljati i raditi samostalno, djelovat će na Crkvu i na svijet ne samo u njegovo vrijeme, već i u svim budućim naraštajima. Njegova čvrstoća i vjernost krijepit će sve koji će u vrijeme posljetka prolaziti kroz slično iskustvo. Božja moć i veličanstvo uzdignuti su iznad savjeta ljudi, iznad sile Sotonine moći.

Ubrzo je Lutheru carskim autoritetom naređeno da se vrati kući, a on je znao da će tu poruku brzo slijediti njegova osuda. Prijeteći oblaci nadvili su se nad njegovim putem, ali kad je napuštao Worms, njegovo je srce bilo ispunjeno radošću i hvalom. "Sam đavao", rekao je, "čuvao je papinu utvrdu, ali je Krist u njoj načinio veliki prodor, pa je Sotona bio prisiljen priznati da je Gospodin jači od njega."[35]

Nakon svojeg odlaska, još uvijek željan da njegova odlučnost ne bude shvaćena kao pobuna, Luther je pisao caru: "Bog, koji ispituje srca, svjedok je da sam najozbiljnije spreman poslušati Vaše Veličanstvo bilo u časti ili u sramoti, u životu ili u smrti, bez iznimaka osim u Božjoj riječi, kojom čovjek živi. U svim poslovima ovoga života moja se odanost neće pokolebati, jer ovdje izgubiti ili dobiti ne utječe na spasenje. Ali kad su u pitanju vječni interesi, Bog ne želi da se pokoravamo čovjeku. Takvo pokoravanje u duhovnim stvarima je istinsko štovanje, a ono pripada samo Stvoritelju."[36]

Na putu iz Wormsa Luthera su primali s još većim oduševljenjem nego kad je tamo putovao. Crkveni knezovi su izopćenog redovnika dočekali dobrodošlicom, a svjetovni poglavari su ukazivali čast čovjeku kojega je car optužio. Nagovorili su ga da propovijeda i unatoč carskoj zabrani, on je ponovno izišao za propovjedaonicu: "Nikada nisam obećao da ću okovati Božju riječ," govorio je, "niti ću to učiniti sada."[37]

Ubrzo nakon njegova odlaska iz Wormsa, papisti su uspjeli nagovoriti cara da izda edikt protiv njega. U tom je ediktu Luther proglašen "Sotonom u ljudskom obliku, odjeven u redovničku halju".[38] Bilo je naređeno da se, čim istekne njegov jamstveni list, poduzmu mjere da se zaustavi njegovo djelovanje. Svima je bilo zabranjeno da mu pruže utočište, daju hranu ili piće, ili ga riječima ili djelima, javno ili privatno pomažu ili podupiru. Trebao je biti uhićen gdje god bio i predan vlastima. Njegove je pristaše trebalo utamničiti, a njihovo imanje zaplijeniti. Njegove spise trebalo je uništiti, i uz to svi koji se budu usudili postupiti protivno ovom proglasu trebaju podijeliti njegovu sudbinu. Izborni saski knez i ostali knezovi prijateljski naklonjeni Lutheru napustili su Worms ubrzo nakon njegova odlaska, pa je državni Sabor odobrio carev dekret. Sada su rimokatolici likovali. Smatrali su sudbinu reformacije zapečaćenom.

U ovom pogibeljnom trenutku Bog je za svojeg slugu na-
šao rješenje. Jedno budno oko pratilo je Lutherovo kretanje i
iskreno i plemenito srce odlučilo ga je izbaviti. Bilo je jasno
da se Rim neće zadovoljiti ničim manjim od njegove smrti, i
samo se skrivanjem od lavljih ralja mogao sačuvati. Bog je dao
mudrost Friedrichu Saskom da smisli plan za zaštitu reformatora.
Suradnjom dobrih prijatelja sproveden je knežev naum, i Luther
je bio skriven od prijatelja i od neprijatelja. Na povratku kući
Luthera su oteli, odvojili od njegove pratnje i brzo odveli kroz
šume do zamka Wartburg, osamljene gorske tvrđave. Njegova
otmica i skrivanje bili su tako tajnoviti da ni sâm Friedrich dugo
nije znao kamo su ga odveli. To neznanje nije bilo bezrazlož-
no. Dokle god izborni knez nije znao za Lutherovo boravište,
nije mogao ništa ni otkriti. Zadovoljio se time da je reformator
na sigurnom, i ta mu je spoznaja bila dostatna.

Prošlo je proljeće pa ljeto i jesen; došla je zima, a Luther
je još uvijek bio zatočenik. Aleander i njegovi pristaše su liko-
vali jer se činilo da će se svjetlost Evanđelja ugasiti. Ali namje-
sto toga, reformator je svoju svjetiljku punio iz riznice istine
da bi njezino svjetlo još jače zasvijetlilo.

U prijateljskoj sigurnosti Wartburga Luther se neko vrije-
me radovao što se oslobodio žestine i vreve bitke. Ali se nije
mogao dugo zadovoljiti mirom i odmorom. Naviknut na život
ispunjen aktivnostima i oštrim sukobima, teško je mogao ostati
169   pasivan. U tim danima osame pred oči mu je došlo stanje Cr-
kve, pa je u očaju povikao: "Jao! Nema nikoga u ovaj posljed-
nji dan Božjega gnjeva da bude kao zid pred Gospodinom i
spasi Izrael!"[39] Opet je počeo razmišljati o sebi pa se uplašio
da će ga zbog njegova povlačenja iz borbe okriviti za kukavi-
štvo. Zatim je sebi predbacivao nemarnost i samougađanje. Pa
ipak je svakodnevno učinio više nego što bi se moglo očeki-
vati od jednog čovjeka. Njegovo pero nije mirovalo. Dok su
njegovi neprijatelji sebi laskali da su ga ušutkali, bili su zapa-
njeni i zbunjeni očitim dokazom da je još uvijek djelovao. Iz
njegova pera izlazilo je mnoštvo traktata koji su kružili po Nje-
mačkoj. Osim toga, za svoje sunarodnjake učinio je najvažnije
djelo time što je na njemački jezik preveo Novi zavjet. Sa svog
stjenovitog Patmosa nastavio je gotovo godinu dana navješći-
vati Evanđelje i koriti grijehe i zablude svojega vremena.

Ali Bog nije sklonio svog slugu s pozornice javnog života samo zato da ga sačuva od gnjeva njegovih neprijatelja pa ni zato da bi mu priuštio razdoblje mira za te važne poslove. Trebalo je sačuvati mnogo dragocjenije rezultate. U osami i skrovitosti svog planinskog utočišta Luther je bio udaljen od svakog zemaljskog oslonca i ljudske hvale. Tako je sačuvan od oholosti i samopouzdanja što ih često pokreće uspjeh. Stradanjem i poniženjem bio je pripremljen da ponovno sigurno korača vrtoglavim visinama na koje je bio tako iznenada podignut.

Kad se raduju slobodi koju im donosi istina, ljudi su skloni uzvisiti one koje je Bog upotrijebio da slome okove zablude i praznovjerja. Sotona nastoji odvratiti čovjekove misli i osjećaje od Boga i usmjeriti ih na ljude. On ih navodi da ukažu čast oruđu, a da zanemare Ruku koja upravlja svim događajima providnosti. Prečesto vjerski vođe, tako hvaljeni i štovani, gube iz vida da su ovisni o Bogu pa dolaze u kušnju da se pouzdaju u sebe. Zbog toga nastoje zavladati umom i savješću ljudi koji su skloni da od njih očekuju vodstvo, namjesto da se obrate Božjoj riječi. Djelo reforme se često usporava zbog takvog duha onih koji ga podržavaju. Bog je od takve opasnosti htio sačuvati reformaciju. Želio je da to djelo primi Božji, a ne ljudski pečat. Ljudi su u Lutheru gledali tumača istine; stoga je uklonjen da bi sve oči mogle biti upravljene na vječnog Autora istine.

170

9
Švicarski reformator

171   U izboru onih koji će pridonijeti da se sprovede reforma
u Crkvi vidljiv je isti božanski plan kao i pri osnivanju Crkve.
Božanski je Učitelj zanemario velikane na Zemlji, ljude od imena
i bogatstva koji su navikli da im se kao vođama naroda iskazuje
poštovanje. Oni su bili toliko oholi i samouvjereni u svom
osjećaju nadmoćnosti da se u njima nije mogla razviti sućut
prema bližnjima kako bi postali suradnici krotkog Čovjeka iz
Nazareta. Poziv je upućen neukim, radišnim galilejskim riba-
rima: "Pođite za mnom, i učinit ću vas ribarima ljudi!" (Matej
4,19) Učenici su bili skromni, poučljivi ljudi. Što su manje bili
izloženi utjecaju lažnog učenja svojeg vremena, to ih je Krist
mogao uspješnije poučavati i pripremati za svoju službu. Tako
je bilo i u vrijeme velike reformacije. Vodeći su reformatori
bili obični ljudi – ljudi koji su od svih ljudi svojega vremena
bili posvema oslobođeni ponosa zbog položaja i utjecaja vjer-
ske netrpeljivosti i svećeničke politike. Božji je plan da se po-
služi skromnim ljudima kako bi postigao velike rezultate. U tom
slučaju slava se ne pripisuje ljudima, nego Onome koji preko
njih proizvodi i htijenje i djelovanje da Mu se mogu svidjeti.
        Nekoliko tjedana nakon što se Luther rodio u kolibi jed-
nog rudara u Saskoj, u kolibi jednog pastira u Alpama rodio
se Ulrich Zwingli. Sredina u kojoj je odrastao i njegov odgoj u
172   djetinjstvu pripremili su ga za buduću zadaću. Odrastao usred
prizora veličanstvene prirode, ljepote i zadivljujuće uzvišeno-
sti, i njegov je um zarana bio dirnut osjećajem Božje veličine,
snage i veličanstva. Povijest junačkih djela učinjenih u njego-
vim zavičajnim planinama zapalila je njegove mladenačke te-

žnje. Od svoje pobožne bake slušao je o dragocjenim biblijskim događajima što ih je napabirčila iz crkvenih legendi i predaje. S velikim je zanimanjem slušao o slavnim djelima patrijarhâ i proroka, o pastirima koji su napasali svoja stada na palestinskim brežuljcima, gdje su anđeli s njima razgovarali o Djetetu iz Betlehema i Čovjeku s Golgote. Kao Hans Luther, tako je i Zwinglijev otac želio školovati sina, pa je dječak rano otišao iz svoje zavičajne doline. Njegov se um naglo razvijao pa se ubrzo postavilo pitanje gdje naći učitelje dovoljno sposobne da ga poučavaju. Kad mu je bilo trinaest godina, otišao je u Bern, gdje je u ono doba postojala najpoznatija škola u Švicarskoj. Ali tu se pojavila opasnost koja je zaprijetila pokvariti njegovu budućnost. Redovnici su uložili odlučne napore ne bi li ga nagovorili da stupi u neki samostan. Dominikanci i franjevci natjecali su se za opću naklonost. Nastojali su je steći raskošnim ukrašavanjem svojih crkava, sjajem svojih obreda i privlačnošću glasovitih relikvija i čudotvornih slika i kipova.

Dominikanci u Bernu znali su da će, budu li mogli pridobiti tog darovitog mladog studenta, osigurati dobit i čast. Njegova iznimna mladost, njegova prirodna sposobnost govornika i pisca te njegov genijalni dar za glazbu i poeziju bili bi djelotvorniji od sve njihove raskoši i sjaja u privlačenju naroda na njihova bogoslužja i na povećanje prihoda njihova reda. Obmanom i laskanjem nastojali su navesti Zwinglija da stupi u njihov samostan. Luther se kao student zakopao u samostansku ćeliju, i bio bi izgubljen za svijet da ga nije izbavila Božja promisao. Zwingliju nije bilo dopušteno da se sučeli s istom opasnošću. Na sreću, njegov je otac saznao za namjere redovnika. 173 On nije htio dopustiti da njegov sin vodi besposlen i beskoristan redovnički život. Vidio je da je njegova buduća korisnost u opasnosti pa je zahtijevao da se bez odlaganja vrati kući.

Mladić je poslušao nalog, ali nije mogao dugo mirovati u svojoj zavičajnoj dolini. Ubrzo je nastavio studirati pa je nakon nekog vremena otišao u Basel. Tu je Zwingli prvi put čuo Radosnu vijest o Božjoj besplatnoj milosti. Wittembach, profesor starih jezika, došao je tijekom proučavanja grčkog i hebrejskog jezika u vezu sa Svetim pismom, pa su tako zrake božanske svjetlosti obasjale um studenata kojima je predavao. On je učio da postoji starija istina, beskonačno vrednija od teorija koje su podučavali učeni ljudi i filozofi. Prema toj drevnoj istini Kristova je krv jedini otkup za grešnika. Za Zwinglija su te riječi bile prve zrake svjetla koje navješćuju zoru. Ubrzo je Zwingli pozvan da napusti Basel kako bi počeo raditi u svom zvanju. Njegovo prvo radno mjesto bila je jedna alpska župa, ne tako daleko od njegove zavičajne doline. Budući da je bio zaređen za svećenika, on "se cijelom dušom posvetio istraživanju božanske istine, jer je bio svjestan", kaže jedan njegov suradnik reformator, "koliko toga mora znati onaj kome je povjereno Kristovo stado".[1] Što je više istraživao Sveto pismo, to je jasnije uočavao razliku između biblijskih istina i krivovjerja Rima. On se pokorio Bibliji kao Božjoj riječi, jedinom zadovoljavajućem, nepogrešivom pravilu. ... Shvatio je da ona mora biti sama sebi tumač. Nije se usuđivao tumačiti Pismo da bi njime podržao unaprijed smišljenu teoriju ili učenje, nego je smatrao svojom dužnošću upoznati njezin izravan i očit nauk. Nastojao je poslužiti se svakim mogućim pomagalom kako bi stekao cjelovito i pravilno razumijevanje Svetoga pisma; stoga je potražio pomoć Svetoga Duha koji će ga, kako je objavio, otkriti svima koji ga budu tražili iskreno i s molitvom.

174　　　　"Sveto pismo", rekao je Zwingli, "potječe od Boga, a ne od čovjeka, pa će ti Bog koji prosvjetljuje dati da razumiješ kako taj govor dolazi od Boga. Božja riječ ... ne može pogriješiti; ona prosvjetljuje, poučava, podiže, obasjava dušu svim spasenjem i milošću, tješi je u Bogu, čini je poniznom, tako da iz vida gubi pa i zaboravlja sebe i prihvaća Boga." Zwingli je sâm iskusio istinitost tih riječi. Govoreći o svom iskustvu u to vrijeme, kasnije je pisao: "Kad sam ... se počeo potpuno posvećivati Svetome pismu, filozofija i (skolastička) teologija stalno su mi nametale sukobe. Na kraju sam došao do toga da pomislim: 'Moraš sve to ostaviti i steći spoznaju o Bogu samo iz Njegove jednostavne Riječi.' Onda sam počeo moliti Boga da mi pošalje svoju svjetlost, i razumijevanje Svetog pisma postalo mi je mnogo lakše."[2]

Učenje koje je propovijedao Zwingli nije primio od Luthera. Bilo je to Kristovo učenje. "Ako Luther propovijeda Krista," rekao je švicarski reformator, "on čini ono što i ja činim. Oni koje je on doveo Kristu brojniji su od onih koje sam ja doveo. Ali to nije važno. Ja neću nositi drugo ime do Kristovog; njegov sam vojnik i On je moj jedini Vojskovođa. Nikada nisam ni riječ napisao Lutheru, niti on meni. A zašto? – Da bi se pokazalo kako je Božji Duh usuglašen sa sobom, budući da obojica, bez ikakvog dosluha, učimo isti nauk o Kristu."³ Zwingli je 1516. godine bio pozvan za propovjednika u samostanu u Einsiedelnu. Tamo je imao priliku bolje upoznati izopačenost Rima i izvršiti reformatorski utjecaj koji će se osjećati daleko od njegovih rodnih Alpa. Među glavne atrakcije Einsiedlena ubrajao se kip Djevice za koji se tvrdilo da ima čudotvornu moć. Iznad ulaznih vrata samostana nalazio se natpis: "Ovdje se može dobiti potpuni oprost grijeha."⁴ U svako godišnje doba dolazili su hodočasnici u Djevičino svetište, ali na veliki godišnji blagdan, posvećen njoj u čast, mnoštvo hodočasnika dolazilo bi iz svih krajeva Švicarske, pa čak i iz Francuske i Njemačke. Vrlo uznemiren tim prizorom, Zwingli je iskoristio priliku da tim robovima praznovjerja objavi slobodu u Evanđelju.

"Ne mislite", govorio je, "da je Bog u ovom hramu više nego na nekom drugom mjestu. Bez obzira u kojoj zemlji prebivate, Bog je oko vas i čuje vas. ... Mogu li vam nekorisna djela, duga hodočašća, darovi, slike i kipovi, zazivanje Djevice i svetaca osigurati Božju milost? ... Što vrijedi mnoštvo riječi kojima ukrašavamo svoje molitve? Što koristi sjajna redovnička odjeća, obrijana glava, duga i nabrana haljina ili zlatom izvezene papuče? ... Bog gleda na srce, a naša su srca daleko od Njega." "Krist", rekao je, "koji je jednom prinijet na križu jest žrtva dostatna za grijehe svih vjernih za svu vječnost."⁵

Mnogim slušateljima te riječi nisu bile po volji. Kad im je rečeno da je njihovo naporno putovanje bilo uzaludno, to je za njih predstavljalo gorko razočaranje. Oprost koji im je besplatno ponuđen po Kristu nisu mogli razumjeti. Bili su zadovoljni starim putom u Nebo koji im je označio Rim. Ustuknuli su pred naporom traženja nečeg boljeg. Bilo im je lakše svoje spasenje povjeriti svećenicima i papi nego težiti za čistoćom srca.

Međutim, drugi su s radošću primili vijest spasenja kroz Krista. Obredi što ih je Rim propisao nisu donijeli mir duši, pa su vjerom prihvatili Spasiteljevu krv kao sredstvo pomirenja. Takvi su se vratili svojim domovima da i drugima otkriju dragocjenu svjetlost koju su primili. Tako se istina prenosila od zaselka do zaselka, od grada do grada i broj hodočasnika u Dje-

175

176 vičino svetište se uvelike smanjio. Smanjili su se i darovi, a prema tome i Zwinglijeva plaća koja je ovisila o njima. Ali on se tome radovao, jer je vidio da je skršena sila fanatizma i praznovjerja. Crkvene vlasti nisu bile slijepe za djelo što ga je Zwingli obavljao, ali zasad se nisu htjele umiješati. Još uvijek u nadi da će ga pridobiti za svoju stvar, nastojali su ga privući laskanjem, a u međuvremenu je istina u srcu naroda uspjela zadobiti mjesto. Zwinglijev rad u Einsiedelnu pripremao ga je za veće polje rada u koje će ubrzo stupiti. Nakon tri godine pozvali su ga u službu propovjednika u katedrali u Zürichu. U to je doba to bio najvažniji grad u švicarskoj konfederaciji, i ono što se tamo događalo imalo je dalekosežan utjecaj. Svećenici na čiji je poziv došao u Zürich bili su odlučni spriječiti svaku novotariju pa su mu u tom smislu objasnili njegove dužnosti.

"Uložit ćeš sve napore", rekli su, "da skupiš što više prihoda za naš red, ne zanemarujući ni najmanji. Poučit ćeš vjerne s propovjedaonice i u ispovjedaonici da plaćaju sve desetine i obveze, i da svojim darovima pokažu privrženost Crkvi. Marljivo ćeš nastojati povećati prihod od bolesnih, od misa i uopće od svake crkvene djelatnosti." "U tvoje dužnosti još spada podjela sakramenata, propovijedanje i skrb za stado", dodali su njegovi učitelji, "ali to su i dužnosti kapelana. Za njih možeš uzeti zamjenika, a pogotovu za propovijedanje. Sakramente trebaš podijeliti samo uglednim osobama, i to samo kada te pozovu; zabranjeno ti je to činiti svakome, bez obzira na njegov položaj."[6]

Zwingli je ove upute slušao bez riječi, i u odgovoru, nakon što je zahvalio na časti što je pozvan na to važno mjesto, *177* nastavio izlagati plan koji je namjeravao sprovesti: "Kristov je život predugo bio skrivan od naroda. Propovijedat ću iz cijelog Evanđelja po Mateju, ... uzimajući samo iz izvora Pisma, ispitujući njegove dubine, uspoređujući ulomak s ulomkom i tražeći razumijevanje u stalnoj i usrdnoj molitvi. Ja ću svoju službu posvetiti Bogu u slavu, u slavu Njegovog jedinog Sina, za istinsko spasenje duša i njihovo utvrđivanje u pravoj vjeri."[7] Premda neki od svećenika nisu odobravali njegov plan i nastojali su ga odvratiti od njega, Zwingli je ostao nepokolebljiv. Izjavio je da nema namjeru uvesti neku novu metodu, već staru metodu kojom se Crkva služila u ranija i čistija vremena.

Odmah se probudilo zanimanje za istine koje je on poučavao i narod je u velikom broju dolazio slušati njegovo propovijedanje. Među slušateljima bilo je mnogih koji su odavno prestali prisustvovati bogoslužjima. Svoju je službu počeo otvaranjem Evanđelja, čitajući i tumačeći svojim slušateljima nadahnute opise Kristova života, učenja i smrti. Kao u Einsiedelnu i ovdje je prikazao Božju riječ kao jedini nepogrešiv autoritet, a Kristovu smrt kao jedinu cjelovitu žrtvu. "Želim vas dovesti Kristu," govorio je, "pravom izvoru spasenja."[8] Oko propovjednika okupljali su se ljudi svih staleža, počevši od državnika i učenjaka do obrtnika i seljaka. S dubokim zanimanjem slušali su njegove riječi. Ne samo što je objavio ponudu besplatnog spasenja, već je neustrašivo žigosao zla i pokvarenost svojega vremena. Mnogi su na povratku iz katedrale hvalili Boga. "Taj je čovjek", govorili su, "propovjednik istine. On će biti naš Mojsije i izvesti nas iz egipatske tame."[9]

Premda je njegov rad isprva prihvaćen s velikim oduševljenjem, nakon nekog vremena pojavilo se protivljenje. Sami redovnici ustali su da spriječe njegov rad i osude njegovo učenje. Mnogi su ga napali porugama i ismijavanjem; drugi su pribjegli uvredama i prijetnjama. Ali Zwingli je sve to strpljivo podnosio govoreći: "Ako želimo zle zadobiti za Isusa Krista, moramo zatvoriti oči pred mnogim pojavama."[10]

Nekako u to vrijeme došao je novi čovjek da podrži djelo reforme. Jedan prijatelj reformirane vjere u Baselu poslao je u Zürich nekog Lucijana s Lutherovim spisima. On je mislio da bi prodavanje tih knjiga moglo biti snažno sredstvo za širenje svjetlosti. "Procijeni", pisao je Zwingliju, "ima li ovaj čovjek dovoljno razboritosti i vještine; ako ima, neka od grada do grada, od mjesta do mjesta, od sela do sela, pa i od kuće do kuće nosi Lutherova djela, a posebno njegovo tumačenje Očenaša napisano za laike. Što budu poznatija, to će se javiti više kupaca."[11] Tako je svjetlost sebi krčila put.

Kad god se Bog sprema raskinuti okove neznanja i praznovjerja, Sotona se služi najvećom mogućom silom da ljude zavije u tamu i još jače stegne njihove okove. Kako je Bog u raznim zemljama podizao ljude da objave oprost grijeha i opravdanje Kristovom krvlju, Rim je u svim kršćanskim zemljama s obnovljenom snagom nastojao otvoriti tržište nudeći oprost za novac.

178

Svaki je grijeh imao svoju cijenu, i ljudima je dopušteno činiti zločine dokle god se crkvena riznica dobro punila. Tako su oba pokreta napredovala – jedan je nudio oprost grijeha za novac, a drugi oprost u Kristu. Rim je dopuštao grijeh i pretvarao ga u izvor prihoda, a reformatori su osuđivali grijeh i upućivali na Krista kao Otkupitelja i Spasitelja.

U Njemačkoj je prodavanje oprosta bilo povjereno dominikancima, a provodio ga je ozloglašeni Tetzel. U Švicarskoj je trgovina oprostom povjerena franjevcima, pod nadzorom talijanskog redovnika Samsona. Samson je već ranije učinio Crkvi velike usluge, budući da je iz Njemačke i Švicarske prenio goleme svote da napuni papinu riznicu. Sada je prolazio Švicarskom i privlačio veliko mnoštvo, lišavajući siromašne seljake njihovih skromnih prihoda i izmamljujući od imućnih slojeva bogate darove. Ali se utjecaj reforme već osjećao u smanjenju opsega trgovine, premda je nije bilo moguće zaustaviti. Zwingli je još bio u Einsiedelnu kad je Samson, ubrzo nakon dolaska u Švicarsku, stigao sa svojom robom u obližnji grad. Kad je saznao za njegovu misiju, reformator je odmah krenuo da mu se usprotivi. Njih dvojica se nisu srela, ali Zwingli je u toj mjeri uspio raskrinkati tvrdnje fratra da je taj morao potražiti drugo mjesto.

U Zürichu je Zwingli vatreno propovijedao protiv trgovine oprostom, i kada se Samson približio gradu, gradski je savjet poslao glasonošu koji mu je dao do znanja da može produžiti put. Na kraju je lukavstvom uspio dobiti propusnicu da uđe u grad, ali su ga vratili a da nije prodao ni jednu jedinu oproštajnicu; ubrzo nakon toga napustio je Švicarsku.

Snažan poticaj reformi bila je pojava kuge, ili "velike smrti", koja je 1519. godine opustošila Švicarsku. Gledajući smrti u oči, mnogi su zaključili da su oprosti što su ih nedavno kupili ništavni i bezvrijedni, i poželjeli čvršće temelje za svoju vjeru. Zwingli se u Zürichu razbolio, a bolest je bila tako teška da su mnogi izgubili nadu u njegovo ozdravljenje; kružile su glasine da je već umro. Ali i u tom kritičnom času njegova se nada i hrabrost nisu pokolebali. On je vjerom gledao na golgotski križ uzdajući se u cjelovito zadovoljenje za grijeh. Kad se vratio s praga smrti, počeo je propovijedati Evanđelje s većom revnošću nego ikada ranije i njegove su riječi imale neuobičajenu silu. Narod je s radošću dočekao svog voljenog pastira koji mu se vratio s ruba groba. Budući da su sami probdjeli trenutke uz postelje bolesnih i umirućih, bolje su nego ikada osjećali *180* vrijednost Evanđelja.

Zwingli je stekao jasnije razumijevanje evanđeoskih istina i bolje je u sebi iskusio njihovu obnoviteljsku moć. Čovjekov pad i plan spasenja bile su njegove omiljene teme. "U Adamu", govorio je, "svi smo mi umrli, utonuli u pokvarenost i prokletstvo."[12] "Krist ... nam je osigurao vječni otkup. ... Njegovo je stradanje ... vječna žrtva, vječno sredstvo iscjeljenja. Ona zauvijek zadovoljava božansku pravdu u korist svih koji se na nju oslone čvrstom i nepokolebljivom vjerom." Uz to je jasno učio da Kristova milost ne daje pravo ljudima da nastave živjeti u grijehu. "Gdje god ima vjere u Boga, tamo je Bog; a gdje god je Bog, tamo je i revnost koja potiče i navodi ljude da čine dobra djela."[13]

Zanimanje za Zwinglijeve propovijedi bilo je toliko da je katedrala bila prepuna mnoštva koje ga je dolazilo slušati. Malopomalo, koliko su mogli podnijeti, otkrivao je istinu svojim slušateljima. Pazio je da im odmah u početku ne otkrije točke koje će ih zaprepastiti i izazvati predrasude. Nastojao je zadobiti njihova srca za Kristov nauk, omekšati ih Njegovom ljubavlju i uzdignuti pred njima Njegov primjer. A kad budu prihvatili načela Evanđelja, njihova će praznovjerna uvjerenja i postupci neizbježno nestati.

Reformacija je u Zürichu napredovala korak po korak. Njeni uznemireni neprijatelji ustali su da pruže aktivan otpor. Godinu dana ranije jedan redovnik iz Wittenberga izgovorio je u Wormsu *ne* papi i caru, a sada se po svemu činilo da će papinski zahtjevi naići na slično protivljenje u Zürichu. Zwingli je bio izložen stalnim napadima. U papinskim su kantonima s vremena na vrijeme učenike Evanđelja spaljivali na lomači, ali to nije bilo dovoljno; moralo se ušutkati učitelja krivovjerja. S tim je ciljem biskup iz Konstanza poslao tri poslanika ciriškom gradskom Savjetu s optužbom da Zwingli uči narod prestupati crkvene za- *181* kone i tako dovodi u opasnost društveni mir i red. Ako se bude prezirala vlast Crkve, poručio je, nastat će opća anarhija. Zwingli je odgovorio da u Zürichu već četiri godine propovijeda Evanđelje i da je taj grad "mirniji i miroljubiviji od bilo kojeg drugog grada u konfederaciji". "Nije li, prema tome," rekao je, "kršćanstvo najbolji čuvar opće sigurnosti?"[14]

Poslanici su upozorili gradske savjetnike da se drže Crkve izvan koje, kako su tvrdili, nema spasenja. Zwingli je odgovorio: "Neka vas ova optužba ne uznemiruje! Temelj Crkve je ista Stijena, isti Krist koji je Petru dao ime, jer ga je vjerno priznao. Nego Bog prima iz svakoga naroda onoga tko cijelim srcem vjeruje u Gospodina Isusa. Tu je doista Crkva izvan koje nitko ne može biti spašen."[15] Zahvaljujući tom sastanku jedan od biskupovih poslanika prihvatio je reformiranu vjeru.

Gradski savjet je odbio poduzeti mjere protiv Zwinglija, pa je Rim pripremio novi napad. Kad je saznao za zavjeru svojih neprijatelja, reformator je usliknuo: "Neka dođu! Bojim ih se isto toliko koliko se litica boji valova koji udaraju o njezino podnožje."[16] Napori svećenika samo su pospješili napredak djela koje su nastojali uništiti. Istina se nastavila širiti. U Njemačkoj su se njezine pristaše, obeshrabrene Lutherovim nestankom, ponovno ohrabrile kada su vidjeli kako Evanđelje napreduje u Švicarskoj.

Što se reformacija u Švicarskoj više učvršćivala, njezini su se plodovi potpunije zamjećivali u suzbijanju poroka i održavanju reda i sklada. "Mir se nastanio u našem gradu", pisao je Zwingli; "nema više svađa, licemjerja, zavisti i sukoba. Odakle može doći takvo jedinstvo, ako ne od Gospodina i našeg nauka koji nas ispunjuje plodovima mira i pobožnosti?"[17]

182 Pobjede što ih je reformacija izborila potaknule su pristaše Rima na još odlučnije napore da je unište. Budući da su vidjeli kako se progonstvom u suzbijanju Lutherova djela u Njemačkoj malo postiglo, odlučili su joj se suprotstaviti njezinim vlastitim oružjem. Održat će raspravu sa Zwinglijem, i budući da će oni vršiti pripreme, osigurat će pobjedu izborom ne samo mjesta bitke već i sudaca koji trebaju odlučiti između sudionika rasprave. A kad se jednom domognu Zwinglija, postarat će se da im više ne umakne. Čim ušutkaju vođu, pokret će se moći brzo ugušiti. Svoju su namjeru brižljivo prikrili.

Određeno je da se rasprava održi u Badenu, ali Zwingli joj nije pristupio. Gradski je savjet Züricha, bojeći se smicalica papista i upozoren lomačama zapaljenim u papinskim kantonima za one koji ispovijedaju Evanđelje, zabranio svom pastiru da se izloži toj opasnosti. Zwingli je bio spreman u Zürichu sresti sve privrženike koje bi Rim poslao, ali ići u Baden, u kome je nedavno bila prolivena krv mučenika zbog istine, značilo bi poći u susret sigurnoj smrti. Oecolampad i Haller bili su izabrani da zastupaju reformaciju, dok je dr. Eck, podržan mnoštvom učenih doktora i velikodostojnika, bio branitelj Rima. Premda Zwingli nije bio prisutan na konferenciji, na njoj se osjećao njegov utjecaj. Za zapisničare su izabrani sami papisti, a drugima je pod prijetnjom smrtne kazne bilo zabranjeno praviti zabilješke. Bez obzira na sve, Zwingli je svakodnevno primao točan izvještaj o svemu što je rečeno u Badenu. Jedan student koji je pratio raspravu zapisivao je svake večeri argumente iznesene tog dana. Dva druga studenta preuzela su na sebe da ta izvješća pošalju Zwingliju u Zürich zajedno sa svakodnevnim pismima Oecolampada. Reformator bi odgovarao, dajući savjete i upute. Njegova pisma pisana su noću, a studenti su se s njima rano ujutro vraćali u Baden. Da bi izbjegli pozornost stražara na gradskim vratima, ti bi glasonoše na glavama nosili košare s pilićima i tako nesmetano ulazili u grad.

Tako se Zwingli borio sa svojim lukavim neprijateljima. "On je više učinio", rekao je Myconius, "svojim promišljanjem, svojim neprospavanim noćima i savjetima što ih je slao u Baden, nego što bi postigao da je osobno raspravljao okružen svojim neprijateljima."[18] 183

Papine pristaše, zajapureni od očekivanja pobjede, došli su u Baden odjeveni u svoje najraskošnije haljine i blistajući od dragulja. Živjeli su raskošno, a njihovi su stolovi bili prepuni najskupocjenijih poslastica i najbiranijih vina. Teret njihovih svećeničkih dužnosti olakšavale su zabave i gozbe. Reformatori su pružali sasvim suprotnu sliku. Narod je u njima vidio skupinu koja je bila nešto bolja od prosjaka, a oskudna hrana zadržala bi ih samo nakratko za stolom. Oecolampadov domaćin, koji ga je imao prilike promatrati u njegovoj sobi, uvijek je zaticao u proučavanju ili u molitvi te je s čuđenjem izvijestio da je heretik bar "vrlo pobožan".

Na konferenciji se "Eck oholo uspeo na sjajno okićenu govornicu, dok je skromni Oecolampad, siromašno odjeven, morao sjesti ispred svog protivnika na grubo izrađenom stolcu".[19] Eck je govorio glasno i oštro, bezgranično siguran u sebe. Njegova je revnost bila potaknuta zlatom i slavom, jer je branitelj vjere trebao biti nagrađen lijepim honorarom. Kad nije imao boljih argumenata, pribjegavao je vrijeđanju i čak kletvama.

Oecolampad, po naravi skroman i bez samopouzdanja, iz-
bjegavao je borbu, ali kad je u nju ušao, učinio je to uz svečanu
izjavu: "Ne priznajem drugog mjerila za donošenje suda od Božje
riječi."[20] Premda blag i uljudna ponašanja, pokazao se sposob-
nim i nepopustljivim. Dok su se pristaše Rima, prema navici,
stalno pozivali na običaje Crkve, reformator se čvrsto držao Sve-
toga pisma. "Običaji", rekao je, "nemaju važnosti u našoj Švicar-
skoj, osim ako su u skladu s Ustavom; a u pitanjima vjere Bib-
lija je naš ustav."[21]

184   Oprečnost između dvojice govornika nije ostala bez učin-
ka. Mirno, jasno reformatorovo rasuđivanje, izneseno tako bla-
go i skromno, zadobilo je slušatelje koji su se s negodovanjem
okrenuli od Eckovih hvalisavih i bučnih izjava.

Rasprava je trajala osamnaest dana. Na svršetku su papisti
velikodušno pripisali pobjedu sebi. Većina zastupnika stala je
na stranu Rima, pa je Državni sabor proglasio reformatore pobi-
jeđenima i zajedno s njihovim vođom Zwinglijem izopćio ih iz
Crkve. Ali plodovi te konferencije pokazali su na čijoj je strani
bila prednost. Rasprava je dala još veći poticaj protestantizmu
i nije trebalo dugo pa su se važni gradovi Bern i Basel opredi-
jelili za reformaciju.

10

Napredak reformacije u Njemačkoj

Lutherov tajanstveni nestanak izazvao je zaprepaštenost u 185 cijeloj Njemačkoj. Posvuda su se raspitivali o njemu. Kolale su najneobičnije glasine i mnogi su povjerovali da je umoren. Velika je žalost obuzela ne samo njegove dobre prijatelje, već i tisuće koji još nisu otvoreno stali na stranu reformacije. Mnogi su se svečano zaklinjali da će osvetiti njegovu smrt. Papinski su vođe s užasom uvidjeli do koje su mjere postali nepoželjni. Premda su u početku bili oduševljeni navodnom Lutherovom smrću, ubrzo su se poželjeli skriti od narodnog gnjeva. Njegove neprijatelje nisu toliko uznemirili ni njegovi najsmjeliji postupci dok je bio među njima, koliko sada kad je nestao. One koji su u svom bijesu nastojali uništiti smjelog reformatora, sada je, kad je postao bespomoćni zatočenik, obuzeo strah. "Jedini način koji nam je preostao da se spasimo", rekao je jedan, "jest da zapalimo baklje i tražimo Luthera po cijelome svijetu da bismo ga vratili narodu koji ga traži."[1] Činilo se da je carev edikt neslavno propao. Papinski su legati bili ogorčeni kad su vidjeli da privlači mnogo manje pozornosti od Lutherove sudbine.

Vijesti da je Luther na sigurnom, premda zatvorenik, umirile su strahovanja naroda, a istodobno izazvale još veće oduševljenje u njegovu korist. Njegove su spise čitali s većim zanimanjem nego ikada ranije. Sve je veći broj ljudi pristupao na 186 stranu tog hrabrog čovjeka koji je, unatoč tako nepovoljnim prilikama, branio Božju riječ. Reformacija je jačala iz dana u dan.

Sjeme što ga je Luther posijao nicalo je na sve strane. Njegova odsutnost postigla je ono što ne bi mogla njegova prisutnost. Drugi su se djelatnici osjećali odgovornijima jer više nije bilo njihovog velikog vođe. S novom vjerom i ozbiljnošću nastavili su činiti sve što je bilo u njihovoj moći kako djelo koje je tako slavno počelo ne bi bilo spriječeno.

Ali Sotona nije ostao besposlen. Sada je pokušao učiniti ono što je poduzeo u svakom reformatorskom pokretu – obmanuti i uništiti ljude podvaljujući im krivotvorinu namjesto pravog djela. Kao što je u prvom stoljeću kršćanske Crkve bilo lažnih krista, tako su u šesnaestom stoljeću ustali lažni proroci.

Nekolicina je, duboko dirnuta uzbuđenjem što je vladalo u vjerskom svijetu, umislila da je primila posebne objave s Neba i tvrdila je da je Bogom određena da dovrši djelo reformacije koje je, tvrdili su, Luther tako traljavo otpočeo. Oni su rušili djelo što ga je Luther izvršio. Odbacili su veliko načelo koje je predstavljalo sâm temelj reformacije – da je Božja riječ jedino pravilo vjere i života – a tog su nepogrešivog vodiča zamijenili promjenjivim i nesigurnim mjerilom vlastitih osjećaja i dojmova. Time što su odbacili veliko mjerilo za otkrivanje zabluda i prijevara, otvorili su put Sotoni da upravlja ljudskim umovima kako mu se sviđa.

Jedan od tih proroka tvrdio je da je dobio upute od anđela Gabriela. Neki student koji se s njim udružio napustio je studije, objavljujući kako ga je sâm Bog obdario mudrošću da tumači Njegovu Riječ. Pridružili su im se drugi koji su po svojoj naravi bili skloni fanatizmu. Postupci tih zanesenjaka izazvali su nemalo uzbuđenje. Lutherove propovijedi posvuda su potaknule ljude da osjete potrebu za reformom, a sada su neke doista iskrene osobe bile zavedene tvrdnjama novih proroka.

187

Vođe tog pokreta došle su u Wittenberg s ciljem da svoje tvrdnje nametnu Melanchthonu i njegovim suradnicima. Rekli su im: "Mi smo od Boga poslani da učimo ljude. Vodili smo s Gospodinom povjerljive razgovore i znamo što će se dogoditi; jednom riječju, mi smo apostoli i proroci i pozivamo doktora Luthera da to potvrdi."[2]

Reformatori su bili zaprepašteni i zbunjeni. Tako što nisu nikada ranije doživjeli pa nisu znali kako postupiti. "Tim ljudima", govorio je Melanchthon, "vladaju neobični duhovi; ali koji? ... S jedne strane, čuvajmo se da ne gasimo Božjeg Duha, ali s druge, pazimo da nas ne zavede Sotonin duh."[3] Plodovi novog učenja su se ubrzo pokazali. Ljudi su bili navedeni da zanemare ili čak potpuno odbace Sveto pismo. U školama je nastala zabuna. Prezirući svako ograničenje, studenti su napuštali svoje studije i odlazili sa sveučilišta. Ljudi koji su sebe smatrali pozvanima da ožive i nadziru djelo reformacije samo su ga uspjeli dovesti na rub propasti. Pristaše Rima povratili su samopouzdanje i radosno klicali: "Još jedan napor, i svi će biti naši."[4]

Kad je u Wartburgu doznao što se zbiva, Luther je duboko zabrinut rekao: "Uvijek sam očekivao da će nam Sotona poslati ovo zlo."[5] On je uočio pravi karakter tih tobožnjih proroka i vidio opasnost koja je zaprijetila djelu istine. Protivljenje pape i cara nije mu prouzročilo toliko dvojbi i jada kakve je sada proživljavao. Iz redova navodnih prijatelja reformacije ustali su njezini najgori neprijatelji. Upravo one istine koje su mu donijele toliku radost i utjehu, sada su korištene da u Crkvi izazovu sukobe i stvore zabunu.

Luthera je u djelu reforme pokretao Božji Duh pa je učinio i ono što nije namjeravao; on nije namjeravao zauzeti stajališta što ih je zauzeo ili provoditi tako korjenite promjene. Bio je samo oruđe u rukama Beskonačne Sile. Pa ipak je često strepio nad rezultatima svojega djela. Jednom je rekao: "Kad bih znao da će moje učenje naškoditi jednom jedinom čovjeku, koliko god bio neznatan i jadan – što zapravo ne može, jer je ono sâmo Evanđelje – ja bih radije deset puta umro nego ne opozvao ga."[6]

A sada je sâm Wittenberg, središte reformacije, brzo padao pod vlast fanatizma i bezakonja. Za to strašno stanje nije bilo krivo Lutherovo učenje, pa ipak su na njega bacali krivnju neprijatelji u cijeloj Njemačkoj. Ojađene duše ponekad se pitao: "Može li to dakle biti kraj velikog djela reformacije?"[7] A onda, nakon što se borio s Bogom u molitvi, njegovim je srcem zavladao mir. "Djelo nije moje, već Tvoje", rekao je, "i Ti nećeš dopustiti da bude upropašteno praznovjerjem i fanatizmom." Ali pomisao da u takvoj krizi dulje izbjegava sukob postala mu je nepodnošljivom. Odlučio je vratiti se u Wittenberg.

Bez oklijevanja krenuo je na pogibeljni put. Bio je pod kaznom državnog progonstva. Neprijatelji su ga slobodno mogli

188

ubiti, a prijateljima je bilo zabranjeno da mu pruže pomoć ili zaklon. Carska je vlast poduzimala najoštrije mjere protiv njegovih pristaša. Ali on je vidio da se djelo Evanđelja nalazi u opasnosti, pa je u Gospodnje ime neustrašivo krenuo u borbu za istinu.

U pismu upućenom izbornom knezu, nakon što je iznio razlog zbog kojega napušta Wartburg, Luther je rekao: "Neka Vaše Visočanstvo zna da idem u Wittenberg pod moćnijom zaštitom nego što je zaštita knezova i izbornih knezova. Ne mislim tražiti potporu vaše Visosti, a namjesto da tražim Vašu zaštitu, radije bih ja Vas zaštitio. Kad bih znao da me Vaše Visočanstvo ne može ili neće zaštititi, ne bih išao u Wittenberg. Nema mača koji bi mogao unaprijediti ovo djelo. Sâm Bog mora učiniti sve, bez ljudske pomoći i pristanka. Onaj tko ima najveću vjeru je Onaj koji može pružiti i najveću zaštitu."[8]

U drugom pismu, pisanom na putu za Wittenberg, Luther je dodao: "Spreman sam se izložiti nezadovoljstvu Vašeg Visočanstva i gnjevu cijeloga svijeta. Nisu li stanovnici Wittenberga moje ovce? Nije li ih Bog meni povjerio? Zar ne bi trebalo da se zbog njih, ako je potrebno, izložim smrtnoj opasnosti? Osim toga, bojim se da u Njemačkoj ne izbije veliki ustanak kojim će Bog kazniti naš narod."[9]

S velikim oprezom i poniznošću, ali i odlučno i čvrsto, dao se na posao. "Riječju", rekao je, "moramo oboriti i uništiti sve ono što je uspostavljeno nasiljem. Protiv praznovjernih i nevjernih neću se poslužiti silom. ... Ne smije biti prisile. Sloboda je bît vjere."[10]

Uskoro se cijelim Wittenbergom pronio glas da se Luther vratio i da će propovijedati. Narod se sjatio sa svih strana i ispunio crkvu. Nakon što se popeo na propovjedaonicu, Luther je s velikom mudrošću i blagošću poučavao, opominjao i ukoravao. Dotičući se postupka onih koji su pribjegli nasilnim mjerama da bi ukinuli misu, rekao je:

"Misa je loša stvar, Bog je protiv nje; treba je ukinuti i ja bih volio da je po cijelom svijetu zamijeni večera iz Evanđelja. Ali nemojmo nikoga silom odvajati od nje. Moramo stvar staviti u Božje ruke. Treba djelovati Njegova riječ, a ne mi. A zašto tako? – pitat ćete. Zato što u svojoj ruci ne držim ljudska srca kao što lončar drži ilovaču. Mi imamo pravo govoriti, ali *nemamo* pravo suditi. Propovijedajmo, a ostalo pripada Bogu. Ako

189

upotrijebim silu, što dobivam? Grimasu, formalizam, oponašanje, ljudske uredbe i himbu. ... Ali u tome neće biti ni iskrenosti srca, ni vjere ni ljubavi. Gdje to troje nedostaje, tamo nedostaje sve, i ja ne bih dao ni prebijene pare za takav rezultat. ... Bog više čini samo svojom Riječju negoli ti i ja i cijeli svijet ujedinjenom snagom. Bog osvaja srca, a kad je dobio srce, dobio je sve. ... Ja ću propovijedati, govoriti i pisati, ali neću nikoga prisiljavati, jer vjera je dragovoljni čin. Vidite što sam ja učinio! Ustao sam protiv pape, prodavanja oprosta i papista, ali bez nasilja ili nemira. Uzdigao sam Božju riječ; propovijedao sam i pisao – to je sve što sam učinio. I dok sam spavao ... ta riječ koju sam propovijedao srušila je papinstvo i nanijela mu više štete nego bilo koji knez ili car. I opet, ja nisam ništa učinio; sve je postigla Božja riječ. Da sam se poslužio silom, možda bi cijela Njemačka bila preplavljena krvlju. A što bi bio ishod? Propast i uništenje tijela i duše! Stoga sam šutio i pustio da riječ sama ide svijetom."[11]

Dan za danom, cijeli tjedan, Luther je nastavio propovijedati željnom mnoštvu. Božja je Riječ razbila začaranost fanatičkog uzbuđenja. Sila Evanđelja vratila je zalutale na put istine.

Luther nije želio sastanak s fanaticima koji su bili krivi za tako veliko zlo. Poznavao ih je kao ljude nezdrava rasuđivanja i neobuzdanih strasti koji, premda tvrde da su posebno prosvijetljeni s Neba, neće trpjeti ni najmanje protuslovlje, niti najljubazniji ukor ili savjet. Pripisujući sebi najviši autoritet, zahtijevali su da svatko bez pogovora prizna njihove tvrdnje. Ali budući da su tražili da se sastanu s Lutherom, on ih je pristao primiti, i tako je uspješno razotkrio njihove težnje da su varalice odmah napustile Wittenberg.

Za neko je vrijeme fanatizam bio obuzdan, da bi nekoliko godina kasnije izbio još većom žestinom i s još strašnijim posljedicama. Govoreći o vođama tog pokreta, Luther je rekao: "Za njih je Sveto pismo bilo mrtvo slovo, a onda su svi počeli vikati: 'Duh! Duh!' Budite uvjereni da neću ići kamo ih vodi njihov duh. Neka me Bog u svojoj milosti sačuva od Crkve u kojoj su sami sveci! Ja želim biti u društvu sa skrušenima, nemoćnima i bolesnima, koji poznaju i osjećaju svoje grijehe i uzdišu i neprekidno viču Bogu iz dubine svog srca da im udijeli svoju utjehu i pomoć."[12]

190

191

Thomas Münzer, najaktivniji među fanaticima, bio je čovjek znatnih sposobnosti koje bi ga, da su bile pravilno usmjerene, osposobile da čini dobro. Ali on nije naučio prva načela prave religije. "Bio je opsjednut željom da reformira svijet, a zaboravio je, poput svih zanesenjaka, da reformacija treba otpočeti u njemu samome."[13] Težio je za položajem i utjecajem i nije bio bio spreman biti drugi, čak i iza Luthera. Izjavio je da su reformatori, zamjenjujući autoritet pape Svetim pismom, samo uvodili drukčiji oblik papinstva. Sâm je, tvrdio je, dobio božansku zadaću da uvede pravu reformu. "Onaj koji ima toga duha", govorio je Münzer, "ima pravu vjeru, i onda ako nikada u svojem životu nije vidio Sveto pismo."[14]

Fanatični učitelji dopustili su da ih vode osjećaji, smatrajući svaku misao i poticaj Božjim glasom. A to ih je odvelo u velike krajnosti. Neki su čak spalili svoje Biblije vičući: "Slovo ubija, ali Duh oživljuje." Münzerovo učenje našlo je plodno tlo u onima koji vole ono što je čudesno, a istodobno ugađa njihovoj oholosti jer u bîti stavlja ljudske ideje i mišljenja iznad Božje riječi. Tisuće su prihvatile njegovo učenje. Ubrzo zatim osudio je svaki red na bogoslužju i ustvrdio da je poslušnost knezovima isto što i pokušaj služenja Bogu i Belijaru.

192 Narod koji se već počeo oslobađati jarma papinstva počeo je pokazivati nestrpljenje prema ograničenjima građanskih vlasti. Münzerova revolucionarna učenja, uz tvrdnju da imaju božansko odobrenje, navela su ih da se otrgnu svakom nadzoru i puste uzde svojim predrasudama i strastima. Posljedica su bili najužasniji prizori bune i sukoba koji su njemačke njive natopili krvlju.

Duševne patnje što ih je Luther doživio prije mnogo vremena u Erfurtu sada su ga pritiskale dvostrukom snagom kad je vidio da su posljedice fanatizma pripisivali reformaciji. Papistički su knezovi tvrdili – a mnogi su im bili skloni vjerovati – da je buna opravdan plod Lutherova učenja. Premda je ta optužba bila posve neosnovana, nije mogla a da kod reformatora ne izazove veliku zabrinutost. Činilo se kako će teško podnijeti da se djelo istine tako sramoti, izjednačujući ga s najgorim fanatizmom. S druge strane, vođe bune mrzile su Luthera, jer ne samo što se protivio njihovom učenju i poricao njihove tvrdnje da ih vodi božansko nadahnuće, nego ih je proglasio buntovnicima protiv građanskih vlasti. Zauzvrat su ga proglasili podlim prijetvornikom. Činilo se da je na sebe navukao neprijateljstvo i knezova i naroda. Pristaše Rima klicale su očekujući brzi slom reformacije. A optuživali su Luthera čak i za pogreške što ih je on najozbiljnije nastojao ispraviti. Fanatična družba, lažno prikazujući da se s njom nepravično postupalo, uspjela je pridobiti simpatije velikog broja ljudi, i kao što je često slučaj s onima koji su izabrali pogrešnu stranu, počelo ih se smatrati mučenicima. Tako su oni koji su upotrijebili svu snagu za suprotstavljanje reformaciji, na kraju sažalijevani i slavljeni kao žrtve okrutnosti i ugnjetavanja. Bilo je to Sotonino djelo, potaknuto istim duhom pobune koji se najprije pokazao na Nebu.

Sotona neumorno nastoji obmanuti ljude i navesti ih da grijeh nazovu pravednošću, a pravednost grijehom. Kako je samo bio uspješan! Kako su često Božji vjerni sluge izloženi osudama i prijekorima zato što su neustrašivo ustali u obranu istine! Hvale se i uzdižu ljudi, pa čak i smatraju mučenicima, koji nisu drugo do Sotonina oruđa, dok su oni koje bi trebalo poštovati i podupirati zbog njihove vjernosti Bogu prepušteni sami sebi, izloženi sumnjičenju i nepovjerenju. *193*

Lažna svetost, sumnjivo posvećenje, još uvijek vrši svoje djelo obmane. Ono pod različitim oblicima pokazuje isti duh kao u Lutherove dane, odvraćajući umove ljudi od Svetoga pisma i navodeći ih da slijede svoje vlastite osjećaje i dojmove, namjesto da budu poslušni Božjem zakonu. Ovo je jedno od najuspješnijih Sotoninih sredstava za blaćenje čistoće i istine.

Luther je neustrašivo branio Evanđelje od napada koji su dolazili sa svih strana. U svakom sukobu Božja se Riječ pokazala moćnim oružjem. S ovom Riječju borio se protiv papine vlasti i racionalističke filozofije učenih ljudi, dok je čvrst kao stijena stajao nasuprot fanatizmu koji se nastojao udružiti s reformacijom.

Svaki od tih protivničkih elemenata na svoj je način odbacivao Sveto pismo, a uzvisivao ljudsku mudrost kao izvorište vjerske istine i spoznaje. Racionalizam se klanja razumu i čini ga mjerilom vjere. Rimokatolicizam, tvrdeći da njegov vrhovni pontifeks posjeduje nadahnuće koje neprekinutom crtom potječe od apostola i da je za sva vremena nepromjenjiv, omogućuje svakoj vrsti neumjerenosti i izopačenosti dostatno prilika za skrivanje pod svetost apostolskog naloga. Nadahnuće na koje su Münzer i njegovi suradnici pozivali nije poticalo iz uzvišenijeg izvorišta od hirova mašte, i njegov je utjecaj potkopavao svaki autoritet, bio ljudski ili božanski. Za pravo je kršćanstvo Božja riječ velika riznica nadahnute istine i mjerilo svakog nadahnuća.

Po povratku iz Wartburga Luther je dovršio prijevod Novoga zavjeta, i Evanđelje se ubrzo nakon toga našlo u rukama

194   njemačkog naroda na njegovu jeziku. Prihvatili su ga s velikom radošću svi koji su voljeli istinu, ali su ga prezrivo odbacili oni koji više cijene ljudsku predaju i ljudske zapovijedi.

Svećenici su se uzbudili na pomisao da će sada i običan puk moći s njima raspravljati o propisima Božje riječi i da će se tako razotkriti njihovo pravo neznanje. Oružje njihovog tjelesnog rasuđivanja bilo je nemoćno protiv duhovnog mača. Rim je upotrijebio sav svoj autoritet da spriječi širenje Svetoga pisma; no dekreti, anateme i mučenja bili su podjednako uzaludni. Što je više osuđivao i zabranjivao Bibliju, to su ljudi više željeli saznati što ona stvarno uči. Tko god je znao čitati, želio je sâm proučavati Božju riječ. Ljudi su je nosili sa sobom i stalno je čitali, i nisu bili zadovoljni dok ne bi velike dijelove naučili napamet. Kad je vidio kako je Novi zavjet dobro primljen, Luther je odmah počeo prevoditi Stari zavjet i objavljivati ga u dijelovima kako bi koji dovršio.

Lutherovi spisi bili su podjednako prihvaćeni u gradu kao i u kolibama. "Ono što su Luther i njegovi prijatelji sastavili, drugi su širili. Redovnici, uvjereni u nezakonitost redovničkih obveza, željni da svoj dugi lijeni život zamijene aktivnim radom, ali previše neuki da bi mogli navještati Božju riječ, putovali su pokrajinama, posjećivali sela i zaseoke u kojima su prodavali Lutherove knjige i spise njegovih prijatelja. Njemačka je ubrzo bila prepuna tih smjelih kolportera."[15]

Bogati i siromašni, učeni i neuki s velikim su zanimanjem proučavali te spise. Noću su ih učitelji seoskih škola čitali naglas malim skupinama koje su se okupljale oko ognjišta. Svaki put bi neka duša bila osvjedočena o istini i primajući Riječ s radošću, zauzvrat drugima navješćivala Radosnu vijest.

195   Potvrdile su se nadahnute riječi: "Objava riječi tvojih prosvjetljuje, bezazlene urazumljuje." (Psalam 119,130) Proučavanje Svetog pisma izvršilo je silnu promjenu u srcima i umovima ljudi. Papinska vlast stavila je na svoje podanike željezni

jaram neznanja i poniženja. Strogo se pazilo na praznovjerno vršenje forme, ali u svim bogoslužjima su um i srce imali malo udjela. Lutherovo propovijedanje kojim je iznosio jasne istine Božje riječi, a zatim i sama Riječ stavljena u ruke običnog naroda, probudili su njegove uspavane snage i ne samo očistili i oplemenili duhovnu narav, već pružili umu novu snagu i živost. Moglo se vidjeti ljude svih staleža kako s Biblijom u ruci brane učenje reformacije. Papisti koji su proučavanje Pisma prepustili svećenicima i redovnicima, sada su ih pozivali da istupe i pobiju novo učenje. Ali ne poznajući ni Pisma ni moći Božje, svećenici i redovnici su doživjeli potpuni poraz od onih koje su proglasili neobrazovanima i krivovjercima. "Na nesreću", rekao je jedan katolički pisac, "Luther je svoje sljedbenike uvjerio da svoju vjeru ne temelje ni na čemu drugom osim na Svetom pismu."[16] Mnoštvo bi se okupljalo da čuje istinu koju zastupaju ljudi skromnog obrazovanja, koji su čak raspravljali s učenim i rječitim teolozima. Kad je dokazivanjima tih velikih ljudi suprotstavljeno jednostavno učenje Božje riječi, razotkrilo se njihovo sramno neznanje. Radnici, vojnici, žene pa čak i djeca bolje su poznavali Sveto pismo od svećenika i učenih teologa.

Suprotnost između učenika Evanđelja i branitelja papinskog praznovjerja primjećivala se ne samo u običnom narodu, već i u redovima učenih ljudi. "Protivna starim zagovornicima hijerarhije, koji su zanemarili učenje jezika i njegovanje književnosti ... bila je širokogrudna mladež, odlučna da uči, koja je proučavala Pisma i nastojala upoznati stara remek-djela. Obdareni bistrim umom, plemenitom dušom i neustrašivim srcem, ti mladi ljudi su ubrzo stekli takvo znanje da se dugo vremena nitko nije mogao mjeriti s njima. ... Kad god bi ti mladi branitelji reformacije na nekom skupu sreli rimokatoličke doktore, napali bi ih s takvom lakoćom i sigurnošću da su ovi neuki ljudi oklijevali, postajući zbunjeni, i pred svima doživjeli zasluženu sramotu."[17]

Kad je rimokatolički kler vidio da se njegova pastva smanjuje, pozvao je u pomoć gradsku upravu, i svim mogućim sredstvima nastojao vratiti svoje slušatelje. Ali narod je u novom učenju našao ono što je ispunjavalo potrebe njegove duše, pa se okrenuo od onih koji su ih tako dugo hranili bezvrijednim ljuskama praznovjernih obreda i ljudskih predaja.

196

Kad se podiglo progonstvo protiv učitelja istine, oni su se držali Kristovih riječi: "Kad vas počnu progoniti u jednom gradu, bježite u drugi!" (Matej 10,23) Svjetlost je prodirala svuda. Bjegunci bi uvijek naišli na neka otvorena gostoljubiva vrata i dok bi tu boravili, propovijedali bi Krista ponekad u crkvi, a ako im je ta prednost uskraćena, u privatnim kućama ili na otvorenom. Gdje god bi našli slušateljstvo, to bi mjesto postalo posvećeni hram. Objavljena takvom snagom i sigurnošću, istina se širila neodoljivom silom. Uzalud su crkvene i građanske vlasti pozivane da skrše "krivovjerje". Uzalud su pribjegavale zatvoru, mučenju, ognju i maču. Tisuće vjernika zapečatilo je svoju vjeru krvlju, a djelo je ipak napredovalo. Progonstvo je služilo jedino širenju istina, a fanatizam što ga je Sotona nastojao udružiti s njim samo je još jasnije prikazao razliku između Sotoninog djela i Božjeg djela.

11
Prosvjed knezova

Jedno od najplemenitijih svjedočanstava ikada iznesenih u prilog reformaciji bio je Prosvjed kršćanskih knezova Njemačke na državnom Saboru u Speyeru 1529. godine. Hrabrost, vjera i odlučnost tih Božjih ljudi osigurala je za buduća vremena slobodu mišljenja i savjesti. Njihov je Prosvjed dao reformiranoj Crkvi ime protestanti. Načela izrečena u njemu "srž su protestantizma".[1] Za reformaciju je došao mračan dan, pun prijetnje. Bez obzira na wormski edikt kojim je Luther stavljen izvan zakona, i kojim je zabranjeno izlaganje ili vjerovanje u njegovo učenje, u carstvu je vladala vjerska snošljivost. Božja promisao je obuzdavala sile koje su se protivile istini. Karlo V. je naumio skršiti reformaciju, ali kad god bi podigao ruku da udari, bio je prisiljen njome se braniti. Više se puta činilo da neumitna propast prijeti svima koji su se usudili usprotiviti Rimu, ali bi se u kritičnom trenutku na istočnoj granici pojavili Turci, ili bi francuski kralj, pa i sâm papa, zavidni zbog sve veće careve vlasti, poveli rat protiv njega; i tako je usred sukoba i nemira među narodima reformacija ostavljena da jača i da se širi.

Međutim, papinski su vazali napokon prekinuli svoje sukobe da bi zajednički mogli ustati protiv reformacije. Državni sabor u Speyeru 1526. dao je svakoj državi punu slobodu vjere do sazivanja općeg koncila, ali čim je prošla opasnost koja je osigu- rala ovaj ustupak, car je 1529. godine sazvao Drugi državni sabor u Speyeru s ciljem da skrši krivovjerje. Knezove je trebalo, ako je moguće miroljubivim sredstvima, pridobiti protiv reformacije; ako to ne bi uspjelo, Karlo V. je bio spreman pribjeći maču.

Papisti su bili oduševljeni. Oni su u velikom broju došli u Speyer i otvoreno izricali svoju mržnju prema reformatorima i svima koji su im bili naklonjeni. Melanchthon je rekao: "Mi smo zgražanje i talog cijeloga svijeta, ali Krist će pogledati na svoj jadni narod i sačuvati ga."[2] Protestantskim knezovima koji su nazočili Saboru zabranjeno je propovijedanje Evanđelja čak i u svojim boravištima. Ali narod Speyera bio je žedan Božje riječi pa su, unatoč zabrani, tisuće hrlile na bogoslužja koja su održavana u kapeli saskog izbornog kneza.

To je ubrzalo krizu. Carskom je porukom Saboru objavljeno da je rezolucija kojom je zajamčena vjerska sloboda uzrokom velikih nereda i da zbog toga car traži njezino ukidanje. Taj samovoljni čin izazvao je ogorčenje i uznemirio evangeličke kršćane. Jedan je rekao: "Krist je ponovno pao u ruke Kaife i Pilata." Pristaše Rima postale su još naprasitije. Jedan licemjerni papist je izjavio: "Turci su bolji od luterana, jer Turci poštuju postove, a luterani ih krše. Ako moramo birati između Božjeg Svetog pisma i starih zabluda Crkve, trebamo odbaciti prvo." Melanchthon je rekao: "Svaki dan, pred prepunom skupštinom, Faber na nas evangelike baca neki novi kamen."[3]

Budući da je vjerska snošljivost bila ozakonjena, evangeličke države su se odlučile suprotstaviti kršenju svojih prava. Luther, koji se još uvijek nalazio pod kaznom državnog progonstva wormskog edikta, nije smio doći u Speyer, ali su ga zastupali njegovi suradnici i knezovi koje je Bog podigao da u ovom kritičnom trenutku brane Njegovo djelo. Plemenitog Friedricha Saskog, negdašnjeg Lutherova zaštitnika, uklonila je smrt, ali je vojvoda Johann, njegov brat i nasljednik, s radošću pozdravio reformaciju i, premda prijatelj mira, pokazao veliku odlučnost i hrabrost u svim pitanjima koja su se ticala vjere.

Svećenici su zahtijevali da se države koje su prihvatile reformaciju bezuvjetno pokore jurisdikciji Rima. A reformatori su se, s druge strane, pozivali na ranije danu slobodu. Nisu mogli pristati da Rim ponovno podvrgne pod svoju vlast države koje su s tako velikom radošću prihvatile Božju riječ.

Napokon je predložen kompromis da se tamo gdje reformacija još nije uvedena strogo primjenjuje wormski edikt, a da "u onim državama u kojima se narod udaljio od njega i gdje ga nije moguće provesti bez opasnosti izbijanja ustanka, ne uvode nikakvu novu reformu, ne dopuste raspravu ni o jednom spor-

199

nom pitanju, ne suprotstavljaju se misi i ne dopuste nijednom
rimokatoliku da prigrli luteranstvo".[4] To je rješenje Sabor iz-
glasao na veliko zadovoljstvo papinskih svećenika i prelata.
Da je ovaj edikt sproveden, "reformacija se ne bi mogla
širiti ... tamo gdje još nije bila poznata, niti bi se mogla utvr-
diti na čvrstim temeljima ... tamo gdje je već postojala."[5] Bila
bi zabranjena sloboda govora. Ne bi bila dopuštena nikakva ob-
raćenja. A od prijatelja reformacije zahtijevalo se da se smjesta
pokore tim ograničenjima i zabranama. Činilo se da će se nada
svijeta ugasiti. "Ponovna uspostava vlasti Rimske crkve ... neiz-
bježno bi vratila stare zlouporabe" i brzo bi se našla prilika da
se "dovrši uništenje djela koje je već tako snažno potreseno"
fanatizmom i razdorima.[6]

Kad se evangelička stranka sastala zbog savjetovanja, ma-
lodušno su gledali jedan drugoga. Pitali su se međusobno: "Što
učiniti?" Na kocki su bili predmeti od najveće važnosti za svi-
jet. "Trebaju li se vođe reformacije pokoriti i prihvatiti edikt? 200
Kako su reformatori u ovoj krizi, koja je doista bila golema,
lako mogli krenuti u pogrešnom smjeru! Koliko su naoko uvjer-
ljivih izlika i razumnih razloga mogli naći da se pokore! Lute-
ranskim se knezovima jamčilo slobodno ispovijedanje njihove
vjere. Ista se blagodat odnosila na sve njihove podanike koji
su prije tog edikta prigrlili reformna gledišta. Nisu li time trebali
biti zadovoljni? Kolike bi opasnosti izbjegli ako bi se pokorili!
A kolike im nepoznate opasnosti i sukobi prijete ako pruže ot-
por! Tko zna kakve im prilike može pružiti budućnost? Prihva-
timo mir, primimo maslinovu grančicu koju nam Rim pruža i
zaliječimo rane Njemačke! Ovim i sličnim razlozima reforma-
tori su mogli opravdati prihvaćanje puta koji bi sigurno ubrzo
doveo do propasti njihove stvari.

Na sreću, reformatori su obratili pozornost na načelo na
kome se zasnivao taj sporazum i djelovali su u vjeri. O kojem
se načelu radilo? Radilo se o pravu Rima da vrši prisilu na savjest
i brani slobodu istraživanja. A zar vjerska sloboda nije zajam-
čena njima i njihovim protestantskim podanicima? Da, ali kao
milost posebno istaknuta u tom sporazumu, a ne kao pravo.
Što se tiče svih koji nisu obuhvaćeni tim sporazumom, za njih
je važilo veliko načelo autoriteta; savjesti nije bilo mjesta. Rim
je bio nepogrešivi sudac kojega se moralo slušati. Prihvaćanje
predloženog sporazuma bilo bi zapravo priznanje da se vjer-

ska sloboda treba ograničiti na reformiranu Sasku, a što se pre-
ostalih kršćanskih zemalja tiče, slobodno istraživanje i ispo-
vijedanje reformirane vjere predstavljalo bi zločin koji se kaž-
njava tamnicom i lomačom. Mogu li pristati na lokaliziranje vjer-
ske slobode? Mogu li objaviti da je reformacija zadobila posljed-
njeg obraćenika i osvojila posljednju stopu zemlje? Mogu li pri-
stati da tamo gdje je u ovom trenutku poljuljana vlast Rima,
ona ipak trajno ostane? Mogu li se reformatori smatrati nevini-
ma za krv stotina i tisuća onih koji bi, sukladno tom sporazu-

201 mu, morali žrtvovati svoje živote u papinskim zemljama? To bi
u ovom sudbonosnom času značilo izdati djelo Evanđelja i slobode
kršćanskog svijeta."[7] Radije će "žrtvovati sve, čak i svoje posjede,
svoje krune i svoje živote".[8]

"Odbacimo ovaj ukaz", izjavili su knezovi. "U pitanjima sa-
vjesti većina nema nadmoć." Zastupnici su izjavili: "Zahvaljuju-
ći dekretu iz 1526. godine država uživa mir; njegovo ukidanje
izazvalo bi u Njemačkoj nemire i podjele. Državni Sabor nije
nadležan učiniti više nego da sačuva vjersku slobodu do sazi-
vanja novog koncila."[9] Dužnost je države zaštititi slobodu sa-
vjesti, i tu je granica njezinu autoritetu u pitanjima vjere. Sva-
ka svjetovna vlast koja pokušava regulirati ili građanskom vla-
sti nametnuti vjerske propise, žrtvuje upravo ono načelo za koje
su se evangelički kršćani tako plemenito borili.

Papisti su odlučili ugušiti ono što su nazvali "drskom ne-
popustljivošću". Počeli su nastojanjem da izazovu podjele me-
đu pristašama reformacije i zastrašivanjem svih koji se nisu ot-
voreno izjasnili u prilog njoj. Na kraju su predstavnici slobod-
nih gradova pozvani pred državni Sabor; od njih se zahtijevalo
izjašnjenje pristaju li na uvjete prijedloga. Oni su molili za od-
godu, ali uzalud. Kad su bili prisiljeni na odluku, gotovo je po-
lovica stala na stranu reformatora. Oni koji su tako odbili žr-
tvovati slobodu savjesti i pravo na osobno mišljenje, dobro su
znali da ih je njihovo stajalište učinilo metom buduće kritike,
osude i progonstva. Jedan od zastupnika rekao je: "Moramo se
odreći Božje riječi, ili će nas spaliti."[10]

Kralj Ferdinand, carev zastupnik na državnom Saboru, vi-
dio je da će ukaz izazvati ozbiljne podjele ako ne navede kne-
zove da ga prihvate i podrže. Stoga je pribjegao umijeću uvje-
ravanja, znajući da bi upotreba sile takve ljude učinila još od-
lučnijima. "Molio je knezove da prihvate ukaz, uvjeravajući ih

da će car biti vrlo zadovoljan njima." Ali ti su vjerni ljudi prizna- *202* vali autoritet viši od autoriteta zemaljskih poglavara, pa su mirno odgovorili: "Poslušat ćemo cara u svemu što bi moglo pridonijeti održavanju mira i Božjoj slavi."[11]

U nazočnosti državnog Sabora kralj je napokon objavio izbornom knezu i njegovim prijateljima da će ukaz "biti izdan u obliku carskog dekreta" i da "im jedino preostaje da se pokore većini". Nakon tih riječi napustio je skup, ne dajući tako reformatorima priliku za razmatranje ili odgovor. "Uzalud su kralju poslali izaslanstvo s molbom da se vrati." Na njihove prigovore odgovorio je: "Stvar je riješena; preostaje samo pokornost."[12] Carska je stranka bila uvjerena da će kršćanski knezovi držati Sveto pismo uzvišenijim od ljudskih učenja i zahtjeva; znali su da će papinstvo, gdje god ovo načelo bude prihvaćeno, na kraju biti oboreno. Ali slično tisućama do naših dana, "gledajući samo na ono što se vidi", laskali su sebi da je stvar cara i pape jaka, a da su reformatori slabi. Da su se reformatori oslonili samo na ljudsku pomoć, bili bi bespomoćni kao što su to papisti pretpostavljali. Ali premda malobrojni i u sukobu s Rimom, oni su imali snage. Oni su se "protiv odluke državnog Sabora" pozvali "na Božju riječ, a protiv cara Karla na Isusa Krista, Kralja nad kraljevima i Gospodara nad gospodarima".[13]

Budući da je Ferdinand odbio poštivati uvjerenje njihove savjesti, knezovi su odlučili da se ne obziru na njegovu odsutnost i da bez odlaganja iznesu svoj Prosvjed nacionalnom Saboru. Za tu priliku sastavljena je i podnesena državnom Saboru svečana deklaracija:

"Mi prisutni ovim prosvjedujemo pred Bogom, našim jedinim Stvoriteljem, Zaštitnikom, Otkupiteljem i Spasiteljem, koji će jednoga dana biti naš Sudac, kao i pred svim ljudima i svim stvorenjima, da se mi zbog sebe i svog naroda ni na kakav način ne slažemo s predloženim dekretom i ne prihvaćamo ga ni *203* u čemu što se protivi Bogu, Njegovoj svetoj Riječi, našoj čistoj savjesti i spasenju naših duša. Što! Da ratificiramo taj dekret?! Da tvrdimo kako svemogući Bog poziva čovjeka da Ga upozna, ali da taj čovjek ipak ne može primiti Božju spoznaju? ... Nema pravog nauka osim onoga koji je sukladan s Božjom riječju. ... Gospodin zabranjuje učenje drugog nauka. ... Sveto pismo treba objašnjavati s pomoću drugih i jasnijih tekstova. ... Tu svetu Knjigu, koja je u svemu potrebna kršćaninu, Iako je razumjeti i predviđena je da rastjera tamu. Odlučili smo, Božjom milošću, sačuvati čisto i izričito propovijedanje samo Njegove Riječi, takve kakva se nalazi u biblijskim knjigama Staroga i Novoga zavjeta, ne dodajući išta što bi joj se suprotilo. Ta je Riječ jedina istina; ona je pouzdano pravilo cjelokupnog nauka i života i ona nikada ne može pogriješiti ili nas prevariti. Onaj tko zida na tom temelju, održat će se protiv svih paklenih sila, dok će sve ljudske ispraznosti koje se dižu na nju pasti pred Božjim licem.

Iz tog razloga odbacujemo jaram koji nam je nametnut. ... Istodobno očekujemo da će se njegovo carsko Veličanstvo ponašati prema nama kao što dolikuje kršćanskom knezu koji iznad svega ljubi Boga, a mi smo sa svoje strane gotovi da mu, kao i prema vama, milostiva gospodo, ukažemo svaku ljubav i poslušnost, što je naša pravedna i zakonita dužnost."[14]

Time je ostavljen dubok dojam na državni Sabor. Odvažnost onih koji su prosvjedovali ispunila je čuđenjem i uznemirenošću većinu nazočnih. Budućnost im se činila olujnom i nesigurnom. Činilo se da su razdor, sukobi i krvoproliće neizbježni. Ali reformatori, sigurni u pravičnost svoje stvari i oslanjajući se na ruku Svemogućega, bili su "puni hrabrosti i odlučnosti".

"Načela sadržana u tom čuvenom Prosvjedu ... predstavljaju samu bît protestantizma. ... Taj Prosvjed bio je uperen protiv dviju ljudskih zloupotreba u pitanjima vjere: protiv uplitanja građanske vlasti i protiv samovoljnog autoriteta Crkve. Namjesto tih zloupotreba protestantizam stavlja snagu savjesti iznad magistrata, i autoritet Božje riječi iznad vidljive Crkve. Ponajprije, on odbacuje miješanje građanskih vlasti u božanske stvari i kaže, zajedno s prorocima i apostolima: 'Više se treba pokoravati Bogu nego ljudima.' U prisutnosti krune Karla V. on uzvisuje krunu Isusa Krista. Ali on ide i dalje: on postavlja načelo da se svako ljudsko učenje treba podčiniti Božjoj riječi."[15] Zastupnici koji su prosvjedovali nisu tražili samo svoje pravo da slobodno ispovijedaju svoje osvjedočenje istinom. Oni neće samo vjerovati i poslušati, već i slobodno naučavati ono što iznosi Božja riječ, poričući pravo svećeniku ili magistratu da se u to miješa. Prosvjed u Speyeru bio je svečano svjedočanstvo protiv vjerske netrpeljivosti i osiguranje prava svim ljudima da služe Bogu sukladno onome što im nalaže njihova savjest.

Prosvjed je učinjen. Urezao se u pamćenje tisuća ljudi i ostao zapisan u nebeskim knjigama, odakle ga nikakav ljudski napor nije mogao izbrisati. Cijela je evangelička Njemačka prihvatila Prosvjed kao izričaj svoje vjere. Svi su u tom proglasu vidjeli obećanje jednog novog i boljeg vremena. Jedan od knezova rekao je protestantima u Speyeru: "Neka vas Svemogući, koji vam je dao milost da se izjasnite otvoreno, slobodno i bez straha, sačuva u toj kršćanskoj odlučnosti sve do dana vječnosti."[16]

Da je reformacija nakon što je postigla određeni stupanj uspjeha oklijevala čekajući zgodu da pridobije naklonost svijeta, iznevjerila bi Boga i samu sebe, i tako osigurala svoje vlastito uništenje. Iskustvo tih plemenitih reformatora sadrži pouku za sva buduća stoljeća. Sotonin način djelovanja protiv Boga i Njegove Riječi nije se promijenio; on se i danas, kao u šesnaestom stoljeću, jednako protivi da Sveto pismo bude vodič života. U naše vrijeme postoji veliko odstupanje od biblijskih učenja i propisa, pa je nužan povratak velikom protestantskom *205* načelu – Biblija i samo Biblija kao pravilo vjere i dužnosti. Sotona još uvijek nastoji svim sredstvima koja mu stoje na raspolaganju uništiti vjersku slobodu. Protukršćanska sila, koju su podnositelji prosvjeda u Speyeru odbacili, danas obnovljenom snagom nastoji uspostaviti izgubljenu prevlast. Ista ona nepokolebljiva odanost Božjoj riječi, pokazana u onoj krizi za reformaciju, jedina je nada za reformu danas.

U ono vrijeme pojavili su se znakovi opasnosti za protestante, ali bilo je i znakova da je božanska ruka ispružena da zaštiti vjerne. Nekako je u to vrijeme "Melanchthon žurio ulicama Speyera sa svojim prijateljem Simonom Grynaeusom prema Rajni, požurujući ga da što prije prijeđe rijeku. Ovaj se čudio toj žurbi. 'Jedan starac, ozbiljnog i svečanog izgleda, meni nepoznat', rekao je Melanchthon, 'pojavio se preda mnom i rekao: Za nekoliko trenutaka Ferdinand će poslati agente da uhite Grynaeusa.'"

Tijekom dana Grynaeus se sablaznio o jednu propovijed Fabera, vodećeg papinog teologa. Na kraju je otišao k njemu prosvjedujući protiv toga što brani "određene odvratne zablude". Faber je prikrio svoj gnjev, ali je smjesta otišao kralju i od njega dobio dopuštenje da uhiti nametljivog profesora iz Heidelberga. Melanchthon nije sumnjao da je Bog spasio njegovog prijatelja šaljući jednoga od svojih svetih anđela da ga upozori.

"Stajao je nepomično na obali Rajne i čekao dok riječne vode nisu izbavile Grynaeusa od njegovih progonitelja. 'Napokon', uzviknuo je Melanchthon kad ga je vidio na drugoj obali. 'Napokon je otrgnut iz okrutnih čeljusti onih koji žeđaju za nevinom krvi.' Kad se vratio kući, Melanchthon je doznao da su je stražari u traganju za Grynaeusom pretresli od podruma do tavana."[17]

Reformacija se trebala još više istaknuti pred zemaljskim velikanima. Kralj Ferdinand nije htio saslušati evangeličke knezove; ali im je bila pružena mogućnost da svoju stvar iznesu pred cara i okupljene crkvene i državne dostojanstvenike. Da bi smirio razmirice koje su uznemirivale carstvo, Karlo V. je već sljedeće godine, nakon Prosvjeda u Speyeru, sazvao državni Sabor u Augsburgu s nakanom da mu osobno predsjeda. Na taj su sabor pozvani i protestantski vođe.

Velike su opasnosti prijetile reformaciji, ali njeni su branitelji još uvijek svoju stvar povjeravali Bogu, obvezujući se da će čvrsto ostati uz Evanđelje. Izbornog saskog kneza njegovi su savjetnici nagovarali da ne ide na državni Sabor. Govorili su da car zahtijeva prisutnost knezova kako bi ih uvukao u zamku. "Ne znači li da stavlja sve na kocku ako ode i zatvori se unutar zidina grada s jakim neprijateljem?" Ali su drugi hrabro govorili: "Neka se knezovi samo naoružaju hrabrošću, i Božje djelo je spašeno." "Bog je vjeran, on nas neće napustiti", rekao je Luther.[18] Izborni je knez sa svojom pratnjom krenuo u Augsburg. Svi su znali kakve mu opasnosti prijete i mnogi su krenuli s turobnim licem i uznemirenim srcem. Ali Luther, koji ih je pratio do Coburga, ojačao je njihovu klonulu vjeru pjevajući im himnu koju je napisao na tom putovanju: "Naš tvrdi grad je Gospod Bog." Mnogi mračni predosjećaji su nestali i mnoga su klonula srca oživjela na zvuk tih nadahnutih tonova.

Reformirani knezovi su odlučili državnom Saboru iznijeti sustavno pripremljenu izjavu o svojim stajalištima potkrijepljenu dokazima iz Svetoga pisma. Sastavljanje te izjave bilo je povjereno Lutheru, Melanchthonu i njihovim suradnicima. Takvo pripremljeno Priznanje, ili ispovijest vjere, protestanti su primili kao tumačenje svoje vjere, pa su se okupili da na taj važni dokument stave svoj potpis. Bio je to svečan i značajan trenutak. Reformatorima je bilo stalo da se njihova stvar ne pomiješa s političkim pitanjima; držali su da reformacija ne treba vršiti drugog utjecaja, osim onoga koji proistječe iz Božje riječi. Kad su kršćanski knezovi pristupili da potpišu svoje Priznanje, umiješao se Melanchthon i rekao: "Na teolozima i propovjednicima je da predlažu te stvari, a autoritet zemaljskih moćnika sačuvajmo za drugo." "Bože sačuvaj da me isključite", odvratio je Johann Saski. "Odlučan sam činiti što je pravo, bez straha za svoju krunu. Želim priznati Krista. Moj izborni šešir i hermelin nisu mi toliko dragocjeni koliko križ Isusa Krista." Poslije tih riječi stavio je svoj potpis na dokument. Uzimajući pero, jedan je drugi knez rekao: "Ako to traži čast mojega Gospodina Isusa Krista, gotov sam ... odreći se svojih dobara i svog života. ... Prije bih se odrekao svojih podanika i svojih zemalja, prije bih napustio zemlju svojih otaca sa štapom u ruci", nastavio je, "nego što bih prihvatio drugi nauk od ovoga sadržanog u Priznanju."[19] Takva je bila vjera i odvažnost tih Božjih ljudi.

A onda je došao trenutak da iziđu pred cara. Karlo V., sjedeći na prijestolju, okružen izbornim knezovima i vojvodama, saslušao je protestantske reformatore. Pročitano je Priznanje njihove vjere. Na tom veličanstvenom skupu jasno su iznesene istine Evanđelja i upozorenja o zabludama papinske Crkve. S pravom je taj dan proglašen "najvećim danom reformacije i jednim od najslavnijih u povijesti kršćanstva i čovječanstva".[20]

Prošlo je tek nekoliko godina otkako je redovnik iz Wittenberga sâm stajao u Wormsu pred nacionalnim Saborom. Sada su namjesto njega stajali najuzvišeniji i najmoćniji knezovi carstva. Lutheru je bilo zabranjeno pojaviti se u Augsburgu, ali je on bio prisutan svojim riječima i molitvama. "Ja sam presretan", pisao je, "što sam doživio ovaj čas u kojem je Krist bio javno uzdignut od tako uglednih ispovjeditelja i na tako veličanstvenom skupu."[21] Time se ispunilo ono što Pismo kaže: "Pred kraljevima o tvojim ću propisima govorit." (Psalam 119,46)

Tako je u Pavlovo vrijeme Evanđelje, zbog kojega je bio utamničen, bilo izneseno pred knezove i moćnike carskoga grada. I u toj je prilici ono što je car zabranio da se propovijeda s propovjedaonice bilo objavljeno iz palače; ono što su mnogi smatrali nepodobnim da i sluge čuju, to su s čuđenjem slušali vladari i gospodari carstva. Kraljevi i velikaši su bili slušatelji, okrunjeni knezovi su bili propovjednici, a propovijed je bila kraljevska Božja istina. "Od apostolskih dana", kaže jedan pisac, "nije bilo većeg djela ni veličanstvenijeg priznanja."[22]

207

208

"Sve što su luterani rekli, istina je; mi to ne možemo zanijekati", rekao je jedan papinski biskup. "Možete li zdravim rasuđivanjem opovrgnuti Priznanje izbornog kneza i njegovih saveznika?" upitao je drugi dr. Ecka. "S pomoću spisa apostola i proroka – ne; ali s pomoću spisa otaca i koncila – da!" "Razumijem", odvratio je ispitivač. "Luterani su, prema vama, u Svetom pismu, a mi smo izvan njega."[23] Neki od njemačkih knezova pridobijeni su za reformiranu vjeru. Sam je car izjavio da su protestantski članci čista istina. Priznanje je bilo prevedeno na mnoge jezike i kružilo je čitavom Europom; milijuni su ga u budućim naraštajima prihvatili kao izraz svoje vjere.

Vjerni Božji sluge nisu radili sami. Dok su se poglavarstva, vlasti i zli duhovi koji borave u nebeskim prostorima udružili protiv njih, Gospodin nije zaboravio svoj narod. Da su im se oči mogle otvoriti, vidjeli bi isto tako izrazit dokaz božanske prisutnosti i pomoći kakva je bila darovana drevnom proroku. Kad je Elizejev sluga svome gospodaru pokazao neprijateljsku vojsku koja ih je opkolila i onemogućila svaku priliku za bijeg, prorok se pomolio: "Jahve, otvori mu oči da vidi." (2. Kraljevima 6,17) I gle, gora sva prekrivena ognjenim konjima i kolima, nebeska vojska postavljena da zaštiti Božjeg čovjeka. Tako su anđeli čuvali suradnike u djelu reformacije.

209   Jedno od načela kojega se Luther držao svom snagom bilo je da se u podržavanju reformacije ne smije pribjeći svjetovnoj sili niti tražiti oružje za njegovu obranu. Radovao se što su knezovi carstva priznali Evanđelje, ali kad su predložili da sklope obrambeni savez, on je izjavio "da evanđeoski nauk treba braniti Bog sâm... Što se čovjek bude manje uplitao u djelo, to će očitije biti Božje posredovanje u prilog njemu. Sve predložene političke mjere opreznosti pripisivao je nedostojnom strahu i grešnom nepovjerenju."[24]

Kad su se moćni neprijatelji ujedinili da obore reformiranu vjeru i kad se činilo da je protiv nje potegnuto tisuće mačeva, Luther je pisao: "Sotona pokazuje svoj bijes; bezbožni pontifeksi kuju zavjeru i nama prijeti rat. Poučite narod da se vjerom i molitvom junački bori pred Gospodnjim prijestoljem, tako da bi naši neprijatelji, pobijeđeni Božjim Duhom, bili primorani na mir. Naša glavna potreba, naš prvi posao je molitva; neka narod zna da je sada izložen oštrici mača i Sotoninom gnjevu i neka se moli."[25]

Kasnije je, misleći na savez o kojem su razmišljali reformirani knezovi, Luther izjavio da jedino oružje upotrijebljeno u tom ratu treba biti "mač Duha". Izbornom saskom knezu pisao je: "Mi po svojoj savjesti ne možemo odobriti predloženi savez. Radije ćemo deset puta umrijeti negoli vidjeti da je naše djelo Evanđelja prouzročilo prolijevanje i jedne kapi krvi. Naša je dužnost da budemo slični janjadi određenoj za klanje. Moramo ponijeti Kristov križ. Neka Vaše Visočanstvo bude bez straha. Mi ćemo učiniti više svojim molitvama nego svi naši neprijatelji svojim hvalisanjem. Ne dopustite da Vaše ruke budu uprljane krvlju Vaše braće. Ako car zahtijeva da budemo predani njegovim sudovima, mi smo spremni izići. Vi ne možete braniti našu vjeru; svatko treba vjerovati računajući s vlastitim rizikom i opasnošću."[26]

Iz skrovitog mjesta molitve došla je sila koja je uzdrmala svijet velikom reformacijom. Tamo su, sa svetim spokojem, Gospodnji sluge postavili svoje noge na stijenu Njegovih obećanja. Za borbe u Augsburgu, Luther "nije propustio dan a da ne provede najmanje tri sata u molitvi, a to su bili sati što ih je uzeo od onih najpogodnijih za proučavanje". U skrovitosti svoje sobe čulo ga se kako izlijeva dušu pred Bogom riječima "punim obožavanja, straha i nade, kao kad tko razgovara sa svojim prijateljem". "Znam da si Ti naš Otac i naš Bog", rekao je, "i da ćeš Ti raspršiti progonitelje Tvoje djece, jer Ti si zajedno s nama u opasnosti. Cijela ta stvar je Tvoja i mi smo na nju stavili ruke samo zato što si nas Ti prisilio. Obrani nas onda, o Oče!"[27]

Melanchthonu, koji je bio shrvan pod teretom tjeskobe i straha, napisao je: "Milost i mir u Kristu! – u Kristu, velim, a ne u svijetu. Amen. Mrzim strašnom mržnjom te velike brige koje te izjedaju. Ako je stvar nepravedna, napustimo je; a ako je pravedna, zašto bismo iznevjerili obećanja Onoga koji nam zapovijeda da spavamo bez straha? ... Krist neće ostaviti na cjedilu djelo pravde i istine. On živi, On vlada; čega da se onda bojimo?"[28]

Bog je čuo povike svojih slugu. Dao je knezovima i propovjednicima milost i hrabrost da održe istinu protiv vrhovnikâ ovoga mračnog svijeta. Gospodin je rekao: "Evo, na Sionu postavljam ugaoni kamen, izabran, dragocjen; tko vjeruje u nj, sigurno neće biti postiđen." (1. Petrova 2,6) Protestantski reformatori su gradili na Kristu i vrata paklena nisu ih mogla nadvladati.

210

12

Reformacija u Francuskoj

211 Prosvjedu u Speyeru i Priznanju u Augsburgu, koji su označili pobjedu reformacije u Njemačkoj, slijedile su godine sukoba i mraka. Oslabljen podjelama među svojim pristašama i napadan od moćnih neprijatelja, protestantizam kao da je bio osuđen na potpuno uništenje. Tisuće su krvlju zapečatile svoje svjedočanstvo. Izbio je građanski rat, protestantsku je stvar izdao jedan od njezinih vodećih pristaša, i najplemenitiji od reformiranih knezova pali su caru u ruke, pa su ih vukli od grada do grada kao sužnje. Ali u trenutku prividnog trijumfa, car je doživio poraz. Vidio je kako mu plijen izmiče iz ruku, i na kraju je bio primoran jamčiti toleranciju učenju čije je uništenje smatrao životnom zadaćom. Stavio je na kocku svoje carstvo, blago pa i sâm život da bi iskorijenio krivovjerje. Sada je vidio da mu je vojska propala u ratovanju, da su mu riznice iscrpljene, njegova mnoga kraljevstva ugrožena od buna, dok se vjera koju je uzalud nastojao ugušiti širila. Karlo V. je ratovao protiv svemoguće sile. Bog je rekao: "Neka bude svjetlost", ali je car nastojao zadržati tamu netaknutom. Njegove se nakane nisu ostvarile; prerano je ostario i, iscrpljen dugom borbom, odrekao se prijestolja i povukao u samostan.

U Švicarskoj, kao i u Njemačkoj, za reformaciju su nastu-
212 pili teški dani. Dok su mnogi kantoni prihvatili reformiranu vjeru, drugi su se slijepom upornošću držali Rima. Progonstvo onih koji su željeli prihvatiti istinu na kraju je izazvalo građanski rat. Zwingli i mnogi koji su se s njim ujedinili u reformi pali su na krvavom polju kod Cappela. Oecolampad, pogođen tim strašnim nesrećama, umro je ubrzo nakon toga. Rim je trijumfi-

rao i u mnogim mjestima činilo se da će povratiti sve što je izgubio. Ali Onaj čiji su savjeti od vječnih vremena nije zaboravio svoje djelo niti svoj narod; Njegova će ga ruka izbaviti. On je u drugim zemljama podigao ljude koji će nastaviti reformu.

U Francuskoj je zora tog dana počela svitati prije nego što se čulo za Luthera kao reformatora. Jedan od prvih koji je usvojio ovu svjetlost bio je ostarjeli Lefèvre, vrlo učen čovjek, profesor na Sveučilištu u Parizu, iskren i revan katolik. Tijekom svojih istraživanja stare književnosti, njegova je pozornost usmjerena na Bibliju pa je njezino proučavanje uveo među svoje studente.

Lefèvre je bio oduševljeni obožavatelj svetaca te je odlučio pripremiti povijest svetaca i mučenika kako se nalaze u crkvenim legendama. Taj je posao zahtijevao mnogo truda, ali je već znatno uznapredovao kad je s tim ciljem počeo proučavati Bibliju, misleći da bi mu ona mogla pružiti korisnu pomoć. U njoj je doista našao svece, ali ne takve kakvi su bili u rimskom kalendaru. Obilje božanske svjetlosti obasjalo je njegov um. S čuđenjem i zgražanjem napustio je zadaću koju je sebi postavio i posvetio se Božjoj riječi. Ubrzo je počeo naučavati dragocjene istine što ih je u njoj otkrio.

Godine 1512., prije nego što su Luther i Zwingli započeli djelo reforme, Lefèvre je pisao: "Bog nam vjerom daje pravednost koja, zahvaljujući milosti, jedina opravdava za vječni život."[1] Razmišljajući o tajni spasenja, uskliknuo je: "Oh, neiskazane li veličine ove Zamjene – Bezgrešni je osuđen, a krivac slobodan; Blagoslovljeni nosi prokletstvo, a prokleti prima blagoslov; Život umire, a mrtvi živi; Slava je ovijena mrakom, a onaj koji ne zna za drugo do li za zbunjeno lice, odjeven je slavom."[2]

Dok je naučavao da slava spasenja pripada samo Bogu, govorio je i da je dužnost čovjeka biti poslušan. "Ako si pripadnik Kristove crkve," rekao je, "onda si ud Njegova tijela, a ako pripadaš Njegovom tijelu, onda si ispunjen božanskom naravi... Oh, kad bi ljudi mogli razumjeti ovu prednost, kako bi živjeli čisto, ćudoredno i sveto, i kako bi s prijezirom gledali svu slavu ovoga svijeta u usporedbi sa slavom u njima samima, slavom koju tjelesno oko ne može vidjeti!"[3]

Među Lefèvreovim studentima neki su pozorno slušali njegove riječi, pa su dugo nakon što je utihnuo glas njihovog učitelja nastavili navješćivati istinu. Jedan od njih bio je Gillaume Farel.

Sin pobožnih roditelja i odgojen da slijepo vjeruje u učenje Crkve, mogao je kao i apostol Pavao za sebe reći: "Kao farizej živio [sam] po najstrožoj sljedbi naše vjere." (Djela 26,5) Kao revan katolik, gorio je od želje da uništi sve koji bi se usudili usprotiviti Crkvi. "Znao bih škripati zubima kao bijesni vuk, kad bih čuo da tko govori protiv pape", rekao je kasnije, govoreći o tom razdoblju svojega života."[4] Bio je neumoran u obožavanju svetaca; zajedno s Lefèvreom obilazio bi pariške crkve, klečao pred oltarima i svetišta ukrašavao darovima. Ali sve to nije donosilo mir duši. Mučilo ga je osvjedočenje o grijehu koje nije mogao odagnati, unatoč svim pokorama što ih je činio. Što se glasa s Neba tiče, slušao je reformatorove riječi: "Spasenje biva milošću. ... Nevini je osuđen, a zločinac opravdan. ... Samo Kristov križ otvara nebeska vrata i zatvara vrata pakla."[5]

Farel je radosno prihvatio istinu. Obraćenjem sličnim Pavlovu okrenuo se od robovanja predaji u slobodu Božjih sinova. "Namjesto ubojitog srca krvožednog vuka", vratio se, rekao je, "tiho kao krotko i nevino janje nakon što se srcem posvema odvojio od pape i predao ga Isusu Kristu."[6]

Dok je Lefèvre nastavio širiti svjetlost među svojim studentima, Farel, koji je sada isto tako revnovao za Kristovu stvar kao nekada za papinu, krenuo je javno objaviti istinu. Ubrzo im se pridružio jedan crkveni uglednik, biskup iz Meauxa. I drugi su im se učitelji, koji su uživali visoki ugled zbog svojih sposobnosti i učenosti priključili u navješćivanju Evanđelja i zadobivali sljedbenike u svim staležima, od domova obrtnika i seljaka, do kraljeve palače. Sestra Françoisa I., vladajućeg kralja, prihvatila je reformiranu vjeru. Sâm kralj i kraljica majka činilo se da su joj neko vrijeme bili naklonjeni, i reformatori su s velikim nadama očekivali vrijeme u koje će Francuska biti pridobijena za Evanđelje.

Ali njihove se nade nisu ostvarile. Kristove učenike čekale su kušnje i progonstvo. To je, međutim, bilo milostivo skriveno od njihovih očiju. Nastupilo je jedno vrijeme mira kako bi mogli prikupiti snage za susret s olujom, i reformacija je naglo napredovala. Biskup iz Meauxa je u svojoj biskupiji revno poučavao kler i narod. Neuke i nemoralne svećenike uklonio je iz službe i, koliko je to bilo moguće, zamijenio ih obrazovanim i pobožnim ljudima. Biskup je silno želio da njegov narod sâm ima pristup Božjoj riječi, i to se uskoro ostvarilo. Lefèvre je počeo prevoditi Novi zavjet, i nekako u isto vrijeme kada je Lutherova njemačka Biblija izlazila iz tiska u Wittenbergu, izdan je francuski Novi zavjet u Meauxu. Biskup nije štedio ni truda ni sredstava da ga raširi po svojim župama, i uskoro su seljaci iz Meauxa imali u rukama Sveto pismo. *215*

Kao što putnici koji umiru od žeđi radosno pozdravljaju izvor žive vode, tako su ti ljui primili poruku s Neba. Poljodjelci na njivama i obrtnici u radionicama zaslađivali su svoj svakodnevni posao razgovorima o dragocjenim biblijskim istinama. Namjesto da uvečer svraćaju u krčme, okupljali su se u domovima da čitaju Božju riječ i udruženi mole i slave Boga. Ubrzo je u tim mjestima nastupila velika promjena. Premda su pripadali najnižem sloju, u životu tih neobrazovanih i teškim radom opterećenih seljaka vidjela se sila božanske milosti koja uzdiže i preobražava. Skromni, ljubazni i sveti, stajali su kao svjedoci onoga što će Evanđelje učiniti za one koji ga iskreno prihvate.

Svjetlost zapaljena u Meauxu pružala je svoje zrake nadaleko. Broj obraćenika svakoga se dana povećavao. Kralj, koji je prezirao uskogrudnu vjersku zaslijepljenost redovnika, neko je vrijeme obuzdavao gnjev hijerarhije, ali su papinske vođe na kraju nadvladale. Podignuta je lomača. Biskup iz Meauxa, prisiljen da bira između ognja i odricanja, izabrao je lakši put; ali bez obzira na pad vođe, njegovo je stado ostalo nepokolebljivo. Mnogi su lomačom posvjedočili za istinu. Svojom hrabrošću i vjernošću na lomači, ti krotki Kristovi učenici govorili su tisućama koje u vrijeme mira nisu nikada čule za njihovo svjedočanstvo.

Nisu se samo siromašni i ponizni usuđivali posvjedočiti za Krista usred patnji i prijezira. U plemićkim dvoranama zamaka i palača bilo je kraljevskih duša koje su istinu cijenile više od bogatstva ili položaja, ili čak od života. Viteška bojna oprema skrivala je plemenitiji i nepokolebljiviji duh nego biskupova haljina i mitra. Louis de Berquin potjecao je iz plemićke obitelji. Bio je hrabar dvorski vitez, odan učenju, uglađena ponašanja i neokaljana morala. "On je", kaže jedan pisac, "bio veliki sljedbenik papinskih uredaba i revni slušatelj misa i propovijedi ... a sve je druge vrline okrunio dubokim prijezirom spram luteranstva." Ali, kao i mnogi drugi, providnošću doveden Bibliji, *216* bio je začuđen kad je u njoj našao "ne učenje Rima, već učenje Luthera".[7] Od tog se trenutka posvema posvetio djelu Evanđelja.

"Najučeniji francuski plemić", njegova genijalnost i rječitost, njegova nepokolebljiva hrabrost i junačka revnost te njegov utjecaj na dvoru – jer je bio kraljev štićenik – učinili su da su ga mnogi smatrali budućim reformatorom svoje zemlje. Beza je rekao: "Berquin bi bio drugi Luther da je u Françoisu I. našao drugog izbornog kneza." "On je gori od Luthera", vikali su papisti.[8] Pristaše Rima u Francuskoj više su ga se bojale nego Luthera. Bacili su ga u tamnicu kao krivovjerca, ali ga je kralj oslobodio. Borba je trajala godinama. François I., kolebajući se između Rima i reformacije, naizmjence je tolerirao i obuzdavao vatrenu revnost redovnika. Berquina su papinske vlasti triput zatvarale, da bi ga kralj svaki put oslobodio, jer ga je, zadivljen njegovom genijalnošću i plemenitim karakterom, odbio žrtvovati pakosti hijerarhije.

Berquina su često upozoravali na opasnost koja mu je prijetila u Francuskoj i savjetovali da slijedi primjer onih koji su našli sigurnost u dobrovoljnom izgnanstvu. Strašljivi i nestalni Erazmo, kojemu je unatoč svoj silnoj učenosti nedostajala moralna veličina koja život i čast pokorava istini, pisao je Berquinu: "Traži da te pošalju kao veleposlanika u neku stranu zemlju; idi i putuj po Njemačkoj. Ti poznaješ Bezu i njemu slične – on je tisućglava neman koja štrca otrovom na sve strane. Tvojih neprijatelja ima legija. Kad bi tvoja stvar bila bolja čak i od Isusove, oni te ne bi pustili dok te ne bi bijedno uništili. Ne uzdaj se previše u kraljevu zaštitu. U svakom slučaju, ne izlaži me sukobu s teolozima."[9]

217   Ali što su se opasnosti više gomilale, to je Berquin bio revniji. Ne prihvaćajući Erazmov politikantski i sebični savjet, odlučio je primijeniti još smjelije mjere. Ne samo što će stati u obranu istine, već će napasti zablude. Optužbu za krivovjerje, koju su mu papini pristaše nastojali pridjenuti, on će okrenuti protiv njih. Njegovi najaktivniji i najogorčeniji protivnici bili su teolozi i redovnici Teološkog fakulteta Sveučilišta u Parizu, jednog od najviših crkvenih autoriteta u gradu i u državi. Berquin je iz spisa tih teologa izvadio dvanaest tvrdnji koje je javno proglasio "protivnima Bibliji i heretičkima". Obratio se kralju s molbom da presudi u polemici.

Kralj, koji se nije protivio tome da vođe suprotstavljenih stranaka pokažu svoju snagu i oštrinu rasuđivanja, i sretan zbog prilike da ponizi te bahate redovnike, naredio je pristašama Rima da svoju stvar brane Biblijom. Ali oni su dobro znali da će im to oružje malo značiti; utamničenje, mučenje i lomača bili su oružje kojim su bolje rukovali. Sada se stanje promijenilo pa su već sebe vidjeli na rubu jame u koju su se nadali strovaliti Berquina. Iznenađeni, potražili su neki izlaz iz te nezgode.

"Upravo u to vrijeme na uglu jedne od ulica osakaćen je kip Djevice Marije." U gradu je zavladalo veliko uzbuđenje. Mnoštvo se sjatilo na to mjesto, dajući oduška žalosti i negodovanju. I na kralja je to ostavilo snažan dojam. Bila je to prilika koju su redovnici mogli iskoristiti i oni je nisu propustili. "Ovo su plodovi Berquinova učenja", vikali su. "Ova luteranska zavjera prijeti uništenju svega: vjere, zakona i samog prijestolja."[10]

Ponovno su uhitili Berquina. Kralj se povukao iz Pariza, pa su redovnici mogli neometano provesti svoju volju. Reformator je suđen i osuđen na smrt, ali da se François ne bi čak i sad umiješao da ga spasi, presuda je izvršena istoga dana kad je izrečena. U podne je Berquin izveden na gubilište. Golemo mnoštvo okupilo se da bude svjedokom tog događaja, i mnogi su s čuđenjem i nezadovoljstvom vidjeli da je žrtva izabrana između najboljih i najhrabrijih plemićkih obitelji Francuske. Zapanjenost, negodovanje, prijezir i ogorčena mržnja zamračili su lica u tom nemirnom mnoštvu, ali na jednom licu nije bilo sjene. Mučenikove misli bile su daleko od tog bučnog prizora; on je bio svjestan samo prisutnosti svojega Gospodina.

Nije obraćao pozornost na bijedne taljige na kojima se nalazio, na namrgođena lica svojih progonitelja, na strašnu smrt u koju je išao. "Onaj koji živi" a bio je mrtav i, evo, živi u vijeke vjekova i ima ključeve smrti i podzemlja, bio je pored njega. Berquinovo je lice zračilo nebeskom svjetlošću i mirom. Obukao je svoju najljepšu odjeću, "baršunasti ogrtač, prsluk od atlasa i damasta i hlače od zlatne tkanine".[11] Bio je gotov svoju vjeru posvjedočiti u prisutnosti Kralja nad kraljevima i pred očima cijeloga svemira, pa nijedan znak žalosti nije smio pomutiti njegovu radost.

Dok je povorka polagano prolazila prepunim ulicama, ljudi su s čuđenjem primijetili nepomućeni mir, radosni trijumf

218

njegova pogleda i držanja. "On izgleda", govorili su, "kao onaj koji sjedi u Hramu i razmišlja o svetim stvarima."[12]

Vezan za lomaču, Berquin je pokušao uputiti nekoliko riječi narodu, ali su redovnici, bojeći se posljedica, počeli vikati, a vojnici tako zveckati oružjem da je buka zagušila glas mučenika. Tako je 1529. godine najviša književna i crkvena vlast kulturnog Pariza "dala stanovništvu 1793. godine odvratan primjer gušenja svetih riječi umirućeg na lomači".[13]

Berquina su zadavili, a njegovo tijelo spalili. Vijest o njegovoj smrti ožalostila je prijatelje reformacije po cijeloj Francuskoj. Ali njegov primjer nije bio uzaludan. "I mi smo gotovi", govorili su svjedoci istine, "radosno poći u smrt, upirući pogled na život koji će doći."[14]

Tijekom progonstva u Meauxu učiteljima reformirane vjere bilo je uskraćeno pravo da propovijedaju, pa su otišli u druge krajeve. Lefèvre je nakon nekog vremena otišao u Njemačku. Farel se vratio u svoje zavičajno mjesto u istočnoj Francuskoj da proširi svjetlost u domu svojega djetinjstva. Već su se pronijele vijesti što se zbivalo u Meauxu i istina koju je naučavao neustrašivom revnošću našla je slušatelje. Ali ubrzo su gradske vlasti potaknute da ga ušutkaju i Farel je prognan iz grada. Premda više nije mogao raditi javno, on je prolazio dolinama i selima, naučavao u privatnim nastambama i na skrovitim livadama, nalazeći zaklon u šumama i među stjenovitim špiljama koje su mu bile dobro poznate iz mladosti. Bog ga je pripremao za veće kušnje. "Nije nedostajalo križeva, progonstava i Sotoninih spletki, na koje su me unaprijed upozorili", rekao je. "One su čak mnogo teže nego što bi ih mogao podnijeti, ali Bog je moj Otac; On mi je dao i uvijek će dati potrebnu snagu."[15]

Kao i u dane apostolâ, progonstvo je "veoma mnogo pripomoglo širenju Radosne vijesti". (Filipljanima 1,12) Protjerani iz Pariza i Meauxa, "raspršeni, prolazili su iz jednog kraja u drugi propovijedajući Evanđelje Riječi". (Djela 8,4) Tako je svjetlost našla put u mnoge udaljene francuske pokrajine.

Bog je još pripremao djelatnike da prošire Njegovo djelo. U jednoj pariškoj školi nalazio se jedan pažljiv, miran mladić, koji je već pokazivao snažan i pronicljiv duh, a isticao se neokaljanošću svojeg života, velikim žarom za stjecanjem znanja i pobožnošću. Njegova darovitost i marljivost učinili su ga ponosom škole i svi su bili sigurni da će Jean Calvin postati jedan od

najsposobnijih i najpoštovanijih branitelja Crkve. Ali je zraka 220
božanske svjetlosti prodrla čak kroz zidove skolastike i prazno-
vjerja u koje je Calvin bio zatvoren. On se zgrozio kad je čuo
za novo učenje, ne sumnjajući ni najmanje da heretici zaslu-
žuju oganj na koji ih osuđuju. Ne znajući ni sâm kako, najed-
nom se sučelio s "krivovjerjem" i bio primoran ispitati snagu
papinske teologije da bi se borio protiv protestantskog nau-
ka.

Jedan Calvinov nećak koji se pridružio reformatorima ži-
vio je u Parizu. Dva su se rođaka često sastajala i raspravljala
o pitanjima koja su uznemiravala kršćanstvo. "Na svijetu po-
stoje samo dvije vrste religija", rekao je protestant Olivetan.
"Jednu vrstu izmislili su ljudi, i u njima se čovjek spašava obre-
dima i dobrim djelima. Druga je ona religija koja je objavljena
u Bibliji i koja naučava da čovjek može dobiti spasenje isklju-
čivo kao dar Božje milosti."

"Neću ni čuti za ta tvoja nova učenja!", uzviknuo je Cal-
vin, "Misliš li da sam cijelog života živio u zabludi?"[16]

Međutim, u njegovoj duši probudile su se misli koje nije
mogao odagnati. U samoći svoje sobe razmišljao je o nećakovim
riječima. Odjednom je postao svjestan svoje grešnosti; vidio je
sebe, bez posrednika, pred svetim i pravednim Sucem. Posre-
dovanje svetaca, dobra djela, crkveni obredi — sve to nije moglo
otkupiti grijeh. Pred sobom nije vidio ništa do mraka vječnog
očaja. Uzalud su ga teolozi Crkve pokušavali rasteretiti jada. Uza-
lud je pribjegao ispovijedanju i pokori; oni nisu mogli pomi-
riti dušu s Bogom.

Dok je još proživljavao te besplodne borbe, Calvin je jednoga
dana slučajno došao na trg gdje je vidio kako spaljuju nekog
heretika. Zadivio ga je izraz mira koji je počivao na licu mu-
čenika. Usred muka te strašne smrti i pod još strašnijom osu-
dom Crkve, mučenik je pokazao vjeru i hrabrost koju je mladi 221
student bolno usporedio sa svojim očajem i mrakom, premda
je do u najmanju pojedinost slušao Crkvu. Znao je da krivovjerci
zasnivaju svoju vjeru na Bibliji. Odlučio je proučiti i otkriti,
ako je moguće, tajnu njihove radosti.

U Bibliji je Calvin našao Krista. "O, Oče," plakao je, "Nje-
gova žrtva utišala je Tvoj gnjev; Njegova je krv oprala moju
prljavštinu; Njegov je križ ponio moje prokletstvo, a Njegova
je smrt bila dostatna za mene. Mi smo izmislili mnogo nepo-

trebnih gluposti, a Ti si preda me stavio svoju Riječ kao baklju. Dirnuo si moje srce da bih držao mrskim sve druge zasluge osim Isusovih."[17]

Calvin se školovao za svećenički poziv. Već je s dvanaest godina bio imenovan kapelanom jedne male crkve i sukladno crkvenim propisima, biskup ga je ošišao. Nije bio posvećen niti je vršio svećeničke dužnosti, ali je postao dijelom klera, nosio je titulu i primao uzdržavanje.

Sada, osjećajući da nikada ne može postati svećenikom, posvetio se neko vrijeme studiranju prava, ali je na kraju i to napustio i odlučio svoj život posvetiti Evanđelju. No oklijevao je postati učiteljem. Po naravi je bio povučen i osjećao je teret velike odgovornosti tog položaja, a još se uvijek želio posvetiti studiranju. Međutim, ozbiljni pozivi njegovih prijatelja na kraju su ipak prevagnuli. "Čudesno je", rekao je, "da se nekome tako skromnog podrijetla ukaže tako visoka čast."[18]

Calvin je mirno otpočeo rad i njegove su riječi bile kao rosa koja pada da osvježi zemlju. Napustio je Pariz i sada se nalazio u jednom provincijskom gradu pod zaštitom kraljevne Margarete, koja je iz ljubavi prema Evanđelju pružala zaštitu njegovim učenicima. Calvin je još bio mladić, blaga i nenametljiva držanja. Počeo je raditi s ljudima u njihovim domovima. Okružen članovima obitelji čitao bi Bibliju i otkrivao istinu spasenja. Oni koji su čuli vijest spasenja ponijeli su je drugima i ubrzo je učitelj izišao iz grada u obližnja mjesta i zaseoke. Calvin je našao pristup u zamke i u kolibe; hrabro je napredovao, polažući temelj crkvama iz kojih će izići neustrašivi svjedoci za istinu.

Prošlo je nekoliko mjeseci i on se opet našao u Parizu. U redovima učenih i obrazovanih ljudi zavladala je neuobičajena uznemirenost. Proučavanje starih jezika privelo je ljude Bibliji, i mnogi čija srca još nisu bila dirnuta njezinim istinama revno su raspravljali o njima i čak sami ulazili u borbu s braniteljima papinstva. Iako sposoban borac na području teoloških rasprava, Calvin je trebao izvršiti uzvišeniju zadaću od zadaće tih bučnih učenih ljudi. Umovi ljudi su bili probuđeni i došlo je vrijeme da im se otkrije istina. Dok su sveučilišne dvorane odjekivale galamom teoloških rasprava, Calvin je išao od kuće do kuće, otvarao Bibliju narodu i govorio im o Kristu, i to raspetome.

Prema Božjoj providnosti, Parizu je trebalo uputiti još jedan poziv da prihvati Evanđelje. Odbacio je Lefèvreov i Farelov poziv, ali ponovno su svi društveni slojevi u tom velikom gradu trebali čuti vijest. Kralj iz političkih razloga još nije posve stao na stranu Rima protiv reformacije. Margareta se još uvijek nadala da će protestantizam pobijediti u Francuskoj. Odlučila je da se reformirana vjera propovijeda u Parizu. Za kraljeve odsutnosti naredila je jednom protestantskom propovjedniku da propovijeda u gradskim crkvama. Kad su to papini dostojanstvenici zabranili, kraljevna je otvorila dvor. Jedna je prostorija uređena kao kapela pa je bilo objavljeno da će se svaki dan u određeno vrijeme održavati propovijed na koju su pozvani ljudi svih položaja i staleža. Mnoštvo je hrlilo na propovijed. Ne samo *223* kapela, već su i predsoblje i susjedne prostorije bile prepune ljudi. Tisuće ih se okupljalo svaki dan – plemići, državnici, odvjetnici, trgovci i obrtnici. Namjesto da zabrani te skupove, kralj je naredio da se otvore dvije pariške crkve. Nikada ranije grad nije bio tako pokrenut Božjom riječju. Činilo se da je Duh života s Neba sišao na narod. Umjerenost, čistoća, red i marljivost zamijenili su pijanstvo, razvrat, sukobe i lijenost.

Ali hijerahija nije sjedila skrštenih ruku. Kralj je još uvijek odbijao zabraniti propovijedanje, pa su se stoga okrenuli pučanstvu. Nisu štedjeli sredstva da izazovu strah, predrasude i fanatizam neukog i praznovjernog mnoštva. Slijepo se pokoravajući svojim lažnim učiteljima, Pariz – kao nekada drevni Jeruzalem – nije poznao "čas svoga pohođenja" niti ono što je služilo njegovom miru. Dvije godine se u prijestolnici propovijedala Božja riječ, i dok su mnogi prihvatili Evanđelje, većina ga je odbacila. François je iz osobnih političkih razloga pokazao određenu toleranciju, ali su papisti uspjeli vratiti prevlast. Crkve su ponovno zatvorene, a lomače podignute.

Calvin je još uvijek bio u Parizu, pripremajući se proučavanjem, razmišljanjem i molitvom za svoj budući rad i nastavljajući širiti svjetlost. Napokon je ipak osumnjičen. Vlasti su ga odlučile spaliti. Smatrajući se sigurnim u svojem skloništu, nije ni pomišljao na opasnost, kada su prijatelji dojurili u njegovu sobu s viješću da su straže na putu da ga uhite. U tom se trenutku začulo lupanje na vanjskim vratima. Više nije smio oklijevati. Neki od njegovih prijatelja zadržali su stražare na vratima, dok su drugi pomogli reformatoru da se spusti kroz prozor i brzo uputi u predgrađe. Našao je utočište u kolibi jednog radnika koji je bio prijatelj reforme, i tu se preobukao u odjeću svojeg **224** domaćina i s motikom na ramenu pošao na put. Putujući na jug ponovno se sklonio u područje koje je pripadalo Margareti.[19] Tu je ostao nekoliko mjeseci pod sigurnom zaštitom moćnih prijatelja, baveći se kao ranije proučavanjem. Ali je njegovo srce bilo usmjereno na širenje Evanđelja u Francuskoj, i stoga nije mogao dugo ostati neaktivnim. Čim se oluja malo stišala, potražio je novo polje djelovanja, i to u Poitiersu, gdje je bilo sveučilište i gdje je novo mišljenje naišlo na dobar prijam. Ljudi svih staleža rado su slušali Evanđelje. Nije bilo javnog propovijedanja, već je Calvin u domu gradonačelnika, u svojem stanu, a ponekad i u nekom javnom parku otvarao riječi vječnog života onima koji su ih željeli čuti. Nakon nekog vremena, kada se povećao broj slušatelja, smatralo se da je sigurnije sastajati se izvan grada. Za mjesto sastajanja izabrana je jedna špilja u dubokom i uskom gorskom klancu, koju su drveće i nadvijene stijene učinile još skrovitijom. Male skupine, napuštajući grad različitim smjerovima, dolazile bi na to mjesto. Na tom skrivenom mjestu glasno su čitali i objašnjavali Bibliju. Tu su francuski protestanti prvi put slavili Gospodnju večeru. Iz te male crkve kasnije su poslani mnogi vjerni evanđelisti.

Calvin se još jednom vratio u Pariz. Još ni sada se nije prestao nadati da će Francuska kao nacija prihvatiti reformaciju. Međutim, gotovo je svuda nailazio na zatvorena vrata. Naučavati Evanđelje značilo je krenuti putom koji vodi ravno na lomaču, i na kraju je odlučio otići u Njemačku. Tek što je napustio Francusku, u njoj je ponovno izbila oluja progonstva. Da je ostao, sigurno bi ga zadesilo opće uništenje.

Francuski reformatori, u želji da vide kako njihova zemlja ide ukorak s Njemačkom i Švicarskom, odlučili su praznovjericama Rima zadati odlučan udarac koji će potresti cijelu naciju. U tu svrhu izlijepili su jedne noći po cijeloj Francuskoj **225** plakate u kojima je napadana misa. Namjesto da unaprijedi reformu, taj revnosni ali loše proračunati postupak donio je propast ne samo onima koji su ga učinili nego i prijateljima reformirane vjere u cijeloj Francuskoj. On je pristašama Rima pružio ono što su tako dugo priželjkivali — izgovor da zatraže potpuno uništenje heretika kao agitatora opasnih za sigurnost prijestolja i mira nacije.

Jedna nepoznata ruka – ostalo je nepoznato je li nepromišljenog prijatelja ili lukavog neprijatelja – prilijepila je jedan plakat na vrata kraljeve privatne odaje. Kralj je bio užasnut. U tom su plakatu bespoštedno napadnuta praznovjerja koja su stoljećima štovana. Besprimjerna smjelost nametanja tih jasnih i zapanjujućih tvrdnji kraljevskoj sredini izazvala je kraljevu srdžbu. Neko je vrijeme stajao dršćući i bez riječi od iznenađenja. A onda je njegov bijes provalio u strašnim riječima: "Uhitite bez razlike sve za koje se sumnja da su luterani. Sve ću ih istrijebiti!"[20] Kocka je bačena. Kralj je odlučio posve stati na stranu Rima.

Smjesta su poduzete mjere da se u Parizu uhite svi luterani. Jedan jadni obrtnik, pristaša reformacije, koji je običavao pozivati vjernike na njihove tajne skupove, bio je uhićen i uz prijetnju trenutačne smrti na lomači naređeno mu je da papinog poslanika vodi do kuće svakog protestanta u gradu. U prvi je mah užasnuto ustuknuo na takav podli prijedlog, ali je na kraju prevladao strah od plamena pa je pristao postati izdajnikom svoje braće. S hostijom na čelu povorke, kraljevski detektiv Morin, s izdajnikom i okružen pratnjom svećenika, nositeljima kadionica, redovnicima i vojnicima, polako i tiho prolazio je gradskim ulicama. Demonstracija se naoko vršila u čast "svetog sakramenta", kao čin kajanja za uvredu koju su protestanti nanijeli misi. Ali iza tog ceremonijala skrivala se smrtonosna nakana. Kad bi došao do kuće nekog protestanta, izdajnik bi dao znak ne izgovorivši ni riječi. Procesija bi se zaustavila, ljudi bi ušli u kuću, izvlačili i okivali obitelj, a onda bi grozno društvo krenulo dalje tražeći nove žrtve. "Nisu poštedjeli nijednu kuću, ni veliku ni malu, pa ni Sveučilišta u Parizu. ... Pred Morinom je drhtao čitav grad. ... Bila je to vladavina terora."[21]

Žrtve su umirale u najstrašnijim mukama, jer je posebno naređeno da vatra bude što slabija kako bi im se produljile muke. Ali oni su umirali kao pobjednici. Ostali su nepokolebljivi, a njihov mir nepomućen. Progonitelji su se, nemoćni da pokolebaju njihovu nesavitljivu čvrstinu, osjećali sami i pobijeđeni. "Lomače su bile razasute po svim dijelovima Pariza, a spaljivanje žrtava vršilo se danima, s ciljem da se produžavanjem smaknuća poveća strah od krivovjerja. Međutim, prednost je na kraju dobilo Evanđelje. Cijeli Pariz je mogao vidjeti kakvu su vrstu ljudi mogla stvoriti nova mišljenja. Nije bilo rječitije propovje-

226

daonice od lomače. Smirena radost koja je osvjetljavala lica ljudi koji su prolazili ... do gubilišta, njihovo junaštvo dok su stajali usred strašnog plamena, njihovo krotko praštanje nepravde, pretvarali su u ne malo slučajeva gnjev u samilost i mržnju u ljubav, i neodoljivom rječitošću molili u korist Evanđelja.”[22]

U svojem nastojanju da što dulje održe bijes naroda, svećenici su protiv protestanata širili najstrašnije optužbe. Bili su optuživani da spremaju pokolj katolika, rušenje vlasti i umorstvo kralja. Ali te svoje tvrdnje nisu mogli ničim dokazati. Ali ta proročanstva o budućoj nesreći trebala su se ispuniti u sasvim drugim okolnostima i iz drukčijih razloga. Strahote koje su katolici izvršili nad nedužnim protestantima vapile su za osvetom, i u sljedećim su stoljećima donijele upravo ono zlo koje je, prema tvrdnjama, prijetilo kralju, njegovoj vlasti i njegovim podanicima; ali su mu uzročnici bili nevjernici i sami papisti. Ne uspostava, već gušenje protestantizma izručilo je tri stotine godina kasnije Francusku takvim strašnim nesrećama.

Sumnjičavost, nepovjerenje i strah sada su zahvatili sve društvene slojeve. Usred sveopće uzbune vidjelo se koliko je Lutherovo učenje duboko zahvatilo umove ljudi koji su se odlikovali obrazovanjem, utjecajem i besprijekornim karakterom. Iznenada su položaji od povjerenja i časti ispražnjeni. Nestali su obrtnici, tiskari, znanstvenici, sveučilišni profesori, pisci, čak i dvorani. Stotine su pobjegle iz Pariza i postali su prognanici svoje rođene zemlje, i u mnogo slučajeva time prvi put nagovijestili da su naklonjeni reformiranoj vjeri. Papisti su iznenađeno gledali oko sebe u čudu da je toliko neslućenih krivovjeraca živjelo u njihovoj sredini. Svoj su bijes iskalili na mnoštvu krotkih žrtava koje su im bile na dohvatu. Tamnice su bile pretrpane, a sam zrak kao da je potamnio od dima lomača koje su bile zapaljene za privrženike Evanđelja.

François I. se hvalio da je voditelj velikog kulturnog preporoda kojim je označen početak šesnaestog stoljeća. S uživanjem je na svom dvoru okupljao učene ljude iz svih zemalja. Njegovoj ljubavi spram znanosti i njegovom prijeziru prema neznanju i praznovjerju redovnika treba bar djelomično pripisati stupanj tolerancije koji je dao reformi. Ali nadahnut revnošću da iskorijeni krivovjerje, taj zaštitnik znanosti izdao je dekret kojim je u cijeloj Francuskoj ukinuta mogućnost tiskanja. François I. predstavlja jedan od mnogih zabilježenih pri-

227

mjera koji pokazuju da intelektualna kultura nije zaštita protiv vjerske netrpeljivosti i progonstva.

Jednom svečanom i javnom ceremonijom Francuska se potpuno posvetila uništenju protestantizma. Svećenici su zahtijevali da uvreda nanesena Uzvišenom nebu osuđivanjem mise bude okajana krvlju i da kralj, u interesu svojega naroda, javno odobri ovo gnusno djelo.

Za tu groznu ceremoniju bio je određen dvadeset i prvi siječnja 1535. godine. Probuđen je praznovjerni strah i slijepa vjerska mržnja cijeloga naroda. Pariške su ulice bile pretrpane mnoštvom koje je nagrnulo iz cijele okolice. Dan je trebao započeti golemom i veličanstvenom procesijom. "Kuće kraj kojih je procesija trebala proći bile su zastrte crnim tkaninama, a u određenim razmacima podignuti su oltari." Pred svim vratima gorjela je baklja u čast "svetog sakramenta". Povorka se pred kraljevom palačom oblikovala još prije svanuća. "Na čelu procesije nošene su zastave i križevi nekoliko župa. Za njima su išli građani u redovima dva po dva s bakljama u ruci." Slijedile su ih četiri redovničke zajednice, svaka u svojoj posebnoj odjeći. Zatim je slijedila velika zbirka čuvenih relikvija. A za njom su jahali crkveni dostojanstvenici odjeveni u grimiznu odjeću ukrašeni draguljima − raskošna i blistava povorka.

"Hostiju je nosio pariški biskup pod veličanstvenim baldahinom ... što su ga nosila četvorica kneževske krvi. ... Iza hostije je išao kralj ... François I. nije tog dana nosio ni krune ni državne odjeće." "Gologlav, oborena pogleda sa zapaljenom svijećom u ruci" francuski kralj se pojavio kao pokajnik.[23] Pred svakim se oltarom ponizno poklonio, ne zbog poroka kojima je oskvrnio dušu, ne zbog nevine krvi kojom je okaljao ruke, već zbog "smrtnog grijeha" svojih podanika koji su se usudili osuditi misu. Iza njega je išla kraljica s državnim dostojanstvenicima, također u redovima dva po dva, svaki sa zapaljenom bakljom.

Kao dio službe tog dana, sâm kralj se obratio govorom visokim službenicima kraljevstva u velikoj dvorani biskupske palače. Stupio je pred njih tužna lica i dirljivom rječitošću oplakivao "zločin, bogohuljenje, dan žalosti i sramote" koji je došao na naciju. Zatim je svakog lojalnog podanika pozvao da pomogne u istrebljenju kuge krivovjerja koje prijeti uništiti Francusku. "Unatoč istini, gospodo, da sam vaš kralj", rekao je, "kad

228

229 bih saznao da je bilo koji od mojih udova okaljan ili zaražen
tom mrskom truleži, dao bih ga odsjeći. ... Još i više: kad bih
vidio njome oskvrnjeno jedno od svoje djece, ne bih ga pošte-
dio. ... Sâm bih ga predao i žrtvovao Bogu." Glas mu se ugušio
u suzama, a čitav je skup plakao i jednodušno klicao: "Živjet
ćemo i umrijeti za katoličku vjeru!"[24]

Strašna se tama spustila na naciju koja je odbacila istinu.
Milost se očitovala "u svoj spasiteljskoj snazi", ali se Francu-
ska, nakon što je vidjela njezinu moć i svetost, nakon što su
tisuće bile privučene njenom božanskom ljepotom, nakon što
je gradove i sela obasjala njezina svjetlost, okrenula birajući
radije tamu nego svjetlost. Odbili su božanski dar koji im je
bio ponuđen. Nazvali su zlo dobrom, a dobro zlom, dok nisu
postali žrtvom svoje tvrdokorne samoobmane. Premda su sada
iskreno vjerovali da progoneći Njegov narod služe Bogu, nji-
hova ih iskrenost nije učinila nevinima. Hotimično su odbacili
svjetlost koja bi ih sačuvala od obmane da krvlju ne uprljaju
svoje duše.

Svečana zakletva da će iskorijeniti krivovjerje položena je
u velikoj katedrali u kojoj će narod koji je zaboravio na živoga
Boga oko tri stoljeća kasnije ustoličiti božicu Razuma. Ponov-
no je oblikovana povorka, i predstavnici Francuske krenuli su
izvršiti djelo na koje su se zakleli. "Na određenim razmacima
podignuli su lomače na kojima će neke protestantske kršćane
žive spaliti; sve je bilo uređeno tako da lomače planu u trenu-
tku kad naiđe kralj kako bi se procesija zaustavila da prisustvuje
pogubljenju."[25] Pojedinosti o mučenju što su ga pretrpjeli svje-
doci za Krista previše su jezovite za prikazivanje, ali kod žrtava
nije bilo kolebanja. Na poticaj da porekne svoje uvjerenje, je-
dan je odgovorio: "Vjerujem samo u ono što su nekada propo-
230 vijedali proroci i apostoli, i što su vjerovali svi sveti. Vjerom
se uzdam u Boga, i vjera će se oduprijeti svim paklenim sila-
ma."[26]

Procesija se neprekidno zaustavljala na mjestima mučenja.
Kad se vratila na polazno mjesto kod kraljeve palače, mnoštvo
se razišlo, kralj i velikodostojnici su se povukli vrlo zadovoljni
događajima dana i čestitajući sami sebi što će se započeto dje-
lo nastaviti do potpunog uništenja krivovjerja.

Evanđelje mira što ga je Francuska odbacila trebalo je sva-
kako iskorijeniti, a posljedice će biti strašne. Dvadeset i prvog

siječnja 1793. godine, točno dvije stotine pedeset i osam godina od dana kad se Francuska konačno odlučila na progonstvo protestanata, pariškim je ulicama prolazila druga povorka, sa sasvim drugim ciljem. "Opet je kralj bio glavna ličnost; ponovno se čula graja i vika; ponovno je odjekivao zahtjev za novim žrtvama; opet su podizana nova stratišta i ponovno je dan završio užasavajućim pogubljenjima. Louisa XVI., koji se otimao svojim tamničarima i krvnicima, dovukli su do giljotine i tu ga silom držali dok sječivo nije palo i dok se po stratištu nije otkotrljala njegova odsječena glava."[27] A francuski kralj nije bio jedina žrtva; za vladavine krvavog terora, nedaleko od tog istog mjesta giljotinom je pogubljeno dvije tisuće i osam stotina muškaraca i žena.

Reformacija je svijetu ponudila otvorenu Bibliju, otpečatila je propise Božjeg zakona i svoje zahtjeve stavila pred savjest ljudi. Beskonačna Ljubav razotkrila je ljudima nebeske uredbe i načela. Bog je rekao: "Držite ih i vršite: to će u očima naroda biti vaša mudrost i vaša razboritost. Kad oni čuju za sve ove zakone, reći će: 'Samo je jedan narod mudar i pametan.'" (Ponovljeni zakon 4,6) Kad je Francuska odbacila nebeski dar, ona je posijala sjeme anarhije i propasti, a neizbježni zakon uzroka i posljedica doveo je do Revolucije i strahovlade.

Mnogo prije nego što su plakati izazvali progonstvo, smjeli i revni Farel bio je primoran napustiti svoju domovinu. Otišao je u Švicarsku, gdje je svojim radom, podupirući Zwinglijev rad, pomogao da pretegne naklonjenost reformaciji. Tamo je trebao provesti svoje posljednje godine, ali je i dalje znatno utjecao na reformu u Francuskoj. Tijekom prvih godina izgnanstva on se posebno trudio proširiti Evanđelje u svojoj domovini. Provodio je dosta vremena u propovijedanju svojim sunarodnjacima u blizini granice, odakle je neumornom pozornošću pratio borbu, pomažući riječima ohrabrenja i savjetima. Uz pomoć drugih prognanika, spisi njemačkih reformatora prevedeni su na francuski jezik i zajedno s francuskom Biblijom tiskani u velikim količinama. Ova su djela kolporteri prodavali po cijeloj Francuskoj. Oni su ih dobavljali po nižoj cijeni, a zarada im je omogućila da nastave s radom.

Farel je u Švicarskoj otpočeo rad prerušen u skromnog učitelja. Otišao je u jednu zabačenu župu i posvetio se obrazovanju djece. Osim uobičajenih predmeta, oprezno je uveo i biblijske

231

istine, nadajući se da će preko djece dosegnuti roditelje. Bilo je nekih koji su povjerovali, ali su svećenici istupili da zaustave djelo i potaknuli praznovjerne seljake da mu se usprotive. "Ovo ne može biti Kristovo Evanđelje", govorili su svećenici, "jer njegovo navješćivanje ne donosi mir, nego rat."[28] Kao i prvi Kristovi učenici, kad je bio progonjen u jednom gradu, pobjegao bi u drugi. Putovao je pješice od sela do sela, od grada do grada, trpeći glad, hladnoću i umor, a svuda u životnoj opasnosti. Propovijedao je na tržnicama, u crkvama, a katkad i s propovjedaonica u katedralama. Ponekad bi crkva bila bez slušatelja; ponekad su njegove propovijedi bile prekidane povicima i porugama, a ponekad su ga silom odvlačili s propovjedaonice. Više puta ga je rulja uhvatila i pretukla gotovo na smrt. Ali on je išao naprijed. Premda su ga često odbijali, on se nepokolebljivom ustrajnošću vraćao, sve dok nije vidio kako, jedan za drugim, gradovi i mjesta koji su bili utvrde papinstva otvaraju vrata Evanđelju. Mala župa u kojoj je isprva radio uskoro je primila reformiranu vjeru. Gradovi Morat i Neuchâtel odrekli su se rimokatoličkih obreda i iz svojih crkava uklonili idolopokloničke kipove.

Farel je odavno želio u Ženevi podignuti protestantsku zastavu. Kad bi zadobio Ženevu, taj bi grad postao središtem reformacije u Francuskoj, Švicarskoj i u Italiji. S tim je ciljem nastavio djelovati dok nije zadobio mnoga okolna mjesta i sela. Onda je sa samo jednim pratiocem ušao u Ženevu. Bilo mu je dopušteno održati samo dvije propovijedi. Svećenici, koji su uzalud nastojali da ga građanske vlasti osude, pozvali su ga pred crkveni koncil na koji su došli s oružjem skrivenim pod odjećom, odlučni da ga ubiju. Pred dvoranom je okupljena razjarena gomila, naoružana toljagama i mačevima, spremna da ga ubije ako bi uspio pobjeći s koncila. Međutim, spasila ga je prisutnost magistrata i naoružanog odreda. Rano ujutro odveden je sa svojim drugom preko jezera na sigurno mjesto. Tako se završio njegov prvi pokušaj da Ženevi navijesti Evanđelje.

Za drugi pokušaj izabran je jednostavniji čovjek, mladić tako skromna izgleda da su ga hladno primili čak i takozvani prijatelji reforme. Ali što je takav mogao učiniti tamo gdje je sam Farel odbijen? Kako bi čovjek s tako malo hrabrosti i iskustva mogao odoljeti buri pred kojom je najjači i najhrabriji bio prisiljen pobjeći? "Ne silom niti snagom, već duhom mojim! – riječ je Jahve nad Vojskama." (Zaharija 4,6) "Što je slabo u očima svijeta, izabra Bog da posrami jake. ... Jer je Božja ludost mudrija od ljudi, i Božja slabost jača od ljudi." (1. Korinćanima 1,27.25)

Froment je počeo raditi kao ravnatelj škole. Djeca su kod kuće ponavljala istine kojima ih je poučavao u školi. Uskoro su roditelji počeli dolaziti da bi slušali tumačenje Biblije, dok *233* učionica nije bila prepuna pozornih slušatelja. Novi zavjeti i traktati su obilno dijeljeni, i oni su doprli do mnogih koji se nisu usuđivali doći javno slušati novo učenje. Nakon nekog vremena je i taj djelatnik bio prisiljen pobjeći, ali istine koje je naučavao uhvatile su korijena u umovima ljudi. Reformacija je bila posađena i nastavila se širiti i jačati. Propovjednici su se vratili i napokon je njihovim radom protestantsko bogoslužje uvedeno u Ženevu.

Grad se već izjasnio za reformaciju kad je Calvin, nakon raznih putovanja i doživljaja, ušao na njegova vrata. Vraćao se s posljednjeg posjeta rodnom mjestu, pa je bio na putu za Basel kad je uvidio da je izravan put okupiran vojskom Karla V.; stoga je bio prisiljen poći zaobilaznim putem preko Ženeve.

U tom je posjetu Farel prepoznao Božju ruku. Premda je Ženeva primila reformiranu vjeru, još je predstojao veliki posao. Ljudi se obraćaju Bogu ne kao društvene zajednice, već kao pojedinci; djelo obnove mora biti obavljeno u srcu i savjesti silom Svetoga Duha, a ne dekretima sabora. Premda je pučanstvo Ženeve odbacilo autoritet Rima, ono još nije bilo tako spremno odreći se poroka koji su cvali pod njgovim okriljem. Uspostaviti čista načela Evanđelja i pripremiti taj narod da dostojno ispuni zadaću na koju ga je, po svemu sudeći, Providnost pozivala, nije predstavljalo laku zadaću.

Farel je bio uvjeren da je u Calvinu našao čovjeka s kojim se mogao ujediniti u tom djelu. U Božje ime svečano je zaklinjao mladog evanđelista da tu ostane i djeluje. Calvin se uznemiren povukao. Povučen i miroljubiv, ustuknuo je pred kontaktom sa smjelim, neovisnim i čak naprasitim duhom Ženevljana. Njegovo nježno zdravlje, zajedno sa sklonošću prema učenju, naveli su ga da se povuče. Uvjeren da bi svojim perom najbolje poslužio reformaciji, Calvin je želio naći mirno mjesto za proučavanje, odakle bi preko tiska poučavao i izgrađivao crkve. Ali *234* Farelov mu je svečani poziv došao kao poziv s Neba, i on ga se nije usudio odbiti. Činilo mu se, rekao je, "da se s Neba pružila Božja ruka, dohvatila ga i neopozivo postavila na mjesto koje je tako nestrpljivo želio napustiti".[29]

U to su vrijeme velike opasnosti zaprijetile protestantskoj stvari. Papine su anateme grmjele protiv Ženeve, a jaki joj narodi prijetili uništenjem. Kako da se taj mali grad odupre moćnoj hijerarhiji koja je tako često prisiljavala kraljeve i careve na pokornost? Kako se mogu oduprijeti vojskama velikih osvajača?

U cijelom kršćanskom svijetu moćni su neprijatelji ugrožavali protestantizam. Budući da su prve pobjede reformacije bile stvar prošlosti, Rim je prikupio novu snagu nadajući se da će je uspjeti uništiti. U to je vrijeme osnovan isusovački red, najokrutniji, najbezobzirniji i najmoćniji među braniteljima papinstva. Oslobođeni od svih zemaljskih veza i ljudskih interesa, mrtvi za prirodne osjećaje, ušutkana razuma i savjesti, za njih nije bilo ni pravila ni veza, osim onih u njihovoj redovničkoj zajednici, niti su poznavali dužnosti, osim da prošire moć svog reda. Kristovo Evanđelje omogućilo je svojim pristašama da se suprotstave opasnosti i pretrpe stradanje, da ne klonu unatoč zimi, gladi, umoru i siromaštvu, te da podignu stijeg istine unatoč rastezanju na kotaču, tamnici i lomači. U borbi protiv toga isusovci su svoje sljedbenike nadahnuli fanatizmom koji ih je osposobio da pretrpe iste opasnosti i da se sili istine suprotstave svim oružjem obmane. Nijedan zločin nije bio toliko velik da ga ne bi počinili, nijedna prijevara toliko podla da je ne bi upotrijebili, nijedno pretvaranje toliko teško da ga ne bi izveli. Premda su se zavjetovali na trajno siromaštvo i skromnost, njihov je promišljeni cilj bio da steknu bogatstvo i moć što će ga upotrijebiti za uništenje protestantizma i za obnovu vrhovne papinske vlasti.

235   Kad bi se pojavili kao članovi svog reda, nosili bi plašt svetosti, posjećivali bi zatvore i bolnice, služili bolesnima i siromašnima, tvrdeći da su se odrekli svijeta i da nose sveto ime Isusa koji je prolazio čineći dobro. Ali pod tom besprijekornom vanjštinom često su se krili zločinački i smrtonosni ciljevi. Temeljno načelo reda bilo je: Cilj opravdava sredstvo. Prema tom su pravilu laž, krađa, krivokletstvo i umorstvo iz potaje ne samo bili oprostivi, već i preporučljivi kad bi služili interesima Crkve. Isusovci su se pod različitim krinkama uvlačili

u državne službe, postajali i savjetnici kraljeva i vodili nacionalnu politiku. Postali bi sluge kako bi uhodili svoje gospodare. Osnivali su koledže za odgoj kneževskih i plemićkih sinova i škole za običan narod; a djecu protestantskih roditelja navodili su na prihvaćanje papinskih obreda. Poslužili su se svim vanjskim sjajem i raskoši rimskog bogoslužja da bi narodu pomutili um i očarali ih osvojivši maštu. Tako se događalo da su sinovi izdavali slobodu za koju se se očevi borili prolijevajući svoju krv. Isusovci su se brzo raširili po Europi, i gdje god su došli, tu je slijedila obnova papinstva.

Da bi imali još veću moć, izdana je bula kojom se ponovno uvodi inkvizicija. (Vidi Dodatak.) Bez obzira na opće gnušanje prema njoj, čak i u katoličkim zemljama, papinski su vladari ponovno uspostavili takav strašni sud, pa su u njihovim tajnim tamnicama ponovljene grozote previše strašne da podnesu svjetlost dana. U mnogim zemljama tisuće i tisuće ljudi, cvijet nacije, najbolji i najplemenitiji, najrazumniji i najobrazovaniji, pobožni i posvećeni pastori, marljivi i domoljubni građani, briljantni znanstvenici, daroviti umjetnici i vješti obrtnici − ubijeni su ili prisiljeni da pobjegnu u druge zemlje.

Tim se sredstvima Rim poslužio da uguši svjetlost reformacije, da ljudima oduzme Bibliju i ponovno uspostavi neznanje i praznovjerje mračnog srednjeg vijeka. Ali zahvaljujući Božjim blagoslovima i trudu plemenitih ljudi koje je Bog podignuo da naslijede Luthera, protestantizam nije bio uništen. Svoju snagu nije dugovao naklonosti ili oružju knezova. Najmanje zemlje, najskromniji i najslabiji narodi postali su njegove utvrde. Tu je bila mala Ženeva, usred moćnih neprijatelja koji su snivali o njezinom uništenju, tu je bila Nizozemska na pjeskovitim obalama Sjevernog mora, koja se borila protiv španjolske tiranije, u ono vrijeme najveće i najbogatije kraljevine, tu je bila pusta, neplodna Švedska koja je izborila pobjede za reformaciju. *236*

Calvin je gotovo trideset godina radio u Ženevi, prvo da u njoj osnuje Crkvu koja će biti privržena biblijskoj moralnosti, a zatim da raširi reformaciju po cijeloj Europi. Njegov život vođe nije bio bez mane, niti je njegovo javno učenje bilo bez zabluda. Ali on je bio oruđe u širenju istina koje su bile od posebne važnosti za njegovo vrijeme, u očuvanju načela protestantizma protiv naglog vraćanja vala papinstva i u promicanju čistog i jednostavnog života u protestantskim crkvama, namjesto oholosti i pokvarenosti što ih je poticalo rimokatoličko učenje.

Iz Ženeve su izlazili spisi i učitelji koji su širili reformiranu vjeru. Iz nje su progonjeni iz svih zemalja očekivali upute, savjete i ohrabrenja. Calvinov je grad postao utočištem za progonjene reformatore iz cijele zapadne Europe. Bježeći pred strašnim olujama koje su bjesnile stoljećima, bjegunci bi dolazili na vrata Ženeve. Gladni, ranjeni, ostavljeni bez doma i rodbine, oni su bili toplo primljeni i nježno zbrinuti. A budući da su ovdje našli dom, oni su gradu koji ih je primio donijeli blagoslove svojih sposobnosti, znanja i pobožnosti. Mnogi koji su ovdje našli utočište vraćali bi se kasnije u svoje zemlje da se odupru tiraniji Rima. John Knox, hrabri škotski reformator, nemali broj engleskih puritanaca, protestanti iz Nizozemske i Španjolske te francuski hugenoti ponijeli su iz Ženeve baklju istine da rasvijetle tamu svoje domovine.

13

Nizozemska i Skandinavija

U Nizozemskoj je papinska tiranija vrlo rano izazvala odlu- *237* čan prosvjed. Sedam stoljeća prije Luthera dva su biskupa, koji su kao veleposlanici u Rimu upoznali pravi karakter "Svete stolice", neustrašivo optužili rimskog pontifeksa: Bog "je svoju kraljicu i zaručnicu Crkvu učinio plemenitom i vječnom skrbnicom svoje obitelji, s neprolaznim i neokaljanim mirazom, i dao joj vječnu krunu i žezlo; ... sva ta dobra ti si prisvojio kao lopov. Zasjeo si u hram Božji; namjesto pastira, postao si vuk ovcama; ... želiš da te smatramo vrhovnim biskupom, a ti se ponašaš kao tiranin. ... Namjesto da si sluga slugama, kako sâm sebe nazivaš, nastojiš postati gospodarom nad gospodarima. ... Prezireš Božje zapovijedi. ... Božji Duh je graditelj svih crkava po svemu Zemljinu licu. ... Grad našega Boga, kojega smo građani, obuhvaća sva nebeska područja i veći je od grada što su ga sveti proroci nazvali Babilonom, koji se smatra božanskim, uzdiže se do neba i hvali se besmrtnom mudrošću, i uz to bez razloga tvrdi da nikada nije i ne može pogriješiti."[1]

Tijekom stoljeća javljali su se drugi s odjekom tog prosvjeda. *238* Ti prvi učitelji, putujući po različitim zemljama i poznati pod raznim imenima, koji su imali obilježja misionara iz područja Vaudois i svuda širili poznavanje Evanđelja, prodrli su i u Nizozemsku. Njihovo se učenje naglo širilo. Preveli su valdenšku Bibliju na nizozemski jezik u stihovima. Objavili su "da ona predstavlja veliku prednost jer u njoj nema ni šala, ni bajki, ni neozbiljnosti, ni obmane, već samo riječi istine; da se tu i tamo nađe i pokoja tvrda ljuska, ali da se u njoj može lako otkriti srž i slast onoga što je dobro i sveto".[2] Tako su u dvanaestom stoljeću pisali prijatelji drevne vjere.

A onda su počela progonstva Rima. Ali usred lomača i mučenja, broj vjernih nastavio se umnožavati, odlučno objavljujući da je Biblija jedini nepogrešivi autoritet u pitanjima vjere i da "se nikoga ne smije prisiljavati da vjeruje, već ga treba pridobiti propovijedanjem".[3]

Lutherovo učenje našlo je u Nizozemskoj plodno tlo, i ozbiljni i vjerni ljudi su ustali navijestiti Evanđelje. Iz jedne nizozemske provincije došao je Menno Simons. Odgojen kao rimokatolik i zaređen za svećenika, on uopće nije poznavao Bibliju, a nije ju htio čitati jer se bojao da ne bude začaran krivovjerjem. Kad se pojavila sumnja s obzirom na učenje o transsupstancijaciji, smatrao ju je Sotoninom kušnjom i nastojao je se osloboditi molitvom i ispoviješću, ali uzalud. Zatim je promatranjem raskalašnih prizora nastojao ušutkati optužujući glas savjesti, ali bez uspjeha. Nakon nekog vremena bio je naveden da proučava Novi zavjet i on ga je, zajedno s Lutherovim djelima, naveo da prihvati reformiranu vjeru. Ubrzo nakon toga bio je u susjednom selu očevidac odrubljenja glave jednom čovjeku zato što se ponovno krstio. To ga je potaknulo na proučavanje Biblije po pitanju krštavanja male djece. Za takvo što nigdje u Svetome pismu nije mogao naći dokaza, ali je uvidio da su svuda pokajanje i vjera uvjet za primanje krštenja.

Menno je ostavio Rimsku crkvu i posvetio svoj život naučavanju istina koje je primio. Kako u Njemačkoj, tako se i u Nizozemskoj pojavio sloj fanatika koji su zastupali apsurdna i buntovna učenja, napadajući red i pristojnost, pribjegavajući nasilju i bunama. Menno je vidio koje će strašne posljedice ti pokreti neizbježno izazvati, pa se oštro usprotivio lažnom učenju i divljim planovima fanatika. Ali bilo je mnogih koje su ti fanatici zaveli, i koji su se ipak odrekli njihovog pogubnog učenja; osim toga bilo je još uvijek dosta potomaka starih kršćana, plodova valdenškog učenja. Menno je radio s velikom revnošću i uspjehom.

Punih dvadeset pet godina putovao je sa ženom i djecom, trpeći oskudicu i poteškoće, često u životnoj opasnosti. Proputovao je Nizozemsku i sjevernu Njemačku, radeći većim dijelom među siromašnijim slojevima, ali se njegov utjecaj nadaleko širio. Po prirodi rječit, premda ograničenog obrazovanja,

239

on je bio čovjek nepokolebljivog poštenja, poniznog duha i nježan u postupanju, iskreno i ozbiljno pobožan, koji je živio sukladno načelima što ih je naučavao, pa je tako stekao povjerenje naroda. Njegove su sljedbenike raspršili i ugnjetavali. Oni su mnogo trpjeli zbog toga što su ih zamjenjivali s fanatičnim Münsterovim pristašama. Ipak su se mnogi obratili njegovim radom.

Nigdje reformirano učenje nije tako prihvaćeno kao u Nizozemskoj. U malo su zemalja pristaše tog učenja pretrpjele strašnija progonstva. U Njemačkoj je Karlo V. zabranio reformaciju i rado bi sve njezine pristaše poslao na lomaču, ali su knezovi kao brana ustali protiv njegove tiranije. U Nizozemskoj je imao veću moć, pa su proglasi o progonstvu slijedili jedan za drugim. Čitati Bibliju, slušati ili propovijedati, i samo govoriti o njoj, značilo je izložiti se smrtnoj kazni na lomači. Moliti se *240* Bogu u tajnosti, odbiti se pokloniti kipu ili zapjevati psalam također se kažnjavalo smrću. Čak su i one koji bi se odrekli svojih zabluda osuđivali: muškarce da umru od mača, a žene da budu žive zakopane. Tisuće ih je izginulo pod vladavinom Karla i Filipa II.

Jednom su cijelu obitelj doveli pred inkvizitore pod optužbom da ne dolazi na misu, već održava bogoslužja kod kuće. Na saslušanju u vezi s tajnim postupcima, najmlađi je sin odgovorio: "Mi padamo na koljena i molimo Boga da prosvijetli naš razum i da nam oprosti grijehe; molimo za našeg vladara da njegova vladavina bude uspješna i njegov život sretan; molimo za naš magistrat da ga Bog sačuva."[4] Neki od sudaca bili su duboko dirnuti, pa ipak su oca i jednog od njegovih sinova osudili na lomaču.

Vjera mučenika bila je dorasla bijesu progonitelja. Ne samo ljudi već i nježne žene i mlade djevojke pokazale su nepokolebljivu hrabrost. "Žene bi stale pored lomača svojih muževa i dok bi oni trpjeli vrelinu plamena, one bi šaptale riječi utjehe ili pjevale psalme da bi ih bodrile. ... Mlade djevojke žive su lijegale u grob kao da odlaze u spavaonicu na noćni počinak; ili su odlazile na gubilište i na lomaču odjevene u svoje najljepše haljine, kao da idu na vjenčanje."[5]

Kao u vrijeme kad je poganstvo nastojalo uništiti Evanđelje, krv mučenika bila je sjeme.[6] Progonstvo je služilo da se poveća broj svjedoka za istinu. Godinu za godinom car je, bijesan zbog neslomljive odlučnosti naroda, potican na svoje okrutno

190   *Veliki sukob*

djelo, ali uzalud. Pod vodstvom plemenitog Wilhelma Oranskog, revolucija je na kraju Nizozemskoj donijela slobodu da služi Bogu.

241 U planinama Pijemonta, u ravnicama Francuske i na obalama Nizozemske napredak Evanđelja obilježen je krvlju njegovih učenika. Ali u sjeverne zemlje Evanđelje je ušlo mirno. Wittenberški studenti su na povratku kući donijeli reformiranu vjeru u Skandinaviju. I izdavanje Lutherovih djela pomoglo je širenju svjetlosti. Jednostavni i čvrsti ljudi na Sjeveru odvratili su se od pokvarenosti, raskoši i praznovjerja Rima, da bi prihvatili čistoću, jednostavnost i životodavne biblijske istine.

Tausen, "reformator Danske", bio je seljački sin. Dječak je vrlo rano pokazivao živahan intelekt; žeđao je za obrazovanjem, ali zbog okolnosti u kojima su živjeli njegovi roditelji to nije uspio pa je stupio u samostan. Tu je svojim čistim životom, marljivošću i vjernošću stekao naklonost svog gvardijana. Ispiti su pokazali da ima izniman dar koji u budućnosti obećava dobru službu Crkvi. Odlučeno je da ga školuju na nekom od sveučilišta u Njemačkoj ili Nizozemskoj. Mladom studentu je dopušteno da sâm izabere učilište; jedini uvjet je bio da ne ide u Wittenberg. Student Crkve nije trebao biti izložen otrovu krivovjerja. Tako su rekli redovnici.

Tausen je otišao u Köln koji je u ono vrijeme, kao i danas, bio jedna od utvrda rimokatolicizma. Ali tu je ubrzo postao jako nezadovoljan misticizmom svojih učitelja. Nekako u to vrijeme došla su mu u ruke Lutherova djela. Čitao ih je s čuđenjem i oduševljenjem i silno poželio da osobno sluša reformatorova predavanja. Ali to je mogao jedino ako riskira da se zamjeri svojem redovničkom starješini i odrekne se njegove podrške. Odluka je ubrzo pala, i nije trebalo dugo pa se upisao kao student u Wittenbergu.

Nakon povratka u Dansku opet se vratio u svoj samostan. Dotada ga još nitko nije sumnjičio za luteranstvo, i on nije odmah otkrio svoju tajnu, ali je nastojao, bez izazivanja predrasuda kod svojih drugova, voditi ih čistijoj vjeri i svetijem životu. Otvorio je Bibliju i objasnio njezino pravo značenje, a onda im objavio Krista kao grešnikovu pravednost i njegovu jedinu nadu u spasenje. Prior samostana, koji je u njemu vidio junačkog branitelja Rima, bio je silno bijesan. Smjesta je premješten u drugi samostan i zatvoren u svojoj ćeliji pod strogim nadzorom.

242

Na užas svojih novih gvardijana, nekoliko je redovnika ubrzo izjavilo da su se obratili na protestantizam. Tausen je kroz rešetke ćelije svojim drugovima prenio spoznaje istine. Da su danski oci bili upućeni u metode postupanja Crkve s hereticima, Tausenov se glas ne bi više nikada čuo, ali mjesto da ga pošalju u grob u nekoj podzemnoj tamnici, oni su ga istjerali iz samostana. Sada su bili nemoćni. Upravo proglašen kraljevski edikt pružao je zaštitu propovjednicima novog učenja. Tausen je počeo propovijedati. Otvorili su mu crkve i narod se gurao da ga čuje. I drugi su propovijedali Božju riječ. Novi zavjet na danskom jeziku široko je rasprostranjen. Napori papista da spriječe djelo samo su ga proširili, i nedugo zatim Danska je objavila prihvaćanje reformirane vjere.

I u Švedskoj su mladi ljudi koji su pili s izvora u Wittenbergu donijeli vodu života svojim sunarodnjacima. Dvojica vođa švedske reformacije, Olaf i Laurentius Petri, sinovi jednog kovača iz Örebroa, studirali su kod Luthera i Melanchthona. Sada su marljivo naučavali istine koje su tamo upoznali. Poput velikog reformatora, Olaf je budio ljude svojom revnošću i rječitošću, dok je Laurentius, kao Melanchthon, bio učen, pažljiv i odan razmišljanju. Obojica su bili iskreno pobožni, teološki visoko obrazovani i nepokolebljivo hrabri u širenju istine. Nije nedostajalo papističkog protivljenja. Katolički svećenici uzbunili su neuki i praznovjerni svijet. Gomila je više puta napala Olafa Petrija i nekoliko su puta jedva ostali živi. Međutim, ti su reformatori uživali kraljevu naklonost i zaštitu.

Pod vlašću Rimske crkve narod je utonuo u siromaštvo i *243* stenjao pod ugnjetavanjem. Kako je bio lišen Svetoga pisma, a religija mu se sastojala samo od znakova i obreda koji ne rasvjetljuju um, vratio se praznovjerju i poganskim običajima svojih neznabožačkih predaka. Nacija se podijelila u dvije suprotstavljene struje koje su stalnim međusobnim sukobima samo povećavale posvemašnju bijedu. Kralj je odlučio izvršiti reformaciju u državi i Crkvi, pa je s radošću pozdravio te sposobne pomagače u borbi protiv Rima.

U prisutnosti vladara i vodećih ljudi u Švedskoj, Olaf Petri je velikom vještinom branio učenje reformirane vjere pred pobornicima Rima. Izjavio je da se učenje crkvenih otaca može prihvatiti samo onda kada se slaže sa Svetim pismom; da su bitne točke vjere tako jasno i jednostavno objavljene u Bibliji da ih svi ljudi mogu razumjeti. Krist je rekao: "Moja nauka nije od mene... nego od onoga koji me je poslao", a Pavao je izjavio da bi bio proklet ako bi navješćivao Evanđelje protivno onom koje je primio. (Ivan 7,16; Galaćanima 1,8) "Kako onda", nastavio je reformator, "drugi uzimaju pravo da uspostavljaju dogme po svojoj volji i nameću ih kao potrebne za spasenje?"[7] On je pokazao da crkveni dekreti nemaju važnosti kada se protive Božjim zapovijedima, i podržao veliko protestantsko načelo da je "Biblija i samo Biblija" pravilo vjere i života.

Ova borba, premda vođena na razmjerno neuglednoj pozornici, pokazuje nam "kakvi su bili ljudi koji su predstavljali vojsku reformatora. Oni nisu bili neuki, sektaški raspoloženi, bučni polemičari – daleko od toga! To su bili ljudi koji su proučavali Božju riječ i znali rukovati oružjem kojim ih je opskrbila oružarnica Biblije. Što se tiče učenosti, bili su ispred svojega vremena. Ako svoju pozornost ograničimo na tako briljantna središta kao što su Wittenberg i Zürich i na takva sjajna imena kao što su Luther, Melanchthon, Zwingli i Oecolampad, s pravom možemo reći da su to bili vođe pokreta, pa od njih prirodno očekujemo čudesnu snagu i golemo znanje; ali njihovi podređeni nisu bili takvi. Međutim, ako se okrenemo samo zabačenoj pozornici Švedske i skromnim imenima Olafa i Laurentija Petrija – što nalazimo? ... Znanstvenike i teologe, ljude koji su usvojili cijeli sustav evanđeoskih istina i koji s lakoćom svlađuju učene sofiste i rimske dostojanstvenike."[8]

Na kraju te rasprave švedski je kralj prihvatio protestantsku vjeru, a narodna skupština nedugo zatim izjasnila se njoj u prilog. Olaf Petri preveo je Novi zavjet na švedski jezik, a na kraljevu želju oba su se brata latila prevođenja cijele Biblije. Tako je prvi put švedski narod dobio Božju riječ na svojem materinskom jeziku. Državni je Sabor naredio da propovjednici po cijelom kraljevstvu objašnjavaju Sveto pismo, a u školama djecu uče čitati Bibliju.

Tama neznanja i praznovjerja neumorno je i nezadrživo uzmicala pred blagoslovljenom svjetlosti Evanđelja. Oslobođena ugnjetavanja Rima, nacija je dostigla snagu i veličinu do koje nikada ranije nije došla. Švedska je postala bedemom protestantizma. Jedno stoljeće kasnije, u vrijeme najveće opasnosti, ovaj mali i dotada slabašan narod – jedini u Europi koji se usudio priteći u pomoć – došao je spasiti Njemačku u njezinoj strašnoj borbi u Tridesetogodišnjem ratu. Tada se činilo da će cijela sjeverna Europa ponovno pasti pod tiraniju Rima. Švedska vojska omogućila je Njemačkoj da okrene plimu papinskih uspjeha, osigura toleranciju za protestante – kalvine i luterane – i obnovi slobodu savjesti u onim zemljama koje su prihvatile reformaciju.

14

Kasniji engleski reformatori

245   Dok je Luther njemačkom narodu otvarao zatvorenu Bibliju, Tyndale je potaknut Božjim Duhom to isto učinio za Englesku. Wycliffeova Biblija bila je prevedena s latinskog prijevoda, u kojemu je bilo dosta pogrešaka. Njegov prijevod nije bio nikada tiskan, a cijena prepisanih primjeraka bila je tako velika da ih je samo nekolicina bogatih ljudi ili plemića mogla nabaviti. Osim toga, ona se razmjerno slabo širila, jer ju je Crkva strogo zabranila. Godine 1516., godinu dana prije pojave Lutherovih teza, Erazmo je objavio svoje grčko i latinsko izdanje Novoga zavjeta. Sada je po prvi put Božja riječ bila tiskana na izvornom jeziku. U tom su djelu ispravljene mnoge pogreške ranijih izdanja pa je smisao bio jasniji. Ono je mnogim obrazovanim slojevima omogućilo bolje poznavanje istine i dalo novi poticaj djelu reforme. Ali je priprosti narod još uvijek bio prilično odvojen od Biblije. Tyndale je trebao dovršiti Wycliffeovo djelo kako bi njegovi zemljaci dobili Bibliju.

    Kao marljivi student i revni istraživač istine, on je prihvatio Evanđelje zahvaljujući Erazmovom grčkom Novom zavjetu. Neustrašivo je propovijedao svoje uvjerenje, tvrdeći da se svako učenje mora ispitati pomoću Svetoga pisma. Na papističke tvrdnje da je Crkva dala Bibliju i da je jedino Crkva može tumačiti, Tyndale je odgovorio: "Znate li tko je naučio 246 orlove da nađu plijen? Taj isti Bog uči svoju gladnu djecu da u Njegovoj Riječi nađu svojega Oca. Daleko od toga da ste nam vi dali Sveto pismo, vi ste ga skrili od nas; vi spaljujete one koji ga naučavaju, i kad biste mogli, vi biste spalili i sámo Sveto pismo."[1]

Tyndaleovo propovijedanje izazvalo je veliko zanimanje; mnogi su prihvatili istinu. Ali svećenici su pazili, i čim bi napustio jedno polje rada, oni su svojim prijetnjama i pogrešnim prikazivanjem nastojali uništiti njegovo djelo. Prečesto su u tome uspijevali. "Što da činim?" zavapio je. "Dok na jednom mjestu sijem, neprijatelj pustoši njivu koju sam upravo napustio. Ne mogu biti svuda! O, kad bi kršćani imali Sveto pismo na svojem jeziku, onda bi se sami mogli oduprijeti tim sofistima! Bez Biblije nemoguće je utvrditi narod u istini."[2]

Otad je novi cilj zaokupio njegov um. "Psalmi su u Jahvinom hramu", rekao je, "pjevani na jeziku Izraelaca. Zar ne bi trebalo nama govoriti Evanđelje jezikom Engleske? ... Treba li Crkva u podne imati manje svjetla nego u zoru? ... Kršćani moraju čitati Novi zavjet na svojem materinskom jeziku." Teolozi i učitelji Crkve se međusobno nisu slagali. Samo su uz pomoć Biblije ljudi mogli doći do istine. "Jedan se drži ovog doktora teologije, a drugi onog. ... Svi oni proturječe jedan drugome. Kako možemo razlikovati onoga tko govori pravo, od onoga tko govori krivo? ... Kako? ... Samo uz pomoć Božje riječi."[3]

Nedugo zatim jedan je učeni katolički teolog tijekom rasprave s njim uzviknuo: "Bolje nam je biti bez Božjih nego bez papinskih zakona." Tyndale je odvratio: "Izazivam papu i sve njegove zakone i, ako mi Bog poštedi život, za nekoliko godina učinit ću da će mladić koji upravlja plugom bolje poznavati Sveto pismo od vas."[4]

Cilj koji ga je počeo zaokupljati – da narodu osigura Pismo Novoga zavjeta na njegovu jeziku – sad je bio utvrđen, *247* pa se odmah dao na posao. Protjeran iz svojeg doma, otišao je u London i tamo je neko vrijeme nesmetano radio svoj posao. Ali opet ga je nasilje papista primoralo da bježi. Kad se činilo da mu je cijela Engleska zatvorena, odlučio je potražiti utočište u Njemačkoj. Tu je počeo tiskati engleski Novi zavjet. Dvaput je rad obustavljen, ali kad mu je tiskanje zabranjeno u jednom gradu, otišao je u drugi. Na kraju se uputio u Worms, gdje je nekoliko godina ranije Luther branio Evanđelje pred državnim Saborom. U tom drevnom gradu bilo je mnogo prijatelja reformacije i Tyndale je nastavio rad bez daljnjih smetnji. Ubrzo je dovršeno tri tisuće primjeraka Novog zavjeta, a iste godine uslijedilo je drugo izdanje.

S velikom je ozbiljnošću i ustrajnošću nastavio djelovati. Premda su engleske vlasti budno čuvale sve luke, Božja je Riječ na razne načine potajno prebačena u London i odavde raširena diljem zemlje. Papisti su pokušavali ugušiti istinu, ali uzalud. Jednom je durhamski biskup od knjižara koji je bio Tyndaleov prijatelj, kupio cijelu zalihu Biblija s nakanom da ih uništi, uvjeren da će to uvelike spriječiti djelo. Ali tako dobivenim novcem kupljen je papir za novo i bolje izdanje koje, da nije bilo toga, ne bi moglo biti izdano. Kad je Tyndale kasnije uhićen, ponuđena mu je sloboda uz uvjet da otkrije imena onih koji su mu pomogli pokriti troškove tiskanja Biblija. On je odgovorio da je durhamski biskup učinio više nego bilo tko, jer ga je plaćanjem visoke cijene za preostale knjige ohrabrio da nastavi rad.

Tyndale je izdajstvom pao u ruke svojih neprijatelja i neko je vrijeme bio zatvoren više mjeseci. Na kraju je mučeničkom smrću posvjedočio za svoju vjeru, ali je oružje što ga je pripremio omogućilo drugim borcima da nastave borbu kroz stoljeća sve do naših dana.

248

Latimer je s propovjedaonice tvrdio da Bibliju treba čitati na narodnom jeziku. Autor Svetoga pisma, govorio je, "jest Bog osobno", i ono dijeli moć i vječnost sa svojim Autorom. "Nema kralja, cara, magistrata ni vladara ... koji se nisu dužni pokoriti. ... Njegovoj svetoj Riječi. ... Nemojmo ići stranputicom, već dopustimo da nas vodi Božja riječ: ne idimo putovima ... naših otaca i ne činimo ono što su oni činili, već ono što su trebali činiti."[5]

Barnes i Frith, dvojica vjernih Tyndaleovih prijatelja, ustali su u obranu istine. Slijedili su ih Ridley i Cranmer. Ti predvodnici engleske reformacije bili su učeni ljudi, i većinu njih su u rimokatoličkoj zajednici visoko cijenili zbog njihove revnosti i pobožnosti. Njihovo protivljenje papinstvu bilo je posljedica spoznaje zabluda Svete stolice. Njihovo poznanstvo s tajnama Babilona dalo je veću težinu njihovom svjedočenju protiv njega.

"Postavit ću vam neobično pitanje", govorio je Latimer. "Tko je najmarljiviji biskup i prelat u cijeloj Engleskoj? ... Vidim da slušate i želite saznati njegovo ime. ... Reći ću vam: to je đavao. ... On je uvijek u svojoj biskupiji; potražite ga kad god želite i on je uvijek kod kuće; ... on je uvijek za svojim plugom. ...

Nikada ga nećete naći besposlena, jamčim vam. ... Gdje đavao stanuje ... dolje s knjigama, a gore sa svijećama; dolje s Biblijama, a gore s brojanicama; dolje sa svjetlosti Evanđelja, a gore sa svjetlosti svijeća, da, i u podne; ... dolje s Kristovim križem, a gore s čistilištem koje prazni džepove; ... dolje s odijevanjem golih, siromašnih i nemoćnih, a gore s ukrašavanjem kipova i slika i kićenjem drvlja i kamenja; gore s čovjekovim predajama i njegovim zakonima, a dolje s Božjom predajom i Njegovom presvetom Riječi. ... O kad bi naši prelati bili tako marljivi u sijanju sjemena dobrog nauka kao što je Sotona marljiv u sijanju korova i kukolja!"[6]

Veliko načelo što su ga podržavali svi ti reformatori — kojega su se držali valdenzi, Wycliffe, Jan Hus, Luther, Zwingli i oni koji su se sjedinili s njima — bilo je nepogrešivi autoritet Svetog pisma kao pravila vjere i života. Oni su odricali pravo papama, koncilima, crkvenim ocima i kraljevima da nadziru savjest u pitanjima vjere. Biblija je bila njihov autoritet i njome su ispitivali sva učenja i tvrdnje. Vjera u Boga i Njegovu Riječ podržavala je te svete ljude kad su svoj život ostavljali na lomači. "Budi miran," doviknuo je Latimer svojem sudrugu u mučeništvu, prije no što će plamen ušutkati njihove glasove, "Božjom milošću danas ćemo u Engleskoj zapaliti svijeću koja se, vjerujem, neće nikada ugasiti."[7]

249

Sjeme istine što su ga Columba i njegovi suradnici posijali u Škotskoj nikada nije bilo u cijelosti uništeno. Stotinama godina nakon što su se crkve u Engleskoj pokorile Rimu, one u Škotskoj sačuvale su svoju slobodu. Međutim u dvanaestom stoljeću papinstvo se i tu učvrstilo; u njoj je više nego bilo gdje provodilo svoju apsolutističku vlast. Nigdje nije bilo gušćeg mraka. Pa ipak su zrake svjetla prodrle kroz tamu i navijestile dolazak dana. Lolardi, koji su došli iz Engleske s Biblijom i Wycliffeovim naukom, mnogo su učinili da se poznavanje Evanđelja sačuva, i svako je stoljeće dalo svoje svjedoke i mučenike.

S početkom velike reformacije došla su Lutherova djela i Tyndaleov engleski Novi zavjet. Neprimijećeni od svećenstva, ti su vjesnici šutke prelazili brda i doline i ponovno palili gotovo ugaslu baklju istine u Škotskoj, popravljajući ono što je Rim učinio tijekom četiriju stoljeća ugnjetavanja.

A onda je krv mučenika dala novi poticaj pokretu. Papinski vođe, iznenada svjesni opasnosti koja je zaprijetila njihovoj

250 stvari, izveli su na lomaču neke od najplemenitijih i najuglednijih sinova Škotske. Ali time su samo podigli propovjedaonicu s koje su riječi umirućih svjedoka odjeknule po cijeloj zemlji, jačajući u duši naroda neprolaznu odluku da odbaci okove Rima.

Hamilton i Wishart, plemići po karakteru i rođenju, dali su život na lomači, zajedno s čitavim nizom skromnijih učenika. Ali s goruće Wishartove lomače došao je jedan koga plamen neće ušutkati, čovjek koji će Božjom pomoći zadati smrtni udarac papinskoj vlasti u Škotskoj.

John Knox napustio je predaju i misticizam Crkve da bi se hranio istinama Božje riječi. Wishartovo učenje učvrstilo ga je u odluci da prekine vezu s Rimom i pridruži se progonjenim reformatorima.

Njegovi su ga prijatelji nagovarali da prihvati dužnost propovjednika, ali je on ustuknuo pred tom odgovornosti. Pristao je tek nakon što je više dana proveo u samoći i u teškoj borbi sa sobom. Ali kad je jednom prihvatio tu dužnost, krenuo je naprijed nepokolebljivo, odlučan i hrabar do svoje smrti. Taj se čestiti reformator nije bojao ljudi. Plamen mučeništva koji je plamtio oko njega samo je još više poticao njegovu revnost. Unatoč krvnikovoj sjekiri koja mu je stalno visila nad glavom, on je stajao na svojem mjestu, snažno udarajući desno i lijevo da razbije idolopoklonstvo.

Kad su ga doveli pred škotsku kraljicu, pred kojom se topila odvažnost mnogih protestantskih vođa, John Knox je nepokolebljivo svjedočio za istinu. Njega se nije moglo pridobiti laskanjem; nije ustuknuo pred prijetnjama. Kraljica ga je optužila za krivovjerje. Rekla je da je narod poučavao religiji koja je zabranjena od države i da je tako prestupio Božju zapovijed, koja podanicima naređuje da se pokoravaju svojim vladarima. Knox je odlučno odgovorio:

"Budući da prava vjera nije dobila prvotnu snagu ni autoritet od svjetovnih vladara, nego od samog vječnog Boga, po-
251 danici svoju vjeru nisu dužni prilagođavati volji svojih vladara. Često se događa da su vladari najmanje upućeni u pravu Božju vjeru... Da su svi Abrahamovi potomci bili faraonove vjere, jer su dugo bili njegovi podanici, pitam vas, gospođo, koja bi vjera danas bila na svijetu? Ili da su svi ljudi u dane apostolâ bili po vjeri kao i rimski imperatori, koja bi vjera danas bila na

zemlji? Stoga, gospođo, možete zaključiti da podanici nisu dužni ispovijedati vjeru svojih vladara, premda im je zapovijeđeno da im budu poslušni."

"Vi tumačite Bibliju na jedan način", rekla je Marija, "a oni (rimokatolički učitelji) na drugi; kome da vjerujem i tko će prosuditi?"

"Vjerujte Bogu koji jasno govori u svojoj Riječi", odgovorio je reformator. "A više od onoga što Riječ uči ne vjerujte ni jednima ni drugima. Božja riječ je sama po sebi jasna, a ako se gdje pojavi neka nejasnoća, Sveti Duh, koji nikada sebi ne proturječi, to pojašnjava na drugom mjestu, tako da ne može biti sumnje, osim kod onih koji tvrdokorno ostaju u neznanju."[8]

Te je istine neustrašivi reformator, po cijenu svog života, izgovorio kraljici. Istom nepokolebljivom hrabrošću držao se svojega cilja, moleći i vodeći ratove Gospodnje, dok se Škotska nije oslobodila papinstva.

U Engleskoj je uvođenje protestantizma kao nacionalne religije smanjilo progonstvo, ali ga nije u cijelosti zaustavilo. Premda su odbačena mnoga učenja Rima, zadržan je nemali broj njegovih formi. Odbačena je vrhovna vlast pape, ali je na njegovo mjesto ustoličen kralj kao glava Crkve. Bogoslužje u crkvama još je uvijek bilo daleko od čistoće i jednostavnosti Evanđelja. Veliko se načelo vjerske slobode još nije shvatilo. Premda su protestantski vladari rijetko pribjegavali užasnim okrutnostima kojima se Rim služio protiv krivovjerja, još nije bilo priznato pravo svakog čovjeka da služi Bogu po svojoj savjesti. Od svih se tražilo da prihvate učenje i poštuju forme bogoslužja određenih od strane priznate Crkve. Disidenti su u većoj ili manjoj mjeri bili progonjeni stotinama godina.

U sedamnaestom stoljeću tisuće je propovjednika bilo izbačeno iz službe koju su obavljali. Ljudima je bilo zabranjeno, pod prijetnjom velikih globa, zatvora i progonstva, da posjećuju bilo kakav vjerski skup, osim onih koje odobrava Crkva. Vjerne duše koje se nisu mogle uzdržati od okupljanja na bogoslužje bile su prisiljene sastajati se u mračnim prolazima, neosvijetljenim potkrovljima, a u neka godišnja doba u ponoći i u šumama. Zaštićeni gustim šumama, u hramu što ga je Bog podigao, ta raspršena i progonjena djeca Gospodnja sastajala su se da svoje duše izlijevaju u molitvi i hvali. Ali unatoč svim mjerama opreza, mnogi su stradali za svoju vjeru. Zatvori su

252

bili pretrpani. Obitelji su bile rastavljene. Mnogi su protjerani u strane zemlje. Pa ipak, Bog je bio sa svojim narodom i progonstvo nije moglo ušutkati njihovo svjedočanstvo. Mnogi su morali otići preko oceana u Ameriku i ondje su položili temelje građanskoj i vjerskoj slobodi koje su postale bedem i slava te zemlje.

Kao i u apostolske dane, pokazalo se da su progonstva pripomogla širenju Evanđelja. U odvratnoj tamnici, pretrpanoj razuzdanim ljudima i zločincima, John Bunyan je udisao čisti zrak Neba. Tamo je napisao prekrasnu alegoriju o putovanju pobožnog putnika iz zemlje propasti u nebeski Grad. Više od dvije stotine godina taj glas iz zatvora u Bedfordu govori uzbudljivom snagom ljudskim srcima. Bunyanove knjige *Hodočasnikovo putovanje* i *Obilna milost ukazana najvećem od svih grešnika* upravile su mnoga stopala na put života.

Baxter, Flavel, Alleine i drugi daroviti i obrazovani ljudi s dubokim kršćanskim iskustvom čvrsto su stali u obranu vjere koja je "jedanput zauvijek predana svetima". Djelo što su ga izvršili ti ljudi, koje su vladari ovog svijeta progonili i stavljali izvan zakona, ne može nikada propasti. Flavelov *Izvor života* i *Postupanje milosti* podučili su tisuće ljudi kako da svoje duše predaju Kristu. Baxterov *Reformirani pastor* poslužio je na blagoslov mnogima koji su čeznuli za oživljavanjem Božjeg djela, a njegov *Vječni odmor svetih* izvršio je svoju zadaću vodeći mnoge u "subotni počinak [određen] narodu Božjem".

U danima velike duhovne tame stotinu godina kasnije pojavili su se Whitefield i Wesleyevi kao svjetlonoše za Boga. Pod upravom službene Crkve engleski je narod zapao u stanje vjerskog propadanja koje se jedva razlikovalo od neznaboštva. Prirodna religija bila je omiljeni predmet proučavanja klera i ona je predstavljala veći dio njihove teologije. Viši slojevi rugali su se pobožnima i hvalili se da su iznad onoga što su nazivali fanatizmom. Niži slojevi su utonuli u neznanje i bili prepušteni porocima, a Crkva više nije imala ni hrabrosti ni vjere podržavati propalu stvar istine.

Velika istina o opravdanju vjerom što ju je Luther tako jasno naučavao bila je gotovo posvema izgubljena iz vida, a njezino je mjesto zauzelo rimsko načelo pouzdanja u dobra djela za spasenje. Whitefield i oba brata Wesley, pripadnici službene Crkve, iskreno su nastojali steći Božju naklonost koja se, učili su ih, stječe kreposnim životom i poštivanjem vjerskih pravila.

Kada se Charles Wesley jednom teško razbolio, tako da je bio uvjeren kako mu se približava kraj, pitali su ga na čemu počiva njegova nada u vječni život. Njegov je odgovor glasio: "Uložio sam najbolji trud da služim Bogu." Budući da se Wesleyu činilo da prijatelj koji mu je postavio ovo pitanje nije bio sasvim zadovoljan odgovorom, pomislio je: "Što? Nisu li moji napori dovoljan razlog za nadu? Zar će me lišiti truda koji sam uložio? Nemam ništa drugo u što bih se mogao pouzdati."[9] Crkvu je pokrila toliko gusta tama da je sakrila službu pomirenja, otela Kristu Njegovu slavu i odvraćala misli ljudi s njihove jedine nade u spasenje − od krvi raspetog Otkupitelja.

254

Wesley i njegovi suradnici shvatili su da prava religija stoluje u srcu i da Božji zakon obuhvaća ne samo riječi i postupke, nego i misli. Osvjedočeni u potrebu svetosti srca, kao i pravilnog ponašanja, oni su iskreno željeli živjeti novim životom. Nastojali su marljivim trudom uz molitvu pokoriti zlo prirodnog srca. Živjeli su životom samoodricanja, ljubavi i poniženja, strogo vršeći sve što bi im, po njihovu mišljenju, moglo pomoći da postignu ono što su najviše željeli: svetost koja bi im pribavila Božju naklonost. Ali nisu postigli cilj za kojim su težili. Uzalud su se trudili osloboditi osude za grijeh ili skršiti njegovu moć. Bila je to ista borba koju je Luther iskusio u svojoj ćeliji u Erfurtu. Bilo je to isto pitanje koje je mučilo i njegovu dušu: "Kako da pred Bogom čovjek ima pravo?" (Job 9,2)

Vatre božanske istine, gotovo ugašene na oltarima protestantizma, trebale su biti ponovno zapaljene drevnom bakljom koju su češki kršćani stoljećima predavali iz ruke u ruku. Nakon reformacije rimske su horde posve pregazile protestantizam u Češkoj. Svi koji su se odbili odreći istine morali su pobjeći. Neki od njih našli su utočište u Saskoj i tu sačuvali drevnu vjeru. Upravo od potomaka tih kršćana svjetlost je doprla do Wesleya i njegovih sudrugova.

Nakon što su posvećeni za propovjedničku službu, John i Charles Wesley su s određenom zadaćom poslani u Ameriku. Na njihovom brodu nalazila se skupina moravske braće. Na tom putovanju putnike je zadesila velika oluja, a John Wesley, sučeljen sa smrću, osjećao je da nema sigurnosti pomirenja s Bogom. Naprotiv, Nijemci su pokazali spokojstvo i smirenost koji su mu bili posve strani.

"Već sam ranije", rekao je, "promatrao njihovo ozbiljno ponašanje. Svoju su poniznost stalno dokazivali čineći drugim putnicima usluge koje ne bi učinio nijedan Englez. Za njih nisu tražili niti bi primili plaću, govoreći da je to dobro za njihova ponosita srca i da je njihov dragi Spasitelj za njih učinio mnogo više. Svaki im je dan pružao prilike da pokažu krotkost koju nikakva uvreda nije mogla obeshrabriti. Ako bi ih tko gurnuo, udario ili oborio na pod, ustali bi i otišli, ali iz njihovih usta ne bi izišla riječ žalbe. Sada se pružila ozbiljna prilika da pokažu jesu li oslobođeni duha straha kao i duha ponositosti, srdžbe i osvete. Usred psalma kojim je počinjalo njihovo bogoslužje, naišao je val, raskinuo glavno jedro, prekrio brod i razlio se između paluba, kao da nas je morska dubina već progutala. Među Englezima je nastala strašna vriska. Nijemci su spokojno nastavili s pjevanjem. Kasnije sam jednoga od njih upitao: 'Zar se niste bojali?' On je odgovorio: 'Hvala Bogu, ne!' Pitao sam: 'Nisu li se vaše žene i djeca prestrašili?' On je blago odgovorio: 'Ne, naše žene i djeca se ne boje umrijeti!'"[10]

Nakon što su stigli u Savannah, John Wesley je zakratko ostao kod moravske braće; duboko ga se dojmilo njihovo kršćansko ponašanje. Pisao je o jednom njihovom bogoslužju, uočljivo suprotnom beživotnom formalizmu engleske Crkve: "Velika jednostavnost, kao i svečanost cijele službe učinili su da sam gotovo zaboravio na prohujalih sedamnaest stoljeća i zamislio da se nalazim na jednom od onih skupova u kojima nije bilo forme ni staleža; gdje su predsjedali šatorač Pavao ili ribar Petar, ali gdje se otkrivao Sveti Duh i Njegova sila."[11]

Nakon povratka u Englesku, Wesley je poučen od jednog moravskog propovjednika došao do jasnijeg razumijevanja biblijske vjere. Shvatio je da se za spasenje mora odreći svakog oslonca na vlastita djela i u cijelosti se pouzdati u "Jaganjca Božjeg koji uzima grijehe svijeta". Na jednom sastanku moravske braće u Londonu pročitana je Lutherova izjava u kojoj opisuje promjenu koju Božji Duh vrši u srcu vjernika. Tijekom slušanja u Wesleyevoj se duši zapalila vjera. "Osjećao sam da mi je postalo neobično toplo oko srca", rekao je. "Osjećao sam da se uzdam u Krista, jedino u Krista, za svoje spasenje i odjednom sam bio siguran da je On uzeo *moje* grijehe, baš *moje,* i spasio *me* od zakona grijeha i smrti."[12]

Tijekom dugih godina zamornog neutješnog rada – godina strogog samoodricanja, prijekora i ponižavanja – Wesley je čvrsto ustrajao u svom jedinom cilju traženja Boga. Sada Ga je našao i ustanovio da je milost koju je nastojao steći molitvama i postovima, dijeljenjem milostinje i samoodricanjem, dar "bez novca i bez naplate".

Jednom utvrđena u vjeri u Krista, njegova je cijela duša gorjela željom da svuda objavi poznavanje slavnog Evanđelja o Božjoj besplatnoj milosti. "Cijeli svijet smatram svojom župom", rekao je, "i bez obzira na kojem se mjestu nalazim, smatram da je moje pravo i sveta dužnost da svima koji žele čuti navijestim Radosnu vijest spasenja."[13]

Nastavio je svoj život strogosti i samoodricanja, sada više ne kao *temelj,* već kao *rezultat* vjere; ne *korijen,* već *plod* svetosti. Milost Božja u Kristu temelj je kršćanske vjere, a ta će se milost otkriti u poslušnosti. Wesley je svoj život posvetio propovijedanju velikih istina što ih je primio: opravdanju vjerom u Kristovu krv pomirenja i obnoviteljskoj sili Svetoga Duha u srcu, što donosi plod u životu usklađenom s Kristovim primjerom.

Whitefield i braća Wesley pripremali su se za svoj rad dugim i jasnim osobnim osvjedočenjem o stanju vlastite izgubljenosti; a da bi mogli podnijeti sve tegobe kao dobri vojnici Krista Isusa, morali su proći kroz vatrenu kušnju ruganja, podsmijeha i progonstva, kako na sveučilištu tako i nakon stupanja u propovjedničku službu. Njih i nekoliko drugih koji su ih simpatizirali njihovi su bezbožni kolege studenti podrugljivo nazivali metodistima, nazivom koji se danas smatra časnim imenom jedne od najvećih vjerskih zajednica u Engleskoj i Americi.

Kao članovi Anglikanske crkve, bili su veoma privrženi njezinim oblicima bogoslužja, ali Gospodin im je u svojoj Riječi pokazao uzvišenije mjerilo. Sveti Duh ih je ponukao da propovijedaju Krista, i to raspetoga. Sila Najvišega pratila je njihov rad. Tisuće su bile osvjedočene i doživjele istinsko obraćenje. Bilo je nužno da se te ovce zaštite od proždrljivih vukova. Wesley nije kanio osnovati novu vjersku zajednicu, već ih je organizirao pod onim što je nazvano Metodističkim savezom.

Neobjašnjivo je i teško bilo protivljenje što ga je službena Crkva pokazala spram tih propovjednika, ali Bog je u svojoj mudrosti tako vodio te događaje, da je reforma započela u samoj Crkvi. Da je došla samo izvana, ne bi prodrla upravo ondje gdje je bila tako potrebna. No budući da su propovjednici vjerskog buđenja bili crkveni ljudi, i djelovali u krilu Crkve kad god im se pružila prilika, istina je imala pristupa i tamo gdje bi vrata inače ostala zatvorena. Neki među svećenstvom probudili su se iz svog moralnog mrtvila i postali gorljivi propovjednici u svojim župama. Crkve koje su bile okamenjene formalizmom probuđene su u život.

U Wesleyevo doba, kao i u svim razdobljima crkvene povijesti, ljudi različitih sposobnosti obavili su povjereno im djelo. Oni se nisu slagali u svakoj točki nauka, ali su svi bili pokrenuti Božjim Duhom i ujedinjeni u cilju koji ih je potpuno zaokupio da pridobiju duše za Krista. Razlike u mišljenju između Whitefielda i braće Wesley neko su vrijeme prijetile da dovedu do otuđenosti, ali kako su se u Kristovoj školi naučili krotkosti, uzajamna popustljivost i milosrđe su ih pomirili. Nisu imali vremena za prepirku dok su posvuda oko njih bujale zablude i grijeh, a grešnici srljali u propast.

Sluge su Božje kročile neravnim putem. Utjecajni i učeni ljudi uporabili su protiv njih svoje snage. Nakon određenog vremena mnogi su svećenici prema njima pokazivali odlučno neprijateljstvo te su za čistu vjeru i one koji su je navješćivali zatvorili vrata crkava. Time što su ih javno žigosali s propovjedaonica, svećenici su potaknuli sile tame, neznanja i nepravde. Čudom Božje milosti John Wesley je višeput izbjegao smrti. Kad je protiv njega planuo gnjev svjetine i kad se činilo da nema spasa, jedan je anđeo u ljudskom obliku stao pored njega; svjetina je ustuknula, a Kristov je sluga zaštićen napustio opasno mjesto.

Wesley je ispričao kako se jednom takvom prilikom izbavio od razjarene svjetine: "Dok smo se spuštali skliskim putom u grad, mnogi su me htjeli gurnuti nizbrdo, uvjereni da ću se, ako padnem, teško opet podići. Ali nisam se spotaknuo niti poskliznuo dok nisam bio posve izvan njihova domašaja. ... Premda su me mnogi nastojali uhvatiti za ovratnik ili odjeću kako bi me oborili, u tome nisu uspjeli; samo je jednome uspjelo čvrsto me uhvatiti za preklop džepa prsluka, koji je ubrzo ostao u njegovoj ruci, dok je drugi preklop džepa u kojem sam imao jednu novčanicu, uspio otrgnuti samo napola. ... Jedan revan čovjek iza mene zamahnuo je nekoliko puta podebljim hrastovim štapom kako bi me udario; da me je samo jedanput udario straga po glavi, više se ne bi morao truditi. Ali udarac me je svaki put promašio, ne znam ni sam kako, jer se nisam mogao skloniti ni lijevo ni desno. ... Jedan drugi pojurio je iz gomile i podigao ruku da me udari, ali odjednom ju je spustio i pomilovao me po glavi govoreći: 'Kako mu je kosa mekana!' ... Prvi ljudi koji su se obratili bili su upravo gradske junačine, kolovođe rulje u svakoj prigodi; jedan od njih bio je prvak u *259* borbama u medvjeđem vrtu. ...

S koliko nas blagosti Bog priprema za izvršavanje Njegove volje! Prije dvije godine komad opeke okrznuo mi je rame. Godinu dana kasnije jedan me je kamen udario između očiju. Prošlog mjeseca dobio sam jedan, a večeras dva udarca; jedan prije našeg ulaska u grad, a drugi nakon izlaska, ali oba nisu bila ništa. Premda me jedan čovjek svom snagom udario u prsa, a drugi po ustima tako da mi je odmah potekla krv, ni od jednog udarca nisam osjetio veću bol nego da su me dotaknuli slamkom."[14]

U tim prvim danima metodisti su – i narod i propovjednici – podnosili podsmijeh i progonstva, kako od članova Crkve tako i od otvorenih nevjernika koje su ti potonji razjarili klevetama. Izvodili su ih pred sudove pravde, koji su to bili samo po imenu, jer ste u ono vrijeme rijetko kad mogli sresti pravdu u sudnicama. Često su trpjeli nasilje od svojih progonitelja. Svjetina je išla od kuće do kuće, uništavala namještaj i ostala dobra, pljačkala što god je htjela i grubo zlostavljala muškarce, žene i djecu. U nekim je slučajevima javno oglašen poziv da se oni koji žele sudjelovati u razbijanju prozora i rušenju metodističkih kuća okupe u određeno vrijeme na određenom mjestu. To otvoreno gaženje ljudskog i božanskog zakona ostajalo je bez prigovora. Sustavno su progonjeni ljudi čija je jedina pogreška bila nastojanje da odvrate noge grešnika od puta propasti i uprave ih na put svetosti.

Govoreći o optužbama protiv sebe i svojih suradnika, John Wesley je rekao: "Neki tvrde da su učenja tih ljudi lažna, pogrešna i zanesenjačka, da su novotarije i doskora nepoznata, da su kvekerska, fanatična i papistička. Neosnovanost tih tvrd-

260 nji već je višeput dokazana time što je potanko pokazano da je svaka grana tog učenja jasni nauk Svetoga pisma kako ga tumači naša Crkva. Prema tome, ako je Pismo istinito, ono ne može biti ni lažno, niti pogrešno. ... Drugi kažu: 'Njihovo je učenje prestrogo; oni čine put u Nebo previše uskim.' Zapravo je to stvarno prvotni prigovor (za neko je vrijeme bio jedini) i u bîti osnova tisućama drugih koji se pojavljuju u raznim oblicima. Ali čine li oni put u Nebo užim nego što su ga činili naš Gospodin i Njegovi učenici? Je li njihovo učenje strože od učenja Biblije? Razmotrite nekoliko jasnih redaka: 'Ljubi Gospodina Boga svoga ... svim srcem svojim, svom dušom svojom, svom snagom svojom i svom pameću svojom.' 'Ja vam kažem da će ljudi za svaku nekorisnu riječ što je izreknu odgovarati na Sudnji dan.' 'Prema tome, bilo da jedete, bilo da pijete, bilo da što drugo činite, sve činite na slavu Božju!'

Ako je njihovo učenje strože od ovoga, onda su oni krivi, ali savjest vam govori da to nije tako. Tko bi i za jotu bio manje strog a da pritom ne izopači Božju riječ? Može li ijedan upravitelj Božjih tajni biti vjeran ako promijeni bilo koji dio tog svetog zaloga? Ne! On ne smije ništa umanjiti, ništa ublažiti; obvezan je objaviti svima: 'Ne mogu Sveto pismo prilagoditi vašem ukusu. Vi se morate uzdići do njega ili ćete zauvijek propasti!' To je pravi razlog popularne vike o 'nedostatku milosrđa tih ljudi'. Zar doista nemaju milosrđa? U kojem pogledu? Zar ne hrane gladne i ne odijevaju gole? Ne, nije u tome stvar; u tom pogledu im nema zamjerke, ali oni su nemilosrdni kad sude; misle da nitko ne može biti spašen osim onih koji idu njihovim putom."[15]

Duhovno opadanje do kojega je došlo u Engleskoj neposredno pred pojavu Wesleya bilo je dobrim dijelom posljedica pogrešnog učenja. Mnogi su tvrdili da je Krist ukinuo moralni Zakon i da ga kršćani stoga više nisu obvezatni obdržavati, odnosno da je vjernik oslobođen od "robovanja dobrim djelima". *261* Premda su priznavali vječnost Zakona, drugi su tvrdili kako je nepotrebno da propovjednici pozivaju ljude na poslušnost njegovim propisima, jer će oni koje je Bog izabrao za spasenje "biti neodoljivim poticajima božanske milosti navedeni da žive pobožno i pošteno", dok oni koji su osuđeni na vječno prokletstvo "nisu imali snage da budu poslušni božanskom Zakonu".

Drugi, opet, koji su također smatrali da "izabrani ne mogu otpasti od milosti niti izgubiti božansku naklonost", došli su do još strašnijeg zaključka da "zla djela koja čine zapravo nisu grijeh niti se mogu smatrati prijestupom božanskog Zakona, i da prema tome nemaju razloga priznati svoje grijehe niti ih pokajanjem napustiti".[16] Stoga, tvrdili su, čak ni najteži grijeh, "kojega svi smatraju strašnim prijestupom božanskog Zakona, u Božjim očima nije grijeh" ako ga učini jedan od izabranih, "budući da je bitno i prepoznatljivo obilježje izabranih da ne mogu učiniti ništa što bi izazvalo Božje negodovanje ili bilo Zakonom zabranjeno".

Ova su nakazna učenja u bîti ista kao i kasnija učenja suvremenih odgojitelja i teologa – da nema nepromjenjivog božanskog Zakona kao mjerila onoga što je pravo, već da društvo samo određuje mjerilo moralnosti koja je stalno izložena promjeni. Sve ove zamisli nadahnjuje isti onaj duh koji je još među nebeskim stanovnicima nastojao ukinuti pravedna ograničenja Božjeg zakona.

Učenje o božanskim dekretima kojima se nepromjenjivo određuje karakter ljudi navelo je mnoge na praktično odbacivanje Božjeg zakona. Wesley se odlučno protivio zabludama antinominističkih učitelja i pokazao da je ovo učenje koje vodi antinomijanizmu[17] suprotno Svetome pismu. "Baš se tim očitova milost Božja u svoj spasiteljskoj snazi za *sve ljude*." "To je dobro i ugodno pred Bogom, Spasiteljem našim, koji hoće da se svi ljudi spase i da dođu do potpune spoznaje istine. Jer – jedan je Bog i posrednik između Boga i ljudi: čovjek Krist Isus koji dade samog sebe kao otkup mjesto *sviju*." (Titu 2,11; 1. Timoteju 2,3-6) Božji se Duh daje besplatno da svakom čovjeku omogući primanje sredstva spasenja. Tako Krist, "svjetlo istinito", "rasvjetljuje svakoga čovjeka" koji "dođe na ovaj svijet". (Ivan 1,9) Ljudi gube spasenje jer hotimice odbijaju primiti dar života.

Kao odgovor na tvrdnje da je Kristovom smrću ukinut Dekalog, zajedno s obrednim zakonom, Wesley je rekao: "On nije ukinuo moralni Zakon sadržan u Deset zapovijedi i istican od proroka. Cilj njegova dolaska nije bio opozvati bilo koji njegov dio. To je Zakon koji se nikada ne može ukinuti, koji 'stoji čvrsto kao vjeran svjedok na Nebu'. ... On postoji od početka svijeta kada je bio napisan, 'ne na pločama od kamena', već u srcima sve ljudske djece kada su izašla iz Stvoriteljevih ruku. Premda

262

su slova, u prošlosti napisana Božjim prstom, danas u velikoj mjeri izblijedjela od grijeha, ona ipak ne mogu biti posve izbrisana dokle god smo svjesni dobra i zla. Svaki dio ovog Zakona mora ostati na snazi za cijelo čovječanstvo i za sva vremena, budući da ne ovise ni o vremenu ni o mjestu, niti o bilo kakvim okolnostima koje podliježu promjeni, već o Božjoj i ljudskoj naravi i o njihovom nepromjenjivom međusobnom odnosu.

'Ne dođoh da ih ukinem, već da ih ostvarim.' ... Nesumnjivo, smisao tih Njegovih riječi (dosljedno svemu što prethodi i što slijedi) jest: Došao sam ga utvrditi u cjelini, unatoč svim ljudskim primjedbama; došao sam rasvijetliti sve što je u njemu bilo mračno ili nejasno; došao sam objaviti pravo i puno značenje svakog njegovog dijela; pokazati dužinu i širinu, opseg svake njegove zapovijedi, kao i njegovu visinu i dubinu, nezamislivu čistoću i duhovnost svake njegove pojedinosti."[18]

263

Wesley je objavio savršen sklad Zakona i Evanđelja. "Postoji, stoga, najuža veza koja se može zamisliti između Zakona i Evanđelja. S jedne nam strane Zakon stalno priprema put Evanđelju i upućuje na njega, a s druge nas strane Evanđelje stalno vodi točnijem vršenju Zakona. Zakon, na primjer, traži da ljubimo Boga i bližnjega, da budemo krotki, ponizni ili sveti. Mi osjećamo da za to nismo sposobni — istina, 'ljudima je nemoguće'. Ali mi vidimo da je Bog obećao dati nam tu ljubav i učiniti nas poniznima, krotkima i svetima; mi prihvaćamo to Evanđelje, tu Radosnu vijest. Mi dobivamo prema svojoj vjeri 'da bi se u nama ... ispunio pravedni zahtjev Zakona' po vjeri koja je u Kristu Isusu ..."

"U najvišim redovima neprijatelja Kristovog Evanđelja", rekao je Wesley, "nalaze su oni koji otvoreno i izričito sude i ocrnjuju Zakon, koji uče ljude da krše ne samo jednu, bilo najmanju ili najveću, već sve zapovijedi odjednom. ... Najčudnije u svim okolnostima koje prate tu snažnu obmanu jest u tome što oni koji su joj podložni stvarno vjeruju da štuju Krista time što ruše Njegov Zakon, i da uzvisuju Njegovu službu time što razaraju Njegov nauk! Da, oni Ga poštuju kao i Juda kad je rekao: 'Zdravo, Rabbi! — pa ga poljubi.' (Matej 26,49) A On bi s istim pravom mogao reći svakome od njih: 'Poljupcem izdaješ Sina Čovječjega?' Zar je što drugo no izdati Ga poljupcem — govoriti o Njegovoj krvi i oduzeti Mu krunu; olako se odnositi spram bilo kojeg dijela Njegovog Zakona pod izgovorom poticanja napretka Njegovog Evanđelja? Takvu optužbu isto tako ne može izbjeći nitko tko propovijeda vjeru tako da izravno ili neizravno odvraća od poslušnosti u bilo čemu, tko propovijeda Krista tako da na bilo koji način ukine ili umanji važnost i najmanje Božje zapovijedi."[19]

Onima koji su tvrdili da "propovijedanje Evanđelja odgovara kraju Zakona", Wesley je odgovorio: "To u cijelosti odbacujemo. Ono ne odgovara početku kraja Zakona, naime da osvjedoči ljude o grijehu, da probudi one koji još uvijek spavaju na pragu pakla. Apostol Pavao tvrdi da 'Zakon... služi samo točnoj spoznaji grijeha', i dok čovjek ne bude osvjedočen o grijehu, on neće osjetiti istinsku potrebu za Kristovom posredničkom krvlju... 'Ne treba zdravima liječnik,' primjećuje naš Gospodin, 'nego bolesnima'. Stoga je besmisleno preporučivati liječnika zdravima ili onima koji misle da su zdravi. Najprije ih morate uvjeriti da su bolesni, inače vam neće zahvaliti za vaš trud. Isto je tako besmisleno nuditi Krista onima čije je srce cijelo, budući da dosad nikada nije bilo slomljeno."[20]

Tako je Wesley, propovijedajući Evanđelje o Božjoj milosti, kao i njegov Učitelj nastojao "uzveličati i proslaviti Zakon". Vjerno je izvršio djelo koje mu je Bog povjerio i slavna su bila postignuća koja mu je bilo dopušteno vidjeti. Pri kraju njegovog života dugog više od osamdeset godina – preko pedeset godina proveo je kao putujući propovjednik – njegovih je iskrenih sljedbenika bilo više od pola milijuna. Ali mnoštvo koje je njegovim trudom bilo uzdignuto iz propasti i poniženja grijeha u viši i čistiji život, kao i broj onih koji su zahvaljujući njegovom poučavanju stekli dublje i bogatije iskustvo, neće se nikada saznati dok cijela obitelj spašenih ne bude okupljena u Božjem kraljevstvu. Za svakog kršćanina njegov je život pouka od neprocjenjive vrijednosti. Kad bi se vjera i poniznost, neumorna revnost, samopožrtvovnost i odanost tog Kristovog sluge odražavale i u današnjim crkvama!

264

15

Biblija i Francuska revolucija

265   Reformacija je u šesnaestom stoljeću, pružanjem otvorene Biblije narodu, nastojala ući u sve europske zemlje. Neki su je narodi radosno pozdravili kao nebeskog vjesnika. U drugim zemljama papinstvo je u znatnoj mjeri uspjelo spriječiti njezin ulazak; i svjetlo biblijske spoznaje, sa svojim oplemenjujućim utjecajem, bilo je gotovo sasvim isključeno. U jednoj zemlji, premda je svjetlo uspjelo ući, tama ga nije obuzela. Stoljećima su se istina i laž borile za prevlast. Na kraju je zlo pobijedilo, a istina s Neba bila protjerana. "U ovome se sastoji sud: Svjetlo je došlo na svijet, ali ljudi su više voljeli tamu nego Svjetlo." (Ivan 3,19) Nacija je morala žeti posljedice svoga izbora. Obuzdavanje koje je vršio Božji Duh povuklo se od naroda koji je prezreo dar Njegove milosti. Bog je dopustio da zlo sazre, i cijeli je svijet vidio plod namjernog odbacivanja svjetla.

Rat protiv Biblije, što je toliko stoljeća bjesnio u Francuskoj, dostigao je vrhunac u prizorima Revolucije. Izbijanje te strašne pobune neizbježna je posljedica gušenja Božje riječi od strane Rima. (Vidi Dodatak.) Bila je to najočitija ilustracija što ju je svijet ikada vidio o posljedicama djelovanja papinske po-

266   litike – ilustracija onoga čemu je učenje Rimske crkve težilo više od tisuću godina.

Proroci su prorekli da će tijekom razdoblja papinske prevlasti Sveto pismo biti zabranjeno, a pisac Otkrivenja isto tako upozorava na strašne posljedice koje će zbog nadmoći "Čovjeka grijeha" posebno pogoditi Francusku.

Anđeo Gospodnji je rekao: "... Koji će četrdeset i dva mjeseca gaziti Sveti grad! Tada ću ja poslati svoja dva svjedoka da obučeni u kostrijet proriču tisuću dvjesta i šezdeset dana. ... Ali kad dovrše svoje svjedočanstvo, Zvijer će koja izlazi iz Bezdana ratovati protiv njih i pobijedit će ih i ubit će ih. Njihova će tjelesa ležati na trgu velikog grada koji se u prenesenom smislu zove Sodoma i Egipat – gdje je njihov Gospodin razapet. ... Stanovnici će se zemlje tomu veseliti i radovati, izmjenjujući međusobno darove, jer su ova dva proroka zadavala muku stanovnicima zemlje. Ali nakon tri i po dana životni dah, koji dolazi od Boga, uđe u njih te stadoše na svoje noge, i veliki strah obuze one koji su ih promatrali." (Otkrivenje 11,2-11)

Ovdje spomenuta razdoblja "četrdeset i dva mjeseca" i "tisuću dvjesta i šezdeset dana" ista su i jednako predstavljaju vrijeme u kojem je Kristova Crkva trpjela ugnjetavanje Rima. Tisuću dvjesto i šezdeset godina papinske prevlasti počinje 538. poslije Krista i prema tome završava 1798. godine. (Vidi Dodatak.) Te je godine francuska vojska ušla u Rim i uhitila papu koji je i umro u izgnanstvu. Premda je uskoro izabran novi papa, od tog vremena papinska hijerarhija nikada više nije raspolagala vlašću koju je imala ranije.

Progonstvo Crkve nije trajalo tijekom cijelog razdoblja od 1260 godina. Iz sućuti spram svoga naroda, Bog je skratio vrijeme njegove strašne kušnje. U svome proročanstvu o "nevolji kakve nije bilo od postanka svijeta" koja će doći na Crkvu, Spasitelj je rekao: "I kad se ne bi skratili ti dani, nitko se ne bi spasio. Ali radi izabranika ti će se dani skratiti." (Matej 24,22) Zahvaljući utjecaju reformacije, progonstvo je prestalo nešto prije 1798. godine.

267

Što se tiče dvojice svjedoka, prorok dalje izjavljuje: "To su dvije masline i dva svijećnjaka što stoje pred Gospodarom zemlje." "Tvoja riječ", rekao je psalmist, "nozi je mojoj svjetiljka i svjetlo mojoj stazi." (Otkrivenje 11,4; Psalam 119,105) Dva svjedoka predstavljaju Sveto pismo Staroga i Novoga zavjeta. Oba svjedoče da su važna svjedočanstva o podrijetlu i trajnosti Božjeg zakona. Oba svjedoče i o planu spasenja. Simboli, žrtve i proročanstva Staroga zavjeta upućuju na Spasitelja koji će doći. Evanđelja i poslanice Novoga zavjeta svjedoče o Spasitelju koji je došao upravo onako kako je prorečeno simbolima i proročanstvima.

Dva svjedoka će "obučeni u kostrijet" proricati "tisuću dvjesta i šezdeset dana". Tijekom većeg dijela tog razdoblja Božji

svjedoci ostali su neugledni. Papinska vlast nastojala je od lju-
di sakriti Riječ istine, te je pred njih stavila lažne svjedoke da
proturječe njenom svjedočanstvu. (Vidi Dodatak.) Kad su vjer-
ske i svjetovne vlasti zabranile Bibliju, kad je njezino svjedo-
čanstvo izopačeno i kad su uloženi svi mogući napori što su
ih ljudi i demoni mogli smisliti da od nje odvrate umove naro-
da; kad su oni koji su se usudili objaviti njezine svete istine
bili progonjeni, izdani, mučeni i trpani u tamničke ćelije, ubi-
jani kao mučenici zbog svoje vjere ili prisiljavani da bježe u
planinsku pustoš, u gudure i špilje – tada su dva vjerna svje-
doka proricala obučena u kostrijet. Ali su nastavili svjedočiti
tijekom cijelog razdoblja od 1260 godina. U najmračnije doba
268 bilo je vjernih ljudi koji su ljubili Božju riječ i revnovali za Nje-
govu čast. Ovim je vjernim slugama dana mudrost, snaga i vlast
da objave Njegovu istinu tijekom cijelog tog razdoblja.

"Ako tko hoće da im naudi, iz usta im sukne oganj i pro-
ždere njihove neprijatelje. Da, ako tko hoće da im naudi, mora
tako poginuti." (Otkrivenje 11,5) Ljudi ne mogu nekažnjeno gaziti
Božju riječ. Značenje te zastrašujuće prijetnje objašnjeno je u
završnom poglavlju Otkrivenja: "Ja svakomu koji čuje proro-
čanske riječi ove knjige izjavljujem: Tko ovomu što nadoda, Bog
će mu dodati zla opisana u ovoj knjizi, a ako što oduzme od
riječi ove proročke knjige, Bog će mu oduzeti njegov dio na
stablo života i na Sveti grad, opisane u ovoj knjizi." (Otkrivenje
22,18.19)

Takvim je upozorenjima Bog želio sačuvati ljude od bilo
kakvog mijenjanja onoga što je objavio ili zapovjedio. Ove sve-
čane prijetnje odnose se na sve koji svojim utjecajem navode
ljude na olako pristupanje Božjem zakonu. One trebaju izazva-
ti strah i drhtanje u onih koji drsko izjavljuju kako nije važno
jesmo li ili nismo poslušni Božjem zakonu. Svi koji uzdižu vla-
stita shvaćanja iznad božanske objave, svi koji bi htjeli izmije-
niti jasno značenje Svetog pisma da odgovara njima, ili zato da
se prilagode svijetu, preuzimaju na sebe strašnu odgovornost.
Pisana riječ, Božji zakon, bit će mjerilo kojim će se mjeriti ka-
rakter svakog čovjeka i suditi svima koje će to nepogrešivo mje-
rilo naći krivima.

"Ali kad dovrše svoje svjedočanstvo ..." Razdoblje u kome
su ta dva svjedoka trebala svjedočiti obučeni u kostrijet zavr-
šava 1798. godine. Kako se približavao kraj njihovu svjedoče-

nju u mraku, sila predstavljena kao "Zvijer koja izlazi iz Bezdana" objavila im je rat. U mnogim europskim zemljama Sotona je putem papinstva stoljećima nadzirao snage koje su upravljale Crkvom i državom. Ali ovdje se javlja novo očitovanje sotonske sile.

Politika Rima bila je, pod izgovorom štovanja Biblije, da ona ostane zatvorena u nepoznatom jeziku i skrivena od ljudi. Pod njegovom vlašću dva svjedoka proricala su "obučeni u kostrijet". Ali trebala se pojaviti druga zvijer – Zvijer iz Bezdana – da otpočne neumoljivi rat protiv Božje riječi.

"Veliki grad" na čijim su ulicama dva svjedoka ubijeni i u kojemu leže njihova tjelesa "u prenesenom smislu zove (se) Egipat". Od svih naroda prikazanih u biblijskoj povijesti, Egipat je najdrskije poricao postojanje živoga Boga i protivio se Njegovim zapovijedima. Nijedan se vladar nije usudio krenuti u tako otvorenu i drsku pobunu protiv autoriteta Neba kao što je to učinio vladar Egipta. Kad mu je Mojsije u ime Gospodnje donio poruku, faraon je oholo odgovorio: "Tko je taj Jahve da ga ja poslušam ... i pustim Izraelce? Ja toga Jahvu ne znam niti ću pustiti Izraelce." (Izlazak 5,2) To je ateizam, i nacija predstavljena Egiptom isto će tako odbiti priznati zahtjeve živoga Boga i otkriti sličan duh nevjerstva i prkosa. "Veliki grad" je "u prenesenom smislu" uspoređen i sa Sodomom. Pokvarenost Sodome u prestupanju Božjeg zakona posebno se pokazala u razvratu. A i taj će grijeh biti glavno obilježje nacije koja će ispuniti ono što je izneseno u tom navodu.

Prema prorokovim riječima, dakle, malo prije 1798. godine jedna će sila, sotonskog podrijetla i karaktera, objaviti rat Bibliji. A u zemlji u kojoj će tako biti ušutkano svjedočanstvo dvojice Božjih svjedoka pokazat će se faraonov ateizam i sodomska razvratnost.

To je proročanstvo doživjelo najtočnije i najočitije ispunjenje u povijesti Francuske. Za Revolucije 1793. godine "svijet je prvi put čuo da jedan skup ljudi, rođen i odgojen u uljudbi, uzimajući pravo da upravlja jednom od najuglednijih nacija Europe, složnim glasom poriče najsvečaniju istinu dostupnu ljudskoj duši i jednoglasno se odriče vjere i štovanja Boga".[1] "Francuska je jedina zemlja na svijetu o kojoj su sačuvani autentični izvještaji da je kao nacija podigla ruku u otvorenoj pobuni protiv Stvoritelja svemira. ... Postojalo je, i još uvijek postoji, mnoštvo bogohulnika i nevjernika u Engleskoj, Njemačkoj, Španjolskoj i u drugim zemljama, ali Francuska zauzima posebno mjesto u svjetskoj povijesti kao jedina država koja je odlukom svoje zakonodavne skupštine proglasila da nema Boga; u kojoj je sve pučanstvo prijestolnice, kao i velika većina u drugim mjestima, žene kao i muškarci, s radošću plesala i pjevala prihvaćajući taj proglas."[2]

Francuska je uz to pokazala značajke kojima se posebno odlikovala Sodoma. Tijekom Revolucije pokazalo se stanje moralnog razvrata i iskvarenosti slično onome koje je dovelo do uništenja gradova u sodomskoj ravnici. Povjesničari zajedno prikazuju ateizam i razvrat Francuske kako je prorečeno. "Tijesno povezan s tim zakonima koji se tiču religije, bio je i zakon koji svodi bračnu vezu – najsvetiju vezu koju dva ljudska bića mogu stvoriti, od čije trajnosti neizbježno ovisi stabilnost društva – na stupanj običnog građanskog ugovora prolaznog karaktera, koji bilo koje dvije osobe mogu po volji sklopiti i raskinuti. ... Da su sami demoni nastojali pronaći najdjelotvorniji način da unište sve što je časno, lijepo i trajno u obiteljskom životu, istodobno sigurni da će se zlo koje su namjeravali stvoriti prenositi iz naraštaja u naraštaj, nisu mogli smisliti učinkovitiji plan da degradiraju brak. ... Sophie Arnoult, glumica čuvena po svojoj duhovitosti, nazvala je republikanski brak 'sakramentom preljuba'."[3]

"Gdje je njihov Gospodin razapet." I ova se pojedinost proročanstva ispunila u Francuskoj. Ni u jednoj se zemlji duh neprijateljstva protiv Krista nije uočljivije pokazao. Ni u jednoj zemlji istina nije naišla na ogorčenije i okrutnije protivljenje. U progonstvima onih koji su svjedočili za Evanđelje, Francuska je u liku Njegovih učenika razapela Krista.

Stoljećima se prolijevala krv svetaca. Dok su valdenzi Pijemonta davali svoj život "za riječ Božju i za svjedočanstvo Isusa Krista", njihova braća, francuski albigenzi, slično su svjedočili za istinu. U vrijeme reformacije njezini su učenici osuđivani na smrt u strašnim mukama. Kralj i plemstvo, žene visokog roda i nježne djevojke, ponos i viteštvo nacije, naslađivali su se samrtnim patnjama Isusovih mučenika. Hrabri hugenoti, boreći se za prava najdraža ljudskom srcu, iskrvarili su na mnogim bojnim poljima. Protestanti su bili stavljeni izvan zakona, za njihove je glave raspisana ucjena te su ih lovili kao divlje zvijeri.

"Crkva pustinje", mali broj potomaka drevnih kršćana, još je postojala u Francuskoj u osamnaestom stoljeću, skrivajući se po planinama na jugu, čuvajući vjeru svojih otaca. Kad bi se noću usudili sastati na planinskoj padini ili usamljenim pustarama, progonili su ih vojnici i odvlačili na doživotno robovanje na galijama. Najbolji, najplemenitiji i najobrazovaniji Francuzi bili su okivani zajedno s razbojnicima i ubojicama, trpeći najstrašnije muke.[4] Drugi, s kojima se postupalo malo čovječnije, bili su hladnokrvno strijeljani dok su, nenaoružani i nemoćni, padali na koljena da se mole. Stotine starih ljudi, nezaštićenih žena i nevine djece ostalo je ležati na mjestu na kojem su se okupljali. Prolazeći planinskim obroncima ili šumama, gdje bi se ti ljudi obično okupljali, nije bilo neobično "na svaka četiri koraka naići na leševe u travi ili na mrtva tijela obješena na stabla". Njihova zemlja, opustošena mačem, sjekirom i lomačama, "bila je pretvorena u veliku, turobnu pustinju". "Ova zvjerstva nisu počinjena ... u nekom mračnom vijeku, već u vrijeme sjajne vladavine Luja XIV.; u vrijeme njegovanja znanosti, cvjetanja književnosti, kad su teolozi dvora i prijestolnice bili učeni i rječiti ljudi, koji su ostavili snažan trag na vrlinama krotkosti i milosrđa."[5]

Ali najcrnji u crnom popisu zločina, najgroznije pakleno djelo u svim tim strašnim stoljećima, bio je masakr na dan sv. Bartolomeja. Svijet se još s užasom prisjeća tog najpodlijeg i najokrutnijeg pokolja. Potaknut rimskim svećenicima i prelatima, francuski je kralj odobrio ovo grozno djelo. Zvono koje je usred noći zazvonilo, bilo je znak za pokolj. Na tisuće protestanata koji su mirno spavali u svojim posteljama, uzdajući se u kraljevu časnu riječ, bilo je bez upozorenja izvučeno i hladnokrvno poubijano.

Kao što je Krist bio nevidljivi Vođa svojega naroda kad ga je izvodio iz egipatskog ropstva, tako je Sotona bio nevidljivi vođa svojih podanika u tom strašnom djelu umnožavanja mučenika. U Parizu je pokolj trajao sedam dana, a prva tri dana upravo neiskazanim bijesom. Nije se ograničio samo na prijestolnicu; posebnom kraljevom zapovijedi proširio se na sve provincije i gradove u kojima je bilo protestanata. Nije se pokazivao obzir ni prema starosti ni prema spolu. Nije bilo pošteđeno ni nevino dijete, ni sijedi starac. Plemić i seljak, mlad i star, majka i dijete, bili su zajedno poubijani. Diljem Francuske pokolj je trajao puna dva mjeseca. Uništeno je sedamdeset tisuća samog cvijeta nacije. "Kada je vijest o tom masakru stigla u Rim, radosti klera nije bilo granica. Kardinal lorenski nagradio je glasnika s tisuću kruna. Top s tvrđave Sv. Anđela zagrmio je radosnim pozdravom, a oglasila su se zvona sa svih zvonika. Upaljene vatre pretvorile su noć u dan, a Grgur XIII., praćen kardinalima i drugim crkvenim dostojanstvenicima, poveo je dugu procesiju u crkvu Sv. Luja, u kojoj je lorenski kardinal otpjevao *Te Deum*... Iskovana je spomen-medalja kao uspomena na pokolj, a u Vatikanu se još uvijek mogu vidjeti tri Vasarijeve freske koje prikazuju napad na admirala, kralja kako u dvorskom savjetu priprema pokolj, i sâm masakr. Grgur je Karlu poslao Zlatnu ružu, a četiri mjeseca nakon masakra ... spokojno je slušao propovijed jednog francuskog svećenika ... koji je govorio o 'danu prepunom sreće i radosti kada je najsvetiji otac primio vijest o pokolju i u svečanoj povorci otišao zahvaliti Bogu i svetom Luju'."[6]

Isti onaj duh koji je potaknuo masakr na dan sv. Bartolomeja, upravljao je i zbivanjima Revolucije. Isus Krist je proglašen varalicom, i opći poklik francuskih nevjernika glasio je: "Uništimo Bijednika!", misleći pritom na Krista. Bogohuljenje koje je dopiralo do Neba i užasna zloća išli su ruku pod ruku, a najpodlije su ljude, najprezrenija čudovišta okrutnosti i poroka, najviše uzvisivali. U svemu tome Sotoni se ukazivalo najveće poštovanje, dok je Krist, sa svojim vrlinama istine, čistoće i nesebične ljubavi, bio razapet.

"Zvijer će koja izlazi iz Bezdana ratovati protiv njih i pobijedit će ih i ubit će ih." Ateistička sila koja je vladala Francuskom u vrijeme Revolucije i vladavine terora, povela je takav rat protiv Boga i Njegove svete Riječi kakav svijet nije doživio. Narodna skupština ukinula je štovanje Boga. Biblije su skupljali i javno spaljivali uz svako moguće pokazivanje prijezira. Božji je Zakon bio pogažen. Biblijske uredbe su ukinute. Tjedni dan odmora bio je uklonjen, a umjesto njega svaki je deseti dan bio posvećen orgijanju i huljenju. Krštenje i pričest bili su zabranjeni. Natpisima postavljenim na vidna mjesta na grobljima objavljeno je da je smrt vječni san.

Strah Gospodnji bio je toliko daleko od početka mudrosti da je postao početkom ludosti. Svako je bogoslužje zabranjeno, osim bogoslužja slobodi i domovini. "Pariški biskup pozvan je da odigra glavnu ulogu u najbesramnijoj i najsablažnjivijoj komediji koja je ikada odigrana pred predstavništvom naroda... Izveden je u pravoj procesiji da pred Konventom objavi kako je religija koju je tolike godine naučavao u svakom pogledu bila svećenička izmišljotina, koja nema temelja ni u povijesti ni u svetoj istini. Svečanim i jasnim riječima porekao je postojanje Božanstva kome je bio posvećen da služi, i izjavio da će ubuduće služiti samo slobodi, jednakosti, vrlini i moralnosti. Zatim je na stol odložio oznake svoje biskupske časti i od predsjednika Konventa bio bratski zagrljen. Više otpalih svećenika slijedilo je primjer tog prelata."[7]

"Stanovnici će se zemlje veseliti i radovati, izmjenjujući međusobno darove, jer su ova dva proroka zadavali muku stanovnicima zemlje." Nevjernička Francuska ušutkala je ukoravajući glas dvojice Božjih svjedoka. Riječ istine ležala je mrtva na njezinim ulicama, a oni koji su mrzili ograničenja i zahtjeve Božjeg zakona sada su klicali. Ljudi su javno prkosili nebeskom Kralju. Kao nekada grešnici, vikali su: "Kako da dozna Bog? Spoznaje li Svevišnji?" (Psalam 73,11)

S nevjerojatnom bogohulnom drskošću jedan od svećenika novog reda je rekao: "Bože, ako postojiš, osveti svoje uvrijeđeno ime. Izazivam Te! Ti šutiš, ne usuđuješ se zagrmiti svojim gromovima. Tko će nakon toga vjerovati da postojiš?"[8] Kakav *275* je to odjek faraonovog pitanja: "Tko je Gospodin da ga ja poslušam? ... Ja toga Gospodina ne znam!"

"Bezumnik reče u srcu: 'Nema Boga.'" (Psalam 14,1) A Gospodin objavljuje o onima koji iskrivljuju istinu: "Jer će njihovo bezumlje biti potpuno jasno svima." (2. Timoteju 3,9) Nakon što je odbila štovati živoga Boga koji je "Višnji i Uzvišeni, koji vječno stoluje", Francuska se ubrzo spustila do ponižavajućeg idolopoklonstva, do štovanja božice Razuma u osobi jedne razvratne žene, i to još u skupštini narodnih predstavnika njenih najviših građanskih i zakonodavnih vlasti. Jedan povjesničar kaže: "Jedan od obreda onog bezumnog vremena ostaje nenadmašan po apsurdnosti povezanoj s bezboštvom. Vrata Konventa otvorena su pred skupinom glazbenika za kojima su u svečanoj povorci išli članovi općinske skupštine, pjevajući himnu u čast slobodi i prateći, kao predmet budućeg obožavanja, ženu zastrtu koprenom, koju su nazvali božicom Razuma. Kad su je donijeli do podija, svečano su joj skinuli koprenu i postavili je s desna predsjedniku i u tom su trenutku svi u njoj prepoznali baletnu opernu plesačicu. ... Toj osobi, kao najpogodnijem predstavniku razuma kojega su svi štovali, Narodna skupština Francuske odala je javnu počast.

Ta bezbožna i smiješna maskerada postala je nekom vrstom mode te se ustoličenje božice Razuma ponavljalo i oponašalo diljem zemlje u mjestima u kojima je pučanstvo htjelo pokazati da je doraslo svim stečevinama Revolucije."[9]

Govornik koji je uveo kult Razuma, rekao je: "Zakonodavci! Fanatizam je ustupio mjesto razumu. Njegove krmeljive oči nisu mogle podnijeti sjaj svjetla. Danas se golemo mnoštvo okupilo pod ovim gotskim svodovima kojima po prvi put odjekuje istina. Ovdje su Francuzi održali jedino pravo bogoslužje – klanjanje Slobodi i Razumu. Tu smo izrekli želje za napredak oružja Republike. Tu smo mrtve idole zamijenili Razumom, remek-djelom prirode."[10]

276

Kad je božica odvedena u Konvent, govornik joj je pružio ruku i obraćajući se skupu, rekao: "'Smrtnici, prestanite drhtati pred nemoćnim gromovima Boga koga su stvorili vaši strahovi! Odsada ne priznajite nijedno drugo božanstvo osim božanstva Razuma. Predstavljam vam njegov najplemenitiji i najčišći lik; ako morate imati idole, žrtvujte samo takvima. ... Poklonite se uzvišenom Senatu Slobode, o, Kopreni Razuma!'

Nakon što ju je predsjednik zagrlio, božica je ušla u raskošno okićena kola i, praćena golemim mnoštvom, povedena u katedralu Notre Dame, da ondje zauzme mjesto božanstva. Tu je podignuta na glavni oltar i svi prisutni su joj iskazali božansko štovanje."[11]

Nedugo zatim slijedilo je javno spaljivanje Biblija. Jednom su prigodom članovi Društva narodnog muzeja ušli u gradsku vijećnicu kličući: *"Vive la Raison!"* Na vrhu jedne motke nosili su poluspaljene ostatke više knjiga, između ostalih i brevijara, misala te Starih i Novih zavjeta koji su, kazao je predsjednik, "u velikom ognju ispaštali za sve gluposti na koje su naveli ljudski rod".[12]

Papinstvo je započelo djelo koje je ateizam dovršavao. Politika Rima stvorila je takve društvene, političke i vjerske prilike koje su Francusku dovele na rub propasti. Govoreći o užasima Revolucije, pisci kažu da se ti ispadi moraju staviti na teret krune i Crkve. (Vidi Dodatak.) Ako je po pravdi, za njih

treba optužiti Crkvu. Papinstvo je zatrovalo umove kraljeva protiv   *277*
reformacije, prikazujući je neprijateljem krune, čimbenikom ne-
sloge opasnim za mir i jedinstvo naroda. Duh Rima je na taj
način poticao najgoru okrutnost i najbolnije tlačenje što je ikada
dolazilo od krune.

Bibliju je pratio duh slobode. Gdje god je prihvaćeno Evan-
đelje, budio se um ljudi. Počeli bi odbacivati okove koji su ih
dotada držali u ropstvu neznanja, poroka i praznovjerja. Počeli
bi razmišljati i postupati kao ljudi. Monarsi su to primijetili i
počeli strepiti za svoju despotsku vlast.

Rim nije propustio potaknuti njihov zavidni strah. Papa je
1525. godine rekao francuskom regentu: "Ova manija (protes-
tantizam) razorit će i uništiti ne samo religiju već i sva pogla-
varstva, plemstvo, zakone, redove i staleže."[13] Nekoliko godina
kasnije papinski je nuncij upozorio kralja: "Vaše veličanstvo,
ne varajte se! Protestanti će srušiti čitav građanski kao i vjer-
ski poredak. ... Prijestolje je u istoj opasnosti kao i oltar. ...
Uvođenje nove religije nužno znači uvođenje nove vlasti."[14] I
teolozi su iskorištavali predrasude naroda tvrdeći da protestant-
sko učenje "potiče ljude na novotarije i gluposti; ono lišava kralja
iskrene odanosti njegovih podanika i propast je za Crkvu i drža-
vu". Tako je Rim uspio podignuti Francusku protiv reforma-
cije. "Mač progonstva najprije je izvučen u Francuskoj s ciljem
da podrži prijestolje, sačuva plemstvo i održi zakone."[15]

Upravljači zemlje nisu mogli predvidjeti posljedice takve
kobne politike. Učenje Svetog pisma usadilo bi u umove i srca
ljudi načela pravde, umjerenosti, istine, jednakosti i dobrote,
koje predstavljaju kamen temeljac narodnom napretku. "Pravda
uzvisuje narod." "Jer se pravdom utvrđuje prijestolje." "Mir će
biti djelo pravde, a plod pravednosti – trajan pokoj i uzdanje."   *278*
(Izreke 14,34; 16,12: Izaija 32,17) Onaj tko vrši božanski Zakon,
istinski će poštovati i vršiti zakone svoje zemlje. Tko se boji
Boga, poštivat će kralja u vršenju svega što je pravedno i zako-
nito. Ali nesretna je Francuska zabranila Bibliju i prognala nje-
zine učenike. Stoljeće za stoljećem su načelni i pošteni ljudi,
ljudi istančanog rasuđivanja i moralne snage, koji su imali hra-
brosti izreći svoje uvjerenje i trpjeti zbog vjere – robovali na
galijama, umirali na lomačama ili trunuli u tamničkim ćelijama.
Mnoge tisuće potražile su spas u bijegu, a takvo je stanje tra-
jalo još dvjesto i pedeset godina nakon početka reformacije.

"Teško da je u Francuskoj tijekom tog dugog razdoblja bilo i jednog naraštaja koji nije bio svjedokom kako učenici Evanđelja bježe pred luđačkim bijesom progonitelja i sobom nose znanje, umjetnost, marljivost i smisao za red, u čemu su se po pravilu isticali, da obogate zemlje koje su im pružile utočište. I u omjeru u kome su punili druge zemlje, ispraznili su svoje vlastite. Da je sve što je tada bilo otjerano ostalo u Francuskoj, da je tijekom tih tri stotine godina mar prognanika obrađivao njezinu zemlju, da su tijekom tih tri stotine godina svoju sklonost za umjetnost usmjerili na izradu industrijskih proizvoda, da je tijekom tih tri stotine godina njihov stvaralački duh i istraživački um obogaćivao njezinu literaturu i njegovao njezinu znanost, da je njihova mudrost vodila njezine skupštine, njihova hrabrost njezine bitke, njihova pravičnost stvarala njezine zakone i religija Biblije jačala um i upravljala savješću njezinog naroda, kolika bi u to vrijeme bila slava Francuske! Kako bi to bila velika, napredna i sretna zemlja – primjer drugim narodima!

279　Ali neumoljiva vjerska zaslijepljenost istjerala je sa svog tla svakog učitelja vrline, svakog borca za red, svakog čestitog branitelja prijestolja; govorila je ljudima koji bi svoju zemlju učinili 'velikom i proslavljenom': Birajte što ćete – lomaču ili izgnanstvo! Na kraju je zemlja bila posve upropaštena; više nije bilo nijedne savjesti koju se moglo lišiti građanskih prava, nijedne religije koju se moglo odvući na lomaču, ni rodoljublja koje je trebalo otjerati u izgnanstvo."[16] A strašna je posljedica bila Revolucija sa svim svojim strahotama.

"Bijegom hugenota, u Francuskoj je došlo do općeg nazadovanja. Industrijski gradovi koji su cvali, počeli su propadati, plodne pokrajine vraćene su u prvotnu pustoš, umna otupljenost i moralno opadanje zavladali su namjesto razdoblja neželjenog napretka. Pariz je postao golemim sirotištem; procjenjuje se da je neposredno pred izbijanje Revolucije dvjesto tisuća siromaha očekivalo milostinju iz kraljeve ruke. Usred propale nacije jedino je cvao isusovački red i zastrašujućom tiranijom vladao crkvama i školama, tamnicama i galijama."

Evanđelje bi Francuskoj donijelo rješenje političkih i socijalnih problema kojima nije dorasla sposobnost njezinog klera, kralja i zakonodavaca, a koji su na kraju strmoglavili naciju u anarhiju i propast. Ali pod prevlašću Rima ljudi su izgubili Spasiteljeve blagoslovljene pouke o samopožrtvovnosti i nesebičnoj ljubavi. Izgubili su iz vida potrebu samoodricanja za dobro drugih. Bogate nitko nije korio zbog tlačenja siromašnih, a siromašnima nije pružana pomoć u njihovom robovanju i poniženju. Sebičnost bogatih i moćnih postala je sve izrazitijom i težom. Stoljetna su lakomost i rasipnost plemstva izazvali nemilosrdno tlačenje seljaka. Bogati su pljačkali siromašne, a siromasi su mrzili bogate.

U mnogim su provincijama imanja bila u rukama plemstva, a radni slojevi su bili samo najamnici, izloženi na milost i nemilost svojih gospodara, prisiljeni pokoravati se njihovim pretjeranim zahtjevima. Teret izdržavanja Crkve i države pao je na srednje i niže slojeve koje su građanske vlasti i kler opteretili golemim porezima. "Zadovoljstvo plemstva smatralo se vrhovnim zakonom; poljodjelci i seljaci mogu umirati od gladi, jer to se ne tiče njihovih tlačitelja... Narod je na sve načine bio prisiljavan da vodi računa isključivo o dobru svojih gospodara. Život poljodjelaca bio je ispunjen neprekidnim radom i nesmiljenom bijedom; na njihove žalbe, ako bi ih se ikada usudili iznijeti, odgovaralo se uvredljivim prijezirom. Sud bi uvijek stao na stranu plemića, a protiv seljaka; suci su bili na glasu zbog primanja mita, a čista samovolja aristokracije u takvom je sustavu opće pokvarenosti imala snagu zakona. Od poreza što su ga od običnog naroda iznudili svjetovne velmože s jedne, i kler s druge strane, ni polovica nije stizala u kraljevsku ili crkvenu riznicu; ostatak je protraćen u razuzdanom samoudovoljavanju. A ti isti ljudi koji su na taj način osiromašivali svoje podanike bili su oslobođeni poreza, i po zakonu i običajima imali pravo na sve državne službe. Pripadnika povlaštenog sloja bilo je sto i pedeset tisuća, a za njihovo su zadovoljstvo milijuni bili osuđeni na beznadan i ponižavajući život." (Vidi Dodatak.)

Dvor je živio u raskoši i rasipnosti. Između naroda i upravljača bilo je malo povjerenja. S nepovjerenjem se na sve mjere vlasti gledalo kao na podmukle i sebične. Više od pola stoljeća prije Revolucije na prijestolju je sjedio Luj XV., koji je i u ona teška vremena bio poznat kao nemaran, lakomislen i moralno pokvaren monarh. Pored tako pokvarene i okrutne aristokracije i osiromašenog i neukog nižeg staleža, države u novčanim teškoćama i ogorčenog naroda, nije bilo potrebno imati proročko oko da bi se predvidjelo približavanje strašne katastrofe. Na upozorenja svojih savjetnika kralj bi obično odgovarao: "Nastojte

280

281

održati da ostane tako dok živim, a poslije moje smrti neka bude kako hoće." Uzalud se upozoravalo na potrebu reforme. On je vidio zlo, ali nije imao hrabrosti i snage spriječiti ga. Sudbina koja je čekala Francusku najbolje je prikazana njegovim ravnodušnim i sebičnim odgovorom: "Poslije mene – potop!" Iskorišćujući zavist kraljeva i vladajućeg staleža, Rim ih je poticao da narod drže u ropstvu, znajući dobro da će time oslabiti državu i tako utvrditi svoju vlast nad vladarima i narodom. Dalekovidnom je politikom shvatio da ako želi djelotvorno pokoriti ljude, mora njihove duše okovati i onesposobiti za život u slobodi, jer to je najsigurniji način da spriječi njihovo oslobađanje iz ropstva. Moralno poniženje koje je bilo posljedica takve politike bilo je tisuću puta strašnije od fizičkog stradanja. Lišen Biblije i prepušten učenju vjerske zaslijepljenosti i sebičnosti, narod je bio obavijen zastorom neznanja i praznovjerja, utonuo u porok, tako da je postao posve nesposoban za upravljanje sobom.

Ali djelovanje svega toga bilo je sasvim drukčije od onoga što je Rim namjeravao. Namjesto da svojim dogmama zadrži narod u slijepoj pokornosti, on je svojim djelovanjem od njih načinio nevjernike i revolucionare. Narod je rimokatolicizam prezirao kao svećeničku izmišljotinu. Kler su smatrali strankom koja tlači. Jedini bog koga su poznavali bio je bog Rima; njegovo je učenje bilo njihova jedina religija. Rimsku pohlepu i okrutnost smatrali su logičnim plodom Biblije, i stoga im ona nije bila potrebna.

Rim je lažno predstavio Božji karakter i izopačio Njegove zahtjeve, a sada su ljudi odbacili i Bibliju i njezinog Autora. U ime navodnih sankcija Svetoga pisma, Rim je zahtijevao slijepu vjeru u svoje dogme. Kao reakcija na to, Voltaire i njegovi istomišljenici potpuno su odbacili Božju riječ i na sve strane širili otrov nevjerstva. Rim je tlačio narod željeznom petom, a sada su mase, ponižene i zlostavljane, kao odgovor na njegovu tira-282 niju odbacile svako ograničenje. Gnjevan što se tako dugo klanjao blještavoj prijevari, narod je odbacio zajedno istinu i zabludu, i zamjenjujući slobodu neobuzdanošću, robovi poroka uživali su u svojoj umišljenoj slobodi.

Na početku Revolucije narod je ustupkom kralja dobio predstavništvo koje je brojem nadmašivalo predstavništvo svećenstva i plemstva zajedno. Tako je vlast došla u ruke naroda koji je nije bio spreman koristiti mudro i s mjerom. Želeći što prije ispraviti nepravde što ih je trpio, naumio je izvršiti obnovu društva. Gnjevno pučanstvo, koje je nosilo gorke i dugo čuvane uspomene na nepravde, odlučilo je nasilno ukloniti stanje nepodnošljive bijede i osvetiti se onima koje je smatralo uzrokom svojih patnji. Tlačeni su se poslužili poukom koju su naučili pod tiranijom, i postali su tlačitelji onih koji su njih tlačili.

Nesretna Francuska žela je krvavu žetvu onoga što je sama posijala. Strašne su bile posljedice njezinog pokoravanja vlasti Rima. Tamo gdje je Francuska pod utjecajem rimokatolicizma u početku reformacije podigla prvu lomaču, Revolucija je postavila svoju prvu giljotinu. Na istom onom mjestu na kojem su u šesnaestom stoljeću spaljivani prvi mučenici protestantske vjere, u osamnaestom stoljeću su giljotinirane prve žrtve. Odbacivši Evanđelje koje bi joj donijelo ozdravljenje, Francuska je širom otvorila vrata nevjerstvu i propasti. Kad su bila odbačena ograničenja Božjeg zakona, pokazalo se da su ljudski zakoni nemoćni zadržati silnu plimu ljudskih strasti, te je naciju zahvatio duh pobune i anarhije. Rat protiv Biblije bio je uvodom u razdoblje poznato u svjetskoj povijesti kao Vladavina terora. Iz domova i srca ljudi nestalo je mira i sreće. Nitko nije bio siguran. Onaj koji je danas trijumfirao, sutra je bio osumnjičen i osuđen. Nije bilo granica nasilju i strastima.

Kralj, kler i plemstvo bili su izloženi zvjerstvima razjarenog i poludjelog naroda. Njegova žeđ za osvetom samo je ojačala umorstvom kralja; i oni koji su naredili da bude ubijen, uskoro su ga slijedili pod giljotinu. Odlučeno je da se pogube svi osumnjičeni za neprijateljstvo prema Revoluciji. Tamnice su bile pretrpane; jedno vrijeme u njima je bilo preko dvjesto tisuća zatvorenika. Gradovi su bili prepuni užasnih prizora. Jedna revolucionarna stranka ustajala je protiv druge i Francuska je postala golemim poprištem sukoba mnoštva kojim je zavladalo bjesnilo strasti. "U Parizu bi jedna buna slijedila drugu, a građani su bili podijeljeni u raznolike struje kojima je, kako se činilo, jedini cilj bio međusobno istrebljenje." A da zlo bude veće, Francuska se uplela u dugi i razorni rat s velikim europskim silama. "Zemlja je bila gotovo pod stečajem, vojska se bunila zbog zaostalih plaća, Parižani su umirali od gladi, provincije su pustošili razbojnici, a civilizacija je gotovo nestala u anarhiji i razvratu."

283

Narod je vrlo dobro naučio lekcije okrutnosti i mučenja kojima ga je Rim tako marljivo učio. Napokon je došao dan osvete. Sada više nisu bacani u tamnice ili vođeni na lomače učenici Isusa Krista. Oni su odavna izginuli, ili su bili otjerani u progonstvo. Bespoštedni Rim sada je osjetio smrtonosnu snagu onih koje je učio uživati u krvoproliću. "Primjer progonstva što ga je francuski kler davao tijekom tolikih stoljeća sada se na njega sručio svom snagom. Stratišta su se crvenjela od svećeničke krvi. Galije i tamnice, nekoć pretrpane hugenotima, sada su bile pune njihovih progonitelja. Okovan za klupe i naporno veslajući, rimokatolički kler je proživljavao sve one muke što ih je Crkva tako rado zadavala miroljubivim hereticima." (Vidi Dodatak.)

284   "Zatim su došli dani kad su najbarbarskiji od svih sudova izvršavali najbarbarskije zakone, kad nitko nije mogao pozdraviti svog susjeda ili se pomoliti ... bez opasnosti da je počinio zločin, kad su špijuni vrebali na svakom uglu; kad je giljotina svakog jutra bila dugo i jako zaposlena; kad su tamnice bile tako pune kao brodski teretni prostor robljem; kad su se pariškim kanalima izlijevali potoci krvi u Seineu. ... Dok su ulicama Pariza prema gubilištu svakodnevno prolazila kola natovarena žrtvama, dotle su prokonzuli, koje je vladajući komitet poslao u departmane, uživali u takvim okrutnostima koja su i u prijestolnici bila nepoznata. Nož smrtonosnog stroja dizao se i padao presporo za ubijanje. Duge redove uhićenika ubijali su kartečama. Izbušili bi rupe na dnu lađa prepunih nesretnih žrtava. Lyon je pretvoren u pustinju. U Arrasu su zatvorenicima uskratili i okrutnu milost brze smrti. Cijelom dužinom rijeke Loire, od Saumura do mora, velika jata vrana i jastrebova gostila su se na golim leševima isprepletenim u groznim zagrljajima. Nije bilo milosti ni prema spolu ni prema godinama. Na stotine se penjao broj sedamnaestogodišnjih mladića i djevojaka koje je ta odvratna vlast pobila. Jakobinci su trgali djecu s majčinih grudi i bacali ih s koplja na koplje." (Vidi Dodatak.) U kratkom razmaku od deset godina mnoštvo je ljudi nestalo.

Sve je to bilo onako kako je Sotona htio; on to stoljećima nastoji ostvariti. Njegova se taktika, od početka do kraja, zasniva na prijevari, a njegova je čvrsta nakana da na ljude navuče jad i bijedu, da unakazi i oskvrni Božje djelo, da spriječi božanske namjere dobrote i ljubavi, i tako Nebu nanese bol. Zatim svojim podlim prijevarama zasljepljuje um ljudi te ih navodi da za njegovo djelo krive Boga, kao da je sva ta bijeda rezultat Stvoriteljeva plana. A kad se oni, koje je tako dugo ponižavao i zlostavljao svojom okrutnom moći, domognu slobode, on ih potiče na divljaštvo i zvjerstva. A onda tirani i tlačitelji upozoravaju na sliku te neobuzdane raspuštenosti kao na primjer posljedica što ih donosi sloboda. 285

Kad se otkrije zabluda odjevena u jednu odjeću, Sotona je jednostavno preodijeva, i mnoštvo je prima jednako željno kao prije. Kad je narod ustanovio da ga je rimokatolicizam prevario, pa ga tim sredstvom više nije mogao navesti na prestupanje Božjeg zakona, naveo ga je da u religiji vidi prijevaru, a u Bibliji bajku. Budući da su odbacili božanske propise, odali su se neobuzdanom bezakonju.

Kobna zabluda koja je žiteljima Francuske donijela takvo zlo bila je preziranje velike istine da se prava sloboda nalazi unutar propisa Božjeg zakona. "O da si pazio na zapovijedi moje, kao rijeka bi sreća tvoja bila, a pravda tvoja kao morski valovi!" "Nema mira opakima, kaže Jahve." "A tko sluša mene, bezbrižan ostaje i spokojno živi bez straha od zla." (Izaija 48,18.22; Izreke 1,33)

Ateisti, nevjernici i otpadnici protive se i osuđuju Božji zakon, ali posljedice njihova utjecaja dokazuju da je dobrobit čovjeka povezana s njegovom poslušnošću božanskim propisima. Oni koji ovu lekciju ne žele naučiti iz Božje knjige, morat će je naučiti iz povijesti naroda.

Kad se Sotona poslužio Rimskom crkvom da ljude odvrati od poslušnosti, njegova je ruka bila tako skrivena i njegovo djelovanje tako prerušeno da se nastalo poniženje i bijeda nisu smatrali posljedicom prijestupa. Ali zahvaljujući djelovanju Božjeg Duha njegova je snaga bila ograničena do te mjere da se ometanjem njegovih nakana spriječilo donošenje punog ploda. Narod nije povezivao posljedice s uzrokom i stoga nije otkrio uzrok svojoj bijedi. Ali tijekom Revolucije Narodna skupština je javno odbacila Božji zakon. A kad je nastupila vladavina terora, svi su mogli vidjeti vezu između uzroka i posljedica. 286

Kad se Francuska javno odrekla Boga i odbacila Bibliju, zli ljudi i duhovi tame radovali su se postignuću dugo željenog cilja – kraljevstva oslobođenog ograničenja Božjeg zakona. "Kad nema brze osude za zlo djelo, ljudsko je srce sklono činiti zlo."

(Propovjednik 8,11) Ali prestupanje pravednog i svetog Zakona za sobom nužno povlači bijedu i propast. Premda nije bila odmah osuđena, zloća je ljude sigurno vodila u propast. Stoljeća otpada i zločina prikupljala su gnjev za dan osvete, a kad se napunila mjera njihovog bezakonja, oni koji su prezirali Boga kasno su shvatili kako je strašno kad se iscrpi božansko strpljenje. Božji Duh, koji obuzdava okrutnu Sotoninu moć, u velikoj se mjeri povukao, i onome koji uživa u ljudskoj bijedi dopušteno je da radi po volji. Oni koji su izabrali službu pobuni, uskoro su želi njezine plodove, dok zemlja nije bila napunjena zločinima previše strašnim da bi ih pero opisalo. Iz opustjelih pokrajina i upropaštenih gradova čuo se strašan krik – krik najvećeg očaja. Francuska se uzdrmala kao da ju je pogodio potres. Religija, zakon, društveni red, obitelj, država i Crkva – sve je to oboreno bezbožnom rukom koja se podigla protiv Božjeg zakona. Mudri propovjednik rekao je istinu: "Zao propada od svoje zloće." "Neka grešnik sto puta čini zlo i odgađa mu se, ja ipak znam da će biti dobro onima koji se boje Boga, koji se boje lica njegova. A bezbožniku neće biti dobro." (Izreke 11,5; Propovjednik 8,12.13 – DK) "Jer su mrzili spoznaju i nisu izabrali Gospodnjega straha. ... Zato će jesti plod svojega vladanja i nasititi se vlastitih savjeta." (Izreke 1,29.31)

287 Božji vjerni svjedoci, pobijeni od strane bogohulne sile "koja izlazi iz Bezdana", nisu dugo trebali ostati ušutkani. "Nakon tri i pol dana životni dah, koji dolazi od Boga, uđe u njih te stadoše na svoje noge, i veliki strah obuze one koji su ih promatrali." (Otkrivenje 11,11) Godine 1793. francuska Narodna skupština izglasala je ukidanje kršćanske vjere i uklanjanje Biblije. Tri i pol godine kasnije isto je tijelo rezolucijom opozvalo te ukaze i time zajamčilo toleranciju za Sveto pismo. Svijet je bio zgranut golemom krivnjom koja je bila posljedica odbacivanja Svetih spisa, i ljudi su shvatili potrebu vjere u Boga i Njegovu Riječ kao temelj vrline i moralnosti. Gospodin je rekao: "Koga si grdio, hulio? Na koga si glasno vikao, oholi pogled dizao? Na Sveca Izraelova." (Izaija 37,23) "Učinit ću, evo, da osjete, da ovaj put zaista oćute moju ruku i snagu moju, i znat će da mi je ime Jahve." (Jeremija 16,21)

O dvojici svjedoka prorok dalje objavljuje: "Tada čuh jaki glas s neba gdje im veli: 'Uziđite ovamo!' I uziđoše na nebo u oblaku, naočigled svojih neprijatelja." (Otkrivenje 11,12) Otkad je Francuska objavila rat dvojici Božjih svjedoka, nije im ukazano veće poštovanje. Godine 1804. osnovano je Britansko i inozemno biblijsko društvo. Slijedile su slične organizacije s brojnim ograncima na europskom kontinentu. Godine 1816. utemeljeno je Američko biblijsko društvo. Kad se organiziralo Britansko biblijsko društvo, Biblija je tiskana i stavljena u promet na pedeset jezika. Od tog vremena prevedena je na stotine i stotine jezika i dijalekata. (Vidi Dodatak.)

Tijekom pedeset godina koje su prethodile 1792. godini, malo se pozornosti pridavalo djelu misija u stranim zemljama. Nije bilo osnovano nijedno novo društvo, a samo je nekoliko Crkava ulagalo napore da proširi kršćanstvo u neznabožačim *288* zemljama. Ali je krajem osamnaestog stoljeća nastupila velika promjena. Ljudi više nisu bili zadovoljni rezultatima racionalizma, pa su osjećali potrebu za božanskom objavom i iskustvenom religijom. Od tog vremena djelo misije u stranim zemljama postiglo je nezapamćen rast. (Vidi Dodatak.)

Usavršavanje tiskarskog umijeća dalo je poticaja širenju Biblije. Povećane mogućnosti povezivanja između različitih zemalja, rušenje drevnih prepreka predrasuda i nacionalne isključivosti i gubitak svjetovne vlasti rimskog pontifeksa otvorili su vrata Božjoj riječi. Nekoliko se godina Biblija slobodno prodavala na rimskim ulicama, a sada je bila odnesena u sve nastanjene dijelove zemaljske kugle.

Nevjernik Voltaire se jednom prilikom hvalio: "Umorio sam se slušajući kako je dvanaest ljudi osnovalo kršćansku religiju. Dokazat ću da je za njezino obaranje dovoljan jedan čovjek." Od njegove smrti prošli su naraštaji. Milijuni su mu se pridružili u ratu protiv Biblije. Ali umjesto da je unište, tamo gdje je u Voltaireovo doba bilo stotinu, danas ima deset tisuća – da, i sto tisuća primjeraka Božje knjige. Jedan od prvih reformatora rekao je o kršćanskoj vjeri: "Biblija je nakovanj na kome su se istrošili mnogi čekići." Gospodin kaže: "Neće uspjeti oružje protiv tebe skovano. Dokazat ćeš da je zao svaki jezik što na te udari na osudu." (Izaija 54,17)

"Riječ Boga našeg ostaje dovijeka." "Stalne su sve naredbe njegove, utvrđene za sva vremena, dovijeka, sazdane na istini i na pravdi." (Izaija 40,8; Psalam 111,7.8) Što god je izgrađeno na ljudskom autoritetu, srušit će se; ali što je utemeljeno na stijeni Božje nepromjenjive Riječi, ostat će zauvijek.

16

Preci američkih doseljenika

Premda su se odrekli rimokatoličkog učenja, engleski su reformatori ipak zadržali mnoge njegove oblike. Unatoč tome što su autoritet i kredo Rima odbačeni, Anglikanska je crkva mnoge njegove običaje i obrede unijela u svoje bogoslužje. Tvrdilo se da se ne radi o pitanjima savjesti, i budući da nisu zapovijeđena u Svetome pismu pa prema tome nisu bitna, ona nisu ni zabranjena jer u bîti nisu loša. Njihovo održavanje, mislilo se, suzit će jaz koji je odvajao reformirane crkve od Rima, pa će rimokatolicima biti lakše prihvatiti protestantsku vjeru.

Za konzervativne i spremne na kompromis te su tvrdnje izgledale logične. Ali neki nisu mislili tako. Činjenica da su ti običaji "trebali premostiti jaz između Rima i reformacije"[1] bila je za njih dovoljan razlog da ih ne prihvate. U njima su vidjeli znakove ropstva od kojega su se izbavili i u koje se nisu namjeravali vratiti. Prema njima Bog je u svojoj Riječi dao pravila koja određuju Njegovo bogoslužje, i ljudi im ne mogu po svojoj volji dodavati ili oduzimati. Sâm početak velikog otpada bio je u tome što je čovjek nastojao Božji autoritet zamijeniti autoritetom Crkve. Rim je počeo naređivati ono što Bog nije zabranio, da bi na kraju zabranjivao ono što je Bog izričito naredio.

Mnogi su se iskreno željeli vratiti čistoći i jednostavnosti koja je obilježavala prvu Crkvu. Oni su u mnogim utvrđenim običajima Anglikanske crkve vidjeli spomenike idolopoklonstva i nisu mogli čiste savjesti sudjelovati u njezinom bogoslužju. Ali Crkva, podupirana građanskom vlasti, nije dopuštala odstupanje od svojih formi. Prisustvovanje njezinom bogoslužju bilo je propisano zakonom, a nedopušteni sastanci u cilju bogoslužbovanja bili su zabranjeni pod prijetnjom kazne zatvora, progonstva i smrti.

Početkom sedamnaestog stoljeća kralj, koji je upravo sjeo na englesko prijestolje, objavio je odlučnost da puritance prisili "pokoriti se, ili ... će biti izgnani iz zemlje, ili još nešto gore".[2] Mnogi koji su bili gonjeni, proganjani i zatvarani nisu vidjeli da ih išta bolje čeka u budućnosti te su došli do zaključka da je za one koji žele služiti Bogu po svojoj savjesti "Engleska prestala biti prikladnim prebivalištem".[3] Neki su na kraju odlučili potražiti utočište u Nizozemskoj. Čekale su ih teškoće, gubici i utamničenje. Njihove su namjere priječili pa su izdajstvom padali u ruke svojih neprijatelja. Ali njihova je ustrajnost bila napokon okrunjena uspjehom te su našli utočište na prijateljskim obalama Nizozemske Republike.

Bježeći ostavljali su svoje kuće, dobra i sredstva za život. Bili su stranci u stranoj zemlji, usred naroda drugog jezika i običaja. Bili su prisiljeni prihvatiti se novih i neiskušanih zanimanja da bi zaradili za kruh. Ljudi zrele dobi koji su svoj život proveli u obrađivanju zemlje sada su morali naučiti neki obrt. Ali oni su radosno prihvatili okolnosti, ne gubeći vrijeme u lijenosti ili mrzovolji. Premda su često trpjeli siromaštvo, zahvaljivali su Bogu za blagoslove koje im je još davao i radovali se neometanoj duhovnoj zajednici s Bogom. "Znali su da su putnici i na to nisu mnogo obraćali pozornosti, već su oči dizali k Nebu, svojoj najdražoj domovini, i njime se tješili."[4] *291*

Izgnanstvo i težak život samo su još više ojačali njihovu ljubav i vjeru. Uzdali su se u Božja obećanja i On ih nije razočarao u vrijeme nevolje. Njegovi su anđeli bili pored njih da ih hrabre i podupiru. A kad im se činilo da im Božja ruka pokazuje preko mora zemlju u kojoj bi mogli osnovati svoju državu i svojoj djeci ostaviti dragocjenu baštinu vjerske slobode, oni su bez oklijevanja krenuli stazom providnosti.

Bog je dopustio da na Njegov narod dođu kušnje kako bi ga pripremio za ostvarenje svojih milostivih nakana s njim. Crkva je bila ponižena da bi mogla biti uzvišena. Bog je bio spreman pokazati svoju silu u njenu korist, kako bi svijetu dao novi dokaz da neće napustiti one koji se uzdaju u Njega. On je tako vodio zbivanja da su Sotonin gnjev i urote zlih ljudi uzdigli Njegovu slavu, a Njegov narod doveli na sigurno mjesto. Progonstva i izgnanstva otvarala su put slobodi.

Kad su prvi put bili prisiljeni odvojiti se od Anglikanske crkve, puritanci su se međusobno svečano obvezali da će kao slobodan Gospodnji narod "hoditi složno svim putovima koje im je Bog otkrio ili im još bude otkrio".[5] Tu je bio pravi duh reforme, životno načelo protestantizma. S tom su odlukom prvi doseljenici napustili Nizozemsku, da bi u Novom svijetu našli novi dom. John Robinson, njihov pastor koji je providnošću bio spriječen da ih prati, rekao je u svojem oproštajnom govoru:

"Braćo, mi ćemo se za koji trenutak rastati i Bog zna hoću li toliko živjeti da opet vidim vaša lica. Bilo kako da je Gospodin odredio, ja vas zaklinjem pred Bogom i Njegovim blagoslovljenim anđelima da se ne ugledate na mene više nego što sam se ja ugledao u Krista. Ako vam Bog kroz neko svoje drugo oruđe nešto otkrije, budite spremni to primiti isto onako kako ste mojom službom primili sve istine, jer sam duboko uvjeren da Gospodin ima više istine i svjetla koje treba zasvijetliti iz Njegove svete Riječi."[6]

"Što se mene tiče, ja ne mogu dostatno oplakati stanje reformiranih Crkava koje su u vjeri dostigle određeni stupanj i danas ne žele ići dalje od onih koji su bili oruđa njihove reformacije. Luterane ne možeš potaknuti da učine korak dalje od onoga što je Luther vidio ... a kao što vidite, kalvinisti se čvrsto drže onoga što im je ostavio veliki Božji čovjek koji, ipak, nije vidio sve. To je nesreća koju nije moguće dovoljno oplakati. Premda su ti ljudi u svoje vrijeme bili upaljene i blistave svjetiljke, oni ipak nisu upoznali sve Božje savjete, i kad bi danas živjeli, bili bi isto tako spremni prigrliti novo svjetlo kao ono koje su prvo primili."[7]

"Sjetite se svog crkvenog zavjeta kojim ste se obvezali da ćete hoditi svim Gospodnjim putovima koje poznajete ili ćete ih upoznati. Sjetite se svog obećanja i zavjeta s Bogom i međusobnog zavjeta da ćete primiti svako svjetlo, svaku istinu koja vam bude otkrivena iz Njegove pisane Riječi. Ali istodobno pazite, molim vas, što ćete prihvatiti kao istinu, i prije nego što prihvatite usporedite taj tekst i mjerite ga s drugim tekstovima istine, jer nije moguće da kršćanski svijet, koji je tek nedavno izišao iz tako guste nekršćanske tame, odjednom dođe do pune spoznaje."[8]

292

Upravo je težnja za slobodom savjesti potakla te prve doseljenike da se sučele s opasnostima dugog putovanja preko mora, da trpe teškoće i opasnosti divljeg kraja i da s Božjim blagoslovom na obalama Amerike polože temelj jedne moćne nacije. Ali koliko god bili pošteni i bogobojazni, prvi doseljenici nisu shvatili veliko načelo vjerske slobode. Slobodu za koju su toliko žrtvovali nisu bili spremni isto tako osigurati drugima. "Mali je broj, čak i među vodećim misliocima i moralistima sedamnaestog stoljeća, imao pravo razumijevanje velikog načela, proizišlog iz Novoga zavjeta, koje priznaje Boga jedinim Sucem čovjekove vjere."[9] Učenje prema kojem je Bog Crkvi dao pravo da nadzire savjest i definira i kažnjava krivovjerje jedna je od najdublje ukorijenjenih papinskih zabluda. Premda su odbacili kredo Rima, reformatori nisu bili posvema slobodni od njegovog duha nesnošljivosti. Gusta tama u koju je Rim tijekom dugih stoljeća svoje vladavine zavio sve kršćanske zemlje nije još uvijek bila sasvim raspršena. Jedan od vodećih propovjednika kolonije u Massachusetts Bayu rekao je: "Tolerancija je kriva što je svijet postao antikršćanski, i Crkva nikada nije imala štete od kažnjavanja heretika."[10] Kolonisti su prihvatili pravilo da samo članovi Crkve imaju pravo glasa u građanskoj vlasti. Osnovana je neka vrsta državne Crkve i od svih se zahtijevalo da pridonesu za uzdržavanje klera, a magistratima je stavljeno u dužnost da sprečavaju krivovjerje. Tako je svjetovna vlast bila u rukama Crkve. Nije dugo potrajalo, i te su mjere dovele do neizbježne posljedice – do progonstva.

Jedanaest godina nakon osnivanja prve kolonije u Novi svijet stigao je Roger Williams. Kao i prvi doseljenici došao je uživati vjersku slobodu, ali za razliku od njih, razumio je – što je malo njih u to vrijeme razumjelo – da je ta sloboda neotuđivo pravo svih, bez obzira na njihovo vjersko uvjerenje. On je bio ozbiljan istraživač istine i s Robinsonom je držao nemogućim da je dosad primljeno sve svjetlo iz Božje riječi. Williams je "prvi u suvremenom kršćanskom svijetu osnovao građansku vlast na načelu slobode savjesti i ravnopravnosti mišljenja pred zakonom".[11] Objavio je da je dužnost magistrata sprečavanje zločina, a ne vladanje savješću. "Narod ili vlasti", rekao je, "mogu odlučiti što je čovjek dužan čovjeku, ali ako pokušaju propisati što su čovjekove dužnosti spram Boga, onda nisu u pravu i onda ne može biti sigurnosti, jer je jasno da bi magistrati, kad

293

294

bi imali vlast, mogli propisati danas ovo a sutra ono mišljenje ili vjerovanje, kako su to razni kraljevi i kraljice činili u Engleskoj, a razne pape i koncili u Rimskoj crkvi, i tako bi vjerovanje postalo gomilom zbrke."[12]

Nazočnost na bogoslužjima priznate Crkve bila je naređena pod prijetnjom novčane kazne ili zatvora. "Williams je taj zakon strogo osuđivao; najgora odredba u engleskom zakoniku propisivala je obvezu pohađanja župne crkve. Prisiljavati ljude da se ujedine s ljudima drukčijeg vjerovanja smatrao je povredom njihovog prirodnog prava; silom vući nevjerne i ravnodušne na javno bogoslužje činilo se da nije drugo do licemjerstvo. ... 'Nikoga ne treba', dodao je, 'protiv njegove volje prisiljavati da prisustvuje ili podupire bogoslužje.' 'Što!', vikali su njegovi protivnici, iznenađeni njegovim postavkama. 'Zar radnik nije dostojan svoje plaće?' 'Da', odgovorio je, 'od onih koji ga upošljavaju.'"[13]

Rogera Williamsa su ljudi poštovali i voljeli kao vjernog propovjednika, čovjeka rijetkih sposobnosti, nesalomljivog poštenja i prave dobrote, ali nisu mogli tolerirati njegovo odlučno poricanje prava magistratima da gospodare Crkvom, i njegov zahtjev za vjerskom slobodom. Primjena tog novog učenja, govorili su, "potkopala bi temelj države i vlade ove zemlje".[14] Osudili su ga na protjerivanje iz kolonije, i na kraju je, kako bi izbjegao uhićenje, usred najveće zime morao pobjeći u divljinu šuma.

"Punih četrnaest tjedana", rekao je, "lutao sam po najgorem vremenu ne znajući za kruh ili krevet." Ali "su me hranili gavrani u pustoši", a jedno šuplje stablo poslužilo mu je kao zaklon.[15] Tako je nastavio bježati kroz snijeg i besputne šume, dok nije našao utočište kod jednog indijanskog plemena, čiju je ljubav i povjerenje stekao trudeći se upoznati ih s istinama Evanđelja.

Kad je nakon više mjeseci promjena i lutanja napokon stigao do obale Narragansettskog zaljeva, položio je temelj prvoj državi našeg doba koja je u najpotpunijem smislu priznavala pravo vjerske slobode. Osnovno načelo kolonije Rogera Williamsa bilo je da "svaki čovjek ima slobodu služiti Bogu prema svjetlu vlastite savjesti".[16] Njegova mala država Rhode Island postala je utočištem tlačenih te je rasla i napredovala dok njezina temeljna načela − građanska i vjerska sloboda − nisu postala kamenom temeljcem Američke Republike.

U veličanstvenom starom dokumentu koji su naši preci proglasili poveljom svojih prava — Deklaracijom nezavisnosti — oni objavljuju: "Mi smatramo ove istine same po sebi razumljivima: da su svi ljudi stvoreni jednaki, da im je Stvoritelj podario određena neotuđiva prava u koja ubrajamo pravo na život, slobodu i postizanje sreće." Ustav najjasnijim riječima jamči nepovredivost savjesti: "Nikada se vjerski ispit ne smije tražiti kao kvalifikacija za vršenje bilo koje javne službe u Sjedinjenim Državama. ... Kongres ne smije donijeti nikakav zakon o priznavanju neke religije niti zabraniti njezino slobodno ispovijedanje."

"Tvorci Ustava priznali su vječno načelo da čovjekov odnos prema njegovom Bogu stoji iznad ljudskog zakonodavstva i da su njegova prava savjesti neotuđiva. Za dokazivanje te istine nije potrebno navoditi razloge; mi smo svi svjesni da se nalazi u našim grudima. Upravo je ta svijest, nasuprot ljudskim zakonima, krijepila tolike mučenike usred muka i plamena. Osjećali su da njihova dužnost prema Bogu nadmašuje ljudske odredbe i da nijedan čovjek nema vlasti nad njihovom savješću. To je urođeno načelo koje ništa ne može izbrisati."[17]

296

Kad se po europskim zemljama pročulo da postoji zemlja u kojoj svatko može uživati plodove svojega rada i živjeti po svojoj savjesti, tisuće su pohrlile na obale Novog svijeta. Kolonije su se naglo umnažale. "Kolonija Massachussets je posebnim zakonom ponudila dobrodošlicu i pomoć, na teret zajednice, kršćanima svih nacija koji bi bježali preko Atlantika 'da pobjegnu od rata, gladi ili tlačenja svojih progonitelja'. Tako su po zakonu te izbjeglice i poniženi postali gostima države."[18] Tijekom dvadeset godina od prvog iskrcavanja u Plymouthu, u Novoj se Engleskoj nastanilo tisuće novih doseljenika.

Da bi ostvarili cilj zbog kojeg su došli, "zadovoljili su se da štedljivim i marljivim životom osiguraju najnužnija sredstva za život. Od zemlje su očekivali samo najskromniju nagradu za svoj trud. Nisu maštali o nekakvim zlatnim izgledima u budućnosti... Bili su zadovoljni polaganim ali stalnim napredovanjem svoje socijalne politike. Strpljivo su podnosili oskudice što prate život u pustoši, zalijevajući svojim suzama i znojem s čela drvo slobode dok nije uhvatilo duboki korijen."

Bibliju su smatrali temeljem svoje vjere, izvorom mudrosti i poveljom slobode. Njezinim su načelima marljivo poučavali u domu, u školi i u crkvi, a njezini su se plodovi pokazali u štedljivosti, razumnosti, čistoći i umjerenosti. Godinama ste mogli živjeti u puritanskom naselju "a da ne vidite pijanicu, ne čujete psovke i ne vidite prosjaka".[19] Tim je pokazano da su biblijska načela najsigurnije jamstvo nacionalne veličine. Slabašne i izolirane kolonije prerasle su u konfederaciju jakih država, i svijet je s čuđenjem zamijetio mir i blagostanje "Crkve bez pape i države bez kralja".

Ali obale Amerike privlačile su sve veći broj ljudi koji su bili poticani pobudama potpuno različitim od pobuda prvih doseljenika. Premda su jednostavna vjera i čist život predstavljali široko rasprostranjenu preobražavajuću silu, njihov je utjecaj sve više slabio što se više povećavao broj onih koji su tražili samo svjetovne prednosti.

Propis što su ga prihvatili prvi doseljenici, da samo članovi Crkve imaju pravo glasa i da samo oni mogu zauzimati položaje u građanskoj vlasti, doveo je do pogubnih posljedica. Ta je mjera uvedena kako bi se sačuvala čistoća države, ali je prouzročila kvarenje Crkve. Budući da je religija postala uvjetom za dobivanje prava glasa i prava na službu, mnogi su, vođeni isključivo svjetovnim ciljevima, prišli Crkvi a da nisu doživjeli promjenu srca. Tako su crkve, u priličnoj mjeri, postale pune neobraćenih ljudi, a i među propovjednicima je bilo onih koji su ne samo naučavali zablude, nego im je bila nepoznata preporoditeljska sila Svetoga Duha. Time su se ponovno pokazale zle posljedice, tako često viđene u povijesti Crkve od Konstantinovog vremena do danas, pokušaja da se uz pomoć države izgradi Crkva, pozivanja svjetovne vlasti da podupre Evanđelje Onoga koji je rekao: "Ali moje kraljevstvo nije odavde." (Ivan 18,36) Zajednica Crkve i države, pa bilo to u najmanjem obliku, premda naoko približava svijet Crkvi, u biti približava Crkvu svijetu.

Veliko načelo koje su tako plemenito zastupali Robinson i Roger Williams — da je istina progresivna, da kršćani trebaju biti spremni prihvatiti sve svjetlo koje može zračiti iz Božje svete Riječi — njihovi su potomci izgubili iz vida. Protestantske crkve u Americi, kao i one u Europi, tako povlaštene u primanju blagoslova reformacije, nisu nastavile put reforme. Premda se s vremena na vrijeme pojavljivalo nekoliko vjernih ljudi da objave novu istinu i razotkriju dugo njegovane zablude, većina se, kao Židovi u Kristovo doba ili papisti u vrijeme Luthera, zadovoljila da vjeruje ono što su vjerovali njihovi očevi, i živi kako su oni živjeli. Stoga je religija ponovno prešla u formalizam, a zadržane su i njegovane zablude i praznovjerja koji bi bili uklonjeni da je Crkva nastavila hoditi u svjetlosti Božje riječi. Tako je duh nadahnut reformacijom postupno odumro, sve dok se i u protestantskim Crkvama nije osjetila gotovo isto tako velika potreba za reformom kao u Rimskoj crkvi u Lutherovo vrijeme. Zavladala je ista svjetovnost i duhovno mrtvilo, slično štovanje ljudskog mišljenja i zamjenjivanje učenja Božje riječi ljudskim teorijama. *298*

Velikom širenju Biblije u početku devetnaestog stoljeća, i golemom svjetlu koje se na taj način izlilo na svijet, nije uslijedio odgovarajući napredak u poznavanju objavljene istine ili u iskustvenoj religiji. Sotona nije mogao, kao u ranija vremena, uskratiti Božju riječ narodu; ona je svima bila dostupna. Ali da bi ipak postigao svoj cilj, naveo je mnoge na to da je malo cijene. Ljudi su zanemarili istraživanje Svetog pisma pa su nastavili prihvaćati pogrešna tumačenja i njegovati učenja koja nisu imala temelja u Bibliji.

Kad je vidio da progonstvom nije uspio uništiti istinu, Sotona je ponovno pribjegao planu kompromisa koji je doveo do velikog otpada i osnutka Rimske crkve. On je naveo kršćane da se ujedine, ovaj put ne s poganima, već s onima koji su se obožavanjem ovoga svijeta pokazali isto toliko idolopoklonicima kao i obožavatelji rezbarenih likova. Posljedice ovog ujedinjenja bile su ne manje pogubne od onih u prošlim vjekovima; pod plaštem religije poticali su se oholost i razmetljivost i Crkve su se izopačile. Sotona je nastavio izvrtati nauk Svetog pisma, a predaje koje će upropastiti milijune duša pustile su duboko korijenje. Crkva je podržavala i branila te običaje, namjesto da se bori "za vjeru koja je jedanput zauvijek predana svetima" (Juda 3). Tako su poniženja načela za koja su reformatori toliko učinili i pretrpjeli.

17

Preteče jutra

299   Jedna od najsvečanijih i najslavnijih istina u Bibliji je istina o drugom dolasku Spasitelja, kojim će se dovršiti veliko djelo otkupljenja. U obećanju dolaska Onoga koji je "uskrsnuće i život" Božjem je narodu, koji tako dugo mora putovati "dolinom smrti", dana dragocjena i radosna nada da će se prognani vratiti u svoj dom. Učenje o drugom dolasku je osnovni nauk Svetoga pisma. Od dana kada je prvi par žalosna srca napustio Eden, djeca vjere čekala su dolazak Obećanoga koji će skršiti moć neprijatelja i opet ih vratiti u izgubljeni raj. Sveti ljudi iz starine očekivali su dolazak Mesije u slavi kao ostvarenje svoje nade. Henoku, sedmom potomku od onih koji su prebivali u Edenu, koji je tri stoljeća na Zemlji hodio s Bogom, bilo je dopušteno da izdaleka vidi dolazak Spasitelja. "Pazite!" objavio je. "Dolazi Gospodin sa svojim svetim Desettisućama da sudi svima." (Juda 14.15) Patrijarh Job je u noći svojih muka uskliknuo s nepokolebljivim pouzdanjem: "Ja znadem dobro: moj Izbavitelj živi i posljednji će on nad zemljom ustati. ... Iz svoje ću pûti tad vidjeti Boga. Njega ću ja kao svojega gledati, i mojim očima neće biti stranac." (Job 19,25-27)

300   Kristov dolazak, kojim će biti uspostavljeno kraljevstvo pravde, nadahnuo je svete pisce najuzvišenijim i najoduševljenijim riječima. Biblijski pjesnici i proroci pisali su o njemu riječima što plamte nebeskim žarom. Psalmist je pjevao o sili i veličanstvu izraelskog Kralja. "Sa Siona predivnog Bog zablista: Bog naš dolazi i ne šuti. ... On zove nebesa odozgo i zemlju da sudi narodu svojemu." (Psalam 50,2-4) "Raduj se, nebo, i kliči, zemljo

... pred Jahvom, jer dolazi suditi zemlji. Sudit će svijetu u pravdi i narodima u istini svojoj." (Psalam 96,11-13)

Prorok Izaija kaže: "Probudite se i kličite, stanovnici iz praha! Jer je rosa tvoja – rosa svjetlosti, i zemlja će sjene na svijet dati. ... I uništit će smrt zasvagda. I suzu će sa svakog lica Jahve, Gospod, otrti – sramotu će svog naroda na svoj zemlji skinuti: tako Jahve reče. I reći će se u onaj dan: Gle, ovo je Bog naš, u njega se uzdasmo, on nas je spasio; ovo je Jahve u koga se uzdasmo! Kličimo i veselimo se spasenju njegovu." (Izaija 26,19; 25,8.9)

I Habakuk je, zanesen svetim viđenjem, gledao Njegov dolazak: "Bog stiže iz Temana, a Svetac s planine Parana! Veličanstvo njegovo zastire nebesa, zemlja mu je puna slave. Sjaj mu je ko svjetlost. ... On stane, i zemlja se trese, on pogleda, i dršću narodi. Tad se raspadoše vječne planine, bregovi stari propadoše, njegove su staze od vječnosti. ... Jahve ... jezdiš [li] na svojim konjima, na pobjedničkim bojnim kolima? ... Planine dršću kad te vide ... bezdan diže svoj glas. Sunce uvis diže ruke, mjesec *301* u obitalištu svojem popostaje, pred bljeskom tvojih strijela, pred blistavim sjajem koplja tvoga. ... Iziđe da spasiš narod svoj, da spasiš svog pomazanika ...". (Habakuk 3,3.4.6.8.10.11.13)

Uoči rastanka s učenicima, Spasitelj ih je u njihovoj tuzi tješio obećanjem da će ponovno doći: "Neka se ne uznemiruje vaše srce. ... U kući Oca moga ima mnogo stanova. ... Idem da vam pripravim mjesto. Kad odem te vam pripravim mjesto, vratit ću se da vas uzmem k sebi." (Ivan 14,1-3) "Kad Sin Čovječji dođe sa svojim sjajem u pratnji svih anđela, sjest će na prijestolje svoje slave. Tada će se pred njim skupiti svi narodi." (Matej 25,31.32)

Anđeli koji su nakon Kristova uzašašća ostali uz učenike na Maslinskoj gori, ponovili su im obećanje o Njegovom povratku: "Ovaj isti Isus koji je uznesen na nebo između vas opet će se vratiti isto onako kako ste ga vidjeli da odlazi na nebo." (Djela 1,11) Apostol Pavao je, govoreći Duhom nadahnuća, posvjedočio: "Jer će sâm Gospodin sa zapovjedničkim zovom, s glasom arkanđela i sa zvukom trube Božje sići s neba." (1. Solunjanima 4,16) Prorok s Patmosa kaže: "Evo dolazi u pratnji oblaka! I vidjet će ga svako oko." (Otkrivenje 1,7)

Oko Njegova dolaska roji se sve ono što je dio "sveopće obnove koju je Bog nagovijestio odavno preko svojih svetih proroka". (Djela 3,21) Tada će biti skršena duga vladavina zla, "kraljevstva ovoga svijeta" postat će kraljevstvo našega Gospodina i Njegova Pomazanika, "i on će vladati u vijeke vjekova". (Otkrivenje 11,15) "Otkrit će se tada slava Jahvina, i svako će je tijelo vidjeti. ... Učinit će Gospod da iznikne pravda i hvala pred svim narodima. ... U onaj dan Jahve nad vojskama postat će kruna slave i sjajan vijenac Ostatku svoga naroda." (Izaija 40,5; 61,11; 28,5)

302   Tada će tako dugo očekivano Mesijino kraljevstvo mira biti uspostavljeno pod cijelim nebom. "Jest, Jahvi se sažalio Sion, sažalile su mu se njegove razvaline. Pustaru će njegovu učiniti poput Edena, a stepu poput vrta Jahvina. ... Dana joj je slava Libanona, divote Karmela i Šarona. ... Neće te više zvati Ostavljenom, ni zemlju tvoju Opustošenom, nego ću te zvati Moja milina, a zemlju tvoju Udata. ... Kao što se ženik raduje nevjesti, tvoj će se Bog tebi radovati." (Izaija 51,3; 35,2; 62,4.5)

Gospodnji dolazak bio je u svim vjekovima nada Njegovih vjernih sljedbenika. Obećanje što ga je Spasitelj dao na rastanku na Maslinskoj gori, da će ponovno doći, osvjetljavalo je učenicima budućnost, punilo njihova srca radošću i nadom koju žalost nije mogla ugušiti niti nevolje pomračiti. Usred stradanja i progonstva pojava "sjaja velikoga Boga, našega Spasitelja, Isusa Krista" bila je "blažena nada". Kad su kršćani u Solunu oplakivali smrt svojih dragih koji su se nadali da će živjeti do Gospodnjeg dolaska, njihov učitelj Pavao uputio ih je na ukrsnuće koje će pratiti Spasiteljev dolazak. Tada će uskrsnuti umrli u Kristu i skupa sa živima biti odneseni u susret Gospodinu. Tako, rekao je, "tješite jedan drugoga tim riječima". (1. Solunjanima 4,16-18)

Na stjenovitom Patmosu omiljeni je učenik čuo obećanje: "Da, dolazim uskoro!" i njegov čeznutljivi odgovor izražava molitvu Crkve na svim njezinim putovanjima: "Dođi, Gospodine Isuse!" (Otkrivenje 22,20)

Iz tamnica, s lomača i gubilišta na kojima su sveti i mučenici svjedočili za istinu, dolaze iz svih stoljeća uzvici njihove vjere i nade. Uvjereni "u Njegovo osobno uskrsnuće, a prema tome i u svoje vlastito prigodom Njegova dolaska", jedan od tih kršćana kaže da su "oni prezirali smrt i uzdigli se iznad

303   nje".[1] Bili su voljni sići u grob, da bi mogli "ustati slobodni".[2] Očekivali su "da će Gospodin doći u slavi svog Oca", "donoseći

pravednima kraljevstvo". Valdenzi su njegovali istu vjeru.[3] Wycliffe je očekivao pojavu Otkupitelja kao nadu Crkve.[4]

Luther je izjavio: "Uvjeren sam da neće proći ni tri stoljeća do Sudnjega dana. Bog neće, ne može, više trpjeti ovaj pokvareni svijet. ... Približava se veliki dan u koji će propasti kraljevstvo zloće."[5]

"Ovaj ostarjeli svijet nije daleko od kraja", rekao je Melanchthon. Calvin je molio kršćane "da ne oklijevaju, gorljivo želeći dolazak dana Kristovog dolaska kao najsretnijeg od svih događaja" i objavio da "će cijela obitelj vjernih biti upravljena na taj dan". "Trebamo biti željni Krista, moramo tražiti, razmišljati", kaže, "do zore onog velikog dana kad će naš Gospodin pokazati svu slavu svojeg kraljevstva."[6]

"Zar se naš Gospodin Isus nije uznio na Nebo u našem tijelu" pitao je škotski reformator Knox, "i zar se On neće vratiti? Mi znamo da će se On vratiti, i to vrlo brzo." Ridley i Latimer, koji su položili svoje živote za istinu, očekivali su u vjeri Gospodnji dolazak. Ridley je pisao: "Svijet bez sumnje – u to vjerujem i stoga to i kažem – ide kraju. Kliknimo iz cijelog srca, zajedno s Ivanom, Božjim slugom: 'Dođi, Gospodine Isuse!'"[7]

"Razmišljanje o Gospodnjem dolasku", rekao je Baxter, "najslađa je i najveća radost."[8] "Djelo je vjere i odlika Njegovih svetih da vole Njegov dolazak i očekuju blaženu nadu. ... Ako će smrt biti uništena u času uskrsnuća kao posljednji neprijatelj, moramo naučiti da vjernici trebaju ozbiljno čeznuti za drugim Kristovim dolaskom i moliti za njega, kad će se ostvariti ova posvemašnja i konačna pobjeda."[9] "To je dan za kojim svi vjerni trebaju čeznuti, kojemu se trebaju nadati i kojega trebaju očekivati kao ostvarenje cjelokupnog djela svojeg spasenja i ispunjenje svih želja i težnji svoje duše. ... Ubrzaj, o Gospodine, ovaj blagoslovljeni dan!"[10] Takva je bila nada apostolske Crkve, Crkve u pustinji i reformatora.

Proroštvo ne samo što proriče način i cilj Kristova dolaska, već iznosi i znakove po kojima ljudi mogu znati kada se približio. Isus je rekao: "Pojavit će se znaci na suncu, mjesecu i zvijezdama." (Luka 21,25) "Sunce će pomrčati, mjesec neće sjati, s neba će zvijezde padati i sazviježđa se nebeska uzdrmati. Tada će vidjeti Sina Čovječjega gdje dolazi na oblacima s velikom moći i slavom." (Marko 13,24-26) Pisac Otkrivenja opisuje prve

304

znakove koji prethode drugom dolasku: "Nastade velik potres zemlje, sunce postade crno kao tkanina od kostrijeti, a cijeli mjesec postade kao krv." (Otkrivenje 6,12) Ti su se znakovi pokazali prije početka devetnaestog stoljeća. Kao ispunjenje ovog proročanstva, 1755. godine dogodio se najstrašniji potres koji je ikada zabilježen. Premda više poznat kao lisabonski potres, on se osjetio u većem dijelu Europe, Afrike i Amerike. Osjetio se na Grenlandu, u Zapadnoj Indiji, na otoku Madeiri, u Norveškoj i Švedskoj, Velikoj Britaniji i Irskoj. Obuhvatio je površinu ne manju od deset milijuna kvadratnih kilometara. U Africi je potres bio gotovo iste jačine kao i u Europi. Veliki dio Alžira bio je razoren, a nedaleko od Maroka nestao je gradić koji je brojao osam ili deset tisuća stanovnika. Golemi val preplavio je obalu Španjolske i Afrike, plaveći gradove i uzrokujući veliku pustoš.

Potres se s iznimnom snagom osjetio u Španjolskoj i Portugalu. Kažu da je u Cadizu udarni val dosegnuo visinu veću od osamnaest metara. "Neke od najviših planina u Portugalu bile su žestoko potresene takoreći iz temelja, a neki su se vrhovi otvorili i tako neobično rascijepljeni sručili lavinu golemih stijena u doline. Kažu da je iz tih planina izbijao plamen."[11]

305 U Lisabonu "se najprije čula podzemna tutnjava, a odmah nakon toga jak udar srušio je veći dio grada. U samo šest minuta poginulo je šezdeset tisuća ljudi. More se povuklo, ostavljajući za sobom suhu obalu, da bi se zatim vratilo kao petnaest i više metara visoki val. ... Pored drugih neobičnih događaja koji su se tijekom katastrofe dogodili u Lisabonu, spominje se potonuće novosazidane, silno skupe obale od mramora. Tu se okupilo veliko mnoštvo računajući da je sigurno, budući da se to mjesto nalazilo izvan dosega padanja ruševina; ali je podzidana obala iznenada potonula sa svim ljudima, a nijedno tijelo nije isplivalo na površinu."[12]

"Udaru [potresa] slijedilo je rušenje svih crkava i samostana, gotovo svih javnih zgrada i više od četvrtine kuća. Oko dva sata nakon udara u raznim dijelovima grada izbio je požar koji je gotovo tri dana bjesnio takvom žestinom da je grad potpuno opustošen. Potres se zbio na blagdan kada su crkve i samostani bili puni naroda i vrlo se malo ljudi spasilo."[13] "Užas naroda nije bilo moguće opisati. Nitko nije plakao; jednostavno nije bilo suza. Trčali su amo-tamo, izbezumljeni od straha i užasa, udarajući se u lice i grudi, i vikali: *Misericordia! Došao je kraj svijeta!* Majke su zaboravile na svoju djecu i načičkane raspelima trčale ulicama. Na nesreću, mnogi su potražili sklonište u crkvama, ali sakrament je bio uzalud izložen; uzalud su jadnici grlili oltare; kipovi, svećenici i narod pokopani su zajedno pod ruševinama.” Računa se da je tog kobnog dana poginulo oko devedeset tisuća ljudi.

Dvadeset i pet godina kasnije pojavio se sljedeći znak spomenut u proročanstvu – pomrčina Sunca i Mjeseca. Taj je znak bio posebno uočljiv zato što je vrijeme njegova ispunjenja bilo jasno određeno. U razgovoru sa svojim učenicima na Maslinskoj gori, nakon što je opisao dugo razdoblje nevolja za Crkvu – tisuću dvjesto i šezdeset godina papinskog progonstva, za koje je rekao da će se skratiti – Spasitelj je spomenuo neke događaje koji će prethoditi Njegovom dolasku i odredio vrijeme kada će se prvi od njih pojaviti: “U ono vrijeme, poslije te nevolje, sunce će pomrčati, mjesec neće sjati.” (Marko 13,24) Tisuću dvjesta i šezdeset dana, odnosno godina, završilo je 1798. godine. Četvrt stoljeća ranije progonstvo je gotovo posve prestalo. Nakon njega, prema Kristovim riječima, trebalo je sunce pomrčati. Ovo se proročanstvo ispunilo 19. svibnja 1780. godine. ^{306}

“Gotovo, ako ne i posve usamljen među pojavama ove vrste, ... stoji tajanstveni i do danas nerazjašnjeni mračni dan, 19. svibnja 1780. godine – neobjašnjivo pomračenje cijelog vidljivog neba i atmosfere u Novoj Engleskoj.”[14]

Jedan od očevidaca u državi Massachussets opisuje ovaj događaj ovako: “Sunce je ujutro izašlo u punom sjaju, ali je uskoro počelo tamniti. Pojavili su se niski oblaci i iz njih, mračnih i prijetećih, ubrzo su bljesnule munje, začula se grmljavina i palo je nešto kiše. Oko devet sati oblaci su se razišli i poprimili bakrenu boju, a zemlja, stijene, drveće, zgrade, voda i ljudi činili su se drukčijima u tom čudnovatom, nezemaljskom osvjetljenju. Nekoliko minuta kasnije cijelim se nebom proširio teški crni oblak, osim uskom crtom na obzorju, pa je nastao mrak kakav je obično ljeti oko devet sati uvečer. ...

Strah, zebnja i užas postupno su obuzeli ljude. Žene su stajale na vratima promatrajući mračnu okolicu; ljudi su se vraćali s radova u polju; stolar je odložio alat, kovač napustio kovačnicu, a trgovac svoju tezgu. Nastava u školama je prekinuta, a djeca su dršćući bježala kućama. Putnici su se zaustav- ^{307}

ljali kod najbliže seljačke kuće. 'Što će se dogoditi?' To pitanje lebdjelo je na svim usnama i u svim srcima. Činilo se kao da će izbiti oluja ili kao da je došao kraj svemu. Upaljene su svijeće, a vatra na ognjištima svijetlila je kao za jesenje noći kad nema Mjeseca. ... Kokoši su se vratile na svoja legla, goveda su se okupila na vratima pašnjaka i mukala, žabe su kreketale, ptice su otpjevale svoju večernju pjesmu, a slijepi miševi lepršali uokolo. Ali su ljudi znali da još nije nastupila noć. ...

Dr. Natanael Whittaker, pastor crkve u Salemu, održao je u crkvi bogoslužje i iznio propovijed u kojoj je tvrdio da je tama nadnaravnog podrijetla. Na mnogim su se mjestima okupili vjernici. Biblijski navodi za te improvizirane propovijedi kao da su neizbježno potvrđivali da je tama bila usklađena s biblijskim proročanstvom. ... Tama je bila najgušća nešto poslije jedanaest sati."[15] "U većini mjesta mrak je bio tako gust tijekom dana, da ljudi nisu mogli vidjeti kazaljke na satu, nisu mogli ručati, niti obavljati domaće poslove bez svjetlosti svijeća. ...

Mrak je obuhvatio neobično veliko prostranstvo. Na istoku je dopirao do Falmoutha, na zapadu dosezao do najudaljenijeg dijela Connecticuta i do Albanyja, na jugu se spuštao duž morske obale, dok se na sjever pružao sve dokle sežu američka naselja."[16]

Nakon gustog mraka tog dana, sat ili dva prije večeri, na djelomično vedrom nebu pojavilo se sunce, premda još uvijek zamračeno teškom, gustom maglom. "Nakon zalaska sunca oblaci su ponovno pokrili nebo i vrlo brzo je nastupio mrak. ... Tama te noći bila je isto tako neobična i zastrašujuća kao ona preko dana; i bez obzira na to što je bio pun Mjesec, nijedan se predmet nije mogao razabrati bez umjetnog svjetla koje se, promatrano iz susjednih kuća ili malo udaljenih mjesta, naziralo kao kroz neku vrstu egipatske tame neprobojne za svjetlo."[17] O tom prizoru jedan očevidac kaže: "Nisam se u tim trenucima mogao osloboditi pomisli da mrak ne bi mogao biti gušći niti da je svako nebesko tijelo koje svijetli bilo obavijeno neprobojnom tamom ili jednostavno prestalo postojati."[18] Premda je u devet sati uvečer izišao pun Mjesec, "to nije nimalo pomoglo rastjerati grobni mrak". Poslije ponoći nestalo je mraka, i kad se Mjesec pokazao, sličio je na krv.

Devetnaesti svibnja 1780. godine poznat je u povijesti kao mračni dan. Od Mojsijeva vremena nije zabilježeno razdoblje tako gustog mraka, na takvom prostranstvu i tolikog trajanja. Opis tog događaja, kako nam ga prikazuju očevici, samo je odjek Gospodnjih riječi što ih je zapisao prorok Joel dvije tisuće i pet stotina godina prije njihova ispunjenja: "Sunce će se prometnut u tminu, a mjesec u krv, prije nego svane Jahvin dan, velik i strašan." (Joel 3,4)

Krist je naložio svojem narodu da pazi na znakove Njegova dolaska i da se raduje kad bude primijetio znamenja dolaska svojega Kralja. "Kad počne ovo bivati," rekao je, "uspravite se i podignite glave, jer je blizu vaše oslobođenje." Obratio je pozornost svojih sljedbenika na stabla u proljeće i rekao: "Kad ih vidite da već pupe, znate sami da je blizu ljeto. Tako i vi, kad vidite da to biva, znajte da je blizu kraljevstvo Božje." (Luka 21,28.30.31)   *309*

Ali kad je duh poniznosti i pobožnosti u Crkvi ustupio mjesto oholosti i formalizmu, ljubav prema Kristu i vjera u Njegov dolazak su ohladnjeli. Zaokupljeni svjetovnošću i traženjem zadovoljstava, oni koji su se smatrali Božjim narodom postali su slijepi za Spasiteljeve upute vezane uz znakove Njegova dolaska. Zanemarili su nauk o drugom dolasku; biblijski navodi o njemu zamračeni su pogrešnim tumačenjima, dok u velikoj mjeri nisu bili zanemareni i zaboravljeni. Posebno je to bio slučaj s crkvama u Americi. Sloboda i udobnost što su je uživali svi društveni slojevi, silna želja za bogatstvom i raskoši koja je izazvala nezajažljivu težnju za novcem, neumorna trka za popularnošću i moći koja se svima činila nadomak ruke, naveli su ljude da svoje zanimanje i nade usmjere na ovozemaljsko, a da za daleku budućnost odlože svečani dan kad će svemu sadašnjem doći kraj.

Kad je Spasitelj svoje sljedbenike uputio na znakove svojeg povratka, prorekao je stanje otpada koje će vladati neposredno pred Njegov drugi dolazak. Ljudi će, kao u Noino vrijeme, zaokupljeni svjetovnim poslovima i traženjem zadovoljstava — kupovati, prodavati, saditi, graditi, ženiti se i udavati — zaboravljajući Boga i budući život. Za one koji će živjeti u to vrijeme Kristova opomena glasi: "Pazite sami na se da vam srca ne otvrdnu od razuzdanosti, pijanstva i tjeskobnih briga za život, da vas ne uhvati iznenada onaj dan. ... Bdijte i molite svaki čas, da biste mogli umaći svemu onomu što se ima dogoditi i održati se pred Sinom Čovječjim." (Luka 21,34.36)

310   Stanje Crkve u to vrijeme opisano je Spasiteljevim riječima u Otkrivenju: "Kažu da si živ, a mrtav si." (Otkrivenje 3,1) A onima koji odbiju ustati iz stanja bezbrižne sigurnosti upućena je svečana opomena: "Ne budeš li bdio, doći ću kao lopov, i sigurno nećeš znati u koji ću te čas iznenaditi." (Otkrivenje 3,3)

Trebalo je ljude upozoriti na opasnost koja im prijeti, da se trgnu i počnu pripremati za svečane događaje povezane sa svršetkom vremena milosti. Božji prorok izjavljuje: "Da, velik je Jahvin dan i vrlo strašan. Tko će ga podnijeti?" Tko će opstati kad se pojavi Onaj za koga stoji: "Prečiste su tvoje oči da bi zloću gledale", i koji ne može "motriti tlačenja"? (Joel 2,11; Habakuk 1,13) Onima koji viču: "Poznajemo te, Bože Izraelov," ali su prestupili Njegov Savez i slijede druge bogove, koji skrivaju bezakonje u svom srcu i ljube put nepravde – takvima će dan Gospodnji "biti tama, a ne svjetlost; mrklina, a ne sunčan sjaj". (Hošea 8,2.1; Psalam 16,4; Amos 5,20) "I u to vrijeme", veli Gospodin, "pretražit ću Jeruzalem sa zubljama i pohodit ću kaznom ljude koji miruju na svojoj droždini i u svom srcu govore: 'Jahve ne može učiniti ni dobro ni zlo.'" (Sefanija 1,12) "Kaznit ću svijet za zloću, bezbožnike za bezakonje, dokrajčit ću ponos oholih, poniziti nadutost silnika." (Izaija 13,11) "Ni njihovo srebro ni njihovo zlato neće ih spasiti. ... Blago njihovo bit će prepušteno pljački, njihove kuće opustošenju." (Sefanija 1,18.13)

Gledajući unaprijed to strašno vrijeme, prorok Jeremija je uskliknuo: "Srce mi se razdire. ... Ne mogu šutjeti, jer čujem glas roga, poklike bojne. Javljaju slom za slomom." (Jeremija 4,19.20)

"Dan gnjeva, onaj dan! Dan tjeskobe i nevolje! Dan užasa i pustošenja! Dan pomrčine i naoblake! Dan tmine i magluštine! Dan trubljavine i bojne vike." (Sefanija 1,15.16) "Dolazi ne-
311 smiljeni Jahvin dan ... da u pustoš zemlju prometne, da istrijebi iz nje grešnike." (Izaija 13,9)

S obzirom na veliki dan, Božja riječ najsvečanijim i najdojmljivijim riječima poziva Njegov narod da se probudi iz duhovnog mrtvila i u kajanju i poniznosti potraži Njegovo lice: "Trubite u trubu na Sionu! Dižite uzbunu na svetoj mi gori!

Neka svi stanovnici zemlje dršću, jer dolazi Jahvin dan. Da, on je blizu. ... Sveti post naredite, oglasite zbor svečani, narod saberite, posvetite sabor. Saberite starce, sakupite djecu. ... Neka ženik iziđe iz svadbene sobe, a nevjesta iz odaje. Između trijema i žrtvenika neka tuže svećenici, sluge Jahvine. ... Vratite se k meni svim srcem svojim posteć, i plačuć i kukajuć. Razderite srca, a ne halje svoje! Vratite se Jahvi, Bogu svome, jer on je nježnost sama i milosrđe, spor na ljutnju i bogat dobrotom, on se nad zlom ražali." (Joel 2,1; 2,15-17.12.13)

Da bi se pripravio narod koji će se održati u Božji dan, trebalo je izvršiti veliku reformu. Bog je vidio da mnogi koji se nazivaju Njegovim narodom ne grade za vječnost, pa im je u svojoj milosti poslao vijest opomene da bi ih probudio iz njihovog mrtvila i poveo u pripremu za Gospodnji dolazak.

To upozorenje nalazimo u Otkrivenju 14. poglavlju. Tu je prikazano kako nebeska bića objavljuju trostruku vijest, kojoj odmah zatim slijedi dolazak Sina Čovječjeg, "žetva na zemlji". Prvo od tih upozorenja objavljuje dolazak suda. Prorok promatra anđela gdje "leti u najvišem dijelu neba noseći jednu neprolaznu radosnu vijest koju mu je trebalo navijestiti stanovnicima zemlje: svakom narodu i plemenu, jeziku i puku. Vikao je jakim glasom: 'Bojte se Boga i zahvalite mu, jer je došao čas njegova Suda! Poklonite se Stvoritelju neba i zemlje, mora i izvora voda!'" (Otkrivenje 14,6.7)

Ta je vijest proglašena dijelom "neprolazne radosne vijesti". *312* Propovijedanje Evanđelja nije povjereno anđelima, već ljudima. Svetim anđelima je povjereno da upravljaju tim djelom; oni rukovode velikim pokretima na spasenje ljudima, ali sámo navješćivanje Evanđelja vrše Kristovi sluge na Zemlji.

To upozorenje svijetu trebali su objaviti vjerni ljudi, poslušni poticajima Božjeg Duha i učenju Njegove Riječi. Ti su ljudi držali "sigurnim sve proroštvo" koje "svijetli u tamnome mjestu, dok ne osvane dan i dok se ne pomoli Danica u vašim srcima". (2. Petrova 1,19) Oni su tražili spoznaju o Bogu više nego srebro i smatrali je većim dobitkom "i od zlata". (Izreke 3,14) A Gospodin im je otkrio veličine svojega kraljevstva. "Prisan je Jahve s onima koji ga se boje i Savez svoj objavljuje njima." (Psalam 25,14)

Učeni teolozi nisu razumjeli tu istinu, niti su se uključili u njezino objavljivanje. Da su bili vjerni stražari, koji marljivo i s molitvom proučavaju Sveta pisma, oni bi znali koje je vrijeme noći; proročanstva bi im otkrila događaje koji su se trebali zbiti. Ali oni to nisu učinili, pa je poruka povjerena poniznijim ljudima. Isus je rekao: "Hodite dok imate svjetlo, da vas ne bi osvojila tama." (Ivan 12,35) Oni koji se odvrate od svjetla što ga je Bog dao, ili ga zanemare tražiti dok im je pri ruci, bit će ostavljeni u tami. Spasitelj je objavio: "Tko mene slijedi, sigurno neće ići po tami, nego će imati svjetlo koje vodi u život." (Ivan 8,12) Tko god iskreno traži i vrši Božju volju, ozbiljno pazeći na svjetlo koje mu je već dano, primit će još veće svjetlo; toj će duši biti poslana neka zvijezda nebeskog sjaja da je uputi u svaku istinu.

313   U vrijeme prvog Kristovog dolaska svećenici i književnici svetog grada, kojima su bila povjerena Božja proročanstva, mogli su prepoznati znakove vremena i objaviti dolazak Obećanoga. Prorok Mihej je označio mjesto Njegova rođenja, a Daniel je odredio točno vrijeme Njegova dolaska. (Mihej 5,2; Daniel 9,25) Bog je ta proročanstva povjerio židovskim vođama, i oni nisu imali izgovora što nisu znali niti objavili narodu da je Mesijin dolazak pred vratima. Njihovo neznanje bilo je posljedica grešnog nemara. Židovi su dizali spomenike ubijenim Božjim prorocima, a svojim poštivanjem velikana ovoga svijeta odavali su počast slugama Sotone. Zaokupljeni častohlepnim borbama za položaj i vlast među ljudima, izgubili su iz vida božansku čast koju im je nudio nebeski Kralj.

S dubokim i velikim zanimanjem izraelski su starješine trebali proučavati mjesto, vrijeme i okolnosti najvećeg događaja u povijesti svijeta — dolaska Božjeg Sina da bi ostvario čovjekovo spasenje. Sav je narod trebao bdjeti i čekati kako bi među prvima poželio dobrodošlicu Otkupitelju svijeta. Nažalost, u Betlehemu su dvoje umornih putnika s nazaretskih brežuljaka prolazili cijelom dužinom uske ulice sve do istočnog kraja grada, i uzalud tražili mjesto na kojem bi se te noći odmorili i prenoćili. Nijedna vrata se nisu otvorila da ih prime. Na kraju su našli zaklon u bijednoj potleušici namijenjenoj stoci, i tu se rodio Spasitelj svijeta.

Nebeski su anđeli vidjeli slavu koju je Božji Sin dijelio s Ocem prije postanka svijeta, pa su sa živim zanimanjem očekivali Njegov dolazak na Zemlju, smatrajući ga najradosnijim događajem za sve ljude. Anđelima je naređeno da objave radosnu vijest onima koji su je bili spremni prihvatiti i koji će je radosno navijestiti žiteljima Zemlje.

Krist se toliko ponizio da je na sebe uzeo ljudsku narav; trebao je ponijeti neizmjerni teret stradanja i svoju dušu položiti kao žrtvu za grijeh, ali anđeli su željeli da se poniženi Sin Svevišnjega pojavi pred ljudima s dostojanstvom i slavom koja odgovara Njegovom položaju. Hoće li se velikani Zemlje okupiti u izraelskoj prijestolnici da pozdrave Njegov dolazak? Hoće li Ga legije anđela predstaviti skupu koji Ga čeka? Jedan je anđeo sišao na Zemlju kako bi vidio tko je gotov da dočeka Isusa. Ali nije primijetio nijedan znak očekivanja; nije čuo glasa proslavljanja i pobjede što se približio Mesijin dolazak. Anđeo je lebdio neko vrijeme nad izabranim gradom i Hramom u kome se vjekovima očitovala Božja prisutnost, ali i tu je vladala ista ravnodušnost. Svećenici su, u svojoj raskoši i gordosti, prinosili u Hramu oskvrnjene žrtve. Farizeji su se glasno obraćali narodu, ili se hvalisavo molili na raskrižjima ulica. U kraljevskim palačama, na skupovima filozofa, u rabinskim školama, svi podjednako nisu imali pojma o čudesnom događaju koji je Nebo ispunio radošću i hvalom – da će se na Zemlji uskoro pojaviti Otkupitelj čovječanstva.

Nigdje nije bilo znaka očekivanju Krista ni pripreme za Kneza života. Iznenađen, nebeski se glasnik upravo spremao vratiti na Nebo sa sramnim izvještajem, kad li je primijetio skupinu pastira koji su noću bdjeli pored svojeg stada i koji su, dok su promatrali zvjezdano nebo, razgovarali o proročanstvima o Mesiji koji će doći na Zemlju i čeznuli za dolaskom Otkupitelja svijeta. To je bila skupina koja je bila spremna primiti nebesku objavu. I iznenada se pojavio Gospodnji anđeo, navješćujući im radosnu vijest. Cijela ravnica je bila preplavljena nebeskom slavom, pojavio se bezbroj anđela i, kao da je radost bila prevelika da bi je s Neba donio samo jedan glasnik, mnoštvo glasova prolamalo se u hvalospjevu koji će jednog dana zapjevati spašeni iz svih naroda: "Slava Bogu na visini i na zemlji mir ljudima koje ljubi!" (Luka 2,14)

Oh, kakva je pouka ta predivna pripovijest o Betlehemu! Kako ona ukorava naše nevjerstvo, našu gordost i samodovoljnost! Kako nas opominje da se čuvamo da zbog svoje zločinačke ravnodušnosti ne bismo propustili zamijetiti znakove vremena i zbog toga ne prepoznati dan svoga pohođenja!

314

315

Anđeli nisu našli čekaoce Mesijina dolaska samo na judejskim brežuljcima, među skromnim pastirima. I u neznabožačkoj zemlji bilo je onih koji su Ga očekivali. Bili su to mudri, bogati i plemeniti ljudi, filozofi s Istoka. Budući da su proučavali prirodu, magi su vidjeli Boga u Njegovim djelima. Iz hebrejskih spisa saznali su da će Zvijezda izići od Jakova, pa su nestrpljivo očekivali Njegov dolazak; Onoga koji će biti ne samo "utjeha Izraelova", već i "svjetlo da rasvijetli pogane" i "spasenje do kraja zemlje". (Luka 2,25.32; Djela 13,47) Oni su tražili svjetlo, i svjetlo s Božjeg prijestolja rasvijetlilo je put pred njihovim nogama. Dok su jeruzalemski svećenici i rabini, povlašteni čuvari i tumači istine, bili obavijeni tamom, Nebo je poslalo zvijezdu da vodi te neznabožačke strance do mjesta rođenja novorođenog Kralja.

"Onima koji ga iščekuju" Krist će se "drugi put pokazati, bez odnosa prema grijehu, ... da im dadne potpuno spasenje". (Hebrejima 9,28) Kao navješćivanje Spasiteljeva rođenja, tako i vijest o Kristovom drugom dolasku nije povjerena vjerskim vođama naroda. Oni su propustili sačuvati svoju vezu s Bogom i odbacili svjetlost s Neba; stoga se nisu ubrajali među one koje opisuje apostol Pavao: "Ali vi, braćo, niste u tami da bi vas onaj dan mogao iznenaditi kao lopova. Vi ste svi sinovi svjetla i sinovi dana. Ne pripadamo noći niti tami." (1. Solunjanima 5,4.5)

Čuvari na zidinama Siona trebali su prvi prihvatiti vijest o dolasku Spasitelja i biti prvi koji će podići glasove u objavljivanju Njegove blizine, prvi koji će upozoriti ljude da se priprave za Njegov dolazak. Ali oni su se opustili, sanjajući o miru i sigurnosti, dok je narod spavao u svojim grijesima. Isus je vidio svoju Crkvu kao nerodnu smokvu, pokrivenu obilnim lišćem, ali bez dragocjenog ploda. Bilo je hvalisavog držanja vjerskih formi, ali je nedostajalo duha istinske poniznosti, pokajanja i vjere, koji jedini može pružiti službu prihvatljivu za Boga. Namjesto plodova Božjeg Duha pokazali su gordost, formalizam, taštinu, sebičnost i tlačenje. Crkva koja je klizila u otpad zatvorila je oči pred znakovima vremena. Bog je nije napustio niti je prekršio svoju vjernost, ali je ona odstupila od Njega i odvojila se od Njegove ljubavi. Budući da je odbila udovoljiti uvjetima, Njegova se obećanja nisu mogla ispuniti.

Takve su sigurne posljedice nemara da cijenimo i povećamo svjetlo i prednosti koje Bog udjeljuje. Ako Crkva ne slijedi put koji je On otvorio svojom providnosti, prihvaćajući svaku zraku svjetlosti i vršeći svaku dužnost koja joj može biti otkrivena, religija će se neizbježno svesti na držanje formi, a duh životvorne pobožnosti će nestati. Ovo se više puta obistinilo u povijesti Crkve. Bog zahtijeva od svojeg naroda djela vjere i poslušnosti koja odgovaraju udijeljenim blagoslovima i prednostima. Poslušnost zahtijeva žrtve i uključuje križ, i stoga mnogi tobožnji Kristovi sljedbenici odbijaju primiti svjetlo s Neba te, kao nekada Židovi, ne znaju vrijeme svojeg pohođenja. (Luka 19,44) Gospodin ih je zaobišao zbog njihove gordosti i nevjerstva i otkrio svoju istinu onima koji su, kao betlehemski pastiri i magi s Istoka, uvažavali svu primljenu svjetlost.

18

Jedan američki reformator

317   Da predvodi u objavljivanju Kristovog drugog dolaska, Bog je posebno izabrao jednog čestitog poljodjelca koji je, premda naveden da posumnja u božanski autoritet Svetog pisma, ipak iskreno želio upoznati istinu. Kao mnogi drugi reformatori, i William Miller se u svojoj mladosti borio sa siromaštvom i tako naučio velike lekcije o trudu i samoodricanju. Članovi njegove obitelji odlikovali su se neovisnim i slobodoumnim duhom, ustrajnošću i žarkim domoljubljem – a te su se osobine i kod njega isticale. Njegov je otac bio satnik u republikanskoj vojsci u vrijeme revolucije, i uzroke teškim prilikama u prvim godinama Millerovog života treba potražiti u žrtvama što ih je podnosio u borbama, kao i u stradanjima tog burnog razdoblja.

    Bio je zdrave i čvrste tjelesne građe i već je u svom djetinjstvu pokazivao više nego običnu umnu sposobnost. To se još više zamjećivalo kako je bivao stariji. Njegov je um bio aktivan i uravnotežen, a bio je veoma željan znanja. Premda nije uživao prednosti višeg obrazovanja, njegova ljubav prema učenju i navika pažljivog razmišljanja te oštrog zapažanja učinile su ga čovjekom zdravog rasuđivanja i širokih pogleda. Odlikovao se besprijekornim moralnim karakterom i zavidnim ugledom, pa je bio cijenjen zbog svojeg poštenja, štedljivosti i dobroćudnosti. Zahvaljujući naporu i trudu on je zarana stvorio uvjete za
318   samostalan život, premda je i dalje zadržao naviku da uči. Uspješno je obavljao različite građanske i vojne dužnosti pa se činilo da mu je širom otvoren put bogatstvu i časti.

    Njegova je majka bila iskreno pobožna žena te je u djetinjstvu bio izložen vjerskim utjecajima. Međutim, u ranoj je mladosti zapao u društvo deista, koji su snažno utjecali na njega budući da su to većinom bili dobri građani, ljudi humanih i plemenitih nazora. Budući da su živjeli usred kršćanskih institucija, njihov je karakter u određenoj mjeri bio oblikovan društvenom sredinom. Vrline koje su im pribavile poštovanje i povjerenje dugovali su Bibliji, pa ipak su te dobre darove toliko iskvarili da je njihov utjecaj bio suprotan Božjoj riječi. Druženje s tim ljudima Millera je navelo da prihvati njihove nazore. Uobičajeno tumačenje Svetog pisma stvaralo je poteškoće koje su mu se činile nesavladive, ali njegova nova vjera, u kojoj je Biblija ostavljena po strani, nije mu namjesto nje pružala ništa bolje, te nije bio nimalo zadovoljan. Tih se nazora držao oko dvanaest godina. Nekako u trideset i četvrtoj godini Sveti Duh ga je osvjedočio o njegovom grešnom stanju. U svom ranijem vjerovanju nije nalazio jamstvo za sreću iza groba. Budućnost mu se činila mračnom i turobnom. Govoreći kasnije o svojim osjećajima iz tog vremena, on kaže:

"Uništenje je izazivalo ledene i zastrašujuće misli, a podnošenje računa bilo je sigurna propast za sve. Nebo nad glavom bilo je slično bronci, a zemlja pod mojim nogama kao željezo. Vječnost – što je to? A smrt – zašto ona? Što sam više stvarao zaključke, to sam bio dalje od dokaza. Što sam više razmišljao, to sam bio zbunjeniji. Pokušao sam prestati s razmišljanjem, ali nisam mogao vladati svojim mislima. Osjećao sam se uistinu bijedno, ali nisam znao uzrok tome. Gunđao sam i tužio se, ali nisam znao komu. Znao sam da nešto nije kako valja, ali nisam znao kako ili gdje naći ono što je pravo. Tugovao sam, ali bez nade."

Takvo je stanje potrajalo nekoliko mjeseci. "Iznenada", kaže, "u moje se misli živo utisnuo karakter Spasitelja. Činilo se da može postojati jedno Biće, toliko dobro i sućutno da bi platilo za naše prijestupe i tako nas spasilo od kazne za grijeh. U istom sam trenutku osjetio kako bi predivno moralo biti takvo Biće, i zamislio da bih se mogao prepustiti Njegovim rukama i pouzdati u Njegovu milost. Ali se pojavilo pitanje: Kako se može dokazati da takvo Biće doista postoji? Shvatio sam da izvan Biblije ne mogu naći dokaza za postojanje takvog Spasitelja niti mogućeg budućeg stanja. ...

Shvatio sam da Biblija prikazuje upravo takvog Spasitelja kakav je meni bio potreban, pa sam htio ustanoviti kako jedna 'nenadahnuta knjiga' može razviti načela tako savršeno prila-

319

gođena potrebama palog svijeta. Morao sam priznati da je Sveto pismo Božja objava. Ono je postalo mojom radošću, a u Isusu sam našao Prijatelja. Spasitelj je za mene postao najmilijim među tisućama, a Sveto pismo koje mi se ranije činilo mračnim i punim proturječja, postalo je svjetiljkom mojoj nozi i svjetlom mojoj stazi. Smirio sam se i bio zadovoljan. Shvatio sam da je Gospodin Bog Stijena usred životnog mora. Sada je Biblija postala glavnim predmetom mog proučavanja i mogu doista reći da sam je istraživao s velikim užitkom. Uvjerio sam se da mi ni pola toga nije bilo nikada rečeno. Pitao sam se zašto ranije nisam vidio njezinu slavu i ljepotu, i čudio se kako sam je uopće mogao odbaciti. Našao sam otkrivenim sve za čime mi je srce težilo i lijek za svaku bolest duše. Izgubio sam volju za čitanjem drugih knjiga i upravio svoje srce da dobijem mudrost od Boga."[1]

Sada je Miller javno ispovijedao vjeru u religiju koju je nekada prezirao. Ali njegovi nevjerni prijatelji nisu dugo oklijevali da iznesu sve one argumente što ih je on sam često navodio protiv božanskog autoriteta Svetog pisma. On im još nije bio spreman odgovoriti, ali je zaključio: ako je Biblija objava od Boga, onda u njoj ne smije biti proturječnosti; a budući da je *320* dana za poučavanje čovjeka, ona mora biti prilagođena njegovom razumijevanju. Odlučio je sâm proučiti Sveto pismo i utvrditi nije li moguće uskladiti svaku prividnu proturječnost.

Nastojeći odbaciti sva ranije stvorena mišljenja i ostavljajući po strani biblijske komentare, uspoređivao je pismo s pismom uz pomoć navedenih usporednih mjesta i konkordancije. Proučavao je redovno i temeljito; počeo je s Postankom i čitajući redak po redak išao dalje tek kad mu je značenje više redaka bilo toliko jasno da ga više ništa nije moglo zbuniti. Ako bi naišao na bilo što nejasno, imao je običaj to usporediti sa svim drugim redcima koji bi mogli imati što reći u vezi s predmetom što ga je proučavao. Svaka je riječ morala biti povezana s predmetom koji redak obrađuje, i ako se njegovo mišljenje slagalo sa svakim usporednim ulomkom, redak bi prestao činiti poteškoću. Tako je, kad god bi naišao na teško razumljiv redak, nalazio objašnjenje u nekom drugom dijelu Svetoga pisma. Dok bi proučavao uz ozbiljnu molitvu kojom je tražio božansko prosvjetljenje, ono što ranije nije mogao razumjeti postalo je jasno. Iskusio je istinitost riječi psalmista: "Objava riječi tvojih prosvjetljuje, bezazlene urazumljuju." (Psalam 119,130)

S velikim je zanimanjem proučavao Knjigu proroka Daniela i Otkrivenje, koristeći ista načela tumačenja kao u drugim knjigama Pisma, i na svoju je veliku radost uvidio da se proročki simboli daju razumjeti. Vidio je da su se proročanstva, ukoliko su bila ispunjena, doslovno ispunila, da su sve te različite slike, metafore, usporedbe, sličnosti i tako dalje ili objašnjene u samom ulomku, ili su izrazi kojima su izneseni objašnjeni u drugim ulomcima; ako se tako objašnjavaju, treba ih doslovno razumjeti. "Tako sam se uvjerio", kaže, "da je Biblija sustav otkrivenih istina, tako jasno i jednostavno danih da nijedan čovjek, ma koliko bio neupućen, ne može zalutati."[2] Kariku za karikom lanac istine nagrađivao je njegov trud, dok je korak po korak slijedio veliki niz proročanstava. Nebeski anđeli vodili su njegove misli i pomagali mu da razumije Pismo.

321

Uzimajući način na koji su se proročanstva ispunila u prošlosti kao mjerilo kojim se može prosuditi ispunjenje onih koja još uvijek pripadaju budućnosti, zaključio je da rasprostranjeno mišljenje o Kristovoj duhovnoj vladavini − o zemaljskom tisućugodišnjem kraljevstvu prije kraja svijeta − nema osnove u Božjoj riječi. Ovo učenje koje upućuje na tisuću godina pravde i mira prije osobnog Gospodnjeg dolaska odlaže strahote Božjeg dana daleko u budućnost. Koliko god izgledalo privlačno, ono se protivi učenju Krista i Njegovih apostola, jer oni su objavili da će pšenica i kukolj rasti zajedno do žetve, do kraja svijeta; da će "zli ljudi i varalice, ujedno zavodnici i zavedeni, napredovati iz zla u gore"; da će "u posljednje doba... nastati teška vremena" i da će kraljevstvo tame postojati do Gospodnjeg dolaska, kada će biti uništeno "dahom Njegovih usta i razoreno sjajem Njegova dolaska". (Matej 13,30.38-41; 2. Timoteju 3,13.1; 2. Solunjanima 2,8)

Apostolska Crkva nije vjerovala u obraćenje cijelog svijeta i Kristovu duhovnu vladavinu. To su učenje kršćani prihvatili tek početkom osamnaestog stoljeća. Kao svakoj drugoj zabludi, i ovoj su posljedice bile pogubne. Ona je učila ljude da će Gospodin doći u dalekoj budućnosti i time ih sprečavala da obrate pozornost na znakove koji navješćuju Njegov dolazak. Ona je stvorila neutemeljeni osjećaj pouzdanosti i sigurnosti i navela mnoge da zanemare potrebnu pripremu za susret sa svojim Gospodinom.

Miller je ustanovio da Sveto pismo jasno uči o doslovnom i osobnom Kristovom dolasku. Pavao kaže: "Jer će sâm Gospodin sa zapovjedničkim zovom, s glasom arkanđela i sa zvukom trube Božje sići s neba." (1. Solunjanima 4,16) A Spasitelj izjavljuje: "I vidjet će Sina Čovječjega gdje dolazi na oblacima nebeskim s velikom moći i slavom. ... Jer će dolazak Sina Čovječjega biti sličan munji što sjevne na istoku i rasvijetli sve do zapada." (Matej 24,30.27) Pratit će Ga sva nebeska vojska. "Kad Sin Čovječji dođe sa svojim sjajem u pratnji svih anđela, sjest će na prijestolje svoje slave. ... I on će poslati anđele svoje s glasnom trubom da skupe izabranike njegove." (Matej 25,31.32; 24,31)

Prigodom Isusovog dolaska mrtvi će pravednici ukrsnuti, a živi se pravednici preobraziti. "Svi nećemo umrijeti," kaže Pavao, "ali ćemo se svi preobraziti, u jedan hip, u tren oka, na glas posljednje trube; zatrubit će truba i mrtvi će uskrsnuti neraspadljivi, a mi ćemo se preobraziti, jer treba da se ovo raspadljivo tijelo obuče neraspadljivošću i da se ovo smrtno tijelo obuče besmrtnošću." (1. Korinćanima 15,51-53) A u svom pismu Solunjanima, nakon što je opisao Gospodnji dolazak, on kaže: "Najprije će uskrsnuti umrli u Kristu. Zatim ćemo mi živi, mi preostali, biti skupa s njima odneseni u zrak na oblacima u susret Gospodinu. I tako ćemo zauvijek biti s Gospodinom." (1. Solunjanima 4,16.17)

Božji narod ne može primiti kraljevstvo prije Kristovog osobnog dolaska. Spasitelj je rekao: "Kad Sin Čovječji dođe sa svojim sjajem u pratnji svih anđela, sjest će na prijestolje svoje slave. Tada će se pred njim skupiti svi narodi, a on će ih razlučiti jedne od drugih kao što pastir luči ovce od jaraca. Postavit će ovce sebi s desne strane, a jarce s lijeve. Nakon toga će kralj reći onima s desne strane: 'Dođite, blagoslovljeni Oca mog, i primite u posjed kraljevstvo koje vam je pripravljeno od postanka svijeta!'" (Matej 25,31-34) Iz upravo navedenih riječi vidjeli smo da će prigodom dolaska Sina Čovječjega mrtvi uskrsnuti neraspadljivi, a živi se preobraziti. Tom velikom promjenom oni su pripremljeni da prime kraljevstvo, jer Pavao veli: "Tijelo i krv ne mogu baštiniti kraljevstvo Božje; niti raspadljivo baštiniti neraspadljivo." (1. Korinćanima 15,50) Čovjek je u sadašnjem stanju smrtan, raspadljiv, dok će Božje kraljevstvo biti neraspadljivo, vječno. Stoga čovjek u svom sadašnjem stanju ne može ući u Božje kraljevstvo. Ali kad Isus dođe, On svojem narodu daje besmrtnost i zatim ga poziva da primi kraljevstvo kojemu su dosad bili samo baštinici.

Ta i druga mjesta u Svetome pismu osvjedočila su Millera da događaji čije se ispunjenje obično očekivalo prije Kristovog dolaska – kao što su sveopća vladavina mira i uspostava Božjeg kraljevstva na Zemlji – zapravo dolaze poslije drugog dolaska. Osim toga, svi znakovi vremena i prilike u svijetu odgovaraju proročkim opisima posljednjih dana. Tako je na osnovi proučavanja samog Svetog pisma morao zaključiti da se razdoblje određeno za opstanak Zemlje u njezinom sadašnjem stanju približava kraju.

"Još jedna vrsta dokaza koja je silno utjecala na moj um", rekao je, "jest kronologija Svetoga pisma. ... Uvidio sam da su se prorečeni događaji, koji su se u prošlosti ispunili, često zbili u određeno vrijeme. Stotinu i dvadeset godina do potopa kojemu je trebalo prethoditi sedam dana, sa četrdeset dana prorečene kiše (Postanak 6,3; 7,4); četiri stotine godina putovanja Abrahamova potomstva (Postanak 15,13); tri dana u peharnikovu i pekarovu snu (Postanak 40,12-20); sedam faraonovih godina (Postanak 41,28-54); četrdeset godina u pustinji (Brojevi 14,34); tri i pol godine gladi (1. Kraljevima 17,1; vidi Luka 4,25) ... sedamdeset godina sužanjstva (Jeremija 25,11); sedam Nabukodonozorovih godina (Daniel 4,13-16) i sedam tjedana, šezdeset i dva tjedna i jedan tjedan, koji čine sedamdeset tjedana određenih za Židove (Daniel 9,24-27) – svi ti događaji, vremenski određeni, bili su stvar proroštva i ispunili su se kako je bilo prorečeno."[3]

Kad je onda tijekom svog proučavanja Biblije naišao na različita kronološka razdoblja koja su, prema njegovoj spoznaji, sezala do drugog Kristovog dolaska, on nije mogao drugo do smatrati ih "određenim vremenima" koja je Bog otkrio svojim slugama. "Što je skriveno," rekao je Mojsije, "pripada Jahvi, Bogu našemu, a objava nama i sinovima našim zauvijek" (Ponovljeni zakon 29,28), a Gospodin objavljuje preko proroka Amosa da "ništa ne čini Jahve Gospod a da osnove svoje ne otkrije slugama svojim prorocima" (Amos 3,7). Oni koji proučavaju Božju riječ mogu dakle pouzdano očekivati da će u Pismu istine naći jasno opisan najveličanstveniji događaj koji će se zbiti u ljudskoj povijesti.

324

"Budući da sam bio potpuno uvjeren", kaže Miller, "da je svako Pismo od Boga nadahnuto i korisno (2. Timoteju 3,16), da nije nastalo ljudskom voljom, već su ga pisali ljudi potaknuti od Svetog Duha (2. Petrova 1,21), i da je napisano 'nama za pouku, da strpljivošću i utjehom, koje daje Pismo, trajno imamo nadu' (Rimljanima 15,4), nisam mogao a ne smatrati kronološke dijelove Biblije isto tako dijelom Božje riječi, i isto tako predviđenima za naše ozbiljno razmatranje kao i bilo koji drugi dio Svetoga pisma. Stoga sam osjećao kako u nastojanju da razumijem što nam je Bog u svojoj milosti vidio pogodnim otkriti, nemam pravo zanemariti proročka razdoblja."[4]

Činilo se da proročanstvo u Danielu 8,14 najjasnije otkriva vrijeme drugog dolaska: "Još dvije tisuće i tri stotine večeri i jutara; tada će Svetište biti očišćeno." Držeći se pravila da Božju riječ uzima kao njezinog vlastitog tumača, Miller je našao da u simboličnom proročanstvu jedan dan predstavlja godinu (Brojevi 14,34; Ezekiel 4,6); vidio je da se razdoblje od dvije tisuće i tri stotine proročkih dana, odnosno doslovnih godina, proteže daleko iza vremena milosti određenog Židovima, i da se prema tome ne može odnositi na čišćenje njihovog Svetišta. Miller se oslanjao na općeprihvaćeno mišljenje da je u kršćanskoj eri Zemlja to Svetište, te je zaključio da očišćenje Svetišta, prorečeno u Danielu 8,14, predstavlja očišćenje Zemlje vatrom prigodom Kristovog drugog dolaska. Ako bi se, onda, mogao naći točan početak za dvije tisuće i tri stotine dana, zaključio je da bi se moglo lako odrediti i vrijeme drugog dolaska. Tako bi se otkrilo vrijeme tog velikog kraja, vrijeme kada će sadašnje stanje, "sa svom svojom ohološću i silom, raskoši i taštinom, bezbožnošću i tlačenjem doći kraju", kada će biti "skinuto prokletstvo sa Zemlje, smrt biti uništena, nagrada dana Božjim slugama, prorocima i svetima, i onima koji se boje Njegova imena, i kada će biti uništeni oni koji kvare zemlju."[5]

S novom i još većom ozbiljnošću Miller je nastavio istraživati proročanstva, posvećujući čitave noći kao i dane proučavanju onoga što mu se sada činilo tako silno važnim da je zaokupljalo svu njegovu pozornost. U osmom poglavlju Danielove knjige nije mogao naći nagovještaj početka dvije tisuće i tri stotine dana; premda je anđelu Gabrielu zapovjeđeno da Danielu objasni viđenje, objašnjenje je bilo samo djelomično. Kad se pred prorokovim očima odvijao prikaz strašnog progonstva koje će doći na Crkvu, tjelesna snaga je otkazala. Više nije mogao izdržati pa ga je anđeo neko vrijeme napustio. Daniel je obnemogao i više dana bolovao. "Bijah smeten zbog viđenja," napisao je, "no nitko to nije dokučio." (Daniel 8,27) Ali Bog je zapovjedio svojem glasniku: "Objasni mu to viđenje!" Ta se zapovijed morala izvršiti i stoga se anđeo nešto kasnije vratio Danielu i rekao: "Daniele, evo me: dođoh da te poučim, ... pazi dobro na riječ i razumij viđenje." (Daniel 8,27.16; 9,22.23.25-27) U viđenju iz osmog poglavlja ostao je neobjašnjen samo jedan važan dio, i to dio povezan s vremenom – razdoblje od 2300 dana; stoga se anđeo u nastavku tumačenja zadržava isključivo na pitanju vremena:

"Sedamdeset je sedmica određeno tvom narodu i tvom *326* svetom gradu. ... Znaj i razumij: Od časa kad izađe riječ 'Neka se vrate i neka opet sagrade Jeruzalem' do Kneza Pomazanika: sedam sedmica, a onda šezdeset i dvije sedmice, i bit će opet sagrađeni trg i opkop, i to u teško vrijeme. A poslije šezdeset i dvije sedmice bit će Pomazanik pogubljen, ali ne za sebe. ... I sklopit će savez s mnogima za jednu sedmicu: a u polovici sedmice prestat će žrtva i prinos." (Daniel 9,24-27)

Anđeo je poslan Danielu s izričitim ciljem da mu objasni dioo koji nije razumio iz viđenja u osmom poglavlju, izvještaj o vremenu: "Još dvije tisuće i tri stotine večeri i jutara, tada će Svetište biti očišćeno." Nakon što je anđeo pozvao Daniela: "Pazi dobro na riječ, razumij viđenje", prve njegove riječi bile su: "Sedamdeset je sedmica određeno tvom narodu i tvom svetom gradu." Ovdje prevedena riječ "određeno" u izvorniku znači "odsječeno". Anđeo je rekao da je sedamdeset tjedana, koji predstavljaju 490 godina, odsječeno i da se odnose samo na Židove. Ali od čega su odsječeni? Budući da su 2300 dana jedino vremensko razdoblje spomenuto u osmom poglavlju, to je sedamdeset tjedana moralo biti odsječeno od njih, te oba razdoblja moraju imati zajednički početak. Anđeo je objasnio da sedamdeset tjedana počinju izdavanjem proglasa za ponovnu izgradnju Jeruzalema. Kad bi se mogao utvrditi datum izdavanja tog proglasa, bio bi utvrđen i početak velikog razdoblja od 2300 dana.

Taj proglas nalazimo u sedmom poglavlju Ezrine knjige. (Ezra 7,12-26) Perzijski kralj Artakserks izdao ga je u najpotpunijem obliku 457. godine prije Krista. Međutim, u Ezri 6,14 stoji da se Gospodnji dom u Jeruzalemu trebao sagraditi "po naredbi Kira, Darija i Artakserksa, kralja perzijskoga". Ta su tri kralja pokretanjem, potvrđivanjem i upotpunjavanjem proglasa u cijelosti ostvarili sve što je prorečeno o početku 2300 godina. Ako uzmemo 457. godinu prije Krista, kada je proglas dobio konačni oblik, kao datum izdavanja naredbe, jasno je da se ispunila svaka pojedinost proročanstva o sedamdeset tjedana. (Vidi Dodatak.)

"Od časa kad izađe riječ 'Nek se vrate i neka opet sagrade Jeruzalem' pa do Kneza Pomazanika sedam sedmica, a onda šezdeset i dvije sedmice" – odnosno šezdeset i devet tjedana ili 483 godine. Artakserksova naredba stupila je na snagu ujesen 457. godine prije Krista. Od tog se datuma 483 godine protežu do jeseni 27. godine poslije Krista. (Vidi Dodatak.) U to se vrijeme proročanstvo ispunilo. Riječ *Mesija* znači *Pomazanik*. Krist je ujesen 27. godine kršten po Ivanu i pomazan Svetim Duhom. Apostol Petar svjedoči "kako je Bog Isusa iz Nazareta pomazao Duhom Svetim i snagom". (Djela 10,38) I sâm je Spasitelj rekao: "Na meni je Duh Gospodnji, jer me pomazao. Poslao me da donesem Radosnu vijest siromasima." (Luka 4,18) Nakon krštenja otišao je u Galileju i "propovijedao Radosnu vijest Božju. Govorio je: 'Ispunilo se vrijeme.'" (Marko 1,14.15)

"I sklopit će savez s mnogima za jednu sedmicu." "Sedmica" o kojoj je ovdje riječ posljednja je od sedamdeset; to je posljednjih sedam godina razdoblja dodijeljenog Židovima. Tijekom tog vremena, što se proteže od 27. do 34. godine, Krist je najprije osobno, a zatim preko svojih učenika uputio evanđeoski poziv posebice Židovima. Kad je slao apostole s Radosnom vijesti o kraljevstvu, Spasitelj ih je uputio: "Ne idite k poganima, ne ulazite ni u jedan samarijski grad! Nego idite radije k izgubljenim ovcama doma Izraelova." (Matej 10,5.6)

"A u polovici sedmice prestat će žrtva i prinos." Trideset i prve godine, tri i pol godine nakon krštenja, naš je Gospodin bio razapet na križ. Velikom žrtvom prinesenom na Golgoti došao je kraj sustavu prinošenja žrtava koje su četiri tisuće godina upućivale na Božje Janje. Sada je sjena postala stvarnost, i stoga su trebale prestati sve žrtve i prinosi obrednog sustava.

Sedamdeset tjedana, ili 490 godina, posebno dodijeljenih Židovima, završilo je, kao što smo vidjeli, 34. godine poslije Krista. U to je vrijeme, odlukom židovskog Sanhedrina, ili Velikog vijeća, nacija zapečatila odbacivanje Evanđelja mučeničkom smrću Stjepana i progonstvom Kristovih sljedbenika. Budući da više nije bila ograničena na izabrani narod, vijest spasenja se otada počela navještati svijetu. Učenici, primorani da zbog progonstva bježe iz Jeruzalema, "prolazili su iz jednog kraja u drugi propovijedajući Evanđelje Riječi. Tako Filip siđe u glavni grad Samarije i tu propovijedaše Krista." Vođen božanskom rukom, Petar je otvorio Evanđelje stotniku iz Cezareje, bogobojaznom Korneliju, a gorljivi Pavao, pridobijen za Kristovu vjeru, dobio je nalog da Radosnu vijest odnese "daleko, k poganima". (Djela 8,4.5; 22,21)

Tako se svaka pojedinost proročanstva dojmljivo ispunila, i početak sedamdeset tjedana nedvojbeno je utvrđen za 457. godinu prije Krista, a njihov kraj 34. godine poslije Krista. Polazeći od navedenih podataka, nije teško odrediti kraj razdoblja od 2300 dana. Budući da je sedamdeset tjedana – 490 dana – bilo odsječeno od 2300, preostalo je 1810 dana. Nakon protjecanja 490 dana, još se trebalo ispuniti 1810 dana. Računajući od 34. godine poslije Krista, 1810 godina sežu do 1844. Prema tome, 2300 dana iz Daniela 8,14 završavaju 1844. godine. Po isteku će tog velikog proročkog razdoblja, prema svjedočanstvu Božjeg anđela, "Svetište biti očišćeno". Tako je vrijeme čišćenja Svetišta – koje se prema tadašnjem gotovo općenitom vjerovanju trebalo zbiti prigodom drugog Kristovog dolaska – potpuno utvrđeno.

Miller i njegovi suradnici su isprva vjerovali da će 2300 dana isteći u proljeće 1844. godine, dok proročanstvo upućuje na jesen iste godine. (Vidi Dodatak.) Pogrešno razumijevanje te činjenice dovelo je do razočaranja i zbunjenosti kod onih koji su u ranijem vremenu vidjeli trenutak Gospodnjeg dolaska. Ali to nije nimalo utjecalo na snagu argumenta da 2300 dana završavaju 1844. godine i da se mora ostvariti veliki događaj prikazan čišćenjem Svetišta.

Kad se posvetio proučavanju Svetog pisma kako bi dokazao da je ono objava od Boga, Miller isprva nije ni slutio da će ga to dovesti do zaključka do kojega je sada došao. On je i sâm jedva mogao vjerovati u rezultate svojeg istraživanja. Ali su bib-

329

lijski dokazi bili previše jasni i snažni da bi ih mogao zanemariti.

On je dvije godine posvetio pročavanju Biblije, kada je 1818. godine došao do svečanog zaključka da će otprilike za dvadeset i pet godina Krist doći i izbaviti svoj narod. "Ne moram objašnjavati", kaže Miller, "kakva je radost ispunila moje srce pri pomisli na tu prekrasnu mogućnost, niti pojavu silne čežnje moje duše za sudjelovanjem u radostima spašenih. Biblija mi je sada postala novom knjigom. Bila je prava gozba za um. Sve što mi je u njenom učenju bilo mračno, mistično ili nejasno, sada je nestalo iz mojeg uma zahvaljujući sjajnom svjetlu koje me je sada obasjavalo s njenih svetih stranica. O kako mi je istina sada izgledala svijetlom i slavnom! Nestale su sve proturječnosti i nedosljednosti koje sam ranije našao u Riječi. Premda je još uvijek bilo mnogo dijelova koje nisam posve razumio, sada je toliko svjetla zračilo iz nje da je rasvijetli moj dotad zamračen um, da sam u proučavanju Svetog pisma osjećao takav ushit kakvog nikad nisam slutio da ću uživati."[6]

"Sa svečanim uvjerenjem da će se za tako kratko vrijeme zbiti tako veličanstveni događaji prorečeni u Svetom pismu, odjednom sam postao svjesnim svoje dužnosti prema svijetu s obzirom na dokaze koji su potresli moj um."[7] Morao je osjećati da je njegova dužnost i drugima prenijeti svjetlo što ga je sâm primio. Očekivao je protivljenje bezbožnih, ali je bio uvjeren da će se svi kršćani obradovati nadi da predstoji susret sa Spasiteljem kojega, kako tvrde, priznaju i ljube. Jedino se bojao da će mnogi iz velike radosti zbog mogućnosti slavnog oslobođenja, koje će tako brzo nastupiti, to učenje prihvatiti bez dostatnog istraživanja Svetog pisma kako bi utvrdili istinu. Stoga je oklijevao iznijeti ga kako ne bi, ako je u zabludi, i druge doveo u zabludu. To ga je navelo da još jednom provjeri dokaze koji potkrepljuju zaključke do kojih je došao, i da pomno razmotri svaku poteškoću koja bi mogla iskrsnuti. Uvjerio se da su prigovori pred svjetlom Božje riječi nestali, kao što magla nestaje pred sunčevim zrakama. Nakon pet godina takvog proučavanja bio je posve uvjeren u pravilnost svojeg stajališta.

Sada mu se s novom snagom nametnula dužnost da druge upozna s onim što je po njegovu vjerovanju tako jasno obznanjeno u Svetom pismu. "Kad sam obavljao svoje poslove," rekao je, "u ušima mi je stalno odjekivalo: 'Idi i upozori svijet na

330

opasnost.' A stalno mi se javljao sljedeći tekst: 'Reknem li bezbožniku: Bezbožniče, umrijet ćeš! – a ti ne progovoriš i ne opomeneš bezbožnika da se vrati od svojega zloga puta, bezbožnik će umrijeti zbog svojega grijeha, ali krv njegovu tražit ću iz tvoje ruke. Ali ako bezbožnika opomeneš da se vrati od svojega zloga puta, a on se ne vrati sa svojega puta: on će umrijeti zbog svojega grijeha, a ti si spasio život svoj.' (Ezekiel 33,8.9) Osjećao sam da bi se mnoštvo zlih pokajalo kad bi bili učinkovito upozoreni; a ako ne budu upozoreni, njihova bi se krv mogla tražiti iz moje ruke."[8]

Počeo je privatno iznositi svoja gledišta kad god mu se ukazala prilika, moleći se da neki propovjednik osjeti njihovu snagu i posveti se njihovom širenju. Ali se nije mogao osloboditi uvjerenja da je osobno dužan objaviti to upozorenje. Misli su mu se stalno vraćale na riječi: "Idi i objavi to svijetu; njihovu ću krv tražiti iz tvoje ruke." Čekao je devet godina s teretom koji mu je pritiskivao dušu, dok 1831. godine nije prvi put javno iznio osnove svojeg vjerovanja. *331*

Kao što je Elizej bio pozvan da ostavi svoje volove u polju i primi plašt posvećenja za proročku službu, tako je i William Miller pozvan da napusti svoj plug i otkrije ljudima tajne Božjeg kraljevstva. To je djelo otpočeo sa strepnjom, vodeći svoje slušatelje korak po korak kroz proročka razdoblja do drugog Kristovog dolaska. Pri svakom ulaganju napora dobivao je novu snagu i hrabrost kad je vidio veliko zanimanje što su ga pobudile njegove riječi.

Miller je pristao da javno iznese svoja gledišta samo na navaljivanje svoje braće u čijim je riječima prepoznao Božji poziv. U to je vrijeme navršio pedeset godina života, nije imao navike javnog istupanja i bio je opterećen osjećajem da nije sposoban za posao koji mu predstoji. Ali od samog početka njegov je trud u spašavanju duša bio posebno blagoslovljen. Njegovo prvo predavanje izazvalo je vjersko buđenje u kojem se, osim dva člana, obratilo trinaest obitelji. Tražili su od njega da govori na drugim mjestima, i njegov je rad gotovo posvuda izazvao buđenje za Božje djelo. Grešnici su se obraćali, kršćani su bili potaknuti na veću odanost Bogu, a deisti i nevjernici morali su priznati istinitost Biblije i kršćanske vjere. Svjedočanstvo ljudi među kojima je radio glasilo je: "On pridobiva i one na koje nitko drugi ne bi mogao utjecati."[9] Njegovo je propovijedanje imalo cilj da probudi zanimanje za vjerske predmete i spriječi sve veće širenje svjetovnog duha i putenosti njegovog vremena.

Gotovo u svakom gradu, kao ishod njegovog propovijedanja, obraćalo se po dvadesetak, a negdje i stotinu osoba. U mnogim mjestima otvorena su mu širom vrata protestantskih crkava, a pozive za rad su mu obično upućivali propovjednici različitih denominacija. Njegovo nepromjenjivo pravilo bilo je da govori samo tamo gdje je pozvan, ali je ubrzo uvidiio da ne može odgovoriti ni na polovinu zahtjeva. Mnogi koji nisu prihvatili njegova gledišta o točnom vremenu drugog dolaska, bili su osvjedočeni u neumitnost i blizinu Kristova dolaska i u potrebu za pripremom. U nekim velikim gradovima njegov je rad ostavljao značajne posljedice. Gostioničari su napuštali posao i pretvarali gostionice u prostorije za sastanke; kockarnice su zatvarane; obraćali su se nevjernici, deisti, univerzalisti, pa i prave propalice, od kojih neki godinama nisu stupili u crkvu. Razne vjerske zajednice organizirale su u mnogim dijelovima grada molitvene sastanke u svako doba dana. Poslovni ljudi okupljali bi se u podne na molitvu i zahvaljivanje. Nije bilo pretjeranog uzbuđenja, već je ljudima zavladalo neko sveopće svečano raspoloženje. Miller je svojim radom, poput prvih reformatora, više nastojao osvjedočiti razum i probuditi savjest negoli izazvati uzbuđenje.

Godine 1833. Miller je od Baptističke crkve, kojoj je pripadao, dobio punomoć kao propovjednik. Veliki broj propovjednika njegove Crkve odobravao je i njegov rad te je s njihovim službenim odobrenjem nastavio raditi. Neumorno je putovao i propovijedao, premda se svojim osobnim radom uglavnom ograničio na Novu Englesku i središnje države. Više godina je sâm snosio sve svoje troškove, a nikada kasnije nije dobivao toliko da je mogao podmiriti putne troškove do mjestâ u koja su ga pozivali. Stoga njegov javni rad ne samo što mu nije donosio nikakve materijalne koristi, već je bio i veliki teret za njegov imetak koji se tijekom tog razdoblja života postupno smanjivao. Bio je otac velike obitelji, ali budući da su svi bili štedljivi i marljivi, njegova je farma pružala dostatno za njihovo i za njegovo uzdržavanje.

Godine 1833., dvije godine nakon što je Miller počeo javno iznositi dokaze o skorom Kristovom dolasku, zbio se posljednji znak što ga je Spasitelj prorekao kao znamenje svog drugog dolaska. Isus je rekao: "S neba će zvijezde padati." (Matej 24,29) Promatrajući u viđenju prizore koji će najaviti Gospodnji dan, Ivan je u Otkrivenju objavio: "Zvijezde s neba padoše na zemlju, kao što svoje nezrele plodove strese smokva kad je zatrese silan vjetar." (Otkrivenje 6,13) To je proročanstvo vidljivo i dojmljivo ispunjeno velikim meteorskim pljuskom 13. studenoga 1833. godine. Po prostranstvu bio je to najveličanstveniji prizor padanja zvijezda koji je ikada zabilježen. "Cijeli nebeski svod iznad Sjedinjenih Država satima je plamtio ognjem. Otkad je osnovano prvo naselje doseljenika u toj zemlji, nije bilo prirodne pojave koju bi jedni promatrali s tolikim divljenjem, a drugi s tolikim strahom i uzbuđenjem. ... Mnogi se još živo sjećaju njezine uzvišenosti i zastrašujuće ljepote. ... Nikada još nije bilo jačeg pljuska kiše od tog padanja meteora; na istoku, zapadu, sjeveru i jugu – posvuda ista slika. Jednom riječju, kao da je cijelo nebo bilo u pokretu. ... Prizor, kako ga je opisao profesor Silliman u *Journalu*, bio je vidljiv nad cijelom Sjevernom Amerikom. ... Od dva sata ujutro pa do svijetlog dana, na vedrom nebu bez oblaka trajala je neprekidna igra bljeshtavih nebeskih tijela."[10]

"Nema jezika kojim bi se mogla opisati ljepota tog veličanstvenog prizora; ... tko nije bio očevidac, ne može predočiti sebi njegovu ljepotu. Činilo se kao da su se sve zvijezde okupile na jednom mjestu blizu zenita, odakle su brzinom munje izlijetale na sve strane obzorja, a ipak se njihov broj nije smanjivao – tisuće su brzo slijedile staze prethodnih tisuća, kao da su stvorene za tu prigodu."[11] "Nemoguće je tu pojavu bolje predočiti nego slikom smokve koja stresena silnim vjetrom odbacuje svoje još zelene plodove."[12]

U njujorškom časopisu *Journal of Commerce* od 14. studenog 1833. godine pojavio se dugačak članak o toj neobičnoj pojavi. U njemu stoji: "Pretpostavljam da nijedan filozof ni znanstvenik nije ispričao ili zapisao događaj sličan jučerašnjem. Jedan ga je prorok točno navijestio prije osamnaest stoljeća; ako imamo poteškoća da pod izrazom padanja zvijezda mislimo na stvarno padanje zvijezda, ... znajmo da ga je jedino tako bilo moguće opisati."

Tako je prikazan posljednji od onih znakova Njegova dolaska za koje je Isus rekao svojim učenicima: "Tako i vi, kad

334

vidite sve to, znajte da je blizu – na samim vratima!" (Matej 24,33) Nakon tih znakova Ivan je kao sljedeći veliki događaj vidio kako je nebo iščeznulo kao svitak koji se smota, dok se zemlja tresla, gore i svi otoci se pokrenuli sa svojih mjesta, a grešnici u strahu pokušavali pobjeći pred Sinom Čovječjim. (Otkrivenje 6,12-17) Mnogi očevici padanja zvijezda smatrali su taj prizor najavom dolazećeg suda, "strašnim primjerom, sigurnim predznakom, milostivim znakom velikog i strašnog dana".[13] Tako je pozornost ljudi bila usmjerena na ispunjenje proroštva, i mnogi su bili potaknuti da obrate pozornost na upozorenje o blizini drugog dolaska.

Još jedno važno ispunjenje proroštva pobudilo je 1840. godine veliku pozornost. Dvije godine ranije Josiah Litch, jedan od vodećih propovjednika koji su navješćivali drugi Kristov dolazak, objavio je tumačenje devetog poglavlja knjige Otkrivenje, najavljujući pad Otomanskog Imperija. Prema njegovom računanju, ta je sila trebala pasti "1840. godine, negdje u kolovozu", a samo nekoliko dana prije ispunjenja pisao je: "Ako dopustimo da se prvo razdoblje od 150 godina ispunilo točno prije no što je Deacozes s dopuštenjem Turaka stupio na prijestolje, i da 391 godina i petnaest dana počinju krajem tog prvog razdoblja, ono će završiti 11. kolovoza 1840. godine, kad 335 možemo očekivati pad otomanske sile u Carigradu. I to će, vjerujem, tako i biti."[14]

U najavljeno vrijeme Turska je preko svojih veleposlanika prihvatila zaštitu europskih savezničkih sila i tako se stavila pod nadzor kršćanskih naroda. Tim se događajem proroštvo točno ispunilo. (Vidi Dodatak.) Kad je to objavljeno, mnogi su se osvjedočili u ispravnost načela tumačenja proročanstava što su ih prihvatili Miller i njegovi suradnici, i to je bio čudesan poticaj adventnom pokretu. Učeni i utjecajni ljudi ujedinili su se s Millerom kako u propovijedanju tako i u objavljivanju njegovih gledišta u tisku, pa se od 1840. do 1844. godine djelo naglo proširilo.

William Miller je posjedovao snažan um, izgrađen razmišljanjem i proučavanjem. Tome je dodao nebesku mudrost povezujući se s Izvorom mudrosti. Bio je čovjek vrijedan zlata, kojega su morali cijeniti i poštovati svi koji su cijenili pošten karakter i moralnu vrsnoću. Ujedinivši pravu ljubaznost s kršćanskom poniznošću i samosavlađivanjem, bio je prema svima obziran i ljubazan, uvijek gotov da sasluša mišljenja drugih i odmjeri njihove argumente. Bez žestine ili uzbuđenja ispitivao je sve teorije i učenja uz pomoć Božje riječi, a njegovo zdravo rasuđivanje i temeljito poznavanje Svetoga pisma omogućili su mu da pobije zablude i raskrinka laži.

Ali njegov rad nije protjecao bez žestokog protivljenja. Kao u doba ranijih reformatora, popularni vjerski učitelji nisu s naklonošću prihvatili istine što ih je on iznosio. Budući da svoje stajalište nisu mogli podržati Pismom, bili su prisiljeni pribjeći kazivanjima i učenju ljudi, predaji crkvenih otaca. Ali propovjednici adventne istine prihvaćali su samo svjedočanstvo Božje riječi. "Biblija i samo Biblija" bilo je njihovo geslo. Nedostatak biblijskih argumenata njihovi su protivnici nadoknađivali podsmijehom i porugom. Uložili su vrijeme, novac i sposobnosti *336* da oklevetaju one čiji je jedini zločin bio to što su s radošću očekivali povratak svoga Gospodina i trudili se živjeti svetim životom, pozivajući i druge da se pripreme za Njegov dolazak.

Neprijatelji su ulagali velike napore da misli ljudi odvrate od predmeta drugog dolaska. Proučavanje proročanstava koja se odnose na Kristov dolazak i kraj svijeta prikazano je kao grijeh, nešto čega se ljudi trebaju stidjeti. Tako su priznati propovjednici potkopavali vjeru u Božju riječ. Njihovo je učenje iz ljudi činilo nevjernike i mnogi su uzeli slobodu da žive po svojim bezbožnim željama. A onda su uzročnici zla za to optuživali adventiste.

Dok je mnoštvo razumnih i pozornih slušatelja punilo dvorane, dotle je vjerski tisak rijetko kad spomenuo Millerovo ime, osim u slučaju ismijavanja ili optuživanja. Osokoljeni stajalištem vjerskih učitelja, ravnodušni i bezbožni su pribjegli sramnim epitetima te pokvarenim i bogohulnim dosjetkama, kako bi oblatili njega i njegovo djelo. Sjedokosog čovjeka koji je napustio udoban dom da bi o svojem trošku putovao iz grada u grad, iz mjesta u mjesto, neumorno nastojeći uputiti svijetu svečanu opomenu o blizini suda, sramotno su optuživali kao fanatika, lažljivca i špekulanta.

Poruge, klevete i uvrede kojima su ga obasuli izazvali su negodovanje čak i svjetovnog tiska. "Uzimati predmet od tolikog značaja i s tako strašnim posljedicama" lakomisleno i s podsmijehom, i svjetovni ljudi smatrali su da "znači ne samo rugati se osjećajima onih koji ga iznose i brane", nego "ismijavati dan Suda, rugati se samom Božanstvu i prezirati strahote Njegovog suda".[15] Začetnik svega zla nastojao je ne samo spriječiti djelovanje adventne vijesti, već uništiti i samog glasnika. Miller je praktično primjenjivao istinu na srca svojih slušatelja, ukoravajući ih za njihove grijehe i uznemirujući njihovo samozadovoljstvo, pa su njegove otvorene i oštre riječi izazvale njihovo neprijateljstvo. Protivljenje što su ga vjernici Crkve pokazali prema njegovoj vijesti ohrabrilo je niže društvene slojeve da ih u tome nadmaše, i neprijatelji su ga naumili ubiti kad napusti mjesto sastanka. Ali sveti su anđeli bili u mnoštvu pa je jedan od njih, u liku čovjeka, uzeo Gospodnjeg slugu za ruku i izveo ga iz gnjevne gomile na sigurno mjesto. Njegovo djelo još nije bilo dovršeno i Sotona i njegovi demoni su se prevarili u svojim namjerama.

Unatoč velikom protivljenju, zanimanje za adventni pokret nastavilo je rasti. Od desetaka i stotina, crkve su narasle na više tisuća. Razne vjerske zajednice doživjele su veliki prirast vjernika, ali se nakon nekog vremena duh protivljenja podigao i na te obraćenike, te su Crkve počele poduzimati stegovne mjere prema onima koji su prihvatili Millerova gledišta. Takav postupak potaknuo je Millera da uzme pero u ruke i da se otvorenim pismom obrati kršćanima u svim vjerskim zajednicama, pozivajući ih da mu, ako su njegova učenja lažna, iz Svetog pisma dokažu njegovu zabludu.

"Što mi to vjerujemo", rekao je, "a nije nam bilo zapovijedeno vjerovati Božjom riječju, koju i sami smatrate pravilom, jedinim pravilom naše vjere i života? Što smo učinili čime smo zaslužili tako jetke optužbe s propovjedaonica i u tisku, i što vam daje povoda da nas adventiste izopćite iz svojih crkava i zajedništva? ... Ako smo pogriješili, molimo vas, pokažite nam u čemu je naša pogreška. Pokažite nam iz Božje riječi u čemu smo u zabludi. Dosta nam je ruganja; ono nas nikada neće uvjeriti da smo na pogrešnom putu; samo Božja riječ može promijeniti naše stajalište. Do svojih zaključaka došli smo razmišljanjem i molitvom, kada smo vidjeli dokaze u Svetom pismu."[16]

Opomene što ih je Bog tijekom niza stoljeća slao svijetu preko svojih slugu primane su s istom nevjericom i nevjerstvom. Kad Ga je bezbožnost pretpotopnog svijeta potaknula da vodom potopi Zemlju, Bog im je prvo obznanio svoju nakanu kako *338* bi imali priliku odvratiti se od svojih zlih putova. Sto i dvadeset godina u njihovim je ušima odjekivao poziv na pokajanje, jer će se u protivnom pokazati uništavajući Božji gnjev. Ali ta im se poruka činila kao prazna priča u koju nisu povjerovali. Ohrabreni u svojoj zloći rugali su se Božjem glasniku, olako uzimali njegova preklinjanja i čak ga optužili za drskost. Kako se jedan čovjek usuđuje usprotiviti svim zemaljskim velikanima? Ako je Noina vijest bila istinita, zašto to nije uvidio i povjerovao cijeli svijet? Tvrdnje jednog čovjeka nasuprot mudrosti tisuća? Oni neće povjerovati opomeni, niti će u lađi potražiti utočište.

Rugači su upućivali na prirodne pojave – na nepromjenjivu smjenu godišnjih doba, na vedro nebo s kojega još nikada nije pala kiša, na zelena polja osvježena blagom noćnom rosom – i uzvikivali: "Zar on ne priča bajke?" S prijezirom su izjavili da je propovjednik pravde neobuzdani zanesenjak i nastavili spremnije nego ikada uživati u zadovoljstvima, još uporniji na svojim zlim putovima. Ali njihovo nevjerstvo nije spriječilo proречeni događaj. Bog je dugo podnosio njihovu zloću, dajući im mnoštvo prilika za pokajanje, ali u određeno vrijeme Njegovi su sudovi pohodili one koji su odbili Njegovo milosrđe.

Krist izjavljuje da će slično nevjerstvo postojati u vezi s Njegovim drugim dolaskom. Kao što ljudi u Noino vrijeme "ništa nisu naslućivali dok ne dođe potop i sve ih odnese, tako će", prema riječima našeg Spasitelja, "biti i za dolaska Sina Čovječjega". (Matej 24,39) Kad se tobožnji Božji narod bude sjedinio sa svijetom i živio kao što on živi, pridruživši mu se u zabranjenim zadovoljstvima; kad sjaj svijeta postane sjajem Crkve; kad budu odzvanjala svadbena zvona i svi se budu nadali dugim godinama svjetskog napretka – tada će iznenada, kao *339* što sijevne munja, doći kraj njihovim sjajnim viđenjima i prevarljivim nadama.

Kao što je Bog poslao svog slugu da upozori svijet na dolazak potopa, tako je poslao svoje izabrane glasnike da objave blizinu posljednjeg suda. I kao što su se Noini suvremenici rugali proročanstvima propovjednika pravde, tako su se i u Millerovo vrijeme mnogi, čak i među onima koji su se nazivali Božjim narodom, rugali riječima upozorenja.

Zašto je Crkvama bio tako neugodan nauk i propovijeda-
nje o Kristovom drugom dolasku? Dok zlima Gospodnji dola-
zak donosi jad i pustoš, za pravedne je prepun radosti i nade.
Ova velika istina bila je u svim vjekovima utjeha Božjem vjer-
nom narodu. Zašto je, kao i njezin Autor, postala "kamen spo-
ticanja" i "stijena sablazni" za one koji tvrde da su Božji na-
rod? Sâm Gospodin je obećao svojim učenicima: "Kad odem
te vam pripravim mjesto, vratit ću se da vas uzmem k sebi i
da vi budete gdje sam ja." (Ivan 14,3) Predviđajući usamljenost
i tugu svojih učenika, Spasitelj je, pun sućuti, poslao anđele
da ih utješe uvjeravanjem da će On ponovno osobno doći, kao
što je otišao na Nebo. Dok su stajali napregnuto gledajući pre-
ma gore ne bi li uhvatili posljednju sliku Onoga koga su lju-
bili, pozornost učenika privukle su riječi: "Galilejci, zašto sto-
jite i gledate u nebo? Ovaj isti Isus koji je uznesen na nebo
između vas opet će se vratiti isto onako kako ste ga vidjeli da
odlazi na nebo." (Djela 1,11) Anđeoska poruka ponovno je u
njima oživila nadu. Učenici se "s velikim veseljem vratiše u Je-
ruzalem, gdje su sve vrijeme bili u hramu hvaleći Boga". (Luka
24,52.53) Nisu se radovali zato što se Isus odvojio od njih i
što su ostavljeni da se bore s poteškoćama i kušnjama ovoga
svijeta, već zbog uvjeravanja anđela da će On ponovno doći.

Objavljivanje Kristova dolaska trebalo bi i danas biti, kao
što je bilo navješćivanje anđela pastirima u Betlehemu, uzro-
kom velike radosti. Oni koji doista ljube Spasitelja ne mogu a
da s radošću ne pozdrave takvu objavu zasnovanu na Božjoj
riječi – da će Onaj na koga su usmjerene njihove nade u vječni
život ponovno doći, ne zato da bude vrijeđan, prezren i odba-
čen kao prigodom svojeg prvog dolaska, nego da u sili i slavi
spasi svoj narod. Oni koji ne ljube Spasitelja priželjkuju da os-
tane daleko; ne može biti uvjerljivijeg dokaza da su Crkve
napustile Boga od ljutnje i neprijateljstva koje izaziva takva ne-
beska poruka.

Oni koji su prihvatili adventni nauk shvatili su nužnost po-
kajanja i poniženja pred Bogom. Mnogi su se dugo kolebali iz-
među Krista i svijeta; sada su osjetili da je vrijeme za zauzima-
nje čvrstog stava. "Sve što se odnosilo na vječnost postalo je
za njih neobično važno. Nebo im se približilo, i oni su se osjećali
krivi pred Bogom."[17] Kršćani su se probudili u novi duhovni
život. Imali su osjećaj da je vrijeme kratko i da ono što trebaju

340

učiniti za bližnje učine što brže. Zemlja se povukla, a vječnost kao da se otvorila pred njima, i duša je, sa svime što se odnosi na vječno blaženstvo ili vječnu smrt, osjetila prolaznost svih zemaljskih vrijednosti. Božji je Duh počivao na njima, dajući posebnu snagu njihovim ozbiljnim pozivima koje su upućivali svojoj braći, kao i grešnicima, da se pripreme za Božji dan. Tiho svjedočanstvo njihovog svakidašnjeg života bilo je stalni ukor naoko pobožnim i neposvećenim vjernicima, koji nisu željeli da ih se ometa u njihovoj trci za zadovoljstvima, njihovoj težnji za stjecanjem novca i želji za svjetovnim častima. Odatle je poteklo neprijateljstvo i protivljenje prema adventnoj vjeri i onima koji su je navješćivali.

Kako se pokazalo da se dokazi zasnovani na proročkim razdobljima ne mogu srušiti, protivnici su nastojali obeshrabriti istraživanje tog predmeta, učeći da su proročanstva zapečaćena. Tako su protestanti pošli stopama rimokatolika. Dok je papinska   *341* Crkva vjernicima uskratila Bibliju (vidi Dodatak), protestantske su Crkve tvrdile kako se važan dio Svetoga pisma – i to onaj koji iznosi na svjetlo dana istine posebno primjenjive na naše vrijeme – ne može razumjeti.

Propovjednici i narod proglasili su proročanstva u Danielu i Otkrivenju nerazumljivim tajnama. A Krist je svoje učenike uputio na riječi proroka Daniela u vezi s događajima koji su se imali zbiti u ono vrijeme i rekao: "Tko čita, neka shvati!" (Matej 24,15) Tvrdnja da Otkrivenje predstavlja tajnu koju nije moguće razumjeti, suproti se samom naslovu knjige: "Otkrivenje Isusa Krista, koje mu dade Bog da pokaže slugama svojim što se ima uskoro dogoditi... *Blago čitaču* i *slušačima* riječi ovoga proročanstva ako *vrše* što je u njemu napisano, jer je (određeno) vrijeme blizu!" (Otkrivenje 1,1-3)

Prorok kaže: "Blago čitaču" – ima onih koji ne žele čitati; njima nije namijenjen blagoslov. "I slušačima" – ima i takvih koji ne žele čuti bilo što u vezi s proročanstvima; takvima blagoslov nije obećan. "Ako vrše što je u njemu napisano" – mnogi ne žele prihvatiti upozorenja i upute sadržane u Otkrivenju; nijedan od njih nema pravo na obećani blagoslov. Svi koji se podsmjehuju predmetima iz proroštva i rugaju simbolima svečano objavljenim u njima, svi koji ne žele obnoviti svoj život i pripremiti se za dolazak Sina Čovječjeg ostat će bez blagoslova.

S obzirom na svjedočanstvo nadahnute Riječi, kako se ljudi usuđuju učiti da je Otkrivenje tajna koju ljudski um ne može dokučiti? Ono je otkrivena tajna, otvorena knjiga! Proučavanje Otkrivenja upućuje misli na Danielova proročanstva, a oboje predstavljaju veoma važne Božje upute ljudima u vezi s događajima koji će se zbiti pri završetku povijesti ovoga svijeta.

Ivanu su bili pokazani prizori dubokog i uzbudljivog zanimanja vezanog uz iskustvo Crkve. Vidio je položaj, opasnosti, sukobe i konačno izbavljenje Božjeg naroda. On bilježi završne poruke koje trebaju pomoći sazrijevanju zemaljske žetve, bilo kao snopova za nebesku žitnicu, ili kao svežnjeva kukolja za oganj uništenja. Otkriveni su mu predmeti od goleme važnosti, posebice za posljednju Crkvu, da bi oni koji se odvrate od zablude k istini mogli znati kakve ih opasnosti i sukobi čekaju. Nitko ne mora ostati u neznanju s obzirom na ono što dolazi na Zemlju.

Zašto onda postoji to sveopće neznanje o jednom tako važnom dijelu Svetog pisma? Zašto takva opća nevoljkost da se istraži njegov nauk? To je posljedica dobro smišljenog plana kneza tame da od ljudi skrije ono što otkriva njegove obmane. Stoga je Krist, Autor Otkrivenja, predviđajući borbu koja će se voditi protiv proučavanja Otkrivenja, izgovorio blagoslov za sve koji čitaju, slušaju i vrše riječi tog proroštva.

342

19

Svjetlo što svijetli u tami

Božje djelo na Zemlji pokazuje u svim stoljećima veliku slič- *343* nost sa svakom velikom reformom i vjerskim pokretom. Načela Božjeg postupanja s ljudima uvijek su jednaka. Važna sadašnja zbivanja imaju sličnosti s onima u prošlosti, i iskustva Crkve u proteklim vjekovima sadrže dragocjene pouke za naše vrijeme.

Nema u Bibliji jasnije objašnjene istine od te da Bog svojim Svetim Duhom na osobit način usmjerava svoje sluge na Zemlji u velikim pokretima da bi nastavili djelo spašavanja. Ljudi su oruđa u Božjim rukama, kojima se On služi da ostvari svoje namjere milosti i milosrđa. Svakome je povjerena određena zadaća; svakome je zajamčena mjera svjetlosti prilagođena potrebama njegovog vremena i dostatna da ga osposobi za izvršenje zadaće koju mu je Bog povjerio. Ali nijedan čovjek, bez obzira koliko ga Nebo cijenilo, nije posve razumio veliki plan spasenja niti mogao savršeno shvatiti božansku nakanu u djelu za svoje vrijeme. Ljudi ne mogu sasvim razumjeti što će Bog postići s poslom što im ga je povjerio da ga izvrše; oni ne razumiju u cjelini značaj poruke što je objavljuju u Njegovo ime.

"Možeš li dubine Božje proniknuti, dokučiti savršenstvo Svesilnoga?" (Job 11,7) "Jer misli vaše nisu misli moje, i puti moji nisu vaši puti, riječ je Jahvina. Visoko je iznad zemlje nebo, *344* tako su puti moji iznad vaših putova, i misli moje iznad vaših misli. ... Ja sam Bog, i nema drugoga; Bog, nitko mi sličan nije! Onaj sam koji od početka svršetak otkriva i unaprijed javlja što se još nije zbilo! Ja kažem: Odluka će se moja ispuniti, izvršit ću sve što mi je po volji." (Izaija 55,8.9; 46,9.10)

Čak ni proroci koji su bili udostojeni posebnog duhovnog prosvjetljenja nisu do kraja shvaćali značenje objava koje su im bile povjerene. Značenje se trebalo otkrivati tijekom vremena, kako Božjem narodu budu potrebne upute što su ih one sadržavale. Pišući o spasenju otkrivenom po Evanđelju, Petar veli: "Ovo su spasenje istraživali i ispitivali proroci koji su prorekli vama određenu milost. Dok su ispitivali na koje i na kakvo je vrijeme upućivao Kristov Duh – koji bijaše u njima – kad je unaprijed navješćivao Kristu određene patnje i proslavljenje što će doći poslije njih, bijaše im objavljeno da nisu za same sebe, nego za vas iznijeli ono što su vam sada, uz pomoć Duha Svetoga što je poslan s neba, objavili propovjednici Radosne vijesti." (1. Petrova 1,10-12)

Međutim, premda prorocima nije bilo dano da u cijelosti shvate ono što im je bilo otkriveno, oni su ozbiljno nastojali dobiti svu svjetlost koju im je Bog blagonaklono dao. Oni su "istraživali i ispitivali ... na koje i na kakvo je vrijeme upućivao Kristov Duh – koji bijaše u njima". Kakve li pouke za Božji narod u kršćansko doba, za kojega su ta proročanstva predana Božjim slugama! "Bijaše im objavljeno da nisu za same sebe nego za vas iznijeli." Pogledajte te svete Božje ljude koji su "istraživali i ispitivali" objave što su im bile dane za još nerođene naraštaje. Usporedite njihovu svetu revnost s bezbrižnom ravnodušnošću kojom su se miljenici kasnijih vjekova odnosili spram ovog dara Neba. Kakvog li ukora za ravnodušnost poteklu iz ljubavi prema dokolici i svijetu, koja se zadovoljava izjavom da se proročanstva ne mogu razumjeti!

345   Premda je ograničeni ljudski razum nesposoban dokučiti misli Beskonačnoga, ili u cijelosti shvatiti Njegove namjere, ljudi često shvaćaju nebeske poruke tako maglovito zbog neke svoje zablude ili nemara. Često je ljudski um, pa i Božjih slugu, tako zaslijepljen ljudskim mišljenjima, predajama i lažnim učenjem da samo djelomično može shvatiti veličine što ih je On otkrio u svojoj Riječi. Tako je bilo i s Kristovim učenicima, čak i onda kad je Spasitelj bio osobno s njima. Njihov je um bio prožet službenim shvaćanjem da će Mesija kao zemaljski knez uzdići Izraela na prijestolje svjetskog kraljevstva, pa nisu mogli razumjeti značenje Njegovih riječi kojima je prorekao svoje stradanje i smrt.

Sâm Krist ih je poslao u svijet s viješću: "Ispunilo se vrijeme, blizu je kraljevstvo Božje. Obratite se i vjerujte u Radosnu vijest!" (Marko 1,15) Ta je poruka bila utemeljena na proročanstvu iz Daniela, devetog poglavlja. Anđeo je objasnio da se šezdeset i dva tjedna protežu do "Kneza Pomazanika", i učenici su s velikim nadama i radosnim slutnjama očekivali uspostavu Mesijinog kraljevstva u Jeruzalemu, koje će zavladati cijelom Zemljom.

Oni su propovijedali vijest koju im je Krist povjerio, a sami su pogrešno shvatili njezino značenje. Premda se njihova vijest zasnivala na proročanstvu iz Daniela 9,25, oni prema sljedećem retku istog poglavlja – nisu vidjeli da će Pomazanik biti pogubljen. Od samog rođenja njihove su misli bile usmjeravane na očekivanje slave zemaljskog kraljevstva, i to ih je učinilo slijepima i za sámo proročanstvo i za Kristove riječi.

Učenici su obavili svoju dužnost upućujući milosrdni poziv židovskom narodu, a onda su, u trenutku kad su očekivali da njihov Gospodin zasjedne na Davidovo prijestolje, vidjeli kako Ga hvataju kao zločinca, tuku, rugaju Mu se, osuđuju i razapinju na križ na Golgoti. Kakvo je očajanje i kakve su duševne patnje kidale srca učenika onih nekoliko dana kad je njihov Gospodin počivao u grobu!

Krist je došao točno u određeno vrijeme i na način opisan u proroštvu. Svjedočanstvo Pisma ispunilo se u svakoj pojedinosti Njegove službe. On je objavljivao vijest spasenja i riječ Mu "bijaše puna moći". Njegovi su slušatelji bili osvjedočeni u srcu da je potjecala s Neba. Riječ i Sveti Duh potvrdili su božansko poslanje Božjega Sina.

Učenici su još neprolaznom ljubavlju bili vezani uz svojeg voljenog Učitelja, pa ipak su njihove misli bile prožete neizvjesnošću i sumnjom. U muci se nisu sjetili Kristovih riječi kojima ih je pripremao za svoje stradanje i smrt. Da je Isus iz Nazareta pravi Mesija, zar bi bili izloženi takvoj boli i razočaranju? To ih je pitanje mučilo dok je Spasitelj ležao u grobu za beznadnih sati one subote između Njegove smrti i uskrsnuća.

Premda je noć žalosti zavila u mrak te Isusove sljedbenike, oni nisu bili zaboravljeni. Prorok je rekao: "Ako boravim u tminama, Jahve je svjetlost moja ... izvest će me na svjetlost, gledat ću pravednost njegovu." "Ni tmina tebi neće biti tamna: noć sjaji kao dan i tama kao svjetlost." Bog je rekao: "Čestitima sviće

346

kao svjetlost u tami." "Vodit ću slijepce po cestama, uputit ih putovima. Pred njima ću tamu u svjetlost obratit, a neravno tlo u ravno. To ću učiniti i neću propustiti." (Mihej 7,8.9; Psalam 139,12; 112,4; Izaija 42,16)

Vijest što su je učenici razglasili u Gospodnje ime bila je u svakom pogledu točna, a događaji na koje je upućivala upravo su se zbivali. Njihova je vijest glasila: "Ispunilo se vrijeme, blizu je kraljevstvo Božje!" Kad je isteklo "vrijeme" – šezdeset i devet tjedana iz Daniela 9. poglavlja, koje je trajalo sve do Mesije, Pomazanika – Krist je, nakon što Ga je Ivan krstio u Jordanu, bio pomazan Svetim Duhom. A "nebesko kraljevstvo", za koje su rekli da je blizu, uspostavljeno je Kristovom smrću. To kraljevstvo nije bilo zemaljski imperij, kako su ih učili vjerovati. Niti je to bilo ono buduće, neprolazno kraljevstvo koje će biti uspostavljeno kad će se "kraljevstvo, vlast i veličanstvo pod svim nebesima" dati "puku svetaca Svevišnjega. Kraljevstvo njegovo kraljevstvo je vječno, i sve vlasti služit će mu i pokoravati se njemu". (Daniel 7,27) U Bibliji izraz "nebesko kraljevstvo" označuje i kraljevstvo milosti i kraljevstvo slave. Pavao je u Poslanici Hebrejima prikazao kraljevstvo milosti. Nakon što je uputio na Krista, suosjećajnog Posrednika koji može "suosjećati s našim slabostima", apostol nastavlja: "Dakle: pristupajmo s pouzdanjem k prijestolju milosti da primimo milosrđe i nađemo milost za pravodobnu pomoć." (Hebrejima 4,15.16) Prijestolje milosti predočuje kraljevstvo milosti, jer postojanje prijestolja pretpostavlja postojanje kraljevstva. U mnogim svojim usporedbama Krist upotrebljava izraz "nebesko kraljevstvo" da opiše djelovanje božanske milosti na ljudskim srcima.

Tako i prijestolje slave predstavlja kraljevstvo slave, a na to se kraljevstvo odnose Spasiteljeve riječi: "Kad Sin Čovječji dođe sa svojim sjajem u pratnji svih anđela, sjest će na prijestolje svoje slave. Tada će se pred njim skupiti svi narodi." (Matej 25,31.32) To je kraljevstvo još budućnost. Ono neće biti uspostavljeno do drugog Kristovog dolaska.

Kraljevstvo milosti zasnovano je neposredno nakon čovjekovog pada, kada je načinjen plan za spasenje grešnog čovječanstva. Ono je tada postojalo samo u Božjoj namjeri i Njegovom obećanju, a ljudi su vjerom mogli postati njegovim podanicima; ali je istinski uspostavljeno tek Kristovom smrću. Naime, čak i nakon što je otpočeo svoju zemaljsku zadaću, Spasi-

telj je, izmoren ljudskom tvrdoglavošću i nezahvalnošću, mo-
gao odustati od žrtve na Golgoti. U Getsemanskom je vrtu čaša
stradanja podrhtavala u Njegovoj ruci. Čak i tada je mogao otrti
krvav znoj sa čela i pustiti grešni rod da propadne u svome
grijehu. Da je to učinio, za palog čovjeka ne bi bilo otkupa.
Ali kad je Spasitelj umirao i u svome posljednjem dahu povi-
kao: "Svršeno je", ostvarenje plana spasenja je bilo osigurano.
Obećanje spasenja dano grešnom paru u Edenu bilo je potvr-
đeno. Kraljevstvo milosti, koje je ranije postojalo zahvaljujući
Božjem obećanju, tada je uspostavljeno.

Tako je Kristova smrt – upravo taj događaj kojega su uče-
nici smatrali posvemašnjim uništenjem svoje nade – zapravo
zauvijek osigurala tu nadu. Premda im je Kristova smrt donijela
okrutno razočaranje, ona je bila vrhunski dokaz ispravnosti nji-
hove vjere. Događaj koji ih je ispunio tugom i očajem otvorio
je svakom Adamovom potomku vrata nade, i na njega je usmjeren
budući život i vječna sreća svih Božjih vjernih u svim vreme-
nima.

Namjere neizmjernog milosrđa ostvarivale su se i u razo-
čaranju učenika. Premda su im srca bila osvojena božanskom
milošću i snagom Njegova učenja, jer "nikada čovjek nije go-
vorio kao ovaj čovjek", ipak je s čistim zlatom njihove ljubavi
spram Isusa bio pomiješan bezvrijedni talog svjetovne oholo-
sti i sebičnog častoljublja. Još u pashalnoj prostoriji, u onom
svečanom času kad je njihov Učitelj već ulazio u sjenu Getse-
manija, "nastade prepirka među njima o tome tko bi od njih
bio najveći". (Luka 22,24) Pred sobom su stalno gledali prijesto-
lje, krunu i slavu, dok su neposredno pred njima bili sramota
i agonija Getsemanija, sudnica i križ na Golgoti. Upravo su ih
oholost srca i težnja za svjetovnom slavom naveli da se grče-
vito drže lažnog učenja svog vremena i zanemare Spasiteljeve
riječi koje su pokazivale pravu narav Njegovog kraljevstva i
upućivale na Njegovo stradanje i smrt. A te su zablude imale
za posljedicu kušnju, tešku ali potrebnu, koja je služila za nji-
hovo popravljanje. Premda su učenici pogrešno shvatili znače-
nje svoje vijesti i nisu vidjeli ostvarenje svojih očekivanja, ipak
su objavili upozorenje što im ga je Bog dao, i Gospodin će
nagraditi njihovu vjeru i odati priznanje njihovoj poslušnosti.
Čekalo ih je djelo objavljivanja slavnog Evanđelja o njihovom
uskrslom Gospodinu svim narodima. Da bi se pripremili za taj

posao, dopušteno je da prođu kroz iskustvo koje im se činilo tako gorkim.

Nakon svoga uskrsnuća Isus se javio svojim učenicima na putu za Emaus, "i poče od Mojsija te, slijedeći sve proroke, protumači im što se na njega odnosilo u svim Pismima". (Luka 24,27) Srca učenika bila su taknuta. Ponovno se rasplamsala vjera. Oni su bili ponovno rođeni "za živu nadu" još i prije nego što im se Isus otkrio. Htio je prosvijetliti njihov um i utvrditi njihovu vjeru kako bi držali "sigurnim sve proroštvo". Želio je da se istina duboko ukorijeni u njihov um, ne samo zato što bi je podupiralo Njegovo osobno svjedočanstvo, nego i zbog nesumnjivog dokaza što su ga predstavljali simboli i sjene obrednog zakona te starozavjetna proročanstva. Kristovi sljedbenici su trebali imati razumnu vjeru, ne samo zbog njih samih, nego i zato da bi svijetu mogli objaviti spoznaju o Kristu. Kao prvi korak u navješćivanju tog znanja Isus je učenike uputio na Mojsija i sve proroke. Bilo je to svjedočanstvo što ga je dao uskrsli Spasitelj o vrijednosti i važnosti starozavjetnih spisa.

350 Do kakve je promjene došlo u srcima učenika kad su ponovno ugledali lice svojeg ljubljenog Učitelja! (Luka 24,32) U potpunijem i savršenijem smislu no ikada ranije našli su "onoga o kome je Mojsije pisao u Zakonu, i Proroci također". Neizvjesnost, strah i očajanje ustuknuli su pred savršenom sigurnošću i nepomućenom vjerom. Zar je čudo što su nakon Njegova uskrsnuća "sve vrijeme bili u hramu hvaleći Boga"? Narod, kojemu je bila poznata samo Spasiteljeva sramotna smrt, očekivao je da na njihovom licu vidi izraz žalosti, zbunjenosti i poraza, ali je tamo vidio radost i trijumf. Kako su ti učenici pripremani za djelo koje je bilo pred njima! Prošli su kroz najtežu kušnju koja je postojala i vidjeli kako se Božja riječ slavno ispunila kad je po ljudskom mišljenju sve bilo izgubljeno. Što bi odsada još moglo pokolebati njihovu vjeru ili ohladiti žar njihove ljubavi? U svojoj najvećoj tuzi imali su "snažan poticaj", nadu koja je bila "kao pouzdano i čvrsto sidro duše". (Hebrejima 6,18.19) Bili su svjedoci Božje mudrosti i moći, sigurni da ih "neće ni smrt, ni život, ni anđeli, ni poglavarstva, ni sadašnjost, ni budućnost, ni sile, ni visina, ni dubina, ni bilo koje drugo stvorenje moći rastaviti od ljubavi Božje, koja je u Kristu Isusu, Gospodinu našemu. ... Ali u svemu ovom", rekli su, "sjajno pobjeđujemo po onome koji nas je ljubio." (Rimlja-

nima 8,38.39.37) "A riječ Gospodnja zauvijek ostaje!" (1. Petrova 1,24) A "tko će ih osuditi? Isus Krist koji je umro – još bolje: koji je uskrsnuo – koji je s desne strane Bogu i koji posreduje za nas?" (Rimljanima 8,34)

Gospodin je rekao: "Moj se narod neće postidjeti nikad više." (Joel 2,27) "Večer donese suze, a jutro klicanje." (Psalam 30,6) Kad su učenici sreli Spasitelja na dan Njegova uskrsnuća, i kad su im srca gorjela dok su slušali Njegove riječi; kad su pogledali Njegovu glavu, ruke i noge, izranjene za njih; kad ih je Isus, prije svoga uzašašća poveo do Betanije, i dižući ruke na blagoslov zapovjedio: "Idite po svem svijetu i propovijedajte Radosnu vijest svakom stvorenju" i dodao: "Ja sam s vama u sve vrijeme do svršetka svijeta" (Marko 16,15; Matej 28,20); kad je na Duhove sišao obećani Utješitelj i kad su primili silu s visine, a duše vjernika bile oduševljene stalnom prisutnošću njihovog uzašlog Gospodina, bi li onda – premda je njihov put kao i Njegov vodio kroz žrtve i mučeničku smrt – službu Radosne vijesti Njegove milosti, s "vijencem pravde" koji će primiti pri Njegovom dolasku, zamijenili za slavu zemaljskog prijestolja, čemu su se ranije nadali? Onaj koji "može učiniti neograničeno više od onoga što možemo moliti ili misliti", zajamčio im je sa zajednicom svojih muka i zajednicu svoje radosti – radosti da može "privesti k slavi mnoge sinove", radost neiskazanu, "izvanredno veliku i vječnu slavu", s kojom se, po Pavlovim riječima, ne može usporediti "naša ... sadašnja ali kratkotrajna i mala nevolja".

351

Iskustvo učenika koji su prigodom Kristovog prvog dolaska propovijedali "Radosnu vijest o Kraljevstvu" slično je iskustvu onih koji su navještali Njegov drugi dolazak. Kao što su učenici izišli propovijedajući: "Ispunilo se vrijeme, blizu je kraljevstvo Božje", tako su Miller i njegovi suradnici objavljivali da treba isteći najduže i posljednje proročko razdoblje proreceno u Bibliji, da predstoji sud i da se treba uspostaviti vječno kraljevstvo. Propovijedanje učenika u pogledu na vrijeme zasnivalo se na sedamdeset tjedana u Danielu 9. poglavlju. Miller i njegovi suradnici najavili su kraj 2300 dana iz Daniela 8,14 od kojih je razdoblje od sedamdeset tjedana bilo samo dio. Propovijedanje jednih i drugih bilo je utemeljeno na ispunjenju različitih dijelova istog velikog proročkog razdoblja.

Slično prvim učenicima, ni William Miller i njegovi drugovi nisu posve shvatili značaj vijesti koju su objavljivali. Du-

352 boko ukorijenjene zablude u Crkvi sprečavale su ih da dođu do pravilnog tumačenja jedne važne točke u proroštvu. I stoga su – premda su svijetu objavljivali vijest koju im je Bog povjerio – zbog pogrešnog razumijevanja njezinog smisla ipak doživjeli razočaranje.

Objašnjavajući Daniela 8,14: "Još dvije tisuće i tri stotine večeri i jutara: tada će Svetište biti očišćeno", Miller je, kako smo već spomenuli, usvojio općeprihvaćeno mišljenje da je naša Zemlja Svetište i vjerovao da čišćenje Svetišta predstavlja čišćenje Zemlje ognjem prigodom Gospodnjeg dolaska. Kad je dakle ustanovio da je svršetak 2300 dana jasno prorečen, zaključio je da je time otkriveno vrijeme drugog dolaska. Njegovu zabludu prouzročilo je prihvaćanje popularnog mišljenja o tome što je Svetište.

U tipskom sustavu, koji je bio predslika Kristove žrtve i Njegove svećeničke službe, čišćenje Svetišta bio je posljednji obred što bi ga veliki svećenik obavljao tijekom jedne godine. Radilo se o završnom djelu pomirenja – uzimanju i uklanjanju grijeha Izraela. Ono je bilo simbol završnog čina u službi našega Velikog svećenika na Nebu, uklanjanja ili brisanja grijeha Njegovog naroda koji su zabilježeni u nebeskim knjigama. Ta služba obuhvaća istragu, suđenje, i ona neposredno prethodi dolasku Krista na nebeskim oblacima u sili i velikoj slavi; jer kad On dođe, svaki je slučaj već riješen. Isus kaže: "Sa sobom nosim plaću da svakome platim prema njegovu djelu." (Otkrivenje 22,12) Taj sud, koji neposredno prethodi drugom Isusovom dolasku, najavljen je u poruci prvog anđela u Otkrivenju 14,7: "Bojte se Boga i zahvalite mu, jer je došao čas njegova Suda!"

Oni koji su iznosili to upozorenje objavili su pravu vijest u pravo vrijeme. Ali kao što su prvi učenici na osnovi proročanstva u Danielu 9. poglavlju objavili: "Ispunilo se vrijeme, blizu je kraljevstvo Božje", a propustili zamijetiti Mesijinu smrt prorečenu u istom odlomku, tako su i Miller i njegovi suradnici propovijedali vijest zasnovanu na Danielu 8,14 i Otkrivenju 14,7 – a nisu vidjeli da Otkrivenje 14. poglavlje sadrži i druge poruke koje treba objaviti prije Gospodnjeg dolaska. Kao što su učenici bili u zabludi u odnosu na kraljevstvo koje se trebalo uspostaviti na kraju sedamdeset tjedana, tako su i adventisti (adventisti-milerovci) bili u zabludi u pogledu na događaj koji se imao zbiti nakon isteka 2300 godina. U oba slučaja bilo je posrijedi prihvaćanje, ili bolje rečeno ustrajavanje na popularnim zabludama koje su zaslijepile um za istinu. I jedni i drugi su ispunili Božju volju objavljujući vijest po Njegovoj želji, i jedni i drugi su zbog pogrešnog shvaćanja te vijesti doživjeli razočaranje.

Bog je ipak ostvario svoj dobronamjerni cilj, jer je dopustio da se upozorenje o sudu iznese upravo na taj način. Veliki je dan bio blizu i ljudi su po Božjoj providnosti kušani određenim vremenom kako bi otkrili što im je u srcu. Vijest je bila namijenjena kušanju i čišćenju Crkve. Ljudi su trebali saznati teži li im srce za svijetom, ili za Kristom i Nebom. Tvrdili su da ljube Spasitelja, a sada su svoju ljubav trebali dokazati. Jesu li bili spremni odreći se svojih svjetovnih nada i častoljubivih planova i s radošću pozdraviti dolazak svoga Gospodina? Vijest im je trebala omogućiti da spoznaju svoje pravo duhovno stanje. Bila je poslana u milosti kako bi ih potakla da pokajanjem i poniznošću traže Gospodina.

Prema tome se razočaranje, premda posljedica njihovog pogrešnog razumijevanja vijesti koju su objavljivali, ipak okrenulo na dobro. Ono je trebalo okušati srca onih koji su tvrdili da su primili upozorenje. Hoće li sučeljeni s razočaranjem tako brzo odbaciti stečeno iskustvo i pouzdanje u Božju riječ? Ili će u molitvi i poniznosti nastojati otkriti gdje su propustili shvatiti značenje proročanstva? Koliko njih je odlučivalo iz straha, ili iz nagona i uzbuđenja? Koliko ih je bilo neodlučnih i nevjernih? Mnoštvo je tvrdilo da ljubi Gospodnji dolazak. Kad budu pozvani da pretrpe porugu i prijekor svijeta, kad budu sučeljeni s odlaganjem i razočaranjem, hoće li se odreći vjere? Budući da nisu odmah razumjeli Božje postupanje s njima, hoće li odbaciti istine koje se zasnivaju na savršeno jasnijim izjavama Njegove Riječi? *354*

Ta je kušnja trebala otkriti čvrstoću onih koji su iskrenom vjerom poslušali sve što su vjerovali da je učenje Riječi i Božjeg Duha. Ona će im, kako to može samo takvo iskustvo, pokazati koliko je opasno prihvatiti ljudske teorije i tumačenja, namjesto Bibliju tumačiti njom samom. Djeci vjere će poteškoće i žalosti proizišle iz njihove zablude poslužiti za njihovo popravljanje. To će ih potaknuti na temeljitije proučavanje proročke riječi. Tako će naučiti pomnije ispitivati temelj svoje vjere i odbacivati sve što nije utemeljeno na Pismima istine, bez obzira koliko to prihvaćao ostali kršćanski svijet.

Kod tih vjernika, kao i kod prvih učenika, ono što se u času kušnje činilo nerazumljivim, bit će razjašnjeno kasnije. Kad budu vidjeli "ishod koji ... je Gospodin dao", znat će da su se. unatoč poteškoćama koje su prouzročile njihove zablude, Njegove namjere ljubavi prema njima neprekidno ostvarivale. Oni će blagoslovljenim iskustvom spoznati da je Gospodin "pun samilosti i milosrđa" i da su sve Njegove "staze ... istina i ljubav za onog koji čuva Savez njegov i propise".

20

Veliko vjersko buđenje

Veliko vjersko buđenje izazvano objavljivanjem skorog Kri- 355
stovog dolaska prorečeno je u proročanskoj poruci prvog an-
đela u Otkrivenju 14. poglavlju. Ivan vidi anđela "gdje leti u
najvišem dijelu neba noseći jednu neprolaznu radosnu vijest koju
mu je trebalo navijestiti stanovnicima zemlje: svakom narodu i
plemenu, jeziku i puku". On "jakim glasom" objavljuje vijest:
"Bojte se Boga i zahvalite mu, jer je došao čas njegova Suda!
Poklonite se stvoritelju neba i zemlje, mora i izvora voda!" (Ot-
krivenje 14,6.7)

Činjenica da jedan anđeo objavljuje to upozorenje veoma
je značajna. Čistoćom, sjajem i moći nebeskog glasnika božan-
ska je mudrost prikazala uzvišeni karakter djela što ga je ta vijest
trebala izvršiti, kao i silu i slavu koja će je pratiti. A let anđela
"u najvišem dijelu neba", "jaki glas" kojim se upozorenje ob-
javljuje, i njezino proglašavanje svim "stanovnicima zemlje: sva-
kom narodu i plemenu, jeziku i puku", pokazuje brzinu širenja
i rasprostranjenost pokreta.

Sama vijest upućuje na vrijeme kada nastaje taj pokret. Ona
je dio "neprolazne Radosne vijesti" i najavljuje početak suda.
O vijesti spasenja propovijedalo se u svim vjekovima, ali je ta 356
vijest dio Evanđelja koje se može objavljivati samo u posljed-
nje dane, jer će samo tada biti istina da je došao čas suda.
Proročanstva iznose niz događaja koji prethode početku suda.
To je posebno točno kad je riječ o Knjizi proroka Daniela. Ali
Daniel je "do vremena svršetka" morao zatvoriti i zapečatiti dio
svog proročanstva koje se odnosilo na posljednje dane. Tek kada

to vrijeme nastupi, moći ćemo objaviti vijest o sudu, zasnovanu na ispunjenju tih proročanstava. Ali u vrijeme svršetka, kaže prorok, "mnogi će pretraživati i spoznaja će biti velika". (Daniel 12,4 – Šarić)

Apostol Pavao je upozorio Crkvu da u ono vrijeme ne očekuje Kristov dolazak. Dan Gospodnji neće doći dok "prije ne dođe onaj otpad i ne pojavi se Čovjek grijeha – sin propasti". (2. Solunjanima 2,3.4) Tek nakon velikog otpada i duge vladavine "Čovjeka grijeha" možemo očekivati dolazak našega Gospodina. "Čovjek grijeha", koji je nazvan i "tajnom bezakonja", "sin propasti" i "Bezbožnik", predočuje papinstvo koje će, kako je prorečeno, zadržati prevlast 1260 godina. To je razdoblje završilo 1798. godine. Krist nije mogao doći prije tog vremena. Svojim upozorenjem Pavao obuhvaća cijelu kršćansku eru do 1798. godine. Tek se nakon tog datuma trebala objavljivati vijest o Kristovom drugom dolasku.

Takva vijest nije nikada objavljivana u prošlim vjekovima. Kao što smo vidjeli, Pavao je nije propovijedao; on je svoju braću upućivao na Gospodnji dolazak u tada dalekoj budućnosti. Reformatori je nisu objavljivali. Martin Luther je očekivao sud otprilike tristo godina nakon svojega vremena. Ali od 1798. godine otpečaćena je Danielova knjiga, razumijevanje proročanstva se uvećalo i mnogi su objavljivali svečanu vijest o blizini suda.

357 Kao i velika reformacija u šesnaestom stoljeću, i adventni se pokret istodobno pojavio u različitim kršćanskim zemljama. U Europi i u Americi ljudi vjere i molitve bili su pokrenuti na proučavanje proročanstava i, ispitujući nadahnuti izvještaj, naišli su na uvjerljive dokaze da je svršetak svemu blizu. U različitim zemljama pojavile su se usamljene skupine kršćana koje su isključivo proučavanjem Svetoga pisma došle do uvjerenja da je Spasiteljev dolazak blizu.

Godine 1821., tri godine nakon što je Miller zaključio da proročanstva upućuju na vrijeme suda, "misionar svijeta" dr. Joseph Wolff počeo je objavljivati skori Gospodnji dolazak. Wolff je bio rodom iz Njemačke, židovskog podrijetla, budući da mu je otac bio židovski rabin. Još u ranoj mladosti osvjedočio se u istinitost kršćanstva. Aktivnog i istraživačkog duha, bio je pažljivi slušatelj razgovora koji su se vodili u njegovoj roditeljskoj kući, u kojoj su se svakodnevno sastajali pobožni Židovi i potanko govorili o nadama i očekivanjima svojeg naroda, o slavi Mesije koji će doći i o obnovi Izraela. Kad je jednog dana čuo da su spomenuli Isusa iz Nazareta, dječak je upitao tko je to bio. "Vrlo darovit čovjek," glasio je odgovor, "ali kako je tvrdio da je Mesija, židovski sud ga je osudio na smrt." "Zašto," pitao je dječak, "zašto je Jeruzalem razoren i zašto smo mi u ropstvu?" "Jao, nažalost!" odgovorio je njegov otac. "Zato što su Židovi ubijali proroke." Dječaku je odjednom sinula misao: "Možda je Isus iz Nazareta bio prorok, pa su Židovi ubili nevina čovjeka."[1] Taj je osjećaj bio tako snažan da se, unatoč zabrani da uđe u kršćansku crkvu, često zadržavao u blizini kako bi čuo propovijed.

Još kao sedmogodišnjak hvalio se postarijem susjedu, kršćaninu, budućom slavom Izraela kad dođe Mesija, na što mu je starac ljubazno rekao: "Dragi dječače, reći ću ti tko je bio pravi Mesija: bio je to Isus iz Nazareta ... koga su tvoji preci *358* razapeli na križ, kao što su to činili s prorocima. Pođi kući i pročitaj 53. poglavlje Knjige proroka Izaije i uvjerit ćeš se da je Isus Krist Božji Sin."[2] Odjednom je bio uvjeren da je to istina. Otišao je kući i pročitao taj biblijski ulomak, čudeći se kako se on savršeno ispunio u Isusu iz Nazareta. Je li taj kršćanin govorio istinu? Dječak je zamolio oca da mu protumači to proročanstvo, ali je naišao na tako strogu šutnju da se taj predmet nikada više nije usudio spomenuti. Međutim to je samo ojačalo njegovu želju da više sazna o kršćanstvu.

U njegovom su židovskom domu od njega brižljivo skrivali znanje za kojim je težio, ali je sa samo jedanaest godina napustio očev dom i krenuo u svijet da stekne obrazovanje, izabere svoju religiju i svoje zanimanje. Neko je vrijeme našao dom kod svojih rođaka, no oni su ga ubrzo otjerali kao otpadnika, pa se sâm i bez sredstava morao probijati među strancima. Putovao je iz mjesta u mjesto, marljivo učeći i izdržavajući se podučavanjem hebrejskog jezika. Pod utjecajem jednog katoličkog učitelja prihvatio je katoličanstvo i postavio sebi cilj da postane misionar svojeg naroda. S tim je ciljem nekoliko godina kasnije otišao na studije u Promidžbeno učilište u Rimu. Tamo je zbog svoje navike neovisnog razmišljanja i otvorenog govora bio lažno optužen kao heretik. Otvoreno je napadao zloporabe Crkve i govorio o potrebi reforme. Premda je u početku naišao na posebnu naklonost papinskih dostojanstvenika, nakon nekog je vremena ipak uklonjen iz Rima. Pod nadzorom Crkve išao je od mjesta do mjesta, dok nije postalo jasno da ga nikada neće navesti na pokornost rimokatoličkom ropstvu. Proglasili su ga nepopravljivim, pa mu je ostavljeno na volju da ide kamo želi. Otišao je u Englesku i primanjem protestantske vjere pridružio se Anglikanskoj crkvi. Nakon dvogodišnjeg studiranja poslan je 1821. godine u misiju.

359 Nakon što je Wolff prihvatio veliku istinu o prvom dolasku Krista kao Čovjeka boli, vičnog patnjama, shvatio je da proročanstva jednako jasno opisuju i Njegov drugi dolazak u sili i slavi. I dok je svoj narod nastojao dovesti Isusu iz Nazareta kao obećanom Mesiji, upućujući na Njegov prvi dolazak u poniženju kao na žrtvu za grijehe čovječanstva, on ih je istodobno poučavao o Njegovom drugom dolasku kao Kralja i Spasitelja.

"Isus iz Nazareta, pravi Mesija," govorio je, "čije su ruke i noge bile probodene, koji je vođen kao janje na klanje, koji je bio Čovjek boli, vičan patnjama, koji je došao prvi put nakon što je Judi oduzeto žezlo i palica vladalačka od njegovih nogu, taj će Isus doći po drugi put na nebeskim oblacima s trubom arkanđela",[3] "noge će mu ... stajati na Gori Maslinskoj, a vlast nad stvorenjima, nekada dana Adamu koji ju je proigrao (Postanak 1,26; 3,17), bit će predana Isusu. On će biti Kralj svega svijeta. Prestat će uzdisanje i jadikovanje svih stvorenja, a odjeknut će pjesme slave i hvale. ... Kad Isus dođe u slavi svoga Oca sa svetim anđelima, ... najprije će uskrsnuti umrli u Kristu. (Matej 16,27; 1. Solunjanima 4,16; 1. Korinćanima 15,23) To je ono što mi kršćani nazivamo prvim uskrsnućem. Tada će i životinjski svijet promijeniti svoju narav (Izaija 11,6-9) i pokoriti se Isusu (Psalam 8). Zavladat će sveopći mir."[4] "Gospodin će ponovno pogledati na Zemlju i reći: 'Gle, sve je veoma dobro!'"[5]

Wolff je vjerovao da je Gospodnji dolazak blizu, s tim što se njegovo tumačenje proročkih razdoblja razlikovalo za samo nekoliko godina od vremena na koje je Miller uputio. Onima koji su navodili biblijski redak: "Što se tiče onog dana i časa, o tome nitko ništa ne zna" i isticali da ljudi neće ništa znati o blizini dolaska, Wolff je odgovarao: "Zar je naš Gospodin rekao
360 da *nikada* neće biti poznat dan i čas? Nije li nam dao znakove vremena da bismo znali bar *približavanje* Njegova dolaska, kao što čovjek po smokvi kad potjera lišće može znati da je blizu

ljeto? (Matej 24,32) Zar nikada nećemo saznati za to razdoblje, premda nas sâm poziva ne samo da čitamo proroka Daniela, nego i da ga razumijemo? I u tom istom Danielu u kojemu stoji da te riječi trebaju biti zapečaćene do svršetka vremena (što je bio slučaj u njegovo vrijeme), također stoji da će mnogi *istraživati* (hebrejski izraz za *razmatranje* i *razmišljanje* o vremenu) i da će se znanje (o tom vremenu) umnožiti. (Daniel 12,4) Osim toga, naš Gospodin time nije želio reći da *približavanje* tog vremena neće biti poznato, nego da *točan dan* i *čas* nitko neće znati. Bit će dovoljno poznato, kaže, po znakovima vremena, da bi nas potaklo na pripremu za Njegov dolazak, kao što je Noa pripremio korablju."[6]

Wolff je o uobičajenom sustavu tumačenja, ili izvrtanja Svetoga pisma, pisao: "Veći dio kršćanske Crkve zastranio je od jasnog značenja Svetoga pisma i okrenuo se fantomskom sustavu budista, koji vjeruju da će se buduća sreća čovječanstva sastojati u kretanju zrakom i misle da riječ *Hebreji* znači 'neznabošci'; a *Jeruzalem* − 'crkva'; kad stoji *zemlja*, to znači 'nebo'; a pod *Gospodnjim dolaskom* treba razumjeti 'napredak misionarskih društava'; *ići na goru Gospodnjeg doma* znači pak 'veliki sabor metodista'."[7]

Tijekom dvadeset i četiri godine, od 1821. do 1845., Wolff je mnogo putovao: u Africi je posjetio Egipat i Abesiniju, u Aziji je proputovao Palestinu, Siriju, Perziju, Buharu i Indiju. Također je posjetio Sjedinjene Države i na putu za Ameriku propovijedao na otoku Sveta Helena. U kolovozu 1837. stigao je u New York i, nakon što je govorio u tom gradu, propovijedao je u Philadelphiji i Baltimoreu, a na kraju je produžio u Washington. Ondje je, kaže, "na prijedlog bivšeg predsjednika Johna *361* Quincya Adamsa u jednom od domova Kongresa, Dom jednoglasno stavio na raspolaganje dvoranu Kongresa za predavanje koje sam održao jedne subote, počašćen posjetom svih članova Kongresa, kao i virdžinijskog biskupa te klera i građana Washingtona. Istu čast ukazali su mi članovi vlade New Jerseya i Pennsylvanije, pred kojima sam održao predavanja o svojim istraživanjima u Aziji, kao i o osobnoj vladavini Isusa Krista."[8]

Dr. Wolff je putovao po udaljenim zemljama bez zaštite ijedne europske vlasti, trpeći mnoge poteškoće i okružen bezbrojnim opasnostima. Bio je batinan po tabanima i izložen gladovanju, prodan kao rob i triput osuđen na smrt. Napadali su ga razbojnici i višeput je gotovo umro od žeđi. Jednom su mu oteli sve što je imao i ostavili ga da pješice putuje stotine kilometara kroz planine, dok mu je snijeg udarao o lice, a gole noge postale neosjetljive zbog hodanja po smrznutom tlu.

Kad su mu savjetovali da ne ide nenaoružan među divlja i neprijateljska plemena, odgovorio je da je "naoružan dobrim oružjem" – "molitvom, revnošću za Krista i pouzdanjem u Njegovu pomoć". "Ja sam", rekao je, "naoružan ljubavlju prema Bogu i bližnjima u srcu, a u ruci imam Bibliju."[9] Kamo god pošao, sa sobom je uvijek nosio Bibliju na hebrejskom i engleskom jeziku. O jednom svojem kasnijem putovanju rekao je: "U svojoj ruci držao sam otvorenu Bibliju. Osjećao sam da je moja snaga u Knjizi i da će me njezina sila podržavati."[10]

Tako je ustrajao u radu dok vijest o Sudu nije bila objavljena na velikom dijelu napučene zemaljske kugle. Među Židovima, Turcima, Parsima, Hindusima i mnogim drugim narodima i plemenima širio je Božju riječ na tim različitim jezicima, i svuda navješćivao približavanje Mesijine vladavine.

Na svojim putovanjima u Buharu naišao je u zabiti i osami na narod koji je sačuvao učenje o Gospodnjem skorom dolasku. Jemenski Arapi, rekao je, "posjeduju knjigu koju nazivaju *Seera,* koja sadrži vijest o Kristovom drugom dolasku i Njegovoj vladavini u slavi; i oni očekuju da se 1840. godine dogode veliki događaji."[11] "U Jemenu ... sam proveo šest dana sa sinovima Rekabovim. Oni ne piju vina, ne sade lozu, ne siju sjemena, žive u šatorima i sjećaju se riječi Jonadaba, sina Rekabova. (Jeremija 25,6.7) Kod njih sam našao i sinove Izraelove iz Danova plemena... koji zajedno s Rekabovim sinovima očekuju skori dolazak Mesije na nebeskim oblacima."[12]

Slično vjerovanje našao je i jedan drugi misionar u Tatarskoj. Jedan tatarski svećenik upitao je misionara kada će Krist doći po drugi put. Kad je misionar odgovorio da o tome ništa ne zna, svećenik je izgledao vrlo začuđen takvim neznanjem čovjeka koji tvrdi da je biblijski učitelj i iznio svoje vjerovanje, zasnovano na proroštvu, da će Krist doći oko 1844. godine.

U Engleskoj se već 1826. godine počela propovijedati adventna vijest. Tamo pokret nije dobio tako određen oblik kao u Americi; točno vrijeme dolaska se nije tako općenito propovijedalo, ali je naširoko objavljivana velika istina o Kristovom skorom dolasku u sili i slavi, i to ne samo među otpadnicima i nekonformistima, onima koji nisu bili pripadnici anglikanske vjeroispovijesti. Mourant Brock, engleski pisac, tvrdi da je oko sedam stotina propovjednika Anglikanske crkve bilo zaokupljeno propovijedanjem te "Radosne vijesti o kraljevstvu". I u Velikoj Britaniji je objavljivana vijest koja je upućivala na 1844. godinu kao vrijeme Gospodnjega dolaska. Adventne publikacije iz Sjedinjenih Država bile su naširoko rasprostranjene. U Engleskoj su načinjeni pretisci knjiga i časopisa. A 1842. godine se Robert Winter, Englez po rođenju, koji je u Americi prihvatio adventnu nadu, vratio u svoju domovinu da naviješta Gospodnji dolazak. Mnogi su se u tom djelovanju udružili s njime, i vijest o Sudu objavljena je u raznim dijelovima Engleske.

U Južnoj Americi, usred neznanja i svećeničke prijevare, *363* jedan Španjolac i isusovac, Lacunza, našao je put do Svetog pisma i tako prihvatio istinu o Kristovom skorom dolasku. Potaknut da objavi upozorenje, a u želji da izbjegne mjere što će ih poduzeti Rim, objavljivao je svoja gledišta pod imenom "Rabbi Ben-Ezra", predstavljajući se kao obraćeni Židov. Lacunza je živio u osamnaestom stoljeću, ali je njegova knjiga oko 1825. godine, nakon što je dospjela u London, prevedena na engleski jezik. Njezino objavljivanje pomoglo je da se u Engleskoj produbi već pobuđeno zanimanje za Kristov drugi dolazak.

U Njemačkoj je to učenje u 18. stoljeću iznosio propovjednik Luteranske crkve i poznati biblijski znanstvenik i kritičar Bengel. Po završetku svojeg školovanja Bengel se "posvetio studiju teologije kojemu je bio prirodno naklonjen zahvaljujući svojem ozbiljnom i pobožnom duhu, produbljenom u mladosti stečenim obrazovanjem i stegom. Kao i drugi misaoni mladi ljudi prije i nakon njega, morao se boriti sa sumnjama i poteškoćama vjerske naravi, te je s puno osjećaja spominjao 'mnoge strijele koje su probole njegovo jadno srce i učinile njegovu mladost teško podnošljivom'." Kad je postao članom konzistorija u Württembergu, zastupao je vjersku slobodu. "Zadržavajući prava i prednosti Crkve, zastupao je slobodu u razumnim okvirima kako bi se onima koji se osjećaju vezanima pružila mogućnost da na osnovi savjesti mogu izići iz njezine zajednice."[13] Dobre posljedice toga postupka osjećaju se još danas u njegovom zavičaju.

Tijekom pripreme jedne propovijedi iz Otkrivenja 21. poglavlja za adventnu nedjelju, Bengelov je um prosvijetlila svjetlost drugog Kristovog dolaska. Kao nikada ranije njegovom su se umu otvorila proročanstva iz Otkrivenja. Svladan osjećajem goleme važnosti i nezamislive slave prizora što ih je prorok prikazao, bio je prisiljen da neko vrijeme prekine proučavanje toga predmeta. Ali na propovjedaonici mu se ponovno javila ista slika u svoj svojoj jasnoći i sili. Od tog se vremena posvetio proučavanju proročanstava, osobito onih u Otkrivenju, i uskoro je došao do uvjerenja da ona pokazuju blizinu Kristova dolaska. Datum što ga je on ustanovio kao vrijeme drugog dolaska razlikovao se samo za nekoliko godina od onoga što ga je kasnije prihvatio Miller.

Bengelovi su se spisi proširili cijelim kršćanskim svijetom. Njegova gledišta o proroštvu bila su uglavnom općenito prihvaćena u njegovoj zemlji, u Württembergu, a donekle i u drugim dijelovima Njemačke. Pokret se nastavio širiti nakon njegove smrti, a adventna se vijest čula u Njemačkoj istodobno kad je privukla pozornost u drugim zemljama. Još ranije neki su vjernici otišli u Rusiju i tamo osnovali kolonije, i njemačke crkve u toj zemlji još uvijek njeguju vjeru u skori Kristov dolazak.

Ova je svjetlost zasjala i u Francuskoj i Švicarskoj. U Ženevi, u kojoj su Farel i Calvin proširili istinu reformacije, vijest o drugom Kristovom dolasku propovijedao je Gaussen. Dok je još studirao, Gaussen je bio izložen duhu racionalizma koji je u drugoj polovici osamnaestog i početkom devetnaestog stoljeća zavladao cijelom Europom; kad je stupio u propovjedničku službu, ne samo što nije poznavao pravu vjeru, nego je i naginjao sumnjičavosti. U mladosti se zainteresirao za proučavanje proroštva. Nakon čitanja Rollinove *Povijesti starog vijeka,* njegovu je pozornost privuklo drugo poglavlje Danielove knjige. Bio je iznenađen čudesnom točnošću kojom su se proročanstva ispunila, kako je to bilo vidljivo iz povjesničareva prikaza. Bilo je to svjedočanstvo o nadahnuću Svetoga pisma, koje mu je usred opasnosti kasnijih godina služilo kao sidro. Nije se mogao pomiriti s učenjem racionalizma, pa je proučavajući Bibliju i tražeći jasnije svjetlo, nakon nekog vremena razvio pozitivnu vjeru.

Nastavljajući istraživanje proročanstava, stekao je uvjerenje da je Gospodnji dolazak blizu. Duboko dirnut svečanošću i važnošću te velike istine, želio ju je iznijeti narodu, ali popularno mišljenje da su Danielova proročanstva tajanstvena i da se ne mogu razumjeti bilo je velika smetnja u ostvarenju njegove nakane. Na kraju je odlučio – kao što je Farel učinio prije njega kad je Ženevi objavio Evanđelje – otpočeti rad s djecom preko koje će, nadao se, zainteresirati roditelje.

"Želim da to razumijete", rekao je kasnije o cilju svog pothvata, "ne zato što bi to bilo manje važno, već naprotiv zato što je to vrlo značajno. Htio sam ovu istinu iznijeti na prisan način i stoga sam se obratio djeci. Htio sam da me čuju, a bojao sam se da me neće čuti ako se prvo obratim odraslima. ... Stoga sam odlučio prići najmlađima. Okupio sam kao slušatelje djecu. Ako se njihov broj bude povećao, ako se bude vidjelo da slušaju, da im se sviđa, da ih zanima, da razumiju predmet i da ga mogu objasniti, sigurno ću uskoro imati još jedan krug slušatelja, pa će odrasli uvidjeti da se isplati sjesti i proučavati. Ako bude tako, uspjeh je osiguran."[14]

Trud se isplatio. Kad se obratio djeci, došli su slušati i stariji. Galerije njegove crkve bile su pune pozornih slušatelja. Među njima je bilo uglednih i učenih ljudi, kao i stranaca koji su posjetili Ženevu; tako je vijest ponesena u druge krajeve.

Ohrabren tim uspjehom, Gaussen je objavio svoja predavanja u nadi da će u crkvama francuskog govornog područja potaknuti ljude na proučavanje proročkih knjiga. "objavljivanjem pouka upućenih djeci", rekao je Gaussen, "znači reći odraslima, koji često zanemaruju takve knjige pod lažnim izgovorom da su nerazumljive: 'Kako mogu biti nerazumljive kada ih vaša djeca razumiju?' ... Velika mi je želja", dodao je, "da poznavanje proročanstava, ako je moguće, učinim popularnim u svojem stadu. ... Čini mi se da nema proučavanja koje bi bolje odgovaralo potrebama našeg vremena. ... Samo tako ćemo se pripremiti za predstojeću nevolju i bdjeti i čekati Isusa Krista."

Premda je bio jedan od najistaknutijih i najomiljenijih pro- *366* povjednika koji su govorili francuski, Gaussen je poslije nekog vremena bio razriješen dužnosti, uz objašnjenje da je njegov najveći grijeh bio što je namjesto crkvenog katekizma, nezanimljivog i racionalističkog priručnika, gotovo bez pozitivne vjere, mlade poučavao iz Biblije. Nakon toga je postao profesorom u jednoj teološkoj školi, dok je nedjeljom nastavio raditi kao katehet, obraćajući se djeci i poučavajući ih Svetom pismu. Njegova djela o proroštvu pobudila su veliko zanimanje. S profesorske katedre, tiskom i svojim omiljenim zvanjem učitelja djece, nastavio je dugi niz godina širiti snažan utjecaj i bio je sredstvom kojim je pozornost mnogih ljudi skrenuta na proučavanje proročanstava koja su pokazivala da je Gospodnji dolazak blizu. I u Skandinaviji se objavljivala adventna vijest i probudila veliko zanimanje. Mnoge je pokrenula iz njihove bezbrižne sigurnosti da priznaju i napuste svoje grijehe i da u Kristovo ime potraže oprost. Ali se kler državne Crkve usprotivio tom pokretu i zahvaljujući njegovom utjecaju neki su propovjednici vijesti strpani u zatvor. U mnogim mjestima u kojima su tako ušutkani propovjednici skorog Gospodnjeg dolaska, Bogu je bilo ugodno da vijest objavi na neobičan način — preko male djece. Budući da su bila maloljetna, državni ih zakon nije mogao ograničiti te im je bilo dopušteno nesmetano govoriti.

Pokret se uglavnom širio među nižim staležima i narod se okupljao u skromnim radničkim domovima da čuje opomene. Djeca-propovjednici i sama su potjecala uglavnom iz siromašnih slojeva. Neka od njih nisu bila starija od šest do osam godina, i premda je njihov život svjedočio da ljube Spasitelja i nastoje živjeti poslušni Božjim svetim propisima, ona su pokazivala inteligenciju i sposobnosti uobičajene za njihovu dječju dob. Međutim, kad bi stala pred ljude, bilo je očito da ih pokreće utjecaj *367* koji nadmašuje njihove prirodne sposobnosti. Njihov bi se glas i ponašanje promijenili i sa svečanom snagom upozoravali bi na sud, koristeći pritom doslovne riječi Svetoga pisma: "Bojte se Boga i zahvalite mu, jer je došao čas njegova Suda!" Korili su grijehe naroda, ne samo osuđujući razvrat i poroke, nego koreći svjetovnost i otpad, i pozivali svoje slušatelje da se požure pobjeći od gnjeva koji ide.

Narod ih je slušao ispunjen strahom. Osvjedočujući Božji Duh govorio je njihovom srcu. Mnoge su pokrenuli da s novim i dubljim zanimanjem istražuju Sveta pisma; neumjereni i nemoralni ljudi otpočeli su nov život, a drugi su napustili svoje nečasne postupke, pa je izvršeno tako značajno djelo da su čak i propovjednici državne Crkve morali priznati djelovanje Božje ruke u tom pokretu.

Božja je volja bila da se vijest o Spasiteljevom dolasku objavi u skandinavskim zemljama, a kad je ušutkan glas Njegovih slugu, On je svojim Duhom potaknuo djecu kako bi se djelo dovršilo. Kad se Isus približio Jeruzalemu, praćen radosnim mnoštvom koje je pobjednički klicalo i mahalo palmovim granama navješćujući Ga kao Sina Davidova, ljubomorni farizeji su tražili da ih ušutka. Ali im je Isus odgovorio da je sve to ispunjenje proročanstva i da će, ako oni ušute, kamenje povikati. Kad je ušao na jeruzalemska vrata, narod je, zastrašen prijetnjama sve-ćenika i knezova, prestao radosno klicati, ali su djeca u predvorju Hrama preuzela pjesmu i nastavila klicati i mahati palmovim granama: "Hosana Sinu Davidovu!" (Matej 21,8-16) Kad su Mu se farizeji, silno nezadovoljni, obratili: "Čuješ li što ovi govore?" Isus im je odgovorio: "Da. − A zar niste nigdje čitali: 'Ustima djece i nejačadi pribavio si sebi hvalu'?" Kao što je Bog djelo-vao preko djece u vrijeme prvog Kristovog dolaska, tako je dje-lovao preko djece navješćujući vijest o Njegovom drugom dola- *368* sku. Božje obećanje da će vijest o Spasiteljevom dolasku biti objavljena svakom narodu i plemenu, jeziku i puku mora se ispuniti.

Williamu Milleru i njegovim suradnicima povjerena je za-daća da upozorenje objave u Americi. Ta je zemlja postala sre-dištem velikog adventnog pokreta. U njoj se najizravnije ispu-nilo proročanstvo o poruci prvog anđela. Millerovi su spisi i spisi njegovih suradnika odneseni u daleke zemlje. Gdje god su u svijetu došli misionari, objavljena je i radosna vijest o Kri-stovom skorom povratku. Nadaleko se širila poruka neprolaz-nog Evanđelja: "Bojte se Boga i zahvalite mu, jer je došao čas njegova Suda."

Svjedočanstvo proročanstava koja su po svemu sudeći upu-ćivala na Kristov dolazak u proljeće 1844. godine, ostavila su dubok dojam na ljude onog vremena. Kako se širila iz države u državu, vijest je svuda budila veliko zanimanje. Mnogi su bi-li osvjedočeni da su argumenti iz proročkih razdoblja ispravni, i žrtvujući svoja osobna mišljenja radosno su prihvaćali istinu. Neki su propovjednici odbacili svoje uskogrudne poglede i osjećaje, ostavili svoje plaće i crkve i ujedinili se u objavljiva-nju Isusovog dolaska. Međutim, bilo je razmjerno malo propo-vjednika koji su prihvatili tu vijest, stoga je ona uglavnom bila povjerena poniznim laicima. Poljodjelci su napuštali svoje nji-ve, obrtnici svoj alat, trgovci svoju robu, namještenici svoje po-ložaje, a ipak je broj djelatnika bio premalen u odnosu na po-sao koji je trebalo obaviti. Stanje u kome se nalazila bezbožna Crkva i svijet utonuo u zlo tištalo je duše vjernih stražara i oni su dragovoljno podnosili patnje, oskudicu i nevolje kako bi ljude mogli pozvati na pokajanje zbog spasenja. Unatoč Sotoninu protivljenju djelo je stalno napredovalo, i mnoge su tisuće prihvatile adventnu istinu.

369 Na sve se strane moglo čuti prodorno svjedočanstvo koje je upozoravalo grešnike, i one u svijetu i one među vjernicima, da bježe od gnjeva koji dolazi. Slično Ivanu Krstitelju, Kristovom preteči, propovjednici su položili sjekiru na korijen drvetu, pozivajući sve da rode plodove pokajanja. Njihovi potresni pozivi bili su uočljiva suprotnost uvjeravanjima o miru i sigurnosti koja su se čula s propovjedaonica službenih Crkava, i gdje god je vijest objavljena, narod se pokrenuo. Jednostavno, izravno svjedočanstvo Svetoga pisma, utisnuto u srca snagom Svetoga Duha, izazvalo je osvjedočenje kome se malo njih moglo u cijelosti oduprijeti. Takozvani vjernici budili su se iz svoje lažne sigurnosti. Postali su svjesni svojeg otpada, svoje svjetovnosti i nevjerstva, svoje oholosti i sebičnosti. Mnogi su u pokajanju i poniznosti tražili Gospodina. Sada su ljubav, kojom su se tako dugo držali zemaljskih stvari, usmjerili k Nebu. Na njima je počivao Božji Duh, i sa smekšanim i skrušenim srcima ujedinili su se u pokliču: "Bojte se Boga i zahvalite mu, jer je došao čas njegova Suda."

Grešnici su plačući pitali: "Što moram učiniti da se spasim?" Oni čiji je život bio obilježen nepoštenjem nastojali su nadoknaditi štetu. Svi koji su u Kristu našli mir željeli su da i drugi uživaju taj blagoslov. Srca roditelja su se okretala djeci a srca djece roditeljima. Uklonjene su ograde oholosti i nepristupačnosti. Čula su se iskrena priznanja, a članovi obitelji trudili su se oko spasenja najbližih i najmilijih. Često su se čule ozbiljne molitve posredovanja za druge. Na sve su se strane duše u velikom strahu borile s Bogom. Mnogi su se cijele noći borili u molitvi za osvjedočenje da su im grijesi oprošteni, ili za obraćenje svojih rođaka i susjeda.

Ljudi svih slojeva hrlili su na adventističke skupove. Bogati i siromašni, veliki i mali težili su iz raznih uzroka sámi čuti učenje o drugom dolasku. Gospodin je obuzdavao duh otpora dok su Njegovi sluge iznosili razloge svoje vjere. Često je 370 to oruđe bilo slabo, ali je Božji Duh davao snagu svojoj istini. Na tim se skupovima osjećala prisutnost svetih anđela i mnogi su se svakodnevno pridruživali vjernicima. Kad bi se dokazi o skorom Kristovom dolasku ponavljali, mnoštvo je u tišini bez daha slušalo svečane riječi. Činilo se kao da su se Nebo i Zemlja približili. Božju silu osjećali su mladi i stari, i oni sredovječni. Ljudi su se vraćali domovima s pjesmom hvale na usnama i kroz tihu noć odzvanjali bi zvuci radosti. Tko god je prisustvovao tim skupovima, nije mogao zaboraviti te prizore najdubljeg zanimanja.

Objavljivanje određenog vremena Kristova dolaska izazvalo je veliko protivljenje mnogih iz svih društvenih slojeva, od propovjednika s propovjedaonice pa sve do najbezobzirnijeg i najdrskijeg grešnika. Ispunile su se riječi proročanstva: "Ovo prije svega znajte: na koncu vremena pojavit će se izrugivači, koji će živjeti prema vlastitim požudama i pitati: 'Gdje je njegov obećavani dolazak? Otkada su umrli naši očevi, i dalje sve ostaje kako je bilo od početka stvorenja.'" (2. Petrova 3,3.4) Mnogi koji su tvrdili da ljube Spasitelja izjavili su da se ne protive učenju o drugom dolasku; oni samo prigovaraju određivanju vremena. Ali Božje svevideće oko čitalo je njihova srca. Oni nisu željeli čuti za Krista koji će doći da pravedno sudi svijetu. Oni su bili nevjerni sluge; njihova djela ne bi mogla podnijeti Božji pogled koji ispituje srca, i zato su se bojali sresti sa svojim Gospodinom. Kao Židovi u vrijeme Kristovog prvog dolaska, ni oni nisu bili spremni dočekati Isusa dobrodošlicom. Ne samo što nisu htjeli slušati jasne dokaze iz Biblije, nego su ismijavali one koji su očekivali Gospodina. Sotona i njegovi demoni klicali su od veselja i otvoreno se rugali Kristu i svetim anđelima što Ga narod koji tvrdi da pripada Njemu tako malo voli da i ne želi Njegov dolazak.

"Što se tiče onog dana i časa, o tome nitko ništa ne zna", glasio je najčešće isticani argument protivnika adventne vjere. Ovaj ulomak glasi: "Što se tiče onog dana i časa, o tome nitko ništa ne zna, ni anđeli nebeski, ni Sin, već jedino Otac." (Matej 24,36) Oni koji su čekali Gospodnji dolazak dali su jasno i skladno tumačenje tog retka, tako da se jasno pokazalo pogrešno tumačenje njihovih protivnika. Krist je te riječi izgovorio tijekom značajnog razgovora što ga je vodio sa svojim učenicima na Maslinskoj gori nakon što je posljednji put izišao iz Hrama. Učenici su postavili pitanje: "Koji je znak tvoga dolaska i svršetka svijeta?" Isus im je nabrojio znakove i rekao: "Tako i vi, kad vidite sve to, znajte da je blizu – na samim vratima." (Matej 24,3.33) Ne smijemo jednu Spasiteljevu izjavu prikazati tako da

371

pobija drugu. Premda nitko ne zna ni *dan* ni *čas* Njegova dolaska, ipak smo poučeni, a i dužni znati, kada se on približio. Osim toga, rečeno nam je da će preziranje Njegovog upozorenja i odbijanje ili zanemarivanje da saznamo kada se Njegov dolazak približio, biti za nas isto tako kobno kao što je bilo za one koji su živjeli u Noino doba i nisu naslućivali dolazak potopa. A usporedba u istom poglavlju, koja ističe razliku između vjernog i nevjernog sluge te upozorava na sudbinu onoga koji kaže u svome srcu: "Moj gospodar neće doći zadugo", pokazuje kako će Krist gledati i nagraditi one koje bude našao da bdiju i govore o Njegovom dolasku, i one koji ga poriču. "Dakle: bdijte! ... Blago onomu sluzi koga gospodar njegov, kada dođe, nađe da tako čini." (Matej 24,42.46) "Ne budeš li bdio, doći ću kao lopov, i sigurno nećeš znati u koji ću te čas iznenaditi." (Otkrivenje 3,3)

Pavao govori o onima koje će Gospodnji dolazak iznenaditi. "I sami dobro znate da će Dan Gospodnji doći kao lopov u noći. Dok ljudi budu govorili: 'Mir i sigurnost', baš tada će se iznenada na njih oboriti propast ... i nipošto joj neće umaći." Ali za one koji su obratili pozornost na Spasiteljevo upozorenje, dodaje: "Ali, vi, braćo, niste u tami da bi vas onaj dan mogao iznenaditi kao lopov. Vi ste sinovi svjetla i sinovi dana. Ne pripadamo noći niti tami." (1. Solunjanima 5,2-6)

Tako je pokazano da Biblija ne nalazi opravdanja za ljude koji ostaju u neznanju o blizini Kristova dolaska. Ali oni koji su samo tražili izgovor da bi odbacili istinu, zatvorili su uši za takvo objašnjenje, pa su drski izrugivači i čak tobožnji Kristovi propovjednici nastavili ponavljati: "Što se tiče onog dana i časa, o tome nitko ništa ne zna." Čim bi se ljudi probudili i počeli tražiti put spasenja, vjerski bi učitelji stali između njih i istine nastojeći umiriti njihov strah pogrešnim tumačenjem Božje riječi. Nevjerni stražari ujedinili su se u poslu s velikim varalicom, proglašavajući: mir, mir, premda Bog nije rekao: "Mir!" Kao farizeji u Kristove dane, mnogi su odbili sami ući u nebesko kraljevstvo, a priječili su onima koji su htjeli ući. Krv tih duša tražit će se iz njihovih ruku.

Najponizniji i najpobožniji vjernici u Crkvi obično su prvi prihvaćali vijest. Oni koji su osobno proučavali Bibliju nisu mogli a ne vidjeti nebiblijski karakter službenih gledišta o proroštvu, i tamo gdje ljudi nisu bili pod utjecajem svećenstva, gdje god su sami istraživali Božju riječ, bilo je dovoljno usporediti adventno učenje sa Svetim pismom da bi se vidjelo njegovo božansko podrijetlo.

Mnogi su bili izloženi progonstvu svoje nevjerne braće. Da bi sačuvali svoj položaj u Crkvi, neki su odlučili šutjeti o svojoj nadi, ali su drugi osjećali da ih odanost Bogu priječi skrivati istine koje im je Bog povjerio. Nemalo ih je bilo izopćeno iz crkvene zajednice samo zato što su izrazili svoju vjeru u Kristov dolazak. Onima koji su podnijeli takvu kušnju svoje vjere bile su posebno dragocjene riječi proroka: "Govore braća vaša koja na vas mrze i odbacuju vas radi moga imena: 'Neka se proslavi Jahve, pa da radost vašu vidimo.' Ali oni će biti postiđeni." (Izaija 66,5)

Božji anđeli su s najvećim zanimanjem pratili rezultate upozorenja. Kad su Crkve potpuno odbacile vijest, anđeli su se s tugom okrenuli od njih. Ipak je bilo još mnogo onih koji nisu bili ispitani u odnosu na adventnu istinu. Mnoge su zaveli bračni drugovi, roditelji ili djeca; bili su uvjereni kako je grijeh i slušati "hereze" kakve su adventisti naučavali. Anđelima je naređeno da brižno bdiju nad tim dušama, jer ih je trebalo obasjati još jedno svjetlo s Božjeg prijestolja. *373*

Svi koji su primili vijest, s neizrecivom su čežnjom pazili na dolazak svog Spasitelja. Vrijeme u kojem su očekivali da Ga sretnu bilo je pred vratima. Ovom su se času približavali svečanim mirom. Počivali su u slatkoj zajednici s Bogom, predokusom mira koji će uživati u slavnoj budućnosti. Tko god je iskusio tu nadu i povjerenje ne može zaboraviti one dragocjene sate čekanja. Nekoliko tjedana prije očekivanog vremena većina je odložila sve svjetovne poslove. Iskreni vjernici su brižljivo ispitivali svaku misao i osjećaj svog srca, kao da se nalaze na samrtnoj postelji i za koji sat trebaju zaklopiti oči za sve na ovoj Zemlji. Nisu šivali "haljine za uzašašće" (vidi Dodatak), ali su svi osjećali potrebu za unutarnjim osvjedočenjem da su pripravni za susret sa Spasiteljem; njihova bijela odjeća bila je čistoća duše, karakter očišćen od grijeha Kristovom krvlju pomirenja. O, kad bi kod onih koji tvrde da pripadaju Božjem narodu još uvijek bio isti duh ispitivanja srca, iste ozbiljne i odlučne vjere! Da su se i dalje tako ponizili pred Gospodinom i uporno slali svoje molbe prijestolju milosti, imali bi mnogo bogatije iskustvo od ovoga danas. Premalo je molitava, premalo iskrenog osvjedočenja o grijehu, a nedostatak žive vjere ostavlja mnoge bez milosti koju je naš Otkupitelj tako bogato osigurao. Bog je namjeravao iskušati svoj narod. Njegova je ruka pokrila pogrešku u računanju proročkih razdoblja. Adventisti je nisu otkrili, a nisu je otkrili ni njihovi najučeniji protivnici. Ti potonji su govorili: "Vaše računanje proročkih razdoblja je ispravno. Uskoro će se zbiti neki veliki događaj; ali ne onaj koji proriče Miller. Bit će to obraćenje svijeta, a ne drugi Kristov dolazak." (Vidi Dodatak.)

Očekivano je vrijeme prošlo, a Krist nije došao izbaviti svoj narod. Oni koji su iskrenom vjerom i ljubavlju očekivali svojega Spasitelja doživjeli su gorko razočaranje. Ali Božje su namjere bile ostvarene; On je ispitao srca onih koji su izjavili da očekuju Njegov dolazak. Među njima je bilo mnogo onih kojima je najviša pobuda bio strah. Njihovo ispovijedanje vjere nije utjecalo ni na njihova srca niti na njihov život. Kad se očekivani događaj nije ostvario, ti su ljudi izjavili da nisu razočarani; oni nikada nisu vjerovali da će Krist doći. Oni su bili među prvima koji su ismijavali bol iskrenih vjernika.

Ali su Isus i sva nebeska vojska s ljubavlju i sućuti gledali na iskušane vjerne koji su doživjeli razočaranje. Da se mogao povući zastor koji dijeli vidljivi svijet od nevidljivoga, vidjelo bi se kako se anđeli primiču tim postojanim dušama i štite ih od Sotoninih strelica.

21

Odbačena opomena

Propovijedajući učenje o drugom dolasku, William Miller 375
i njegovi suradnici radili su samo s jednim ciljem: da potaknu ljude na pripremu za Sud. Nastojali su u onima koji ispovijedaju vjeru probuditi pravu nadu Crkve i potrebu za dubljim kršćanskim iskustvom. Podjednako su tako kod neobraćenih nastojali probuditi potrebu da se bez odlaganja pokaju i obrate Bogu. "Nisu pokušavali pridobiti ljude za neku sljedbu ili vjersku stranku. Stoga su radili među svim vjerskim zajednicama i sljedbama, ne miješajući se u njihovu organizaciju i crkvene propise."

"U cijelom mojem radu", rekao je Miller, "nikada nisam želio niti pomislio da izvan postojećih vjerskih zajednica osnujem novi smjer ili da jednoj od njih dam prednost na račun druge. Želio sam biti od koristi svima. Uvjeren da će se svi kršćani radovati vijesti o Kristovom dolasku, i ako oni koji ne dijele moje mišljenje ne budu manje voljeli one koji prihvate to učenje, nisam ni pomišljao da će ikada biti potrebe za odvojenim sastancima. Moj jedini cilj bio je obraćenje duša Bogu, upozoriti svijet na dolazeći sud i poticati bližnje na pripremu srca kako bi bili osposobljeni u miru dočekati Boga. Velika većina onih koji su se obratili mojim trudom ujedinili su se s različitim postojećim Crkvama."[1]

Budući da je Miller svojim radom nastojao utvrditi Crkve, 376
neko se vrijeme na njega gledalo s odobravanjem. Ali kad su se propovjednici i vjerski vođe okrenuli protiv adventnog učenja i nastojali potisnuti uzbuđenje što ga je izazivao taj predmet,

ne samo što su mu se oduprli s propovjedaonice, nego su zabranili svojim vjernicima slušati propovijedi o drugom dolasku, ili čak na svojim društvenim sastancima u crkvi govoriti o svojoj nadi. Zbog toga su se vjernici našli u velikoj muci i zabuni. Oni su voljeli svoje Crkve i nisu ih bili spremni napustiti, ali kad su vidjeli da se svjedočenje Božje riječi potiskuje i da im se brani istraživanje proročanstava, zaključili su da ih odanost Bogu priječi da se pokore. One koji su nastojali isključiti svjedočanstvo Božje riječi nisu mogli smatrati pripadnicima Kristove Crkve, koja je "stup i podloga istine". Stoga su osjećali opravdanim da raskinu dosadašnje veze. U ljeto 1844. godine iz Crkava je istupilo oko pedeset tisuća ljudi.

Nekako u to vrijeme je u većini Crkava u Sjedinjenim Državama došlo do značajne promjene. Već niz godina trajalo je postupno ali stalno prilagođavanje svjetovnim postupcima i običajima, i odgovarajuće opadanje istinskog duhovnog života. Ali te godine gotovo u svim Crkvama u zemlji primijećeni su znakovi iznenadnog i dojmljivog opadanja. Premda se činilo da nitko ne može naći i objasniti uzrok, sama činjenica bila je općepoznata i o njoj se raspravljalo u tisku i s propovjedaonica.

Na jednom sastanku propovjednika u Philadelphiji, gospodin Barnes, pisac poznatog biblijskog komentara i pastor jedne od vodećih Crkava u tom gradu, ustvrdio je "da se u propovjedničkoj službi nalazi već dvadeset godina i da nikada, do posljednje Gospodnje večere, nije služio taj obred a da u crkvu nije primio više ili manje novih vjernika. Ali sada više *nema buđenja, nema obraćenja,* niti vidljivog rasta u milosti među vjernicima, i nitko ne dolazi u njegov ured da s njime poraz-377 govara o spasenju svoje duše. Porastom poslovanja i povoljnijih izgleda u trgovini i industriji, javlja se sve veća svjetovnost. *Tako je kod svih vjerskih zajednica."*[2]

U veljači iste godine profesor Finney, iz koledža Oberlin, rekao je: "Pred nama je činjenica da su gotovo sve protestantske Crkve u našoj zemlji, kao takve, ravnodušne ili neprijateljski nastrojene prema gotovo svim moralnim reformama našega vremena. Ima iznimaka, ali ne dovoljan broj da bismo tu činjenicu mogli smatrati općom. Ovome ide u prilog još jedna činjenica: gotovo potpuna odsutnost utjecaja buđenja u crkvama. Duhovna ravnodušnost je gotovo sveprožimajuća i zastrašujuće duboka, što potvrđuje vjerski tisak u cijeloj zemlji. ...

Vjernici u velikom broju postaju poklonici mode i udružuju se s nevjernima u priređivanju zabava, plesa, svetkovina i drugog. ... Ali ne govorimo više o tom bolnom predmetu. Dosta je što se dokazi gomilaju i teško nas pritiskuju, što pokazuje da su *Crkve općenito postale žalosno izopačene*. One su se jako udaljile od Gospodina, a On se od njih povukao."

Jedan je pisac u *Religious Telescope* izjavio: "Nikada dosad nismo bili svjedoci tako općeg vjerskog opadanja. Doista se Crkva treba probuditi i ispitati uzrok tog bijednog stanja, jer tko god ljubi Sion, mora priznati da je ono jadno. Kad pomislimo kako je malo i koliko je rijetkih slučajeva pravog obraćenja, a gotovo neusporediva bezobzirnost i otvrdnulost grešnika, moramo nehotice uskliknuti: 'Zar je Bog zaboravio biti milostiv?' ili: 'Nisu li vrata milosti zatvorena?'"

Takvo stanje ne postoji bez uzroka u samoj Crkvi. Duhovna tama koja se spušta na narode, Crkve i pojedince, ne smije se pripisati samovoljnom uskraćivanju pomoći božanske milosti od strane Boga, već zanemarivanju ili odbacivanju božanske svjetlosti od strane ljudi. Zoran primjer te istine nalazimo u povijesti židovskog naroda u Kristovo vrijeme. Zbog njihove posvećenosti svijetu i zanemarivanju Boga i Njegove Riječi, shvaćanje im je bilo pomračeno, a srca su im postala tjelesna i osjetilna. Stoga nisu imali pojma o Mesijinom dolasku, i u svojoj su oholosti i nevjerstvu odbacili Spasitelja. Bog nije ni tada uskratio židovskom narodu spoznaju ili sudjelovanje u blagoslovima spasenja. Ali oni koji su odbacili istinu, izgubili su svaku želju za darom Neba. Od tame su načinili svjetlost, "a od svjetlosti tamu", dok svjetlost koja je bila u njima nije postala tamom; a kako je velika bila ta tama!

Sotoninoj politici odgovara da ljudi zadrže vanjske oblike vjere, samo ako nedostaje duha žive pobožnosti. Kad su odbacili Evanđelje, Židovi su nastavili revno obavljati svoje prastare obrede. Strogo su čuvali svoju nacionalnu isključivost, premda su i sami morali priznati da Bog više nije u njihovoj sredini. Danielovo je proročanstvo upućivalo tako jasno na vrijeme Mesijinog dolaska, i tako je izravno proreklo Njegovu smrt, da su obeshrabrivali njegovo proučavanje i na kraju su rabini prokleli svakoga tko bi pokušao izračunati vrijeme. Izraelski je narod tijekom sljedećih stoljeća ostao slijep i nepokajan, ravnodušan prema milostivim ponudama spasenja, nesvjestan blagoslova Evan-

378

đelja – svečano i zastrašujuće upozorenje na opasnost koju predstavlja odbacivanje svjetlosti s Neba.

Gdje god ima uzroka, bit će i posljedica. Tko namjerno guši osvjedočenje o svojoj dužnosti jer se suproti njegovim sklonostima, na kraju će izgubiti sposobnost razlučivanja između istine i zablude. Razumijevanje potamni, savjest otupi, srce odrveni i duša se odvaja od Boga. Kad se vijest božanske istine omalovažava ili prezire, Crkva će biti zavijena u tamu, vjera i ljubav će ohladnjeti, a zavladat će otuđenost i nesloga. Vjernici usmjeravaju svoje zanimanje i snage na ono što je svjetovno, a grešnici otvrdnu u svojoj nepokajanosti.

379

Poruka prvog anđela iz Otkrivenja 14. poglavlja, koja objavljuje čas Božjeg suda i poziva ljude da se boje Boga i poklone se Njemu, trebala je one koji se smatraju Božjim narodom odvojiti od štetnog utjecaja svijeta i potaknuti ih da spoznaju svoje pravo stanje svjetovnosti i otpadništva. U toj poruci Bog je Crkvi poslao upozorenje koje bi, da je bilo prihvaćeno, ispravilo zla koja su ih rastavljala od Njega. Da su prihvatili vijest s Neba, ponizili srce pred Gospodinom i iskreno se pripremali da stanu pred Njega, među njima bi se pojavio Duh i Božja sila. Crkva bi opet dosegnula blagoslovljeno stanje jedinstva, vjere i ljubavi što je postojalo u apostolsko vrijeme, kad su svi vjernici bili "jedno srce i jedna duša", kada su neustrašivo navješćivali Božju riječ i kada je Gospodin "svaki dan pripajao Crkvi one koji se spasavahu". (Djela 4,32.31; 2,47)

Kad bi oni koji se nazivaju Božjim narodom prihvatili svjetlost koja ih obasjava iz Njegove Riječi, postigli bi jedinstvo za koje se Krist molio, a koje apostol Pavao opisuje kao "jedinstvo Duha svezom mira" (DF). *"Jedno tijelo i jedan Duh,"* kaže, "kao što ste svojim pozivom pozvani samo k *jednoj* nadi; jedan Gospodin, jedna vjera i jedno krštenje." (Efežanima 4,3-5)

Takve su blagoslovljene posljedice doživjeli svi koji su primili adventnu poruku. Oni su došli iz različitih vjerskih zajednica i srušili crkvene ograde; sukobljena su se vjerovanja raspala u atome; napuštena je nebiblijska nada u tisućgodišnje zemaljsko kraljevstvo, ispravljena su pogrešna gledišta o drugom dolasku, uklonjeni oholost i prilagodba svijetu, nepravde su ispravljene, srca su se ujedinila u najslađem zajedništvu, a zavladali su ljubav i radost. Ako je takvo učenje to učinilo za nekoli-

cinu koji su ga prihvatili, ono bi, da su ga prihvatili, to isto   *380*
učinilo za sve. Ali većina Crkava nije prihvatila upozorenje. Njihovi propovjednici, koji su kao čuvari "doma Izraelova" među prvima trebali primijetiti znakove Isusova dolaska, propustili su spoznati istinu bilo iz svjedočanstva proroka ili iz znakova vremena. Budući da im je srce bilo ispunjeno svjetovnim nadama i težnjama, ohladnjela je ljubav prema Bogu i vjera u Njegovu Riječ, i kad je izloženo adventno učenje, ono je samo potaknulo njihove predrasude i nevjerstvo. Činjenica da su tu vijest većinom propovijedali laici, isticana je kao argument protiv nje. Kao nekada, jasno svjedočanstvo Božje riječi izazvalo je pitanje: "Ima li tko od članova Velikog vijeća ili od farizeja da je vjerovao u njega?" A kad su ustanovili kako je teško pobiti argumente uzete iz proročkih razdoblja, mnogi su obeshrabrivali istraživanje proročanstava, učeći da su proročke knjige zapečaćene i da se ne mogu razumjeti. Mnoštvo koje je slijepo vjerovalo svojim pastorima odbilo je poslušati upozorenje; a drugi, premda osvjedočeni u istinu, nisu se usudili priznati je, kako ne bi bili "izopćeni iz sinagoge". Vijest koju je Bog poslao da okuša i očisti Crkvu, jasno je otkrila koliko je bilo onih koji su naklonjeni svijetu a ne Kristu. Veze koje su ih vezivale za Zemlju bile su jače od privlačnosti Neba. Odlučili su poslušati glas svjetovne mudrosti i odbacili su vijest istine koja ispituje srce.

Kad su odbacili upozorenje prvog anđela, odbacili su i sredstvo što ga je Nebo predvidjelo za njihovu obnovu. Prezreli su milosrdnog vjesnika koji je mogao ispraviti zla koja su ih odvojila od Boga, pa su se još većom revnošću okrenuli da traže prijateljstvo ovoga svijeta. U tome je bio uzrok onog strašnog stanja svjetovnosti, otpadništva i duhovne smrti, što je 1844. godine vladalo u crkvama.

Iza prvog anđela u Otkrivenju 14. poglavlju slijedi drugi   *381*
koji objavljuje: "Pade, pade veliki Babilon koji vinom srdžbe i vinom svoga bluda napoji sve narode!" (Otkrivenje 14,8) Riječ *Babilon* potječe od riječi *Babel* i označuje zbrku, pometnju. U Svetom pismu se primjenjuje na različite oblike lažne i otpale religije. U 17. poglavlju Otkrivenja Babilon je prikazan kao žena – slika kojom Biblija simbolički označava Crkvu, s tim što kreposna žena predočuje čistu, a pokvarena žena otpalu Crkvu.

U Bibliji je sveti i trajni karakter odnosa koji vlada između Krista i Njegove Crkve prikazan bračnom vezom. Gospodin je sa svojim narodom učinio svečani savez, s tim što je On obećao da će biti njihov Bog, a oni će pripadati samo Njemu. On izjavljuje: "Zaručit ću te sebi dovijeka; zaručit ću te u pravdi i u pravu, u nježnosti i u ljubavi." (Hošea 2,21) I ponavlja: "Jer sam ja muž vaš." (Jeremija 3,14 – DK) Pavao se služi istom slikom u Novom zavjetu kad kaže: "Ja sve učinih da vas zaručim s *jednim* zaručnikom: da vas privedem Kristu kao čistu djevicu." (2. Korinćanima 11,2)

Nevjerstvo što ga je Crkva pokazala prema Kristu time što se svojim povjerenjem i ljubavlju odvratila od Njega i dopustila da ljubav prema svjetovnome ovlada njenom dušom, uspoređeno je s kršenjem bračnog zavjeta. Tom slikom prikazan je i Izraelov grijeh odvajanja od Gospodina, a Božja čudesna ljubav, koju su prezreli, dirljivo je opisana riječima: "Prisegoh ti i sklopih Savez s tobom – riječ je Jahve Gospoda – i ti moja postade. ... Bila si tako lijepa, prelijepa, za kraljicu podobna. Glas o ljepoti tvojoj puče među narodima, jer ti bijaše tako lijepa u nakitu mojem što ga djenuh na tebe. ... Ali te ljepota tvoja zanijela, zbog glasa se svojega bludu podade. ... Ali kao što se žena iznevjeri mužu svome, tako se i vi iznevjeriste meni, dome Izraelov – riječ je Jahvina." "Nego kao preljubnica: mjesto muža strance si primala." (Ezekiel 16,8.13-15.32; Jeremija 3,20)

Novi se zavjet služi sličnim riječima kad govori o takozvanim kršćanima koji prijateljstvo ovoga svijeta cijene više od Božje naklonosti. Apostol Jakov kaže: "Preljubničke duše, zar ne znate da je prijateljstvo prema svijetu neprijateljstvo prema Bogu? Dakle, tko hoće da bude prijatelj svijetu, postaje neprijatelj Bogu." (Jakov 4,4)

U 17. poglavlju Otkrivenja piše: "Žena je bila obučena u grimiz i skrlet i nakićena zlatom i dragim kamenjem s biserima. U ruci je držala zlatnu čašu punu odurnosti i nečistoće svoga bluda. Na njezinu je čelu bilo napisano ime – tajna: *Veliki Babilon, majka bludnica*, i odurnosti zemaljskih." Prorok kaže: "Potom vidjeh tu ženu pijanu od krvi svetih i od krvi Isusovih svjedoka." U nastavku stoji da je Babilon "Veliki grad koji kraljuje nad kraljevima zemlje". (Otkrivenje 17,4-6.18) Sila koja je toliko stoljeća despotski gopodarila vladarima kršćanskih zemalja je Rim. Grimiz i skrlet, zlato i drago kamenje s biserima živo slikaju sjaj i kraljevsku raskoš što ju je oponašala ohola Rimska stolica. Ni jednu drugu vlast nije se doista moglo proglasiti pijanom "od krvi svetih", kao ovu Crkvu koja je tako okrutno progonila Kristove sljedbenike. Babilon je isto tako optužen za grijeh nezakonite veze s "kraljevima zemlje". Zato što se udaljila od Gospodina i povezala s neznabošcima, židovska je Crkva postala bludnicom; a Rim, koji se izopačio na isti način, tražeći potporu svjetovnih sila, prima sličnu osudu.

Za Babilon je rečeno da je "*majka* bludnicâ". Njezine *kćeri* moraju simbolizirati Crkve koje se drže njezinog učenja i tradicija, i slijede njezin primjer žrtvovanja istine i Božje naklonosti da bi sklopile nezakoniti savez sa svijetom. Vijest u Otkrivenju 14. poglavlju koja objavljuje *pad* Babilona mora se odnositi na nekada čiste vjerske zajednice koje su se pokvarile. Budući da nakon te vijesti slijedi upozorenje o Sudu, ona mora biti objavljena u posljednje dane; stoga se ne može odnositi samo na Rimsku crkvu, jer je ona već stoljećima u palom stanju. Osim toga, u 18. poglavlju Otkrivenja upućen je poziv Božjem narodu da izađe iz Babilona. A u kojim vjerskim zajednicama možemo danas naći veći dio Kristovih sljedbenika? Nesumnjivo u različitim Crkvama koje ispovijedaju protestantsku vjeru. U vrijeme svog nastanka te su Crkve zauzele plemenito stajalište prema Bogu i istini, i On ih je blagoslovio. Čak je i nevjerni svijet bio prisiljen priznati blagotvorne posljedice što ih je donosilo prihvaćanje evanđeoskih načela. Kako je to rečeno prorokovim riječima Izraelu: "Glas o ljepoti tvojoj puče među narodima, jer ti bijaše tako lijepa u nakitu mojem što ga djenuh na tebe − riječ je Jahve Gospoda." Ali su one pale na istoj težnji koja se pokazala prokletstvom i propašću za Izrael − težnji da oponašaju postupke i traže prijateljstvo bezbožnih. "Ali te ljepota tvoja zanijela, zbog glasa se svojega bludu podade." (Ezekiel 16,14.15)

Mnoge protestantske Crkve slijede rimokatolički primjer nemoralnih veza s "kraljevima zemlje" − državne Crkve svojim vezama sa svjetovnim vlastima, a druge vjerske zajednice traženjem naklonosti svijeta. Riječ *Babilon* − pometnja − može se s pravom primijeniti na te vjerske zajednice, jer sve tvrde da svoje učenje uzimaju iz Biblije, a podijeljene su na nebrojene sljedbe, koje sve imaju mnoštvo nepomirljivih vjerovanja i teorija.

383

Osim grešne veze sa svijetom, Crkve koje su se odvojile od Rima pokazuju i druge njegove značajke.

384   Jedno rimokatoličko djelo prigovara: "Ako je Rimska crkva kriva za idolopoklonstvo vezano uz svece, onda je njezina kći, Anglikanska crkva, kriva za istu stvar, kad je na jednu crkvu posvećenu Kristu, deset posvetila Mariji."[3]

Dr. Hopkins, u svojoj *Raspravi o mileniju*, objavljuje: "Nemamo razloga da protukršćanski duh i običaje ograničimo samo na Crkvu koja se sada naziva Rimskom crkvom. Protestantske Crkve imaju mnogo protukršćanskog u sebi i još su daleko da budu posve reformirane od ... pokvarenosti i bezbožnosti."[4]

O odvajanju Prezbiterijanske crkve od Rima dr. Guthrie piše: "Prije tri stotine godina naša je Crkva, s otvorenom Biblijom na svom barjaku i geslom: 'Istražujte Pisma', izašla kroz vrata Rima." Zatim postavlja važno pitanje: "Jesu li iz Babilona izašli *čisti?*"[5]

"Anglikanska crkva", kaže Spurgeon, "kao da je čitava prožeta sakramentarijanizmom, ali se čini da je nekonformizam gotovo isto tako prožet filozofskim nevjerstvom. Oni od kojih smo očekivali nešto bolje, odvraćaju se jedan za drugim od osnova vjere. Uvjeren sam da je sámo srce Engleske temeljito potkopano pogubnim nevjerstvom koje se još uvijek usuđuje stupiti na propovjedaonicu i nazivati se kršćanstvom."

Što je bio uzrok tom velikom otpadu? Kako to da se Crkva počela udaljavati od jednostavnosti Evanđelja? Zato što se prilagodila poganskim običajima da bi neznabošcima olakšala prihvaćanje kršćanstva. Apostol Pavao je u svoje vrijeme izjavio: "Tajna bezakonja već očituje svoju silu." (2. Solunjanima 2,7) Dok su apostoli bili na životu, Crkva je ostala razmjerno čista. Ali "krajem drugog stoljeća većina crkava poprimila je novi oblik; nestalo je ranije jednostavnosti, i neosjetno, kako su stari *385*   učenici umirali, pojavila su se njihova djeca, zajedno s novim obraćenicima... i izmijenili stanje".[6] Da bi pridobili više obraćenika, snizili su uzvišeno mjerilo kršćanske vjere, a posljedica je bila "val poganstva koji je zapljusnuo Crkvu, donoseći svoje običaje, postupke i idole".[7] Kad je kršćanska religija osigurala naklonost i potporu svjetovnih vladara, mnoštvo ju je nominalno prihvatilo. Međutim, dok su izvana bili kršćani, mnogi su "u bîti ostali pogani, štujući u potaji svoje idole".[8]

Nije li se isti postupak ponavljao gotovo u svakoj Crkvi koja se naziva protestantskom? Kad su osnivači koji su bili prožeti pravim duhom reforme pomrli, došli su njihovi potomci i "izmijenili stanje". Slijepo se držeći vjerovanja svojih otaca i odbijajući prihvatiti svaku istinu koja bi bila korak dalje, potomci reformatora su se jako udaljili od njihovog primjera poniznosti, samoodricanja i odricanja od svijeta. Tako je nestalo "prve jednostavnosti". A svjetovni val, koji je preplavio Crkvu, donio je "svoje običaje, postupke i idole".

Kako je, nažalost, zastrašujuće rašireno ovo prijateljstvo sa svijetom koje je "neprijateljstvo prema Bogu", a njeguje se među onima koji tvrde da su Kristovi sljedbenici! Kako su uvažene Crkve u kršćanskom svijetu daleko otišle od biblijskog načela poniznosti, samoodricanja, jednostavnosti i pobožnosti! Govoreći o pravoj uporabi novca, John Wesley je rekao: "Ne rasipajte nijedan dio tako dragocjenog dara da zadovoljite želju očiju za suvišnom ili skupom odjećom ili nepotrebnim ukrasima. Ne rasipajte novac na osebujno ukrašavanje svojih domova, na nepotreban i skup namještaj, skupe slike, slikarije i pozlatu... Ne trošite ništa da zadovoljite ponos života, da privučete divljenje ili pohvalu ljudi... 'Dokle god činiš dobro sebi, ljudi će o tebi lijepo govoriti.' Dokle god se oblačiš u 'grimiz i skupocjeni lan' i 'iz dana se u dan sjajno' gostiš, nesumnjivo će mnogi hvaliti tvoj ukus, darežljivost i gostoljublje. Ali ne kupuj po tu cijenu njihov pljesak. Namjesto toga budi zadovoljan pohvalom koja dolazi od Boga."[9] Ali se u mnogim Crkvama našeg vremena takvo učenje prezire.

U svijetu je ispovijedanje vjere postalo popularno. Vladari, političari, odvjetnici, liječnici, trgovci − svi se pridružuju Crkvi kako bi osigurali poštovanje i povjerenje društva, i bili uspješniji u svojim svjetovnim poslovima. Na taj način pokušavaju svoje nepoštene poslove sakriti pod plašt ispovijedanja kršćanstva. Različite vjerske zajednice, ojačane bogatstvom i utjecajem tih krštenih svjetovnjaka, još se više trude steći popularnost i pokrovitelje. U najprometnijim ulicama podignute su veličanstvene crkve, ukrašene neumjerenom raskoši. Polaznici bogoslužja se odijevaju u skupu modnu odjeću. Daroviti propovjednik dobiva veliku plaću da zabavlja i privuče ljude. Njegove propovijedi ne smiju dotaknuti omiljene grijehe, već moraju biti slatke i ugodne otmjenim ušima. Tako se otmjeni grešnici upisuju u crkvene knjige, a otmjeni grijesi skrivaju pod plaštem pobožnosti.

386

Komentirajući sadašnji odnos prema svijetu onih koji se izdaju za kršćane, jedan vodeći svjetovni dnevnik kaže: "Crkva je neosjetljivo popustila duhu vremena i prilagodila oblike svojih bogoslužja suvremenim zahtjevima. ... Danas Crkva koristi sve što joj pomaže učiniti vjeru privlačnom." A jedan novinar u njujorškom listu *Independent* kaže o današnjem metodizmu: "Crta koja odvaja pobožne od nereligioznih blijedi u neku vrstu polusjene, i revni ljudi na obje strane nastoje izbrisati sve razlike između svog načina postupanja i uživanja. ... Popularnost vjere će itekako povećati broj onih bi uživali njezine blagodati, a da ne moraju ispuniti njezine zahtjeve."

387   Howard Crosby veli: "Veoma me brine što Kristova Crkva tako malo ostvaruje planove svoga Gospodina. Upravo kao što su stari Židovi dopustili da im prijateljske veze s idolopokloničkim narodima odvoje srca od Boga ... tako Isusova Crkva danas svojom lažnom suradnjom s nevjernim svijetom napušta božanske metode svog pravog života i popuštajući pogubnim, premda naoko prihvatljivim navikama društva u kojem nema Krista, služi se argumentima i stvara zaključke koji su strani Božjoj objavi i izravno protivni svakom rastu u milosti."[10]

U toj poplavi svjetovnosti i želja za uživanjem gotovo se sasvim izgubilo samoodricanje i samopožrtvovnost za Krista. "Neki muškarci i žene koji sada aktivno sudjeluju u našim crkvama, kao djeca su bili poučeni da se žrtvuju kako bi mogli nešto dati ili učiniti za Krista." Ali "ako su sada sredstva potrebna, ... nitko ne mora biti pozvan nešto dati. Ne! Priredimo prodaju, izložbu slika, tobožnji sudski proces, starinsku večeru ili neku zakusku – samo da se narod zabavlja."

Guverner Washburn iz Wisconsina objavio je u svojoj godišnjoj poruci 9. siječnja 1873.: "Bit će potrebni neki zakoni da bi se ukinule škole kojima se stvaraju kockari. Ima ih svuda. Čak je i Crkva (nesumnjivo nehotice) ponekad kriva što vrši to đavolje djelo. Besplatni koncerti, pokloni i rasprodaje, ponekad u vjerske ili dobrotvorne svrhe, ali najčešće za manje vrijedne ciljeve, lutrije, nagradni paketići i drugo – sve su to načini da se dođe do novca bez odgovarajućeg ulaganja. Ništa ne djeluje tako demoralizirajuće ili opijajuće, posebice za mlade, kao stjecanje novca i imovine bez rada. Kad se ugledni ljudi bave takvim igrama na sreću i svoju savjest umiruju primjedbom da je novac namijenjen nekom dobrom cilju, ne treba se čuditi da mladež tako često razvija navike koje će uzbuđenje što ga stvaraju igre na sreću sigurno izazvati."

Duh prilagodbe svijetu napada Crkve u cijelom kršćanskom svijetu. U jednoj propovijedi koju je održao u Londonu, Robert Atkins je naslikao mračnu sliku duhovnog opadanja koje prevladava u Engleskoj: "Istinskih pravednika ima malo na zemlji, i nikome nije stalo do toga. Ljudi koji danas ispovijedaju neku religiju u svakoj Crkvi ljube svijet, vladaju se prema svijetu, vole zadovoljiti svoje potrebe i teže za ugledom. Oni su pozvani trpjeti s Kristom, ali izbjegavaju svaki prijekor. ... *Otpad, otpad, otpad,* uklesano je na pročelju svake Crkve. Da su to znale i osjećale, bilo bi nade. Ali, nažalost, one viču: 'Bogati smo, nagomilali smo bogatstvo; ništa nam ne treba.'"[11]

Veliki grijeh zbog kojeg je Babilon optužen jest u tome što je učinio da "su svi narodi pili od vina srdžbe i vina njezina bluda". Čaša otrova koju nudi svijetu predstavlja lažno učenje što ga je prihvatio kao posljedicu nedopuštene veze s velikanima na Zemlji. Prijateljstvo sa svijetom kvari njegovu vjeru, pa on opet širi štetan utjecaj na svijet, učeći nauke koji su protivni jasnim iskazima Svetoga pisma.

Rim je narodu uskratio Bibliju i od svih ljudi zahtijevao da namjesto njezinog prihvate njegovo učenje. Zadaća je reformacije bila da ljudima vrati Božju riječ. Ali zar nije stvarno istina da se u Crkvama našeg vremena uči ljude da svoju vjeru temelje na svojem kredu i učenju svoje Crkve, a ne na Svetom pismu? Govoreći o protestantskim Crkvama, Charles Beecher je rekao: "One će ustuknuti pred svakom oštrom riječi protiv njihova vjerovanja s istom osjetljivošću s kojom bi sveti oci ustuknuli pred grubom riječi protiv sve raširenijeg štovanja svetaca i mučenika, koje su zastupali. ... Protestantske evangeličke zajednice tako su vezale ruke jedna drugoj, a i same sebi, da ni u jednoj od njih nitko ne može postati propovjednikom, nigdje, ako ne prihvati neku drugu knjigu osim Biblije. ... Nije pretjerano kad se kaže da moć službenog vjerovanja počinje zabranjivati Bibliju kao što je to Rim činio, samo na mnogo lukaviji način."[12]

Kad vjerni učitelji tumače Božju riječ, tada ustaju učeni ljudi, propovjednici koji tvrde da razumiju Sveto pismo, a zdravu nauku nazivaju krivovjerjem i tako odvraćaju one koji traže istinu. Jasne, oštre istine Božje riječi mnoge bi osvjedočile i obratile kad svijet ne bi bio beznadno otrovan babilonskim vinom. Ali

388

389

se vjera čini toliko zbunjujućom i neskladnom da ljudi ne znaju što vjerovati kao istinu. Za grijeh nepokajanosti svijeta odgovorna je Crkva.

Vijest drugog anđela iz Otkrivenja 14. poglavlja prvi je put objavljena u ljeto 1844. godine, i tada je izravnije primijenjena na Crkve u Sjedinjenim Državama u kojima je upozorenje o sudu široko objavljeno i općenito odbačeno, i u kojima je došlo do najbržeg opadanja u Crkvama. Ali poruka drugoga anđela nije se u cijelosti ispunila 1844. godine. Crkve su u ono vrijeme doživjele moralni pad kao posljedicu odbijanja svjetlosti adventne vijesti, ali taj pad nije bio potpun. Kad su nastavile odbacivati posebne istine za to vrijeme, padale su sve dublje i dublje. Međutim, još uvijek se ne može reći: "Pade Veliki Babilon ... koji vinom srdžbe i vinom svoga bluda napoji *sve narode.*" Babilon to još nije učinio. Duh prilagodbe svijetu i ravnodušnost spram ključnih istina za naše vrijeme živi i osvaja Crkve protestantske vjere u cijelom kršćanskom svijetu, pa su i one uključene u svečanu i strašnu optužbu drugog anđela. Ali djelo otpada još nije dostiglo vrhunac.

Biblija objavljuje da će Sotona prije Gospodnjeg dolaska djelovati "*svakovrsnim* silnim djelima, varavim čudesnim znakovima i svakovrsnim pokvarenim zavođenjem", i da će oni koji ne prihvate "ljubav prema istini da bi se tako spasili" biti prepušteni djelotvornoj zabludi "da vjeruju laži". (2. Solunjanima 2,9-11) Tek će onda kad nastane takvo stanje, i kad se u cijelom kršćanskom svijetu ostvari ujedinjenje Crkve sa svijetom, pad Babilona biti potpun. Promjena je postupna, a savršeno ispunjenje Otkrivenja 14,8 još je budućnost.

Bez obzira na duhovnu tamu i otuđenje od Boga koje postoji u Crkvama što čine Babilon, veliki broj pravih Kristovih sljedbenika još se nalazi u njihovim zajednicama. Mnogi među njima nisu nikada vidjeli posebne istine za ovo vrijeme. Nemalo je onih koji su nezadovoljni svojim sadašnjim stanjem i čeznu za jasnijom svjetlošću. Oni u Crkvama s kojima su povezani uzalud traže Kristov lik. Kako će se te vjerske zajednice sve više i više udaljavati od istine i tijesno se povezati sa svijetom, razlika između tih dviju skupina postajat će sve većom, dok na kraju ne dovede do razdvajanja. Doći će vrijeme kad oni koji ljube Boga nadasve, neće moći dulje ostati u vezi s onima koji su "ljubitelji požude umjesto ljubitelji Boga", koji čuvaju "vanjski oblik pobožnosti iako su se odrekli njezine sile". (2. Timoteju 3,4.5) Otkrivenje 18. poglavlje upućuje na vrijeme u koje će Crkva, kao posljedicu odbacivanja trostrukog upozorenja iz Otkrivenja 14,6-12, u cijelosti dosegnuti stanje prorečeno pojavom drugog anđela, i Božji će narod, koji je još uvijek u Babilonu, biti pozvan da se odvoji od njegove zajednice. To će biti posljednja poruka upućena svijetu, i ona će izvršiti svoju zadaću. Kad oni "koji nisu vjerovali u istinu, već [su] pristali uz nepravdu" (2. Solunjanima 2,12) budu prepušteni djelotvornoj zabludi da vjeruju laži, tada će svjetlost istine obasjati one čija su srca otvorena da je prime, i sva će Gospodnja djeca koja su još u Babilonu poslušati poziv: "Iziđite iz nje, moj narode!" (Otkrivenje 18,4)

22

Ispunjena proročanstva

391 Nakon što je prošlo vrijeme kad se prvi put očekivao Kristov dolazak – u proljeće 1844. godine – oni koji su u vjeri očekivali Njegov dolazak bili su neko vrijeme izloženi sumnji i neizvjesnosti. Dok je svijet u njima gledao poražene ljude koji su podlegli prijevari, njihov je izvor utjehe još bila Božja riječ. Mnogi su nastavili istraživati Pismo, iznova ispitujući dokaze svoje vjere i pomno proučavajući proročanstva da bi dobili još više svjetlosti. Svjedočanstvo Biblije u prilog njihovom gledištu činilo se jasnim i uvjerljivim. Znaci koje nije bilo moguće pogrešno shvatiti upućivali su na blizinu Kristova dolaska. Posebni Gospodnji blagoslovi, vidljivi u obraćenju grešnika i u buđenju duhovnog života među kršćanima, svjedočili su da je poruka potekla s Neba. Premda vjernici nisu mogli objasniti svoje razočaranje, ipak su se osjećali sigurnima da ih je Bog vodio u onome što su u prošlosti doživjeli.

Utkane u proročanstva za koja su smatrali da upućuju na vrijeme drugog dolaska, bile su i upute posebno prilagođene njihovom stanju neizvjesnosti i očekivanja, hrabreći ih da strpljivo čekaju u vjeri da će ono što im se sada čini mračnim, kad dođe vrijeme, postati jasno.

392 Među prvim proročanstvima bilo je ono iz Habakuka 2,1-4: "Stat ću na stražu svoju, postavit se na bedem, paziti što će mi reći, kako odgovorit na moje optužbe. Tad Jahve odgovori i reče: 'Zapiši viđenje, ureži ga na pločice, da ga čitač lako čita.' Jer ovo je viđenje samo za svoje vrijeme: ispunjenju teži, ne vara; ako stiže polako, čekaj, jer će odista doći i neće zakasniti! Gle: propada onaj čija duša nije pravedna, a pravednik živi od svoje vjere."

Još je 1842. godine uputa u tom proročanstvu – "Zapiši viđenje, ureži ga na pločice, da ga čitač lako čita" – potaknula Charlesa Fitcha da pripremi proročku kartu kojom je slikovito prikazao viđenja u Danielu i Otkrivenju. Objavljivanje te karte smatralo se ispunjenjem Habakukove naredbe. Međutim, nitko u to vrijeme nije primijetio da isto proročanstvo sadrži očito odlaganje ispunjenja viđenja, neko vrijeme kašnjenja. Nakon razočaranja taj biblijski redak dobio je na posebnom značenju: "Jer ovo je viđenje samo za svoje vrijeme: ispunjenju teži, ne vara; ako stiže polako, čekaj, jer će odista doći i neće zakasniti! ... A pravednik živi od svoje vjere."

I jedan dio Ezekielova proročanstva bio je vjernicima isto tako izvor snage i utjehe: "I dođe mi riječ Jahvina: 'Sine čovječji, kakve su to priče o zemlji Izraelovoj? Govori se: Gle, prolaze dani, a od proroštva ništa! Zato im reci: Ovako govori Jahve Gospod: ... Bliže se već dani, i sva će se proroštva moja ispuniti. ... Jer što ja, Jahve Gospod, govorim, to će i biti, i riječ se neće odgađati. ... Evo što se govori u domu Izraelovu: Viđenje što ga ovaj ugleda za dane je daleke! Prorokuje za daleka vremena! Zato im reci: Ovako govori Jahve Gospod: Nijedna riječ moja neće se više odgoditi! Što rekoh, rečeno je, i sve će se ispuniti!' – riječ je Jahve Gospoda." (Ezekiel 12,21-25.27.28) *393*

Oni koji su čekali radovali su se uvjereni da je Onaj koji od početka zna kraj gledao kroz stoljeća i, predviđajući njihovo razočaranje, dao im riječi ohrabrenja i nade. Da nije bilo takvih ulomaka Svetoga pisma koji su im savjetovali da strpljivo čekaju i da se čvrsto drže Božje riječi, njihova bi vjera u tom času kušnje klonula.

Usporedba o deset djevica u Evanđelju po Mateju 25. poglavlju isto tako oslikava iskustvo adventnog naroda. U Mateju 24. poglavlju, kao odgovor na pitanje svojih učenika o znakovima Njegova dolaska i kraja svijeta, Krist je upozorio na neke od najvažnijih događaja u povijesti svijeta i Crkve koji će se zbiti između Njegovog prvog i drugog dolaska, odnosno razorenje Jeruzalema, veliku nevolju Crkve tijekom poganskih i papinskih progonstava, pomrčinu Sunca i Mjeseca te padanje zvijezda. Nakon toga je govorio o svojem dolasku u svom kraljevstvu i ispričao usporedbu o dvjema vrstama slugu koji očekuju Njegov dolazak. Dvadeset i peto poglavlje počinje riječima: "*Tada* će biti s kraljevstvom nebeskim kao sa deset djevica." Ovdje je prikazana Crkva koja živi u posljednje dane, ista ona na koju upućuje kraj 24. poglavlja. U toj usporedbi njihovo je iskustvo oslikano zbivanjima na istočnjačkoj svadbi.

"Tada će biti s kraljevstvom nebeskim kao sa deset djevica koje uzeše svoje svjetiljke te iziđoše u susret zaručniku. Pet ih bijaše ludih, a pet mudrih. Lude naime uzeše sa sobom svjetiljke, ali ne uzeše ulja. Mudre, naprotiv, uzeše ulje u posudama skupa sa svojim svjetiljkama. Kako se zaručnikov dolazak otegnu, sve zadrijemaše i zaspaše. U ponoći odjeknu glas: 'Zaručnik dolazi! Iziđite mu u susret!'"

Kristov dolazak, kako ga je najavila vijest prvog anđela, trebalo je razumjeti kao dolazak zaručnika. Široko rasprostranjena reforma, prouzročena objavljivanjem vijesti o Njegovom skorom dolasku, podudara se s izlaženjem djevica. U toj usporedbi, kao i u onoj u Mateju 24. poglavlju, prikazane su dvije skupine. Sve su uzele svoje svjetiljke, Bibliju, i uz njezino svjetlo krenule u susret zaručniku. "Lude naime uzeše sa sobom svjetiljke, ali ne uzeše ulja. Mudre, naprotiv, uzeše ulje u posudama skupa sa svojim svjetiljkama." Ta posljednja skupina primila je Božju milost, obnoviteljsku i prosvjetljujuću snagu Svetoga Duha, koja čini da je Njegova riječ svjetiljka nozi i svjetlo stazi. Oni su u Božjem strahu proučavali Sveto pismo da bi doznali istinu, ozbiljno težeći za čistoćom srca i života. Oni su stekli osobno iskustvo, vjeru u Boga i Njegovu Riječ, koje razočaranje i odlaganje nisu mogli nadvladati. Druge "uzeše sa sobom svjetiljke, ali ne uzeše ulja". One su postupale prema osjećajima. Svečana poruka probudila je u njima strah, ali su se oni oslanjali na vjeru svoje braće, zadovoljni treperavim svjetlom pozitivnih osjećaja, bez temeljitog razumijevanja istine ili istinskog djelovanja milosti u svojim srcima. Oni su izišli u susret Gospodinu, nadajući se neposrednoj nagradi, ali nisu bili spremni za odugovlačenje i razočaranje. Kad su naišle poteškoće, njihova je vjera klonula i njihove su se svjetiljke počele gasiti.

"Kako se zaručnikov dolazak otegnu, sve zadrijemaše i zaspaše." Otezanje zaručnika predstavljalo je protjecanje vremena kad se Gospodnji dolazak očekivao, razočaranje i prividno kašnjenje. U to vrijeme neizvjesnosti zanimanje površnih i neutvrđenih uskoro se počelo topiti, a njihovi su napori počeli popuštati. Ali oni čija se vjera zasnivala na osobnom poznavanju Biblije imali su pod svojim nogama stijenu koju valovi razočaranja nisu

394

mogli pomaknuti. One "sve zadrijemaše i zaspaše" – jedna skupina u ravnodušnosti i napuštanju svoje vjere, a druga u strpljivom čekanju dok ne dobije jasnije svjetlo. Ali u noći kušnje činilo se 395 da je i ta posljednja skupina u određenoj mjeri izgubila svoju revnost i oduševljenje. Površni i neutvrđeni se više nisu mogli oslanjati na vjeru svoje braće. Svatko mora stajati ili pasti sâm. Nekako u to vrijeme se počeo javljati fanatizam. Neki koji su tvrdili da čvrsto vjeruju u vijest, odbacili su Božju riječ kao jedinog nepogrešivog vođu i, tvrdeći da ih vodi Duh, potpuno se prepustili prevlasti svojih osjećaja, dojmova i maštarija. Neki su pokazivali slijepu i zadrtu revnost, osuđujući sve koji nisu htjeli odobriti njihov put. Njihove fanatične zamisli i postupci nisu naišli na odobravanje velike većine adventista, ali su pridonijeli sramoćenju istine.

Na taj je način Sotona nastojao zapriječiti i upropastiti Božje djelo. Adventni je pokret uvelike pokrenuo ljude; tisuće se grešnika obratilo, i vjerni su se ljudi posvetili objavljivanju istine čak i u to vrijeme odugovlačenja. Knez zla gubio je svoje podanike, a da bi osramotio Božje djelo, nastojao je neke koji su ispovijedali vjeru prevariti i povesti u krajnosti. A onda su njegova oruđa stajala spremna da iskoriste svaku zabludu, svaku pogrešku i svaki neumjesni postupak i prikažu ih narodu u najcrnjem svjetlu, kako bi adventiste i njihovu vjeru učinili omraženima. Što će biti veći broj onih koje može navesti da izjave kako vjeruju u drugi dolazak dok đavao vlada njihovim srcima, toliko će imati veću korist ako privuče pozornost na njih kao na predstavnike svih vjernika.

Sotona je "tužitelj ... braće" i njegov duh nadahnjuje ljude da pomno promatraju greške i nedostatke Gospodnjeg naroda kako bi ih isticali, dok njegova dobra djela ostaju bez spomena. On je uvijek vrlo aktivan kad Bog radi na spašavanju duša. Kad Božji sinovi dolaze stati pred Gospodina, i Sotona dolazi s njima. Pri svakom buđenju on je spreman dovesti one koji su 396 neposvećena srca i neuravnotežena uma. Kad takvi prihvate neke točke istine i dospiju među vjernike, on djeluje preko njih da unese teorije koje će prevariti neoprezne. Nitko još nije dokazao da je pravi kršćanin zato što se nalazi u društvu Božje djece, pa čak i u Crkvi i za Gospodnjim stolom. Sotona je često u najsvečanijim prigodama prisutan u liku onih koje može upotrijebiti kao svoje posrednike.

Knez zla se bori za svaki pedalj zemljišta po kojem Božji narod napreduje na svom putu k nebeskom gradu. U cijeloj povijesti Crkve nije provedena nijedna reforma koja nije naišla na ozbiljne zapreke. Tako je bilo u Pavlovo doba. Gdje god je apostol osnovao crkvu, bilo je nekih koji su izjavljivali da prihvaćaju vjeru, ali su unosili lažna učenja koja bi, da su bila prihvaćena, udaljila ljubav prema istini. I Luther je imao velike nevolje i poteškoće zbog fanatika koji su tvrdili da im se Bog neposredno obratio, pa su svoje osobne zamisli i mišljenja stavljali iznad svjedočanstva Svetoga pisma. Mnogi kojima su nedostajali vjera i iskustvo, ali koji su bili prilično neovisni i voljeli čuti i prenositi nešto novo, bili su obmanuti drskošću tih novih učitelja i pridružili se Sotoninim oruđima u rušenju svega što je Luther izgradio potaknut od Boga. Braća Wesley i drugi koji su svojim utjecajem i vjerom bili blagoslov svijetu, na svakom su koraku nailazili na Sotonino lukavstvo kojim je pretjerano revne, neuravnotežene i neposvećene poticao na fanatizam svih razmjera.

William Miller nije imao suosjećanja za utjecaje koji su vodili fanatizmu. On je, kao i Luther, izjavio da se svaki duh treba provjeriti Božjom riječju. "Đavao u naše vrijeme ima veliku moć nad umovima nekih ljudi", rekao je Miller. "Kako ćemo znati kakvog su duha? Biblija odgovara: 'Prepoznat ćete ih po njihovim rodovima.' ... Mnogi su se duhovi pojavili u svijetu i nama je naređeno da duhove podvrgnemo kušnji. Duh koji nas ne potiče da u ovome svijetu živimo trijezno, pravedno i pobožno, nije Kristov Duh. Sve sam više osvjedočen da Sotona ima itekakve veze s tim divljim pokretima. ... Mnogi među nama koji se pretvaraju da su potpuno posvećeni, slijede ljudske tradicije i očito ne poznaju istinu više od onih koji su to umislili."[1] "Duh zablude odvest će nas od istine, a Božji Duh nas vodi u istinu. Ali, reći ćete, netko može biti u zabludi a misliti da ima istinu. Što onda? Na to odgovaramo: Duh i Riječ se slažu. Ako se tko prosuđuje prema Božjoj riječi i ustvrdi da je u savršenom skladu s cijelom Riječju, onda mora vjerovati da ima istinu. Ali ako uvidi da duh koji ga vodi nije u skladu s cjelokupnim sadržajem Božjeg zakona ili Knjige, onda neka bude oprezan kako ne bi bio uhvaćen u đavolju zamku."[2] "Često sam dobio više dokaza o unutarnjoj pobožnosti od iskričavog oka, vlažnog obraza i prigušene riječi, nego od sve buke u kršćanskom svijetu."[3]

U vrijeme reformacije njezini neprijatelji su za sva zla fanatizma optuživali upravo one koji su mu se najozbiljnije usprotivili. Slično su postupali i protivnici adventnog pokreta, i nezadovoljni pogrešnim predstavljanjem i uveličavanjem zabluda ekstremista i fanatika širili nepovoljne glasine koje nisu ni najmanje odgovarale istini. Ti su ljudi bili potaknuti predrasudama i mržnjom. Objava da je Krist pred vratima poremetila je njihov mir. Bojali su se da bi to moglo biti istina, a opet se nadali da nije, i to je bila tajna njihove borbe protiv adventista i njihove vjere.

Činjenica što se nekoliko fanatika uvuklo u redove adventista nije razlog za tvrdnju da pokret nije od Boga, kao što ni prisutnost fanatika i varalica u Crkvi u Pavlovo i Lutherovo vrijeme nije bio dostatan izgovor za osudu njihovog rada. Neka se Božji narod probudi iz sna i otpočne ozbiljno djelo kajanja i reforme; neka istražuje Sveto pismo da upozna istinu kakva je u Isusu; neka se u cijelosti posveti Bogu, i neće nedostajati dokaza da je Sotona još uvijek aktivan i budan. Sa svom mogućom prijevarom on će pokazati svoju moć, pozivajući u pomoć sve pale anđele svojeg kraljevstva. *398*

Objavljivanje drugog dolaska nije prouzročilo fanatizam i podjelu. Oni su se pojavili u ljeto 1844. godine, kad su adventisti bili u stanju sumnje i zbunjenosti u pogledu na svoje stvarno stajalište. Propovijedanje vijesti prvog anđela i "ponoćni poklič" bili su izravno usmjereni na sprečavanje fanatizma i nesloge. Oni koji su sudjelovali u tim svečanim pokretima bili su ispunjeni ljubavlju jedan prema drugome i prema Isusu, kojega su se nadali uskoro vidjeti. Jedna vjera, jedna blažena nada, uzdizala ih je iznad bilo kakvog ljudskog utjecaja i bila štit protiv napada Sotone.

"Kako se zaručnikov dolazak otegnu, sve zadrijemaše i zaspaše. U ponoći odjeknu glas: 'Zaručnik dolazi! Iziđite mu u susret!' Tada ustadoše sve djevice i opremiše svoje svjetiljke." (Matej 25,5-7) U ljeto 1844. godine, nekako sredinom između vremena kad se prvi put pomislilo da će se navršiti 2300 dana i jeseni iste godine na koju je to vrijeme kasnije produženo, vijest je objavljena riječima Svetoga pisma: "Zaručnik dolazi!"

Ono što je izazvalo taj pokret bilo je otkriće da je Artakserksov ukaz o obnovi Jeruzalema, koji je bio polazna točka razdoblja od 2300 dana, stupio na snagu ujesen 457. godine

399 prije Krista, a ne početkom te godine kako se ranije mislilo. Ako računamo od jeseni 457. godine prije Krista, 2300 godina završavaju ujesen 1844. godine. (Vidi Dodatak za str. 258 i 259.)

Dokazi uzeti iz starozavjetne simboličke službe također su pokazivali da bi se u jesen morao ostvariti događaj prikazan kao "čišćenje Svetišta". To je postalo jasno kada je pozornost usmjerena na način kako su se ostvarile predslike koje su se odnosile na prvi Kristov dolazak.

Klanje pashalnog janjeta bilo je predslika Kristove smrti. Pavao kaže: "Jer je žrtvovano naše pashalno janje – Krist." (1. Korinćanima 5,7) Snop prvih plodova žetve koji se u vrijeme Pashe prikazivao pred Gospodinom bio je predslika Kristova uskrsnuća. Govoreći o uskrsnuću i Gospodina i cijelog Njegovog naroda, Pavao kaže: "Prvenac Krist, potom, u vrijeme Njegova dolaska, Kristovi sljedbenici." (1. Korinćanima 15,23) Kao što je žrtva prikaznica bila prvo požnjeveno zrelo žito, tako je i Krist prvi plod one besmrtne žetve spašenih, koja će u vrijeme budućeg uskrsnuća biti sabrana u Božje žitnice.

Ove predslike ispunile su se ne samo u odnosu na događaj, već i u odnosu na vrijeme. Četrnaestog dana prvoga židovskog mjeseca, onog dana i mjeseca na koji se tijekom petnaest dugih stoljeća klalo pashalno janje, Krist je, jedući pashu sa svojim učenicima, ustanovio svetkovinu koja je trebala biti uspomena na Njegovu smrt kao "Jaganjca Božjeg koji uzima grijehe svijeta". (Ivan 1,29) Te su Ga noći zlikovačke ruke uhvatile, da bi Ga razapeli i ubili. I kao ispunjenje onoga što je predstavljala žrtva prikaznica (obrtani snop), naš je Spasitelj trećeg dana uskrsnuo iz mrtvih i postao "prvenac umrlih", uzor svih uskrslih pravednika čije će "bijedno tijelo" preobraziti "i učiniti ga jednakim svome slavnom tijelu". (1. Korinćanima 15,20; Filipljanima 3,21)

Jednako se tako moraju ispuniti predslike koje se odnose na drugi dolazak u vrijeme prikazano simboličkom službom. U *400* mojsijevskom je sustavu čišćenje Svetišta, ili veliki Dan pomirenja, padao na deseti dan sedmog židovskog mjeseca (Levitski zakonik 16,29-34), kada je veliki svećenik, nakon pomirenja za sav Izrael kojim je iz Svetišta uklonio njihove grijehe, izišao i blagoslovio narod. Tako se vjerovalo da će Krist, naš Veliki svećenik, doći očistiti Zemlju uništenjem grijeha i grešnika, i svome narodu koji Ga čeka dati besmrtnost. Smatralo se da je deseti dan sedmoga mjeseca, veliki Dan pomirenja, vrijeme čišćenja Svetišta, koji je 1844. godine padao na 22. listopada, dan Gospodnjeg dolaska. Bilo je to sukladno već iznesenim dokazima da će se 2300 dana navršiti ujesen, pa se zaključak činio neodoljivim.

U usporedbi u Evanđelju po Mateju 25. poglavlju, vremenu čekanja i spavanja slijedi dolazak zaručnika. To je bilo sukladno s upravo iznesenim argumentima iz proroštva i iz simboličke službe. Oni su bili uvjerljivo svjedočanstvo o istinitosti, i tisuće je vjernika objavilo "ponoćni poklič".

Poput plimnog vala taj se pokret proširio zemljom. Zahvaćao je grad za gradom, selo za selom i zabačena mjesta, dok se Božji narod koji je čekao nije sasvim probudio. Pred tim objavljivanjem fanatizam je nestao kao rani mraz pred rađanjem sunca. Kod vjernika je nestalo sumnje i zbunjenosti, a nada i hrabrost oživjeli su im srca. Djelo je bilo bez onih krajnosti koje se uvijek javljaju tamo gdje ljudsko uzbuđenje nije pod nadzorom Riječi i Božjeg Duha. Bilo je po značajkama slično vremenima poniznosti i vraćanja Gospodinu, koja su u starom Izraelu slijedila nakon navješćivanja ukora Njegovih slugu. Imalo je oznake koje su u svim vremenima označavale Gospodnje djelo. Bilo je malo zanosne radosti, a mnogo više temeljitog ispitivanja srca, priznavanja grijeha i napuštanja svijeta. Težnja tih duša u tjeskobi bila je da se pripreme za susret s Gospodinom, što se vidjelo po ustrajnim molitvama i potpunom posvećenju Bogu. *401*

Opisujući to djelo, Miller je rekao: "Nema nekog posebnog izražavanja radosti; ako i postoji, čini se da je sačuvano za neku buduću prigodu, kad će se sva nebesa i zemlja radovati neizrecivom radošću, prepuna slave. Nema klicanja; i ono je odloženo za poklič s Neba. Pjevači šute; čekaju da se pridruže anđeoskoj vojsci, nebeskom zboru. ... Nema proturječnih osjećaja; svi su jedne misli i srca."[4]

Drugi je sudionik tog pokreta posvjedočio: "On je u svim mjestima izazvao najdublje istraživanje srca i skrušeno kajanje pred uzvišenim nebeskim Bogom. On je izazvao gubitak ljubavi za stvari ovoga svijeta, izglađivanje sukoba i neprijateljstava, priznavanje nanesenog zla, skrušenost pred Bogom i pokajničke usrdne molitve Njemu za oprost i prihvaćanje. Izazvao je samoponiženje i prolijevanje duše kakvo nikada ranije nismo vidjeli.

Kao što je Bog preko Joela zapovjedio, kad su se približili velikom danu Gospodnjem, oni su razderali srca, a ne svoje halje, i okrenuli se Gospodinu postom, plačem i jadikovanjem. Kao što je Bog rekao preko Zaharije, na svoju je djecu izlio duh milosni i molitveni; pogledali su Onoga koga su proboli i naricali za Njim ... i oni koji su čekali Gospodina ponizili su pred Njim svoje duše."⁵

Od svih velikih vjerskih pokreta od vremena apostola, nijedan nije bio slobodniji od ljudskog nesavršenstva i Sotoninih prijevara od onoga ujesen 1844. godine. Još i danas, nakon toliko godina, svi koji su sudjelovali u pokretu i ostali na čvrstom temelju istine, osjećaju sveti utjecaj tog blagoslovljenog djela i mogu posvjedočiti da je ono bilo od Boga.

402 Na poklič: "Zaručnik dolazi! Izidite mu u susret!" oni koji su čekali "ustadoše ... i opremiše svoje svjetiljke". Oni su proučavali Božju riječ s dotada neviđenim snažnim zanimanjem. Anđeli su poslani s Neba podignuti one koji su se obeshrabrili i pripremiti ih da prime vijest. Djelo se nije oslanjalo na ljudsku mudrost i znanje, nego na Božju silu. Nisu najdarovitiji, već najponizniji i najodaniji prvi čuli i poslušali poziv. Poljodjelci su ostavljali svoje usjeve na njivama, obrtnici svoj alat, i sa suzama radosti krenuli objaviti upozorenje. Oni koji su otprije vodili Djelo bili su među posljednjima koji su se pridružili tom pokretu. Crkve su uglavnom zatvorile vrata toj poruci, i veliki se broj onih koji su je prihvatili udaljio od njih. Božjom se providnošću ta objava sjedinila s viješću drugog anđela i dala silu tom djelu.

Vijest "Zaručnik dolazi!" nije bila toliko stvar dokazivanja, premda su dokazi iz Svetog pisma bili jasni i uvjerljivi. Nju je pratila neodoljiva sila koja je pokretala dušu. Nije bilo sumnji niti pitanja. Prigodom Kristova trijumfalnog ulaska u Jeruzalem, narod koji se okupio sa svih strana zemlje pohrlio je na Maslinsku goru, i kad se pridružio mnoštvu koje je pratilo Isusa, bio je zahvaćen oduševljenjem trenutka i pridonio jačem klicanju: "Blagoslovljen koji dolazi u ime Gospodnje!" (Matej 21,9) Na sličan su način i nevjernici koji su pohrlili na adventističke skupove – neki iz radoznalosti, drugi da se narugaju – osjetili osvjedočavajuću silu koja je pratila vijest: "Zaručnik dolazi!"

U to je vrijeme bilo vjere koja je donosila odgovore na molitvu, vjere koja se mogla nadati nagradi. Poput pljuskova kiše na žednu zemlju Duh se milosti spuštao na usrdne molitelje. Oni koji su očekivali da uskoro stanu licem u lice pred svojega Otkupitelja osjećali su svečanu, neizrecivu radost. Sila Svetoga Duha koja omekšava i pokorava topila je srca i Njegov se blagoslov obilno izlio na vjerne. 403

Oni koji su prihvatili vijest pažljivo su se i svečano približavali vremenu u kojem su očekivali susret sa svojim Gospodinom. Svakoga jutra iznova osjećali su da je njihova prva dužnost uvjeriti se da ih je Bog prihvatio. Njihova su srca bila tijesno sjedinjena i oni su se često molili zajedno i jedni za druge. Često bi se sastajali na skrovitu mjestu da uspostave vezu s Bogom, i glas njihovih molitava dizao se k Nebu s njiva i iz šumaraka. Njima je sigurnost u Spasiteljevu naklonost bila važnija od svakidašnje hrane; a ako bi neki oblak zamračio njihov um, nisu mirovali dok ne bi nestao. Kad su iskusili milost praštanja, čeznuli su vidjeti Onoga koga su toliko voljeli.

No opet su bili osuđeni na razočaranje. Vrijeme očekivanja je prošlo, a njihov se Spasitelj nije pojavio. S nepokolebljivim pouzdanjem očekivali su Njegov dolazak, pa su se sada osjećali kao Marija kad je došla na Spasiteljev grob i ustvrdila da je prazan. Sa suzama je uzviknula: "Uzeše moga Gospodina i ne znam kamo ga staviše." (Ivan 20,13)

Osjećaj strahopoštovanja i strah da bi vijest mogla biti istinitom neko su vrijeme sputavali nevjerni svijet. Nakon što je vrijeme prošlo, taj osjećaj nije odmah nestao; isprva se nisu usuđivali likovati nad razočaranim ljudima, ali kad nije bilo znakova Božjega gnjeva, oporavili su se od svojeg straha i nastavili s prekoravanjem i ismijavanjem. Velik broj onih koji su tvrdili da vjeruju u skori Gospodnji dolazak odrekao se svoje vjere. Neki, ranije vrlo uvjereni, sada su bili toliko duboko ranjeni u svojem ponosu da su poželjeli nestati sa zemlje. Poput Jone žalili su se na Boga i više željeli smrt nego život. Oni koji su 404 svoju vjeru temeljili na mišljenjima drugih, a ne na Božjoj riječi, sada su bili spremni promijeniti svoja gledišta. Podrugljivci su privukli slabiće i strašljive u svoje redove, pa su se svi ujedinili izjavljujući da odsad više ne može biti ni straha ni očekivanja. Vrijeme je prošlo, Gospodin nije došao i svijet može ostati istim tisuće godina.

Ozbiljni, iskreni vjernici ostavili su sve zbog Krista i uživali u Njegovoj prisutnosti kao nikada ranije. Bili su uvjereni da su svijetu uputili posljednju opomenu te su se, očekujući da uskoro budu primljeni u društvo svojeg božanskog Učitelja i nebeskih anđela, u velikoj mjeri povukli iz društva onih koji nisu prihvatili vijest. Molili su sa žarkom željom: "Dođi, Gospodine Isuse, dođi brzo!" Ali On nije došao. A sada ponovno preuzeti težak teret životnih briga i poteškoća, i trpjeti izazivanja i ismijavanja podrugljivog svijeta, bilo je teško kušanje vjere i strpljenja.

Međutim, to razočaranje još uvijek nije bilo tako veliko kao razočaranje učenika u vrijeme Kristovog prvog dolaska. Kad je Isus trijumfalno ušao u Jeruzalem, Njegovi su sljedbenici bili uvjereni da će stupiti na Davidovo prijestolje i osloboditi Izraela od njegovih ugnjetača. S uzvišenim nadama i radosnim očekivanjem međusobno su se natjecali kako da ukažu čast svojem Kralju. Mnogi su pred Njim poput saga prostirali svoje gornje haljine ili na put polagali palmove grančice. U svojem ushitu ujedinili su se u radosnom klicanju: "Hosana Sinu Davidovu!" Kad su farizeji, uznemireni i srditi zbog te provale radosti, zahtijevali da Isus ukori svoje učenike, On je odgovorio: "Ako oni ušute, kamenje će vikati." (Luka 19,40) Proročanstvo se mora ispuniti. Učenici su ostvarivali Božju namjeru; pa ipak su bili osuđeni na gorko razočaranje. Samo nekoliko dana nakon tog događaja bili su svjedoci Spasiteljeve mučeničke smrti, da bi Ga zatim položili u grob. Njihova se očekivanja ni u čemu nisu ostvarila i njihove su nade umrle s Isusom. Dokle god njihov Gospodin nije trijumfalno izišao iz groba, oni nisu mogli shvatiti da je sve bilo proreceno i "kako je trebalo da Mesija trpi i uskrsne od mrtvih". (Djela 17,3)

405

Pet stotina godina ranije Gospodin je preko proroka Zaharije objavio: "Klikni iz sveg grla, Kćeri Sionska! Viči od radosti, Kćeri jeruzalemska! Tvoj kralj se evo tebi vraća: pravičan je i pobjedonosan, ponizan jaše na magarcu, na magaretu, mladetu magaričinu." (Zaharija 9,9) Da su učenici znali da će Krist ići na sud i u smrt, oni ne bi mogli ispuniti to proročanstvo.

Na sličan su način Miller i njegovi drugovi ispunili proročanstvo i objavili vijest koju je Nadahnuće proreklo da će biti iznesena svijetu, ali koju ne bi mogli objaviti da su u cijelosti razumjeli proročanstva o svojem razočaranju i drugu vijest koju je trebalo navijestiti svim narodima prije nego što Gospodin dođe. Vijesti prvog i drugog anđela objavljene su u pravo vrijeme i izvršile su ono što je Bog s pomoću njih namjeravao postići.

Svijet je promatrao, očekujući da će – ako je vrijeme prošlo a Krist se nije pojavio – čitav sustav adventizma propasti. Premda su mnogi izloženi snažnoj kušnji napustili svoju vjeru, bilo je onih koji su i dalje ostali čvrsti. Plodovi adventnog pokreta, duh poniznosti i ispitivanja srca, napuštanje svijeta i obnova života koji su pratili djelo, svjedočili su da je on od Boga. Oni se nisu usudili poreći da je sila Svetoga Duha pratila propovijedanje drugog dolaska, i nisu mogli otkriti nijednu pogrešku u računanju proročkih razdoblja. Ni najsposobniji među njihovim protivnicima nisu uspjeli srušiti njihov sustav tumačenja proročanstava. Bez biblijskih dokaza nisu mogli pristati na odricanje od zaključaka do kojih su došli ozbiljnim proučavanjem Svetoga pisma uz molitvu, umova prosvijetljenih Božjim Duhom i srca koja su *406* plamtjela Njegovom živom silom, kao ni stajališta koja su odoljela najoštrijoj kritici i najogorčenijem protivljenju službenih vjerskih učitelja i ljudi koji imaju mudrost ovoga svijeta, a koji su se oduprli udruženim silama učenosti i rječitosti te izazivanju i porugama časnih i nečasnih podjednako.

Istina, postojala je pogreška što se tiče očekivanog događaja, ali ni to nije moglo uzdrmati njihovu vjeru u Božju riječ. Kad je Jona na ulicama Ninive objavljivao da će grad za četrdeset dana biti uništen, Gospodin je prihvatio kajanje Ninivljana i produžio im vrijeme milosti. Ali Jonina je vijest bila poslana od Boga, a Niniva ispitana po Njegovoj volji. Adventisti su vjerovali da ih je Bog na sličan način vodio da objave upozorenje o sudu. "Ta je vijest", govorili su, "ispitala srca svih koji su je čuli i probudila ljubav za Gospodnji dolazak, ili je izazvala više-manje primjetljivu, ali Bogu dobro poznatu mržnju protiv Njegova dolaska. Ona je povukla crtu ... tako da oni koji žele ispitati svoje srce mogu znati na kojoj bi se strani našli da je Gospodin došao – bi li uskliknuli: 'Gle, ovo je naš Bog, njega čekasmo, i spasit će nas!', ili bi vikali gorama i kamenju da padnu na njih i da ih skriju od lica Onoga koji sjedi na prijestolju i od Janjetove srdžbe. Bog je, vjerujemo, na taj način ispitao svoj narod, okušao njihovu vjeru i vidio hoće li se u času kušnje povući s mjesta na koje ih je postavio i hoće li se odreći ovoga svijeta i savršenim se povjerenjem osloniti na Božju riječ."[6]

Osjećaje onih koji su još uvijek vjerovali da ih je Bog vodio tijekom prošlih iskustava Miller opisuje riječima: "Kad bih još jednom proživio svoj život, s istim dokazima što sam ih onda imao, ja bih – da budem pošten pred Bogom i ljudima – učinio onako kako sam onda učinio. ... Nadam se da sam svoju odjeću očistio od krvi duša. Osjećam da sam se, koliko je to bilo u mojoj moći, oslobodio svake krivnje za njihovu osudu. ... Premda sam se dvaput razočarao", pisao je taj Božji čovjek, "nisam ni potišten ni obeshrabren. ... Moja nada u Kristov dolazak snažna je kao uvijek. Samo sam učinio ono što sam poslije mnogo godina ozbiljnog razmatranja smatrao svojom svetom dužnošću. Ako sam pogriješio, bilo je to iz ljubavi, ljubavi prema bližnjima, i osvjedočenja o dužnosti prema Bogu. ... Jedno pouzdano znam: propovijedao sam samo ono što sam vjerovao i Bog je bio sa mnom. Njegova se sila pokazala u radu i mnogo je dobra učinjeno. ... Mnoge su tisuće, prema ljudskim procjenama, propovijedanjem proročkog vremena bile potaknute na proučavanje Pisma, i zahvaljujući tome, kroz vjeru i škropljenje Kristove krvi, pomirene s Bogom."[7] "Nikada nisam nastojao steći naklonost oholih, niti sam drhtao pred negodovanjem svijeta. Ni sada neću kupovati njihovu naklonost, niti ću žrtvovati dužnost da bih izbjegao njihovu mržnju. Nikada neću tražiti svoj život iz njihovih ruku, niti ću, nadam se, ustuknuti pred mogućnošću da ga izgubim ako je Bog u svojoj dobroj providnosti tako odredio."[8]

Bog nije napustio svoj narod; Njegov je Duh i dalje ostao s onima koji se nisu brzopleto odrekli svjetlosti koju su primili osuđujući adventni pokret. U Poslanici Hebrejima stoje riječi ohrabrenja i upozorenja upućene onima koji su u tom času nevolje bili iskušani čekanjem: "Prema tome, ne gubite svog pouzdanja! Njemu pripada velika nagrada. Ustrajnost vam je zbilja potrebna da vršenjem Božje volje postignete obećanje, jer: 'Još malo, vrlo malo, i doći će onaj koji ima doći; neće zakasniti. Moj će pravednik živjeti od vjere; ako li otpadne, duša moja neće nalaziti zadovoljstva u njemu.' A mi ne pripadamo onima koji otpadaju da propadnu, nego onima koji vjeruju da spase duše." (Hebrejima 10,35-39)

Da je ova opomena upućena Crkvi u posljednje dane, jasno se vidi iz riječi koje upućuju na blizinu Gospodnjeg dolaska: "Još malo, vrlo malo, i doći će onaj koji ima doći; neće zakasniti." I ovdje nalazimo jasan nagovještaj prividnog odlaganja i činjenice da će se činiti kao da Gospodin oklijeva sa svojim dolaskom. Ovdje iznesena pouka može se posebno primijeniti na iskustvo adventista onog vremena. Njima je prijetila opasnost da dožive brodolom svoje vjere. Oni su postupili po Božjoj volji kad su se prepustili vodstvu Njegovog Duha i Njegove riječi, ali nisu mogli razumjeti Njegovu namisao u tom prošlom iskustvu, niti su mogli razaznati put pred sobom; stoga su mogli posumnjati da ih je Bog stvarno vodio. Na to su se vrijeme odnosile riječi: "Moj će pravednik živjeti od vjere." Kad je jasna svjetlost "ponoćnog poklića" obasjala njihovu stazu, kad su vidjeli da su proročanstva otpečaćena i kako se brzo ispunjavaju znakovi koji upozoravaju na blizinu Kristova dolaska, oni su u tim trenucima živjeli gledanjem. Ali sada, povijeni pod razočaranim nadama, mogli su se održati samo vjerom u Boga i u Njegovu Riječ. Podrugljivi svijet je govorio: "Prevareni ste! Napustite svoju vjeru i recite da je adventni pokret bio od Sotone." Ali je Božja riječ objavila: "Ako li otpadne, duša moja neće nalaziti zadovoljstva u njemu." Odreći se sada svoje vjere i zaniijekati silu Svetoga Duha koja je pratila tu vijest, značilo bi povlačenje na put propasti. Pavlove su ih riječi hrabrile da ustraju: "Prema tome, ne gubite svoga pouzdanja! ... Ustrajnost vam je zbilja potrebna ... jer: Još malo, vrlo malo i doći će onaj koji ima doći; neće zakasniti." Njihova jedina sigurnost bila je u tome da njeguju svjetlost koju su već primili od Boga, da se čvrsto drže Njegovih obećanja i nastave istraživati Pismo te da strpljivo čekaju i bdiju kako bi primili više svjetlosti.

23

Što je Svetište?

Biblijski redak koji je između svih ostalih bio temelj i središnji stup adventne vjere bila je objava: "Još dvije tisuće i tri stotine večeri i jutara; tada će Svetište biti očišćeno." (Daniel 8,14) To su bile dobro poznate riječi svima koji su vjerovali u skori Gospodnji dolazak. Tisuće usana ponavljalo je to proročanstvo kao geslo svoje vjere. Svi su osjećali da o tim prorečenim događajima ovise njihova najveća očekivanja i najdraže nade. Ti proročki dani, pokazano je, završavali su u jesen 1844. godine. Jednako kao i ostali kršćanski svijet, adventisti su smatrali da je Zemlja, ili jedan njezin dio, Svetište. Razumjeli su da čišćenje Svetišta predstavlja čišćenje Zemlje vatrom u posljednjem velikom Danu, i da će se ono ostvariti prigodom drugog dolaska. Otuda zaključak da će se Krist vratiti na Zemlju 1844. godine.

Ali naznačeno je vrijeme prošlo, a Gospodin se nije pojavio. Vjerni su znali da Božja riječ ne može prevariti; dakle njihovo tumačenje proročanstva mora biti pogrešno. Ali gdje je bila pogreška? Mnogi su brzopleto riješili problem tako što su ustvrdili da 2300 dana ne završavaju 1844. godine. Tu tvrdnju nisu mogli ničim potkrijepiti, osim što Krist nije došao u očekivano vrijeme. Obrazlagali su to ovako: da su ti proročki dani završili 1844. godine, Krist bi se tada vratio da očisti Svetište tako što bi Zemlju očistio vatrom. Budući da nije došao, to nije bio kraj tih proročkih dana.

Prihvatiti taj zaključak značilo je odreći se ranijeg računanja proročkih razdoblja. Ustanovljeno je da 2300 dana počinju stupanjem na snagu Artakserksove naredbe za obnovu i izgradnju

Jeruzalema, dakle ujesen 457. godine prije Krista. Ako je to polazna točka, onda je postojao savršen sklad u primjeni svih događaja koji su prorečeni u objašnjenju tog razdoblja u Danielu 9,25-27. Šezdeset i devet tjedana, prvih 483 od 2300 godina, trebalo je sezati do Mesije, Pomazanika, a Kristovo krštenje i pomazanje Svetim Duhom 27. godine poslije Krista doslovno je ispunilo sve pojedinosti. Sredinom sedamdesetog tjedna trebao je Mesija biti pogubljen. Tri i pol godine nakon krštenja, Krist je u proljeće 31. godine bio raspet na križ. Sedamdeset tjedana ili 490 godina pripadali su samo Židovima. Na kraju tog razdoblja taj je narod proganjanjem Njegovih učenika zauvijek odbacio Krista i apostoli su se 34. godine poslije Krista okrenuli neznabošcima. Budući da je prvih 490 od 2300 godina isteklo, preostalo je još 1810 godina. "Tada će", rekao je anđeo, "Svetište biti očišćeno." Sve su ranije navedene pojedinosti proročanstva doista ostvarene u prorečeno vrijeme.

Kod takvog računanja sve je bilo jasno i usklađeno, osim što nije bilo vidljivo da bi se neki događaj, koji bi odgovarao čišćenju Svetišta, mogao dogoditi 1844. godine. Pobijati da proročki dani istječu 1844. godine značilo bi stvoriti zabunu s obzirom na to pitanje i odreći se stajališta koja su rezultat nepogrešivog ispunjenja proročanstava.

Bog je vodio svoj narod u velikom adventnom pokretu. Njegova sila i slava pratili su rad i On nije htio dopustiti da pokret završi tamom i razočaranjem, i bude proglašen za lažno i fanatično uzbuđenje. On nije mogao dopustiti da Njegova Riječ bude izložena sumnji i nesigurnosti. Premda su mnogi napustili ranije računanje proročkih razdoblja i porekli ispravnost pokreta koji se zasnivao na njemu, drugi nisu bili gotovi odreći se točaka vjere i iskustva podržanog Svetim pismom i svjedočenjem Božjeg Duha. Bili su uvjereni da su u svojem proučavanju proročanstava prihvatili zdrava načela tumačenja, i da je njihova dužnost čvrsto se držati već stečenih istina i nastaviti s biblijskim istraživanjem. Oni su usrdnom molitvom ponovno ispitali svoje stajalište i proučavali Sveto pismo ne bi li otkrili svoju pogrešku. Budući da u svom tumačenju proročkih razdoblja nisu mogli naći pogreške, počeli su dublje ispitivati predmet Svetišta.

Tijekom svog ispitivanja zaključili su da nema biblijskih dokaza koji bi potkrijepili opće mišljenje da je Zemlja Svetište,

411

ali su u Bibliji našli potpuno objašnjenje predmeta Svetišta, nje-
gove naravi, mjesta i službe; svjedočanstvo svetih pisaca bilo
je tako jasno i opširno da o tome nije bilo nikakve dvojbe. Apo-
stol Pavao u Poslanici Hebrejima kaže: "Dakako, prvi je Savez
imao odredbe koje se odnose na bogoštovlje i svetište, ali ze-
maljsko. Bio je, naime, načinjen Šator. U njegovu prvom dijelu,
zvanom Svetinja, nalazio se svijećnjak i stol s prinesenim kru-
hovima. A iza drugog zastora bio je drugi dio Šatora, zvan Sve-
tinja nad svetinjama, u kojem se nalazio zlatni kadioni žrtve-
nik i Kovčeg saveza optočen zlatom sa svih strana, u kojem
bijaše zlatna posuda s manom i Aronov štap, koji je nekoć pro-
cvao, i ploče Saveza. Iznad njega stajahu kerubini slave i zasje-
njivahu Pomirilište." (Hebrejima 9,1-5)

Svetište o kojem Pavao ovdje govori bio je Šator koji je Moj-
sije na Božji nalog podigao da bude zemaljsko prebivalište Sve-
višnjega. "Neka mi sagrade Svetište da mogu boraviti među njima"
(Izlazak 25,8), glasila je uputa dana Mojsiju dok je bio s Bo-
gom na gori. U to su vrijeme Izraelci putovali pustinjom pa je
412   Šator sastanka bio izgrađen tako da se mogao prenositi s jed-
nog mjesta na drugo; pa ipak je bio veličanstvena građevina.
Njegovi su zidovi bili načinjeni od uspravnih dasaka obloženih
zlatom i uglavljenima u srebrna podnožja, dok je krov bio na-
činjen od niza zastora ili pokrova, vanjski od koža a unutarnji
od finoga platna s bogato izvezenim kerubinima. Osim dvori-
šta, u kome se nalazio žrtvenik za paljenice, sámo Prebivalište
se sastojalo od dvaju dijelova, od Svetinje i Svetinje nad sveti-
njama, koji su bili odvojeni prekrasnim, raskošnim zastorom;
sličan je zastor bio ulaz u prvi dio.

U Svetinji se na južnoj strani nalazio svijećnjak sa sedam
svjetiljaka koje su danju i noću osvjetljavale Svetište; na sjevernoj
strani stajao je stol za prinesene kruhove, a pred zastorom koji
je razdvajao Svetinju od Svetinje nad svetinjama, nalazio se zlatni
kadioni žrtvenik s kojega se Bogu s molitvama Izraela svako-
dnevno dizao oblak mirisnog tamjana.

U Svetinji nad svetinjama stajao je Kovčeg saveza, kovčeg
od skupocjenog drveta okovan zlatom, u kome su bile dvije
kamene ploče na koje je Bog napisao zakon Deset zapovijedi.
Iznad kovčega, kao poklopac svetom kovčegu, bilo je prijesto-
lje milosti, veličanstven umjetnički rad natkriljen s dvama keru-
binima načinjenim od masivnog zlata, po jednim na svakoj strani.

U tom se odjelu u oblaku slave između dvaju kerubina otkrivala Božja prisutnost.

Nakon što su se Hebreji nastanili u Kanaanu, Šator sastanka je zamijenio Salomonov hram koji je, premda trajna i veća građevina, zadržao iste omjere i bio slično namješten. Svetište je postojalo u tom obliku – osim u Danielovo vrijeme kad je ležalo u ruševinama – sve dok ga 70. godine poslije Krista nisu razorili Rimljani.

Ovo je jedino Svetište što je ikada postojalo na Zemlji, o kome imamo biblijske podatke. Pavao ga naziva Svetištem prvog saveza. Zar novi savez nema Svetišta? *413*

Kad su se ponovno obratili Poslanici Hebrejima, istraživači istine su otkrili postojanje drugog ili novozavjetnog Svetišta, nagoviještenog u već navedenim riječima apostola Pavla: "Dakako, prvi je Savez imao odredbe koje se odnose na bogoštovlje i svetište, ali zemaljsko." Upotreba priloga *dakako* podrazumijeva da je Pavao već ranije spomenuo to Svetište. Kad su se vratili na početak prethodnog poglavlja, čitali su: "Glavno je u ovom izlaganju: imamo takva velikog svećenika koji sjede s desne strane prijestolja Veličanstva na nebesima, službenik Svetišta i pravog Šatora, onoga koji podiže Gospodin, a ne čovjek." (Hebrejima 8,1.2)

Ovdje je otkriveno postojanje Svetišta novoga saveza. Svetište prvoga saveza podigao je čovjek, Mojsije; ovo drugo podigao je Gospodin, ne čovjek. U onom su Svetištu zemaljski svećenici vršili svoju službu, a u ovom Krist, naš Veliki svećenik, služi s desne strane Bogu. Prvo je Svetište bilo na Zemlji, a drugo je na Nebu.

Osim toga, Šator sastanka što ga je Mojsije sagradio bio je načinjen po određenom nacrtu. Gospodin ga je uputio: "Pri gradnji Prebivališta i svega u njemu postupi točno prema uzorku koji ti pokažem." I ponovno mu je naloženo: "Pazi! Načini ih prema uzorku koji ti je na brdu pokazan." (Izlazak 25,9.40) A i Pavao objašnjava da je prvo Svetište "slikovit dokaz za sadašnje vrijeme – prema kojem se prinose darovi i žrtve"; da su njegove svetinje bile "slike nebeske stvarnosti"; da su svećenici koji su po zakonu prinosili žrtve služili "slici i sjeni nebeskih stvarnosti", i da "Krist ne uđe u rukotvorenu svetinju, protulik one istinske, nego u samo nebo: da se sad pojavi pred licem Božjim za nas". (Hebrejima 9,9.23; 8,5; 9,24)

414 Svetište na Nebu u kojem Isus služi za nas veliki je original, kojega je Svetište što ga je Mojsije izgradio samo kopija. Bog je graditelje zemaljskog Svetišta obdario svojim Duhom. Umjetnička vještina pokazana pri izgradnji Svetišta bila je veličanstveni pokazatelj božanske mudrosti. Činilo se da su zidovi načinjeni od masivnog zlata dok se svjetlost sedam svjetiljaka zlatnog svijećnjaka prosipala u svim smjerovima. Stol za prinesene kruhove i kadioni žrtvenik svjetlucali su poput ulaštena zlata. Prekrasni zastor koji je sačinjavao strop, izvezen likovima anđela u plavoj, grimiznoj i skrletnoj boji, povećavao je ljepotu prizora. A iza drugog zastora nalazila se sveta šekina, vidljiva objava Božje slave, pred koju nitko osim velikog svećenika nije mogao stupiti i ostati živim.

Neopisivo bljeStavilo zemaljskog šatora otkrivalo je ljudskom pogledu slavu onog nebeskog hrama u kojemu Krist, naš preteča, služi za nas pred Božjim prijestoljem. Prebivalište Kralja nad kraljevima, gdje Mu služe tisuće tisuća i "mirijade stajahu pred njim" (Daniel 7,10); taj hram ispunjen slavom vječnog prijestolja, u kome serafini, njegovi blještavi čuvari, u iskazivanju obožavanja pokrivaju svoje lice, mogao je u najveličanstvenijoj građevini što su je ikada podigle ljudske ruke naći tek blijedi odsjaj svoje veličine i slave. Ali su zemaljsko Svetište i njegova služba ipak učili značajne istine o nebeskom Svetištu i o velikom djelu koje se u njemu obavljalo za čovjekovo spasenje.

Svetinje na Nebu prikazane su dvama odjelima Svetišta na Zemlji. Kad je apostolu Ivanu u viđenju bilo dopušteno vidjeti Božji hram na Nebu, ugledao je kako "pred prijestoljem gori sedam zubalja". (Otkrivenje 4,5) Vidio je anđela koji drži zlatni kadionik "i bijaše mu dano mnogo kâda da ga prinese u prilog molitava svih svetih na zlatni žrtvenik pred prijestoljem". (Otkrivenje 8,3) Tu je proroku bilo dopušteno da vidi prvu pro-
415 storiju Svetišta na Nebu i tu je vidio "sedam zubalja" i "zlatni žrtvenik", koji su na Zemlji bili predstavljeni zlatnim svijećnjakom i kadionim žrtvenikom u Svetištu. Zatim se "otvori hram Božji što se nalazi u nebu" (Otkrivenje 11,19) pa je zavirio iza drugog zastora u Svetinju nad svetinjama. Ovdje je vidio "Kovčeg saveza", predstavljen svetim kovčegom što ga je načinio Mojsije da u njemu čuva Božji zakon.

Oni koji su proučavali taj predmet našli su nepobitne dokaze o postojanju Svetišta na Nebu. Mojsije je zemaljsko Svetište načinio prema uzorku koji mu je bio pokazan. Pavao uči da je to bio uzorak prema istinskom Svetištu koje se nalazi na Nebu, a Ivan svjedoči da ga je vidio na Nebu.

U nebeskom je hramu, u Božjem prebivalištu, Njegovo prijestolje utvrđeno na pravdi i sudu. U Svetinji nad svetinjama nalazi se Njegov Zakon, veliko mjerilo pravde kojim se ispituje cijelo čovječanstvo. Kovčeg saveza, u kome se čuvaju ploče Zakona, pokriven je prijestoljem milosti, pred kojim Krist iznosi zasluge svoje krvi za spas grešnika. Time je predstavljeno sjedinjenje pravde i milosti u planu čovjekova spasenja. Ovu je zajednicu mogla zamisliti samo beskrajna mudrost, a ostvariti neizmjerna moć; to je zajednica koja cijelo Nebo ispunjava divljenjem i štovanjem. Kerubini zemaljskog Svetišta, koji sa strahopoštovanjem gledaju na prijestolje milosti, prikazuju zanimanje kojim nebeska vojska promatra djelo spašavanja. To je tajna milosrđa u koju anđeli žele zaviriti — da Bog može biti pravedan premda opravdava grešnika koji se kaje i obnavlja vezu s palim ljudskim rodom; da se Krist mogao spustiti kako bi bezbrojno mnoštvo izvukao iz bezdana propasti i obukao ga u neokaljanu odjeću svoje pravednosti s ciljem da ih sjedini s anđelima koji nikada nisu pali i omogući da zauvijek prebivaju u Božjoj prisutnosti.

Kristovo djelo posredovanja za čovjeka predstavljeno je prekrasnim Zaharijinim proročanstvom o Onome "komu je ime Izdanak". Prorok kaže: "On će sazdati Svetište Jahvino i proslaviti se. On će sjediti i vladati na prijestolju. A do njega će na prijestolju biti svećenik. *Sklad savršen* bit će među njima." (Zaharija 6,12.13) *416*

"On će sazdati Svetište Jahvino." Zahvaljujući svojoj žrtvi i posredovanju Krist je temelj i graditelj Božje Crkve. Apostol Pavao Ga naziva zaglavnim kamenom u kome "sva zgrada, čvrsto povezana, raste u sveti hram u Gospodinu. U njemu ste i vi zajedno sazdani za stan Božji u Duhu". (Efežanima 2,20-22)

"I proslaviti se." Kristu pripada slava za spasenje palog ljudskog roda. Kroz svu vječnost otkupljeni će pjevati: "Njemu, koji nas ljubi i koji nas je otkupio od grijeha svojom krvi ... njemu slava i vlast u vijeke vjekova! Amen." (Otkrivenje 1,5.6)

"On će sjediti i vladati na prijestolju. A do njega će na prijestolju biti svećenik." Sada još ne "vlada na prijestolju", još nije uspostavljeno kraljevstvo slave. Tek kad dovrši djelo posre-

dovanja, "Gospodin Bog dat će mu prijestolje Davida, oca nje-
gova ... I kraljevstvo njegovo neće imati svršetka". (Luka 1,32.33)
Kao svećenik, Krist sada sjedi s Ocem na Njegovom prijesto-
lju. (Otkrivenje 3,21) Na prijestolju s Vječnim, Samopostojećim,
sjedi Onaj koji "je naše bolesti ponio, naše je boli na se uzeo",
"koji je iskusan u svemu (kao i mi), samo što nije sagriješio",
da "može pomoći onima koji stoje u kušnji". "Ako tko i počini
grijeh, imamo zagovornika kod Oca." (Izaija 53,4; Hebrejima
4,15; 2,18; 1. Ivanova 2,1) Njegovo se posredovanje zasniva na
probodenom i lomljenom tijelu, na neukaljanom životu. Ranje-
ne ruke, probodena rebra, prikovane noge mole za palog čo-
vjeka, čije je otkupljenje plaćeno tako neizmjernom cijenom.

"Sklad savršen bit će među njima." Očeva ljubav, ne manja
od Sinovljeve, jest izvor spasenja za pali ljudski rod. Isus je uče-
417 nicima prije svog odlaska rekao: "Ne kažem vam da ću ja mo-
liti za vas, jer vas sam Otac ljubi." (Ivan 16,27) "Bog bijaše onaj
koji je u Kristu pomirio svijet sa sobom." (2. Korinćanima 5,19)
A u službi nebeskog Svetišta je "savjet između obojice". "Da,
Bog je *tako ljubio* svijet da je dao svoga jedinorođenog Sina
da ne pogine ni jedan koji u nj vjeruje, već da ima život vječni."
(Ivan 3,16)

Na pitanje: Što je Svetište? Sveto pismo daje jasan odgovor.
Riječ *svetište*, kako je Biblija upotrebljava, prvo se odnosi na
Šator sastanka što ga je Mojsije podigao po uzorku nebeske stvar-
nosti, a zatim na pravi Šator na Nebu, na koji je upućivalo ze-
maljsko Svetište. Kristovom smrću prestala je simbolička služ-
ba. "Pravi Šator" na Nebu je Svetište novoga saveza. Budući da
se proročanstvo u Danielu 8,14 ispunilo u novom savezu, to i
svetište što ga ono spominje mora biti Svetište novoga saveza.
Svršetkom 2300 dana, odnosno 1844. godine, na Zemlji već mno-
go stoljeća nije bilo nikakvog svetišta. Prema tome se proro-
čanstvo: "Još dvije tisuće i tri stotina večeri i jutara; tada će
Svetište biti očišćeno", nesumnjivo odnosi na Svetište na Nebu.

Ali još uvijek nije odgovoreno na najvažnije pitanje: Što je
čišćenje Svetišta? Stari zavjet potvrđuje da je u zemaljskom Sve-
tištu postojala služba čišćenja. Ima li na Nebu nešto što treba
očistiti? U Hebrejima 9. poglavlju nalazimo jasno učenje o čiš-
ćenju zemaljskog i nebeskog Svetišta. "I po Zakonu se – gotovo
bih rekao – sve čisti krvlju, i bez prolijevanja krvi nema opro-
štenja. Bilo je, dakle, potrebno da se slike nebeskih stvarnosti

ovako čiste, a same nebeske stvarnosti (još) boljim žrtvama od ovih" (Hebrejima 9,22.23) – odnosno dragocjenom Kristovom krvlju.

Čišćenje, kako u simboličnoj tako i u stvarnoj službi, mora biti izvršeno krvlju; u prvom slučaju krvlju životinja, a u drugom Kristovom krvlju. Pavao navodi da je razlog zašto se to čišćenje mora izvršiti krvlju u tome što bez prolijevanja krvi nema *oproštenja.* Oprost, ili uklanjanje grijeha, djelo je što ga treba izvršiti. Ali kako grijeh može biti povezan sa Svetištem, bilo na Nebu ili na Zemlji? To možemo doznati putem simboličke službe, jer su svećenici koji su služili na Zemlji služili "slici i sjeni nebeskih stvarnosti". (Hebrejima 8,5)

Služba u zemaljskom Svetištu sastojala se od dvaju dijelova: svećenici su svakodnevno služili u Svetinji, dok je veliki svećenik za očišćenje Svetišta jednom godišnje obavljao posebno djelo pomirenja u Svetinji nad svetinjama. Dan za danom grešnik koji se kajao prinosio bi žrtve na vratima Šatora sastanka i, polaganjem ruke na glavu žrtvene životinje, priznavao svoje grijehe. Na taj ih je način sa sebe slikovito prenosio na nedužnu žrtvu. Zatim je životinja zaklana. "Bez prolijevanja krvi", kaže apostol, nema oprosta grijeha. "Jer je život živoga bića u krvi." (Levitski zakonik 17,11) Prekršeni Božji zakon tražio je život prijestupnika. Krv, koja predstavlja grešnikov promašeni život, čiju je krivnju nosila žrtvena životinja, svećenik bi ponio u Svetinju i njome poškropio pred zastorom iza kojega se nalazio Kovčeg sa Zakonom što ga je grešnik prestupio. Tim je postupkom grijeh krvlju slikovito prenesen u Svetište. U nekim se slučajevima krv nije unosila u Svetinju, ali u tom je slučaju svećenik jeo meso kako je Mojsije uputio Aronove sinove, govoreći: "To vam je dao Jahve da uklanjate krivnju sa zajednice." (Levitski zakonik 10,17) Ta su oba postupka bila slika prenošenja grijeha s pokajnika na Svetište.

To se djelo obavljalo iz dana u dan tijekom cijele godine. Tako su grijesi Izraelaca prenošeni u Svetište, pa je za njihovo uklanjanje bilo potrebno obaviti posebno djelo. Bog je naredio da se izvrši pomirenje za svaki odjel u Svetištu. "Tako će obaviti obred pomirenja nad Svetištem zbog nečistoća Izraelaca, zbog njihovih prijestupa i svih njihovih grijeha. A tako neka učini i za Šator sastanka što se među njima nalazi, sred njihovih nečistoća." Pomirenje je trebalo izvršiti i za žrtvenik i "oči-

418

419

stiti [ga] od nečistoća Izraelaca i posvetiti". (Levitski zakonik 16,16.19) Jednom u godini, na veliki Dan pomirenja, svećenik je zbog čišćenja Svetišta ušao u Svetinju nad svetinjama. Obavljanjem tog djela bio je zaokružen godišnji niz službi. Na Dan pomirenja dovedena su dva jareta pred vrata Šatora sastanka i za njih se bacao ždrijeb, "jednoga odredi kockom Jahvi, a drugoga Azazelu". (Levitski zakonik 16,8) Jarac na koga je pao ždrijeb za Gospodina bio je zaklan kao žrtva okajnica za narod. Svećenik je trebao njegovu krv donijeti iza zastora i njome poškropiti po prijestolju milosti i ispred njega. Krvlju je također trebalo poškropiti kadioni žrtvenik pred zastorom.

"Neka mu na glavu Aron stavi obje svoje ruke i nad njim ispovijedi sve krivnje Izraelaca, sve njihove prijestupe i sve njihove grijehe. Položivši ih tako jarcu na glavu, neka ga pošalje u pustinju s jednim prikladnim čovjekom. Tako će jarac na sebi odnijeti sve njihove krivnje u pusti kraj." (Levitski zakonik 16,21.22) Taj se jarac više nije vraćao u izraelski tabor, a čovjek koji ga je odveo morao je vodom oprati sebe i svoju odjeću prije nego što bi se vratio.

Cijela obredna služba bila je planirana tako da Božja svetost i Njegova odvratnost prema grijehu ostave dubok dojam na Izraelce, a i da im pokaže kako ne mogu doći u dodir s grijehom a da se ne uprljaju. Svatko je morao postiti dok se obavljalo to čišćenje. Sve je poslove trebalo odložiti, a cijela *420* izraelska zajednica trebala je taj dan provesti u svečanoj poniznosti pred Bogom, u molitvi, postu i dubokom ispitivanju srca.

Iz simboličke službe mogle su se naučiti važne istine o pomirenju. Namjesto grešnika prihvaćena je zamjena, ali grijeh nije izbrisan krvlju žrtve. Time je samo osigurano sredstvo kojim je prenesen u Svetište. Prinošenjem krvi grešnik je priznao autoritet Zakona, priznao svoju krivnju zbog prijestupa i izrazio svoju želju za praštanjem po vjeri u budućeg Otkupitelja, ali još nije bio posve oslobođen prokletstva Zakona. Na Dan pomirenja veliki je svećenik, nakon što je od naroda primio žrtvu, ušao s njezinom krvlju u Svetinju nad svetinjama i poškropio njome po prijestolju milosti, iznad Zakona, da udovolji njegovim zahtjevima. Zatim je u svojoj ulozi posrednika uzeo grijehe na sebe i iznio ih iz Svetišta. Stavljanjem ruku na glavu živog jarca priznao je nad njim sve grijehe, tako da ih je slikovito prenio sa sebe na jarca. Jarac ih je zatim odnio, pa se smatralo da su zauvijek uzeti od naroda. Tako se vršila služba koja je bila slika i sjena "nebeskih stvarnosti". A ono što se činilo u simboličkoj službi u zemaljskom Svetištu, u stvarnosti se zbivalo u službi u nebeskom Svetištu. Nakon uzašašća naš je Spasitelj otpočeo svoje djelo Velikog svećenika. Pavao kaže: "Krist doista ne uđe u rukotvorenu Svetinju, protulik one istinske, nego u samo nebo: da se sad pojavi pred licem Božjim za nas." (Hebrejima 9,24)

Svećenikova služba tijekom godine u prvome odjelu Svetišta, u "prostoru iza zastora" koji je činio vrata i odvajao Svetinju od dvorišta, predstavljala je službu koju je Krist preuzeo prigodom svog uzašašća. Svećenik je u svakodnevnoj službi 421 prinosio Bogu krv žrtve okajnice i kâd koji se dizao s molitvama Izraelaca. Krist je za spas grešnika pred Oca iznosio svoju krv i uz nju, sa skupocjenim mirisom svoje vlastite pravednosti, molitve vjernih koji se kaju. Bila je to služba u prvom dijelu nebeskog Svetišta.

Tamo Ga je slijedila vjera Kristovih učenika dok se uzdizao pred njihovim očima. Na to su bile usredotočene njihove nade, koje – prema Pavlu – "imamo kao pouzdano i čvrsto sidro duše koje prodire u prostor iza zastora kamo je ušao za nas u svojstvu preteče Isus pošto je zauvijek postao veliki svećenik. ... Ne krvlju jaraca i junaca, nego vlastitom krvi, i pribavio nam vječni otkup". (Hebrejima 6,19.20; 9,12)

Osamnaest je stoljeća nastavljena ta služba u prvome odjelu Svetišta. Kristova krv, nuđena grešnicima koji se kaju, osigurala im je Očev oprost i prihvaćanje, ali su njihovi grijesi i dalje ostali zapisani u nebeskim knjigama. Kao što je u zemaljskoj službi na kraju godine izvršeno pomirenje, tako se prije nego što bude dovršeno Kristovo djelo otkupa treba izvršiti pomirenje radi uklanjanja grijeha iz Svetišta. To je služba koja je otpočela završetkom 2300 dana. U ono je vrijeme, kao što je prorok Daniel prorekao, naš Veliki svećenik ušao u Svetinju nad svetinjama da obavi posljednji dio svoje svečane službe – čišćenje Svetišta.

Kao što su u drevna vremena grijesi naroda vjerom preneseni na žrtvu okajnicu, i njezinom krvlju slikovito u zemaljsko Svetište, tako su u novom savezu grijesi onih koji se kaju vjerom stavljeni na Krista i u bîti preneseni u nebesko Svetište. Kao što je simbolično čišćenje zemaljskog Svetišta postignuto uklanjanjem grijeha koji su je uprljali, tako se stvarno čišćenje nebeskog Svetišta treba postići odstranjivanjem ili brisanjem grijeha koji su tamo zapisani. Ali prije nego što se to može učiniti, treba ispitati knjige kako bi se utvrdilo tko pokajanjem i vjerom u Krista ima pravo na zasluge Njegova pomirenja. Stoga čišćenje Svetišta obuhvaća djelo istrage, djelo suda. Ono mora biti obavljeno prije nego što Krist dođe izbaviti svoj narod, jer kad On dođe, s Njim će doći i plaća da svakome plati "prema njegovu djelu". (Otkrivanje 22,12)

422

Tako su oni koji su slijedili svjetlost proročke riječi vidjeli da je namjesto dolaska na Zemlju po završetku 2300 dana, to jest 1844. godine, Krist ušao u Svetinju nad svetinjama nebeskog Svetišta izvršiti završno djelo pomirenja, pripremu za svoj dolazak.

Isto je tako bilo vidljivo da je – dok je žrtva okajnica upućivala na Krista kao žrtvu, a veliki svećenik predstavljao Krista kao posrednika – jarac predstavljao Sotonu, začetnika grijeha, na koga će na kraju biti stavljeni grijesi iskreno pokajanih. Kad je veliki svećenik krvlju žrtve okajnice odstranio grijehe iz Svetišta, stavio ih je na jarca za Azazela. Kad Krist na kraju svoje službe, putem svoje vlastite krvi bude odstranio grijehe svog naroda iz nebeskog Svetišta, stavit će ih na Sotonu koji će u izvršenju osude morati snositi završnu kaznu. Jarac za Azazela odveden je na pusto mjesto da se više nikada ne vrati u izraelsku zajednicu. Tako će Sotona biti zauvijek prognan ispred Boga i Njegova naroda, da bi u završnom uništenju grijeha i grešnika bio zauvijek izbrisan iz postojećeg života.

24

U Svetinji nad svetinjama

Predmet Svetišta bio je ključ kojim je otključana tajna ra- *423* zočaranja 1844. godine. Taj je predmet razotkrio savršen sustav istine, povezan i usklađen, koji pokazuje da je Božja ruka upravljala velikim adventnim pokretom i otkrila sadašnju dužnost koja je rasvijetlila položaj i djelovanje Božjeg naroda. Kao što su se Isusovi učenici nakon strašne noći duševne boli i razočaranja obradovali "kad vidješe Gospodina", tako su se sada radovali oni koji su u vjeri očekivali Njegov drugi dolazak. Oni su očekivali da će se On pojaviti u slavi i nagraditi svoje sluge. Kad su im se nade izjalovile, izgubili su iz vida Isusa, i poput Marije na grobu uzviknuli: "Uzeli su Gospodina iz groba, i ne znamo kamo su ga stavili." Sada su u Svetinji nad svetinjama ponovno gledali Njega, svog milostivog Velikog svećenika, koji će se kao njihov Kralj i Spasitelj uskoro pojaviti. Svjetlost iz Svetišta obasjala je prošlost, sadašnjost i budućnost. Znali su da ih je Bog vodio svojom nepogrešivom providnošću. Premda, kao prvi učenici, sami nisu razumjeli vijest koju su objavljivali, ona je u svakom pogledu bila pravilna. Objavljujući je, oni su ostvarili Božju namjeru i njihovo djelovanje u Gospodinu nije bio uzaludno. Ponovno rođeni "za živu nadu", radovali su se "neizrecivom i proslavljenom radosti".

Oboje – proročanstvo u Danielu 8,14: "Još dvije tisuće i *424* tri stotine jutara i večeri; tada će Svetište biti očišćeno", i vijest prvog anđela: "Bojte se Boga i zahvalite mu, jer je došao čas njegova Suda" – upućivali su na Kristovu službu u Svetinji nad svetinjama, na istražni sud, a ne na Kristov dolazak radi spasenja svog naroda i uništenja zlih. Pogreška nije bila u računanju proročkih razdoblja, već u *događaju* koji se trebao zbiti na kraju 2300 dana. Zbog te pogreške vjerni su doživjeli razočaranje, ali je ostvareno sve što je bilo prorečeno i sve što su po Pismu mogli očekivati. Upravo u vrijeme dok su jadikovali zbog neostvarenih nada zbio se događaj koji je bio prorečen u vijesti, a koji se morao zbiti prije nego što će Gospodin doći da nagradi svoje sluge.

Krist je došao, ali ne na Zemlju kako su očekivali, nego, kako je bilo prikazano u predslici, u Svetinju nad svetinjama Božjeg hrama na Nebu. Prorok Daniel Ga prikazuje kako u to vrijeme dolazi pred Pradavnoga: "Gledah u noćnim viđenjima, i gle na oblacima nebeskim dolazi kao Sin čovječji. On se približi" – ne Zemlji – već "Pradavnome, i dovedu ga k njemu." (Daniel 7,13)

Taj je dolazak prorekao i prorok Malahija: "I doći će iznenada u Hram svoj Gospod koga vi tražite i anđeo Saveza koga žudite. Evo ga, dolazi već – govori Jahve nad Vojskama." (Malahija 3,1) Gospodin je u svoj hram došao iznenada, neočekivano za Njegov narod. Oni ga nisu *tamo* tražili. Očekivali su da će doći na Zemlju "u plamenom ognju", da bi se osvetio "onima koji neće da priznaju Boga i koji se ne pokoravaju Radosnoj vijesti". (2. Solunjanima 1,8)

Ali narod još nije bio spreman sresti svojega Gospodina. 425 Još je za njega trebalo izvršiti djelo pripreme. Trebalo ga je obasjati svjetlo koje će njegove misli usmjeriti na Božji hram na Nebu; i ako budu u vjeri slijedili svojega Velikog svećenika u Njegovoj službi, bit će im otkrivene nove dužnosti. Crkvi je trebalo objaviti još jednu vijest opomene i upute.

Prorok kaže: "Ali tko će podnijeti dan njegova dolaska i tko će opstati kad se on pojavi? Jer on je kao oganj ljevačev i kao lužina bjeliočeva. I zasjest će kao onaj koji topi srebro i pročišćava. Očistit će sinove Levijeve i pročistit će ih kao zlato i srebro, da prinose Jahvi žrtvu u pravednosti." (Malahija 3,2.3) Oni koji budu živjeli na Zemlji kad prestane Kristovo posredovanje u gornjem Svetištu stajat će pred svetim Bogom bez posrednika. Njihova odjeća mora biti neokaljana, a njihov karakter očišćen od grijeha škropljenjem krvlju. Božjom milošću i vlastitim marom moraju biti pobjednici u borbi sa zlom. Dok se na Nebu vrši istražni sud i dok se grijesi vjernih koji se kaju uklanjaju iz Svetišta, u Božjem se narodu na Zemlji mora izvršiti posebno djelo čišćenja, odstranjivanja grijeha. To je djelo jasnije prikazano u porukama Otkrivenja 14. poglavlja. Kad ono bude dovršeno, Kristovi sljedbenici će biti spremni za Njegov dolazak. "Tada će biti draga Jahvi žrtva Judina i jeruzalemska kao u drevne dane i kao prvih godina." (Malahija 3,4) Tada će Crkva koju će Gospodin prilikom svojeg dolaska uzeti k sebi biti Crkva krasna, "bez ljage, bez bore, bez ičega tomu slična". (Efežanima 5,27) Ona će tada izgledati "kao što zora sviće, lijepa kao mjesec, sjajna kao sunce, strašna kao vojska pod zastavama". (Pjesma 6,10)

Osim dolaska Gospodina u Njegov hram, prorok Malahija sljedećim riječima proriče Njegov drugi dolazak, kada će doći izvršiti sud: "Doći ću k vama na sud i bit ću spreman svjedok 426 protiv vračeva i preljubnika, protiv onih koji se lažno kunu, protiv onih koji zakidaju plaću radniku, udovici i siroti, protiv onih koji gaze pravo stranaca i mene se ne boje – govori Jahve nad Vojskama." (Malahija 3,5) Juda govori o istom prizoru kada kaže: "Pazite! Dolazi Gospodin sa svojim svetim Desettisućama da sudi svima i da kazni sve bezbožnike za sva njihova bezbožna djela koja bezbožno počiniše i za sve uvredljive riječi koje oni, bezbožni grešnici, izgovoriše protiv njega!" (Juda 14.15) Taj dolazak i dolazak Gospodnji u Njegov hram dva su različita i odvojena događaja.

Dolazak Krista kao našeg Velikog svećenika u Svetinju nad svetinjama da očisti Svetište, predočen u Danielu 8,14; dolazak Sina Čovječjega pred Pradavnog, opisan u Danielu 7,13; i Gospodnji dolazak u Njegov hram, što ga je prorekao Malahija – opisi su jednog te istog događaja, a on je isto tako predstavljen zaručnikovim dolaskom na svadbu, kako ga je Krist opisao u usporedbi o deset djevica u Mateju 25. poglavlju.

U ljeto i jesen 1844. godine objavljena je vijest: "Zaručnik dolazi!" To je dovelo do pojave dviju skupina predočenih mudrim i ludim djevicama – jedne koja je s radošću očekivala Gospodnji dolazak i ozbiljno se pripremala da Ga dočeka, i druge koja se pod utjecajem straha i postupajući nagonski zadovoljila teorijom istine, ali je bila lišena Božje milosti. Prema usporedbi, kad je zaručnik došao, "koje bijahu pripravne, uđoše s njim na svadbu". Ovdje prikazan dolazak zaručnika zbiva se prije svadbe. Svadba predstavlja trenutak kad Krist preuzima svoje kraljevstvo. Sveti grad, Novi Jeruzalem, prijestolnica i predstavnik kraljevstva, nazvan je zaručnicom, Janjetovom ženom. Anđeo se obratio Ivanu: "Dođi da ti pokažem zaručnicu – Janjetovu ženu!" "I prenese me – u duhu", kaže prorok, "te mi pokaza Sveti grad, Jeruzalem, gdje silazi od Boga s neba." (Otkrivenje 21,9.10) Prema tome zaručnica očito predstavlja Sveti grad, a djevice koje izlaze ususret zaručniku simboliziraju Crkvu. U Otkrivenju stoji da će pripadnici Božjeg naroda biti gosti na Janjetovoj svadbenoj gozbi. (Otkrivenje 19,9) Ako su *gosti*, onda ne mogu istodobno predstavljati *zaručnicu*. Krist će, kako je rekao prorok Daniel, primiti od Pradavnoga "vlast, čast i kraljevstvo"; primit će Novi Jeruzalem, prijestolnicu svoga kraljevstva, koji će biti opremljen "poput zaručnice koja je nakićena za svoga muža". (Daniel 7,14; Otkrivenje 21,2) Kad bude primio kraljevstvo, doći će u svojoj slavi kao Kralj nad kraljevima i Gospodar nad gospodarima na spasenje svom narodu, koji će "sjesti za stol s Abrahamom, Izakom i Jakovom u kraljevstvu nebeskom" (Matej 8,11; Luka 22,30) da sudjeluje u Janjetovoj svadbenoj gozbi.

Objava "Zaručnik dolazi!" u ljeto 1844. godine navela je tisuće da očekuju neposredni Kristov dolazak. U najavljeno je vrijeme Zaručnik došao, ali ne na Zemlju kako su to ljudi očekivali, nego pred Pradavnoga na Nebu, na svadbu, preuzeti svoje kraljevstvo. "Koje bijahu pripravne, uđoše s njim na svadbu, te se zatvoriše vrata." Nisu trebali biti osobno prisutni na svadbi, jer se ona održava na Nebu, a oni su još na Zemlji. Kristovi sljedbenici trebaju čekati "svoga gospodara kad se *vraća sa svadbe*". (Luka 12,36) Ali trebaju razumjeti Njegovo djelo i vjerom Ga slijediti dok izlazi pred Boga. U tom se smislu za njih može reći da su ušli na svadbu.

U usporedbi su na svadbu ušle djevice koje su imale ulja u posudama sa svjetiljkama. Oni koji su, uz poznavanje istine iz Pisma, imali i Duha i Božju milost, te u noći svoje gorke kušnje strpljivo čekali, tražeći u Bibliji jasnije svjetlo – upoznali su istinu o Svetištu na Nebu i promjenu u Spasiteljevoj službi, te su vjerom slijedili Njegovo djelo u nebeskom Svetištu. Tako su svi koji zahvaljujući svjedočanstvu Svetoga pisma prihvate ove istine – slijedeći Krista vjerom dok izlazi pred Boga kako bi izvršio posljednje djelo posredovanja i nakon njega primio svoje kraljevstvo – prikazani da idu na svadbu.

Usporedba u Mateju 22. poglavlju također opisuje svadbu i jasno prikazuje da Istražni sud dolazi prije svadbe. Prije svadbe kralj ulazi da vidi goste, jesu li svi odjeveni u svadbeno ruho, u neokaljanu odjeću karaktera opranu i obijeljenu u Janjetovoj krvi. (Matej 22,11; Otkrivenje 7,14) Onaj tko je nema bit će bačen van, a sve za koje se prigodom ispitivanja ustanovi da imaju svadbeno ruho, Bog prima i proglašuje dostojnima da s Njime kraljuju i sjede na Njegovom prijestolju. Taj posao ispitivanja karaktera, odlučivanja tko je spreman za Božje kraljevstvo, jest Istražni sud, završno djelo u gornjem Svetištu.

Kad se ispitivanje završi, kad budu istraženi i odlučeni slučajevi svih koji su tijekom stoljeća izjavili da pripadaju Kristovim sljedbenicima, tada će – a ne prije – završiti vrijeme kušnje i zatvoriti se vrata milosti. Tako nas jedna kratka rečenica: "Koje bijahu pripravne, uđoše s njim na svadbu, te se zatvoriše vrata" vodi kroz posljednju Spasiteljevu službu do vremena završetka velikog djela spasenja čovjeka.

U službi zemaljskog Svetišta – koja je, kao što smo vidjeli, slika službe u nebeskom Svetištu – kada je veliki svećenik na Dan pomirenja ušao u Svetinju nad svetinjama, prestala je služba u prvom odjelu. Bog je zapovjedio: "Kad on uđe da obavi obred pomirenja u Svetištu, neka nikoga drugoga ne bude u Šatoru sastanka dok on ne iziđe." (Levitski zakonik 16,17) Tako je i Krist, kad je ušao u Svetinju nad svetinjama izvršiti završno djelo pomirenja, prestao službovati u prvom odjelu. Ali kad je u prvome odjelu služba završila, otpočela je u drugome. Kad je u simboličkoj službi na Dan pomirenja veliki svećenik napustio *429* Svetinju, ušao je da pred Boga iznese krv žrtve okajnice za sve Izraelce koji su se doista pokajali za svoje grijehe. Tako je Krist dovršio jedan dio svoje službe kao naš Posrednik, da bi započeo drugi, iznoseći još uvijek pred Oca svoju krv za grešnike.

Adventisti 1844. godine nisu razumjeli taj predmet. Nakon što je prošlo vrijeme očekivanja Spasiteljeva dolaska, oni su i dalje vjerovali da je Njegov dolazak blizu. Držali su da je za njih nastupio kritičan trenutak i da je Kristovo djelo posredovanja za čovjeka pred Bogom završeno. Činilo im se da Biblija uči kako će vrijeme kušnje završiti malo prije stvarnog dolaska Gospodina na nebeskim oblacima. To su zaključili na osnovi biblijskih redaka koji upućuju na vrijeme kada će ljudi tražiti, kucati i plakati pred vratima milosti, ali se ona neće otvoriti. Među njima se pojavilo pitanje ne označuje li datum u koji su očekivali Kristov dolazak zapravo početak onog razdoblja koje neposredno prethodi Njegovom dolasku. Budući da su objavili upozorenje o sudu, smatrali su da je njihova dužnost prema svijetu obavljena, pa im je sa srca pao teret spašavanja grešnika. S druge strane, činilo im se da je drsko i bogohulno izrugivanje bezbožnih još jedan dokaz da se Božji Duh povukao od onih koji su odbili Njegovu milost. Sve to učvrstilo ih je u uvjerenju da je vrijeme milosti završilo, ili, kako su govorili u ono vrijeme, da su "vrata milosti zatvorena".

Ali jasnije svjetlo došlo je istraživanjem predmeta Svetišta. Sad su uvidjeli da su bili u pravu kad su vjerovali da svršetak 2300 dana 1844. godine označuje važni trenutak. Premda je bilo istina da su se vrata nade i milosti kroz koja su ljudi osamnaest stoljeća mogli prići Bogu zatvorila, otvorila su se druga vrata i ljudima je, zahvaljujući Kristovoj službi u Svetinji nad svetinjama, ponuđen oprost grijeha. Jedan je dio Njegove službe završen, ali samo zato da ustupi mjesto drugome. Još su uvijek postojala "otvorena vrata" u nebesko Svetište, u kome je Krist vršio službu u korist grešnika.

430

Sada je Kristove riječi u Otkrivenju upućene Crkvi bilo moguće primijeniti upravo na to vrijeme: "Ovo govori Sveti, Istiniti, onaj koji ima Davidov ključ; onaj koji otvori – i nitko ne zatvori; onaj koji zatvori – i nitko ne otvori. Poznam tvoja djela. Gle, otvorio sam pred tobom vrata koja nitko ne može zatvoriti." (Otkrivenje 3,7.8)

Oni koji vjerom slijede Krista u velikom djelu pomirenja primaju prednosti Njegovog posredovanja u svoju korist, ali oni koji odbacuju svjetlost koja čini vidljivom tu službu, nemaju od nje nikakve koristi. Židovi koji su odbacili svjetlost primljenu pri prvom Kristovom dolasku, i odbili Ga uzvjerovati kao Spasitelja svijeta, nisu po Njemu mogli dobiti oprost. Kad je Isus nakon uzašašća ušao u nebesko Svetište svojom krvlju, da bi na učenike izlio blagoslove svog posredovanja, Židovi su ostavljeni u potpunom mraku da nastave sa svojim beskorisnim žrtvama i prinosima. Prestala je služba slika i sjena. Vrata kroz koja su ljudi ranije mogli prići Bogu više nisu bila otvorena. Židovi Ga nisu htjeli tražiti na jedini način kojim se mogao naći, službom u nebeskom Svetištu. Stoga više nisu mogli uspostaviti vezu s Bogom. Za njih su vrata bila zatvorena. Nisu imali spoznaju o Kristu kao pravoj Žrtvi i jedinom Posredniku pred Bogom, pa nisu mogli primiti ni prednosti Njegova posredovanja.

Stanje nevjernih Židova prikaz je stanja bezbrižnih i nevjernih među onima koji se izdaju za kršćane, koji namjerno neće znati za službu našeg milostivog Velikog svećenika. Kad je u simboličnoj službi veliki svećenik ušao u Svetinju nad svetinjama, od svih se Izraelaca tražilo da se okupe oko Svetišta i da se najsvečanije ponize pred Gospodinom kako bi primili oprost grijeha i ostali dijelom zajednice. Koliko je bitnije da u vezi s tim izvornim Danom pomirenja razumijemo službu našeg Velikog svećenika i znamo što se od nas očekuje! Ljudi ne mogu nekažnjeno odbaciti upozorenja koja im Bog milostivo šalje. U Noino je vrijeme s Neba poslana poruka svijetu, i njegovo je spasenje ovisilo o načinu na koji će s njom postupiti. Budući da su odbacili upozorenje, Božji Duh se povukao od grešnih ljudi, i svi su izginuli u vodama potopa. U doba Abrahama milost se prestala zauzimati za grešne žitelje Sodome pa su, osim Lota, njegove žene i dvije kćeri, svi ostali uništeni ognjem koji je sišao s neba. Tako je bilo i u Kristovo vrijeme. Božji Sin je nevjernim Židovima onoga naraštaja rekao: "Evo, vaša će kuća biti prepuštena vama – pusta!" (Matej 23,38) Gledajući na posljednje dane, ista Beskonačna Sila izjavljuje o onima koji "nisu prihvatili ljubav prema istini da bi se tako spasili": "Zato im Bog šalje djelotvornu zabludu da vjeruju laži, da budu osuđeni svi koji nisu vjerovali u istinu, već pristali uz nepravednost." (2. Solunjanima 2,10-12) Kad odbacuju učenje Njegove Riječi, Bog povlači svog Duha i prepušta ih obmanama koje vole.

Ali Krist još uvijek posreduje u korist čovjeka, i onima koji traže svjetlost ona će biti dana. Premda to adventisti u početku nisu razumjeli, to je kasnije postalo jasno kada su se pred njima počela otvarati Pisma koja određuju njihov pravi položaj.

Po isteku vremena 1844. godine, uslijedilo je razdoblje velike kušnje za one koji su se još uvijek držali adventne vjere. Njihova jedina pomoć, u odnosu na određivanje njihovog pravog stajališta, bila je svjetlost koja je njihove misli usmjerila prema gornjem Svetištu. Neki su se odrekli vjerovanja u ranije računanje proročkih razdoblja, i snažni utjecaj Svetoga Duha koji je pratio adventni pokret pripisivali su ljudskim ili sotonskim oruđima. Drugi su bili čvrsto uvjereni da ih je Bog vodio u ranijem iskustvu; i dok su čekali, bdjeli i molili kako bi spoznali Božju volju, vidjeli su da je njihov Veliki svećenik otpočeo drugu vrstu službe i, slijedeći Ga vjerom, upoznali i završno

431

432

djelo Crkve. Sada su bolje razumjeli vijest prvog i drugog anđela i bili pripremljeni prihvatiti i uputiti svijetu svečano upozorenje trećeg anđela iz Otkrivenja 14. poglavlja.

25

Nepromjenjivost Božjeg zakona

"U to se otvori hram Božji što se nalazi u nebu i pokaza se   433
njegov Kovčeg saveza u njegovu hramu." (Otkrivenje 11,19) Kov-
čeg Božjeg saveza se nalazi u Svetinji nad svetinjama, u drugom
dijelu Svetišta. U službi zemaljskog Svetišta, koja je služila "slici
i sjeni nebeskih stvarnosti" (Hebrejima 8,5), taj se odjel otvarao
samo na veliki Dan pomirenja da bi se Svetište očistilo. Stoga
objava da se na Nebu otvorio Božji hram i da se u njemu vidio
Njegov Kovčeg saveza upućuje na otvaranje Svetinje nad sveti-
njama u nebeskom Svetištu 1844. godine, u koju je Krist ušao
da izvrši završno djelo pomirenja. Oni koji su vjerom slijedili
svoga Velikog svećenika kad je ušao da služi u Svetinju nad sveti-
njama, vidjeli su Njegov Kovčeg saveza. Proučavanjem predmeta
Svetišta razumjeli su da je Spasitelj promijenio službu i vidjeli
kako se zahvaljujući svojoj krvi pred Božjim Kovčegom zauzi-
ma za grešnike.

U Kovčegu zemaljskog Svetišta bile su dvije kamene ploče,
ispisane propisima Božjeg zakona. Kovčeg nije bio ništa drugo
do spremište za ploče Zakona, a prisutnost tih božanskih pro-
pisa dala mu je vrijednost i svetost. Kad se na Nebu otvorio
Božji hram, vidio se njegov Kovčeg saveza. Božanski je Zakon   434
pohranjen u Svetinji nad svetinjama nebeskog Svetišta. To je
Zakon što ga je sâm Bog izgovorio usred gromova na Sinaju i
napisao svojim prstom na kamene ploče.

Božji zakon u nebeskom Svetištu je uzvišeni izvornik, a pro-
pisi napisani na kamenim pločama i po Mojsiju zabilježeni u
Petoknjižju bili su vjeran prijepis. Oni koji su razumjeli tu va-
žnu istinu tako su uvidjeli da je božanski Zakon svet i nepro-

mjenjiv. Kao nikada ranije osjetili su silu Spasiteljevih riječi: "Jer, zaista, kažem vam, dok opstoji nebo i zemlja, ni jedna jota, ni jedna kovrčica slova iz Zakona sigurno neće nestati, a da se sve ne ostvari." (Matej 5,18) Božji zakon, budući da je objava Njegove volje i prijepis Njegova karaktera, mora biti vječan, "vjerni svjedok na nebu". Nijedna zapovijed nije bila ukinuta; nijedna jota ili kovrčica nije bila promijenjena. Psalmist kaže: "Dovijeka, o Jahve, riječ tvoja ostaje, stalna poput nebesa. ... Stalne su sve naredbe njegove, utvrđene za sva vremena, dovijeka." (Psalam 119,89; 111,7.8)

A u samom je srcu Dekaloga četvrta zapovijed, kako je bila objavljena u početku: "Sjeti se da svetkuješ dan subotni. Šest dana radi i obavljaj sav svoj posao. A sedmoga je dana subota, počinak posvećen Jahvi, Bogu tvojemu. Tada nikakva posla nemoj raditi: ni ti, ni sin tvoj, ni tvoja kći, ni tvoj sluga, ni tvoja sluškinja, ni tvoja živina, niti stranac koji se nađe unutar tvojih vrata. Ta i Jahve je šest dana stvarao nebo, zemlju i more i sve što je u njima, a sedmoga je dana počinuo. Stoga je Jahve blagoslovio i posvetio dan subotni." (Izlazak 20,8-11)

Božji je Duh utjecao na srca onih koji su istraživali Njegovu riječ. Došli su do spoznaje da su u neznanju kršili taj propis jer nisu štovali Stvoriteljev dan odmora. Počeli su ispitivati razloge za svetkovanje prvog dana tjedna namjesto dana koji je Bog posvetio. U Svetom pismu nisu mogli naći nikakav dokaz da je četvrta zapovijed ukinuta ili da je subota promijenjena; blagoslov kojim je sedmi dan prvobitno posvećen nikada nije ukinut. Iskreno su nastojali upoznati i vršiti Božju volju. Kad su uvidjeli da su prijestupnici Njegovog Zakona, srce im je ispunila žalost pa su svoju odanost Bogu pokazali svetkovanjem Njegove subote.

Mnogi su ulagali velik napor da im sruše vjeru. Svatko je mogao vidjeti – ako je zemaljsko Svetište bila slika ili uzorak nebeskog, onda je i Zakon koji se čuvao u Kovčegu saveza na Zemlji bio vjeran prijepis Zakona u Kovčegu na Nebu. U tom je slučaju prihvaćanje istine o nebeskom Svetištu uključivalo i priznavanje zahtjeva Božjeg zakona i obvezu spram subote u četvrtoj zapovijedi. Ovdje je bila tajna ogorčenog i odlučnog protivljenja skladnom izlaganju Svetoga pisma koje je rasvijetlilo Kristovu službu u nebeskom Svetištu. Ljudi su silom nastojali zatvoriti vrata koja je Bog otvorio i otvoriti ona koja je Bog zatvorio. Ali je Onaj "koji otvori, i nitko ne zatvori, koji zatvori, i nitko ne otvori", rekao: "Gle, otvorio sam pred tobom vrata kojih nitko ne može zatvoriti." (Otkrivenje 3,7.8) Krist je otvorio vrata, odnosno službu u Svetinji nad svetinjama i svjetlost je sijala kroz otvorena vrata nebeskog Svetišta pa je bilo vidljivo da se u Zakonu koji je pohranjen u Kovčegu nalazi i četvrta zapovijed. Što je Bog uspostavio, nitko ne može srušiti.

Oni koji su prihvatili svjetlost koja se odnosila na Kristovo posredovanje i na nepromjenjivost Božjeg zakona ustanovili su da su te istine iznesene u Otkrivenju 14. poglavlju. Poruke iz tog poglavlja sadrže trostruko upozorenje (vidi Dodatak) koje treba pripremiti stanovnike Zemlje za Gospodnji drugi dolazak. Objava: "Jer je došao čas njegova Suda" upućuje na završno djelo Kristove službe za spasenje ljudi. Ona navješćuje istinu koja se *436* treba objavljivati dok se Spasiteljevo posredovanje ne završi i On se vrati na Zemlju da uzme k sebi svoj narod. Djelo suda koji je započeo 1844. godine mora se nastaviti dok se svi slučajevi, i živih i mrtvih, ne riješe; stoga će ono trajati do svršetka vremena milosti za ljude. Da bi se mogli održati na sudu, poruka sadrži nalog: "Bojte se Boga i zahvalite mu. ... Poklonite se Stvoritelju neba i zemlje, mora i izvora voda!" Ishod prihvaćanja tih poruka sadrže riječi: "Na tom se temelji postojanost svetih koji čuvaju Božje zapovijedi i vjeru u Isusa." Da bi se pripremili za sud, ljudi moraju vršiti Božji zakon. On će biti mjerilo karaktera na sudu. Apostol Pavao izjavljuje: "Svi koji budu pod Zakonom sagriješili, po Zakonu će biti suđeni ... u dan u koji će Bog – prema mojem evanđelju – suditi ljudske tajne po Isusu Kristu." Dalje kaže da će "oni biti priznati pravednima koji vrše Zakon". (Rimljanima 2,12-16) Da bi se vršio Božji zakon potrebna je vjera, jer "bez vjere nemoguće mu je ugoditi". "A sve što se ne čini po čvrstom uvjerenju grijeh je." (Hebrejima 11,6; Rimljanima 14,23)

Prvi anđeo poziva ljude da se boje Boga i da Mu zahvale; da Mu se poklone kao Stvoritelju neba i Zemlje. Da bi to činili, moraju biti poslušni Njegovom Zakonu. Propovjednik kaže: "Boj se Boga, izvršuj njegove zapovijedi, jer – to je sav čovjek." (Propovjednik 12,13) Bez poslušnosti Njegovim zapovijedima nijedno bogoštovlje ne može biti ugodno Bogu. "Jer u ovome stoji ljubav prema Bogu: da vršimo njegove zapovijedi." "Tko uklanja uho svoje da ne sluša Zakona, i molitva je njegova mrska." (1. Ivanova 5,3; Izreke 28,9)

Dužnost da se poklonimo Bogu temelji se na činjenici da je On Stvoritelj i da Mu sva stvorenja duguju život. Gdje god se u Bibliji ističe Njegovo veće pravo da Ga ljudi štuju i klanjaju Mu se nrgo što ga imaju bogovi mnogobožaca, navode se dokazi Njegove stvaralačke moći. "Ništavni su svi bozi narodâ. Jahve stvori nebesa." (Psalam 96,5) "S kim ćete me prispodobit, tko mi je ravan? kaže Svetac. Podignite oči i gledajte: tko je to stvorio? ... Da, ovako govori Jahve, nebesa Stvoritelj – on je Bog – koji je oblikovao i sazdao zemlju. ... Ja sam Jahve i nema drugoga." (Izaija 40,25; 45,18) Psalmist veli: "Znajte da je Jahve Bog: on nas stvori, i mi smo njegovi. ... Dođite, prignimo koljena i padnimo nice, poklonimo se Jahvi koji nas stvori." (Psalam 100,3; 95,6) I sveta bića koja se na Nebu klanjaju Bogu, navode kao razlog svoga obožavanja: "Dostojan si, naš Gospodine i naš Bože, da primiš slavu, čast i moć, jer ti si stvorio sve." (Otkrivenje 4,11)

U Otkrivenju 14. poglavlju nalazimo poziv upućen ljudima da se poklone Stvoritelju, a proroštvo skreće pozornost na skupinu koja, kao posljedicu objavljivanja trostruke vijesti, vrši Božje zapovijedi. Jedna od njih upućuje izravno na Boga kao Stvoritelja. Četvrti propis glasi: "A sedmoga je dana subota, počinak posvećen Jahvi, Bogu tvojemu. ... Ta i Jahve je šest dana stvarao nebo, zemlju i more i sve što je u njima, a sedmoga je dana počinuo. Stoga je Jahve blagoslovio i posvetio dan subotni." (Izlazak 20,10.11) O suboti Gospodin dalje kaže da je ona "znak ... kako bi se znalo da sam ja Jahve, Bog vaš". (Ezekiel 20,20) A naveden je i razlog: "Ta Jahve je za šest dana sazdao nebo i zemlju, a sedmoga je dana prestao raditi i odahnuo." (Izlazak 31,17)

"Važnost subote kao uspomene na stvaranje je u tome što ističe pravi razlog zbog kojeg je Bog dostojan obožavanja" – zato što je On Stvoritelj, a mi smo Njegova stvorenja. "Stoga je subota osnova svakog bogoštovlja jer tu veliku istinu naučava na posebno dojmljiv način, što se ne može reći ni za jednu drugu ustanovu. Pravi razlog bogoštovlja, ne samo onoga u sedmi dan već svakoga općenito, nalazi se u razlici između Stvoritelja i Njegovih stvorenja. Ta velika činjenica ne može nikada zastarjeti i ne smije se nikada zaboraviti."[1] Da bi tu istinu zauvijek sačuvao u umovima ljudi, Bog je u Edenu ustanovio subotu, i dokle god činjenica da je On naš Stvoritelj ostaje razlogom da Mu iskažemo štovanje, dotle će i subota biti znak i uspomena toga. Da su svi svetkovali subotu, čovjekove bi misli i osjećaji bili usmjereni na Stvoritelja kao predmet štovanja i obožavanja, pa nikada ne bi bilo ni idolopoklonika, ni ateista ni nevjernika. Svetkovanje subote je znak vjernosti pravom Bogu, koji je sazdao "nebo i zemlju, more i izvore vodâ". Iz ovoga slijedi da će vijest koja ljudima zapovijeda da se poklone Bogu i vrše Njegove zapovijedi predstavljati naročiti poziv na vršenje četvrte zapovijedi.

Nasuprot onima koji vrše Božje zapovijedi i imaju vjeru u Isusa, treći anđeo upozorava na još jednu skupinu, protiv čijih zabluda izgovara svečano i strašno upozorenje: "Tko se god pokloni Zvijeri i njezinu kipu i primi žig na svoje čelo ili na svoju ruku, pit će vino Božje srdžbe." (Otkrivenje 14,9.10) Za razumijevanje te poruke potrebno je pravilno tumačenje upotrijebljenih simbola. Što je prikazano Zvijeri, kipom i žigom?

Proroštvo koje sadrži te simbole počinje u Otkrivenju 12. poglavlju sa Zmajem koji je nastojao ubiti tek rođenog Krista. Zmaj je Sotona (Otkrivenje 12,9); on je poticao Heroda da ubije Spasitelja. Sotonino glavno oruđe, kojim je u prvim stoljećima kršćanske ere ratovao protiv Krista i Njegovog naroda, bio je Rimski Imperij, u kojem je poganstvo bilo vladajuća religija. Dok Zmaj ponajprije predstavlja Sotonu, on je, u drugom smislu, i simbol poganskog Rima.

U Otkrivenju 13. poglavlju (redci 1-10) nalazimo opis druge Zvijeri, koja je sličila na leoparda, i kojoj Zmaj "predade svoju moć, svoje prijestolje i veliku vlast". Tim simbolom, kako je to vjerovala većina protestanata, predstavljeno je papinstvo, koje je naslijedilo moć, prijestolje i silu drevnog Rimskog Imperija. O Zvijeri sličnoj leopardu rečeno je: "I bila su joj dana usta koja su govorila ohole riječi i psovke. ... Tada ona otvori usta da izgovara uvrede protiv Boga i psuje njegovo ime, njegovo boravište i nebeske stanovnike. I bijaše joj dopušteno da povede rat protiv svetih i da ih pobijedi; dana joj je vlast nad svakim plemenom i pukom, jezikom i narodom." To proročanstvo, gotovo jednako opisu malog roga u Danielu 7, nesumnjivo upućuje na papinstvo.

439

"I vlast da to čini četrdeset i dva mjeseca." Zatim prorok kaže: "I vidio sam jednu od njezinih glava kao smrtonosno ranjenu." I nastavlja: "Tko je određen za ropstvo, ide u ropstvo; tko je određen da pogine od mača, od mača mora poginuti!" Četrdeset i dva mjeseca su isto što i "jedno vrijeme, dva vremena i polovinu vremena", tri i pol godine ili 1260 dana iz Daniela 7. poglavlja – to jest vrijeme tijekom kojega će papinska vlast tlačiti Božji narod. To razdoblje, kako je izneseno u prethodnim poglavljima, otpočelo je papinskom prevlašću 538. godine poslije Krista, a završilo 1798. godine. Te je godine francuska vojska zarobila papu, papinska je vlast zadobila smrtonosnu ranu, a ispunilo se proročanstvo: "Tko je određen za ropstvo, ide u ropstvo."

U tom se poglavlju pojavljuje još jedan simbol. Prorok kaže: "Potom opazih drugu Zvijer gdje izlazi iz zemlje: imala je dva roga kao u janjeta." (Otkrivenje 13,11) Pojava te Zvijeri i način na koji nastaje pokazuju da je nacija koju ona predstavlja drukčija od onih koje su predočene ranijim simbolima. Velika kraljevstva koja su vladala svijetom prikazana su proroku Danielu kao nemani koje su se pojavile nakon što "četiri vjetra nebeska uzbibaše veliko more". (Daniel 7,2) U Otkrivenju 17. poglavlju anđeo je objasnio da su vode "puci i mnoštva, narodi i jezici". (Otkrivenje 17,15) Vjetrovi su simbol sukoba. Četiri nebeska vjetra koja su uzbibala veliko more predstavljaju strašne prizore osvajanja i prevrata kojima su kraljevstva došla do vlasti.

Ali Zvijer s rogovima kao u janjeta izlazila je "iz zemlje". Namjesto da uspostavom svoje vlasti ruši druge, tako predstavljena nacija mora se pojaviti na dotada nenastanjenom području uz postupni i mirni razvoj. Prema tome, nije se mogla pojaviti među pretrpanim i nemirnim nacijama Staroga svijeta – tim uzburkanim morem koje čine "puci i mnoštva, narodi i jezici". Moramo je potražiti na zapadnom kontinentu.

Koja se nacija 1798. godine u Novome svijetu počela pojavljivati kao sila, i nagovijestila buduću snagu i veličinu privlačeći pozornost svijeta? Taj simbol nije teško protumačiti. Samo jedna jedina nacija odgovara pojedinostima tog proročanstva; ono neizbježno upućuje na Sjedinjene Američke Države. Govornici i povjesničari su se vrlo često nesvjesno koristili mislima, pa i doslovnim riječima svetog pisca, opisujući postanak i razvoj te nacije. Zvijer "izlazi iz zemlje" i prema prevoditeljima, ovdje upotrijebljena riječ *izlazi* doslovno znači "niknuti ili izrasti kao biljka". Kao što smo vidjeli, ta se nacija mora pojaviti na dotada nenastanjenom području. Jedan ugledni pisac u opisu postanka Sjedinjenih Država govori o "tajni njihovog nastanka iz praznine"[2] i dodaje: "Kao *tiho sjeme* narasli smo do države"[3]. Jedan europski dnevnik pisao je 1850. godine o Sjedinjenim Državama kao o neobičnoj državi, koja "niče" i *"u tišini zemlje* svakodnevno jača u snazi i ponosu".[4] Edward Everett je u govoru o doseljenim osnivačima te nacije rekao: "Jesu li *441* tražili neko usamljeno mjesto, bezazleno zbog zabačenosti i sigurno zbog udaljenosti, gdje bi mala crkva iz Leydena mogla uživati slobodu savjesti? Promatrajte *golema područja* nad kojima su *miroljubivim osvajanjem* ... razvili zastave križa!"[5] "Imala je dva roga kao u janjeta." Rogovi slični janjetovim upućuju na mladost, nedužnost i blagost, što dobro predstavlja karakter Sjedinjenih Država kako ih je prorok vidio da "izlaze" 1798. godine. Među kršćanskim prognanicima koji su među prvima pobjegli u Ameriku i potražili utočište od kraljevskog tlačenja i svećeničke nesnošljivosti bilo je mnogo onih koji su odlučili osnovati vlast zasnovanu na širokom temelju građanske i vjerske slobode. Njihovi su ideali uneseni u *Deklaraciju o nezavisnosti,* koja ističe veliku istinu da su "svi ljudi stvoreni jednaki" i obdareni neotuđivim pravom na "život, slobodu i stjecanje sreće". Ustav jamči narodu pravo na samoupravljanje, uz uvjet da od naroda javno izabrani predstavnici izdaju i primjenjuju zakone. Također je bila zajamčena vjerska sloboda, s tim da je svakome bilo dopušteno služiti Bogu prema svojoj savjesti. Republikanizam i protestantizam postali su osnovnim načelima nacije. Ta načela tajna su njezine moći i napretka. Tlačeni i ugnjetavani širom kršćanskog svijeta okrenuli su se toj zemlji s očekivanjem i nadom. Milijuni su potražili njezine obale, pa su se Sjedinjene Države uzdigle u red najmoćnijih država na Zemlji.

Ali Zvijer s rogovima kao u janjeta "govorila je kao Zmaj. ... Svu vlast prve Zvijeri ona vrši u njezinoj službi i čini da se zemlja i njezini stanovnici klanjaju prvoj Zvijeri kojoj bî izliječena smrtonosna rana ... svjetujući stanovnicima zemlje da naprave kip Zvijeri koja bî ranjena mačem, ali ostade na životu." *442* (Otkrivenje 13,11-14)

Rogovi kao u janjeta i govor Zmaja u tom simbolu upućuju na upadljivu proturječnost između uvjeravanja i postupaka nacije koju predstavljaju. "Govor" nacije je djelovanje njene zakonodavne i sudske vlasti. Njihovim postupcima poricat će slobodoumna i miroljubiva načela koja je postavila kao temelj svoje politike. Proročanstvo da će govoriti "kao Zmaj" i vršiti "svu vlast prve Zvijeri" jasno proriče razvoj duha netolerancije i progonstva što su ga pokazali narodi predstavljeni Zmajem i Zvijeri sličnoj leopardu. A tvrdnja da Zvijer s dva roga čini da se "zemlja i njezini stanovnici klanjaju prvoj Zvijeri" pokazuje da će taj narod svoju vlast upotrijebiti da nametne držanje nečega što bi bilo čin iskazivanja poštovanja papinstvu.

Takav postupak bio bi izravno suprotan načelima takve vlasti, duhu njenih slobodnih institucija, izravnom i svečanom jamstvu *Deklaracije o nezavisnosti* i Ustavu. Osnivači nacije mudro su nastojali na tome da spriječe Crkvu u upotrebi svjetovne vlasti, s neizbježnim posljedicama – nesnošljivošću i progonstvom. Ustav propisuje da "Kongres ne smije izdati zakon koji bi dao prednost nekoj religiji ili zabranio njezino slobodno ispovijedanje" i da se "religija nikada neće tražiti kao uvjet za dobivanje ijedne javne službe u Sjedinjenim Državama". Državna vlast može jedino flagrantnim kršenjem tih sigurnosnih mjera nacionalne slobode nametnuti poštivanje nekog vjerskog propisa. Ali nedosljednost takvog postupka nije veća nego što je prikazana simbolom. Zvijer s rogovima kao u janjeta – po svojim uvjeravanjima čista, blaga i bezopasna – govori kao Zmaj.

443   "Savjetujući stanovnicima Zemlje da *oni* naprave kip Zvijeri." Ovdje je jasno prikazan oblik državnog uređenja u kome je zakonodavna vlast u rukama naroda, što je dojmljiv dokaz da su Sjedinjene Države doista nacija označena u tom proročanstvu.

Ali što je "kip Zvijerin" i kako će on nastati? On je proizvod dvoroge Zvijeri i predstavlja kip prve Zvijeri. Da bismo doznali kako izgleda i kako je načinjen, moramo proučiti značajke sáme Zvijeri – papinstva.

Kad se prva Crkva pokvarila napuštanjem jednostavnosti Evanđelja i prihvaćanjem neznabožačkih obreda i običaja, izgubila je Duh i Božju silu. Da bi mogla nadzirati savjest ljudi, tražila je potporu svjetovne vlasti. Rezultat je bilo papinstvo, Crkva koja je nadzirala državnu vlast i upotrebljavala je za postizanje svojih ciljeva, a posebno za kažnjavanje "krivovjerja". Da bi Sjedinjene Države mogle načiniti kip Zvijeri, vjerska sila mora tako nadzirati građansku vlast da se Crkva za postizanje svojih vlastitih ciljeva može služiti autoritetom države.

Kad god je Crkva pribavila državnu vlast, ona se njome služila da bi kažnjavala neslaganje s njezinim učenjem. Protestantske Crkve koje su stvaranjem saveza sa svjetovnim silama slijedile stope Rima, pokazale su sličnu želju za ograničavanjem slobode savjesti. Primjer je Anglikanska crkva, koja je dugo vremena progonila one koji se nisu slagali s njezinim učenjem. U šesnaestom i sedamnaestom stoljeću tisuće propovjednika koji joj se nisu prilagodili bilo je prisiljeno pobjeći iz svojih crkava, a mnogi su pastori i vjernici bili izloženi novčanim kaznama, zatvoru, mučenju i mučeničkoj smrti.

Otpad je naveo prvu Crkvu da potraži pomoć građanske vlasti, a to je pripravilo put razvitku papinstva, Zvijeri. Pavao je rekao da će doći otpad i da će se pojaviti "Čovjek grijeha". *444* (2. Solunjanima 2,3) Tako će otpad u Crkvi pripraviti put kipu Zvijeri.

Biblija objavljuje da će prije Gospodnjeg dolaska postojati stanje vjerskog opadanja slično onome u prvim stoljećima. "Ali ovo znaj: u posljednje će doba nastati teška vremena, jer će ljudi biti samoživi, lakomi, umišljeni, oholi, psovači, nepokorni roditeljima, nezahvalni, bezvjernici, bez ljubavi, nepomirljivi, klevetnici, razuzdani, neotesani, neprijatelji dobra, izdajnici, naprasiti, bahati, ljubitelji požude mjesto ljubitelji Boga. Oni će sačuvati vanjski oblik pobožnosti iako su se odrekli njezine sile." (2. Timoteju 3,1-5) "Duh izričito veli da će u posljednja vremena neki otpasti od vjere i pristati uz prijevarne lažne duhove i đavolske nauke." (1. Timoteju 4,1) Sotona će djelovati "svakovrsnim silnim djelima, varavim čudesnim znakovima i svakovrsnim pokvarenim zavođenjem". A svi koji "nisu prihvatili ljubav prema istini da bi se spasili", bit će ostavljeni da prihvate "djelotvornu zabludu da vjeruju laži". (2. Solunjanima 2,9-11) Kad nastupi ovo stanje bezbožnosti, njemu će slijediti iste posljedice kao i u prvim stoljećima.

Veliku raznolikost vjerovanja u protestantskim Crkvama mnogi smatraju odlučnim dokazom da nikada više neće biti moguće nastojati na prisilnom vjerskom jedinstvu. Pa ipak već godinama u protestantskim Crkvama jača i raste težnja za ujedinjenjem koje bi bilo zasnovano na zajedničkim točkama vjerskog nauka. Za postizanje takvog jedinstva mora se svakako izbjeći raspravljanje o predmetima u kojima se svi ne slažu, bez obzira koliko bili važni s biblijskog gledišta. Charles Beecher je u jednoj propovijedi 1846. godine rekao da propovjednici "evangeličkih protestantskih zajednica ... ne samo što su od samog početka bili pod velikim pritiskom isključivo ljudskog straha, već žive, dišu i kreću se u izrazito pokvarenoj sredini koja neprekidno utječe na tjelesne nagone njihove naravi ne bi li prestali iznositi istinu i pokleknuli pred snagom otpada. Nije li tako bilo s Rimom? Ne doživljavamo li isto što je on doživio? I što to vidimo u budućnosti? Još jedan sveopći koncil! Svjetsku konvenciju! Evangeličku alijansu i opći kredo!"[6] Kada dođe do toga, onda će, da bi se postiglo potpuno jedinstvo, ostati samo korak do primjene sile.

445

Kad vodeće Crkve u Sjedinjenim Državama, ujedinjene u točkama učenja koje smatraju zajedničkima, budu utjecale na državu da nametne njihove propise i podupre njihove ustanove, tada će protestantska Amerika podići kip rimokatoličke hijerarhije, a neizbježna posljedica bit će određivanje građanskih kazni onima koji misle drukčije.

Zvijer s dva roga "čini da svi – mali i veliki, bogati i siromašni, slobodni i robovi – udare sebi žig na desnicu ili na čelo i da nitko ne može ni kupiti ni prodati ako nema udaren žig: ime Zvijeri ili broj njezina imena". (Otkrivenje 13,16.17) Upozorenje trećeg anđela glasi: "Tko se god pokloni Zvijeri ili njezinu kipu i primi žig na svoje čelo ili na svoju ruku, pit će vino Božje srdžbe." "Zvijer" spomenuta u ovom retku, čije obožavanje silom nameće dvoroga zvijer, jest prva, leopardu slična zvijer iz Otkrivenja 13. poglavlja – papinstvo. "Kip Zvijeri" predstavlja oblik otpaloga protestantizma koji će se razviti kada protestantske Crkve budu tražile pomoć građanske vlasti za provođenje svog učenja. Još uvijek ostaje da opišemo "žig Zvijeri".

Poslije upozorenja da se ne klanjamo Zvijeri i njezinu kipu, proročanstvo objavljuje: "Na tome se temelji postojanost svetih koji čuvaju Božje zapovijedi i vjeru u Isusa." Budući da su oni koji čuvaju Božje zapovijedi stavljeni nasuprot onima koji se klanjaju Zvijeri i njenom kipu i primaju njezin žig, iz toga slijedi da će poštovanje Božjeg zakona s jedne strane, i njegovo prestu-

panje s druge strane, činiti razliku između onih koji štuju Boga 446
i onih koji se klanjaju Zvijeri.

Posebna značajka Zvijeri, a prema tome i njezinog kipa,
jest kršenje Božjih zapovijedi. Daniel o malome rogu, odnosno
papinstvu, kaže: "Pomišljat će da promijeni blagdane i Zakon."
(Daniel 7,25) Istu je silu Pavao nazvao "Čovjekom grijeha" koji
se oholo uzdiže iznad Boga. Prvo proročanstvo dopunjuje drugo.
Samo se promjenom Božjeg zakona papinstvo moglo uzdići
iznad Boga. Tko god svjesno vrši tako promijenjen Zakon, odaje
vrhunsko poštovanje sili koja je tu promjenu izvršila. Takav
čin poslušnosti papinskim zakonima predstavljao bi znak vjerno-
sti papi namjesto Bogu.

Papinstvo je pokušalo promijeniti Božji zakon. Druga zapo-
vijed, koja zabranjuje obožavanje kipova i slika, izostavljena je
iz Zakona, a četvrta je tako promijenjena da odobrava svetkovanje
prvog umjesto sedmog dana, subote. Ali papisti kao razlog izo-
stavljanja druge zapovijedi tvrde kako je ona uključena u prvu
i da Zakon daju točno onako kako je Bog htio da se razumije.
Međutim to ne može biti promjena koju je prorok prorekao.
Ovdje je riječ o namjernoj i dobro promišljenoj promjeni: "Po-
mišljat će da promijeni blagdane i Zakon." Promjena četvrte
zapovijedi točno je ispunjenje tog proročanstva. Jedini autori-
tet kojim je ta promjena izvršena jest Crkva. Time se papinska
vlast otvoreno postavlja iznad Božje.

Budući da će se Božji štovatelji posebno prepoznavati po
svojem štovanju četvrte zapovijedi − jer je ona znak Božje stvara-
lačke moći i svjedok Njegova prava na čovjekovo obožavanje i
klanjanje − štovatelji će se Zvijeri prepoznati po svom nastoja-
nju da sruše uspomenu na Stvoritelja, kako bi uzvisili ono što
je uspostavio Rim. Upravo je zastupajući nedjelju papinstvo prvi
put istupilo sa svojim drskim zahtjevima i prvi se put poslu- 447
žilo državnom vlasti da prisili na svetkovanje nedjelje kao "dana
Gospodnjeg". (Vidi Dodatak.) Ali Biblija smatra sedmi dan, a
ne prvi, danom Gospodnjim. Krist je rekao: "Stoga je Sin Čovječji
gospodar i subote." Četvrta zapovijed objavljuje: "A sedmoga
je dana subota, počinak posvećen Jahvi, Bogu tvojemu." A preko
proroka Izaije Gospodin ga naziva "svetim danom". (Marko 2,28;
Izaija 58,13)

Tako često izricana tvrdnja da je Krist promijenio subotu
opovrgnuta je Njegovim vlastitim riječima. U svojoj propovijedi

na Gori On je izjavio: "Nemojte misliti da sam došao ukinuti Zakon ili Proroke! Ne dođoh da ih ukinem, već da ih ostvarim. Jer, zaista, kažem vam: dok opstoji nebo i zemlja, ni jedna jota, ni jedna kovrčica iz Zakona sigurno neće nestati, a da se sve ne ostvari. Stoga, tko god prekrši i jednu od ovih i najmanjih zapovijedi i nauči druge da tako rade, bit će najmanji u kraljevstvu nebeskom; dok će onaj koji ih bude vršio biti velik u kraljevstvu nebeskom." (Matej 5,17-19)

Činjenica je, koju protestanti općenito priznaju, da u Svetom pismu nema odobrenja za promjenu subote. To je jasno naznačeno u izdanjima *American Tract Society* i *American Sunday School Union*. Jedno od tih djela priznaje "potpunu šutnju Novog zavjeta što se tiče bilo kakve izričite zapovijedi za šabat (nedjelju, prvi dan tjedna) ili određene propise za njegovo svetkovanje".[7]

U drugome stoji: "Do Kristove smrti nije učinjena promjena u danu"; i, "kako pokazuje izvještaj, oni (apostoli) nisu... dali nikakvu jasnu zapovijed koja bi odobrila napuštanje sedmoga dana subote i njezinog svetkovanja prvoga dana tjedna."[8]

448   Rimokatolici priznaju da je njihova Crkva izvršila promjenu subote i tvrde da protestanti svetkovanjem nedjelje priznaju njezinu vlast. U *Katoličkom katekizmu kršćanske vjere,* na pitanje: Koji dan treba svetkovati u znak poslušnosti četvrtoj zapovijedi, iznesena je sljedeća tvrdnja: "U doba staroga zakona svetkovala se subota; ali je *Crkva,* poučena po Isusu Kristu i vođena Svetim Duhom zamijenila subotu nedjeljom. Stoga mi danas svetkujemo prvi a ne sedmi dan. Sada je nedjelja dan Gospodnji."

Kao znak autoriteta Katoličke crkve papistički pisci navode "sâm čin promjene subote u nedjelju, koji odobravaju i protestanti; ... svetkovanjem nedjelje oni priznaju vlast Crkve da određuje blagdane i da ih naređuje pod prijetnjom grijeha".[9] Prema tome, što je drugo promjena subote nego žig ili znak moći Rimske crkve – "žig Zvijeri"?

Rimska crkva se nije odrekla svog zahtjeva za prevlašću, i kada svijet i protestantske Crkve prihvaćaju šabat koji je ona stvorila, a odbacuju biblijsku subotu, one zapravo priznaju ovu pretpostavku. One se za tu promjenu mogu pozivati na autoritet predaje i crkvenih otaca, ali time poriču upravo ono načelo koje ih odvaja od Rima – da je "Biblija, i samo Biblija, temelj vjere protestanata". Svaki papist može vidjeti da varaju sami sebe, hotimice zatvarajući oči pred činjenicama. Kako pokret za provođenje zakona o nedjelji stječe naklonost, on se raduje uvjeren da će jednog dana cijeli protestantski svijet dovesti pod stijeg Rima.

Rimokatolici izjavljuju da "protestanti i protiv svoje volje svetkovanjem nedjelje iskazuju štovanje autoriteta (katoličke) Crkve".[10] Prisiljavanje protestantskih Crkava da se svetkuje nedjelja jest prisiljavanje na štovanje papinstva – Zvijeri. Oni koji, svjesni zahtjeva četvrte zapovijedi, odluče svetkovati lažnu umjesto prave subote, time odaju štovanje onoj vlasti koja je jedina naredila tu promjenu. Ali samim činom što svjetovna vlast prisiljava na vršenje vjerskih dužnosti, Crkve će same načiniti kip Zvijeri; stoga će prisiljavanje na svetkovanje nedjelje u Sjedinjenim Državama biti prisiljavanje na štovanje Zvijeri i njezinog kipa. *449*

Ali kršćani su u ranijim stoljećima svetkovali nedjelju, uvjereni da svetkuju biblijsku subotu. I danas u svakoj Crkvi, ne isključujući rimokatoličku, ima pravih kršćana koji iskreno vjeruju da je nedjelja božanski određen dan odmora. Bog prihvaća njihovu iskrenu namjeru i pošten postupak. Ali kad svetkovanje nedjelje bude nametnuto zakonom i svijetu bude jasna obveza prema pravoj suboti, onda će svi koji budu prestupali Božju zapovijed, da bi poslušali propis iza kojega nema većeg autoriteta nego što je Rim, time štovati papinstvo više nego Boga. Takvi će se pokloniti Rimu i sili koja nameće ustanovu koju je uveo Rim. Oni se klanjaju Zvijeri i njezinom kipu. Kad budu odbacili ustanovu koju je Bog proglasio znakom svojega autoriteta i namjesto nje iskazivali poštovanje onoj koju je Rim izabrao kao znak svoje vrhovne vlasti, ljudi će time primiti znak odanosti Rimu – "žig Zvijeri". I tek kad taj predmet bude jasno iznesen ljudima i oni dođu u položaj da biraju između Božjih i ljudskih zapovijedi, tada će oni koji nastave s prestupanjem primiti "žig Zvijeri".

Najstrašnija prijetnja ikada upućena smrtnom čovjeku sadržana je u vijesti trećeg anđela. Očito se radi o strašnom grijehu koji izaziva Božju srdžbu nepomiješanu s milosrđem. Ljudi ne smiju ostati u neznanju o ovom važnom predmetu; opomena protiv toga grijeha mora se objaviti svijetu prije nego što ga pohode Božji sudovi kako bi svi znali zašto podliježu kazni i imali je priliku izbjeći. Proročanstvo objavljuje da će se prvi *450* anđeo obratiti "svakom narodu i plemenu, jeziku i puku". Upozorenje trećeg anđela, koje čini dio iste trostruke vijesti, isto se tako mora objaviti cijelome svijetu. U proročanstvu je ono prikazano objavljivanjem "jakim glasom" jednog anđela koji leti u najvišem dijelu neba; ono će privući pozornost cijeloga svijeta.

Po tom će se pitanju cijeli kršćanski svijet podijeliti na dvije velike skupine – na one koji čuvaju Božje zapovijedi i vjeru u Isusa, i one koji se klanjaju Zvijeri i njezinom kipu i primaju njezin žig. Premda će Crkva i država ujediniti svoju moć da "mali i veliki, bogati i siromašni, slobodni i robovi" silom prime "žig Zvijeri" (Otkrivenje 13,16), Božji ga narod neće primiti. Prorok s Patmosa je vidio "pobjednike Zvijeri, njezina kipa i broja njezina imena, gdje stoje na staklenom moru s citrama Božjim. Oni pjevaju pjesmu Mojsija, sluge Božjega i pjesmu Janjeta". (Otkrivenje 15,2.3)

26

Djelo reforme

Reforma subote koju valja izvršiti u posljednje dane prore- 451
čena je u Izaijinom proročanstvu: "Ovako veli Jahve: držite se
prava i činite pravdu, jer će uskoro doći moj spas i objaviti se
moja pravednost. Blago čovjeku koji čini tako i sinu čovječjem
što se toga pridržava: koji poštuje subotu da je ne oskvrni i
koji ruke svoje čuva od svakoga zla djela. ... A sinove tuđinske
koji pristadoše uz Jahvu da mu služe i da ljube ime Jahvino i
da mu budu službenici, koji poštuju subotu i ne oskvrnjuju je
i postojani su u Savezu mome, njih ću dovesti na svetu svoju
goru i razveseliti u svojem Domu molitve. Njihove žrtve palje-
nice i klanice bit će ugodne na mojem žrtveniku, jer će se Dom
moj zvati Dom molitve za sve narode." (Izaija 56,1.2.6.7)

Kako je vidljivo iz konteksta, te se riječi odnose na kršćansko
doba: "Riječ je Gospoda Jahve koji sabire raspršene Izraelce:
'Sabrat ću ih još povrh onih koji su već sabrani.'" (Izaija 56,8)
Ovdje je prorečeno prikupljanje neznabožaca uz pomoć Evan-
đelja. A nad onima koji poštuju subotu izrečen je blagoslov.
Vidljivo je da se obveza četvrte zapovijedi proteže iza vremena
Kristova raspeća, uskrsnuća i uzašašća do vremena kad Njego-
ve sluge svim narodima trebaju navještati Radosnu vijest.

Gospodin zapovijeda po istome proroku: "Pohrani ovo svje- 452
dočanstvo, zapečati ovu objavu među učenicima svojim." (Izaija
8,16) Pečat Božjeg zakona nalazi se u četvrtoj zapovijedi. Jedi-
no ona od deset njih sadrži ime i titulu Zakonodavca. Ona ga
proglašava Stvoriteljem neba i Zemlje, i tako pokazuje da iznad
svih drugih ima pravo na štovanje i obožavanje. Osim ovog pro-
pisa u Dekalogu nema ništa što bi pokazalo čijim je autoritetom

taj Zakon dan. Kad je papinska sila promijenila subotu, sa Zakona je skinut pečat. Isusovi su učenici pozvani da ga ponovno stave time što će suboti iz četvrte zapovijedi dati mjesto koje joj pripada kao danu uspomene na Stvoritelja i znak Njegove vlasti. "Uza Zakon! Uza svjedočanstvo!" Dok postoji obilje suprotstavljenih učenja i teorija, Božji je Zakon jedino nepogrešivo mjerilo kojim se treba ispitati sva mišljenja, učenja i teorije. Prorok kaže: "Tko ne rekne tako, zoru neće dočekati." (Izaija 8,20)

I opet je dana zapovijed: "Viči iz sveg grla, ne suspreži se! Glas svoj poput roga podigni. Objavi mom narodu njegove zločine, domu Jakovljevu grijehe njegove." Zbog prijestupa ne treba koriti bezbožni svijet, nego one koje Bog naziva svojim narodom. On nastavlja: "Dan za danom oni mene traže i žele znati moje putove, kao narod koji vrši pravdu i ne zaboravlja pravo Boga svoga. Od mene ištu pravedne sudove i žude da im se Bog približi." (Izaija 58,l.2) Ovdje je prikazana skupina koja se smatra pravednom i koja naoko pokazuje veliko zanimanje za službu Bogu; ali oštar i svečani ukor Onoga koji ispituje srce potvrđuje im da gaze božanske propise.

Time prorok ističe odredbu koja je bila zaboravljena: "I ti ćeš gradit na starim razvalinama, dići ćeš temelje budućih koljena. Zvat će te popravljačem pukotina, i obnoviteljem cesta do naselja. Zadržiš li nogu da ne pogaziš subotu, i u sveti dan da ne obavljaš poslove; nazoveš li subotu milinom a časnim dan Jahvi posvećen; častiš li ga odustajuć od puta, bavljenja poslom i pregovaranja – tad ćeš u Jahvi svoju milinu naći." (Izaija 58,12-14) Ovo se proročanstvo odnosi i na naše vrijeme. Kada je sila Rima promijenila subotu, u Božjem je Zakonu nastala pukotina. Ali je došlo vrijeme da se božanska ustanova obnovi. Valja popraviti pukotinu i obnoviti temelj mnogih naraštaja.

Subotu, posvećenu Stvoriteljevim odmorom i blagoslovom, svetkovao je nedužni Adam u Edenskom vrtu, ali i pali i pokajani Adam nakon što je bio izgnan sa svog prekrasnog posjeda. Svetkovali su je svi patrijarsi, od Abela do pravednoga Noe, Abrahama i Jakova. Za robovanja izabranog naroda u Egiptu mnogi su usred sveopćeg idolopoklonstva izgubili poznavanje Božjeg zakona. Ali kad je Gospodin izbavio Izraela, objavio je svoj Zakon sakupljenom mnoštvu zastrašujućom veličanstvenošću kako bi znali Njegovu volju, zauvijek Ga se bojali i bili Mu poslušni.

Od toga je dana do danas na Zemlji sačuvano poznavanje Božjeg zakona i svetkovana subota prema četvrtoj zapovijedi. Premda je "Čovjek grijeha" uspio pogaziti Božji sveti dan, ipak je i za vrijeme njegove prevlasti bilo vjernih duša koje su na skrovitim mjestima poštovale subotu. Od vremena reformacije u svakom je naraštaju bilo onih koji su je i dalje svetkovali. Premda su često bili izloženi poruzi i progonstvu, oni su svjedočili o neprolaznosti Božjeg zakona i o svečanoj obvezi prema suboti stvaranja,

Prema istinama kako su prikazane u Otkrivenju 14. poglavlju, u vezi s "neprolaznom radosnom vijesti", prepoznat će se Kristova Crkva u vrijeme Njegova dolaska, jer će posljedica objavljivanja trostruke vijesti biti: "Na tome se temelji postojanost svetih *454* koji čuvaju Božje zapovijedi i vjeru u Isusa." To će biti posljednja vijest koju valja objaviti prije Gospodnjeg dolaska. Neposredno nakon njezinog objavljivanja prorok je vidio Sina Čovječjeg kako dolazi u slavi da prikupi žetvu svijeta.

Oni koji su prihvatili svjetlost o Svetištu i o nepromjenjivosti Božjeg zakona bili su ispunjeni radošću i čuđenjem kad su ugledali ljepotu i sklad sustava istine koja se otvorila njihovom razumijevanju. Poželjeli su da svjetlost koja im se činila tako dragocjenom bude predana svim kršćanima i bili su uvjereni da će je radosno prihvatiti. Ali istine koje će ih dovesti u sukob sa svijetom nisu bile dobrodošle mnogima koji su tvrdili da slijede Krista. Poslušnost četvrtoj zapovijedi zahtijevala je žrtvu pred kojom je većina ustuknula.

Kad su izneseni zahtjevi subote, mnogi su u razmišljanju pošli od svjetovnih gledišta. Rekli su: "Uvijek smo svetkovali nedjelju, naši su je očevi svetkovali i mnogi su dobri i pobožni ljudi umrli u miru svetkujući je. Ako su oni bili u pravu, i mi smo. Svetkovanjem tog novog dana odmora došli bismo u nesklad sa svijetom pa ne bismo mogli utjecati na njega. Čemu se može nadati mala skupina onih koji svetkuju sedmi dan naspram cijelog svijeta koji svetkuje nedjelju?" Sličnim su argumentima Židovi pokušavali opravdati svoje odbacivanje Krista. Bog je prihvatio njihove očeve zato što su prinosili žrtve, i zašto se djeca ne bi mogla spasiti ako slijede njihove običaje? Tako su i u Lutherovo vrijeme razmišljali papisti: ako su pravi kršćani umrli u katoličkoj vjeri, ta je religija bila dovoljna za spasenje. Takvo bi razmišljanje postalo djelotvornom zaprekom svakom napredovanju u vjeri ili životu.

Mnogi su isticali da je svetkovanje nedjelje bilo utvrđeno učenje i veoma rasprostranjen običaj Crkve tijekom mnogih stoljeća. Protiv tog argumenta stoji drugi: dokazano je da je subota i njezino svetkovanje bilo mnogo starije i proširenje, zapravo staro kao i sam svijet, i odobreno od anđela i Boga. Kad su postavljeni temelji Zemlje i kad su klicale zvijezde jutarnje i uzvikivali Božji dvorani, bio je položen i temelj subote. (Job 38,6.7; Postanak 2,1-3) Ta ustanova svakako zahtijeva naše poštivanje. Nju nije posvetio ljudski autoritet i ona ne počiva na ljudskim predajama. Uspostavljena je po Pradavnome i zapovijeđena Njegovom vječnom Riječju.

Budući da je pozornost ljudi bila skrenuta na reformu subote, službeni propovjednici su izopačili Božju riječ, tumačeći njezino svjedočanstvo tako da što uspješnije ušutka one koji postavljaju pitanja. A oni koji sami nisu istraživali Sveto pismo zadovoljavali su se prihvaćanjem zaključaka koji su bili sukladni njihovim željama. Mnogi su argumentima, sofizmima, predajom crkvenih otaca i autoritetom Crkve nastojali srušiti istinu. Njezini su branitelji bili prisiljeni posegnuti za svojim Biblijama kako bi obranili vjerodostojnost četvrte zapovijedi. Krotki ljudi, naoružani samo Riječju istine, izdržali su napade učenih koji su, iznenađeni i srditi, otkrili da je njihov rječiti sofizam nemoćan pred jednostavnim i iskrenim rasuđivanjem ljudi koji su se bolje snalazili u Svetom pismu nego u školskoj domišljatosti.

U nedostatku dokaza iz Svetoga pisma koji bi išli njima u prilog, mnogi su, zaboravljajući da se ista vrsta rasuđivanja koristila protiv Krista i Njegovih apostola, neumorno pitali: "Zašto naši veliki ljudi ne razumiju taj predmet o suboti? Malo je onih koji vjeruju kao što vi vjerujete. Nemoguće je da ste vi u pravu, a svi učeni ljudi u svijetu u zabludi."

Da bi se pobili takvi argumenti, valjalo je samo navesti nauk Svetoga pisma i uputiti na povijest Gospodnjeg postupanja sa svojim narodom u svim vremenima. Bog radi preko onih koji čuju i slušaju Njegov glas, koji će, ako treba, iznijeti neugodne istine preko onih koji se ne boje ukoravati omiljene grijehe. Razlog zbog kojega On za pokretače reforme češće ne odabire ljude obrazovane i na položaju jest taj što se oni oslanjaju na svoja učenja, teorije i teološke sustave, a ne osjećaju potrebu da uče od Boga. Samo oni koji imaju osobnu vezu s Izvorom mudrosti mogu razumjeti i protumačiti Sveto pismo. Ponekad su manje obrazovani ljudi pozvani da objave istinu, ne zato što su neuki, već zato što im nije ispod časti učiti od Boga. Oni uče u Kristovoj školi i njihova poniznost i poslušnost čine ih velikima. Povjeravajući im poznavanje svoje istine, Bog im ukazuje čast prema kojoj su zemaljske časti i ljudska veličina beznačajne.

Većina prvih adventista odbacila je istine o Svetištu i Božjem zakonu, a mnogi su se odrekli i svoje vjere u adventni pokret i prihvatili nepouzdana i proturječna mišljenja o proročanstvima koja se odnose na ovo Djelo. Neki su pali u zabludu ponovnog utvrđivanja točnog vremena Kristova dolaska. Svjetlost koja je sada obasjavala predmet Svetišta trebala im je pokazati da se nijedno proročko razdoblje ne proteže do drugog dolaska i da točno vrijeme ovog događaja nije prorečeno. Međutim, kad su se odvratili od svjetlosti, oni su ustrajali u određivanju datuma Gospodnjeg dolaska i svaki se put ponovno razočarali.

Kad je crkva u Solunu prihvatila pogrešna stajališta o Kristovom dolasku, apostol Pavao ih je savjetovao da Božjom riječju pomno ispitaju svoje nade i očekivanja. Naveo im je proročanstva, otkrivajući događaje koji se trebaju odigrati prije Kristova dolaska i pokazao da nemaju osnove očekivati Ga u svoje dane. "Neka vas nitko i nikako ne obmane" (2. Solunjanima 2,3), glasila je njegova opomena. Ako bi gajili očekivanja koja nemaju biblijske osnove, bili bi navedeni na pogrešne postupke. Razočaranje bi ih izložilo poruzi nevjernika, pa bi bili u opasnosti da podlegnu obeshrabrenju i u kušnji posumnjaju u istine bitne za njihovo spasenje. Apostolov savjet Solunjanima sadrži važnu pouku za one koji žive u posljednje dane. Mnogi su adventisti smatrali da ne mogu biti revni i marljivi u pripremi ako svoju vjeru ne mogu učvrstiti na datumu Gospodnjeg dolaska. Budući da su njihove nade uvijek iznova poticane, da bi ponovno propale, njihova je vjera doživjela takav udarac koji je onemogućio da budu zadivljeni velikim proročkim istinama.

457

Bog je viješću prvog anđela naredio objavljivanje određenog datuma za sud. Izračunavanje proročkih razdoblja na kojima se ta vijest zasniva, stavljanjem kraja 2300 dana u jesen 1844. godine, ostaje nepobitno. Učestali pokušaji da se pronađu novi datumi za početak i svršetak proročkog vremena, kao i nepouzdano razmišljanje potrebno za podupiranje takvih gledišta, ne samo što odvode misli od sadašnje istine, nego izlažu prijeziru svaki trud da se proročanstva protumače. Što se češće određuje datum za drugi dolazak i što se on više objavljuje, to bolje odgovara Sotoninim ciljevima. Jer kad vrijeme prođe, on potiče na izrugivanje i preziranje onih koji su to zastupali, i tako sramoti veliki adventni pokret od 1843. i 1844. godine. Oni koji ustraju u ovoj zabludi na kraju će za Kristov dolazak utvrditi datum koji će počivati daleko u budućnosti. Tako će se uljuljati u lažnu sigurnost i mnogi će biti prevareni dok ne bude prekasno.

Povijest starog Izraela očita je ilustracija prošlih iskustava adventista kao cjeline. Bog je vodio svoj narod u adventnom pokretu kao što je poveo Izraelce iz Egipta. U velikom razočaranju njihova je vjera bila ispitana kao i vjera Hebreja kod Crvenog mora. Da su se i dalje pouzdali u ruku koja ih je vodila i bila s njima u njihovim ranijim doživljajima, vidjeli bi Božje spasenje. Da su svi koji su zajednički radili u pokretu godine 1844. prihvatili vijest trećeg anđela i objavili je u sili Svetoga Duha, Gospodin bi silno podupro njihove napore. Svijet bi bio preplavljen svjetlošću. Stanovnici Zemlje bili bi opomenuti već prije mnogo godina, završno djelo bilo bi dovršeno i Krist bi došao spasiti svoj narod.

Nije Božja volja bila da Izrael luta pustinjom četrdeset godina. On ga je želio dovesti ravno u Kanaansku zemlju i tamo ga smjestiti da bude svet i sretan narod. Ali "vidimo da nisu mogli ući zbog svoje nevjere". (Hebrejima 3,19) Zbog svog otpada propali su u pustinji, a podignuti su drugi da uđu u Obećanu zemlju. Tako isto nije Božja volja bila da se Kristov dolazak toliko otegne i da Njegov narod tolike godine ostane na ovom svijetu grijeha i tuge. Ali nevjerstvo ih je rastavilo od Boga. Budući da su odbili obaviti posao koji im je povjerio, podignuti su drugi da objave vijest. Iz milosrđa prema svijetu Krist odlaže svoj dolazak kako bi grešnici imali priliku čuti upozorenje i u Njemu naći zaklon prije nego što se bude izlila Božja srdžba.

Kao nekada u prošla vremena, tako i danas iznošenje istine koja žigoše grijehe i zablude svojeg vremena izaziva protivljenje. "Svatko tko čini zlo mrzi svjetlo i ne dolazi k svjetlu, da se ne otkriju njegova djela." (Ivan 3,20) Kad ljudi vide da svoje stajalište ne mogu opravdati Svetim pismom, mnogi odlučuju da će ga zadržati po svaku cijenu, pa zlobnim duhom napadaju karakter i pobude onih koji stoje u obrani nepopularne istine. Tako je bilo u sva vremena. Iliju su optužili da je izvor nevolje u Izraelu, Jeremiju da je izdajnik, Pavla da skvrni hram. Od onoga vremena do danas one koji su htjeli ostati vjerni istini optuživali su za zavođenje, krivovjerje ili raskol. Mnoštvo koje toliko malo vjeruje da ne može prihvatiti sigurnu proročku Riječ prihvatit će neupitnom lakovjernošću optužbe protiv onih koji se usuđuju ukoriti omiljene grijehe. Taj će se duh sve više razvijati. A Biblija jasno uči da dolazi vrijeme u koje će državni zakoni biti u takvom sukobu s Božjim zakonom da će svatko tko bude poslušan svim Božjim propisima morati pretrpjeti sramotu i kaznu kao zločinac.

459

Što je, s obzirom na to, dužnost glasnika istine? Hoće li zaključiti da ne treba iznositi istinu, budući da je često jedini ishod poticanje ljudi da izbjegavaju njezine zahtjeve ili im se odupru? Ne, nema opravdanja da zadrži svjedočanstvo Božje riječi zato što ono izaziva protivljenje, kao što ga nisu imali ni negdašnji reformatori. Priznanje vjere svetaca i mučenika opisano je da koristi kasnijim naraštajima. Ti živi primjeri svetosti i nepokolebljive čestitosti sačuvani su do naših dana kako bi nadahnuli hrabrošću one koji su danas pozvani da ustanu kao svjedoci za Boga. Oni su primili milost i istinu ne samo za sebe nego da preko njih i zemlja bude rasvijetljena Božjom spoznajom. Je li Bog u ovome naraštaju dao svjetlost svojim slugama? Neka onda puste da svijetli svijetu.

U staro je vrijeme Gospodin objavio onome tko je govorio u Njegovo ime: "Ali dom te Izraelov neće poslušati, jer ni mene ne sluša." Pa ipak je rekao: "Govori im moje riječi, poslušali oni ili ne poslušali." (Ezekiel 3,7; 2,7) Božjim slugama u naše vrijeme upućen je sljedeći nalog: "Viči iz sveg grla, ne suspreži se! Glas svoj poput roga podigni. Objavi mom narodu njegove zločine, domu Jakovljevu grijehe njegove." (Izaija 58,1)

U granicama svojih mogućnosti i prilika, tko god je primio svjetlost istine primio je i svečanu i zastrašujuću odgovornost kao i izraelski prorok kojemu je došla Gospodnja riječ: "I tebe sam, sine čovječji, postavio za stražara domu Izraelovu:

kad čuješ riječi iz mojih usta, opomeni ih u moje ime. Reknem li bezbožniku: 'Bezbožniče, umrijet ćeš!' — a ti ne progovoriš i ne opomeneš bezbožnika da se vrati od svojega zloga puta, bezbožnik će umrijeti zbog svojega grijeha, ali krv njegovu tražit ću iz tvoje ruke. Ako bezbožnika opomeneš da se vrati od svojega puta, a on se ne vrati sa svojega puta: on će umrijeti zbog svojega grijeha, a ti si spasio život svoj." (Ezekiel 33,7-9)

Velika prepreka prihvaćanju i širenju istine jest činjenica da uključuje i neugodnosti i izrugivanje. To je jedini argument protiv istine kojega njezini branitelji nisu nikada mogli pobiti. Ali on ne zastrašuje prave Kristove sljedbenike. Oni ne čekaju da istina postane popularnom. Uvjereni u svoju dužnost svjesno prihvaćaju križ, računajući s apostolom Pavlom da "nam [naša] mala nevolja donosi izvanredno veliku i vječnu slavu" (2. Korinćanima 4,17), i zajedno s Mojsijem drže "sramotu Kristovu ... većim bogatstvom od egipatskog blaga". (Hebrejima 11,26)

Bez obzira kakvo bilo njihovo zvanje, oni koji srcem služe svijetu postupaju u vjerskim stvarima kako nađu za potrebno, a ne po načelu. Mi trebamo izabrati ono što je pravo zato što je pravo, a posljedice prepustiti Bogu. Ljudi načela, vjere i hrabrosti zadužili su svijet svojim velikim reformama. Takvi ljudi moraju nositi djelo reforme i u naše vrijeme.

Tako govori Gospodin: "Poslušajte me, vi koji poznajete pravo, narode kojem je moj Zakon u srcu. Ne bojte se poruge ljudske, ne plašite se uvreda! Jer moljac će ih razjesti kao haljinu, crv će ih rastočiti kao vunu. Ali će pravda moja trajati dovijeka, i spas moj od koljena do koljena." (Izaija 51,7.8)

27

Suvremena vjerska buđenja

Kad god se Božja riječ vjerno propovijedala, posljedice su svjedočile o njezinom božanskom podrijetlu. Božji Duh je pratio vijest svojih slugu i riječ je pratila sila. Grešnici su osjetili buđenje savjesti. "Svjetlo istinito, koje rasvjetljuje svakoga čovjeka, dođe na ovaj svijet"; ono je osvijetlilo skrivene odaje njihovih duša i otkrilo skrivena djela tame. Duboka je žalost obuzela njihove misli i srca. Bili su osvjedočeni o zabludi s obzirom na grijeh, na pravednost i na sud. Stekli su određenu predodžbu o Jahvinoj pravednosti i osjećali užasan strah da će pred Onoga koji ispituje srca morati izići krivi i nečisti. U očajanju su uzviknuli: "Tko će me izbaviti od ovoga smrtonosnoga tijela?" Kad im je otkriven golgotski križ sa svojom neizmjernom žrtvom za grijehe svih ljudi, uvidjeli su da ništa osim Kristovih zasluga ne može dati zadovoljštinu za njihove prijestupe, te da samo one mogu pomiriti čovjeka s Bogom. Vjerom i poniznošću prihvatili su Božje Janje koje uzima grijehe svijeta. Isusovom krvlju dobili su "oproštenje prošlih grijeha".

Te su duše donijele plodove koji odgovaraju pokajanju. Uzvjerovale su i krstile se te počele živjeti novim životom — kao nova stvorenja u Isusu Kristu, koja se ne oblikuju prema negdašnjim strastima, već vjerom u Božjega Sina koračaju Njegovim stopama, odsjajuju Njegov karakter i čiste se kao što je On čist. Ono što su nekada mrzili, sada vole, a što su nekada voljeli, sada mrze. Oholi i puni samopouzdanja — postali su krotki i ponizna srca. Sujetni i napuhani postali su ozbiljni i nenametljivi. Bezbožni su postali pobožni, pijanice trijezni, a razvratnici moralni. Ostavili su taštu svjetovnu modu. Kršćani su nastojali da

461

462

(365)

im nakit ne bude "vanjski – umjetno spletena kosa, stavljanje zlatnog nakita, oblačenje raskošnih haljina – nego skrivenost – srce obučeno u neraspadljiv nakit, krotak i miran duh – ono što je dragocjeno pred Bogom". (1. Petrova 3,3.4)

Vjerska buđenja izazvala su temeljito ispitivanje srca i poniznost. Odlikovala su se svečanim i ozbiljnim pozivima grešnika, iskrenom sućuti prema otkupljenima Kristovom krvlju. Muškarci i žene molili su se i borili s Bogom za spasenje duša. Plodovi takvih vjerskih buđenja vidjeli su se kod duša koje se nisu klonile samoodricanja i žrtve, već su se radovale što su se udostojile pretrpjeti sramotu i nevolju zbog Krista. Ljudi su vidjeli promjenu u životu onih koji su priznavali Isusovo ime. Društvo je imalo koristi od njihovog utjecaja. Oni su skupljali s Kristom i sijali u Duh, da bi požnjeli vječni život.

Za njih se moglo reći da ih je "ta žalost dovela k obraćenju. ... Žalost, naime, koja je po promisli i volji Božjoj rađa spasonosno i stalno obraćenje, dok žalost svijeta rađa smrt. Pazite samo koliku je gorljivost proizvela u vama ta ista žalost koja je po promisli i volji Božjoj! Koliko opravdavanje! Koliko ogorčenje! Koliki strah! Koliku čežnju! Koliki žar! Koliku kaznu! Svime ste pokazali da ste nedužni." (2. Korinćanima 7,9-11)

463 To je posljedica djelovanja Božjeg Duha. Nema dokaza o iskrenom pokajanju ako ono ne dovede do promjene. Ako obnovi zavjet, vrati što je oteo, prizna svoje grijehe i ljubi Boga i svoje bližnje, grešnik može biti siguran da se pomirio s Bogom. Takvi su ishodi u ranijim godinama pratili vjerska buđenja. Sudeći po njihovim plodovima, znalo se da ih je Bog blagoslovio spašavanjem ljudi i uzdizanjem čovječanstva.

Ali mnoga se suvremena vjerska buđenja vidljivo razlikuju od djelovanja božanske milosti koju je u prošlosti pratio rad Božjih slugu. Istina je da se budi sve veće zanimanje, mnogi tvrde da su doživjeli obraćenje i pristupaju Crkvama, pa ipak rezultati ne opravdavaju uvjerenje da je došlo i do odgovarajućeg porasta istinskog duhovnog života. Plamen koji za trenutak bukne, ubrzo se gasi, ostavljajući za sobom tamu gušćom nego što je bila ranije.

Pomodna se vjerska buđenja prečesto provode utjecanjem na maštu, poticanjem osjećaja i zadovoljavanjem želja za novim i iznenađujućim. Tako zadobiveni obraćenici nemaju želje za slušanjem biblijske istine i ne zanima ih svjedočanstvo proroka i apostola. Ako bogoslužje nema u sebi nešto senzacionalno, ono ih ne privlači. Vijest koja se obraća hladnom razumu ne nailazi na odaziv. Jasne opomene Božje riječi, koje su izravno povezane s njihovim vječnim dobrom, ostaju nezamijećene. Svaka će istinski obraćena duša držati odnos prema Bogu i vječnim predmetima najvažnijim u životu. Ali gdje je u današnjim popularnim Crkvama duh posvećenosti Bogu? Obraćenici se ne odriču svoje gordosti i ljubavi prema svijetu. Nisu spremniji odreći se sebe, uzeti svoj križ i slijediti krotkog i poniznog Isusa, nego prije svojeg obraćenja. Religija je postala predmetom ismijavanja nevjernika i skeptika zbog tolikih koji nose njezino ime, a ne poznaju njezina načela. U mnogim je Crkvama gotovo nestalo sile pobožnosti. Izleti, dramske izvedbe u crkvi, sajmovi, lijepe kuće i osobno ukrašavanje potisnuli se razmišljanje o Bogu. Imanja, materijalna dobra i svjetovni poslovi zaokupljaju misli, a ono što je od vječne vrijednosti spominje se samo uzgred.

No, bez obzira na vrlo rasprostranjeno opadanje vjere i pobožnosti, u tim Crkvama ima pravih Kristovih sljedbenika. Prije nego što Božji sudovi padnu na Zemlju, u Gospodnjem će narodu doći do takvog buđenja prvobitne pobožnosti kakve nije bilo od doba apostola. Na Božju će se djecu izliti Njegov Duh i sila. U to će se vrijeme mnogi odvojiti od Crkava u kojima je ljubav prema ovome svijetu zamijenila ljubav spram Boga i Njegove Riječi. Mnogi će propovjednici i ljudi radosno prihvatiti velike istine što ih je Bog odlučio objaviti u to vrijeme kako bi se narod pripremio za drugi Gospodnji dolazak. Neprijatelj duša nastoji omesti ovo djelo, i prije no što dođe vrijeme za takav pokret nastojat će ga spriječiti uvođenjem krivotvorine. U Crkvama koje može pokoriti pod svoju prevarljivu silu učinit će kao da je izliven Božji posebni blagoslov, pa će se činiti kao da se pojavilo veliko zanimanje za vjeru. Mnoštvo će klicati od radosti zbog čudesnog Božjeg djelovanja, a zapravo će to biti djelo drugog duha. Pod plaštem vjere Sotona će nastojati proširiti svoj utjecaj na cijeli kršćanski svijet.

U mnogim su vjerskim buđenjima do kojih je došlo u posljednjih pedeset godina, manje-više na djelu bili isti utjecaji koji će se u budućnosti pokazati u mnogo proširenijim pokretima. Puno osjećajnog uzbuđenja, miješanja istinitog s lažnim, sve je to smišljeno da zavede. Ali nitko ne mora biti prevaren.

464

Nije teško u svjetlosti Božje riječi utvrditi narav tih vjerskih pokreta. Kad god ljudi zanemare svjedočanstvo Biblije, odvraćajući se od njezinih jasnih istina što ispituju dušu i zahtijevaju samoodricanje i odricanje od svijeta, budimo sigurni da Božji blagoslov nije izliven. A na osnovi pravila što ga je sâm Krist dao: "Prepoznat ćete ih po njihovim rodovima!" (Matej 7,16), očito je da ti pokreti nisu djelo Božjega Duha. Bog se u istinama svoje Riječi sâm otkrio ljudima, i one su svima koji ih prime štit protiv Sotoninih prijevara. Zanemarivanje tih istina otvorilo je vrata zlu koje se danas toliko proširilo u vjerskom svijetu. U velikoj je mjeri iz vida izgubljena narav i važnost Božjeg zakona. Pogrešno razumijevanje naravi, trajnosti i obveznosti božanskog Zakona dovelo je do zabluda u vezi s obraćenjem i posvećenjem, a posljedica je sniženje mjerila pobožnosti u Crkvi. Ovdje treba tražiti uzrok nedostatka Božjeg Duha i sile u vjerskim buđenjima našega doba.

Ljudi poznati po svojoj pobožnosti u raznim vjerskim zajednicama priznaju i žale zbog te činjenice. Profesor Edwards A. Park, opisujući suvremene vjerske opasnosti, otvoreno kaže: "Jedan od izvora opasnosti je zanemarivanje isticanja božanskog Zakona s propovjedaonice. Ranije je propovjedaonica bila odjek glasa savjesti. ... Naši najbolji propovjednici dali su svojim propovijedima čudesnu veličanstvenost slijedeći Učiteljev primjer i ističući važnost Zakona, njegovih propisa i prijetnji. Ponavljali su dva velika načela: da je Zakon prijepis božanskog savršenstva i da čovjek koji ne ljubi Zakon ne ljubi ni Evanđelje, jer je Zakon, kao i Evanđelje, zrcalo koje odsjajuje istinski Božji karakter. Ta opasnost vodi k drugoj, a ona je podcjenjivanje zla grijeha, njegove rasprostranjenosti i njegovih posljedica. U omjeru s pravednosti Zakona je nepravednost koja proistječe iz neposlušnosti. ...

Povezana s tim opasnostima je opasnost podcjenjivanja Božje pravde. Suvremeni propovjednik nastoji odvojiti božansku pravdu od božanske dobrote i tu dobrotu svesti na osjećajnost, namjesto da je uzdigne do načela. Nova teološka gledišta rastavljaju ono što je Bog sastavio. Je li božanski Zakon dobar ili loš? On je dobar. Onda je i pravda dobra, jer vodi do vršenja Zakona. Iz navike podcjenjivanja božanskog Zakona i pravde, rasprostranjenosti i posljedica ljudske neposlušnosti, ljudi lako upadaju u naviku podcjenjivanja milosti koja je osigurala zadovoljštinu za grijeh." Tako Evanđelje u mislima ljudi gubi svoju vrijednost i značaj, pa su ubrzo spremni praktično odbaciti i samu Bibliju. Mnogi vjerski učitelji tvrde da je Krist svojom smrću ukinuo Zakon, i ljudi su odsad oslobođeni njegovih zahtjeva. Neki ga prikazuju kao težak jaram i nasuprot robovanju Zakonu ističu slobodu koju čovjek može uživati u Evanđelju.

Ali proroci i apostoli su drukčije gledali na Božji sveti Zakon. David je rekao: "Hodit ću putem prostranim, jer naredbe tvoje istražujem." (Psalam 119,45) Apostol Jakov, koji je pisao nakon Kristove smrti, kaže da je Dekalog "kraljevski Zakon", "savršen Zakon slobode". (Jakov 2,8; 1,25) A pisac Otkrivenja, pola stoljeća nakon Kristova raspeća, izriče blagoslov nad onima koji vrše Njegove zapovijedi, "tako da dobiju pravo na stablo života i da mognu ući u grad na vrata". (Otkrivenje 22,14)

Tvrdnja da je Krist svojom smrću ukinuo Zakon svojega Oca nema nikakve osnove. Da se Zakon mogao promijeniti ili ukinuti, Krist ne bi morao umrijeti za čovjekov spas od kazne za grijeh. Kristova smrt umjesto da ukida Zakon, dokazuje da je on nepromjenjiv. Božji je Sin došao "da uzveliča i proslavi zakon svoj". (Izaija 42,21) On je rekao: "Nemojte misliti da sam došao ukinuti Zakon i Proroke! ... Dok opstoji nebo i zemlja, ni jedna jota, ni jedna kovrčica iz Zakona sigurno neće nestati, a da se sve ne ostvari." (Matej 5,17.18) A o sebi samome veli: "Milje mi je, Jahve, vršit tvoju volju, Zakon tvoj duboko u srcu ja nosim." (Psalam 40,9)

Božji je Zakon nepromjenjiv već po svojoj naravi. On je objava volje i karaktera svog Stvoritelja. Bog je ljubav i Njegov Zakon je ljubav. Njegova dva velika načela su ljubav prema Bogu i ljubav prema čovjeku. "Dakle: ljubav je ispunjeni Zakon." (Rimljanima 13,10) Božji karakter jest pravednost i istina; takva je narav Njegovog Zakona. Psalmist kaže: "Zakon je tvoj sama istina, ... jer zapovijedi su tvoje sve pravedne." (Psalam 119,142. 172) A apostol Pavao izjavljuje: "Zakon je bez sumnje svet, a zapovijed i sveta, i pravedna, i dobra." (Rimljanima 7,12) Ovakav Zakon, koji je izražaj Božjeg uma i volje, mora biti trajan kao i njegov Stvoritelj.

Djelo obraćenja i posvećenja jest mirenje ljudi s Bogom kako bi se uskladili s načelima Njegovog Zakona. U početku je čovjek stvoren na Božju sliku. Bio je u savršenom skladu s prirodom i Božjim zakonom; načela pravednosti bila su upisana u njegovo srce. Ali grijeh ga je otuđio od njegovog Stvoritelja. Više nije odražavao božansku sliku. Njegovo je srce bilo u sukobu s načelima Božjeg zakona. "Zato je težnja tijela neprijateljstvo prema Bogu, jer se ne pokorava Božjem zakonu niti to može." (Rimljanima 8,7) Ali "Bog je tako ljubio svijet da je dao svoga jedinorođenog Sina", kako bi se čovjek mogao pomiriti s Bogom. Zahvaljujući Kristovim zaslugama čovjek može obnoviti sklad sa svojim Stvoriteljem. Njegovo se srce mora obnoviti božanskom milošću; on mora primiti novi život odozgo. Ta je promjena novorođenje, bez kojega, kaže Isus, čovjek "ne može vidjeti kraljevstva Božjega".

Prvi korak k pomirenju s Bogom jest osvjedočenje o grijehu. "Grijeh je kršenje zakona." "Zakon, uistinu, služi samo točnoj spoznaji grijeha." (1. Ivanova 3,4; Rimljanima 3,20) Da bi uvidio svoju krivnju, grešnik mora ispitati svoj karakter Božjim velikim mjerilom pravednosti. Ono je zrcalo koje pokazuje savršenstvo pravednog karaktera i omogućuje čovjeku da otkrije svoje nedostatke.

Zakon čovjeku otkriva njegove grijehe, ali ne osigurava lijek. Dok poslušnima obećava život, istodobno objavljuje da je smrt plaća za prijestupnike. Samo ga Kristovo Evanđelje može spasiti od osude ili uprljanosti grijehom. On mora pokazati da se pokajao pred Bogom čiji je Zakon prekršio, ali i vjeru u Krista, svoju Žrtvu pomirnicu. Time dobiva "oproštenje pređašnjih grijeha" i postaje dionikom božanske naravi. On je Božje dijete, jer je primio duha posinjenja kojim viče: "Abba – Oče!" (Rimljanima 8,15)

Je li sada slobodan da krši Božji zakon? Pavao pita: "Ukidamo li tako vjerom Zakon?" I odgovara: "Daleko od toga! Naprotiv, tim Zakon utvrđujemo. ... Mi koji umrijesmo grijehu, kako da još živimo u njemu?" A Ivan izjavljuje: "Jer u ovome stoji ljubav prema Bogu: da vršimo njegove zapovijedi. A njegove zapovijedi nisu teške." (Rimljanima 3,31; 6,2; 1. Ivanova 5,3) Novorođenjem se srce usklađuje s Bogom i Njegovim Zakonom. Kad u grešniku dođe do te silne promjene, on je prešao iz smrti u život, iz grijeha u svetost, iz prijestupa i buntovnosti u poslušnost i odanost. Starom životu odvojenosti od Boga došao je kraj; započeo je novi život pomirenja, vjere i ljubavi. Sada se u nama ispunjava "pravedni zahtjev Zakona" jer "ne živimo po tijelu, nego po Duhu". (Rimljanima 8,4) A duša govori: "O kako

468

ljubim Zakon tvoj, po cio dan o njemu razmišljam." (Psalam 119,97) "Savršen je Zakon Jahvin – dušu krijepi." (Psalam 19,7) Bez Zakona ljudi nemaju pravo razumijevanje Božje svetosti i čistoće, niti svoje osobne krivnje i nečistoće. Nisu istinski osvjedočeni o grijehu i ne osjećaju potrebu za pokajanjem. Budući da ne vide da su prekršitelji Božjeg zakona, oni nisu svjesni potrebe za Kristovom pomiriteljskom krvlju. Prihvatili su nadu u spasenje, a nisu doživjeli korjenitu promjenu srca niti su obnovili život. Stoga ima mnogo površnih obraćenja i Crkvi se pridružuju mnogi koji se nikada nisu ujedinili s Kristom.

Lažne teorije o posvećenju, koje se javljaju i zbog zanemarivanja ili odbacivanja božanskog Zakona, zauzimaju značajno   *469* mjesto u današnjim vjerskim pokretima. Te su teorije lažne po učenju i opasne po svojim praktičnim dosezima, a činjenica što nailaze na opće prihvaćanje još više ističe potrebu da svi trebaju jasno razumjeti što o tome uči Sveto pismo.

Pravo posvećenje je biblijski nauk. U svojem pismu upućenom crkvi u Solunu, apostol Pavao kaže: "Ovo je, naime, volja Božja: vaše posvećenje." A onda moli: "A sâm Bog, izvor mira, neka vas potpuno posveti." (1. Solunjamima 4,3; 5,23) Biblija jasno uči što je posvećenje i kako se ono postiže. Spasitelj je molio za svoje učenike: "Posveti ih istinom svojom; tvoja je riječ istina." (Ivan 17,17.19) A Pavao uči da vjernici trebaju biti posvećeni Svetim Duhom (Rimljanima 15,16). Što je zadaća Svetoga Duha? Isus je rekao učenicima: "A kada dođe on, Duh Istine, uvest će vas u svu istinu." (Ivan 16,13) Psalmist kaže: "Sve zapovijedi tvoje istina su sama." (Psalam 119,86) Ljudima se Božjom riječju i Duhom otkrivaju velika načela pravednosti sadržana u Njegovu Zakonu. Budući da je Božja zapovijed "sveta, i pravedna, i dobra", i da je odraz božanskog savršenstva, i karakter oblikovan poslušnošću tom Zakonu će biti svet. Krist je savršen primjer takvog karaktera. On kaže: "Kao što sam i ja vršio zapovijedi Oca svog. ... Jer ja uvijek činim što je njemu ugodno." (Ivan 15,10; 8,29) Kristovi sljedbenici moraju postati slični Njemu – da Božjom milošću izgrade karakter u skladu s načelima Njegovog svetog Zakona. To je biblijsko posvećenje.

To se djelo može izvršiti samo vjerom u Krista, silom Božjeg Duha u nama. Pavao savjetuje vjerne: "Sa strahom i drhtanjem nastojte da postignete svoje spasenje. Bog je, naime, onaj koji proizvodi u vama i htijenje i djelovanje da mu se možete svidjeti." (Filipljanima 2,12.13) Kršćanin će osjetiti poticaje na grijeh, ali će se protiv njega stalno boriti. Upravo tu je potrebna *470* Kristova pomoć. Ljudska se slabost udružuje s božanskom snagom i vjera kliče: "Ali hvala Bogu koji nam dade pobjedu po našemu Gospodinu Isusu Kristu." (1. Korinćanima 15,57) Sveto pismo jasno pokazuje da je djelo posvećenja postupno. Kad grešnik obraćenjem nađe mir s Bogom po krvi pomirenja, kršćanski je život tek započeo. Sad se on treba uzdići "k savršenome" (DF), da uzraste "k mjeri punine veličine Kristove". (Efežanima 4,13) Apostol Pavao kaže: "Ali kažem samo jedno: zaboravljajući što je nazad, ispružajući se prema onome što je naprijed, trčim k cilju da postignem nagradu − nebesko stanje u koje nas je Bog pozvao po Kristu Isusu." (Filipljanima 3,13.14) A Petar pred nas stavlja stube kojima se postiže biblijsko posvećenje: "Zbog toga uložite svu revnost da sa svojom vjerom spojite poštenje, s poštenjem znanje, sa znanjem uzdržljivost, s uzdržljivošću postojanost, s postojanošću pobožnost, s pobožnošću bratsku ljubav, s bratskom ljubavi ljubav uopće. ... Radeći tako, sigurno nećete nigda pasti." (2. Petrova 1,5-10)

Oni koji dožive biblijsko posvećenje pokazat će ponizan duh. Poput Mojsija, i oni su spoznali zastrašujuću veličanstvenost svetosti i vide svoju vlastitu nedostojnost nasuprot čistoći i uzvišenoj savršenosti Beskonačnoga.

Prorok Daniel je bio primjer istinskog posvećenja. Njegov je dugi život bio ispunjen uzvišenim služenjem Gospodinu. On je bio "miljenik" Neba. (Daniel 10,11) Pa ipak, namjesto da tvrdi kako je čist i svet, taj se časni prorok poistovjećuje s istinski grešnim Izraelom kad pred Bogom posreduje za svoj narod: "Jer mi te ne molimo zbog svoje pravednosti, već zbog velikih smilovanja tvojih. ... Mi sagriješismo, mi zlo učinismo." I kaže: "Ja sam još govorio, moleći se i priznavajući grijehe svoje i grijehe svog naroda Izraela ..." A kad mu se kasnije javio Božji Sin da *471* ga pouči, Daniel kaže: "Onemoćah, lice mi problijede, iznakazi se, snaga me ostavi." (Daniel 9,18.15.20; 10,8)

Kad je Job začuo Gospodnji glas iz oluje, uzviknuo je: "Sve riječi svoje zato ja poričem i kajem se u prahu i pepelu." (Job 42,6) A kad je Izaija vidio Gospodnju slavu i čuo klicanje serafa: "Svet! Svet! Svet Jahve nad Vojskama!", povikao je: "Jao meni, propadoh!" (Izaija 6,3.5) Nakon što je bio uznesen do trećeg neba i čuo neizrecive riječi koje čovjeku nije dopušteno izreći, Pavao govori o sebi kao "najmanjemu od najmanjega među svim svetima". (2. Korinćanima 12,2-4; Efežanima 3,8) A omiljeni je Ivan, koji je ležao na Isusovim grudima i vidio Njegovu slavu, pao kao mrtav pred anđelove noge. (Otkrivenje 1,17) Kod onih koji žive u sjeni križa na Golgoti nema samouzvisivanja i hvalisavih tvrdnji da su bez grijeha. Svjesni su da je njihov grijeh prouzročio agoniju koja je slomila srce Božjeg Sina, i ta će ih pomisao voditi dubokoj poniznosti. Oni koji su najbliskiji Isusu najjasnije prepoznaju slabost i grešnost čovječanstva, a njihova jedina nada počiva u zasluzi raspetog i uskrslog Spasitelja.

"Posvećenje" koje postaje sve omiljenije u kršćanskom svijetu prožima duh samouzvišenja i prijezira prema Božjem zakonu, pa je ono strano biblijskoj vjeri. Njegovi zagovornici uče da je posvećenje trenutačan čin kojim, isključivo vjerom, postižu savršenu svetost. "Samo vjeruj", kažu, "i primit ćeš blagoslov." Smatra se da primatelj sa svoje strane nema potrebe ulagati daljnji napor. A u isto vrijeme poriču autoritet Božjem zakonu i tvrde da su oslobođeni obveze da vrše zapovijedi. Mogu li, pitamo se, ljudi biti sveti, suglasni s Božjom voljom i karakterom, a neuskalađeni s načelima koja su izražaj Njegove naravi i volje, i koja pokazuju što je Njemu ugodno?

Želja za lakom religijom koja ne zahtijeva napor, samoodricanje ni napuštanje ludosti svijeta, učinila je nauk o vjeri isključivo vjeri, popularnim učenjem. Ali što kaže Božja riječ? Apostol Jakov veli: "Što koristi, braćo moja, ako tko rekne da ima vjeru, a djelâ nema? Zar ga vjera može spasiti? ... Želiš vidjeti, o luđače, da je vjera bez djelâ beskorisna? Zar nije naš otac Abraham djelima pokazan opravdanim kad je prinio na žrtvenik svoga sina Izaka? Vidiš da je vjera zajednički djelovala s njegovim djelima i da je vjera uz pomoć djelâ postala savršena. ... Vidite da čovjek biva opravdan djelima, a ne samo vjerom?" (Jakov 2,14-24) 472

Svjedočanstvo Božje riječi protivi se takvom obmanjujućem učenju vjere bez djela. Vjera koja ne ispunjava uvjete pod kojima je zajamčeno milosrđe nije vjera, već drskost, jer se prava vjera temelji na obećanjima i propisima Svetoga pisma.

Neka se nitko ne vara vjerujući da može postati svet ako hotimično krši jedan od Božjih zahtjeva. Svjesno počinjen grijeh utišava glas Svetoga Duha i odvaja dušu od Boga. "Grijeh je kršenje zakona." "Tko god ostaje u grijehu [to jest krši Zakon], njega nije vidio ni upoznao." (1. Ivanova 3,6) Premda Ivan u svojim poslanicama mnogo govori o ljubavi, ipak ne oklijeva otkriti pravi karakter onih koji tvrde da su posvećeni, a žive prestupajući Božji zakon. "Tko tvrdi: 'Poznajem ga', a ne vrši njegovih zapovijedi, lažac je, i u njemu nema istine. Ali tko vrši njegovu riječ, uistinu, u tome je do savršenstva došla ljubav Božja. Po tome znamo da smo u njemu." (1. Ivanova 2,4.5) Ovo je ispit ispovijedanja svakog čovjeka. Mi ne možemo nikome pripisati svetost ako ga ne usporedimo s jedinim Božjim mjerilom svetosti na Nebu i na Zemlji. Ako moralni Zakon ništa ne znači ljudima, ako umanjuju ili olako uzimaju Božje propise, ako krše i najmanju od tih zapovijedi i tako nauče ljude, Nebo ih neće poštovati i mi možemo biti sigurni da su njihove tvrdnje neosnovane.

473

Ako tko tvrdi da je bez grijeha, upravo taj njegov iskaz dokazuje da je daleko od svetosti. Upravo zato što nema pravo razumijevanje Božje neizmjerne čistoće i svetosti ili onoga što mora postati čovjek usklađen s Njegovim karakterom; zato što nema pravo razumijevanje Isusove čistoće i uzvišene nježnosti, niti razumijevanje podmuklosti i zloćudnosti grijeha, takav sebe smatra svetim. Što je udaljeniji od Krista i što je manjkavije njegovo razumijevanje božanskog karaktera i Božjih zahtjeva, to će u svojim očima izgledati pravednijim.

Posvećenje isticano u Svetom pismu obuhvaća cijelo biće — duh, dušu i tijelo. Pavao je molio za Solunjane da se cijelo njihovo biće, "duh, duša i tijelo — sačuva besprijekorno za dolazak Gospoda našega Isusa Krista". (1. Solunjanima 5,23) I ponovno piše vjernicima: "Zaklinjem vas, dakle, braćo, milosrđem Božjim da prikažete tjelesa svoja za žrtvu živu, svetu, ugodnu Bogu." (Rimljanima 12,1) U doba drevnog Izraela svaka životinja donesena na žrtvu Bogu pomno se ispitivala. Ako bi se na prikazanoj životinji otkrio bilo kakav nedostatak, bila bi odbijena, jer je Bog naredio da žrtva bude "bez mane". Tako su i kršćani pozvani da prinesu sebe "kao žrtvu živu, svetu i ugodnu Bogu". Da bi to ostvarili, moraju sve svoje snage sačuvati u najboljem mogućem stanju. Svaki postupak koji slabi čovjekovu tjelesnu ili umnu snagu onesposobljuje ga za službu njegovom Stvoritelju. Možemo li Boga zadovoljiti bilo čime osim najboljim? Krist je rekao: "Ljubi Gospodina Boga svoga svim srcem svojim." Oni koji ljube Boga svim srcem željet će Mu posvetiti najbolju službu svog života. Oni će stalno nastojati sve sile svog bića uskladiti sa zakonima koji će jačati njihovu spremnost da čine Njegovu volju. Oni neće popuštanjem apetitu ili strasti oslabiti ili okaljati žrtvu koju prikazuju svom nebeskom Ocu.

Petar kaže: "Klonite se tjelesnih požuda, jer one vojuju protiv duše!" (1. Petrova 2,11) Svako grešno zadovoljstvo vodi k slabljenju sposobnosti i mrtvilu umnog i duhovnog rasuđivanja, pa Božja riječ i Duh slabo utječu na srce. Pavao piše Korinćanima: "Očistimo se, ljubljeni, od svake tjelesne i duševne ljage, i privedimo k savršenstvu svoju svetost u strahu Božjemu!" (2. Korinćanima 7,1) A uz plodove Duha "ljubav, radost, mir, strpljivost, blagost, dobrotu, vjernost, krotkost" stavlja i "uzdržljivost". (Galaćanima 5,22.23)

Koliko takozvanih kršćana, unatoč tim nadahnutim izjavama, slabe svoje snage u trci za dobitkom ili u obožavanju mode! Koliko njih proždrljivošću, pijenjem vina i zabranjenim uživanjima ponižava svoju Bogom danu muževnost! A Crkva, namjesto da ukorava, prečesto ohrabruje takvo zlo i potiče apetit, želju za dobitkom i razna zadovoljstva, kako bi napunila svoju riznicu koju ljubav prema Kristu ne može napuniti. Kad bi Isus ušao u današnje crkve i tamo vidio gošćenje i nesvetu trgovinu koja se odvija u ime vjere, ne bi li istjerao te oskvrnitelje kao što je istjerao mjenjače novca iz Hrama?

Apostol Jakov objavljuje da je mudrost koja dolazi odozgo "prije svega čista". (Jakov 3,17) Da je sreo one koji izgovaraju sveto Isusovo ime usnama okaljanima duhanom, one čiji su dah i tijelo prožeti njegovim odvratnim smradom, koji njime prljaju nebeski zrak i prisiljavaju sve oko sebe da udišu taj otrov — da je apostol naišao na postupak koji toliko odudara od čistoće Evanđelja, ne bi li ga osudio kao "zemaljski, čulni i đavolski"? Robovi duhana, prisvajajući blagoslov cjelokupnog posvećenja, govore o svojoj nadi u Nebo, ali Božja riječ jasno izjavljuje: "Ništa nečisto nikada neće u nj ući." (Otkrivenje 21,27)

"Ili zar ne znate da je vaše tijelo hram Duha Svetoga, koji stanuje u vama i koji vam je dan od Boga? Ne znate li da ne pripadate sami sebi jer ste kupljeni? Proslavite, dakle, Boga svojim tijelom." (1. Korinćanima 6,19.20) Onaj čije je tijelo hram

Svetoga Duha neće postati robom neke štetne navike. Njegove snage pripadaju Kristu koji ga je otkupio po cijenu krvi. Sve što ima pripada Gospodinu. Kako bi mogao biti bez krivnje ako rasipa vlasništvo koje mu je povjereno? Takozvani kršćani godišnje troše goleme svote na beskorisna i štetna ugađanja željama, dok duše ginu za riječju života. Zakidaju Boga u desetinama i darovima, dok prinose na žrtvenik razornih požuda više nego što daju za pomaganje siromašnima ili za podupiranje Evanđelja. Kad bi svi koji tvrde da su Kristovi sljedbenici bili istinski posvećeni, njihova bi novčana sredstva, namjesto da ih troše na beskorisna i čak štetna zadovoljstva, bila usmjerena u Gospodnju riznicu, i kršćani bi bili primjer umjerenosti, samoodricanja i požrtvovnosti. Tada bi bili svjetlost svijetu.

Svijet se prepustio udovoljavanju samome sebi. "Požuda tijela, i požuda očiju, i oholost života" (DF) vladaju mnoštvom. Ali Kristovi sljedbenici imaju svetije zvanje: "Zato iziđite između njih i odvojte se – veli Gospodin! Ne dotičite se ničega nečista, i ja ću vas primiti!" (2. Korinćanima 6,17) U svjetlosti Božje riječi imamo pravo objaviti da posvećenje nije istinsko ako ne dovede do posvemašnjeg odricanja od grešnih ciljeva i svjetovnih zadovoljstava.

Onima koji ispunjavaju uvjete: "Zato iziđite između njih i odvojte se – veli Gospodin! Ne dotičite se ničega nečista!" – Božje obećanje glasi: "Ja ću vam biti Otac, a vi ćete mi biti sinovi i kćeri, veli Gospodin Svemogući." (2. Korinćanima 6,17.18) Prednost i dužnost svakog kršćanina je da stekne bogato iskustvo u Božjim stvarima. "Ja sam svjetlo svijetu", rekao je Isus. "Tko mene slijedi, sigurno neće ići po tami, nego će imati svjetlo koje vodi u život." (Ivan 8,12) "A pravednička je staza kao svjetlost svanuća, koja je sve jasnija do potpunog dana." (Izreke 4,18) Svaki korak vjere i poslušnosti dovodi dušu u užu vezu sa Svjetlom svijeta, u kome "nikakve tame nema". Sjajne zrake Sunca Pravde svijetle na Božje sluge, a od njih se očekuje da odsjajuju Njegovo svjetlo. Kao što nam zvijezde kazuju da na Nebu postoji veliko svjetlo čiji sjaj odsjajuju, tako i kršćani trebaju pokazati da je na prijestolju svemira Bog čiji je karakter dostojan proslavljanja i oponašanja. Plodovi Njegova Duha, čistoća i svetost Njegova karaktera, otkrit će se u Njegovim svjedocima.

Pavao je u svom pismu Kološanima nabrojio bogate blagoslove zajamčene Božjoj djeci. On kaže: Mi "ne prestajemo moliti za vas i prositi da vas Bog napuni potpunom spoznajom svoje volje sa svakovrsnom mudrosti i duhovnim razumijevanjem, tako da živite dostojno Gospodina, da mu budete ugodni u svemu; da budete plodonosni svakom vrstom dobrih djela i da napredujete u spoznaji Boga; da se, ojačani svakovrsnom moći njegova božanstva, osposobite za savršenu postojanost i strpljivost." (Kološanima 1,9-11)

I ponovno piše o svojoj želji da braća u Efezu spoznaju uzvišenost prednosti kršćanina. Izrazito jasnim jezikom otkriva čudesnu moć i spoznaju koja im kao sinovima i kćerima Svevišnjega stoji na raspolaganju. Oni mogu ojačati "u snazi po njegovu Duhu u unutarnjeg čovjeka", mogu biti "u ljubavi uvriježeni i utemeljeni" da bi bili "sposobni shvatiti zajedno sa svima svetima koja je tu širina, duljina, visina i dubina, i upoznati ljubav Kristovu koja nadilazi spoznaju". Ali apostolova molitva dostiže vrhunac kad moli za prednost "da budete ispunjeni do sve punine koja dolazi od Boga". (Efežanima 3,16-19)

Ovdje su otkrivena najveća dostignuća koja možemo postići vjerom u obećanja našeg nebeskog Oca, ako ispunimo Njegove zahtjeve. Zahvaljujući Kristovim zaslugama imamo pristup prijestolju Beskonačne Sile. "On koji čak nije poštedio vlastitog Sina, već ga predao za sve nas, kako nam neće dati sve ostalo s njime?" (Rimljanima 8,32) Otac je svome Sinu dao svog Duha bez mjere i mi možemo biti sudionicima te punine. Isus veli: "Dakle: ako vi, premda ste zli, možete davati svojoj djeci dobre darove, koliko će više Otac nebeski dati Duha Svetoga onima koji ga mole!" (Luka 11,13) "Ma što me zamolili u moje ime, ja ću učiniti. ... Molite i primit ćete da vaša radost bude potpuna." (Ivan 14,14; 16,24)

Premda će život kršćanina biti obilježen poniznošću, on ne treba biti označen tugom ili samopodcjenjivanjem. Svatko može živjeti tako da bude ugodan Bogu i da ga Bog može blagosloviti. Naš nebeski Otac ne želi da zauvijek budemo pod osudom i tamom. Dokaz prave poniznosti nije hodati pognute glave, a srce ispuniti mislima o sebi. Mi možemo poći Isusu i biti očišćeni, a onda stati pred Zakon bez srama i kajanja. "Sad, dakle, nema više nikakve osude onima koji su u Kristu Isusu", koji ne žive po tijelu nego po Duhu. (Rimljanima 8,1)

477

Zahvaljujući Isusu, pali Adamovi sinovi postaju "sinovi Božji". "Jer svi – i posvetitelj i posvećeni – imaju jednoga Oca." Zbog toga se ne stidi zvati ih braćom." (Hebrejima 2,11) Život kršćanina treba biti život vjere, pobjede i radosti u Bogu. "Jer sve što je od Boga rođeno pobjeđuje svijet. A ovo je sredstvo pobjede koja pobjeđuje svijet: naša vjera." (1. Ivanova 5,4) Istinu je govorio Božji sluga Nehemija: "Radost Jahvina vaša je jakost." (Nehemija 8,10) A Pavao piše: "Radujte se uvijek u Gospodinu! Da ponovim: radujte se!" (Filipljanima 4,4) "Radujte se uvijek! Bez prestanka molite! U svakoj prilici zahvaljujte, jer je to za vas volja Božja u Kristu Isusu!" (1. Solunjanima 5,16-18)

478

To su plodovi biblijskog obraćenja i posvećenja, a oni se tako rijetko uočavaju, budući da je kršćanski svijet toliko ravnodušan prema velikim načelima pravednosti što ih iznosi Božji zakon. I stoga se tako malo vidi onog dubokog, trajnog djelovanja Božjeg Duha što je obilježavalo vjerska buđenja u proteklim godinama.

Gledanjem se mijenjamo. Budući da su zanemareni oni sveti propisi u kojima je Bog ljudima otkrio savršenstvo i svetost svog karaktera, pa ih privlače ljudska učenja i teorije, nije čudo što je u crkvama došlo do opadanja žive pobožnosti. Gospodin je rekao: "Jer dva zla narod moj učini: ostavi mene, Izvor vode žive, te iskopa sebi kladence, kladence ispucane što vode držati ne mogu." (Jeremija 2,13)

"Blago čovjeku koji ne slijedi savjeta opakih ... već uživa u Zakonu Jahvinu, o Zakonu njegovu misli dan i noć. On je ko stablo zasađeno pokraj vodâ tekućica što u svoje vrijeme plod donosi; lišće mu nikad ne vene, sve što radi, dobrim urodi." (Psalam 1,1-3) Do buđenja prvobitne vjere i pobožnosti među onima koji se smatraju Njegovim narodom može doći samo kad se Božjem zakonu vrati njegovo pravo mjesto. "Ovako govori Jahve: Stanite na negdašnje putove, raspitajte se za iskonske staze: Koji put vodi k dobru? Njime pođite i naći ćete spokoj dušama svojim!" (Jeremija 6,16)

28

Sučeljeni sa životnim izvještajem

"Gledao sam:" kaže prorok Daniel, "Prijestolja bijahu po-   *479*
stavljena i Pradavni sjede. Odijelo mu bijelo poput snijega; vlasi
na glavi kao čista vuna. Njegovo prijestolje kao plamenovi og-
njeni i točkovi kao žarki oganj. Rijeka ognjena tekla, izvirala
ispred njega. Tisuću tisuća služahu njemu, mirijade stajahu pred
njim. Sud sjede, knjige se otvoriše." (Daniel 7,9.10)

Tako je prorokovu vizionarskom pogledu prikazan veliki i
svečani dan, u koji će pred Sucem svega svijeta proći karakter
i život ljudi, i u koji će "platiti svakomu prema djelima njego-
vim". Pradavni je Bog Otac. Psalmist kaže: "Prije nego što se
rodiše bregovi, prije nego postade kopno i krug zemaljski, od
vijeka do vijeka, Bože, ti jesi." (Psalam 90,2) On, Stvoritelj svih
bića i izvor cjelokupnog Zakona, treba predsjedati sudu. Sveti
anđeli kao služitelji i svjedoci, njih "tisuću tisuća ... mirijade",
prisutni su na tom velikom sudu.

"Gledah u noćnim viđenjima i gle na oblacima nebeskim
dolazi kao Sin Čovječji. On se približi Pradavnome, i dovedu
ga k njemu. Njemu bî predana vlast, čast i kraljevstvo, da mu   *480*
služe svi narodi, plemena i jezici. Vlast njegova vlast je vječna
i nikada neće proći, kraljevstvo njegovo neće propasti." (Da-
niel 7,13.14) Ovdje opisani Kristov dolazak nije Njegov drugi
dolazak na Zemlju. On dolazi pred Pradavnoga na Nebu da primi
vlast, čast i kraljevstvo koje će dobiti po završetku svoje po-
sredničke službe. Taj se dolazak, a ne Njegov drugi dolazak na
Zemlju, trebao prema proročanstvu zbiti po završetku 2300 go-
dina, 1844. godine. Praćen nebeskim anđelima, naš Veliki sve-
ćenik ulazi u Svetinju nad svetinjama i tamo se pojavljuje pred

Bogom da obavi posljednji dio svoje službe za čovjeka – da obavi djelo istražnog suda i izvrši pomirbu za sve koji su pokazali da imaju pravo na njezine blagoslove.

U ovozemaljskoj službi na Dan pomirenja sudjelovali su samo oni koji su izišli pred Boga s priznanjem i pokajanjem, i kojima su grijesi s krvlju žrtve okajnice bili preneseni u Svetište. Tako se i na veliki dan konačnog pomirenja i istražnog suda razmatraju slučajevi samo onih koji se smatraju Božjim narodom. Sud nad zlima je posebno i odvojeno djelo, koje će se izvršiti kasnije. "Jer je vrijeme da počne sud s kućom Božjom! A ako dakle počinje s nama, kakav će biti svršetak onih koji se ne pokoravaju Božjoj Radosnoj vijesti?" (1. Petrova 4,17)

Nebeske knjige u kojima su zapisana imena ljudi i njihova djela određuju sudske odluke. Prorok Daniel kaže: "Sud sjede, knjige se otvoriše." (Daniel 7,10) Opisujući isti prizor, pisac Otkrivenja dodaje: "I druga knjiga, knjiga života bî otvorena. Tada su mrtvaci suđeni prema onome što je napisano u knjigama, po svojim djelima." (Otkrivenje 20,12)

U knjizi života nalaze se imena svih koji su ikada bili u Božjoj službi. Isus je pozvao svoje učenike: "Radujte se ... što *481* su vaša imena zapisana na nebesima." (Luka 10,20) Pavao govori o svojim vjernim suradnicima, "kojih se imena nalaze u knjizi života". (Filipljanima 4,3) Promatrajući buduće "vrijeme tjeskobe kakve ne bijaše", Daniel izjavljuje da će se Božji narod izbaviti, "svi koji se nađu zapisani u Knjizi". A Ivan u Otkrivenju kaže da će u Božji grad ući samo oni "koji stoje upisani u Janjetovoj knjizi života". (Daniel 12,1; Otkrivenje 21,27)

"Knjiga spomenica" piše se pred Bogom i u njoj su zapisana dobra djela onih "koji se boje Jahve i štuju Ime njegovo". (Malahija 3,16) Njihove riječi vjere, njihova djela ljubavi – sve je to zapisano u Nebu. Nehemija govori o njoj kad kaže: "Zato, sjeti se mene, Bože moj: ne prezri mojih pobožnih djela koja učinih za Dom Boga svoga i za službu u njemu." (Nehemija 13,14) U knjizi spomenici sačuvana je trajna uspomena na svako pravedno djelo. U njoj je vjerno zapisana svaka pobijeđena kušnja, svako nadvladano zlo i svaka riječ nježne sućuti. Zapisana je i svaka žrtva, svako stradanje i jad pretrpljeni zbog Krista. Psalmist veli: "Ti izbroji dane mog progonstva, sabrao si suze moje u mijehu svom. Nije li sve zapisano u knjizi tvojoj?" (Psalam 56,9)

Postoji i izvještaj o grijesima ljudi. "Jer će sva skrivena djela, bila dobra ili zla, Bog izvesti na sud." Spasitelj kaže: "Ja vam kažem da će ljudi za svaku nekorisnu riječ što je izreknu odgovarati na Sudnji dan. Tvoje će te riječi opravdati, tvoje će te riječi osuditi." (Propovjednik 12,14; Matej 12,36.37) U nepogrešivom izvještaju nalaze se tajne nakane i pobude, jer Bog će "osvijetliti što je sakriveno u tami i objavit nakane srdaca". (1. Korinćanima 4,5) "Evo, sve je napisano preda mnom ... za bezakonja vaša i vaših otaca, sve zajedno – govori Jahve." (Izaija 65,6.7)

Pred Bogom se ispituje djelo svakog čovjeka i zapisuje kao *482* vjerno ili nevjerno. Pored svakog imena u nebeskim knjigama se sa strahovitom točnošću upisuje svaka ružna riječ, svaki sebični postupak, svaka neispunjena dužnost i svaki tajni grijeh, uz svako vješto pretvaranje. Zanemarene opomene ili ukori što ih Nebo šalje, uzalud utrošeno vrijeme, neiskorištene prilike, utjecaj na dobro ili zlo, sa svojim dalekosežnim posljedicama – sve to anđeo zapisničar vjerno zapisuje.

Božji zakon je mjerilo kojim će se ispitati karakteri i životi ljudi na sudu. Mudar čovjek kaže: "Boj se Boga, izvršuj njegove zapovijedi, jer – to je sav čovjek. Jer sva će skrivena djela, bila dobra ili zla, Bog izvesti na sud." (Propovjednik 12,13.14) Apostol Jakov savjetuje svoju braću: "Govorite i radite kao ljudi koji imaju biti suđeni po zakonu slobode." (Jakov 2,12)

Oni koje na sudu proglase dostojnima, sudjelovat će u uskrsnuću pravednih. Isus je rekao: "Ali oni koji se nađu dostojni da budu dionici onoga svijeta i uskrsnuća od mrtvih ... [jesu] slični anđelima. Oni su sinovi Božji, jer su sinovi uskrsnuća." (Luka 20,35.36) I ponovno objavljuje da će oni "koji su činili dobro" izići iz grobova "na uskrsnuće – na život". (Ivan 5,29) Umrli pravednici neće uskrsnuti dok se ne završi sud na kojem su proglašeni dostojnima za "uskrsnuće – na život". Stoga neće osobno biti prisutni na suđenju kad se bude ispitivao izvještaj o njihovom životu i rješavao njihov slučaj.

Isus će se pojaviti kao njihov odvjetnik da se pred Bogom zauzme za njih. "Ali ako tko i počini grijeh, imamo zagovornika kod Oca: Isusa Krista, pravednika." (1. Ivanova 2,1) "Krist, naime, nije ušao u Svetinju nad svetinjama napravljenu rukom, koja je samo slika prave, nego u samo nebo, da posreduje za nas pred licem Božjim. ... Odatle slijedi da može zauvijek spasavati one koji po njemu dolaze k Bogu, jer uvijek živi da posreduje za njih." (Hebrejima 9,24; 7,25)

483   Kad se na sudu otvore knjige s izvještajima, pred Boga dolaze životi svih koji su uzvjerovali u Isusa. Počinjući s onima koji su prvi živjeli na Zemlji, naš Zastupnik iznosi slučajeve naraštaja za naraštajem i završava sa živima. Svako se ime spominje, svaki slučaj temeljito ispituje. Neka se imena prihvaćaju, a neka odbijaju. Ako su nečiji grijesi ostali zapisani u knjigama neokajani i neoprošteni, ta će imena biti izbrisana iz knjige života, a izvještaj o njihovim dobrim djelima izbrisat će se iz Božje knjige spomenice. Gospodin je objavio Mojsiju: "Onoga tko je protiv mene sagriješio, izbrisat ću iz svoje knjige." (Izlazak 32,33) A prorok Ezekiel kaže: "Ako li se pravednik odvrati od svoje pravednosti i stane činiti nepravdu ... hoće li živjeti? Sva pravedna djela koja bijaše činio zaboravit će se." (Ezekiel 18,24)

Svima koji su se istinski pokajali za grijeh i vjerom se pozvali na Isusovu krv kao na svoju žrtvu pomirnicu, bit će pored imena u nebeskim knjigama napisano: oprošteno. Budući da su postali dionicima Kristove pravednosti, a ustanovljeno je da im je karakter sukladan s Božjim zakonom, njihovi će grijesi biti izbrisani, a oni sami proglašeni dostojnima vječnog života. Gospodin izjavljuje preko proroka Izaije: "A ja, ja radi sebe opačine tvoje brišem, i grijeha se tvojih ne spominjem." (Izaija 43,25) Isus je rekao: "Pobjednik će tako biti obučen u bijelu haljinu; njegova imena neću izbrisati iz knjige života; štoviše, njegovo ću ime priznati pred svojim Ocem i njegovim anđelima." "Tko god mene prizna pred ljudima, priznat ću i ja njega pred svojim Ocem nebeskim. Tko se mene odreče pred ljudima, i ja ću se njega odreći pred svojim Ocem nebeskim." (Otkrivenje 3,5; Matej 10,32.33)

I najdublje zanimanje što ga ljudi pokazuju pri donošenju

484   presuda u zemaljskim sudovima samo je blijeda slika zanimanja koje vlada u nebeskim dvorovima kad se imena upisana u knjigu života pojavljuju da budu ispitana pred Sucem svega svijeta. Božanski Zastupnik moli da svima koji su pobijedili vjerom u Njegovu krv budu oprošteni prijestupi, da budu vraćeni u svoj edenski dom i da okrunjeni kao subaštinici s Njime dobiju "prijašnju vlast". (Mihej 4,8) Svojim nastojanjima da prevari i izvrgne kušnji ljudski rod, Sotona je namjeravao spriječiti bo-

žanski plan pri stvaranju čovjeka, a sada se Krist moli da se on provede kao da čovjek nije nikada pao. On za svoj narod traži ne samo oprost i opravdanje, cjelovito i sveobuhvatno, nego i udio u Njegovoj slavi i mjesto na Njegovu prijestolju. Dok se Isus zauzima za one koji su predmet Njegove milosti, Sotona ih pred Bogom optužuje kao prijestupnike. Veliki je varalica kod njih pokušao izazvati sumnju, potaknuti ih da izgube povjerenje u Boga, odvojiti ih od Njegove ljubavi i navesti da pogaze Njegov Zakon. Sada upozorava na izvješće o njihovom životu, na manjkavosti u karakteru, na njihovu nesličnost s Kristom kojom su osramotili svojega Otkupitelja, i na sve grijehe na koje ih je naveo da ih počine, i zbog svega toga tvrdi da pripadaju njemu.

Isus ne opravdava njihove grijehe, ali upućuje na njihovo kajanje i vjeru, i zahtijevajući za njih oprost podiže svoje ranjene ruke pred Ocem i pred svetim anđelima, govoreći: Znam ih po imenu, urezao sam ih u svoje dlanove. "Žrtva Bogu duh je raskajan, srce raskajano, ponizno, Bože, nećeš prezreti." (Psalam 51,17) A tužitelju svoga naroda kaže: "Suzbio te Jahve, Satane! Suzbio te Jahve koji izabra Jeruzalem! Nije li on glavnja iz ognja izvučena?" (Zaharija 3,2) Krist će svoje vjerne obući u svoju vlastitu pravednost da ih prikaže Ocu kao "Crkvu krasnu, bez ljage, bez ičega tomu slična". (Efežanima 5,27) Njihova imena ostaju upisana u knjizi života i o tim osobama je pisano: "One će me pratiti u bijelim haljinama, jer su dostojne." (Otkrivenje 3,4)

Tako će se u cijelosti ispuniti novozavjetno obećanje: "Jer ću oprostiti bezakonje njihovo i grijeha njihovih neću više spominjati." (Jeremija 31,34) "U one dane i u ono vrijeme – riječ je Jahvina – tražit će grijeh Izraelov, ali ga više neće biti; tražit će opačine judejske, ali ih neće naći. Jer oprostih svima koje sačuvah." (Jeremija 50,20) "U onaj će dan izdanak Jahvin biti na diku i na slavu, a plod zemaljski na ponos i ures spašenima u Izraelu. Koji ostanu na Sionu i prežive u Jeruzalemu, zvat će se sveti i bit će upisani da u Jeruzalemu žive." (Izaija 4,2.3)

Djelo istražnog suda i brisanje grijeha mora se dovršiti prije drugog Gospodnjeg dolaska. Budući da se mrtvima sudi prema onome što je zapisano u knjigama, nemoguće je da grijesi ljudi budu izbrisani prije završetka suda na kome se ispituje njihov slučaj. Apostol Petar sasvim jasno tvrdi da će grijesi vjernika biti izbrisani kada "od Gospodnje prisutnosti mognu doći vremena utjehe i da on pošalje predodređenoga vam Mesiju, Isusa". (Djela 3,20) Kad istražni sud završi svoj posao, Krist će doći i sa sobom donijeti plaću svakome prema njegovu djelu.

U zemaljskoj je službi veliki svećenik, nakon izvršenog pomirenja za Izraela, izišao i blagoslovio zajednicu. Tako će se i Krist po završetku svog posredovanja pojaviti "bez odnosa prema grijehu, onima koji ga iščekuju" (Hebrejima 9,28) da svoj narod, koji Ga je čekao, blagoslovi vječnim životom. Kao što je svećenik, uklanjajući grijehe iz Svetišta, ispovijedio grijehe nad glavom jarca, tako će i Krist sve priznate grijehe položiti na Sotonu, uzročnika i podstrekača grijeha. Jarac koji je ponio Izraelove grijehe odveden je "u pusti kraj". (Levitski zakonik 16,22) Tako će i Sotona, noseći krivnju za sve grijehe na koje je naveo Božji narod da ih počini, biti tisuću godina utamničen na Zemlji koja će u to vrijeme biti pusta i nenastanjena, da bi na kraju pretrpio cjelovitu kaznu za grijeh u ognju koji će uništiti sve zle. Tako će se konačnim brisanjem grijeha i spasenjem svih koji su se voljno odrekli zla ostvariti veliki plan spasenja.

U vrijeme određeno za sud – po završetku 2300 dana, 1844. godine – započelo je djelo ispitivanja i brisanja grijeha. Svi koji su ikada priznali Kristovo ime moraju proći temeljitu istragu. Živi i mrtvi bit će suđeni "prema onome što je napisano u knjigama, po svojim djelima". (Otkrivenje 20,12)

Grijesi za koje se ljudi nisu pokajali i kojih se nisu odrekli neće biti oprošteni i izbrisani iz knjiga, nego će u Božji dan svjedočiti protiv grešnika. Svoja su zla djela mogli učiniti po danjem svjetlu ili noćnom mraku, ali su sada otkrivena i vidljiva pred Onim kome svi moramo položiti račun. Božji su anđeli vidjeli svaki grijeh i unijeli ga u nepogrešive izvještaje. Grijeh se može zatajiti, poreći, sakriti pred ocem, majkom, ženom, djecom i prijateljima. Možda nitko osim grešnika nimalo ne sumnja u krivnju, ali je pred nebeskim bićima sve razotkriveno. Mrak najcrnje noći i potajnost najvještije prijevare ne mogu sakriti nijednu pomisao pred znanjem Vječnoga. Bog ima točno izvješće o svakom nepravednom prikazu i nepoštenom postupku. Njega ne možemo prevariti pobožnim izgledom. On ne griješi u ocjenjivanju karaktera. Ljude mogu prevariti oni koji su pokvareni u srcu, ali Bog prozire svako pretvaranje i čita unutarnji život.

Kako je to svečana pomisao! Dan za danom prelazi u vječnost, noseći breme izvještaja za nebeske knjige. Nekada izgovorene riječi, nekada učinjena djela nikada se ne mogu opozvati. Anđeli su zapisali i dobro i zlo. Ni najsilniji osvajač na Zemlji ne može opozvati izvještaj ni o jednom jedinom danu. Naši postupci, naše riječi, pa i naše najtajnije pobude – sve to ima svoju težinu pri odlučivanju o našoj sudbini, za dobro ili zlo. *487* Premda smo ih zaboravili, oni će ipak svjedočiti da nas opravdaju ili osude.

Kao što fotografija nepogrešivo reproducira crte lica, tako je i karakter vjerno ocrtan u nebeskim knjigama. A kako se malo pozornosti posvećuje izvještaju koji će izići na oči nebeskih bića! Kad bi se mogao otkloniti zastor koji dijeli vidljivi svijet od nevidljivoga, i kad bi ljudi mogli vidjeti anđela kako zapisuje svaku riječ i postupak s kojima se moraju ponovno sresti na Sudu, kolike bi dnevno izgovorene riječi ostale neizgovorene, kolika bi djela ostala nepočinjena!

Na Sudu će se pomno ispitati uporaba svakog talenta. Kako smo koristili sredstva koja nam je Nebo posudilo? Hoće li Gospodin kad dođe uzeti svoje s dobitkom? Jesmo li usavršili snage koje nam je Bog povjerio u ruci, mozgu i srcu na slavu Bogu i na blagoslov svijetu? Kako smo upotrebljavali svoje vrijeme, svoje pero, svoj glas, novac i utjecaj? Što smo učinili za Krista u osobi siromašnih, jadnih, siročeta ili udovice? Bog nas je postavio čuvarima svoje svete Riječi. Što smo učinili s dobijenim svjetlom i istinom da ljude učinimo mudrima za spasenje? Sámo priznanje vjere u Krista nema vrijednosti; jedino se računa ljubav pokazana u djelima. U očima Neba jedino ljubav daje vrijednost svakom djelu. Što god je učinjeno iz ljubavi, ma kako se neznatno činilo u očima ljudi, Bog će priznati i nagraditi.

U nebeskim knjigama otkrivena je skrivena sebičnost ljudi. Tu je izvještaj o neispunjenim dužnostima prema bližnjima, o zanemarivanju Spasiteljevih zahtjeva. U njima će vidjeti koliko su puta dali Sotoni svoje vrijeme, misli i snage koje su pripadale Kristu. Žalostan je izvještaj što ga anđeli nose na Nebo. Razumna stvorenja, tobožnji Kristovi sljedbenici, zaokupljeni su stjecanjem zemaljskog blaga ili uživanjem u tjelesnim zadovoljstvima. Novac, vrijeme i snaga žrtvuju se zbog razmetanja i ugađanja sebi, a malo je trenutaka posvećenih molitvi, istraživanju Svetoga pisma, skrušenosti duše i ispovijedanju grijeha. *488*

Sotona izmišlja bezbroj načina da zaokupi naš um, kako ne bi mogao biti zaokupljen upravo onim zanimanjem koje bismo trebali najbolje poznavati. Stari obmanjivač mrzi velike istine koje ističu žrtvu pomirnicu i svemoćnog Posrednika. On zna da što se njega tiče sve ovisi o tome da odvrati misli od Isusa i Njegove istine.

Oni koji budu dionici u prednostima Spasiteljeva posredovanja ne smiju dopustiti da ih išta odvrati od njihove dužnosti da privedu k savršenstvu svoju svetost u strahu Božjemu. Namjesto da dragocjene sate utroše na uživanje, razmetanje ili na stjecanje dobitka, trebaju se posvetiti ozbiljnom proučavanju Riječi istine uz molitvu. Božji narod treba jasno razumjeti predmet Svetišta i istražnog suda. Svima je osobno potrebno poznavanje položaja i djela našeg Velikog svećenika. U protivnom će im biti nemoguće iskazati prijeko potrebnu vjeru za ovo vrijeme ili zauzeti mjesto što ga je Bog za njih predvidio. Svaki pojedinac ima dušu koju može spasiti ili izgubiti. Slučaj svakoga dolazi na Božji sud. Svatko mora izići pred oči velikog Suca. Koliko je onda važno da svatko češće razmišlja o svečanom prizoru kad sud sjedne i knjige se otvore, kad će, s Danielom, svatko ustati da primi svoju baštinu na kraju danâ.

Svi koji su po ovim pitanjima primili svjetlo, valja da svjedoče o velikim istinama koje im je Bog povjerio. Svetište na Nebu je sámo središte Kristovog djela za ljude. Ono se tiče svake duše koja živi na Zemlji. Ono nam otvara pogled na plan otkupljenja, vodeći nas do samog završetka vremena i otkrivajući slavan kraj sukoba između pravde i grijeha. Od najveće je *489* važnosti da svi temeljito istraže taj predmet i budu spremni odgovoriti svakome tko ih zapita za njihovu nadu.

Kristovo posredovanje za čovjeka u nebeskom Svetištu isto je tako bitno u planu spasenja kao što je to bila i Njegova smrt na križu. Svojom smrću Krist je započeo djelo zbog kojeg je nakon svog uskrsnuća uzašao da bi ga dovršio na Nebu. Mi moramo vjerom ući iza zastora "kamo je ušao za nas u svojstvu preteče Isus". (Hebrejima 6,20) Tamo se zrcali svjetlost s križa na Golgoti. Tamo možemo dobiti jasniji uvid u tajne otkupljenja. Nebo je uz bezgraničnu cijenu postiglo spasenje čovjeka; prinesena Žrtva zadovoljava najšire zahtjeve Božjeg pogaženog Zakona. Isus je otvorio put k Očevu prijestolju i Njegovim posredovanjem svi koji vjerom dolaze pred Boga mogu iznijeti ondje svoju iskrenu želju. "Tko skriva svoje grijehe, nema sreće, a tko ih ispovijeda i odriče ih se, milost nalazi." (Izreke 28,13) Kad bi oni koji kriju i opravdavaju svoje pogreške mogli vidjeti kako im se Sotona raduje, kako se Kristu i svetim anđelima ruga zbog njihova puta, požurili bi s priznavanjem i odricanjem od svojih grijeha. Zbog nedostataka u njihovom karakteru Sotona nastoji zavladati umom, i zna da će uspjeti ako ih budu dalje njegovali. Stoga stalno pokušava svojim kobnim lažima prevariti Kristove sljedbenike, tvrdeći kako ne mogu pobijediti. Ali Isus svojim ranjenim rukama, svojim slomljenim tijelom, moli za njih i objavljuje svima koji Ga budu slijedili: "Dosta ti je moja milost." (2. Korinćanima 12,9) "Uzmite jaram moj na se i učite od mene; jer sam krotka i ponizna srca. Tako ćete naći pokoj svojim dušama, jer jaram je moj sladak, a moje breme lako." (Matej 11,29.30) Nitko dakle ne treba misliti da su njegove manjkavosti neizlječive. Bog će mu dati vjeru i milost da ih nadvlada.

Mi sad živimo u vrijeme velikog dana pomirenja. Dok je veliki svećenik u zemaljskoj službi vršio pomirenje za Izraelce, od svih se zahtijevalo da poste, kaju se zbog grijeha i ponize *490* pred Gospodinom, jer bi u protivnom bili uklonjeni iz naroda. Na isti način svi koji bi htjeli da im imena ostanu u knjizi života trebaju sada, u ovih nekoliko preostalih dana svoje probe, postiti pred Bogom, žalosni zbog grijeha i iskreno se kajući. Oni moraju duboko, temeljito ispitati srce. Moraju se osloboditi neozbiljnog i lakoumnog duha kojemu su se mnogi takozvani kršćani prepustili. Sve koji žele pokoriti zle naklonosti koje njima nastoje zagospodariti, očekuje ozbiljna borba. Priprema je osobna stvar. Mi se ne spašavamo u skupinama. Čistoća i pobožnost jednoga neće nadoknaditi nedostatke tih osobina kod drugoga. Premda svi narodi moraju izići na sud pred Boga, On će ipak ispitati slučaj svakog pojedinca tako pomno i temeljito kao da nema nijednog drugog bića na Zemlji. Svatko mora biti ispitan i nađen bez ljage i bez bore, bez ičega tomu slična.

Sa završenim djelom pomirenja usko su povezani svečani prizori. Činjenice u vezi s njima su od presudnog značaja. U gornjem se Svetištu sud približava kraju. To djelo traje godinama. Ubrzo će se – nitko ne zna kako brzo – prijeći na slučajeve živih. Naš se život treba pojaviti pred veličanstvenim Bogom.

Danas, više no ikada, svaka duša treba prihvatiti Spasiteljevo upozorenje: "Bdijte, jer ne znate kad će doći to vrijeme." (Marko 13,33) "Ne budeš li bdio, doći ću kao lopov, i sigurno nećeš znati u koji ću te čas iznenaditi." (Otkrivenje 3,3) Kad istražni sud bude završen, sudbina svih bit će odlučena za život ili za smrt. Vrijeme milosti završava kratko vrijeme prije Gospodnjeg dolaska na nebeskim oblacima. Gledajući unaprijed to vrijeme, Krist u Otkrivenju objavljuje: "Neka nepravednik i dalje bude nepravedan; neka se nečisti i dalje onečišćuje; neka pravednik i dalje živi pravedno; neka se sveti i dalje posvećuje! Pazi! Dolazim uskoro i sa sobom nosim plaću da svakome platim prema njegovu djelu." (Otkrivenje 22,11.12)

Pravednici i grešnici će i dalje živjeti na Zemlji u svojem smrtnom tijelu – ljudi će saditi i graditi, jesti i piti, nesvjesni da je gore u Svetištu izrečena posljednja, neopoziva presuda. Prije potopa, nakon što je Noa ušao u kovčeg, Bog je za njim zatvorio vrata i time bezbožne spriječio da uđu. Ali su ljudi još sedam dana, ne znajući da je njihova sudbina zapečaćena, nastavili svoj bezbrižni i lakoumni život, rugajući se upozorenjima o neumitnom sudu. "Tako će biti", kaže Spasitelj, "i za dolazak Sina Čovječjega." (Matej 24,39) Tiho, neprimjetno kao lupež u ponoći, doći će sudbonosni čas koji će odlučiti o sudbini svakoga čovjeka, neopozivo povlačenje ponude milosti grešnim ljudima.

"Dakle: bdijte ... da ne bi došao iznenada i našao vas gdje spavate." (Marko 13,35.36) Opasno je stanje onih koji se, umorni od bdjenja, okreću privlačnostima svijeta. Dok je poslovan čovjek zaokupljen trkom za dobitkom, dok ljubitelj požude ide za uživanjima, dok se kći mode kiti – Sudac svega svijeta izreći će presudu: "Bio si vagnut na tezulji i nađen da si prelagan." (Daniel 5,27)

29

Podrijetlo zla

Za mnoge je umove podrijetlo zla i razlog njegova postoja- *492* nja izvor velike zbunjenosti. Oni vide djelovanje zla s njegovim strašnim posljedicama jada i pustošenja pa se pitaju kako je moguće da sve to postoji pod vladavinom Onoga koji je pun neizmjerne mudrosti, sile i ljubavi. To je tajna za koju ne nalaze objašnjenje. Zaokupljeni nesigurnošću i sumnjom, oni su slijepi za istine jasno otkrivene u Božjoj riječi i bitne za spasenje. Ima ljudi koji u svojim ispitivanjima o postojanju grijeha nastoje saznati ono što Bog nije nikada otkrio, pa stoga ne mogu naći rješenje za svoje poteškoće. A oni koji su skloni sumnji i cjepidlačenju to uzimaju kao izgovor za odbacivanje Svetoga pisma. Drugi, opet, ne mogu naći zadovoljavajuće razumijevanje tog velikog problema zla, jer su predaja i pogrešna tumačenja zamračila biblijsko učenje o Božjem karakteru, o naravi Njegove vladavine i o načelima prema kojima postupa s grijehom.

Nemoguće je objasniti podrijetlo grijeha kako bi se našao razlog za njegovo postojanje. Ali dosta je toga poznato o podrijetlu i posljednjoj sudbini grijeha, da bi se u cijelosti pokazala Božja pravednost i milostivost u svim Njegovim postupcima sa zlom. Sveto pismo ništa ne uči jasnije od toga da Bog ni u čemu nije odgovoran za pojavu grijeha, da nije bilo samovoljnog *493* uskraćivanja božanske milosti niti kakve nesavršenosti u božanskoj vladavini, koji bi dali povoda za dizanje pobune. Grijeh je uljez za čije se postojanje ne može navesti razlog. On je tajanstven, neobjašnjiv i opravdati ga značilo bi braniti ga. Kad bi ga se moglo opravdati ili pokazati razlog za njegovo postojanje, on bi prestao biti grijehom. Naša jedina definicija grijeha je ona iznesena u Božjoj riječi: grijeh je "kršenje Zakona"; on je djelovanje načela suprotnog velikom Zakonu ljubavi koji je temelj božanske vladavine. Prije nego što se pojavilo zlo, u cijelom su svemiru vladali mir i radost. Sve je bilo u savršenom skladu sa Stvoriteljevom voljom. Ljubav prema Bogu bila je iznad svega, a ljubav jednoga prema drugome nepristrana. Krist Riječ, jedinorođenac Božji, bio je jedno s vječnim Ocem – jedno po naravi, karakteru i namjeri – jedino biće u čitavom svemiru koje je moglo ući u sve Božje savjete i nakane. Otac je preko Krista djelovao u stvaranju svih nebeskih bića. "Jer je u njemu sve stvoreno – sve na nebu i sve na zemlji; vidljivo i nevidljivo, bilo prijestolja, bilo gospodstva, bilo poglavarstva, bilo vlasti." (Kološanima 1,16) A Kristu, koji je jednak Ocu, cijelo je Nebo iskazivalo odanost.

Budući da je Zakon ljubavi temelj Božje vladavine, sreća svih stvorenih bića ovisila je o njihovom savršenom suglasju s velikim načelima pravednosti. Bog od svih svojih stvorenja očekuje službu iz ljubavi, štovanje koje proistječe iz razumnog uvažavanja Njegova karaktera. On ne uživa u iznuđenoj odanosti i svima daje slobodnu volju kako bi Mu mogli služiti dragovoljno.

Ali bio je jedan koji je odlučio zloupotrijebiti tu slobodu. Grijeh se pojavio u onome koji je do Krista bio najviše poštovan od Boga i najveći u moći i sjaju među stanovnicima Neba. Prije svog pada Lucifer je bio prvi među kerubima zaštitnicima, svet i neokaljan. "Ovako govori Jahve Gospod: Gle, ti bješe uzor savršenstva, pun si mudrosti i čudesno lijep. ... Postavih te kao raskriljena keruba zaštitnika: bio si na svetoj gori Božjoj, hodio si posred ognjena kamenja. Savršen bješe na putima svojim od dana svojega rođenja dok ti se u srcu ne zače opačina." (Ezekiel 28,12.15)

Lucifer je mogao sačuvati Božju naklonost, voljen i poštovan od čitavog nebeskog mnoštva, koristeći svoje plemenite moći da bude na blagoslov drugima i na proslavu svom Stvoritelju. Ali prorok kaže: "Srce ti se uzoholi zbog ljepote tvoje, mudrost svoju odnemari zbog svojega blaga." (Ezekiel 28,17) Malo-pomalo Lucifer je popuštao želji za samouzvišenjem. "Jer svoje srce s Božjim izjednači." "U svom si srcu govorio: ... Povrh zvijezda Božjih prijesto ću sebi dići. Na zbornoj ću stolovati gori na krajnom sjeveru. Uzaći ću u visine oblačne, bit ću jednak

Višnjemu." (Ezekiel 28,6; Izaija 14,13.14) Namjesto da uzdigne Boga iznad svega u osjećajima i odanosti Njegovih stvorenja, Lucifer je nastojao njihovu službu i štovanje pridobiti za sebe. Želeći čast koju je beskonačni Otac dao svome Sinu, ovaj je anđeoski knez težio za vlašću na koju je samo Krist imao pravo. Čitavo se Nebo radovalo što može zračiti Stvoriteljevim sjajem i dati Bogu hvalu. Dokle god je Bog bio tako štovan, sve je bilo prožeto mirom i radošću. Ali sada je jedan ton kvario nebeski sklad. Služenje sebi i uzvisivanje samoga sebe, suprotno Stvoriteljevom planu, probudilo je nagovještaje zla u umovima onih kojima je na prvom mjestu bilo proslavljanje Boga. Nebeska vijeća preklinjala su Lucifera. Božji ga je Sin uputio na Stvoriteljevu veličinu, dobrotu i pravdu te na svetu, nepromjenjivu narav Njegovog Zakona. Sâm Bog je uspostavio nebeski red; odstupanjem od njega Lucifer bi prezreo svog Stvoritelja i na sebe navukao propast. Ali upozorenje, izgovoreno u neizmjernoj ljubavi i milosrđu, samo je izazvalo duh otpora. Lucifer je dopustio da njime ovlada ljubomora spram Krista pa je postao sve odlučniji.

495

Zaokupljenost vlastitom slavom poticala je težnju za vrhovnom vlašću. Visoke počasti koje su mu bile ukazane Lucifer nije cijenio kao Božji dar koji bi ga poticao na zahvalnost Stvoritelju. Silno je uživao u svom sjaju i uzvišenosti, i težio da postane jednakim Bogu. Nebeska su ga bića voljela i poštovala. Anđeli su s radošću izvršavali njegove naredbe, a on je više od svih bio obdaren mudrošću i slavom. Ali je Božji Sin bio priznati Vladar Neba, po sili i vlasti jedno s Ocem. Krist je bio sudionikom u svim Božjim vijećima, a Luciferu nije dopušten uvid u božanske namjere. "Zašto bi", pitao se taj moćni anđeo, "Krist imao vrhovnu vlast? Zašto ima veću čast od Lucifera?"

Napustivši svoje mjesto u neposrednoj Božjoj blizini, Lucifer je otišao sijati duh nezadovoljstva među anđelima. Djelujući potajno i neko vrijeme skrivajući svoje prave namjere pod prividnim štovanjem Boga, nastojao je izazvati nezadovoljstvo sa zakonima po kojima su se ravnala nebeska bića, nagovješćujući da znače nepotrebno ograničenje. Budući da su po svojoj naravi sveti, tvrdio je da bi anđeli trebali postupati sukladno nalozima svoje vlastite volje. Nastojao je u njima izazvati sućut prema sebi, prikazujući da je Bog bio nepravedan prema njemu kad je najvišu čast predao Kristu. Tvrdio je da u traženju veće vlasti i časti ne ide za samouzvišenjem, već svim stanovnicima Neba nastoji osigurati slobodu kako bi mogli postići viši stupanj postojanja.

Bog je u svom velikom milosrđu dugo trpio Lucifera. Nije ga odmah uklonio s njegova uzvišena položaja kad je počeo gajiti duh nezadovoljstva, pa ni onda kad je svoje lažne tvrdnje 496 počeo iznositi lojalnim anđelima. Dugo ga je držao na Nebu. Neprekidno mu je nudio oprost uz uvjet da se pokaje i pokori. Učinjeni su napori kakve je mogla izmisliti samo neizmjerna ljubav i mudrost kako bi ga osvjedočili u njegove zablude. Na Nebu se nikada prije nije znalo za nezadovoljstvo. Lucifer u početku nije vidio kamo ga to vodi; nije razumio pravu narav svojih osjećaja. Ali kad se njegovo nezadovoljstvo pokazalo neopravdanim, Lucifer se uvjerio da nije bio u pravu, da su božanski zahtjevi pravedni i da ih kao takve treba priznati pred cijelim Nebom. Da je to učinio, spasio bi sebe i mnoge anđele. U to vrijeme još nije odbacio svoju odanost Bogu. Iako je napustio svoj položaj anđela zaštitnika, služba bi mu bila povjerena da je bio gotov vratiti se Bogu, priznati Stvoriteljevu mudrost i zadovoljiti se mjestom koje mu je prema velikom Božjem planu bilo određeno. Ali ga je oholost priječila da se pokori. Uporno je branio svoje postupke, uvjeren da nema potrebe za pokajanjem te se, u velikom sukobu, potpuno opredijelio protiv svojega Stvoritelja.

Sada je sve sile svog natprosječnog uma usmjerio na obmanjivanje kako bi osigurao simpatije anđela koji su bili pod njegovim zapovjedništvom. Čak je i činjenicu što ga je Krist opomenuo i savjetovao iskrivio da bi mogla poslužiti njegovim izdajničkim planovima. Onima s kojima ga je vezalo najsrdačnije povjerenje Sotona je prikazao da je nepravedno procijenjen, da se njegov položaj ne cijeni i da će mu sloboda biti ograničena. Od pogrešnog tumačenja Kristovih riječi prešao je na izvrtanje istine i otvoreno laganje, optužujući Božjeg Sina za plan kako da ga ponizi pred nebeskim stanovnicima. Također je nastojao lažno prikazati odnose između sebe i lojalnih anđela. Sve koje nije mogao zavesti i pridobiti na svoju stranu optužio je za ravnodušnost prema interesima nebeskih bića. Za ono što 497 je sam činio optuživao je one koji su ostali vjerni Bogu. Da bi podupro svoje optužbe kako je Bog prema njemu nepravičan, pribjegao je pogrešnom tumačenju Stvoriteljevih riječi i djela. Njegov je cilj bio da zbuni anđele vještim argumentima u vezi s Božjim namjerama. Sve što je bilo jednostavno uvio je u tajnovitost, a vještim iskrivljavanjem izazvao je sumnju u najjasnije Jahvine izjave. Njegov visoki položaj, u tako uskoj vezi s božanskom upravom, dao je njegovim iskazima još veću snagu, pa su mnogi bili potaknuti da se s njim udruže u pobuni protiv nebeske vlasti. U svojoj mudrosti Bog je dopustio Sotoni da nastavi svoje djelo dok duh nezadovoljstva nije prerastao u otvorenu pobunu. Bilo je potrebno da do kraja razvije svoje planove kako bi svi mogli vidjeti njihovu pravu narav i cilj. Lucifer je kao pomazani kerub bio veoma uzvišen; nebeska su ga bića silno voljela i njegov je utjecaj na njih bio vrlo jak. Božja se vlast prostirala ne samo na stanovnike Neba, nego i na sve svjetove što ih je On stvorio, a Sotona je mislio da će, uspije li za pobunu pridobiti nebeske anđele, moći za sobom povući i druge svjetove. Vrlo je znalački prikazao svoju stranu problema, koristeći se izvrtanjem i prijevarom da bi postigao svoje ciljeve. Njegova moć obmane bila je vrlo jaka, a prednost je stekao kad se ogrnuo plaštem laži. Čak ni lojalni anđeli nisu mogli u cijelosti prozreti njegov karakter i vidjeti kamo vodi njegovo djelo.

Sotona je bio toliko cijenjen i svi njegovi postupci uvijeni u takvu tajnovitost, da su anđeli teško mogli otkriti pravu narav njegovog rada. Dok se nije posve razvio, grijeh nije izgledao kao zlo kakvo je zaprvo bio. Dotada nije imao mjesta u Božjem svemiru, a sveta bića nisu poznavala njegovu narav i podmuklost. Oni nisu mogli razaznati strašne posljedice koje će izazvati uklanjanje božanskog Zakona. Sotona je isprva prikrivao svoj rad, prividno iskazujući lojalnost Bogu. Tvrdio je da nastoji uzvisiti Božju čast, utvrditi Njegovu vladavinu i unaprijediti blagostanje svih nebeskih stanovnika. Usađujući nezadovoljstvo u umove anđela koji su mu bili podčinjeni, vješto je davao dojam da ga nastoji ukloniti. Kad je zahtijevao da se izvrše promjene u redu i zakonima Božje vladavine, bilo je to pod izgovorom da su one potrebne kako bi se na Nebu sačuvao sklad. *498*

U svom postupanju s grijehom, Bog se mogao poslužiti samo pravednošću i istinom. Sotona je mogao koristiti ono što Bogu nije bilo moguće — laskanje i prijevaru. Pokušao je krivotvoriti Božju riječ, a anđelima je pogrešno predstavio Njegov plan vladavine, tvrdeći da Bog nije pravedan kad je stanovnicima Neba postavio zakone i propise, i da time što od svojih stvorenja traži pokornost i poslušnost želi samo uzvisiti sebe. Stoga se pred stanovnicima Neba, kao i svih svjetova, moralo pokazati da je Božja vladavina pravedna, a Njegov Zakon savršen. Sotona je nastojao prikazati kao da mu je stalo do većeg blagostanja svemira. Svi su morali razumjeti pravi karakter uzurpatora i njegov pravi cilj. Moralo mu se dati vremena da se svojim zlim djelima sâm otkrije. Za neslogu koju je na Nebu izazvao svojim postupcima, Sotona je okrivio Božji zakon i vladavinu. Izjavio je da je ona posljedica božanske uprave. Tvrdio je kako je njegov cilj usavršiti Jahvine uredbe. Stoga je bilo potrebno da ima priliku pokazati na djelu narav svojih zahtjeva i djelotvornost predloženih promjena u božanskom Zakonu. Osuditi su ga trebala sama njegova djela. Sotona je od početka tvrdio da nije buntovnik. Cijeli je svemir trebao vidjeti da je varalica raskrinkan.

Čak i onda kad je odlučeno da više ne može ostati na Nebu, Neizmjerna Mudrost nije Sotonu uništila. Budući da Bog može prihvatiti samo službu iz ljubavi, odanost Njegovih stvorenja mora počivati na osvjedočenosti u Njegovu pravdu i dobrotu. Budući da nisu bili pripravljeni da razumiju narav grijeha i njegove posljedice, stanovnici Neba i drugih svjetova u tom trenutku u *499* uništenju Sotone ne bi mogli vidjeti Božju pravdu i milosrđe. Da je odmah bio uništen, oni bi Bogu služili više iz straha nego iz ljubavi. Utjecaj varalice ne bi bio zauvijek uništen, niti bi duh pobune bio sasvim iskorijenjen. Trebalo je dopustiti da zlo sazri. Za dobro cijelog svemira Sotona mora tijekom beskrajnih vjekova potpunije razviti svoja načela kako bi njegove optužbe protiv božanske vladavine sva stvorenja mogla vidjeti u pravoj svjetlosti, kako se nikada više Božja pravda i milosrđe te nepromjenjivost Njegovog Zakona ne bi doveli u pitanje.

Sotonina pobuna trebala je biti pouka svemiru za sva buduća vremena, trajno svjedočanstvo o naravi grijeha i njegovim strašnim posljedicama. Djelovanje Sotonine vladavine, njezine posljedice za ljude i anđele pokazat će što su neizbježne posljedice uklanjanja božanskog autoriteta. Ta će pobuna posvjedočiti da je blagostanje svih bića koja je stvorio povezano s postojanjem Božje vladavine i Njegovog Zakona. Na taj je način povijest ovog strašnog pokusa pobune trebala postati trajnom

zaštitom svih svetih bića i sačuvati ih kako ne bi bili prevareni
naravi prijestupa i počinili grijeh te snosili njegove posljedice.
Veliki nasilnik se do samog završetka sukoba na Nebu stal-
no opravdavao. Kad je objavljeno da sa svim svojim prista-
šama mora biti izgnan iz nebeskih stanova, vođa pobune je
drsko izrazio svoj prijezir spram Stvoritelja Zakona. Ponovio
je svoju tvrdnju da anđelima nije potreban nadzor, već ih tre-
ba ostaviti da slijede svoju volju koja će ih uvijek voditi k do-
bru. Proglasio je božanske zakone ograničenjem njihove slo-
bode i objavio da je njegova namjera bila ukidanje Zakona kako
bi nebeske vojske, oslobođene njegovih ograničenja, mogle po-
stići uzvišenije i slavnije stanje.

Sotona i njegovi odredi jednodušno su svalili odgovornost
za svoju pobunu na Krista, tvrdeći da se nikada ne bi pobunili   500
da ih On nije ukorio. Budući da su bili nepopustljivi i prkosni
u svojoj nelojalnosti, uzalud nastojeći srušiti Božju vladavinu,
a bogohulno tvrdeći da su nevine žrtve nasilničke vlasti, pra-
buntovnik i svi njegovi pristaše napokon su prognani s Neba.

Isti duh koji je pokrenuo pobunu na Nebu još uvijek na-
dahnjuje pobunu na Zemlji. Sotona je iste postupke što ih je
okušao s anđelima nastavio primjenjivati na ljudima. Njegov je
duh i sada na djelu među nevjernicima. Slično njemu, i oni na-
stoje ukloniti ograničenja Božjeg zakona i prestupanjem njego-
vih propisa obećavaju ljudima slobodu. Ukoravanje grijeha i
danas izaziva duh mržnje i protivljenja. Kad Božje poruke upozo-
renja dopru do savjesti, Sotona navodi ljude da se pravdaju i
da kod drugih traže razumijevanje za svoje grijehe. Namjesto
da isprave svoje zablude, oni izazivaju srdžbu prema Onome
tko ih ukorava, kao da je On isključivi uzrok problema. Sve
od pravednog Abela pa do naših dana takav se duh pokazuje
prema onima koji se usuđuju osuditi grijeh.

Lažnim predočavanjem Božjeg karaktera na Nebu, uzroku-
jući da Boga smatra strogim i okrutnim, Sotona je čovjeka na-
veo na grijeh. Kad je u tome uspio, izjavio je da su Božja ne-
pravedna ograničenja dovela do čovjekova pada, kao što su i
njega navela na pobunu.

Ali sâm Vječni objavljuje svoj karakter: "Jahve! Bog milo-
srdan i milostiv, spor na srdžbu, bogat ljubavlju i vjernošću,
iskazuje milost tisućama, podnosi opačinu, grijeh i prijestup,
ali krivca nekažnjena ne ostavlja." (Izlazak 34,6.7)

Protjerivanjem Sotone s Neba Bog je iskazao svoju praved-
nost i obranio čast svojega prijestolja. Ali kad je čovjek sagri-
ješio popuštajući obmanama ovog odmetničkog duha, Bog je
dokazao svoju ljubav time što je predao svog jedinorođenog Sina

501 da umre za pali ljudski rod. Božji se karakter otkriva u pomirenju.
Križ je silan dokaz cijelom svemiru da za put grijeha što ga je
Lucifer izabrao ne može snositi odgovornost Božja vladavina.

U sukobu između Krista i Sotone tijekom Spasiteljeve ze-
maljske službe raskrinkan je karakter velikog obmanjivača. Ništa
nije moglo tako djelotvorno iskorijeniti ljubav nebeskih anđela
i cijelog lojalnog svemira spram Sotone, kao njegova okrutna
borba protiv Otkupitelja svijeta. Bogohulna drskost njegovog
zahtjeva da mu se Krist pokloni, uobražena smjelost kojom ga
je odnio na vrh gore i na vrh Hrama, zlokobna nakana otkrive-
na nagovaranjem Krista da se baci s vrtoglave visine, neumor-
na zloba kojom ga je progonio od mjesta do mjesta i poticao
srce naroda i svećenika da odbace Njegovu ljubav i na kraju
viču: "Razapni ga! Razapni!" (Luka 23,21) − sve to pobudilo je
zaprepaštenost i ogorčenje svemira.

Sotona je naveo svijet da odbaci Krista. Knez zla upotrije-
bio je svu svoju moć i lukavost da uništi Isusa, jer je vidio da
su Spasiteljevo milosrđe i ljubav, Njegova sućut i sažalna nje-
žnost otkrivale svijetu Božji karakter. Sotona je pobijao svaku
tvrdnju koju je Božji Sin iznio, i koristio je ljude kao svoja oruđa
da Spasiteljev život ispuni patnjom i tugom. Laži i krivotvorine
kojima je nastojao spriječiti Isusovo djelo, mržnja što su je po-
kazivali sinovi neposlušnosti, njegove strašne optužbe protiv
Onoga čiji je život bio besprimjerna dobrota − sve je to izviralo
iz duboke želje za osvetom. Zapretane vatre zavisti i zlobe, mržnje
i osvete buknule su protiv Božjega Sina na Golgoti, dok je ci-
jelo Nebo taj prizor promatralo u nijemom užasu.

Kada je velika žrtva prinesena, Krist je uzašao na visinu,
odbijajući obožavanje anđela dok nije iznio zahtjev: "Oče, htio
bih da oni koje si mi dao budu gdje sam ja." (Ivan 17,24) Tada
502 je s neizrecivom ljubavlju i silom došao odgovor s Božjeg pri-
jestolja: "Neka mu se poklone svi anđeli Božji!" (Hebrejima 1,6)
Na Isusu nije bilo ljage. Kad je Njegovo poniženje završilo, Nje-
gova žrtva položena, dano mu je jedinstveno ime koje je iznad
svakog drugog imena.

Sada je Sotonina krivnja ostala bez izgovora. On je otkrio svoj pravi karakter lašca i ubojice. Bilo je vidljivo da bi isti duh kojim je vladao nad ljudskim sinovima koji su bili pod njegovom vlašću, pokazao i da mu je bilo dopušteno vladati stanovnicima Neba. Tvrdio je da će prekršaj Božjeg zakona donijeti slobodu i uzdizanje, a namjesto toga donio je ropstvo i poniženje. Sotonine lažne optužbe protiv božanskog karaktera i vladavine pokazale su se u pravom svjetlu. Optužio je Boga da se zahtjevom za pokornošću i poslušnošću svojih stvorenja želi uzvisiti, i izjavio da dok Stvoritelj od svih drugih zahtijeva samoodricanje, On sâm nije pokazao samoodricanje niti je učinio kakve žrtve. Sada se vidjelo da je za spasenje palog i grešnog čovječanstva Vladar svemira učinio najveću žrtvu koju je samo ljubav mogla učiniti, jer "Bog bijaše onaj koji je u Kristu pomirio svijet sa sobom". (2. Korinćanima 5,19) Također se vidjelo da dok je Lucifer svojom željom za čašću i nadmoći otvorio vrata grijehu, Krist je, da bi uništio grijeh, ponizio sâm sebe i postao poslušan do smrti.

Bog je pokazao svoje gnušanje prema načelima pobune. Čitavo je Nebo u osudi Sotone i u otkupu čovjeka vidjelo Božju otkrivenu pravdu. Lucifer je objavio: ako je Božji zakon nepromjenjiv i njegova kazna neoprostiva, svaki prekršitelj mora zauvijek izgubiti Stvoriteljevu naklonost. Tvrdio je da grešni rod ne može biti otkupljen i stoga je njegov zakoniti plijen. Ali Kristova smrt bila je neoborivi dokaz u prilog čovjeka. Kazna Zakona pala je na Krista koji je bio jednak Bogu, a čovjek je bio slobodan prihvatiti Njegovu pravednost te kajanjem i poniženjem pobijediti Sotoninu silu, kao što ju je Božji Sin pobijedio. Tako je Bog pravedan i opravdava sve koji vjeruju u Isusa.

Ali Krist nije došao na Zemlju stradati i umrijeti samo zato da ostvari otkupljenje čovjeka. On je došao "uzveličati i proslaviti Zakon svoj". Ne samo zato da stanovnici ovoga svijeta valjano poštuju Zakon, nego da svim svjetovima u svemiru pokaže da je Božji zakon nepromjenjiv. Da su se zahtjevi Zakona mogli ukinuti, Božji Sin ne bi morao žrtvovati svoj život da okaje njegovo kršenje. Kristova smrt dokaz je nepromjenjivosti Božjeg zakona. A žrtva na koju je neizmjerna ljubav nagnala Oca i Sina da bi grešnici mogli biti otkupljeni, pokazuje čitavom svemiru — što je jedino taj plan pomirenja mogao učiniti — da su pravda i milosrđe temelj Božjeg zakona i Njegove vladavine.

503

U krajnjem izvršenju suda vidjet će se da ne postoji razlog za grijeh. Kad Sudac cijelog svijeta bude zapitao Sotonu: "Zašto si se pobunio protiv mene i lišio me podanika mojega Kraljevstva?", začetnik zla neće moći pružiti izgovor. Svaka će usta zanijemiti, a sve će pobunjeno mnoštvo ostati bez glasa. Dok dokazuje da je Zakon nepromjenjiv, križ na Golgoti objavljuje svemiru da je plaća grijeha smrt. Spasiteljevim posljednjim uzvikom: "Svršeno je!" Sotoni je odzvonilo posmrtno zvono. Tada je odlučena velika borba koja je tako dugo trajala i osigurano završno uklanjanje zla. Božji je Sin prošao kroz vrata groba "da smrću uništi onoga koji ima vlast nad smrću, to jest davla". (Hebrejima 2,14) Luciferova težnja za samouzvišenjem navela ga je da kaže: "Povrh zvijezda Božjih prijesto ću sebi dići ... bit ću jednak Višnjemu." A Bog objavljuje: "Pretvorih te na zemlji u pepeo ... nestade zauvijek." (Izaija 14,13.14; Ezekiel 28,18.19) "Jer evo dan dolazi poput peći užaren; oholi i zlikovci bit će kao strnjika: dan koji se bliži spalit će ih – govori Jahve nad Vojskama – da im neće ostati ni korijena ni grančice." (Malahija 3,19)

Čitav će svemir postati svjedokom naravi grijeha i njegovih posljedica. Njegovo potpuno uništenje, koje bi u početku uplašilo anđele i Bogu nanijelo sramotu, sada će opravdati Njegovu ljubav i uzdići Njegovu čast pred svim bićima u svemiru kojima je najveća radost vršiti Njegovu volju, i u čijim je srcima upisan Njegov Zakon. Nikada se više neće pojaviti zlo. Božja riječ kaže: "Nevolja se neće dva puta podići." (Nahum 1,9) Božji zakon, koji je Sotona proglasio jarmom ropstva, bit će poštovan kao Zakon slobode. Ispitana i iskušana stvorenja nikada se više neće odvratiti od podaničke odanosti Onome čiji se karakter u cijelosti pred njima otkrio kao nedokučiva ljubav i beskrajna mudrost.

30

Neprijateljstvo između čovjeka i Sotone

"Neprijateljstvo ja zamećem između tebe i žene, između 505 roda tvojega i roda njezina: on će ti glavu satirati, a ti ćeš mu petu vrebati." (Postanak 3,15) Božanska presuda proglašena nad Sotonom nakon čovjekova pada bila je i proročanstvo što obuhvaća sve vjekove do svršetka vremena i navješćuje veliki sukob u kome će sudjelovati sve ljudske rase koje budu živjele na Zemlji. Bog objavljuje: "Neprijateljstvo ja zamećem." Ovo se neprijateljstvo ne javlja prirodno. Kad je čovjek prekršio božanski Zakon, njegova je narav postala zla pa je bio u skladu, a ne u sukobu sa Sotonom. Nema prirodnog neprijateljstva između grešnog čovjeka i začetnika grijeha. Obojica su otpadom postali zli. Otpadnik nikada ne miruje, osim kad navodeći druge da slijede njegov primjer uspije steći simpatiju i podršku. To je razlog što se pali anđeli i zli ljudi udružuju u zajednicu koja ne preza ni pred čime. Da se Bog nije posebno umiješao, Sotona i ljudi sklopili bi savez protiv Neba i mjesto da gaji neprijateljstvo prema Sotoni, cijela bi se ljudska obitelj ujedinila u protivljenju Bogu.

Sotona je kušanjem naveo čovjeka na grijeh, kao što je anđele naveo na pobunu, kako bi osigurao suradnju u svojem ratovanju protiv Neba. Kad se radilo o mržnji prema Kristu, nije 506 bilo nesloge između njega i palih anđela; dok su u svim ostalim pitanjima bili nesložni, u suprotstavljanju autoritetu Vladara svemira bili su jedinstveno složni. Ali kada je čuo objavu da će postojati neprijateljstvo između njega i žene, između njegova i njezina potomstva, Sotona je znao da će njegovi pokušaji izopačenja ljudske naravi biti ometani, da će na neki način čovjek biti osposobljen oduprijeti se njegovoj moći.

Sotonino neprijateljstvo prema ljudskom rodu rasplamsalo se zato što su ljudi preko Krista postali predmetom Božje ljubavi i milosti. On nastoji spriječiti božanski plan za otkupljenje čovjeka i osramotiti Boga unakaživanjem i izopačivanjem Njegove rukotvorine. On će prouzročiti žalost na Nebu, a Zemlju ispuniti jadom i pustošenjem, a onda sve to zlo prikazivati kao posljedicu što je Bog stvorio čovjeka.

Milost koju Krist usađuje u dušu stvara u čovjeku neprijateljstvo prema Sotoni. Bez te preporoditeljske milosti i obnoviteljske sile čovjek bi ostao Sotonin zatočenik i sluga uvijek spreman za izvršavanje njegovih naloga. Ali to novo načelo u duši uzrokuje sukob tamo gdje je dosad vladao mir. Snaga koju Krist pruža osposobljuje čovjeka da se odupre tiraninu i nasilniku. Tko god pokazuje da se gnuša grijeha namjesto da ga voli, tko god se opire i svladava strasti koje vladaju u njemu, otkriva djelovanje načela koje potječe odozgo.

Neprijateljstvo koje postoji između Kristovog i Sotoninog duha najočitije se pokazalo u tome kako je svijet primio Krista. Ono što je Židove navelo da Ga odbace nije bilo toliko zbog toga što se pojavio bez svjetovnog bogatstva, raskoši ili sjaja. Vidjeli su da ima moć koja može više nego nadoknaditi nedostatak tih vanjskih prednosti. Ali Kristova čistoća i svetost izazvale su protiv Njega mržnju bezbožnih. Njegov život samoodricanja i bezgrešne posvećenosti bio je stalni ukor ponositom i pohotnom narodu. Upravo je to izazvalo neprijateljstvo protiv Božjeg Sina. Sotona i zli anđeli udružili su se sa zlim ljudima. Sve otpadničke sile urotile su se protiv Viteza istine.

507   Prema Kristovim sljedbenicima pokazuje se isti duh neprijateljstva kao što je bio iskazan protiv njihovog Učitelja. Svatko tko vidi mrsku narav grijeha i tko se snagom odozgo opire kušnji, sigurno će izazvati srdžbu Sotone i njegovih podanika. Mržnja spram čistih načela istine te ponižavanje i progonstvo njezinih branitelja postojat će dok je god grijeha i grešnika. Kristovi sljedbenici i Sotonine sluge ne mogu zajedno. Sablazan

križa nije prestala. "A i svi koji hoće pobožno živjeti u Kristu Isusu bit će progonjeni." (2. Timoteju 3,12) Sotonini posrednici stalno rade po njegovim uputama kako bi uspostavili njegovu vlast i izgradili njegovo kraljevstvo u opreci s Božjom vladavinom. Da bi to ostvarili, oni nastoje obmanuti Kristove sljedbenike i odvratiti ih od odanosti Bogu. Poput svog vođe oni pogrešno tumače i iskrivljuju Sveto pismo kako bi postigli svoj cilj. Kao što je Sotona pokušao osramotiti Boga, tako i njegovi posrednici nastoje ocrniti Božji narod. Duh koji je Krista prikovao na križ potiče zle na uništenje Njegovih sljedbenika. Sve je to navješteno u onom prvom proročanstvu: "Neprijateljstvo ja zamećem između tebe i žene, između roda tvojega i roda njezina." I to će neprijateljstvo trajati do završetka vremena.

Sotona prikuplja sve svoje sile i ulazi u borbu svom svojom snagom. Zašto ne nailazi na veći otpor? Zašto su Kristovi vojnici tako sanjivi i ravnodušni? – Zato što su tako slabo povezani s Kristom; zato što im nedostaje Njegovog Duha. Grijeh im nije toliko odvratan i mrzak kao što je bio njihovom Učitelju. Oni mu se ne opiru čvrsto i odlučno kao što je to Krist činio. Nisu svjesni iznimno velikog zla i pokvarenosti grijeha, i slijepi su za karakter i moć kneza tame. Nema mnogo neprijateljstva prema Sotoni i njegovim djelima, jer vlada veliko nepoznavanje njegove moći i zloće, kao i strašne proširenosti njegove borbe protiv Krista i Njegove Crkve. Mnoštvo je po tom pitanju obmanjeno. Oni ne znaju da je njihov neprijatelj silan vojskovođa koji upravlja umovima zlih anđela, te s dobro razrađenim planovima i vještim pokretima ratuje protiv Krista kako bi spriječio spašavanje duša. Među onima koji tvrde da su kršćani, pa čak i među samim propovjednicima Evanđelja, jedva se i spominje Sotona, osim možda uzgred s propovjedaonice. Oni ne opažaju dokaze njegovog stalnog djelovanja i uspješnosti; zanemaruju mnoga upozorenja o njegovoj lukavosti, i kao da se ne osvrću na sámo njegovo postojanje. 508

Dokle god su ljudi neupućeni u njegova lukavstva, taj im je budni neprijatelj u svakom trenutku za petama. Nasilno ulazi u svaku prostoriju doma, u svaku ulicu u našim gradovima, u crkve, u narodne skupštine i sudove, zbunjujući, obmanjujući, zavodeći, uništavajući duše i tijela muškaraca, žena i djece, razdvajajući obitelji, sijući mržnju, suparništvo, sukobe, bune i umorstva; a kršćanski svijet čini se da na to sve gleda kao na nešto što je Bog odredio i tako mora biti.

Sotona stalno nastoji nadvladati Božji narod rušeći ograde koje ga odvajaju od svijeta. Drevni je Izrael naveden na grijeh kad je stupio u nedopuštene veze s neznabošcima. Na sličan je način zaveden i suvremeni Izrael. "Onima kojima je bog ovoga svijeta posve oslijepio nevjerničku pamet da jasno ne vide svjetlo sjajne Radosne vijesti Krista, koji je slika Božja." (2. Korinćanima 4,4) Svi koji nisu odlučni Kristovi sljedbenici, Sotonini su sluge. U nepreporođenom je srcu ljubav prema grijehu i sklonost da ga se njeguje i opravdava. U obnovljenom srcu živi mržnja prema grijehu i odlučan otpor prema njemu. Kad kršćani izaberu društvo bezbožnih i nevjernih, sami se izlažu kušnji. Sotona se uklanja s vidika i neopaženo im stavlja svoj prijevarni povez preko očiju. Oni ne uviđaju da je svrha takvog društva da im naudi, i dok se svijetu stalno nastoje prilagoditi u karakteru, riječima i postupcima, njih sve više i više zahvaća sljepilo.

509   Prilagođavanje svjetovnim običajima obraća Crkvu svijetu; ono neće nikada obratiti svijet Kristu. Prisnost s grijehom nužno uzrokuje da se grijeh čini manje odbojnim. Onaj tko izabere prijateljstvo sa Sotoninim slugama uskoro će se prestati bojati njihovog gospodara. Kad pri obavljanju svojih dužnosti budemo izloženi kušnji, kao Daniel na kraljevom dvoru, možemo biti sigurni da će nas Bog zaštititi; ali ako se sami izložimo kušnji, tada ćemo prije ili kasnije pasti.

Kušač često najuspješnije djeluje preko onih koji su najmanje sumnjivi da su pod njegovim nadzorom. Oni koji posjeduju talente i obrazovanje uživaju divljenje i poštovanje kao da te osobine mogu zamijeniti Božji strah ili dati čovjeku pravo na Božju naklonost. Talenti i kultura sami po sebi jesu Božji darovi, ali kad oni postaju zamjenom za pobožnost, kad dušu namjesto da je približe Bogu još više udalje od Njega, tada postaju prokletstvom i zamkom. Kod mnogih prevladava mišljenje da sve što izgleda uljudno ili otmjeno mora, u određenoj mjeri, potjecati od Krista. Nikada nije bilo veće zablude. Te osobine trebaju krasiti karakter svakog kršćanina, jer će snažno utjecati u korist istinske religije, ali one moraju biti posvećene Bogu; u protivnom su sila na zlo. Mnogi kulturni i uglađeni ljudi, koji se ne bi ponizili i učinili ono što se obično smatra nemoralnim činom, samo su uglačana oruđa u Sotoninim rukama. Podmukli, prevarljivi karakter njihovog utjecaja i primjera čini ih opasnijim neprijateljima za Kristovo djelo od onih koji su neuki i nekulturni.

Ozbiljnom molitvom i pouzdanjem u Boga Salomon je stekao mudrost koja je pobudila čuđenje i divljenje svijeta. Ali kad se odvratio od Izvora svoje snage i nastavio oslanjajući se na sebe, pao je kao žrtva kušnji. Tada su čudesne sile kojima je bio obdaren učinile tog najmudrijeg između kraljeva još djelotvornijim sredstvom u rukama neprijatelja duša.

Dok Sotona stalno pokušava zaslijepiti njihov um za tu činjenicu, neka kršćani nikada ne zaborave da oni ne ratuju protiv "krvi i tijela, nego protiv Poglavarstava, protiv Vlasti, protiv Vrhovnikâ ovoga mračnog svijeta: protiv zlih duhova koji borave u nebeskim prostorima". (Efežanima 6,12) Stoljećima do naših dana odzvanja nadahnuto upozorenje: "Budite trijezni i bdijte: vaš protivnik, đavao, obilazi kao ričući lav, tražeći koga da proždere!" (1. Petrova 5,8) "Obucite se u bojnu opremu Božju da se mognete suprotstaviti đavolskim napadima!" (Efežanima 6,11) · 510

Od Adamovog doba do našeg vremena naš se veliki neprijatelj služi svojom moći da tlači i uništava. Sada se priprema za posljednji pohod protiv Crkve. Svi koji nastoje slijediti Isusa doći će u sukob s tim bezobzirnim neprijateljem. Što više kršćanin oponaša božanski Uzor, to će sigurnije biti cilj Sotoninih napada. Svi koji su aktivno uključeni u Božje djelo, nastojeći razotkriti obmane Zloga i predočiti ljudima Krista, moći će se pridružiti Pavlom svjedočanstvu u kojemu govori o služenju Gospodinu sa svakom poniznošću, sa suzama i usred napasti.

Sotona je napadao Krista svojim najžešćim i najlukavijim kušnjama, ali je u svakom sukobu bio odbijen. Te su bitke vođene zbog nas; te pobjede omogućuju da i mi pobijedimo. Krist će dati snagu svima koji je traže. Sotona ne može nadvladati nijednog čovjeka bez njegovog pristanka. Kušač nema vlast upravljati voljom i prisiliti dušu da griješi. On može mučiti, ali ne može okaljati. Može prouzročiti patnju, ali ne i oskvrnuti. Činjenica da je Krist pobijedio treba nadahnuti Njegove sljedbenike hrabrošću da se junački bore u borbi protiv grijeha i Sotone.

31

Djelovanje zlih duhova

U Svetom pismu su jasno otkriveni, i nerazdvojno ispre-
pleteni s poviješću čovječanstva, povezanost vidljivog svijeta s
nevidljivim, služba Božjih anđela i djelovanje zlih duhova. Sve
više raste sklonost da se sumnja u postojanje zlih duhova, dok
mnogi svete anđele koji su poslani "da služe onima koji imaju
baštiniti spasenje" (Hebrejima 1,14) smatraju duhovima umr-
lih. Ali Sveto pismo ne samo da naučava postojanje anđela, do-
brih i zlih, nego iznosi nepobitni dokaz da oni nisu bestjelesni
duhovi umrlih ljudi.

Anđeli su postojali i prije stvaranja čovjeka, jer su pri pola-
ganju temelja Zemlji "klicale zvijezde jutarnje i Božji uzvikivali
dvorjani". (Job 38,7) Nakon čovjekovog pada anđeli su poslani
čuvati drvo života dok još nijedno ljudsko biće nije umrlo. An-
đeli su po svojoj naravi nadmoćnija bića u odnosu na ljude,
jer psalmist kaže da je čovjek načinjen "malo manjim od anđe-
la". (Psalam 8,5)

Sveto pismo nas izvješćuje o broju, moći i sjaju nebeskih
bića, o njihovoj povezanosti s Božjom vladavinom kao i o nji-
hovom odnosu spram djela otkupljenja. "Jahve u nebu postavi
prijestolje svoje, i kraljevska vlast svemir mu obuhvaća." A prorok
kaže: "Čuh glas mnogih anđela skupljenih oko prijestolja." An-
đeli stoje u prisutnosti Kralja nad kraljevima – "jaki u sili",
"poslušni riječi njegovoj". (Psalam 103,19-21; Otkrivenje 5,11)
Prorok Daniel je vidio tisuću tisuća i neograničeno mnogo nebe-
skih vjesnika. (Daniel 7,10) Apostol Pavao govori o "bezbroj-
nim anđelima". (Hebrejima 12,22) Kao Božji vjesnici oni lete
"poput munje", sjajni u svojoj slavi i brzi u svojem letu. (Ezekiel

1,14) Anđeo koji se pojavio kod Kristova groba bio je u licu "kao munja, a odijelo mu bijaše bijelo kao snijeg", tako da su stražari drhtali od straha, "i postadoše kao mrtvi". (Matej 28,3.4) Kad je Sanherib, bahati Asirac, ismijavao i hulio na Boga te Izraelu prijetio uništenjem, "iste noći iziđe Anđeo Jahvin i pobi u asirskom taboru stotinu osamdeset i pet tisuća ljudi". "Tada Jahve posla anđela koji uništi sve hrabre junake, zapovjednike i vojvode u vojsci asirskoga kralja, tako da se vratio posramljen u svoju zemlju." (2. Kraljevima 19,35; 2. Ljetopisa 32,21) Anđeli su poslani u milosrdnu službu Božjoj djeci. Abrahamu su došli s obećanjima blagoslova; na vrata Sodome došli su spasiti pravednoga Lota od uništenja vatrom; Iliji u pustinju kad je gotovo umro od umora i gladi; Elizeju, s ognjenim kolima i konjima u gradić u koji su ga zatvorili njegovi neprijatelji; Danielu, kad je na dvoru neznabožačkog kralja molio za božansku mudrost i kad je bio osuđen da postane plijenom lavovima; Petru, kad je u Herodovoj tamnici čekao smrt; sužnjima u Filipima; Pavlu i njegovim suputnicima u noći na olujnom moru; Korneliju, da mu otvore um za primanje Evanđelja; Petru, da bi neznabošcu odnio vijest spasenja – tako su sveti anđeli u svim vjekovima služili Božjem narodu.

Svakom je Kristovom sljedbeniku dodijeljen anđeo čuvar. Ti nebeski čuvari štite pravednike od sile Zloga. To je sam Sotona priznao rekavši: "Zar se Job uzalud boji Boga? Zar nisi ogradio njega, kuću mu i sav posjed njegov?" (Job 1,9.10) Način na koji Bog štiti svoj narod prikazan je riječima psalmista: "Anđeo Jahvin tabor podiže oko njegovih štovalaca da ih spasi." (Psalam 34,7) Govoreći o onima koji vjeruju u Njega, Spasitelj je rekao: "Gledajte da ne prezrete ni jednoga od ovih malenih, jer anđeli njihovi, kažem vam, na nebesima neprestano gledaju lice Oca moga nebeskog." (Matej 18,10)

Tako je Božjem narodu, izloženom prevarljivoj sili i budnoj zlobi kneza tame, te sukobu sa svim silama zla, zajamčena stalna zaštita nebeskih anđela. Takvo jamstvo nije osigurano bez potrebe. Ako je Bog svojoj djeci dao obećanje milosti i zaštite, to je učinio zato što se ona moraju sretati s moćnim oruđima zla – oruđima mnogobrojnim, odlučnim i neumornim, čiju zloću i silu nitko ne može bez opasnosti zanemariti ili ne poznavati.

Zli duhovi, u početku stvoreni bezgrešni, bili su po naravi, moći i sjaju jednaki svetim bićima koja su danas Božji vjesnici. Ali kad su pali u grijeh, udružili su se u sramoćenju Boga i uništavanju ljudi. Ujedinjeni sa Sotonom u njegovoj pobuni i s njime zbačeni s Neba, oni su tijekom svih vremena suradivali s njime u njegovom ratu protiv božanskog autoriteta. Sveto nas pismo izvješćuje o njihovom savezu i vladavini, o njihovim raznim redovima, o njihovoj inteligenciji i podmuklosti, kao i o njihovim zlobnim planovima protiv mira i sreće ljudi.

Starozavjetna povijest povremeno spominje njihovo postojanje i djelovanje, ali tijekom Kristova boravka na Zemlji zli su duhovi iskazivali svoju moć na najuočljiviji način. Krist je došao da otpočne ostvarivati plan smišljen za čovjekov otkup, a Sotona je odlučio braniti svoje pravo da vlada svijetom. Uspio je uvesti idolopoklonstvo u sve krajeve Zemlje, osim u Palestinu. Isus je došao u jedinu zemlju koja se nije do kraja pokorila Sotoninoj vladavini da bi ljude obasjao nebeskim svjetlom. Tu su se dvije suprotstavljene sile borile za prevlast. Isus je širio svoje ruke pune ljubavi, pozivajući sve koji u Njemu žele naći oprost i mir. Sile tame shvatile su da nemaju neograničenu vlast i da će, ako Kristovo poslanje uspije, njihovoj vlasti uskoro doći kraj. Sotona se razbjesnio poput vezanog lava, prkosno pokazujući svoju moć nad tijelima i dušama ljudi.

Novi zavjet jasno ističe činjenicu da su ljudi bili opsjednuti demonima. Tako mučeni, ljudi nisu samo patili od prirodno prouzročenih bolesti. Krist je savršeno razumio s čime ima posla i prepoznao izravnu prisutnost i djelovanje zlih duhova.

Biblijsko izvješće o izlječenju opsjednutih u Gerasi zoran je primjer njihovog broja, moći i zlobe, ali i Kristove sile i milosrđa. Ovi jadni manijaci, odbijajući svako obuzdavanje, previjajući se, bacajući pjenu i bjesneći, ispunjavali su zrak svojim kricima, vršeći nasilje nad sobom i ugrožavajući sve koji bi im se približili. Njihova krvava, unakažena tijela i pomućeni razum prikazivali su prizor u kojem je knez tame uživao. Jedan od demona koji je vladao tim patnicima izjavio je: "Ime mi je legija ... jer nas je mnogo." (Marko 5,9) U rimskoj vojsci legija je brojala od tri do pet tisuća ljudi. I Sotonina je vojska ustrojena u postrojbe, a ova postrojba demona nije brojala manje od legije.

Na Isusovu su zapovijed zli duhovi napustili svoje žrtve, ostavljajući ih da mirno sjede do Spasiteljevih nogu, ukroćeni, razumni i blagi. Ali demonima je bilo dopušteno da sunovrate krdo svinja u more; a za žitelje Gerase gubitak je nadmašio blagoslove koje im je Isus donio, pa su zamolili božanskog Liječnika da ih napusti. To i jest bio Sotonin cilj. Okrivljujući za njihov gubitak Isusa, potaknuo je sebični strah naroda i spriječio ga da čuje Njegove riječi. Sotona stalno optužuje kršćane da su uzročnici gubitka, nesreće i patnje, namjesto da dopusti da krivnja padne tamo gdje treba – na njega i njegove pomagače.

Ali time Isusove namjere nisu bile spriječene. On je dopustio zlim duhovima da unište krdo svinja kao ukor onim Židovima koji su te nečiste životinje uzgajali zbog dobitka. Da Krist nije spriječio demone, oni bi u more strmoglavili ne samo svinje, već i njihove čuvare i vlasnike. To što su ostali živi, i jedni i drugi mogli su zahvaliti samo Njegovoj sili, milosrđu koje ih je izbavilo. Osim toga, to je bilo dopušteno kako bi učenici vidjeli okrutnost Sotonine moći nad čovjekom i životinjom. Spasitelj je želio da Njegovi sljedbenici imaju spoznaju o neprijatelju s kojim će se sukobiti, kako ne bi bili prevareni i nadvladani njegovim lukavstvom. Isto je tako želio da narod onoga kraja upozna Njegovu moć koja može raskinuti Sotonine okove i osloboditi njegove zatočenike. Premda je sâm Isus otišao, čudesno izbavljeni ljudi ostali su objavljivati milosrđe svojeg Dobročinitelja.

U Svetom su pismu opisani i drugi slični primjeri. Isus je svojom riječju istjerao đavla koji je nemilosrdno mučio kćerkicu jedne Sirofeničanke (Marko 7,26-30); jednog opsjednutog "koji bijaše i slijep i nijem" (Matej 12,22); mladića kojega je opsjeo nijemi duh te ga često bacao "sad u vatru, sad u vodu da ga usmrti" (Marko 9,17-27); manijaka koji je "opsjednut od nečistog duha" (Luka 4,33-36) remetio subotnji mir u kafarnaumskoj sinagogi – sve njih je izliječio suosjećajni Spasitelj. U gotovo svakom slučaju Krist je oslovio demona kao razumno biće, zapovijedajući mu da napusti svoju žrtvu i više je ne muči. Kad su vjernici u Kafarnaumu vidjeli Njegovu silnu moć, "njih sve obuze strah te su govorili jedan drugom: 'Kakva riječ, jer s vlašću i snagom zapovijeda nečistim duhovima, a oni izlaze?'" (Luka 4,36)

516

Opsjednuti đavolima obično su prikazani kao bića izložena velikim patnjama, ali je bilo iznimaka. Da bi stekli nadnaravnu moć, neki su srdačno prihvatili Sotonin utjecaj. Naravno, takvi nisu bili u sukobu sa zlim duhovima. Ovoj su skupini pripadali oni koji su imali vračarski duh – Šimun Mag, vračar Elima i djevojka koja je u Filipima slijedila Pavla i Silu.

Nitko nije u većoj opasnosti od utjecaja zlih duhova od onih koji, unatoč izravnom i opsežnom svjedočanstvu Svetoga pisma, poriču postojanje i djelovanje đavla i njegovih anđela. Dokle god ne poznajemo njihova lukavstva, oni imaju gotovo nezamislivu prednost. Mnogi se osvrću na njihove sugestije uvjereni da postupaju sukladno svojoj mudrosti. To je razlog, budući da se približavamo završetku vremena kad će Sotona djelovati s najvećom silom da obmani i uništi, što on posvuda širi vjerovanje da ne postoji. Njegov je plan sakriti sebe i način svog djelovanja. Veliki se varalica ničega toliko ne boji koliko mogućnosti da upoznamo njegova lukavstva. Da bi bolje prikrio svoj pravi karakter i nakane, pobrinuo se da bude predstavljen tako da ne pobuđuje snažnije osjećaje od podsmijeha i prijezira. On je zadovoljan kad ga predočuju kao smiješno ili odvratno biće, nakazno, poluživotinju – polučovjeka. Drago mu je čuti da se njegovo ime spominje u šali i ruganju onih koji se smatraju inteligentnima i dobro upućenima.

517   Upravo zato što se tako vješto zakrabuljio, često se postavlja pitanje: "Postoji li uistinu takvo biće?" Dokaz Sotoninog uspjeha je to što gotovo sav vjerski svijet prihvaća teorije koje se suprote najjasnijim svjedočanstvima Svetoga pisma. Upravo zato što Sotona bez ikakve muke može nadzirati umove onih koji nisu svjesni njegovog utjecaja, Božja riječ iznosi toliko primjera njegovog zloćudnog djelovanja, otkrivajući nam njegove tajne sile, upozoravajući nas da se čuvamo njegovih napada.

Moć i zloba Sotone i njegovih vojski mogli bi nas opravdano zastrašiti kad ne bismo mogli naći zaklon i spas u nadmoćnijoj sili našeg Otkupitelja. Mi brižljivo osiguravamo svoje kuće bravama kako bismo zaštitili imetak i život od zlih ljudi, ali rijetko kad pomislimo na zle anđele koji nam se uporno nastoje približiti, a od čijih se napada ne možemo obraniti svojom snagom. Ako im dopustimo, oni mogu pomutiti naš um, poremetiti i mučiti naše tijelo, uništiti našu imovinu i život. Njihovo je jedino uživanje u izazivanju bijede i uništavanju. Zastrašujuće je stanje onih koji se opiru božanskim zahtjevima, a popuštaju Sotoninim kušnjama dok ih Bog ne prepusti vlasti zlih duhova. Oni, pak, koji slijede Krista uvijek su sigurni pod Njegovom zaštitom. Anđeli, jaki u sili, poslani su s Neba da ih zaštite. Sotona ne može probiti stražu koju je Bog postavio oko svojega naroda.

32

Sotonine zamke

Veliki sukob između Krista i Sotone, koji traje već gotovo šest tisuća godina, uskoro će završiti. Stoga Zli udvostručuje svoje napore da spriječi Kristovo djelo u prilog čovjeka i uhvati duše u svoje zamke. Njegov je cilj zadržati ljude u tami i nepokajanosti dok se ne završi Spasiteljevo posredovanje i više ne bude žrtve za grijeh.

Sotona nije zabrinut dokle god nema posebnih napora u opiranju toj sili, dokle god u Crkvi i svijetu prevladava ravnodušnost, jer nema opasnosti da će izgubiti one koje vodi zarobljene po svojoj volji. Ali kad je pozornost usmjerena na vječne predmete pa duše pitaju: "Što mi treba činiti da se spasim?", on je tu, nastojeći svojom snagom biti ravan Kristovoj i spriječiti utjecaj Svetoga Duha.

Sveto pismo izvješćuje kako je u jednoj prigodi, kad su se Božji anđeli došli pokazati pred Gospodinom, s njima pristupio i Sotona (Job 1,6), ne zato da se pokloni vječnom Kralju, nego da ostvari svoje zle planove protiv pravednih. S istim ciljem dolazi kad se ljudi okupe na bogoslužje. Premda skriven od ljudskih očiju, on marljivo nastoji zavladati umovima štovatelja. Poput vješta vojskovođe on planira unaprijed. Kad vidi Božjeg vjesnika kako istražuje Sveto pismo, on pamti predmet koji će biti iznesen narodu. Zatim koristi svu svoju lukavost i dovitljivost da nadzire okolnosti, kako vijest ne bi doprla do onoga koga upravo u tome obmanjuje. Onaj kome je to upozorenje najviše potrebno bit će zauzet nekim hitnim poslom koji zahtijeva njegovu prisutnost, ili će na neki drugi način biti spriječen da čuje riječi koje bi za njega mogle biti miris što od života vodi u život.

S druge strane, Sotona vidi kako su Gospodnji sluge potištene zbog duhovne tame koja obavija ljude. On čuje njihove usrdne molitve za božanskom milosti i snagom da razbiju začaranost ravnodušnosti, bezbrižnosti i nemara. Tada s novom revnošću primjenjuje svoja umijeća. Navodi ljude da popuštaju apetitu ili nekom drugom obliku samozadovoljstva i tako otupljuje njihovu osjetljivost te oni propuštaju čuti upravo ono što bi svakako trebali znati.

Sotona dobro zna da će sve one koje uspije navesti da zanemare molitvu i istraživanje Svetoga pisma svladati svojim napadima. Stoga smišlja sve moguće kako bi zaokupio njihov um. Uvijek je bilo ljudi koji su se gradili pobožnima, ali umjesto da napreduju u spoznaji istine, sva se njihova religija svodi na traženje bilo kakve karakterne greške ili vjerske zablude kod onih s kojima se ne slažu. Takvi su desna ruka Sotoni. Ima dosta tužitelja braće koji su uvijek aktivni kad Bog djeluje i kad Mu Njegovi sluge iskazuju istinsko štovanje. Oni će dati lažni prizvuk riječima i postupcima onih koji ljube i slušaju istinu. Oni će najozbiljnije, najrevnije Kristove sluge, spremne na samoodricanje, predstaviti kao zavedene ili one koji zavode. Oni rade na tome da pogrešno predoče pobude svakog istinitog i plemenitog čina, da šire svoje laži i izazivaju sumnjičavost u dušama neiskusnih. Na sve moguće načine nastoje da se ono što je čisto i pravično smatra iskvarenim i lažnim.

Ali nitko od njih se ne mora dati prevariti. Lako se može vidjeti čija su oni djeca, čiji primjer slijede i čija djela vrše. *520* "Prepoznat ćete ih po njihovim rodovima." (Matej 7,16) Njihovi su postupci slični onima što ih čini Sotona, izopačeni klevetnik, "tužitelj naše braće". (Otkrivenje 12,10) Veliki varalica ima mnogo pristaša spremnih da iznesu svaku vrstu zabluda kako bi zaveli duše − krivovjerja prilagođena raznovrsnim ukusima i sposobnostima onih koje namjerava upropastiti. Njegov je plan da u Crkvu uvede neiskrene, neprerođene ljude koji će poticati sumnju i nevjerstvo i kočiti one koji žele napredak Božjeg djela i svoj osobni napredak. Mnogi koji nemaju prave vjere u Boga ili Njegovu riječ slažu se s nekim načelima istine i nalikuju kršćanima, pa su u mogućnosti svoje zablude prikazati kao biblijska učenja.

Mišljenje da nije važno što ljudi vjeruju jedna je od najus-
pješnijih Sotonininih obmana. On zna da istina, prihvaćena s
ljubavlju, posvećuje dušu onoga koji je prima; stoga je stalno
pokušava zamijeniti lažnim teorijama, pričama, drugim "evan-
đeljem". Božje su sluge od samog početka istupale protiv laž-
nih učitelja, ne smatrajući ih samo pokvarenima već i usađiva-
čima laži pogubnih za dušu. Ilija, Jeremija i Pavao su se odlu-
čno i neustrašivo protivili onima koji su ljude odvraćali od Bo-
žje riječi. Slobodoumlje koje pravu vjeru drži nevažnom nije
naišlo na odobravanje tih svetih branitelja istine.

Neodređena i čudna tumačenja Svetog pisma i mnoge protur-
rječne teorije o vjeri što ih nalazimo u kršćanskom svijetu djelo
su našeg velikog protivnika. On tako nastoji zbuniti umove kako
ne bi mogli prepoznati istinu. Nesloga i podvajanje među Cr-
kvama u kršćanskom svijetu u velikoj se mjeri može pripisati
prevlađujućem običaju iskrivljavanja Svetog pisma kako bi se
podržala neka omiljena teorija. Namjesto podrobnog proučava-
nja Božje riječi s poniznim srcem, kako bi stekli spoznaju o Nje-
govoj volji, mnogi samo nastoje otkriti nešto neobično ili novo.

U nakani da potkrijepe lažna učenja ili nekršćanske običa- *521*
je, neki posežu za određenim dijelovima Svetoga pisma izdvo-
jenima iz konteksta, katkad navodeći samo polovicu jednog retka
da bi dokazali svoje mišljenje, dok bi preostali dio pokazao sa-
svim suprotni smisao. Lukavošću zmije ukopavaju se iza nepo-
vezanih izraza, složenih tako da odgovaraju njihovim tjelesnim
željama. Na taj način mnogi namjerno izvrću Božju riječ. Dru-
gi, bujne mašte, posežu za slikama i simbolima Svetog pisma,
tumače ih kako to odgovara njihovoj predodžbi, ne obazirući
se na svjedočanstvo Pisma da je ono vlastiti tumač, i nakon toga
svoje izmišljotine predočuju kao učenja Biblije.

Kad god se proučavanju Svetog pisma pristupa bez mo-
litvenog, krotkog i poučljivog duha, i najjasniji i najjednostav-
niji, kao i najteži dijelovi, bit će iskrivljeni s obzirom na svoje
pravo značenje. Papinske vođe biraju dijelove Svetoga pisma
koji najbolje odgovaraju njihovoj nakani, tumače ih kako njima
odgovara, a onda ih iznose narodu, uskraćujući mu pravo da
sâm proučava Bibliju i razumije njezine svete istine. Cijelu Bibliju
treba dati ljudima takvu kakva jest. Za ljude bi bilo bolje da
uopće ne dobiju upute iz Biblije nego da se učenje Svetog pi-
sma tako strašno pogrešno prikazuje.

Biblija je namijenjena da bude vodič svima koji žele upoznati volju svog Stvoritelja. Bog je ljudima dao pouzdanu proročku Riječ; anđeli, pa i Krist sâm, došli su upoznati Daniela i Ivana s onim što uskoro treba doći. Te stvari važne za naše spasenje nisu obavijene tajanstvenošću. Nisu otkrivene tako da zbune i zavedu iskrenog istraživača istine. Gospodin je rekao preko proroka Habakuka: "Zapiši viđenje, ureži ga na pločice, da ga čitač lako čita." (Habakuk 2,2) Božja riječ jasna je svima koji je proučavaju iskrenim srcem uz molitvu. Svaka istinski iskrena duša doći će k svjetlu istine. "Svjetlost sviće pravedniku." (Psalam 97,11) Nijedna Crkva ne može napredovati u svetosti ako njezini pripadnici istinu ne traže ozbiljno kao skriveno blago.

Povikom za slobodoumlje ljudi postaju slijepi za lukavstva svog protivnika, dok on sve vrijeme uporno radi na postizanju svog cilja. Kad uspije nadomjestiti Bibliju ljudskim mišljenjima, Božji zakon ostaje po strani, a Crkve postaju robovima grijeha, dok istodobno tvrde da su slobodne.

Za mnoge je znanstveno istraživanje postalo prokletstvom. Bog je dopustio da se u otkrićima na području znanosti i umjetnosti poplava svjetla izlije na svijet, ali i najveći umovi, ako ih Božja riječ ne vodi u njihovom istraživanju, ostaju zbunjeni u svojim pokušajima ispitaivanja odnosa između znanosti i objava.

Čovjekova spoznaja u materijalnom i u duhovnom pogledu djelomična je i nepotpuna; stoga mnogi ne mogu svoja gledišta o znanosti uskladiti s biblijskim izjavama. Mnogi kao znanstvene činjenice prihvaćaju teorije i spekulacije, i misle da se Božja riječ treba ispitati učenjem "lažno nazvane spoznaje". (1. Timoteju 6,20) Stvoritelj i Njegova djela nadmašuju njihovo shvaćanje; budući da ih ne mogu objasniti prirodnim zakonima, biblijski izvještaj smatraju nepouzdanim. Oni koji sumnjaju u izvještaje Staroga i Novoga zavjeta često idu korak dalje i sumnjaju u postojanje Boga, a beskrajnu silu pripisuju prirodi. Budući da su napustili sidrište, prepušteni su da se razbiju o stijene nevjerstva.

Na taj način mnogi odlutaju od vjere pa ih đavao zavede. Ljudi su pokušali biti mudriji od svojeg Stvoritelja. Ljudska filozofija pokušavala je istražiti i objasniti tajne koje ni u vječnosti neće biti otkrivene. Kad bi ljudi htjeli proučavati i razumjeti ono što je Bog objavio o sebi i svojim nakanama, stekli bi isprav-

no gledište o Jahvinoj slavi, veličanstvu i moći, shvatili bi koliko
su maleni i bili bi zadovoljni onim što je otkriveno njima i nji-   *523*
hovoj djeci.

Remek-djelo Sotoninih obmana jest zadržati umove ljudi da
istražuju i nagađaju o onome što Bog nije objavio i što nije na-
mijenio našem razumijevanju. Zbog toga je i Lucifer izgubio
svoje mjesto na Nebu. Bio je nezadovoljan jer mu nisu bile po-
vjerene sve tajne Božjih nauma, potpuno prezrevši ono što mu
je bilo otkriveno o njegovoj vlastitoj zadaći na uzvišenom po-
ložaju koji mu je bio dodijeljen. Izazivanjem istog nezadovolj-
stva u anđelima pod svojim zapovjedništvom prouzročio je nji-
hov pad. Sad nastoji ucijepiti u ljude isti duh i tako ih navesti
da prezru izravne Božje zapovijedi.

Oni koji nisu voljni prihvatiti jasne, oštre istine Biblije, stalno
traže ugodne priče koje će im umiriti savjest. Što su iznesena
učenja manje duhovna, s manje samoodricanja i poniznosti, to
se prihvaćaju s većom simpatijom. Takvi ljudi umanjuju inte-
lektualne snage da bi služili svojim tjelesnim željama. Previše
mudri u svojim očima da bi Sveto pismo istraživali skrušenim
srcem i iskrenom molitvom božanskog vodstva, oni nemaju ni-
kakav štit protiv obmane. Sotona je spreman zadovoljiti žudnje
srca pa svoje prijevare podmeće namjesto istine. Upravo je na
taj način papinstvo zavladalo umovima ljudi; a odbacivanjem
istine, jer uključuje križ, protestanti idu istim putem. Svi koji
zanemaruju Božju riječ kako bi otkrili što se njima čini priklad-
nim i mudrim da ne bi došli u sukob sa svijetom, bit će ostav-
ljeni da umjesto istine prihvate krivovjerstvo koje vodi u pro-
past. Oni koji svojevoljno odbacuju istinu, prihvatit će svaki
mogući oblik zablude. Čovjek kojega će jedna prijevara užasnuti,
spremno će prihvatiti drugu. Govoreći o skupini onih koji "ljubavi
istine ne primiše da bi se spasili", apostol Pavao izjavljuje: "Zato
im Bog šalje djelotvornu zabludu da vjeruju laži, da budu osu-   *524*
đeni svi koji nisu vjerovali u istinu, već pristali uz nepraved-
nost." (2. Solunjanima 2,10-12) Nakon takvih opomena, dužni
smo paziti kakva učenja prihvaćamo.

Među najuspješnijim su prijevarama velikog varalice lažna
učenja i lažljiva čudesa spiritizma. Prerušen u anđela svjetla,
on razapinje svoje mreže tamo gdje se čovjek tome najmanje
nada. Kad bi proučavali Božju Knjigu uz iskrenu molitvu da ra-
zumiju njezin nauk, ljudi ne bi bili prepušteni tami i prihvaća-

nju lažnih učenja. Ali kad odbace istinu, postaju plijenom prijevara.

Druga pogibeljna zabluda jest učenje koje poriče Kristovo božanstvo, tvrdeći da nije postojao prije dolaska na ovaj svijet. Ovu teoriju blagonaklono primaju mnogi koji tvrde da vjeruju u Bibliju, ali se ona izravno protivi najjasnijim Spasiteljevim izjavama o svojemu odnosu prema Ocu, svom božanskom karakteru i svojemu prapostojanju. Takve nazore nije moguće opravdati bez stvarno neopravdanog iskrivljavanja Svetog pisma. Ova teorija ne samo što unizuje čovjekovo razumijevanje djela otkupljenja, već potkopava vjeru u Bibliju kao Božju objavu. Budući da je to čini još opasnijom, nju je teže opovrgnuti. Ako ljudi odbace svjedočanstvo Svetoga pisma o Kristovom božanstvu, uzalud je o tome s njima raspravljati, jer ih nijedan dokaz, koliko god bio uvjerljiv, neće uvjeriti. "Zemaljski čovjek ne prima ono što dolazi od Duha Božjega, jer je to za nj ludost. On to ne može ni upoznati, jer se to mora uz pomoć Duha prosuđivati." (1. Korinćanima 2,14) Tko god vjeruje u ovu zabludu, ne može ispravno razumjeti Kristov karakter ili Njegovu zadaću, niti veliki Božji plan za čovjekov otkup.

Još jedna lukava i štetna zabluda jest vjerovanje koje se brzo širi da Sotona ne postoji kao osoba; da se Biblija tim imenom služi samo da predoči čovjekove zle misli i žudnje.

525   Učenje koje tako često odjekuje s propovjedaonica da je drugi Kristov dolazak zapravo Njegov dolazak svakome osobno u smrtnom času, smišljena je prijevara da odvrati misli ljudi od Njegovog osobnog dolaska na nebeskim oblacima. Godinama je Sotona govorio: "Eno ga u tajnim odajama!" (Matej 24,23-26), i mnoge su duše prihvaćanjem te prijevare propale.

S druge strane, svjetovna mudrost uči da molitva nije bitna. Znanstvenici tvrde da ne može biti stvarnog odgovora na molitvu; to bi bilo narušavanje zakona ili čudo — a čuda ne postoje. Svemirom, kažu, vladaju nepromjenjivi zakoni i Bog sâm ne čini ništa suprotno njima. Tako prikazuju Boga vezanog vlastitim zakonima — kao da djelovanje božanskih zakona isključuje božansku slobodu. Takvo je učenje suprotno svjedočenju Svetoga pisma. Nisu li Krist i Njegovi apostoli činili čudesa? Isti nježni Spasitelj i danas živi, gotov da sluša molitve vjere kao onda dok se vidljivo kretao među ljudima. Naravno surađuje s nadnaravnim. Dio je Božjeg plana da nam kao odgovor na molitvu vjere dade ono što nam ne bi dao da Ga nismo molili. Nebrojena su lažna učenja i čudnovate zamisli koje postoje u Crkvama kršćanskog svijeta. Nemoguće je procijeniti zle posljedice uklanjanja i jednog međaša utemeljenog Božjom riječju. Malo je onih koji, kad to učine, ostaju na odbacivanju samo jedne istine. Većina nastavlja odbacivati načelo za načelom istine dok zapravo ne postanu nevjernici.

Zablude općeprihvaćene teologije natjerale su mnoge duše, koje bi inače vjerovale u Sveto pismo, da postanu skepticima. Nemoguće je takvome prihvatiti učenja koja vrijeđaju njegov osjećaj pravde, milosrđa i dobrote; budući da su prikazana kao nauk Biblije, oni je ne žele priznati za Božju riječ.

Upravo je to cilj koji Sotona nastoji postići; najviše od svega 526 želi uništiti povjerenje u Boga i Njegovu Riječ. Sotona se nalazi na čelu velike vojske sumnjičavaca i radi svim snagama da prijevarom namami duše u svoje redove. Sumnjati postaje moderno. Velika skupina ljudi s nepovjerenjem gleda Božju riječ iz istog razloga kao i njezinog Autora: zato što kori i osuđuje za grijeh. Oni koji nisu voljni poslušati njezine zahtjeve, nastoje srušiti njezin autoritet. Oni čitaju Bibliju, ili slušaju kad se njezin nauk iznosi s propovjedaonice, samo zato da nađu pogrešku u Svetom pismu ili u propovijedi. Nemalo je onih koji postaju nevjernici kako bi se opravdali ili našli ispriku zbog zanemarivanja dužnosti. Drugi skeptična načela prihvaćaju zbog oholosti i nemara. Previše lijeni da bi se istaknuli postizanjem nečeg vrijednog, što zahtijeva trud i samoodricanje, oni se nastoje pokazati posebno mudrima kritizirajući Bibliju. Ima mnogo toga što ograničeni um, neprosvijetljen božanskom mudrošću ne može shvatiti, pa nalaze priliku za kritiziranje. Ima mnogo onih koji, čini se, misle da je vrlina biti na strani bezboštva, skepticizma i nevjerstva. Ali iza prividne otvorenosti pokazat će se da takve ljude pokreće samopouzdanje i ponos. Mnogi uživaju kad u Svetom pismu nađu nešto što druge zbunjuje. Neki odmah kritiziraju i pogrešno rasuđuju zato što vole prepirku. Oni nisu svjesni da se tako sami zapliću u ptičarevu zamku. Ali nakon što su otvoreno izrazili nevjerstvo, smatraju da moraju ostati pri svome. Tako se ujedinjuju s bezbožnicima i sami sebi zatvaraju vrata raja.

Bog je u svojoj Riječi dao dovoljno dokaza o njezinoj bo-
žanskoj naravi. Jasno su iznesene velike istine o našem spase-
nju. Uz pomoć Svetoga Duha obećanog svima koji Ga iskreno
527 traže, svatko sâm može razumjeti te istine. Bog je ljudima osi-
gurao čvrst temelj na kome mogu utvrditi svoju vjeru.
Pa ipak, ograničen ljudski um ne može u cijelosti shvatiti
planove i namjere Beskonačnoga. Boga nikada ne možemo do-
kučiti proučavanjem. Ne smijemo si uzeti slobodu da odgrnemo
zastor iza kojega je sakrio svoju slavu. Apostol kliče: "Kako su
nedokučive njegove odluke, i kako neistraživi njegovi putovi!"
(Rimljanima 11,33) Njegovo postupanje s nama i pobude koje
Ga rukovode možemo shvatiti toliko da prepoznamo Njegovu
bezgraničnu ljubav i milosrđe povezane s Njegovom neizmjer-
nom silom. Naš nebeski Otac sve vodi mudro i pravedno, i stoga
ne smijemo biti nezadovoljni i nepovjerljivi, već pokazati iskrenu
pokornost. On će nam svoje namjere otkriti onoliko koliko je
dobro da znamo, a za ostalo se moramo povjeriti svemoćnoj
Ruci, Srcu prepunom ljubavi.
Premda je Bog dao obilje dokaza da možemo vjerovati, On
neće nikada ukloniti sve izgovore za nevjerstvo. Svi koji traže
kuke o koje bi objesili svoje sumnje, naći će ih. A oni koji odbiju
prihvatiti i poslušati Božju riječ dok nije uklonjen svaki prigo-
vor pa više nema mogućnosti za sumnju, nikada neće doći k
svjetlu.
Nepovjerenje prema Bogu je prirodna pojava neobnovlje-
nog srca koje je u stanju neprijateljstva s Bogom. Ali Sveti Duh
nadahnjuje vjerom i ona će napredovati samo ako je cijenjena.
Nitko ne može ojačati u vjeri bez ulaganja odlučnog napora.
Kad se potiče, nevjerstvo jača, i ako ljudi sebi dopuste sumnju
i kritiku, namjesto da razmišljaju o dokazima koje im je Bog
dao za potkrepu njihove vjere, ustanovit će da se njihove sum-
nje sve više utvrđuju.
Oni koji sumnjaju u Božja obećanja i ne vjeruju u jamstvo
Njegove milosti, sramote Boga. Njihov utjecaj, namjesto da pri-
528 vlači ka Kristu, može druge udaljiti od Njega. Oni su neplodna
stabla koja šire svoje tamne grane nadaleko i naširoko, spreča-
vajući da sunčeva svjetlost dopre i do drugih biljaka koje venu
i umiru u hladnoj sjeni. Životno djelo takvih ljudi stalno će svje-
dočiti protiv njih. Oni siju sjeme sumnje i nevjere koje će nu-
žno donijeti žetvu.

Postoji samo jedan put za one koji se iskreno žele osloboditi sumnje. Namjesto da sumnjaju i kritiziraju ono što ne razumiju, neka obrate pozornost na svjetlo koje ih već obasjava, i dobit će veće svjetlo. Neka ispune svaku dužnost koja im je jasna, i moći će razumjeti i izvršiti one u koje još sumnjaju.

Sotona može podmetnuti krivotvorinu koja tako sliči istini da će prevariti one koji su gotovi da budu prevareni, koji žele izbjeći samoodricanje i žrtvu koje istina traži; ali je nemoguće da pod svojom vlašću drži dušu koja iskreno po svaku cijenu želi upoznati istinu. Krist je Istina i "svjetlo istinito, koje rasvjetljuje svakoga čovjeka, [koje] dođe na ovaj svijet". (Ivan 1,9) Duh istine poslan je da ljude uputi u svaku istinu. A o autoritetu Božjeg Sina stoji napisano: "Tražite, i naći ćete!" "Ako tko htjedne vršiti volju njegovu, znat će da li je moja nauka od Boga." (Matej 7,7; Ivan 7,17)

Kristovi sljedbenici malo znaju o zavjerama što ih Sotona i njegove vojske kuju protiv njih. Ali Onaj koji živi na nebesima nadvladat će sve te planove kako bi ostvario svoje duboke namjere. Gospodin dopušta da Njegov narod bude podvrgnut žestokom kušanju ne zato što uživa u njegovim mukama i nevoljama, već zato što je taj postupak bitan za njihovu konačnu pobjedu. On ih ne može, dosljedno svojoj vlastitoj slavi, zaštititi od kušnje, jer je upravo njezin cilj pripremiti ih da se odupru svim čarima zla.

Ni zli ljudi ni đavoli ne mogu zaustaviti Božje djelo niti *529* ukloniti Božju prisutnost iz Njegovog naroda ako poniznim, skrušenim srcem prizna i ostavi grijehe i u vjeri prihvati Njegova obećanja. Svakoj kušnji, svakom neprijateljskom utjecaju, bili otvoreni ili potajni, može se uspješno oduprijeti "ne silom niti snagom, već duhom mojim! – riječ je Jahve nad Vojskama". (Zaharija 4,6)

"Jer Gospodin ima oči na pravednicima i uši svoje priklanja molitvama njihovim. ... Pa tko će vam nauditi ako budete zaneseni za dobro?" (1. Petrova 3,12.13) Kad se Bileam, primamljen obećanjem bogate nagrade, poslužio vračanjem protiv Izraela i prinošenjem žrtve Gospodinu nastojao navući prokletstvo na Njegov narod, Božji Duh je priječio da izgovori zlo što ga je namjeravao izreći, pa je Bileam bio prisiljen uzviknuti: "Kako mogu proklinjati koga Bog ne proklinje? Kako gromom udarati koga Jahve ne udara? ... O, da mi je umrijeti smrću pravednika! O, da svršetak moj bude kao njihov!" Nakon što je ponovno prinio žrtvu, bezbožni prorok je izjavio: "Gle, primih od Boga da blagoslovim, blagoslovit ću i povuć neću blagoslova. U Jakovu nesreće ne nazreh, nit nevolje vidjeh u Izraelu. Jahve, Bog njegov, s njim je, poklik kralju u njemu odzvanja. ... Gatanja nema protiv Jakova nit protiv Izraela vračanja. I kada budu rekli Jakovu i Izraelu: 'Što radi Bog?' ..." I po treći put su podigli žrtvenike i Bileam je opet pokušao izreći prokletstvo. Ali preko nevoljkih prorokovih usana Božji Duh je objavio napredak svojih izabranih i ukorio ludost i zloću njihovih neprijatelja: "Blagoslovljen bio tko te blagoslivlje, proklet da je tko tebe proklinje!" (Brojevi 23,8.10.20.21.23; 24,9)

U to je vrijeme Izrael bio vjeran Bogu i dokle god je bio poslušan Njegovom Zakonu, nije ga mogla nadvladati nijedna zemaljska ni paklena sila. Ali prokletstvo što ga Bileam nije uspio izgovoriti protiv Božjeg naroda, uspio je na koncu ipak navesti *530* na njih kad ih je zaveo u grijeh. Kad su prekršili Božje zapovijedi, odvojili su se od Njega, pa su morali osjetiti razornu silu neprijatelja.

Sotona je itekako svjestan da je i najslabija duša koja se oslanja na Krista više no dorasla silama tame, i da bi ga ona, kad bi se otvoreno pokazao, dočekala i pružila mu otpor. Stoga nastoji izmamiti vojnike križa iz njihove jake utvrde, dok on sa svojim snagama vreba u zasjedi, spreman uništiti sve one koji se usuđuju stupiti na njegovo tlo. Mi možemo biti sigurni samo ako se ponizno oslanjamo na Boga i ako smo poslušni svim Njegovim zapovijedima.

Nijedan čovjek nije siguran ni dana, ni sata bez molitve. Posebno trebamo moliti Gospodina za mudrost da razumijemo Njegovu riječ. U njoj su razotkrivene kušačeve zamke, kao i sredstva s pomoću kojih im se čovjek može uspješno oprijeti. Sotona je stručnjak u navođenju Biblije, i on daje svoje vlastito tumačenje ulomcima u nadi da će nas uz pomoć njih navesti na spoticanje. Bibliju trebamo proučavati s poniznim srcem, ne gubeći iz vida svoju ovisnost o Bogu. Premda se uvijek moramo čuvati Sotoninih zamki, trebamo se stalno moliti vjerom: "I ne uvedi nas u napast." (Luka 11,4)

33

Prva velika prijevara

Od najranije ljudske povijesti Sotona se trudio prevariti čo-   *531*
vječanstvo. Onaj koji je izazvao pobunu na Nebu želio je nave-
sti stanovnike Zemlje da se s njim udruže u borbi protiv Božje
vladavine. Adam i Eva su bili savršeno sretni u poslušnosti Bo-
žjem zakonu, i ta je činjenica bila trajno svjedočanstvo protiv
Sotonine tvrdnje na Nebu da Božji zakon tlači Njegova stvo-
renja i protivi se njihovoj sreći. Uz to je Sotoninu zavist iza-
zvao pogled na prekrasan dom pripremljen za bezgrešni par.
Odlučio je izazvati njihov pad, da bi, kad ih odvoji od Boga i
podvrgne svojoj vlasti, mogao zaposjesti Zemlju i na njoj us-
postaviti svoje kraljevstvo nasuprot Svevišnjemu.

Da se pokazao kakav je uistinu, Adam i Eva bi ga odmah
odbili, jer su bili upozoreni na tog opasnog neprijatelja. No on
je radio potajno, krijući svoje namjere kako bi što uspješnije
ostvario cilj. Koristeći kao posrednicu zmiju koja je bila stvo-
renje zadivljujućeg izgleda, obratio se Evi pitanjem: "Zar vam
je Bog rekao da ne smijete jesti ni s jednog drveta u vrtu?"
(Postanak 3,1) Da se Eva uzdržala od raspravljanja s kušačem,
bila bi sigurna, ali se usudila raspravljati s njim te je pala kao
žrtva njegovog lukavstva. Na isti način su i danas mnogi nad-   *532*
vladani. Oni sumnjaju i raspravljaju o Božjim zahtjevima i, na-
mjesto da su poslušni božanskim zapovijedima, oni prihvaćaju
ljudske teorije koje nisu ništa drugo do prikrivene Sotonine ob-
mane.

"Žena odgovori zmiji: 'Plodove sa stabala u vrtu smijemo
jesti. Samo za plod stabla što je nasred vrta rekao je Bog: Da
ga niste jeli! I ne dirajte u nj, da ne umrete!' Na to će zmija

ženi: 'Ne, nećete umrijeti! Nego, zna Bog: onoga dana kad budete
s njega jeli otvorit će vam se oči, i vi ćete biti kao bogovi,
koji razlučuju dobro i zlo.'" (Postanak 3,2-5) Ustvrdio je da će
postati slični Bogu, postati mudriji nego dotad i sposobni da
se uzdignu na viši stupanj razvitka. Eva je popustila kušnji, a
pod njezinim je utjecajem i Adam naveden na grijeh. Prihvatili
su i zmijine riječi da Bog nije mislio onako kako je rekao; nisu
vjerovali svojem Stvoritelju, zamišljajući da im ograničava slobodu
te da kršenjem Njegovog Zakona mogu steći veliku mudrost i
uzvišeniji položaj.

Međutim, kakvo je značenje riječi: "U onaj dan u koji s
njega okusiš, zacijelo ćeš umrijeti!" (Postanak 2,17) Adam otkrio
nakon svoga grijeha? Je li otkrio da je, kao što ga je Sotona uvje-
ravao, postigao viši stupanj razvitka? U tom bi se slučaju pre-
kršaj isplatio, a Sotona bi se dokazao dobrotvorom ljudskog roda.
Ali Adam nije ustanovio da bi to bio smisao božanske presude.
Bog je objavio da će se zbog kazne za svoj grijeh čovjek mo-
rati ponovno vratiti u zemlju od koje je uzet: "Prah si, i u prah
ćeš se i vratit." (Postanak 3,19) Sotonine riječi: "Nego, zna Bog
... otvorit će vam se oči" pokazale su se istinitima samo u ovom
smislu: nakon što su Adam i Eva pokazali neposluh, otvorile
su im se oči da razaberu svoju ludost; upoznali su zlo i okusili
gorak plod prekršaja.

533   Usred vrta raslo je stablo života čiji je plod imao moć ob-
navljati život. Da je Adam ostao poslušan Bogu, i dalje bi uži-
vao slobodan pristup tom stablu i zauvijek živio. Ali kad je
sagriješio, nije mu više bilo dopušteno jesti s drveta života, pa
je postao podložan smrti. Božanska presuda: "Prah si, i u prah
ćeš se i vratit" upućuje na posvemašnje ugasnuće života.

Besmrtnost, obećana čovjeku uz uvjet poslušnosti, proi-
grana je prekršajem. Adam nije mogao svojem potomstvu pre-
nijeti ono što nije imao, i za pali rod ne bi bilo nade da im
Bog žrtvom svojeg Sina nije stavio besmrtnost nadohvat ruke.
Dok "smrt priđe na sve ljude, jer svi sagriješiše", Krist je
"obznanio život i besmrtnost Radosnom viješću". (Rimljanima
5,12; 2. Timoteju 1,10) Besmrtnost se može steći samo po Kristu.
Isus je rekao: "Tko vjeruje u Sina, ima život vječni; a tko ne
vjeruje Sinu, neće vidjeti života." (Ivan 3,36) Svatko može steći
taj neprocjenjivi blagoslov ako se pridržava uvjeta. Svi "koji ustraj-

nošću u dobrim djelima traže slavu, čast i besmrtnost" primit će "život vječni". (Rimljanima 2,7) Jedini koji je Adamu obećao život u neposlušnosti bio je veliki varalica. A zmijina izjava pred Evom u Edenu – "Ne, nećete umrijeti" – bila je prva propovijed o besmrtnosti duše. I ta tvrdnja, koja počiva jedino na autoritetu Sotone, odzvanja s propovjedaonica kršćanskog svijeta, i većina je pripadnika ljudskog roda jednako spremno prihvaća kao i naši praroditelji. Božanska presuda: "Onaj koji zgriješi, taj će i umrijeti" (Ezekiel 18,20) protumačena je kao da znači: čovjek koji zgriješi neće umrijeti, već vječno živjeti. Možemo se jedino čuditi neobičnoj zaslijepljenosti koja potiče ljude da povjeruju Sotoninim, a ne Božjim riječima.

Da je čovjeku poslije njegova pada bio dopušten pristup drvetu života, on bi živio zauvijek, i tako bi grijeh postao besmrtnim. Ali kerubin s plamenim mačem čuvao je stazu "koja vodi k stablu života" (Postanak 3,24) i nikome iz Adamove obitelji nije bilo dopušteno prijeći tu granicu i uživati životodavni plod. Stoga nema besmrtnog grešnika. 534

Ali nakon pada Sotona je pozvao svoje anđele da ulože posebne napore kako bi ucijepili vjerovanje u čovjekovu urođenu besmrtnost, a kad su naveli ljude da prihvate tu zabludu, ponukali su ih da zaključe kako će grešnik živjeti u vječnim mukama. Otad knez tame, djelujući preko svojih zastupnika, prikazuje Boga kao osvetoljubiva tiranina, tvrdeći da strmoglavljuje u pakao sve koji Mu nisu po volji i uzrokuje da stalno osjećaju Njegovu srdžbu; i dok trpe neizrecive muke i previjaju se u vječnom plamenu, njihov ih Stvoritelj promatra sa zadovoljstvom.

Tako prastari neprijatelj zaodijeva Stvoritelja i Dobročinitelja čovječanstva svojim vlastitim značajkama. Okrutnost je sotonskog podrijetla. Bog je ljubav i sve što je stvorio bilo je čisto, sveto i predivno, dok prvi veliki pobunjenik nije unio grijeh. Sâm Sotona je neprijatelj koji kuša čovjeka grijehom, a zatim ga, ako može, uništava. Kad je tako osigurao sebi žrtvu, uživa u propasti koju je prouzročio. Kad bi mu bilo dopušteno, on bi cijeli ljudski rod uvukao u svoju mrežu. Da se božanska moć nije umiješala, nijedan Adamov sin i kći ne bi uspjeli uteći.

Sotona se i danas trudi nadvladati ljude kao što je nadvladao naše praroditelje narušavajući njihovo povjerenje u Stvoritelja i navodeći ih da posumnjaju u mudrost Njegove vladavine i pravednost Njegovih zakona. Sotona i njegovi poslanici predstavljaju Boga gorim od sebe samih, kako bi opravdali svoju zlobu i buntovnost. Veliki varalica nastoji podmetnuti svoj užasno okrutni karakter našem nebeskom Ocu, da bi sebe prikazao kao nekoga kome je učinjena velika nepravda kad je zba-535 čen s Neba jer se nije htio pokoriti tako nepravednom gospodaru. On pred svijet iznosi slobodu koju mogu uživati pod njegovom blagom vladavinom, nasuprot ropstvu što su ga nametnule krute Jahvine odredbe. Tako uspijeva odvući duše od njihove odanosti Bogu.

Kako li je učenje da se zli koji su umrli muče ognjem i sumporom u vječnom plamenu pakla, da za grijehe počinjene tijekom kratkog zemaljskog života moraju trpjeti mučenje dokle god Bog živi, nespojivo sa svakim osjećajem ljubavi i milosrđa, pa čak i s našim osjećajem za pravednost! Pa ipak je to učenje prošireno i još prisutno u mnogim vjerovanjima u kršćanskom svijetu. Jedan ugledni doktor telogije je rekao: "Pogled na paklene muke zauvijek će uvećavati sreću svetih. Kad vide druge, koji su iste naravi i rođeni u istim okolnostima, izložene takvoj patnji, dok oni uživaju u takvoj slavi, postat će svjesni koliko su sretni." Drugi se poslužio sljedećim riječima: "Dok se odluka o prokletstvu vječno provodi nad posudama ispunjenim gnjevom, dim će se njihova mučenja vječno uzdizati pred posudama ispunjenima milosrđem, koje će, namjesto da dijele sudbinu tih bijednika, reći: Amen, Aleluja! Slavite Gospodina!"

Gdje se na stranicama Božje riječi može naći takav nauk? Hoće li spašeni na Nebu biti lišeni svih osjećaja sućuti i sažaljenja, pa čak i osjećaja obične čovječnosti? Hoće li oni biti zamijenjeni ravnodušnošću stoika ili okrutnošću divljaka? Ne, ne! To nije učenje Božje Knjige! Oni koji iznose gledišta izrečena u takvim navodima mogu biti učeni i čak pošteni ljudi, ali su prevareni Sotoninim lažima. On ih navodi da pogrešno tumače snažne izraze Svetoga pisma, pridajući jeziku prizvuk gorčine i zlobe koja se odnosi na njih, a ne na našeg Stvoritelja. "Života mi moga – riječ je Jahve Gospoda – nije meni do smrti bezbožnikove, nego da se odvrati od zloga puta svojega i da živi! Obratite se, dakle, obratite od zloga puta svojega! Zašto da umrete?" (Ezekiel 33,11)

Što bi Bog imao od toga ako bismo priznali da On uživa 536 gledajući beskrajno mučenje, da se naslađuje uzdisajima, krikovima i kletvama patnika koje drži u ognjenom paklu? Mogu li ti užasni zvuci biti glazba za uši Beskonačne Ljubavi? Tvrdi se da zadavanje beskrajnih patnji zlima pokazuje Božju mržnju prema grijehu kao zlu pogubnom za mir i red u svemiru. Strašnog li svetogrđa! Kao da je Božja mržnja prema grijehu razlogom da bude ovjekovječen! Jer prema učenju tih teologa, trajno mučenje bez nade u milosrđe izluđuje te bijedne žrtve, pa kad svoj gnjev iskazuju kletvama i hulama, one zauvijek umnožavaju teret svoje krivnje. Božja se slava ne uvećava stalnim umnožavanjem grijeha kroz beskonačne vjekove.

Ljudski um ne može procijeniti zlo prouzročeno krivovjerjem o vječnom mučenju. Biblijska religija, puna ljubavi i dobrote, bogata milosrđem, zamračena je praznovjerjem i zaodjenuta strahom. Kad razmislimo kakvim je lažnim bojama Sotona oslikao Božji karakter, trebamo li se čuditi što se ljudi boje i užasavaju našeg milosrdnog Stvoritelja, pa Ga čak i mrze? Grozni pojmovi o Bogu, rašireni po svijetu naučavanjem s propovjedaonica, stvorili su tisuće i milijune sumnjičavaca i nevjernika.

Teorija o vječnim mukama jedno je od lažnih učenja koja čine vino odurnosti Babilona, kojim opija sve narode. (Otkrivenje 14,8; 17,2) Doista je nepojmljivo kako su Kristovi propovjednici to krivovjerje mogli prihvatiti i objavljivati s posvećenog mjesta! Primili su ga od Rima, kao i lažnu subotu. Istina, naučavali su ga veliki i dobri ljudi, ali oni po tom predmetu nisu primili svjetlo kao mi. Bili su odgovorni samo za svjetlo koje je svijetlilo u njihovo doba, kao što smo i mi odgovorni za svjetlo što svijetli u naše vrijeme. Ako se odvratimo od svjedočanstva Božje riječi i prihvatimo lažna učenja jer su ih naučavali naši 537 očevi, onda padamo pod osudu izgovorenu nad Babilonom; mi pijemo od vina njegova bluda.

Mnogi od onih koji odbacuju učenje o vječnim mukama padaju u drugu zabludu. Oni vide da Sveto pismo predstavlja Boga kao Biće ljubavi i sućuti, i stoga ne mogu povjerovati da će On svoja stvorenja izručiti plamenu vječno gorućeg pakla. Budući da vjeruju u prirodnu besmrtnost duše, ne vide druge mogućnosti do zaključka da će čitavo čovječanstvo na kraju biti spašeno. Mnogi drže da su prijetnje Biblije smišljene samo zato da ljude natjeraju na poslušnost, a ne da se doslovno ispune.

Stoga grešnik može živjeti u sebičnim zadovoljstvima, ne obzirući se na Božje zahtjeve, a ipak očekivati da će na posljetku biti Njemu po volji. Takvo učenje koje iskorišćuje Božju milost, a zanemaruje Njegovu pravednost, ugađa tjelesnom srcu i ohrabruje zle u njihovom bezboštvu.

Da bismo pokazali kako oni koji vjeruju u sveopće spasenje izvrću Sveto pismo da bi podržali svoje pogubne dogme, dovoljno će biti samo navesti njihove vlastite izjave. Na pogrebu jednog mladića nevjernika, koji je poginuo na mjestu u nesreći, univerzalistički propovjednik izabrao je kao predmet svog izlaganja izvještaj Svetog pisma o Davidu: "Jer se utješio zbog smrti Amnonove." (2. Samuelova 13,39)

"Često me pitaju", kazao je govornik, "kakva će biti sudbina onih koji napuste svijet u grijehu, umru možda u stanju pijanstva, s grimiznim mrljama zločina koje nisu oprali sa svoje odjeće, ili poginu kao taj mladić, a nisu nikada ispovijedali ili doživjeli neku religiju. Mi se zadovoljavamo Svetim pismom; njegov odgovor rješava strašan problem. Amnon je bio izrazito grešan; nije se pokajao, opio se, i onako pijanog su ga ubili. David je bio Božji prorok; morao je znati hoće li Amnonu u budućem svijetu biti dobro ili loše. Što je osjećao u svom srcu? 'Kralj David prestao se srditi na Abšaloma, jer se utješio zbog smrti Amnonove.' (39. redak)

Što možemo zaključiti iz tih riječi? Očito da vječne muke nisu bile dio njegovog vjerskog uvjerenja. Tako i mi mislimo, i ovdje otkrivamo trijumfalni dokaz u prilog ugodnije, prosvjećenije i plemenitije pretpostavke o konačnoj sveopćoj čistoći i miru. Utješio se spoznajom da mu je sin mrtav. A zašto? Jer je proročkim okom gledao u slavnu budućnost i vidio da mu je sin udaljen od svih kušnji, oslobođen ropstva i očišćen od pokvarenosti grijeha; a nakon što je učinjen dovoljno svetim i prosvijetljenim, primljen je u društvo uznesenih i radosnih duhova. Njegova je jedina utjeha bila da je preseljenjem iz sadašnjeg stanja grijeha i patnje njegov voljeni sin otišao tamo gdje će se na njegovu zamračenu dušu izlijevati najuzvišeniji dah Svetoga Duha, gdje će se njegov duh otvoriti utjecaju nebeske mudrosti i slatkom zanosu besmrtne ljubavi, i tako se pripremiti da s posvećenom naravi uživa spokoj i društvo nebeske baštine.

Tim mislima dajemo znati kako vjerujemo da nebesko spasenje ne ovisi ni o čemu što možemo učiniti u ovom životu,

538

kao ni o sadašnjoj promjeni srca, niti o trenutačnom vjerovanju ili ispovijedanju religije ..." Na taj način tobožnji Kristov propovjednik ponavlja laž što ju je izrekla zmija u Edenu: "Ne, nećete umrijeti! ... onog dana kad budete s njega jeli otvorit će vam se oči, i vi ćete biti kao bogovi ..." On tvrdi da će nakon smrti najveći grešnici – ubojica, lopov i preljubnik – biti spremni ući u besmrtnu radost. Iz čega taj čovjek koji izvrće Sveto pismo izvlači svoje zaključke? Iz jedne jedine rečenice koja opisuje Davidovo pokoravanje volji Providnosti: "Kralj David prestao se srditi na Abšaloma, jer se utješio zbog smrti Amnonove." Vrijeme je otupilo oštricu boli, pa se mislima okrenuo od mrtvog k živom sinu koji je iz straha pred pravednom kaznom zbog počinjenog zločina pobjegao u tuđu zemlju. I to je bio dokaz da je rodoskvrni, pijani Amnon po svojoj smrti prenesen u rajske dvore, da bi se tamo očistio i pripremio za društvo bezgrešnih anđela!? Svakako ugodna priča, dobro sročena da zadovolji tjelesno srce! Ovo je čisto Sotonino učenje i ono je vrlo djelotvorno. Treba li se čuditi što uz takve propovijedi zlo obiluje?

Naučavanje tog lažnog učitelja slika je puta kojim mnogi idu. Nekoliko riječi iz Svetoga pisma izvlače iz konteksta, koji bi u mnogo slučajeva pokazao da je značenje posve suprotno tumačenju, i takve nepovezane ulomke izvrću i koriste kao dokaz za učenje koje nema temelja u Božjoj riječi. Navedeni tekst, kao dokaz da je pijani Amnon na Nebu, samo je zaključak očito suprotan jasnim i izričitim izjavama Svetoga pisma da nijedan pijanica neće naslijediti Božje kraljevstvo. (1. Korinćanima 6,10) I tako sumnjičavci, nevjernici i skeptici pretvaraju Božju istinu u laž. A mnoštvo je prevareno njihovim lažima i uspavano u kolijevci tjelesne sigurnosti.

Kad bi bilo istina da duše svih ljudi u času smrti odlaze izravno na Nebo, onda bismo više željeli smrt nego život. Mnogi su, zavedeni takvim vjerovanjem, navedeni da učine kraj svojem životu. Kad je čovjek satrt nevoljom, poteškoćama i razočaranjem, čini se lako prekinuti tanku nît života i vinuti se u blaženstvo vječnoga svijeta.

Bog je u svojoj Riječi jasno otkrio da će kazniti prekršitelje svog Zakona. Oni koji se tješe da je Bog i previše milosrdan da bi izvršio pravdu nad grešnikom trebaju samo pogle-

539

540

dati na golgotski križ. Smrt bezgrešnog Božjeg Sina svjedoči da je "plaća grijeha smrt" i da svako kršenje Božjeg zakona mora biti pravedno naplaćeno. Bezgrešni Krist postao je grijehom za čovjeka. On je ponio krivnju za prijestup i skrivanje Očeva lica dok se Njegovo srce nije slomilo i život ugasio. Cijela ta žrtva je prinesena da bi grešnici mogli biti otkupljeni. Nije bilo drugog načina da se čovjek oslobodi od kazne grijeha. A svaka duša koja ne želi sudjelovati u tako skupo plaćenom pomirenju mora osobno ponijeti krivnju i kaznu za prekršaj.

Vidimo što Biblija još uči o grešnicima i nepokajanima koje univerzalist smješta na Nebo kao svete, sretne anđele. "Ja ću žednome dati badava iz izvora vode života." (Otkrivenje 21,6) To obećanje važi samo za žedne. Ali dobit će je samo oni koji osjećaju potrebu za vodom života, koji je traže po cijenu da izgube sve drugo. "Pobjednik će baštiniti ovo: Ja ću mu biti Bog, a on će mi biti sin." (Otkrivenje 21,7) I ovdje su navedeni uvjeti. Da bismo naslijedili sve, moramo se oprijeti i nadvladati grijeh.

Gospodin objavljuje preko proroka Izaije: "Kažite: 'Blago pravedniku, hranit će se plodom djela svojih! ... Jao opakome, zlo će mu biti, na nj će pasti djela ruku njegovih.'" (Izaija 3,10.11) "I grešnik koji čini zlo sto puta, dugo živi", kaže Propovjednik. "Ja ipak znam da će biti sretni oni koji se boje Boga, jer ga se boje. Ali opak čovjek neće biti sretan." (Propovjednik 8,12.13) A Pavao svjedoči da grešnik sâm sebi gomila "gnjev za dan gnjeva i očitovanja Božje pravde u suđenju koje će svakomu dati prema njegovim djelima. ... A onima samovoljnicima i koji se protive istini a pristaju uz nepravednost − njima srdžbu i gnjev." (Rimljanima 2,5.6.8)

"Nijedan bludnik, nijedan nečisti, nijedan lakomac − to jest idolopoklonik − nema dijela u Kristovu, Božjemu kraljevstvu!" (Efežanima 5,5) "U savezu sa svima težite za spasenjem i za posvećenjem bez kojega nitko neće vidjeti Gospodina." (Hebrejima 12,14) "Blago onima koji operu svoje haljine tako da dobiju pravo na stablo života i da mognu ući u grad na vrata. Vani ostaju psi i vračari, bludnici i ubojice, idolopoklonici i svi koji ljube i govore laž." (Otkrivenje 22,14.15)

Bog je ljudima objavio svoj karakter i metodu postupanja s grijehom. "Jahve! Jahve! Bog milosrdan i milostiv, spor na srdžbu, bogat ljubavlju i vjernošću, iskazuje milost tisućama, podnosi opačinu, grijeh i prijestup, ali krivca nekažnjena ne ostavlja." (Izlazak 34,6.7) "Zlotvore sve će zatrti. ... A grešnici bit će svi iskorijenjeni, istrijebit će se zlikovačko sjeme." (Psalam 145,20; 37,38) Da bi ugušio pobunu, Bog će upotrijebiti moć i vlast svoje vladavine, pa ipak će svi postupci u izvršavanju pravedno određene kazne biti savršeno sukladni s karakterom Boga kao milosrdnog, sporog na srdžbu, dobrostivog Bića. Bog ne vrši pritisak ni na čiju volju ili rasuđivanje. On ne nalazi zadovoljstva u ropskoj poslušnosti. On želi da Ga stvorenja Njegovih ruku ljube zato što je dostojan ljubavi. On želi da Ga slušaju zato što razumno cijene Njegovu mudrost, pravičnost i dobrotu. I svi koji imaju pravilnu predodžbu o tim osobinama voljet će Ga zato što ih je privuklo divljenje prema Njegovim osobinama.

Načela ljubaznosti, milosrđa i ljubavi što ih je naš Spasitelj poučavao i pokazivao u svojem životu, predodžba su Božje volje i Njegova karaktera. Krist je izjavio da ne uči ništa osim onoga što je primio od svoga Oca. Načela božanske vladavine savršeno su usklađena sa Spasiteljevim pravilom: "Ljubite svoje neprijatelje." Bog izvršuje pravdu nad zlima radi dobra svemira, i čak radi dobra onih koje Njegovi sudovi pogađaju. On bi ih rado usrećio kad bi to mogao učiniti u skladu sa zakonima svoje vladavine i pravdom svog karaktera. On ih okružuje dokazima svoje ljubavi, dariva ih spoznajom svojega Zakona i slijedi ih ponudama svog milosrđa; ali oni preziru Njegovu ljubav, gaze Njegov Zakon i odbacuju Njegovo milosrđe. Dok s jedne strane stalno primaju Njegove darove, s druge sramote Darovatelja; mrze Boga jer znaju da se gnuša njihovih grijeha. Gospodin dugo podnosi njihovu izopačenost, ali će na kraju ipak doći presudni čas kada će se riješiti njihova sudbina. Hoće li tada te pobunjenike vezati uz sebe? Hoće li ih prisiliti da čine Njegovu volju?

Oni koji su izabrali Sotonu za svog vođu i bili pod nadzorom njegove sile nisu spremni stati pred Boga. Ponositost, prijevara, razvrat i okrutnost učvrstili su se u njihovom karakteru. Mogu li oni ići u Nebo da zauvijek žive s onima koje su na Zemlji prezirali i mrzili? Lažac se nikada neće složiti s istinom, krotkost neće zadovoljiti samouzdizanje i ponos, čistoća nije prihvatljiva za pokvarenjaka, a nesebična ljubav ne privlači sebičnoga. Koji bi izvor radosti Nebo moglo pružiti onima koji su posve zaokupljeni zemaljskim i sebičnim interesima?

542

Kad bi oni koji su život proveli u pobuni protiv Boga iznenada bili preseljeni na Nebo i vidjeli uzvišeno, sveto stanje savršenstva koje tamo uvijek vlada – svaku dušu ispunjenu ljubavlju, svako lice što zrači radošću, zanosnu glazbu što se melodičnim zvucima uzdiže u čast Bogu i Janjetu, i beskonačne rijeke svjetlosti što se s lica Onoga koji sjedi na prijestolju izlijevaju na otkupljene – bi li se oni čija su srca prepuna mržnje prema Bogu, prema istini i svetosti, mogli družiti s nebeskim mnoštvom i priključiti se njihovim pjesmama hvale? Bi li mogli podnijeti Božju i Janjetovu slavu? Ne, ne! Imali su na raspolaganju godine milosti da oblikuju karakter za Nebo, ali nikada nisu uvježbavali um da voli čistoću; nikada nisu učili nebeski jezik – a sad je prekasno. Život pobune protiv Boga onesposobio ih je za Nebo. Njegova čistoća, svetost i mir bili bi za njih samo mučenje, a Božja slava oganj koji proždire. Jedina bi im želja bila da pobjegnu s tog svetog mjesta. Dobrodošlicom bi dočekali uništenje kako bi se mogli sakriti pred licem Onoga koji je umro da ih spasi. Sudbina grešnika zapečaćena je njihovim vlastitim izborom. Oni su se svojevoljno isključili s Neba te Bog ostaje pravedan i milosrdan.

Poput voda Potopa, oganj velikog Dana objavljuje Božju presudu da su zli nepopravljivi. Oni se nisu voljni podvrgnuti božanskom autoritetu. Svoju su volju navikavali na protivljenje, i kad dođe kraj životu, prekasno je da usmjere tijek svojih misli u suprotnom smjeru, prekasno je okrenuti se od prijestupa k poslušnosti i od mržnje k ljubavi.

Kad je poštedio život ubojici Kainu, Bog je svijetu primjerom pokazao što bi se dogodilo kad bi se grešniku dopustilo da nastavi putem neobuzdane zloće. Zahvaljujući utjecaju Kainova učenja i primjera, mnoštvo je njegovih potomaka navedeno na grijeh, dok "čovjekova pokvarenost na zemlji" nije postala velikom "i svaka pomisao u njegovoj pameti uvijek samo zloća. ... U očima Božjim zemlja se bila iskvarila; nepravdom se napunila." (Postanak 6,5.11)

Iz milosrđa prema svijetu Bog je u Noino doba uništio njegove zle stanovnike. Iz milosrđa je uništio pokvarene žitelje Sodome. Zahvaljujući Sotoninoj prijevarnoj moći, zločinci stječu simpatiju i divljenje, pa na taj način stalno navode druge na pobunu. Tako je bilo u Kainovo i Noino doba, u vrijeme Abrahama i Lota, a tako je i danas. Bog će iz milosrđa prema svemiru na posljetku uništiti one koji odbacuju Njegovu milost.

"Jer je plaća grijeha smrt, a milosni dar Božji jest život 544 vječni u Kristu Isusu, Gospodinu našemu." (Rimljanima 6,23) Dok je baština pravednih život, zlima pripada smrt. Mojsije je Izraelu objavio: "Gledaj! Danas preda te stavljam: život i sreću, smrt i nesreću." (Ponovljeni zakon 30,15) Smrt o kojoj je riječ u ovim redcima nije smrt izrečena nad Adamom, jer svekoliko čovječanstvo podnosi kaznu zbog njegova prijestupa. To je "druga smrt", suprotna vječnom životu. Kao posljedica Adamovog grijeha, smrt je prešla na cjelokupni ljudski rod. Svi bez razlike odlaze u grob. A zahvaljujući uvjetima što ih sadrži plan spasenja, svi će biti izvedeni iz svojih grobova. Jer će "uskrsnuti pravedni i nepravedni". (Djela 24,15) "Jer kao što u Adamu svi umiru, tako će u Kristu svi oživjeti." (1. Korinćanima 15,22) Ali između obiju skupina postoji razlika. "Dolazi, naime, čas kada će svi koji počivaju u grobovima čuti njegov glas te izići iz njih: koji su činili dobro, na uskrsnuće – na život; koji su činili zlo, na uskrsnuće – na propast." (Ivan 5,28.29) Oni koji se "nađu dostojni" uskrsnuća života bit će "blaženi i sveti". "Nad ovima druga smrt nema vlasti." (Otkrivenje 20,6) Ali oni koji pokajanjem i vjerom nisu osigurali oprost, moraju primiti kaznu za prijestup – "plaću grijeha". Oni trpe kaznu koja je različita po trajanju i jačini, "po svojim djelima", koja na kraju završava drugom smrću. Budući da je Bogu nemoguće, s obzirom na Njegovu pravdu i milosrđe, spasiti grešnika u njegovim grijesima, On ga lišava života kojega je prokockao svojim prekršajima i kojega se pokazao nedostojnim. Nadahnuti pjesnik kaže: "Još malo i nestat će bezbožnika: mjesto ćeš njegovo tražiti, a njega više nema." A drugi 545 izjavljuje: "I bit će ko da ih nigda bilo nije." (Psalam 37,10; Obadija 16) Pokriveni sramotom, utonut će u beznadni, vječni zaborav.

Tako će napokon doći kraj grijehu sa svim patnjama i strahotama što ih je prouzročio. Psalmist kaže: "Ti pokara pogane, pogubi bezbošca, ime im izbrisa dovijeka. Dušmani klonuše, smrvljeni zauvijek." (Psalam 9,6.7) Gledajući buduću vječnost, Ivan u Otkrivenju čuje zajedničku himnu slavopoja koju ne remeti nijedan nesukladan ton. Čuje kako svako stvorenje na Nebu i na Zemlji proslavlja Boga. (Otkrivenje 5,13) Neće biti izgubljenih duša koje bi hulile na Boga previjajući se u beskonačnim mukama, niti će se krikovi bijednih stvorenja u paklu miješati s pjesmama spašenih.

Učenje o urođenoj besmrtnosti zasniva se na temeljnoj zabludi o svjesnom stanju umrlih – učenju koje se, kao i ono o vječnim mukama, protivi učenju Svetog pisma, zdravom razumu i našim osjećajima čovječnosti. Prema općem vjerovanju, spašenima na Nebu je poznato sve što se zbiva na Zemlji, a posebno sa životima prijatelja koje su napustili. Kako mrtvima može biti izvor sreće spoznaja o nevoljama živih, gledanje grijeha što ih počinjaju njihovi voljeni i gledanje kako trpe jade, razočaranja i životne brige? Koliko bi nebeskog blaženstva uživali oni koji bi lebdjeli nad svojim prijateljima na Zemlji? I kako je krajnje odbojno vjerovanje da se duša nepokajanog izručuje paklenom ognju čim dah napusti tijelo. Kakvoj strašnoj muci moraju biti izloženi oni koji vide da im prijatelji odlaze nepripremljeni u grob i nastupa vječnost patnji i grijeha! Takve su uznemirujuće misli mnoge otjerale u ludilo.

Što o tome kaže Sveto pismo? David izjavljuje da čovjek u stanju smrti nije svjestan: "Iziđe li duh iz njega, u zemlju svoju on se vraća, i propadaju sve misli njegove." (Psalam 146,4) I Salomon svjedoči: "Živi barem znaju da će umrijeti, a mrtvi ne znaju ništa, niti imaju više nagrade, jer se zaboravlja i spomen na njih. Davno je nestalo i njihove ljubavi i mržnje i zavisti, i više nemaju udjela ni u čemu što biva pod suncem. ... Jer nema ni djela ni umovanja, ni spoznaje ni mudrosti u Podzemlju u koje ideš." (Propovjednik 9,5.6.10)

Kad je, kao odgovor na molitvu, kralju Ezekiji produžen život za petnaest godina, zahvalni je kralj uzvratio Bogu pjesničkim priznanjem za Njegovo veliko milosrđe. U toj pjesmi iznosi razlog svoje radosti: "Jer Podzemlje ne slavi te, ne hvali te Smrt; oni koji padnu u rupu u tvoju se vjernost više ne uzdaju. Živi, živi, jedino on te slavi kao ja danas." (Izaija 38,18.19) Popularna teologija predstavlja da se pravednici koji su umrli nalaze na Nebu, u blaženstvu, i da slave Boga besmrtnim jezikom; ali Ezekija u smrti nije vidio takve slavne budućnosti. S njegovim se riječima slaže svjedočanstvo psalmista: "Jer među mrtvima tko te se sjeća, u Podzemlju tko ti hvale pjeva? ... Ne, Jahvu mrtvi ne hvale, nitko od onih što siđu u Podzemlje." (Psalam 6,6; 115,17)

Na Duhove Petar je objavio da je patrijarh David "umro [i bio] pokopan ... i grob mu se nalazi među nama do današnjega dana. ... Dakako, David nije izišao na nebo." (Djela 2,29.34) Činjenica da David ostaje u grobu do uskrsnuća dokazuje da pravednici u času smrti ne odlaze u Nebo. Jedino uskrsnućem, i zahvaljujući činjenici da je Krist uskrsnuo, David će najposlije moći sjesti s desne strane Bogu. A Pavao je rekao: "Ako, naime, mrtvi uistinu ne uskršavaju, ni Krist nije uskrsnuo. A ako Krist nije uskrsnuo, bez ikakve je vrijednosti vaša vjera; vi ste još u svojim grijesima. Tada i oni koji u Kristu umriješe, izginuše." (1. Korinćanima 15,16-18) Ako su pravednici četiri tisuće godina u času smrti odlazili izravno u Nebo, kako je Pavao mogao reći da ako nema uskrsnuća, onda i "oni koji u Kristu umriješe, izginuše"? Uskrsnuće 547 uopće ne bi bilo potrebno.

Govoreći o stanju mrtvih, mučenik Tyndale je izjavio: "Otvoreno priznajem da nisam uvjeren da se već nalaze u slavi u kojoj je Krist ili u kojoj su izabrani Božji anđeli. To nije članak moje vjere, jer kad bi tako bilo, držim da bi propovijedanje uskrsnuća bilo uzaludno."[1]

Neporeciva je činjenica da je nada besmrtnog blaženstva u trenutku smrti dovela do općeg zanemarivanja biblijskog učenja o uskrsnuću. To je primijetio i dr. Adam Clarke rekavši: "Čini se da su prvi kršćani smatrali učenje o uskrsnuću mnogo značajnijim no što je ono danas! Zašto je tako? Apostoli su ga neprestano naglašavali i njime poticali Božje sljedbenike na marljivost, poslušnost i vedrinu. Njihovi ga nasljednici danas rijetko kad spominju! Tako su apostoli propovijedali i tako su prvi kršćani vjerovali; ovako mi propovijedamo, i tako naši slušatelji vjeruju. Nema nijednog učenja koje se u Evanđelju jače ističe; i nema nijednog učenja u sadašnjem sustavu propovijedanja prema kojem se postupa s više nemara!"[2]

Tako se nastavilo raditi dok u kršćanskom svijetu slavna istina o uskrsnuću nije gotovo posve potamnjela i nestala iz vida. Stoga jedan vodeći vjerski pisac komentirajući Pavlove riječi u 1. Solunjanima 4,13-18 potpuno krivo zaključuje: "Držeći na umu praktični cilj utjehe, učenje o blaženoj besmrtnosti pravednih zamjenjuje za nas sumnjivo učenje o Gospodnjem drugom dolasku. U trenutku smrti Gospodin za nas dolazi. To je ono što trebamo očekivati i za što trebamo bdjeti. Mrtvi su već ušli

u slavu. Oni ne čekaju na zvuk trube da prime sud i blažen-
stvo."

548   Kad je napuštao svoje učenike, Isus im nije rekao da će
oni uskoro doći k Njemu. "Idem da vam pripravim mjesto",
rekao je. "Kad odem te vam pripravim mjesto, vratit ću se da
vas uzmem k sebi da i vi budete gdje sam ja." (Ivan 14,2.
3) A Pavao nam dalje kaže da će "sâm Gospodin sa zapovjedničkim
zovom, s glasom arkanđela i sa zvukom trube Božje sići s neba,
i najprije će uskrsnuti umrli u Kristu. Zatim ćemo mi živi, mi
preostali, biti skupa s njima odneseni u zrak u susret Gospodinu.
I tako ćemo zauvijek biti s Gospodinom." A onda dodaje: "Stoga,
tješite jedan drugoga tim riječima." (1. Solunjanima 4,16-18)
Kako je velika suprotnost između tih utješnih riječi i onih ranije
spomenutih propovjednika univerzalista! Taj je potonji tješio oža-
lošćene prijatelje uvjeravajući ih da je pokojnik, bez obzira koliko
bio grešan, u trenutku kad je ispustio svoj posljednji dah pri-
mljen među anđele. Pavao upućuje svoju braću na budući Gos-
podnji dolazak, kad će biti slomljeni okovi groba i kad će "umrli
u Kristu" ustati u vječni život.

Prije neggo što itko može ući u stanove blagoslovljenih,
njegov se slučaj mora ispitati, a njegov karakter i djela moraju
izići pred Boga. Svi će biti suđeni prema onome što je zapi-
sano u knjigama, i bit će im plaćeno prema njihovim djelima.
Taj se sud ne odigrava u času smrti. Zamijetimo Pavlove riječi:
"Jer je odredio dan kada će pravedno suditi svemu svijetu preko
čovjeka koga odredi za to, i svima pruži jamstvo uskrisivši ga
od mrtvih." (Djela 17,31) Ovdje apostol jasno kaže da je za sud
svijeta točno određeno vrijeme, tada još u budućnosti.

Juda upućuje na isto razdoblje: "Kako je ostavio u vječ-
nim okovima, paklenom tamom pokrivene, za sud velikog Dana
anđele koji nisu sačuvali svoje dostojanstvo, nego su ostavili
svoje boravište." I zatim navodi Henokove riječi: "Pazite! Dolazi
549   Gospodin sa svojim Desettisućama da sudi svima." (Juda 6.14.15)
Ivan pak izjavljuje da je opazio "mrtvace, male i velike, gdje
stoje pred prijestoljem. I otvoriše se knjige. ... Tada su mrtvaci
suđeni prema onom što je napisano u knjigama, po svojim dje-
lima." (Otkrivenje 20,12)

Ali ako mrtvi već uživaju nebesko blaženstvo ili se previ-
jaju u ognju pakla, zašto je potreban budući sud? Učenja Božje
riječi o tim važnim pitanjima nisu ni nejasna ni proturječna;

mogu ih razumjeti i obični ljudi. Ali koji nepristran um može u najnovijoj teoriji vidjeti ili mudrost ili pravdu? Hoće li nakon ispitivanja svojih slučajeva na sudu pravedni primiti pohvalu: "Dobro, valjani i vjerni slugo! ... uđi u veselje gospodara svoga!" (Matej 25,21) – ako su već bili u Njegovoj blizini možda stoljećima? Hoće li grešnici biti pozvani s mjesta mučenja da čuju presudu Suca svega svijeta: "Idite od mene, prokleti, u oganj vječni"? (Matej 25,41) Kakvog li izrugivanja, sramne optužbe Božje premudrosti i pravednosti!

Teorija o besmrtnosti duše jedno je od onih lažnih učenja što ih je Rim, posuđujući od poganstva, pripojio religiji kršćanskog svijeta. Martin Luther je svrstava među "čudovišne izmišljotine koje čine gnojište dekretala".[3] Komentirajući Salomonove riječi u Knjizi Propovjednika da mrtvi ništa ne znaju, reformator kaže: "Još jedno mjesto koje dokazuje da umrli ne ... osjećaju. Tamo, kaže, nema djela ni umovanja, ni spoznaje ni mudrosti. Salomon je zaključio da mrtvi spavaju i ništa ne osjećaju. Oni tamo leže ne računajući ni dane ni godine, ali kad se budu probudili, činit će im se da su spavali jedva koji trenutak."[4]

Nigdje u Svetom pismu nema tvrdnje da pravedni smrću 550 odlaze na mjesto nagrade, ili zli na mjesto kazne. Patrijarsi i proroci nisu ostavili takvo obećanje. Krist i Njegovi apostoli ga nisu nagovijestili. Biblija jasno uči da umrli ne idu neposredno u Nebo, nego spavaju do uskrsnuća (1. Solunjanima 4,14; Job 14,10-12). Onog trenutka kad se prekine srebrna vrpca i zlatna se svjetiljka razbije (Propovjednik 12,6), čovjekove misli prestaju. Oni koji silaze u grob borave u tišini. Nemaju udjela ni u čemu što biva pod suncem. (Job 14,21) Blaženi odmor za umorne pravedne! Za njih je vrijeme, bilo kratko ili dugo, samo jedan trenutak. Oni spavaju, a Božja će ih truba probuditi u slavnu besmrtnost. "Zatrubit će truba i mrtvi će uskrsnuti neraspadljivi. ... A kad se ovo raspadljivo tijelo obuče neraspadljivošću i ovo smrtno tijelo besmrtnošću, tada će se ispuniti pisana riječ: 'Pobjeda proguta smrt.'" (1. Korinćanima 15,52-54) Kad budu ustali iz dubokog sna, nastavit će misao tamo gdje su je prekinuli. Posljednji osjećaj bio je ubod žalca smrti, a posljednja misao da padaju pod vlast groba. Kad budu uskrsnuli iz groba, njihova prva radosna misao odjeknut će u pobjedonosnom uzviku: "Gdje je, smrti, tvoja pobjeda? Gdje je, smrti, tvoj žalac?" (1. Korinćanima 15,55)

34

Mogu li nam se mrtvi javljati?

Služba svetih anđela, kako je prikazana u Svetome pismu, za svakog je Kristovog sljedbenika vrlo utješna i dragocjena istina. Ali biblijsko učenje o tom predmetu je zamračeno i iskrivljeno zabludama popularne teologije. Nauk o prirodnoj besmrtnosti, prvo posuđen od poganske filozofije i u tami velikog otpada uključen u kršćansku vjeru, zamijenio je istinu tako jasno naučavanu u Svetom pismu da "mrtvi ne znaju ništa". Mnoštvo je ljudi došlo do uvjerenja da su duhovi umrlih "službujući duhovi što se običavaju slati da služe onima koji imaju baštiniti spasenje", i to bez obzira na svjedočanstvo Svetoga pisma o postojanju nebeskih anđela i njihovoj povezanosti s poviješću čovjeka još prije nego što je ikoji čovjek umro.

Učenje o svjesnosti umrlog čovjeka, i posebno vjerovanje da se duhovi umrlih vraćaju kako bi služili živima, pripremilo je put suvremenom spiritizmu. Ako je mrtvima dopušteno da budu u blizini Boga i svetih anđela, ako su povlašteni spoznajom koja daleko nadmašuje onu što su je imali ranije, zašto se ne bi vratili na Zemlju da prosvijetle i pouče žive? Ako duhovi umrlih, kao što uče ugledni teolozi, lebde nad svojim prijateljima na Zemlji, zašto im ne bi bilo dopušteno stupiti u kontakt s njima, kako bi ih upozorili na zlo i utješili u tuzi? Kako oni koji vjeruju u svjesnost umrlog čovjeka mogu odbaciti ono što im dolazi kao božansko svjetlo koje im prenose ti proslavljeni duhovi? Evo kanala koji se smatra svetim i preko kojega Sotona djeluje da bi postigao svoje ciljeve. Pali anđeli koji izvršuju njegove naloge pojavljuju se kao glasnici iz svijeta duhova. Dok tvrde da žive dovode u vezu s mrtvima, knez zla svojim očaravajućim utjecajem djeluje na njihove umove. On ima moć da pred ljudima uzrokuje pojavu njihovih preminulih prijatelja. Imitacija je savršena: poznati izgled, riječi, glas preslikani su čudesnom točnošću. Mnogi se utješe uvjerenjem da njihovi voljeni uživaju blaženstvo Neba i, ne sluteći opasnost, slušaju "prijevarne duhove i đavolske nauke".

Kad ih navede da povjeruju kako se mrtvi uistinu vraćaju da bi razgovarali s njima, Sotona čini da se pojave oni koji su u grob otišli nepripremljeni. Oni tvrde da su na Nebu sretni i da tamo čak zauzimaju visoke položaje. Na taj se način širi lažni nauk da nema razlike između pravednih i zlih. Tobožnji posjetitelji iz svijeta duhova katkad upućuju opomene i upozorenja koja se pokažu ispravnima. Ali kad zadobiju povjerenje, oni iznose učenja koja izravno podrivaju vjeru u Sveto pismo. Prikazujući se duboko zainteresiranima za dobrobit svojih prijatelja na zemlji, oni podmeću najopasnije zablude. Činjenica da iznose neke istine i da katkad mogu proreći buduće događaje daje njihovim tvrdnjama izgled vjerodostojnosti, a mnoštvo prihvaća njihova lažna učenja tako spremno i vjeruje ih tako slijepo kao da su najsvetije biblijske istine. Božji je Zakon odbačen, Duh milosti prezren, a krv Saveza smatra se nesvetom. Duhovi poriču Kristovo božanstvo pa čak i Stvoritelja spuštaju na svoju razinu. Tako veliki pobunjenik pod novom krinkom nastavlja rat protiv Boga, koji je započeo na Nebu i koji traje gotovo šest tisuća godina na Zemlji. 553

Mnogi nastoje objasniti spiritističke pojave pripisujući ih u cijelosti prijevari i vještom triku samog medija. Premda je istina da se vješti trikovi često podmeću kao stvarne pojave, bilo je i značajnih prikaza nadnaravne sile. Tajanstveno kucanje kojim je otpočeo suvremeni spiritizam nije bilo posljedica ljudskog trika i lukavosti, nego izravno djelovanje zlih anđela, koji su na taj način predstavili jednu od najuspješnijih obmana za uništavanje duše. Mnogi će se uhvatiti u zamku vjerovanjem da je spiritizam samo ljudska prijevara. Takvi će, kad se sučele s pojavama koje mogu smatrati samo nadnaravnima, biti prevareni i navedeni da ih prihvate kao veliku Božju moć.

Takve osobe prelaze preko svjedočanstva Svetoga pisma o čudesima koja su Sotona i njegovi posrednici učinili. Faraonovi su čarobnjaci uz sotonsku pomoć mogli oponašati Božje djelo.

Pavao svjedoči da će prije drugog Kristovog dolaska biti sličnih očitovanja sotonske sile. Gospodnjem dolasku prethodit će djelovanje Sotone, "popraćeno svakovrsnim silnim djelima, varavim čudesnim znakovima i svakovrsnim pokvarenim zavođenjem". (2. Solunjanima 2,9.10) Opisujući čudotvornu silu koja će se pojaviti u posljednje dane, apostol Ivan kaže: "Ona čini velika čudesa, tako da i vatru s neba spušta na zemlju naočigled ljudi, i zavodi stanovnike zemlje čudesima koja su joj dana da ih čini." (Otkrivenje 13,13.14) Ovdje nije riječ o običnim prijevarama. Ljudi su zavedeni čudima što ih Sotonini posrednici imaju moć učiniti, a ne koja se pretvaraju da čine.

Knez tame koji je tako dugo posvećivao snage svog blistavog uma obmanjivanju, spretno prilagođuje svoje kušnje ljudima svih društvenih slojeva. Kulturnim i uglađenim ljudima predstavlja spiritizam u istančanijem i intelektualnijem svjetlu, i tako u svoju zamku uspijeva uvući mnoge. Mudrost što je daje spiritizam, prema riječima apostola Jakova, ne "dolazi odozgo, već je ona zemaljska, ljudska, đavolska". (Jakov 3,15) Ovo, međutim, veliki varalica znalački prikriva kad god će prikrivanje najbolje poslužiti ostvarenju njegove namjere. On, koji se mogao pojaviti pred Kristom u pustinji kušanja odjeven sjajem nebeskog serafa, javlja se ljudima na najprivlačniji način kao anđeo svjetla. On se obraća razumu iznošenjem uzvišenih tema, oduševljuje maštu zanosnim prizorima i pridobiva naklonost rječitim opisima ljubavi i dobrote. On potiče maštu do najvećih visina i navodi ljude da se toliko ponose vlastitom mudrošću da u svom srcu preziru Vječnoga. To moćno biće koje je čak i Otkupitelja svijeta moglo odvesti na vrlo visoku goru i prikazati Mu sva zemaljska kraljevstva i njihovu slavu, ponudit će ljudima svoje kušnje s nakanom da izopači osjetila svih koji nisu zaštićeni božanskom silom.

Sotona danas obmanjuje ljude laskanjem kao što je obmanuo Evu u Edenu, budeći u njima želju za zabranjenim znanjem i potičući u njima težnju za samouzvisivanjem. Upravo je njegovanje tih zala prouzročilo njegov pad, a uz pomoć njih nastoji izazvati propast ljudi. "Vi ćete biti kao bogovi", izjavljuje, "koji razlučuju dobro i zlo." (Postanak 3,5) Spiritizam uči "da je čovjek biće koje se razvija, da mu je od rođenja suđeno razvijati se do vječnosti, kako bi se približio Bogu". I opet: "Svaki će um suditi sebi, a ne drugome." "Sud će biti pravedan, jer je to suđenje sebi. ... Prijestolje je u vama." Jedan je spiritistički učitelj rekao nakon što se u njemu probudila "duhovna svijest": "Svi moji bližnji bili su polubogovi koji nisu pali." A jedan drugi tvrdi: "Svako pravedno i savršeno biće je Krist."

Tako je namjesto pravde i savršenstva beskonačnog Boga, jedino dostojnog štovanja, namjesto savršene pravednosti Njegova Zakona, savršenog mjerila ljudskih dostignuća, Sotona stavio grešnu, nestalnu ljudsku narav kao jedino dostojnu štovanja, jedino mjerilo suda ili karaktera. To je progres, ali ne naprijed, već nazad. Zakon intelektualne i duhovne naravi jest da se gledanjem mijenjamo. Um se postupno prilagođuje onome čime mu se je dopušteno baviti. On se izjednačuje s onim što je navikao voljeti i poštovati. Čovjek se nikada neće uzdići više nego što je njegovo mjerilo čistoće, dobrote ili istine. Ako mu je njegov ego najviši ideal, on nikada neće dostići nešto uzvišenije. Naprotiv, padat će sve niže i niže. Samo Božja milost ima moć uzdići čovjeka. Prepušten sebi, čovjek će neizbježno padati sve dublje.

Onima koji ugađaju vlastitim sklonostima, ljubiteljima užitaka i putenim ljudima, spiritizam se javlja manje profinjeno zakrabuljen nego uglađenijima i kulturnijima; u njegovim jednostavnijim oblicima oni nalaze ono što odgovara njihovim sklonostima. Sotona proučava svaki nagovještaj slabosti ljudske naravi, pamti grijehe kojima je svaki pojedinac sklon, a tada se brine za dovoljno prilika za popuštanje sklonostima k zlu. On kuša ljude ne bi li pretjerali u onome što je samo po sebi dopušteno, kako bi neumjerenošću oslabili tjelesnu, umnu i moralnu snagu. On je uništio i još uvijek uništava tisuće ljudi koji popuštaju strastima, tako da je čitavu ljudsku narav učinio nečovječnom. A da bi upotpunio svoje djelo, on preko duhova objavljuje da "prava spoznaja uzdiže čovjeka iznad svih zakona", da je "sve što postoji dobro", da "Bog ne osuđuje" i da su "svi počinjeni grijesi bezazleni". Kad ljudi potom povjeruju da je želja najviši zakon, da je razuzdanost sloboda i da čovjek samo sebi polaže račun, treba li se čuditi što pokvarenost i izopačenost bujaju na sve strane? Mnoštvo žudno prihvaća učenja koja im daju slobodu da poslušaju poticaje tjelesnoga srca. Uzde samosavlađivanja stavljene su na vrat požude, umne i duševne sile podređene su životinjskim nagonima, a Sotona likujući uvlači u svoju mrežu tisuće onih koje tvrde da su Kristovi sljedbenici.

555

556

Međutim, nitko ne bi trebao biti zaveden lažnim tvrdnjama spiritizma. Bog je svijetu dao dovoljno svjetla da mu pomogne otkriti zamku. Kako je već pokazano, teorija na kojoj se spiritizam temelji u sukobu je s jasnim izjavama Svetoga pisma. Biblija objavljuje da mrtvi ne znaju ništa, da su im misli propale, da nemaju udjela ni u čemu što se zbiva pod suncem, da ništa ne znaju o radostima i tugama onih koji su im bili najmiliji na zemlji. Osim toga, Bog je izričito zabranio svaku navodnu vezu s duhovima preminulih. U doba Hebreja bilo je ljudi koji su, kao i spiritisti danas, tvrdili da održavaju vezu s umrlima. Ali "vračarski duhovi", kako su nazivali posjetitelje s drugih svjetova, u Bibliji su nazvani "duhovi đavolski". (Usporedi Brojevi 25,1-3; Psalam 106,28; 1. Korinćanima 10,20; Otkrivenje 16,14.) Gospodin je održavanje veze s duhovima proglasio odvratnim i svečano ga zabranio pod prijetnjom smrtne kazne. (Levitski zakonik 19,31; 20,27) Već sâm naziv *čarobnjaštvo* danas izaziva prijezir. Tvrdnja da ljudi mogu stupiti u vezu sa zlim duhovima smatra se pričom iz mračnog srednjeg vijeka. Ali spiritizam, koji broji na stotine tisuća i na milijune obraćenika, koji je ušao u znanstvene krugove, koji je nahrupio u crkve i naišao na naklonost u zakonodavnim tijelima, pa čak i u kraljevskim dvorima – ta mamutska prijevara nije drugo do oživljavanje osuđenog i zabranjenog starog čarobnjaštva pod novom krinkom.

557   Kad ne bi bilo drugog dokaza o pravom karakteru spiritizma, za kršćane bi bilo dovoljno to što ti duhovi ne razlikuju između pravednosti i grijeha, između najplemenitijih i najneporočnijih Kristovih apostola i najpokvarenijih Sotoninih slugu. Prikazujući najpokvarenije ljude kao da su visoko uvažavani na Nebu, Sotona kaže svijetu: "Nije važno koliko ste zli, nije važno vjerujete li ili ne vjerujete u Boga i Bibliju. Živite kako vam se sviđa. Nebo je vaš dom." Spiritistički učitelji zapravo tvrde: "Svi koji zlo čine dobro su viđeni u očima Jahvinim i takvi su mu mili!" ili: "Gdje je Bog pravde?" (Malahija 2,17) A Božja riječ kaže: "Jao onima koji zlo dobrom nazivaju, a dobro zlom, koji od tame svjetlost prave, a od svjetlosti tamu." (Izaija 5,20)

Prikazujući se apostolima, ti lažni duhovi proturječe onome što su pravi apostoli nadahnuti Svetim Duhom napisali dok su bili na Zemlji. Oni poriču božansko podrijetlo Biblije i tako ruše temelj nade kršćanina te gase svjetlo koje otkriva put prema Nebu. Sotona navodi svijet da vjeruje kako je Biblija puka izmišljotina ili u najmanju ruku knjiga koja pristaje počecima ljudskog roda i koju danas ne treba uzimati ozbiljno ili je treba odbaciti kao zastarjelu. A namjesto Božje riječi nudi spiritističke pojave. Taj kanal on nadzire u cijelosti; njime može navesti svijet da vjeruje što on želi. Knjigu koja osuđuje njega i njegove sljedbenike stavlja u zasjenak, tamo gdje želi da i ostane, a Spasitelja svijeta ne prikazuje višeg od običnog čovjeka. Kao što je rimska straža koja je čuvala Isusov grob proširila lažno izvješće kojem su je naučili svećenici i starješine kako bi opovrgnuli Njegovo uskrsnuće, tako i oni koji vjeruju u pojave duhova nastoje prikazati kako u okolnostima života našeg Spasitelja nema ničeg čudesnog. Nakon što Isusa tako nastoje odgurati u pozadinu, oni skreću pozornost na svoja čuda, tvrdeći da ona daleko nadmašuju Kristova djela.

Istina je da spiritizam danas mijenja oblik i, prikrivajući neke svoje najneprihvatljivije značajke, poprima kršćanski izgled. Ali njegove izjave s govornice i preko tiska poznate su javnosti mnogo godina i u njima je prikazan njegov pravi karakter. Ta se učenja ne može poreći ni sakriti. 558

Čak i u svom današnjem obliku, premda ne zaslužuje ništa manje podnošenja nego ranije, spiritizam je zapravo opasniji jer predstavlja suptilniju obmanu. Dok se ranije odricao Krista i Biblije, sada tvrdi da prihvaća oboje. Ali se Biblija tumači kako to pogoduje neobnovljenom srcu, a njezine se svečane i važne istine ukidaju. Ljubav se ističe kao glavna Božja osobina, ali pretvorena u raznježenu sentimentalnost koja ne razlikuje između dobra i zla. Božja pravda, Njegova osuda grijeha, zahtjevi Njegovog svetog Zakona − sve se to smatra nevažnim. Ljude uče da Deset zapovijedi smatraju mrtvim slovom. Privlačne, očaravajuće izmišljotine djeluju na osjetila i navode ljude da odbace Bibliju kao temelj svoje vjere. Krista se isto tako odriču kao nekada. Ali Sotona je toliko zaslijepio ljude da ne primjećuju prijevaru.

Malo je onih koji imaju pravo shvaćanje zavodničke moći spiritizma i opasnosti što prijeti onima koji dolaze pod njegov utjecaj. Mnogi se igraju njime samo da bi zadovoljili svoju radoznalost. Oni, zapravo, ne vjeruju u njega, i pomisao da bi se mogli predati nadzoru duhova ispunila bi ih užasom. Ali se usuđuju stupiti na zabranjeno tlo, pa moćni neprijatelj na njih djeluje i protiv njihove volje. Ako ih samo jedanput uspije navesti da svoj um podčine njegovom utjecaju, on će ih zadržati zarobljene. Nemoguće je da se svojom snagom otrgnu od njegove zavodljive, primamljive začaranosti. Ništa osim Božje sile, darovane kao odgovor na usrdnu molitvu vjere, ne može osloboditi te duše uhvaćene u zamku.

559   Svi oni koji trpe grešne osobine karaktera ili svjesno njeguju neki poznati grijeh, navlače Sotonine kušnje. Oni se odvajaju od Boga i od zaštite Njegovih anđela, pa kad ih Zli izloži svojim obmanama, oni su bez obrane i lako postaju njegov plijen. Oni koji se na takav način predaju njegovoj sili ni ne slute kako će završiti. Kad ih uspije srušiti, kušač će ih upotrijebiti kao svoje predstavnike da bi druge namamio u propast.

Prorok Izaija kaže: "I ako vam reku: pitajte vračare i gatare, koji šapću i mrmljaju, recite: ne treba li narod da pita Boga svojega? Ili će pitati mrtve mjesto živih? Zakon i svjedočanstvo tražite. Ako li tko ne odgovori tako, njemu nema zore." (Izaija 8,19.20 – DK) Da su ljudi htjeli prihvatiti istinu o čovjekovoj naravi i o stanju umrlih, tako jasno iznesenu u Svetom pismu, oni bi u izjavama i pojavama spiritizma vidjeli djelovanje Sotone popraćeno svakovrsnim silnim djelima i varavim čudesnim znakovima. Ali umjesto da odbaci slobodu tako dragu tjelesnom srcu i da se odrekne grijehâ koje voli, mnoštvo zatvara oči pred svjetlom i bez obzira na opomene nastavlja put, dok Sotona oko njih plete svoje mreže te oni postaju njegov plijen. "... Za kaznu što nisu prihvatili ljubav prema istini da bi se tako spasili. Zato im Bog šalje djelotvornu zabludu da vjeruju laži." (2. Solunjanima 2,10.11)

One koji se protive učenju spiritizma napadaju ne samo ljudi, nego i Sotona i njegovi anđeli. Takvi su ustali protiv Poglavarstava, protiv Vlasti, protiv Vrhovnikâ ovog mračnog svijeta i protiv zlih duhova koji borave u nebeskim prostorima. Sotona neće ustupiti ni stope svog tla, osim ako se ne bude prisiljen povući silom nebeskih glasnika. Božji mu se narod treba znati oduprijeti kao što mu se odupro naš Spasitelj riječima "Pisano je..." Sotona može i danas, kao u Isusovo vrijeme, navoditi iz Svetoga pisma, i on će izvrtati njegovo učenje kako bi podržao svoje obmane. Oni koji žele opstati u ovo pogibeljno vrijeme moraju osobno razumjeti svjedočanstvo Svetoga pisma.

Mnogi će se suočiti s đavolskim duhovima koji će se pred-   *560*
staviti u liku njihovih voljenih rođaka ili prijatelja i objavljivati
najopasnija krivovjerja. Ti će posjetitelji računati s našim naj-
nježnijim osjećajima i činiti čuda da bi potkrijepili svoje tvrd-
nje. Moramo biti spremni oduprijeti im se biblijskom istinom
da mrtvi ne znaju ništa i da su oni koji se pojavljuju đavolski
duhovi.

Upravo je pred nama "čas kušnje koji će doći na sav svijet
da podvrgne kušnji stanovnike zemlje". (Otkrivenje 3,10) Svi
kojima vjera nije čvrsto utemeljena na Božjoj riječi bit će zave-
deni i nadvladani. Sotona radi sa "svakovrsnim pokvarenim za-
vođenjem" ne bi li stekao nadzor nad sinovima čovječjim, i nje-
gove će se obmane stalno povećavati. Ali on može postići svoj
cilj samo ako ljudi dragovoljno popuste njegovim kušnjama. Oni
koji iskreno traže spoznaju istine i teže pokoravanjem istini oči-
stiti svoje duše, čineći ono što mogu u pripremi za sukob, naći
će sigurnu obranu u Bogu istine. "Budući da si sačuvao moju
poruku o postojanosti, i ja ću tebe sačuvati", obećao je Spasi-
telj. (Otkrivenje 3,10) Bog bi prije poslao sve anđele s Neba
da zaštiti svoj narod, nego ostavio i jednu dušu koja se uzda u
Njega da je Sotona nadvlada.

Prorok Izaija iznosi zastrašujuću prijevaru koja će zadesiti
zle i navesti ih da se smatraju sigurnima od Božjih sudova: "Sklo-
pismo savez sa smrću i s Podzemljem učinismo sporazum. Kad
prođe bič razorni, ne, neće nas dohvatiti, jer od laži načini-
smo sebi sklonište i od obmane skrovište." (Izaija 28,15) U ljude
ovdje opisane uključeni su oni koji se u svojoj tvrdoglavoj nepo-
kajanosti tješe uvjerenjem da neće biti kazne za grešnika, da
će svekoliko čovječanstvo, bez obzira koliko bilo izopačeno,
biti uzneseno na Nebo i postati poput Božjih anđela. Ali još
su istaknutiji oni koji sklapaju savez sa smrću i sporazum s gro-   *561*
bom, koji odbacuju istine koje je Nebo osiguralo kao zaštitu
za pravedne u dan nevolje i namjesto toga prihvaćaju sklonište
laži koje im je Sotona ponudio – prijevarne tvrdnje spiritizma.

Više je nego zapanjujuća zaslijepljenost ljudi našeg nara-
štaja. Tisuće odbacuju Božju riječ smatrajući je nedostojnom
vjerovanja, a s velikim povjerenjem prihvaćaju Sotonine obma-
ne. Skeptici i rugači osuđuju vjersku zaslijepljenost onih koji
se bore za proročku i apostolsku vjeru i zabavljaju se izvrtanjem
ruglu svečanih objava Svetoga pisma o Kristu i planu spasenja

te kazni koja će stići one koji odbacuju istinu. Takvi glume duboko žaljenje spram tako uskogrudnih, slabih i praznovjernih umova koji priznaju Božja prava i slušaju zahtjeve Njegova zakona. Oni izražavaju takvu sigurnost kao da su doista sklopili savez sa smrću i grobom, kao da su podigli neprijeaznu, neprobojnu zapreku između sebe i Božje odmazde. Ništa ne može izazvati njihov strah. Tako su se potpuno predali kušaču, tako su se prisno ujedinili s njime i toliko se proželi njegovim duhom da nemaju snage ni želje otrgnuti se iz njegove zamke.

Sotona se dugo pripremao za konačni pokušaj da prevari svijet. Temelje svom djelovanju položio je obećanjem danom Evi u Edenu: "Ne, nećete umrijeti! Nego, zna Bog: onog dana kad budete s njega jeli otvorit će vam se oči, i vi ćete biti kao bogovi, koji razlučuju dobro i zlo." (Postanak 3,4.5) Sotona je razvojem spiritizma malo-pomalo pripravljao put za svoje remek-djelo prijevare. Još nije u cijelosti uspio ostvariti svoje nakane, ali će u tome uspjeti u posljednjem ostatku vremena. Prorok kaže: "Uto opazih ... tri nečista duha kao žabe. To su, uistinu, proročki duhovi đavolski koji proizvode znakove i koji dolaze kraljevima cijeloga svijeta da ih skupe za rat velikoga Dana Boga, Svemogućega." (Otkrivenje 16,13.14) Osim onih koji će se održati Božjom silom i vjerom u Njegovu riječ, cijeli će svijet biti uvučen u takvu obmanu. Ljudi se brzo predaju kobnoj sigurnosti, a probudit će ih tek izlijevanje Božje srdžbe.

Gospodin Bog je rekao: "I uzet ću pravo za mjeru, a pravdu za tezulju. I tuča će vam zastrti sklonište od laži, a voda poplaviti skrovište; propast će savez vaš sa smrću, vaš sporazum s Podzemljem održat se neće." (Izaija 28,17.18)

35

Ugrožena sloboda savjesti

Protestanti danas gledaju na rimokatolicizam s daleko ve- 563
ćom naklonošću nego nekad. U zemljama u kojima katolicizam
nije u usponu, u kojima papisti zauzimaju pomirljiv stav kako
bi postali utjecajniji, primjećuje se sve veća ravnodušnost u odnosu
na učenja koja razdvajaju reformirane Crkve od papinske hije-
rarhije. Sve više prevladava mišljenje da se, na kraju krajeva, o
najvažnijim pitanjima ne razlikujemo toliko koliko se smatralo,
i da će malo popuštanja s naše strane dovesti do boljeg razumije-
vanja s Rimom. Bilo je vrijeme kad su protestanti visoko cijenili
slobodu savjesti koja je tako skupo plaćena. Učili su svoju djecu
da budu oprezni spram papinstva i da drže kako bi traženje sklada
s Rimom bilo nevjerstvo prema Bogu. A koliko se drukčiji osje-
ćaji danas iskazuju!

Branitelji papinstva izjavljuju da je Crkva bila oklevetana,
a protestantski je svijet sklon prihvatiti tu izjavu. Mnogi kažu
da je nepravično suditi današnju Crkvu prema gnusobama i bes-
mislicama koje su obilježavale njezinu vladavinu tijekom stolje-
ća neznanja i tame. Njezinu strašnu okrutnost opravdavaju pri-
kazujući je velikim barbarstvom onoga doba i tvrde da je utje-
caj suvremene civilizacije promijenio njezine nazore.

Zar su ti ljudi zaboravili tvrdnju o nepogrešivosti što ju je 564
ta ohola vlast isticala tijekom osam stotina godina? Namjesto
da se odrekne te tvrdnje, Crkva ju je u devetnaestom stoljeću
potvrdila s većom odlučnošću nego ikada prije. Budući da Rim
tvrdi da "Crkva *nije nikada pogriješila* niti će, prema Svetom
pismu, *ikada pogriješiti*",[1] kako se može odreći načela koja su
upravljala njegovim postupcima u prošlim vremenima?

Papinska se Crkva nikada neće odreći svoje tvrdnje o nepogrešivosti. Sve što je činila progoneći one koji odbacuju njezine dogme drži ispravnim. Zar ne bi ponovila ista djela kad bi joj se za to pružila prilika? Da se samo uklone ograničenja što ih nameću svjetovne vlasti, i Rimu se vrati negdašnja vlast, vrlo brzo bi došlo do oživljavanja njegove strahovlade i progonstva.

Poznati pisac ovako govori o stajalištu papinske hijerarhije prema slobodi savjesti i opasnostima koje posebno prijete Sjedinjenim Državama od uspjeha njezine politike:

"Mnogi su skloni pripisati strah od rimokatolicizma u Sjedinjenim Državama vjerskoj zaslijepljenosti ili djetinjariji. Takvi u karakteru i stajalištu rimokatolicizma ne vide ništa neprijateljsko spram naših slobodarskih institucija, niti u njegovom širenju nalaze išta zloslutno. Usporedimo stoga ponajprije neka od temeljnih načela naše građanske vlasti s načelima Katoličke crkve.

Ustav Sjedinjenih Država jamči *slobodu savjesti*. Ništa nije dragocjenije i važnije. Papa Pio IX. je u svojoj poslanici od 15. kolovoza 1854. godine rekao: 'Apsurdna i pogrešna učenja ili buncanja u obranu slobode savjesti krajnje su pogubna zabluda — kuga koje se, između ostalih, najviše treba bojati u nekoj državi.' Isti papa, u svojoj poslanici od 8. prosinca 1864. godine, izriče anatemu nad 'onima koji zagovaraju slobodu savjesti i vjerskog bogoslužja', kao 'i nad svima koji drže da Crkva ne smije upotrijebiti silu'.

Miroljubivi ton Rima u Sjedinjenim Državama nikako ne podrazumijeva promjenu duha. On je tolerantan kad je nemoćan. Biskup O'Connor kaže: 'Vjerska sloboda trpi se samo dok se ne može drukčije postupati bez opasnosti za katolički svijet.' ... Nadbiskup St. Louisa rekao je jednom prigodom: 'Krivovjerje i nevjerstvo su zločini, i u kršćanskim zemljama, kao primjerice u Italiji i Španjolskoj, u kojima je čitavo stanovništvo katoličko i katolička religija bitni dio državnih zakona, oni se kažnjavaju kao i drugi zločini.' ...

Svaki kardinal, nadbiskup i biskup u Katoličkoj crkvi polaže papi zakletvu vjernosti, koja sadrži sljedeće riječi: 'Heretike, šizmatike i buntovnike protiv našeg spomenutog gospodara (pape) ili njegovih nasljednika progonit ću i protiviti im se svim silama.'"[2]

565

Istina je da u vjerskoj zajednici rimokatolika ima pravih kršćana. Tisuće u toj Crkvi služe Bogu prema svjetlosti koju imaju. Njima nije dopušten pristup Njegovoj riječi i stoga ne razaznaju istinu. Oni nisu nikada vidjeli razliku između žive službe srca, i nizanja pukih formalnosti i ceremonija. Bog s nježnom sućuti gleda te duše, odgajane u vjeri koja obmanjuje i ne zadovoljava. On će učiniti da zrake svjetla prodru kroz gustu tamu koja ih okružuje. Otkrit će im istinu kakva je u Isusu i mnogi od njih će još prići Njegovom narodu.

Rimokatolicizam kao sustav ni danas nije sukladniji Kristovom Evanđelju nego što je bio u bilo kojem ranijem razdoblju svoje povijesti. Protestantske su Crkve u velikoj tami, jer bi inače primijetile znakove vremena. Rimska Crkva je dalekosežna u svojim planovima i načinima djelovanja. Ona se služi svim sredstvima da proširi svoj utjecaj i uveća svoju moć, pripremajući se za žestok i odlučan sukob da bi ponovno zadobila vlast 566 nad svijetom, obnovila progonstvo i uništila sve što je protestantizam učinio. Katolicizam napreduje na svim stranama. Pogledajte kako raste broj njegovih crkava i kapela u protestantskim zemljama. Vidite kolika je u Americi popularnost njegovih koledža i seminara, koje protestanti zdušno promiču. Pogledajte kako u Engleskoj napreduje poštovanje obreda i kako su česta prelaženja u redove katolika. To bi trebalo uznemiriti sve koji cijene čista načela Evanđelja.

Protestanti su stupili u dosluh s papinstvom te ga promiču; pristali su na kompromise i učinili ustupke koji iznenađuju i same papiste, jer ih teško mogu shvatiti. Ljudi zatvaraju oči pred pravim karakterom rimokatolicizma i opasnostima koje prijete od njegove prevlasti. Ljude treba potaknuti da se opru ponudama tog najopasnijeg neprijatelja građanske i vjerske slobode.

Mnogi protestanti misle da je katolička vjera neprivlačna i da je njezino bogoslužje dosadan i besmislen niz obreda. Oni se varaju. Iako je rimokatolicizam zasnovan na obmani, on nije gruba i nevješta prijevara. Bogoslužje rimske Crkve svojim obredima ostavlja najdublji dojam. Ti raskošni i svečani obredi očaravaju osjetila ljudi te ušutkuju glas razuma i savjesti. Oko je ushićeno. Velebne crkve, zadivljujuće procesije, zlatni oltari, dragim kamenjem ukrašeni kovčezi s relikvijama svetaca, probrane slike i umjetnički izrađene skulpture — sve to djeluje na ljubav prema ljepoti. I uho je očarano. Glazba je nenadmašna. Bogati zvuci dubokih tonova orgulja koji se miješaju s melodijom mnogih glasova, dok odjekuju visokim kupolama i kolonadama veličanstvenih katedrala, ne mogu drugo do izazvati u umu divljenje i pobožnost.

Taj vanjski sjaj, raskoš i ceremonija, koji se samo izruguju težnjama duše opterećene grijehom, dokaz je unutarnje izopačenosti. Kristovoj religiji nisu potrebne preporuke takvih atrakcija. U svjetlosti što sija s križa, pravo kršćanstvo izgleda tako čisto 567 i ljupko da nikakvi vanjski ukrasi ne mogu uvećati njegovu pravu vrijednost. Pred Bogom su dragocjeni ljepota svetosti i krotak i miran duh.

Blještavilo stila ne mora biti pokazatelj čiste, uzvišene misli. Visok smisao za umjetnost i istančan ukus često su prisutni u zemaljskim i osjetilnim umovima. Sotona ih često koristi kada navodi ljude da zaborave na potrebe duše, da izgube iz vida budući, besmrtni život, odvrate se od svojega trajnog Pomagača i žive samo za ovaj svijet.

Religija s vanjskim elementima privlačna je za nepreporođeno srce. Raskoš i ceremonija katoličkog bogoslužja imaju zavodničku, očaravajuću moć, kojom su mnogi prevareni, pa na Rimsku crkvu gledaju kao na sama nebeska vrata. Samo su oni koji su svoje noge učvrstili na temelju istine i čija su srca obnovljena Božjim Duhom zaštićeni od njezinog utjecaja. Tisuće njih koji nemaju iskustvene spoznaje Krista bit će navedeni da prihvate vanjske oblike pobožnosti kojima nedostaje sila. Takva religija je upravo ono što mnoštvo želi.

Izjava Crkve da ima pravo praštati navodi katolike na pomisao da mogu slobodno griješiti, a obred ispovijedi bez koje Crkva ne daje oprost također pridonosi zlu. Onaj koji kleči pred grešnim čovjekom i u ispovijedi otkriva svoje tajne misli i pobude srca, ponižava svoju muževnost i lišava časti svaki plemeniti osjećaj svoje duše. Kad otkriva grijehe svog života svećeniku – zabludjelom i grešnom smrtniku često iskvarenom pićem i porocima – čovjek umanjuje mjerilo svojega karaktera i sâm postaje okaljanim. Njegovo se shvaćanje Boga svodi na sličnost palom čovječanstvu, jer svećenik predstavlja Boga. Takvo ponižavajuće ispovijedanje čovjeka čovjeku potajni je izvor iz kojega su izišla mnoga zla koja kaljaju svijet i pripremaju 568 ga za konačno uništenje. Ali onome koji voli popuštati sebi ugodnije je ispovijediti se smrtnom čovjeku nego otvoriti svoje srce Bogu. Ljudskoj naravi više odgovara vršiti pokoru nego se odreći grijeha; lakše je mučiti svoje tijelo s kostrijeti, koprivama i lancima koji ranjavaju, negoli razapeti tjelesne požude. Tjelesno srce radije podnosi težak jaram, nego da se pokori Kristovu jarmu.

Postoji izrazita sličnost između Rimske crkve i Židovske crkve u vrijeme Kristovog prvog dolaska. Dok su Židovi potajno gazili svako načelo Božjeg zakona, izvana su strogo vodili računa o vršenju njegovih propisa, opterećujući ga raznim zahtjevima i predajama koji su poslušnost učinili mučnom i tegobnom. Kao što su Židovi tvrdili da poštuju Zakon, tako i katolici tvrde da poštuju križ. Oni uzvisuju simbol Kristovih muka, dok se svojim životom odriču Onoga koga križ predstavlja.

Papisti postavljaju križeve na svoje crkve, na svoje oltare i svoju odjeću. Posvuda se vidi znak križa. Izvana ga svuda štuju i uzdižu. Ali je Kristovo učenje pokopano pod hrpom besmislenih tradicija, lažnih tumačenja i strogih zahtjeva. Spasiteljeve riječi upućene licemjernim Židovima još se snažnije odnose na vođe Rimokatoličke crkve: "Oni vežu teška bremena koja se jedva mogu nositi te ih stavljaju ljudima na pleća, a sami ih neće ni prstom pokrenuti." (Matej 23,4) Savjesne duše drže se u stalnom strahu od srdžbe uvrijeđenog Boga, dok mnogi dostojanstvenici Crkve žive u raskoši i tjelesnim zadovoljstvima.

Obožavanje slika i relikvija, prizivanje svetaca i uzdizanje pape Sotonina su sredstva kojima nastoji odvratiti pozornost naroda od Boga i Njegova Sina. Da bi ih upropastio, on se trudi odvratiti njihovu pozornost od Onoga po kome jedino mogu naći spasenje. On će ih usmjeriti na bilo što što bi zamijenilo Onoga koji je rekao: "Dođite k meni svi koji ste umorni i opterećeni, i ja ću vas okrijepiti." (Matej 11,28)

569

Sotona se stalno trudi pogrešno predočito Božji karakter, narav grijeha i ono što je doista na kocki u velikom sukobu. Svojim lukavstvom umanjuje obveze božanskog Zakona i dopušta ljudima da griješe. Istodobno ih navodi da gaje pogrešna shvaćanja o Bogu, tako da na Njega gledaju više sa strahom i mržnjom nego s ljubavlju. Okrutnost svojstvenu svom karakteru Sotona pripisuje Stvoritelju; ona je utkana u vjerske sustave i izražena u načinima bogoslužja. Tako su umovi ljudi zaslijepljeni, pa ih Sotona koristi kao svoje poslanike u ratu protiv Boga.

Kroz izopačene predodžbe o Božjim osobinama mnogobožački su narodi bili navedeni da povjeruju kako su za stjecanje naklonosti božanstva nužne ljudske žrtve, pa su pod različitim oblicima idolopoklonstva počinjene najstrašnije okrutnosti.

Ujedinjujući poganske oblike i kršćanstvo, i Rimokatolička je crkva, poput poganstva, pogrešno predočujući Božji karakter, pribjegla ne manje okrutnim i odvratnim običajima. U vrijeme prevlasti Rima postojale su sprave za mučenje kojima se nastojalo prisiliti ljude da prihvate njegova učenja. Za one koji ne bi popustili njegovim zahtjevima bila je lomača. Bilo je pokolja takvog opsega koji se neće nikada otkriti dok ne bude otkriven na Sudu. Dostojanstvenici Crkve su proučavali, pod svojim gospodarom Sotonom, kako izmisliti sredstva koja će prouzročiti najveće moguće muke, a da žrtve ipak ostanu na životu. U mnogim slučajevima pakleni se postupak ponavljao do krajnjih granica ljudske izdržljivosti, sve dok ljudska narav nije popustila i mučenik pozdravio smrt kao slatko oslobođenje.

Takva je bila sudbina onih koji su se suprotstavili Rimu. Na svoje sljedbenike primjenjivao je kaznu bičevanja, morenja glađu i sve zamislive bolesne oblike kažnjavanja tijela. Da bi stekli naklonost Neba, pokajnici su, kršeći prirodne zakone, kršili Božje zapovijedi. Bili su naučeni da kidaju veze što ih je Bog dao da bi blagoslovio i uljepšao čovjekov život na zemlji. Crkvena su groblja puna milijuna žrtava koje su svoj život provele u uzaludnom nastojanju da pokore svoje prirodne osjećaje, da potisnu kao nešto uvredljivo za Boga svaku pomisao i osjećaj naklonosti prema svojim bližnjima.

Ako želimo razumjeti tu Sotoninu nepopustljivu okrutnost, iskazivanu stotinama godina, i to ne među onima koji nisu nikada čuli za Boga, nego u samom srcu i diljem kršćanskog svijeta, dovoljno je da pogledamo povijest Rimske crkve. S pomoću tog divovskog sustava obmane knez zla ostvaruje svoje nakane nanoseći sramotu Bogu i donoseći bijedu čovjeku. Kad vidimo kako se uspijeva prerušiti i obaviti svoj posao preko vođa Crkve, mi možemo bolje razumjeti zašto gaji tako veliku odbojnost prema Bibliji. Ako se ona čita, otkrit će se Božje milosrđe i ljubav; vidjet će se da Bog ne stavlja na ljude nijedan od tih teških tereta. Sve što traži jest slomljeno i skrušeno srce, ponizan i poslušan duh.

Svojim životom Krist ljudima nije dao primjer da se zatvaraju u samostane kako bi se pripravili za Nebo. Nikada nije učio da valja potisnuti ljubav i simpatiju. Spasiteljevo je srce bilo preplavljeno ljubavlju. Što je čovjek bliži moralnom savršenstvu, to njegovi osjećaji postaju istančaniji, njegovo zapažanje grijeha oštrije, a sućut prema nevoljnima dublja. Papa tvrdi da zamjenjuje Krista, ali kako se njegov karakter može usporediti s karakterom našeg Spasitelja? Je li Krist ikada slao ljude u zatvor ili ih stavljao na muke jer Mu nisu iskazali štovanje kao nebeskom Kralju? Je li se ikada čuo Njegov glas koji bi osudio na smrt one koji Ga nisu prihvatili? Kad su Ga žitelji jednog samarijskog sela omalovažili, apostol Ivan je ogorčen upitao: "Gospodine, hoćeš li da zapovijedimo ognju da siđe s neba i da ih uništi?" Isus je sa žaljenjem pogledao svog učenika i ukorio njegovu oštrinu riječima: "Sin čovječji nije došao da pogubi duše čovječje nego da sačuva." (Luka 9,54.56) Koliko se duh što ga je Krist pokazao razlikuje od duha Njegovog samozvanog zamjenika? 571

Rimska crkva sada pred svijetom pokazuje ljubazno lice, pokrivajući isprikama izvješća o užasnim okrutnostima. Ona se odjenula u odjeću sličnu Kristovoj, ali se nije promijenila. Svako papinsko načelo što je postojalo u prošlim stoljećima postoji i danas. Još uvijek vrijede učenja što ih je smislila u najmračnijim stoljećima. Neka se nitko ne zavarava! Papinstvo koje su protestanti sada tako spremni poštovati isto je ono koje je vladalo svijetom u doba reformacije, kada su Božji ljudi po cijenu svog života ustali objaviti njezino bezakonje. Ono ima istu gordost i arogantnu drskost kojom je vladalo kraljevima i knezovima, i prisvaja prava koja ima samo Bog. Njegov duh nije ništa manje okrutan i samovoljan no što je bio u vrijeme kad je zgazio ljudsku slobodu i ubijao svece Svevišnjega.

Papinstvo je upravo ono što je proroštvo objavilo da će biti: otpad posljednjeg vremena. (2. Solunjanima 2,3.4) Dio je njegove politike da poprimi karakter koji će najbolje odgovarati postizanju njegova cilja. Ali ispod promjenjiva izgleda kameleona ono uvijek skriva zmijski otrov. Ono objavljuje: "Ne treba održati riječ zadanu krivovjercima niti osobama osumnjičenima za krivovjerje."[3] Hoće li ta sila čija je povijest tijekom tisuću godina pisana krvlju svetih sada biti priznata dijelom Kristove crkve?

Nije bezrazložno isticano da se katolicizam u protestantskim zemljama danas mnogo manje razlikuje od protestantizma nego nekada. Zbila se promjena, ali ne kod papinstva. Katoličanstvo je danas vrlo slično postojećem protestantizmu, budući da se protestantizam od vremena reformatora silno izopačio.

U nastojanju da steknu naklonost svijeta, protestantske je Crkve zaslijepila lažna dobrota. One ne vide da nisu u pravu kad vjeruju da u svakom zlu ima i dobra, a neumitna posljedica toga bit će konačno uvjerenje da u svakom zlu ima dobra. Namjesto da stoje u obrani vjere koja je jedanput zauvijek predana svetima, oni se sada naprosto ispričavaju Rimu zbog svog lošeg mišljenja o njemu, moleći oprost zbog svoje vjerske zaslijepljenosti.

572

Velika skupina čak i onih koji ne gledaju s naklonošću na rimokatolicizam ne vidi neku opasnost od njegove moći i utjecaja. Mnogi ističu da je duhovna i moralna tama što je vladala u srednjem vijeku potpomogla širenju njegovih dogmi, praznovjerja i tlačenja, a da veća prosvijećenost novog doba, sveopće širenje znanja i sve veća slobodoumnost u vjerskim pitanjima onemogućuju ponovno buđenje netrpeljivosti i strahovlade. Sama pomisao da bi takvo stanje moglo postojati izaziva podsmijeh. Istina je da je ovaj naraštaj obasjan velikom intelektualnom, moralnom i religijskom svjetlošću. S otvorenih stranica svete Božje riječi izlijeva se svjetlo s Neba na Zemlju. Ali valja držati na umu da je tama onih koji izvrću i odbacuju svjetlo to veća što je ponuđeno svjetlo veće.

Proučavanje Biblije uz molitvu pokazalo bi protestantima pravi karakter papinstva i prouzročilo da od njega ziru i da ga izbjegavaju, ali se mnogi smatraju tako mudrima da ne osjećaju potrebu za poniznim traženjem Boga kako bi bili uvedeni u istinu. Iako se ponose svojim prosvjetljenjem, oni ne poznaju ni Pisma ni moći Božje. Budući da nečim moraju umiriti svoju savjest, traže ono što je najmanje duhovno i ponižavajuće. Ono što žele jest metoda zaboravljanja Boga koja će izgledati kao metoda sjećanja. Papinstvo je prilagođeno zadovoljavanju potrebe takvih ljudi. Ono je pripremljeno za dvije skupine čovječanstva koje obuhvaćaju gotovo čitav svijet – za one koji bi se htjeli spasiti svojim zaslugama i one koji bi se htjeli spasiti u svojim grijesima. U tome je tajna njegove moći.

Pokazalo se da je dan velike intelektualne tame bio pogodan za uspjeh papinstva. Ali još će se pokazati da je za njegov 573 uspjeh podjednako pogodan dan velike duhovne svjetlosti. U prošlim stoljećima, kada su ljudi bili bez Božje riječi i poznavanja istine, njihove su oči bile zaslijepljene, i mnoštvo je uhvaćeno u zamku jer nije vidjelo mrežu postavljenu njihovim nogama. U ovom naraštaju mnogima su oči zaslijepljene blještavilom ljudskog umovanja, takozvane "lažno nazvane spoznaje". Oni ne primjećuju mrežu i ulaze u nju tako spremno kao da su im oči zavezane. Bog je odredio da čovjekove intelektualne sposobnosti valja smatrati Stvoriteljevim darom i upotrijebiti ih u službi istine i pravde. Ali kad ljudi gaje oholost i častoljublje, i svoje vlastite teorije uzdižu ponad Božje riječi, inteligencija može počiniti veću štetu od neznanja. Tako će se lažna znanost našeg doba, koja podriva vjeru u Bibliju, pokazati vrlo uspješnom u pripremi puta za prihvaćanje papinstva s njegovim privlačnim oblicima, kao što je zadržavanje znanja u srednjem vijeku pridonijelo njegovom veličanju.

U pokretima koji se sada razvijaju u Sjedinjenim Državama, kojima se nastoji osigurati državna potpora crkvenim ustanovama i potrebama, protestanti idu stopama papista. Štoviše, oni otvaraju vrata papinstvu kako bi u protestantskoj Americi zadobilo prevlast koju je izgubilo u Starom svijetu. A ono što tom pokretu daje još veći značaj jest činjenica da je glavni smišljeni cilj nametanje svetkovanja nedjelje – običaja koji potječe iz Rima i koji on smatra znakom svoje moći. Duh papinstva – duh prilagođavanja svjetovnim običajima i poštovanja ljudskih predaja namjesto Božjih zapovijedi – prožima protestantske Crkve i navodi ih da učine isto djelo uzdizanja nedjelje što ga je papinstvo učinilo prije njih.

Ako čitatelj želi razumjeti koja će se sredstva biti upotrijebljena u sukobu koji je na vratima, dovoljno je da se upozna s izvješćima o sredstvima kojima se Rim koristio da ostvari isti cilj u 574 prošlim vremenima. Ako želi saznati kako će katolici i protestanti ujedinjeno postupati s onima koji odbacuju njihove dogme, neka pogleda duh što ga je Rim pokazao protiv subote i njezinih branitelja.

Kraljevski proglasi, opći sabori i crkvene odluke koje su podržale svjetovne vlasti, bile su stube s pomoću kojih je poganska svetkovina došla na časni položaj u kršćanskom svijetu. Prva javna mjera koja je nalagala svetkovanje nedjelje bio je zakon što ga je objavio Konstantin. (321. godine; vidi Dodatak.) Tim se proglasom zahtijevalo da pučanstvo gradova počiva u "časni dan sunca", ali je seljacima dopušteno obavljati poljodjelske poslove. Premda se radilo o mnogobožačkom propisu, car ga je silom proveo nakon formalnog prihvaćanja kršćanstva.

Budući da se carska naredba pokazala nedostatnom zamjenom za božanski autoritet, biskup Euzebije, koji je nastojao steći naklonost knezova i bio veliki Konstantinov prijatelj i laskavac, iznio je tvrdnju da je Krist subotu premjestio na nedjelju. Pritom kao dokaz za taj novi nauk nije navedeno ni jedno jedino mjesto iz Biblije. Sâm Euzebije nehotice priznaje laž ovog učenja i upućuje na prave autore te promjene. "Sve što je valjalo činiti u subotu, mi smo prenijeli na Gospodnji dan", izjavio je.[4] Ali argument u prilog nedjelji, ma koliko bio bez osnove, poslužio je da ohrabri ljude na gaženje Gospodnje subote. Svi kojima je bilo stalo do poštovanja svijeta prihvatili su popularnu svetkovinu.

Kad se papinstvo učvrstilo, nastavljeno je i djelo uzvisivanja nedjelje. Neko su vrijeme ljudi obavljali poljodjelske poslove kad ne bi dolazili u crkvu, a sedmi se dan još uvijek smatrao danom odmora. Ali postupno je dolazilo do promjene. Onima u svetoj službi bilo je zabranjeno da nedjeljom izriču presude u građanskim sporovima. Uskoro je svima, bez obzira na stalež, naređeno da se uzdrže od uobičajenog rada pod prijetnjom novčane kazne za slobodne, a bičevanjem za robove. Kasnije je objavljeno da će bogati biti kažnjeni gubitkom polovice svojih dobara, i na kraju, ako ostanu uporni, pretvoreni u robove. Niže je staleže očekivalo trajno progonstvo.

U pomoć su pozvana i čuda. Između ostalog, pričalo se kako je neki domaćin koji je u nedjelju htio uzorati njivu čistio plug nekim željezom, a ono mu se zalijepilo za ruku pa ga se nije mogao osloboditi dvije godine, "uz strašne boli i sramotu".[5]

Kasnije je papa dao upute da župnik treba opomenuti one koji krše nedjelju i od njih zahtijevati da idu u crkvu i mole se u njoj, kako ne bi navukli neku veliku nesreću na sebe i susjede. Jedan crkveni koncil iznio je argument koji se otada naširoko koristio, čak i među protestantima, da nedjelja mora biti dan odmora jer je grom udario u neke ljude koji su tog dana radili. "Očito je", izjavili su prelati, "koliko je veliko Božje negodovanje zbog toga što su zanemarili taj dan." Pozvani su svećenici i propovjednici, kraljevi i vladari i svi "vjerni" ljudi da "ulože najveći trud i brigu da se obnovi čast tog dana i da ga se ubuduće zbog ugleda kršćanstva još pobožnije poštuje".[6] Budući da su se koncilski dekreti pokazali nedovoljnima, od svjetovnih je vlasti zatraženo da izdaju naredbu koja bi u narodu izazvala strah i prisilila ga da se uzdrži od rada nedjeljom. Prigodom jednog sinoda održanog u Rimu sve su ranije odluke potvrđene još većom silom i svečanošću. Zatim su uključene u crkveno pravo i putem građanskih vlasti nametnute gotovo čitavom kršćanskom svijetu.[7]

Još je uvijek nedostatak biblijskog autoriteta u prilog svetkovanju nedjelje povremeno stvarao nemalu pometnju. Ljudi su dovodili u pitanje pravo svojih učitelja da odbace jasnu Jahvinu objavu: "A sedmoga je dana subota, počinak posvećen Jahvi, Bogu tvojemu" – kako bi slavili dan Sunca. Da bi nadomjestili nedostatak svjedočanstva Biblije, bilo je potrebno pribjeći drugim sredstvima. Jedan gorljivi zagovornik nedjelje, koji je krajem dvanaestog stoljeća posjetio anglikanske crkve, naišao je na otpor vjernih svjedoka istine, i njegovi su napori bili toliko neuspješni da je za neko vrijeme napustio zemlju, nastojeći pronaći način da potkrijepi svoje učenje. Kad se vratio, imao je ono što mu je bilo potrebno, pa je u svojem radu bio veoma uspješan. Sa sobom je donio svitak, tvrdeći da potječe od samoga Boga, koji je sadržavao potrebnu zapovijed za svetkovanje nedjelje, uz strahovite prijetnje za neposlušne. Taj "dragocjeni" dokument – jednako pokvarena krivotvorina kao i sáma ustanova koju je podupirao – navodno je pao s Neba i nađen je u Jeruzalemu, na oltaru sv. Šimuna na Golgoti. Zapravo, mjesto odakle je izišao bila je pontifeksova palača u Rimu. Papinska je hijerarhija u svim stoljećima smatrala zakonitim podvale i krivotvorine, ako su one služile porastu moći i blagostanja Crkve.

Svitkom je bio zabranjen rad od devetog sata, odnosno od tri sata u subotu poslijepodne pa sve do izlaska sunca u ponedjeljak, a njegova je vjerodostojnost bila potvrđena mnogim čudima. Pričalo se da su ljudi koji su radili u zabranjenom vremenu bili pogođeni paralizom. Neki mlinar koji je pokušao samljeti žito vidio je kako je namjesto brašna potekla bujica krvi, a mlinski je kotač mirovao unatoč snažnoj vodenoj struji.

Neka žena koja je tijesto stavila u peć, izvadila ga je nepečenog, premda je peć bila dobro zagrijana. Druga koja je pripremila tijesto za pečenje u devet sati, ali ga je odlučila ipak ostaviti do ponedjeljka, uvidjela je sljedećeg dana da je ono božanskom silom pretvoreno u kruhove i ispečeno. Jedan čovjek, koji je 577 pekao kruh u subotu nakon devet sati, ustanovio je da je iz njega, kad ga je ujutro prelomio, potekla krv. Ovakvim su apsurdnim i praznovjernim izmišljotinama zastupnici nedjelje nastojali uspostaviti njezinu svetost.[8]

U Škotskoj, kao i u Engleskoj, veće poštovanje nedjelje osigurano je njezinim povezivanjem s dijelom drevne subote. Ali je bilo razlike u vremenu što ga je trebalo svetkovati. Jednim proglasom škotskog kralja objavljeno je "da se subota od dvanaest sati u podne ima smatrati svetom" i da nitko od tog časa sve do ponedjeljka ujutro ne smije obavljati svjetovne poslove.[9]

Ali bez obzira na sva nastojanja da se ustanovi svetost nedjelje, sami su papisti javno priznavali božanski autoritet subote i ljudsko podrijetlo institucije koja ju je zamijenila. U šesnaestom stoljeću jedan je papinski sabor jasno objavio: "Neka se svi kršćani sjećaju da je Bog posvetio sedmi dan, a prihvatili su ga i štovali ne samo Židovi, nego i svi koji nastoje služiti Bogu, premda smo mi kršćani njihovu subotu promijenili u Gospodnji dan."[10] Oni koji su se poigravali s božanskim Zakonom nisu bili u neznanju s obzirom na svoje postupke. Oni su se svjesno postavili iznad Boga.

Očit prikaz politike Rima prema onima koji se ne slažu s njim dugotrajno je i krvavo progonstvo valdenza, od kojih su neki svetkovali subotu. Drugi su stradali na sličan način zbog vjernosti četvrtoj zapovijedi. Posebno je značajna povijest crkava u Etiopiji i Abesiniji. Usred tame srednjeg vijeka svijet je izgubio iz vida i zaboravio na kršćane u središnjoj Africi, a oni su više stoljeća uživali slobodu ispovijedanja svoje vjere. Ali je na kraju Rim doznao za njih i abesinski je car ubrzo prijevarom 578 naveden da prizna papu kao Kristova namjesnika. Uslijedili su i drugi ustupci. Izdan je edikt koji pod prijetnjom najstrožih kazni zabranjuje svetkovanje subote.[11] Ali je papinska tiranija uskoro postala tako težak jaram da su je Etiopljani odlučili skinuti sa svog vrata. Nakon strahovite borbe rimokatolici su prognani sa svojih posjeda i stara je vjera ponovno uspostavljena. Crkve su se radovale slobodi i nikada više nisu zaboravile lekciju koju su naučile o lukavstvu, fanatizmu i okrutnoj sili Rima. Bile su na svom području voljne ostati usamljene, nepoznate preostalom kršćanskom svijetu. Afričke su crkve svetkovale subotu kao što ju je svetkovala Rimska crkva prije svojeg punog otpada. Dok su svetkovale sedmi dan sukladno Božjoj zapovijedi, uzdržavale su se i od rada nedjeljom, suglasno običaju Crkve. Kad je stekao vrhovnu vlast, Rim je pogazio Božju subotu da bi uzvisio svoj dan, ali crkve u Africi, skrivene gotovo tisuću godina, nisu sudjelovale u tom otpadu. Kad ih je Rim podvrgnuo pod svoju vlast, bile su prisiljene odbaciti pravu i uzvisiti lažnu subotu; ali čim su ponovno stekle nezavisnost, vratile su se poslušnosti četvrtoj zapovijedi. (Vidi Dodatak.)

Takva izvješća iz prošlosti jasno otkrivaju mržnju Rima prema pravoj suboti i njezinim braniteljima, kao i sredstva kojima se služio da bi ukazao čast ustanovi koju je sam stvorio. Božja riječ uči da će se takvi prizori ponoviti kad se rimokatolici i protestanti budu ujedinili s ciljem da uzvise nedjelju.

Proročanstvo u 13. poglavlju Otkrivenja objavljuje da će sila prikazana kao Zvijer s dva janjeća roga učiniti da se "zemlja i njezini stanovnici" poklone papinstvu – prikazanom zvijeri koja je "sličila na leoparda". Zvijer s dva roga reći će "stanovnicima zemlje da naprave kip Zvijeri". Osim toga, ona će učiniti da svi "mali i veliki, bogati i siromašni, slobodni i robovi" prime "žig Zvijeri". (Otkrivenje 13,11-16) Već je bilo pokazano da zvijer s dva roga kao u janjeta predstavlja Sjedinjene Države i da će se to proročanstvo ispuniti kad Sjedinjene Države budu silom nametnule svetkovanje nedjelje, što Rim smatra osobitim priznanjem svoje prevlasti. Ali u tom poštovanju papinstva, Sjedinjene Države neće biti usamljene. Daleko od toga da je uništen utjecaj Rima u zemljama koje su nekada priznavale njegovu vlast. I proročanstvo proriče obnovu njegove vlasti: "I vidio sam jednu od njezinih glava kao smrtonosno ranjenu. Ali njezina je smrtonosna rana bila izliječena. Sva se zemlja zanese za Zvijeri." (Otkrivenje 13,3) Zadobivanje smrtonosne rane upućuje na pad papinstva 1798. godine. Nakon toga je, kaže, "smrtonosna rana bila izliječena. Sva se zemlja zanese za Zvijeri".

Pavao jasno tvrdi da će "Čovjek grijeha" postojati do Kristovog drugog dolaska. (2. Solunjanima 2,3.8) On će do samog kraja vremena nastaviti svoje varanje. A pisac Otkrivenja objavljuje govoreći o papinstvu: "I poklonit će joj se svi stanovnici zemlje – svaki čije ime od postanka svijeta ne stoji upisano u knjizi života zaklanog Janjeta." (Otkrivenje 13,8) U Novome kao i u Starome svijetu papinstvu će u časti iskazanoj ustanovi nedjelje biti ukazano poštovanje koje počiva isključivo na autoritetu Rimske crkve.

Takvo svjedočanstvo su istraživači proročanstva u Sjedinjenim Državama od sredine devetnaestog stoljeća objavljivali svijetu. U događajima koji se sada zbivaju jasno se vidi brzi napredak prema ispunjenju tog proročanstva. Kod protestantskih učitelja nalazimo istu tvrdnju o božanskom autoritetu nedjelje, kao i isti nedostatak dokaza iz Svetog pisma, kao kod papinskih vođa koji su izmišljali čuda da bi zamijenili jednu Božju zapovijed. Tvrdnje da Božji sudovi dolaze na ljude zbog prekršaja nedjelje *580* bit će ponovljene, i već se pojavljuju. A pokret koji će nastojati nametnuti svetkovanje nedjelje brzo stječe pristaše.

Rimska crkva je čudesna po svojoj pronicljivosti i lukavstvu. Ona može pročitati što će se dogoditi. Ona čeka povoljan trenutak, videći da joj protestantske Crkve iskazuju poštovanje prihvaćanjem lažne subote, i kako se spremaju da je nametnu istim sredstvima kojima se ona služila u prošlosti. Oni koji odbacuju svjetlo istine potražit će pomoć te samozvane nepogrešive sile da bi uzdigli ustanovu koja je potekla od nje same. Nije teško pretpostaviti kako će u tom poslu spremno priteći u pomoć protestantima. Tko zna bolje od papinskih vođa kako postupiti s onima koji su neposlušni Crkvi?

Rimokatolička Crkva, sa svom svojom razgranjenosti po čitavom svijetu, predstavlja golemu organizaciju pod nadzorom papinske stolice koja treba služiti njezinim interesima. Milijuni njezinih pričesnika u svakoj zemlji na svijetu poučeni su da ih sve povezuje odanost papi. Bez obzira na narodnost ili državnu vlast, oni autoritet Crkve trebaju smatrati većim od svega drugoga. Premda se zaklinju državi na vjernost, iznad toga stoji zavjet poslušnosti Rimu, koji ih oslobađa svake obveze suprotne njegovim interesima.

Povijest svjedoči o njegovim vještim i neumornim naporima da se Crkva uvuče u poslove država i da, nakon što stekne oslonac, promiče svoje ciljeve čak po cijenu propasti vladara i naroda. Godine 1204. papa Inocent III. od aragonskog kralja Petra II. uspio je iznuditi sljedeću neobičnu zakletvu: "Ja, Petar, kralj aragonski, priznajem i obećavam da ću uvijek biti vjeran i poslušan svome gospodaru, papi Inocentu, njegovim katoličkim nasljednicima i Rimskoj crkvi. Vjerno ću čuvati svoje kraljevstvo u poslušnosti njemu, braniti katoličku vjeru, a progoniti heretičku pokvarenost."[12] Ovo je sukladno s tvrdnjama o moći rimskog biskupa da ima "zakonsko pravo svrgnuti careve" i da "može osloboditi podanike od njihove zakletve vjernosti nepravednim vladarima".[13] (Vidi Dodatak.)   *581*

Neka se ne zaboravi da se Rim hvali upravo time što se nikada ne mijenja. Načela Grgura VII. i Inocenta III. još su uvijek načela Rimokatoličke crkve. Kad bi imala moć, Crkva bi ih provodila istim žarom kojim je to činila u prošlim stoljećima. Protestanti nisu dovoljno svjesni što čine kad predlažu prihvaćanje pomoći Rima da bi se uzvisila nedjelja. Dok su zauzeti ostvarivanjem svojeg cilja, Rim ima cilj ponovno uspostaviti svoju vlast i vratiti izgubljenu prevlast. Neka se u Sjedinjenim Državama usvoji načelo po kome Crkva može zaposliti ili nadzirati državnu vlast, neka se vjerski obredi mogu nametati građanskim zakonima, ukratko, neka autoritet Crkve i države gospodari savješću − i pobjeda Rima je u toj zemlji osigurana.

Božja je Riječ upozoravala na neposrednu opasnost; ako se upozorenje odbaci, protestantski će svijet iskusiti kakve su stvarne namjere Rima, ali će onda biti prekasno da se izbjegne postavljena zamka. Njegova moć neprimjetno raste. Njegova učenja šire svoj utjecaj u zakonodavnim skupštinama, u Crkvama i u ljudskim srcima. On gomila svoje veličanstvene i masivne građevine, u čijim će se tajnim prostorijama ponoviti njegovo negdašnje progonstvo. On neprimjetno i neslućeno jača svoje snage za ostvarenje svojih ciljeva kad dođe vrijeme za udar. Sve što želi jest povoljan položaj, a on ga je već dobio. Uskoro ćemo vidjeti i osjetiti kakva je namjera rimokatoličanstva. Tko god bude vjerovao i poslušao Božju riječ, time će se izložiti poniženju i progonstvu.

36

Predstojeći sukob

Od samog početka velikog sukoba na Nebu, Sotonin je stalni cilj bio rušenje Božjeg zakona. Da bi to postigao, pobunio se protiv Stvoritelja i, premda je bio zbačen s Neba, nastavio je isti rat na Zemlji. Obmanuti ljude i tako ih navesti na kršenje Božjeg zakona cilj je što ga neprestano ima pred sobom. Bilo da ga postigne odbacivanjem Zakona u cjelini, ili uklanjanjem jednog od njegovih propisa, posljedice će na kraju biti iste. Tko "pogriješi samo u jednome", pokazuje prijezir prema cijelom Zakonu; svojim je utjecajem i primjerom na strani prekršaja; on "postaje krivac za sve". (Jakov 2,10)

Nastojeći izazvati prijezir spram božanskih uredaba, Sotona je iskrivio učenja Biblije, i tako su zablude postale sastavnim dijelom vjere tisuća koji tvrde da vjeruju u Sveto pismo. Posljednji veliki sukob između istine i zablude samo je završna bitka dugotrajnog sukoba u vezi s Božjim zakonom. Mi sad ulazimo u tu bitku – u bitku između ljudskih zakona i Jahvinih propisa, između biblijske religije i religije izmišljenih priča i tradicije.

Poslanici koji će se u tom sukobu ujediniti protiv istine i pravednosti već aktivno djeluju. Sveta Božja riječ, koja je došla do nas po cijenu tolikog stradanja i krvi, malo se cijeni. Biblija je svima dostupna, ali je malo onih koji je stvarno prihvaćaju za vodiča u životu. Nevjerstvo se alarmantno proširilo ne samo u svijetu, već i u Crkvi. Mnogi ne priznaju učenja koja predstavljaju stupove kršćanske vjere. Velike istine prikazane po nadahnutim piscima – o stvaranju, padu čovjeka, pomirenju te vječnosti Božjeg zakona – praktično je odbacio veliki dio takozvanog kršćanskog svijeta, u cijelosti ili djelomično. Tisuće koje se ponose svojom mudrošću i neovisnošću drže da je bezuvjetno povjerenje u Bibliju dokaz slabosti, i misle da je dokaz nadmoćne darovitosti i učenosti prigovarati Svetome pismu i osporavati njegov značaj, te tumačenjima ukloniti njegove najvažnije istine. Mnogi svećenici uče svoj narod, a mnogi profesori i učitelji svoje učenike – da je Božji zakon promijenjen ili ukinut, i da oni koji vjeruju kako su njegovi zahtjevi još pravosnažni te da ih treba doslovno vršiti ne zaslužuju drugo do porugu ili prijezir.

Odbacivanjem istine ljudi odbacuju njezina Autora. Gaženjem Božjeg zakona poriču autoritet Zakonodavca. Jednako je lako načiniti idola od lažnih učenja i teorija, kao i izraditi ga od drveta ili kamena. Pogrešnim prikazivanjem Božjih osobina Sotona navodi ljude na stvaranje pogrešne slike o Njegovu karakteru. Kod mnogih je namjesto Boga ustoličen neki filozofski idol, dok malo njih obožava živoga Boga kako je otkriven u svojoj Riječi, u Kristu i stvaralačkim djelima. Tisuće obožavaju prirodu, dok se Boga prirode odriču. Premda u drukčijem obliku, u današnjem kršćanskom svijetu postoji idolopoklonstvo, jednako kao što je postojalo u drevnom Izraelu u doba proroka Ilije. Bog mnogih takozvanih mudrih ljudi, filozofa, pjesnika, političara, novinara – bog uglađenih suvremenih krugova, mnogih koledža i sveučilišta, čak i nekih teoloških ustanova – malo je bolji od Baala, feničkog boga Sunca.

Nijedna zabluda koju je kršćanski svijet prihvatio ne napada smjelije autoritet Neba, ne suproti se izravnije zdravom razumu i nije pogubnija po svojim posljedicama od suvremenog učenja, koje se naglo širi, da Božji zakon više ne obvezuje ljude. Svaka zemlja ima svoje zakone koji zahtijevaju poštovanje i poslušnost; bez njih ne bi mogla opstati. Zar je moguće zamisliti da Stvoritelj neba i Zemlje nema zakona koji bi upravljao bićima što ih je stvorio? Pretpostavimo da istaknuti svećenici javno propovijedaju kako zakoni koji upravljaju njihovom zemljom i štite prava njenih građana nisu obvezujući – da ograničavaju ljudske slobode i da ih stoga ne bi trebalo poštovati; koliko bi dugo takvi ljudi mogli ostati za propovjedaonicom? Je li veći prijestup ne poštivati zakone država i nacija, nego gaziti božanske propise koji čine temelj svih vlasti?

Bilo bi mnogo dosljednije da nacije ukinu svoje zakone i dopuste ljudima da čine što im se sviđa, negoli da Gospodar

584

svemira poništi svoj Zakon i ostavi svijet bez mjerila koje će osuditi krivca ili opravdati poslušnog. Možemo li spoznati posljedice ukidanja Božjeg zakona? Pokušaj je već učinjen. Strašni su bili prizori koji su se odigrali u Francuskoj kad je ateizam postao vodećom silom. Tada je svijetu bilo zorno prikazano da odbacivanje ograničenja što ih je Bog postavio znači prihvatiti vladavinu najokrutnijeg zlikovca. Kad se odbaci mjerilo pravednosti, knezu zla je otvoren put da uspostavi svoju vlast na Zemlji. Gdje god se odbace božanski propisi, grijeh prestaje izgledati grešnim i pravednost poželjnom. Oni koji se ne žele pokoriti Božjoj vlasti nikako ne mogu upravljati sobom. Njihovim pogubnim učenjem usađuje se duh nepokornosti u srca djece i mladeži, koja po svojoj naravi ne podnose nadzor, a posljedice su bezakonje i razuzdanost društva. Dok se ruga lakovjernosti 585 onih koji slušaju Božje zahtjeve, mnoštvo nestrpljivo prihvaća Sotonine obmane. Ono se prepušta požudi i čini grijehe koji su izazvali izlijevanje Božjih sudova na neznabošce.

Oni koji uče ljude omalovažavati Božje zapovijedi, siju neposlušnost da bi želi neposlušnost. Kad bi se potpuno odbacila ograničenja postavljena božanskim Zakonom, ubrzo se ne bi marilo za ljudske zakone. Budući da Bog zabranjuje nečasne postupke, pohlepu, laganje i varanje, ljudi su spremni gaziti Njegove zakone kao smetnju svom napredovanju u svijetu; ali posljedice odbacivanja tih propisa bit će strašnije nego što se mogu zamisliti. Ako Zakon ne obvezuje, zašto bi se itko bojao prekršiti ga? Vlasništvo više ne bi bilo sigurno. Ljudi bi se nasiljem dokopali imetka svojih bližnjih i najjači bi postao najbogatiji. Više se ni život ne bi poštovao. Bračni zavjet više ne bi predstavljao sveti bedem koji štiti obitelj. Tko bi imao vlast mogao bi, ako želi, na silu oteti ženu svog bližnjega. Peta zapovijed bila bi uklonjena zajedno s četvrtom. Djeca se ne bi ustezala oduzeti život svojim roditeljima ako bi time mogla ostvariti želje svojega izopačenog srca. Civilizirani svijet postao bi hordom pljačkaša i ubojica, a mir, spokoj i sreća nestali bi sa zemlje.

Učenje da su ljudi oslobođeni poslušnosti Božjim zahtjevima već je oslabilo snagu moralne obveze, i svijetu otvorilo ustave pokvarenosti. Bezakonje, razuzdanost i nečasnost zapljuskuju nas poput plimnog vala. Sotona djeluje u obitelji. Njegov se barjak vije i nad takozvanim kršćanskim domaćinstvima. Ima zavisti, zloslutnosti, licemjerstva, otuđenosti, svađa, sukoba, izdaje svetog povjerenja i popuštanja strastima. Cijeli sustav vjerskih načela i učenja, koji bi trebao tvoriti temelj i okosnicu društvenog života, čini se poput rasklimane gomile gotove da se sruši. Najopakiji zločinci, kada dospiju u zatvor zbog svojih prijestupa, često primaju poklone i pažnju kao da su postali nešto posebno. Veliki se publicitet daje njihovoj ličnosti i zločinima. Tisak objavljuje odvratne pojedinosti o zločinu i time potiče druge na prijevare, pljačku i umorstva, a Sotona se raduje uspjehu svojih paklenih zamisli. Zaluđenost porokom, bezrazložno oduzimanje života, strahoviti porast neumjerenosti i pokvarenosti svake vrste i stupnja trebali bi podići sve koji se boje Boga da ispitaju što se može učiniti kako bi se zaustavila plima zla.

Sudovi su potkupljivi. Vladare pokreće želja za dobitkom i ljubav za osjetilnim užicima. Neumjerenost je zamaglila sposobnosti mnogih, tako da su gotovo posve pod Sotoninim nadzorom. Pravnici su iskvareni, podmitljivi, zavedeni. Pijanstvo i bančenje, strast, zavist i nepoštenje svake vrste zastupljeni su među onima koji primjenjuju zakone. "Tako je potisnuto pravo, i pravda mora stajati daleko. Jer na trgu posrnu istina, i poštenju nema više pristupa." (Izaija 59,14)

Bezakonje i duhovna tama pod prevlašću Rima bili su neizbježna posljedica njegovog zabranjivanja Svetoga pisma. Ali gdje se pri punom sjaju evanđeoskog svjetla u doba vjerske slobode može naći uzrok toliko raširenom nevjerstvu, odbacivanju Božjeg zakona i izopačenosti koja mu slijedi? Kad Sotona danas više ne može držati svijet pod nadzorom skrivanjem Svetog pisma, on pribjegava drugim sredstvima da bi postigao isti cilj. Razaranje vjere u Bibliju služi njegovoj nakani jednako kao i uništavanje same Biblije. Uvođenjem vjerovanja da Božji zakon nije obvezan on učinkovito navodi ljude da griješe kao da nemaju pojma o njegovim propisima. I sada kao nekada djelovao je preko Crkve da ostvari svoje planove. Današnje su vjerske zajednice odbile slušati neomiljene istine jasno iznesene u Svetom pismu, i u borbi protiv njih prihvatile su tumačenje i zauzele stajališta koja su posvuda posijala sjeme skepticizma. Držeći se papinske zablude o urođenoj besmrtnosti i svjesnom stanju umrlog čovjeka, odbacile su jedinu obranu od prijevara spiritizma. Učenje o vječnim mukama navelo je mnoge da ne vjeruju Bibliji. I kad se suoče sa zahtjevima četvrte zapovijedi, ustanove da joj je pridruženo svetkovanje sedmog dana, subote. A mnogi

586

587

omiljeni učitelji, kao jedini način da se oslobode dužnosti koju nisu voljni izvršiti, izjavljuju da Božji zakon više nije obvezatan. Na taj način odbacuju Zakon i s njim subotu. Kako se širi nastojanje na reformi subote, to će odbacivanje božanskog Zakona, da bi se izbjegli zahtjevi četvrte zapovijedi, postati gotovo sveopće. Učenje vjerskih vođa otvorilo je vrata nevjerstvu, spiritizmu i preziranju Božjeg svetog Zakona, pa na njima leži zastrašujuća odgovornost za pokvarenost koja vlada u kršćanskom svijetu.

A upravo taj sloj ljudi tvrdi da se izopačenost koja se naglo širi ima u velikoj mjeri pripisati oskvrnuću takozvane "kršćanske subote" i da bi silom nametnuto svetkovanje nedjelje uvelike popravilo društveni moral. Ta se tvrdnja ističe posebno u Americi, u kojoj se nauk o pravoj suboti najviše propovijedao. Ovdje se nastojanje na umjerenosti, što je jedna od najistaknutijih i najvažnijih moralnih reformi, vrlo često povezuje s pokretom za svetkovanje nedjelje, a njegovi se zastupnici predstavljaju kao oni koji rade na unapređenju najviših društvenih dobara, a one koji se neće ujediniti s njima proglašavaju neprijateljima umjerenosti i reforme. Međutim, činjenica da je neki pokret za uspostavu zablude povezan s djelom koje je samo po sebi dobro, nije argument u prilog zabludi. Mi možemo prikriti otrov ako ga pomiješamo sa zdravom hranom, ali time ne mijenjamo njegovu narav. Naprotiv, to ga čini opasnijim, jer je vjerojatnije da će ga netko uzeti nesvjesno. Jedno od Sotoninih lukavstava jest da laž poveže upravo s onoliko istine koliko je potrebno da bi joj dala vjerodostojnost. Vođe pokreta za nedjelju mogu zastupati reforme koje su potrebne narodu, načela koja su sukladna s Biblijom; ali ako je s njima povezan zahtjev koji se protivi Božjem zakonu, Njegove se sluge ne mogu udružiti s njima. Ništa ih ne može opravdati ako Božje zapovijedi uklone i nadomjeste ljudskim propisima.

588

Dvjema velikim zabludama, zabludom o besmrtnosti duše i zabludom o svetosti nedjelje, Sotona će uspjeti obmanuti ljude. Dok prva polaže temelj spiritizmu, druga stvara vezu prijateljstva s Rimom. Protestanti Sjedinjenih Država prvi će preko bezdana pružiti ruku da prihvate ruku spiritizma; posegnut će preko ponora da prihvate ruku rimske sile, i pod utjecajem tog trostrukog saveza ova će zemlja poći stopama Rima u gaženju prava savjesti.

Budući da spiritizam neobično vjerno oponaša današnje takozvano kršćanstvo, on ima veću moć da prevari i zavede. Sâm Sotona se obratio sukladno suvremenom poretku stvari. On će se pojaviti kao anđeo svjetla. Uz pomoć spiritizma dogodit će se mnoga čuda; bolesni će se liječiti, a zbivat će se i mnoga neosporna čuda. I kad zli duhovi budu izjavljivali da vjeruju u Bibliju i pokazali poštovanje prema institucijama Crkve, njihov će rad biti primljen kao objava božanske sile. Crta koja razdvaja tobožnje kršćane od bezbožnika danas jedva je uočljiva. Vjernici Crkve vole ono što svijet voli i spremni su mu se pridružiti; a Sotona je odlučan da ih ujedini u jednom tijelu i tako ojača svoju stvar uvlačeći ih sve u redove spiritista. Papini sljedbenici, koji se hvale čudima kao pouzdanim znakom prave Crkve, bit će spremno prevareni tom silom koja čini čuda, a bit će obmanjeni i protestanti, budući da su odbacili štit istine. Papisti, protestanti i svjetovni ljudi prihvatit će vanjski oblik pobožnosti, ali bez njezine sile, i u tom ujedinjenju vidjet će veličanstveni pokret za obraćenje svijeta i početak dugo očekivanog milenija. 589

Sotona se s pomoću spiritizma pojavljuje kao dobročinitelj ljudskog roda, liječi bolesti ljudi i tvrdi da donosi novi i uzvišeniji sustav religije, a istodobno radi na rušenju. Njegove kušnje vode mnoštvo u propast. Neumjerenost svrgava razum, a slijede osjetilna zadovoljstva, sukobi i krvoproliće. Sotona uživa u ratu, jer on potiče najniže strasti duše i zatim povlači u vječnu propast svoje žrtve ogrezle u poroku i krvi. Njegov je cilj poticanje naroda da zarate jedni protiv drugih, jer tako može odvratiti misli ljudi od pripreme kako bi opstali u Božji dan.

Sotona se služi i prirodnim silama da prikupi svoju žetvu nespremnih duša. On je proučio tajne laboratorija prirode i koristi svu svoju moć da upravlja prirodnim silama koliko mu to Bog dopušta. Kad mu je bilo dopušteno da muči Joba, kako su brzo zbrisana stada, sluge, kuće i djeca; jedna je nesreća stizala drugu bez predaha! Bog štiti i ograđuje svoja stvorenja od sile uništavatelja. Ali je kršćanski svijet pokazao prijezir prema Božjem zakonu i Gospodin će učiniti ono što je rekao — uskratit će svoje blagoslove zemlji i ukloniti svoju zaštitničku skrb od onih koji su se pobunili protiv Njegova zakona, i naučavaju i prisiljavaju druge da čine isto. Sotona nadzire sve koji nisu pod Božjom posebnom zaštitom. Nekima će ići na ruku da napreduju kako bi uspješnije proveo svoje planove, dok će druge izložiti nevoljama i navesti ljude da povjeruju kako je Bog onaj tko ih muči.

Predstavljajući se sinovima ljudskim kao veliki liječnik koji može izliječiti sve njihove bolesti, on će donijeti bolest i nesreću, dok gusto napučeni gradovi ne budu pretvoreni u ruševine i pustoš. On je čak i sada na djelu.

590 U nesrećama i nezgodama na moru i kopnu, u velikim požarima, u žestokim orkanima i strašnom padanju tuče, u burama, poplavama, ciklonima, plimnim valovima i potresima, na svakom mjestu i na tisuće načina Sotona iskazuje svoju moć. On uništava dozrelu žetvu, kojoj slijede glad i oskudica. Pušta u zrak smrtne zaraze pa tisuće pogibaju od epidemija. Takve će kazne postati sve češće i kobnije. Uništenje čeka ljude i životinje. "Zemlja tuži, vene, svijet gine, gasne, nebo sa zemljom propada. Oskvrnjena je zemlja pod žiteljima svojim, jer prestupiše zakon, pogaziše odredbu, Savez vječni razvrgoše." (Izaija 24,4.5)

I tada će veliki varalica uvjeriti ljude da su uzročnici tih zala oni koji služe Bogu. Upravo oni koji su izazvali negodovanje Neba optužit će za sve svoje nevolje one čija je poslušnost Božjim zapovijedima stalni prijekor prijestupnicima. Bit će objavljeno da ljudi vrijeđaju Boga nepoštovanjem nedjelje, da je taj grijeh izazvao nevolje koje neće prestati dok se svetkovanje nedjelje ne bude strogo poštovalo, a da su oni koji iznose zahtjeve četvrte zapovijedi, i time kvare poštovanje nedjelje, uzrok nevolja jer priječe da narod ponovno stekne božansku naklonost i ovozemaljsko blagostanje. Tako će se ponoviti davno izgovorene optužbe protiv Božjih slugu i iz istih osnovnih razloga: "Kad Ahab ugleda Iliju, reče mu: 'Jesi li ti onaj koji upropašćuješ Izraela?' Ilija odgovori: 'Ne upropašćujem ja Izraela, nego ti i tvoja obitelj, jer ste ostavili Jahvu, a ti si sljedbenik Baala.'" (1. Kraljevima 18,17.18) Kad lažne optužbe budu izazvale srdžbu ljudi, oni će prema Božjim poslanicima postupiti vrlo slično onome kako je otpali Izrael postupio prema Iliji.

591 Sila koja čini čuda otkrivena preko spiritizma upotrijebit će svoj utjecaj protiv onih koji su odlučili radije slušati Boga nego ljude. Poruke što će ih slati duhovi objavit će da ih je Bog poslao kako bi one koji odbijaju prihvatiti nedjelju osvjedočile da su u zabludi, uz potvrdu da zemaljske zakone valja poštovati kao Božji zakon. Oni će jadikovati zbog velike zloće u svijetu i podržati svjedočanstvo vjerskih učitelja da je opadanje morala prouzročeno oskvrnućem nedjelje. Veliko će se ogorčenje podignuti protiv svih koji ne budu prihvatili njihovo svjedočanstvo.

Sotonina je politika u tom posljednjem sukobu s Božjim narodom ista kao ona kojom se služio na početku velikog sukoba na Nebu. Tvrdio je da nastoji promicati stabilnost božanske vladavine, dok je potajno poduzimao sve kako bi je oborio. A za djelo što ga je time nastojao izvršiti optužio je lojalne anđele. Ista politika prijevare obilježavala je povijest Rimske crkve. Tvrdila je da djeluje kao namjesnik Neba, dok se zapravo nastojala uzdići iznad Boga i promijeniti Njegov Zakon. Za vladavine Rima oni koji su zbog vjernosti Evanđelju pretrpjeli smrt bili su optuženi kao zločinci, proglašeni da su u savezu sa Sotonom i primijenjeno je svako moguće sredstvo da ih se osramoti, kako bi u očima ljudi, pa i u vlastitim očima, izgledali kao najgori zločinci. Tako će biti i danas. U nastojanju da uništi one koji poštuju Božji zakon, Sotona će se pobrinuti da budu optuženi za kršenje zakona, kao ljudi koji sramote Boga i na svijet navlače Njegove kazne.

Bog nikada ne prisiljava volju ili savjest, dok Sotona stalno koristi okrutnost kao sredstvo prisile ne bi li stekao nadzor nad onima koje na drugi način ne može zavesti. Strahom i prisilom on pokušava zavladati savješću ljudi i osigurati njihovo štovanje. Da bi to postigao, on djeluje preko vjerskih i svjetovnih vlasti i potiče ih da silom nametnu ljudske zakone suprotne Božjem zakonu.

Oni koji poštuju biblijski dan odmora bit će žigosani kao neprijatelji zakona i reda, kao oni koji ruše moralna društvena ograničenja, pa uzrokuju anarhiju i pokvarenost i navlače Bože kazne na zemlju. Njihova će savjesnost biti proglašena za nepopustljivost, tvrdoglavost i prijezir prema vlastima. Optužit će ih da ne trpe vlast. Svećenici koji poriču obvezatnost božanskog Zakona iznosit će s propovjedaonice dužnost pokoravanja građanskim vlastima kao zapovijeđenu od Boga. U zakonodavnim će se skupštinama i sudskim dvoranama pogrešno prikazivati i osuđivati oni koji vrše Božje zapovijedi. Njihove će riječi obojiti lažima, a njihove pobude prikazati u najgorem svjetlu.

Budući da protestantske Crkve odbacuju jasne biblijske dokaze u obranu Božjeg zakona, one će težiti da ušutkaju one

592

čiju vjeru ne mogu oboriti Biblijom. Premda zatvaraju oči pred tom činjenicom, one danas kreću putem koji će dovesti do progonstva onih koji se savjesno protive učiniti ono što čini ostali kršćanski svijet i priznati zahtjeve papinske subote.

Dostojanstvenici Crkve i države udružit će se kako bi potkupili, nagovorili ili prisilili sve slojeve da svetkuju nedjelju. Nedostatak božanskog autoriteta nadomjestit će opresivni zakoni. Politička pokvarenost uništava ljubav spram pravde i poštovanja istine, pa će čak i u slobodnoj Americi upravljači i zakonodavci, da bi osigurali naklonost javnosti, popustiti popularnom zahtjevu za zakonom koji bi nametnuo svetkovanje nedjelje. Sloboda savjesti, koja je tako skupo plaćena, više se neće poštovati. U sukobu koji će uskoro izbiti vidjet ćemo primjerenost prorokovih riječi: "Tada, obuzet gnjevom protiv Žene, Zmaj ode da vodi rat protiv ostalih iz njezina potomstva, protiv onih koji vrše Božje zapovijedi i čuvaju Isusovo svjedočanstvo." (Otkrivenje 12,17)

37

Sveto pismo kao zaštita

"Uza Zakon! Uza svjedočanstvo! Tko ne rekne tako, zoru neće dočekati." (Izaija 8,20) Božji je narod upućen na Sveto pismo kao osiguranje od utjecaja lažnih učitelja i obmanjivačkih sila duhova tame. Sotona koristi svako moguće sredstvo da spriječi ljude u stjecanju biblijskog znanja, jer jasni iskazi Biblije otkrivaju njegove obmane. Svako oživljavanje Božjeg djela potiče kneza zla na još veću aktivnost. Sada ulaže krajnje napore za završnu bitku protiv Krista i Njegovih sljedbenika. Ubrzo će se pred nama otkriti posljednja velika obmana. Antkrist će pred našim očima izvesti svoja čudotvorna djela. Njegova će imitacija biti toliko slična izvorniku da će ih biti nemoguće razlikovati, osim pomoću Svetoga pisma. Svaka tvrdnja i svako čudo mora se ispitati svjedočanstvom Svetog pisma.

Oni koji nastoje vršiti sve Božje zapovijedi naići će na protivljenje i porugu. Oni će moći opstati samo u Bogu. Da bi mogli izdržati nevolju koja ih čeka, moraju razumjeti Božju volju kako je otkrivena u Njegovoj riječi. Oni mogu štovati Boga samo ako imaju pravilno razumijevanje Njegova karaktera, vladavine i ciljeva, i postupaju u skladu s njima. Samo će oni koji su svoj um utvrdili istinama Biblije moći opstati tijekom posljednjeg velikog sukoba. Svaka će se duša naći pred ozbiljnim ispitom: Trebam li Boga slušati više nego ljude? Odlučujući trenutak je pred vratima. Stoje li naše noge čvrsto na stijeni Božje nepromjenjive Riječi? Jesmo li spremni odlučno stati u obranu Božjih zapovijedi i vjere u Isusa?

Prije Njegovog raspeća Spasitelj je svojim učenicima objasnio da treba biti ubijen i da će nakon toga uskrsnuti iz groba,

593

594

(467)

a anđeli su bili prisutni kako bi Njegove riječi utisnuli u umove i srca. Ali su učenici očekivali oslobođenje od rimskog jarma, pa nisu mogli podnijeti pomisao da bi Onaj u koga su polagali sve svoje nade morao umrijeti sramotnom smrću. Riječi što su ih trebali upamtiti nestale su iz njihova sjećanja, i kad je došao trenutak kušnje, našao ih je nespremne. Isusova je smrt tako temeljito uništila njihove nade kao da ih nikada na nju nije upozorio. U proročanstvima je budućnost i nama otkrivena tako jasno kao što je u Kristovim riječima bila otkrivena učenicima. Događaji povezani sa završetkom vremena milosti i s djelom pripreme u vrijeme nevolje jasno su predočeni. Ali mnogi ne razumiju ništa bolje ove važne istine, nego da im nikada nisu bile otkrivene. Sotona budno pazi da ukloni svaki utjecaj koji bi ih mogao učiniti mudrim za spasenje, pa će ih vrijeme nevolje naći nespremne.

Kad Bog ljudima šalje tako važna upozorenja da ih predočuje kao objavu svetih anđela koji lete u najvišem dijelu neba, On očekuje da svaki čovjek obdaren sposobnošću rasuđivanja obrati pozornost na poruku. Zastrašujuće kazne, izrečene za klanjanje Zvijeri i njezinom kipu (Otkrivenje 14,9-11), trebaju sve potaknuti na marljivo proučavanje proročanstava, kako bi doznali što je žig Zvijeri i kako mogu izbjeći njegovo primanje. Ali mnoštvo ljudi odvraća uši od slušanja istine i obraća se pričama. Gledajući do posljednjih dana, apostol Pavao objavljuje: "Jer će doći vrijeme kad ljudi neće podnositi zdrave nauke." (2. Timoteja 4,3) To je vrijeme upravo tu. Mnoštvo ne čezne za biblijskom istinom jer se slaže sa željama grešnog srca koje ljubi svijet, a Sotona ih opskrbljuje obmanama koje vole.

Ali Bog će na Zemlji imati narod koji će čuvati Bibliju i samo Bibliju kao mjerilo svih učenja i osnovu svih reformi. Ni mišljenja učenih ljudi, ni zaključci znanosti, ni vjerske dogme ili odluke crkvenih sabora, toliko brojnih i suprotnih kao što su Crkve koje zastupaju, niti glas većine – nijedno od toga niti sve zajedno ne treba smatrati dokazom *za* ili *protiv* ma koje točke vjerovanja. Prije prihvaćanja bilo kojeg učenja ili propisa, trebamo zahtijevati da bude podržano jasnim: "Tako kaže Gospodin."

Sotona stalno nastoji privući pozornost na čovjeka, umjesto na Boga. On navodi ljude da vodstvo traže od biskupa, svećenika i profesora teologije, namjesto da istraživanjem Svetog pisma sami doznaju što im je dužnost. A onda, nadzirući um tih vođa, može utjecati na mnoštvo po svojoj volji.

Kad je Krist došao govoriti riječi života, obični narod Ga je s uživanjem slušao, i mnogi su Ga, čak i svećenici i knezovi, uzvjerovali. Ali su veliki svećenik i narodni starješine odlučili osuditi i odbaciti Njegovo učenje. Premda su bili spriječeni u svim svojim nastojanjima da nađu nešto za što bi Ga optužili, premda nisu mogli a ne osjećati utjecaj božanske sile i mudrosti koja je pratila Njegove riječi, oni su se ogradili predrasudama; odbacili su najjasniji dokaz Njegova mesijanstva, jer bi u protivnom bili prisiljeni postati Njegovim učenicima. Ti su Isusovi protivnici bili ljudi koje je narod od djetinjstva naučio poštovati, čijem su se autoritetu navikli slijepo pokoravati. "Kako to", pitali su, "da naše starješine i pismoznanci ne vjeruju Isusa? Ne bi li Ga ti pobožni ljudi prihvatili kad bi On doista bio   596
Krist?" Upravo je utjecaj takvih učitelja naveo židovski narod da odbaci svojega Otkupitelja.

Duh koji je pokretao te svećenike i starješine još uvijek je prisutan kod mnogih koji se ističu velikom pobožnošću. Oni odbijaju ispitati svjedočanstvo Svetoga pisma o posebnim istinama za ovo vrijeme. Oni upućuju na svoju brojnost, bogatstvo i ugled, a s omalovažavanjem gledaju zagovornike istine kao malobrojne, siromašne i neugledne, takve koji imaju vjeru što ih razdvaja od svijeta.

Krist je predvidio da nedopušteno prisvajanje autoriteta od strane književnika i farizeja neće prestati s raspršenjem Židova. Proročkim je pogledom vidio uzdizanje ljudskog autoriteta s ciljem da zavlada savješću, što je u svim vremenima bilo strašno prokletstvo za Crkvu. A Njegove zastrašujuće optužbe književnika i farizeja, kao i Njegova upozorenja narodu da ne slijedi te slijepe vođe, zapisane su kao opomena budućim naraštajima.

Rimska crkva zadržava pravo tumačenja Svetog pisma za kler. Budući da samo svećenici znaju protumačiti Božju riječ, ona je uskraćena običnom narodu. Premda je reformacija svima dala Sveto pismo, ipak to načelo što ga je Rim podržavao sprečava mnoštvo u protestantskim Crkvama da sámo istražuje Bibliju. Naučeni su da prihvate njezina učenja *onako kako Crkva tumači,* a tisuće se ne usuđuju prihvatiti ništa što se suproti njihovom vjerovanju ili utvrđenom učenju njihove Crkve, bez obzira kako je jasno izneseno u Svetome pismu.

Premda je Biblija puna upozorenja protiv lažnih učitelja, mnogi su gotovi kleru povjeriti skrb za svoje duše. Danas tisuće koje ispovijedaju religiju ne mogu navesti nikakvog drugog razloga za točke vjere kojih se pridržavaju, osim da su tako poučeni od svojih vjerskih vođa. Oni prolaze pored Spasiteljeva 597 nauka gotovo ga i ne primjećujući, a bezuvjetno vjeruju riječima svojih svećenika. No jesu li oni nepogrešivi? Kako svoje duše možemo povjeriti njihovom vodstvu ako iz Božje riječi ne znamo jesu li doista svjetlonoše? Nedostatak moralne hrabrosti da odstupe s ugažene staze ovoga svijeta navodi mnoge da slijede stope učenih ljudi. Budući da nisu voljni sami istraživati, oni postaju beznadno vezani lancima zablude. Oni vide da je istina za ovo vrijeme jasno iznesena u Bibliji i osjećaju kako sila Svetoga Duha prati njezino navješćivanje, pa ipak dopuštaju da ih protivljenje svećenika odvrati od svjetlosti. Premda osvjedočena razuma i savjesti, te se zavedene duše ne usuđuju misliti drukčije od svećenika, pa svoj vlastiti sud, svoje vječne interese, žrtvuju nevjerstvu, ponosu i predrasudi drugih.

Sotona na mnogo načina koristi utjecaj ljudi da veže svoje zarobljenike. Mnoge osigurava za sebe tako što ih veže svilenim nîtima ljubavi prema onima koji su neprijatelji Kristova križa. Kakve god bile te veze – roditeljske, sinovske, bračne ili društvene – rezultat je isti; protivnici istine koriste svoju moć da bi zavladali savješću, a duše koje su pod njihovom vlašću nemaju dovoljno hrabrosti ili samostalnosti da poslušaju vlastita uvjerenja o dužnosti.

Božja istina i slava su nerazdvojne; nemoguće nam je s Biblijom nadohvat ruke štovati Boga s pogrešnim uvjerenjima. Mnogi kažu da nije važno što tko vjeruje, samo ako je život ispravan. Ali život se oblikuje vjerom. Ako su nam svjetlost i istina dostupni, a mi zanemarujemo prednost da ih čujemo i vidimo, mi ih u bîti odbacujemo; biramo radije tamu nego svjetlost.

"Neki se put čini čovjeku prav, a na kraju vodi k smrti." (Izreke 16,25) Neznanje nije izgovor za zabludu ili grijeh kad 598 postoji prilika da upoznamo Božju volju. Čovjek putuje i dolazi do raskrižja više putova, ali mu putokaz pokazuje kamo vodi svaki od njih. Ako on ne mari za putokaz i krene putom koji mu se čini pravim, koliko god bio iskren, postoji vjerojatnost da se nađe na pogrešnom putu.

Bog nam je dao svoju Riječ da bismo se upoznali s njezinim učenjem i sami doznali što On od nas zahtijeva. Kad je književnik pristupio Isusu s pitanjem: "Što moram učiniti da baštinim život vječni?", Spasitelj ga je uputio na Sveto pismo riječima: "Što stoji pisano u Zakonu? Što tamo čitaš?" Neznanje neće opravdati ni mlado ni staro, niti će ih osloboditi od kazne koju zaslužuje kršenje Božjeg zakona, jer u svojim rukama imaju vjerni prikaz tog Zakona i njegovih načela i zahtjeva. Nije dovoljno imati dobre namjere; nije dovoljno činiti ono što čovjek smatra ispravnim ili što mu svećenik kaže da je pravo. Na kocki je spasenje njegove duše, stoga sâm treba istraživati Sveto pismo. Bez obzira kako je snažno njegovo uvjerenje, bez obzira koliko bio siguran da svećenik zna što je istina, to nije njegov temelj. On ima kartu na kojoj se vidi svaka oznaka na putu prema Nebu, pa ne treba ništa nagađati.

Prva i najveća dužnost svakog razumnog bića jest da iz Svetog pisma nauči što je istina, i da onda hodi u svjetlosti i hrabri druge da slijede njegov primjer. Svakog dana trebamo marljivo proučavati Bibliju, odvagujući svaku misao i uspoređujući redak s retkom. Svoje mišljenje trebamo oblikovati uz božansku pomoć, budući da pred Bogom odgovaramo sami za sebe.

Učeni su ljudi izložili sumnji i nejasnoći najbjelodanije istine otkrivene u Bibliji. Prikazujući se silno mudrima, uče da Sveto pismo ima mistično, tajnovito, duhovno značenje, što ga ne zamjećujemo u jeziku kojim se ono služi. Ti ljudi su lažni učitelji. Upravo je takvima Isus rekao: "Ne poznajete ni Pisma ni moći Božje." (Marko 12,24) Jezik Biblije treba tumačiti prema njegovom očitom značenju, ukoliko se ne radi o simbolu ili slici. Krist je obećao: "Ako tko htjedne vršiti volju njegovu, znat će da li je moja nauka od Boga." (Ivan 7,17) Kad bi ljudi prihvatili Bibliju onakvom kakva ona jest, kad ne bi bilo lažnih učitelja da ih zavode i zbunjuju, bilo bi učinjeno djelo koje bi obradovalo anđele, a u Kristov bi tor dovelo tisuće i tisuće onih koji sad lutaju u zabludi.

Trebali bismo umne snage uložiti u proučavanje Svetog pisma i napregnuti um da shvati dubine Božje, koliko je to moguće smrtnim ljudima. Ali ne smijemo zaboraviti da su djetinja poučljivost i pokornost pravi duh učenika. Mjestima koja u Svetom pismu stvaraju poteškoće nikada se ne može ovladati metodama koje se upotrebljuju u rješavanju filozofskih problema.

599

Ne bismo smjeli pristupiti proučavanju Biblije sa samopouzdanjem s kojim toliki prilaze znanstvenim područjima, već s molitvom, svjesni da ovisimo o Bogu, i s iskrenom željom da upoznamo Njegovu volju. Moramo pristupiti ponizna i poučljiva duha da bismo primili znanje od velikoga JA SAM. U protivnom će zli duhovi tako zaslijepiti naš razum i otvrdnuti naše srce da nas istina neće oduševiti.

Mnogi dijelovi Svetog pisma, koje učeni ljudi proglašavaju tajnom ili ih smatraju nevažnima, puni su utjehe i uputa za onoga koji se poučava u Kristovoj školi. Jedan od razloga što mnogi teolozi nemaju jasnije razumijevanje Božje riječi jest što zatvaraju oči pred istinama koje ne žele provesti u život. Razumijevanje biblijskih istina ne ovisi toliko o intelektualnoj snazi uloženoj u proučavanje, koliko o usmjerenosti na cilj, ozbiljnoj težnji za pravednošću.

Bibliju nikada ne bi trebalo proučavati bez molitve. Jedino nas Sveti Duh može navesti da osjetimo važnost lako razumljivih predmeta, ili nas sačuvati od iskrivljavanja teško razumljivih istina. Zadaća je nebeskih anđela da pripreme srce za razumijevanje Božje riječi kako bi nas njezina ljepota oduševila, njezina upozorenja opomenula, ili njezina obećanja ohrabrila i ojačala. Trebali bismo prihvatiti molbu psalmista: "Otvori oči moje, da gledam divote tvoga Zakona." (Psalam 119,18) Kušnje često izgledaju neodoljive, jer se zbog zanemarivanja molitve i proučavanja Biblije čovjek izložen kušnji ne može odmah sjetiti Božjih obećanja i dočekati Sotonu oružjem Svetoga pisma. Ali anđeli se nalaze oko onih koji žele biti poučeni u božanskim predmetima; i u trenutku velike potrebe oni će ih podsjetiti upravo na one istine koje su im potrebne. Pa "kada neprijatelj navali kao rijeka, Duh će Gospodnji podignuti zastavu suprot njemu". (Izaija 59,19)

Isus je obećao svojim učenicima: "A Branitelj, Duh Sveti, kojega će Otac poslati zbog mene, naučit će vas sve i sjetiti vas svega što vam rekoh." (Ivan 14,26) Ali se Kristovo učenje mora prethodno pohraniti u našem umu kako bi nas Božji Duh mogao u trenutku opasnosti na njega podsjetiti. "U srce svoje pohranih riječ tvoju", rekao je David, "da protiv tebe ne sagriješim." (Psalam 119,11)

Svi koji cijene svoje vječno dobro trebaju se čuvati od upada skepticizma. Bit će napadnuti sami stupovi istine. Nemoguće je ostati izvan dosega sarkazama i sofizama, pogubnih i otrovnih učenja suvremenog poganstva. Sotona prilagođava svoje kušnje svim slojevima. Nepismenog napada ismijavanjem ili prijezirnim primjedbama, dok protiv obrazovanog nastupa sa znanstvenim prigovorima i filozofskim zaključivanjem, pojednako sračunatim da izazove nepovjerenje ili prijezir spram Svetoga pisma. Čak si i mladež s malo iskustva dopušta podmetati sumnje u vezi s osnovnim načelima kršćanstva. I to mladenačko nevjerstvo, koliko god bilo plitko, vrši svoj utjecaj. Mnogi su na taj način zavedeni da se rugaju vjeri svojih otaca i preziru Duha milosti. (Hebrejima 10,29) Život mnogih, koji je obećavao da će biti na čast Bogu i na blagoslov svijetu, uništen je odvratnim dahom nevjerstva. Svi koji se uzdaju u hvalisave zaključke ljudskog razuma i umišljaju da mogu objasniti božanske tajne i doći do istine bez pomoći Božje mudrosti, zapleteni su u Sotoninu mrežu. *601*

Mi živimo u najsvečanijem razdoblju povijesti ovoga svijeta. Uskoro se treba odlučiti sudbina ljudi kojima vrvi Zemlja. Naše osobno buduće dobro, kao i spasenje drugih duša, ovisi o smjeru u kojem sada idemo. Naš vodič treba biti Duh istine. Svaki Kristov sljedbenik treba ozbiljno pitati: "Gospodine, što želiš da činim?" Mi se trebamo poniziti pred Gospodinom, u postu i molitvi, i puno razmišljati o Njegovoj Riječi, posebno o prizorima Suda. Danas trebamo tražiti duboko i živo iskustvo u Božjim stvarima. Nemamo ni trenutka za gubljenje. Oko nas se zbivaju događaji od najveće važnosti; mi smo na Sotoninom začaranom tlu. Ne spavajte, Božji stražari! Neprijatelj vreba izbliza, spreman skočiti na vas u svakom trenutku, ako ste postali nemarni i dremljivi, te vas učiniti svojim plijenom.

Mnogi su prevareni u vezi sa svojim stvarnim stanjem pred Bogom. Sami sebi čestitaju što nisu učinili zlodjela, a zaboravljaju nabrojiti dobra i plemenita djela što ih Bog od njih očekuje, a koja su zanemarili učiniti. Nije dovoljno da su stabla u Božjem vrtu. Oni trebaju ispuniti Njegova očekivanja donošenjem plodova. On ih drži odgovornima što su propustili učiniti sve dobro koje su mogli učiniti zahvaljujući Njegovoj osnažiteljskoj milosti. U nebeskim su knjigama zapisani kao oni koji smetaju zemlji. Ali slučaj ni tih ljudi nije beznadan. One koji su prezreli Božju ljubav i zloupotrijebili Njegovu milost, Srce strpljive Ljubavi još preklinje. "Zato se veli: 'Probudi se ti koji spavaš, ustani *602* od mrtvih, i Krist će ti svijetliti!' Prema tome, pomno pazite kako živite! ... Iskorišćujte vrijeme, jer su ovi dani zli!" (Efežanima 5,14-16) Kad dođe vrijeme kušnje, otkrit će se oni koji su Božju riječ učinili pravilom svojega života. Ljeti nema vidljive razlike između zimzelenog i ostalog drveća; ali kad dođu zimske oluje, zimzeleno drveće ostaje nepromijenjeno, dok ostalo drveće ostaje bez lišća. Tako se sada ni lažni vjernik ne može razlikovati od pravog kršćanina, ali pred nama je upravo vrijeme kada će razlika postati očitom. Neka se podigne protivljenje, neka zavladaju vjerska zaslijepljenost i netrpeljivost, neka se raspali progonstvo, i polovični će se i licemjerni kršćani pokolebati i odreći vjere; ali će pravi kršćanin stajati čvrsto kao stijena, s jačom vjerom i svjetlijom nadom nego u dane blagostanja.

Psalmist kaže: "Razmišljam o svjedočanstvima tvojim. ... Po tvojim naredbama postajem razuman, stoga mrzim sve putove lažne." (Psalam 119,99.104) "Blago čovjeku koji je stekao mudrost." "Nalik je na stablo zasađeno uz vodu što korijenje pušta k potoku: ne mora se ničega bojati kad dođe žega, na njemu uvijek zelenilo ostaje. U sušnoj godini brigu ne brine, ne prestaje donositi plod." (Izreke 3,13; Jeremija 17,8)

38

Posljednja opomena

"Poslije toga opazih nekoga drugog anđela gdje silazi s neba. Imao je veliku moć, i zemlja se rasvijetli od njegova sjaja. On povika jakim glasom: 'Pade, pade veliki Babilon i postade boravištem demona i sklonište svih nečistih duhova, skloništem svih nečistih ptica.' ... Uto čuh drugi glas s neba gdje govori: 'Iziđite iz nje, moj narode, da ne postanete sudionicima njezinih grijeha i da ne dijelite njezinih zala!'" (Otkrivenje 18,1.2.4) Ovaj redak Svetog pisma upućuje na vrijeme kada drugi anđeo iz Otkrivenja 14. poglavlja (8. redak) treba ponoviti vijest o padu Babilona, uz dodatno spominjanje izopačenosti što, otkad je ova vijest prvi put objavljena u ljeto 1844. godine, ulazi u različite organizacije koje čine Babilon. Ovdje je opisano strašno stanje u vjerskom svijetu. Svakim odbacivanjem istine ljudski će umovi postati mračniji, njihova srca tvrđa, dok se ne budu ukopali u nepopustljivom nevjerstvu. Unatoč upozorenjima što ih je Bog uputio, oni će nastaviti gaziti jedan od propisa Dekaloga, dok ne budu navedeni da progone one koji ga drže svetim. Prijezirom prema Božjoj riječi i Njegovom narodu omalovažavaju Krista. Budući da su Crkve prihvatile učenje spiritizma, te su tako uklonjene ograde nametnute tjelesnom srcu, ispovijedanje religije postat će plaštem za prikrivanje najpodlijeg bezakonja. Vjera u spiritističke pojave otvara vrata zavodničkim duhovima i đavolskim učenjima, pa će se u Crkvama osjetiti utjecaj zlih anđela.

U vrijeme naznačeno u tom proročanstvu objavljeno je o Babilonu: "Jer, njezini su grijesi doprli do neba, i Bog se sjetio njezinih opačina." (Otkrivenje 18,5) On je napunio mjeru svoje krivnje, i sad ga čeka uništenje. Ali Bog još uvijek ima jedan narod u Babilonu, i prije no što Babilon stignu Božje kazne, ove vjerne valja pozvati da iziđu iz njega, da ne postanu sudionicima u njegovim grijesima i da ne dijele njegovih zala. Stoga je pokret predočen anđelom koji silazi s Neba, koji rasvjetljuje Zemlju svojim sjajem i jakim glasom objavljuje grijehe Babilona. U vezi s njegovom porukom čuje se poziv: "Iziđite iz nje, moj narode!" Ujedinjeni s porukom trećeg anđela, ti pozivi čine posljednje upozorenje koje će biti upućeno stanovnicima Zemlje.

Zastrašujuće je stanje u kome će se svijet naći. Zemaljske snage, udružene u ratu protiv Božjih zapovijedi, objavit će da se "svi – mali i veliki, bogati i siromašni, slobodni i robovi" (Otkrivenje 13,16) moraju pokoriti crkvenim običajima svetkujući lažnu subotu. Tko se ne bude htio pokoriti, bit će izložen građanskim kaznama, a na kraju će biti objavljeno da zaslužuje smrt. S druge strane, Božji zakon koji nalaže poštovanje Stvoriteljeva dana odmora, zahtijeva poslušnost i prijeti srdžbom protiv svih koji krše Njegove propise.

Kad se ovo bude jasno iznijelo ljudima, tko god bude gazio Božji zakon da bi poslušao ljudske naredbe, primit će žig Zvijeri; znak odanosti sili koju je odlučio slušati namjesto Boga. Opomena s Neba glasi: "Tko se god pokloni Zvijeri i njezinu kipu i primi žig na svoje čelo ili na svoju ruku, pit će vino Božje srdžbe koje stoji natočeno, čisto, u čaši njegova gnjeva." (Otkrivenje 14,9.10)

Ali nitko nije izložen Božjoj srdžbi dok njegov um i savjest ne shvate istinu pa je odbace. Mnogi nikada nisu imali priliku čuti posebne istine za ovo vrijeme. Nikada im obveznost četvrte zapovijedi nije bila prikazana u pravom svjetlu. Onaj koji čita svako srce i ispituje svaku pobudu, neće ostaviti nijednoga koji čezne za poznavanjem istine da bude prevaren u pogledu ishoda tog sukoba. Naredba neće biti slijepo nametnuta ljudima. Svatko će imati dovoljno svjetlosti da razumno donese odluku.

Subota će biti veliki ispit vjernosti, jer je točka istine posebno izložena napadima. Kad za ljude dođe posljednji ispit, onda će biti povučena granična crta između onih koji služe Bogu i onih koji Mu ne služe. Dok će svetkovanje lažne subote sukladno državnim zakonima, suprotno četvrtoj zapovijedi, biti priznanje vjernosti sili koja se protivi Bogu, svetkovanje prave subote i poslušnosti Božjem zakonu dokaz je vjernosti Stvoritelju. Dok će jedni primanjem znaka pokornosti zemaljskim vlastima primiti žig Zvijeri, drugi će izborom znaka vjernosti božanskom autoritetu primiti Božji pečat.

Dosad su navjestitelje istina poruke trećeg anđela često smatrali paničarima. Njihova proročanstva da će u Sjedinjenim Državama zavladati vjerska netrpeljivost, da će se Crkva i država udružiti u progonstvu onih koji vrše Božje zapovijedi, proglašena su za neutemeljena i apsurdna. Uvjerljivo se tvrdilo da ta zemlja nikada neće postati nešto drugo nego ono što je bila: branitelj vjerske slobode. Ali dok se naširoko raspravlja o pitanju prisilnog svetkovanja nedjelje, zamjetno je primicanje događaja u čije se ostvarenje dugo nije vjerovalo i sumnjalo, pa će poruka trećeg anđela imati učinak koji ranije nije mogla imati.

U svakom je naraštaju Bog slao svoje sluge da prekore za grijeh, i u svijetu i u Crkvi. Ali ljudi vole da im se govori što je ugodno, i ne prihvaćaju čistu i neukaljanu istinu. Mnogi su reformatori u početku svog rada odlučili biti vrlo oprezni u žigosanju grijeha Crkve i nacije. Nadali su se da će primjerom čistog kršćanskog života vratiti ljude učenjima Biblije. Ali je na njih došao Božji Duh kao na Iliju, koji ga je pokrenuo da osudi grijehe bezbožnog kralja i otpalog naroda; i oni se nisu mogli uzdržati od naviještanja jasnih iskaza Biblije − učenja koje su se ustezali iznijeti. Bili su potaknuti da gorljivo objave istinu i opasnost koja prijeti dušama. Riječi koje im je Gospodin dao iznosili su bez straha od posljedica, i ljudi su bili prisiljeni čuti upozorenje.

Tako će se objaviti poruka trećeg anđela. Kad nastupi vrijeme da se objavi najvećom silom, Gospodin će djelovati preko skromnih oruđa, upravljajući umom onih koji se budu posvetili Njegovoj službi. Djelatnici će biti osposobljeni više pomazanjem Njegova Duha nego školskim obrazovanjem. Ljudi vjere i molitve bit će pokrenuti da pođu u svetoj revnosti, objavljujući riječi koje im Bog daje. Grijesi Babilona bit će razotkriveni. Zastrašujuće posljedice nametanja crkvenih svetkovina što su ih provodile građanske vlasti, prodor spiritizma, potajno ali naglo jačanje papinske moći − sve će to biti raskrinkano. Takva svečana upozorenja probudit će narod. Tisuće i tisuće ljudi slušat će riječi kakve još nisu čuli. S iznenađenjem će čuti svjedočanstvo da je Babilon Crkva koja je pala zbog svojih zabluda i grijeha, jer je odbacila istinu poslanu s Neba. Kad se narod bude obratio svojim bivšim svećenicima ozbiljnim pitanjem: Je li to tako? – svećenici će iznositi priče, proricati ono što im je ugodno, kako bi ublažili njihov strah i utišali njihovu probuđenu savjest. Budući da se mnogi neće zadovoljiti samo autoritetom ljudi i zahtijevat će jasno "Tako veli Gospodin", popularne će svećenike i pastore, kad se njihov autoritet bude doveo u pitanje, poput drevnih farizeja u staro doba, obuzeti srdžba, pa će Božju poruku proglasiti Sotoninom i potaknuti mnoštvo koje voli grijeh na mržnju i progonstvo onih koji je objavljuju.

Kako se sukob bude proširio na nova područja, i misli ljudi budu usmjerene na pogaženi Božji zakon, Sotona će se uznemiriti. Sila koja prati poruku samo će razbjesniti one koji joj se protive. Kler će uložiti gotovo nadljudske napore da zakloni svjetlost kako ne bi obasjala njihovo stado. Svim raspoloživim sredstvima nastojat će spriječiti raspravu o tim pitanjima od životne važnosti. Crkva će pozvati u pomoć jaku ruku građanske vlasti, i u tomu će se papisti i protestanti ujediniti. Kad pokret za nametanje svetkovanja nedjelje postane smjeliji i odlučniji, bit će izglasan zakon protiv onih koji vrše Božje zapovijedi. Zaprijetit će im novčanim kaznama i zatvorom, a nekima će ponuditi utjecajne položaje, uz druge nagrade i prednosti, kako bi ih privoljeli da se odreknu svoje vjere. Ali njihov će odlučni odgovor glasiti: "Pokažite nam iz Božje riječi da smo u zabludi" – isti zahtjev što ga je Luther iznio u sličnim okolnostima. Oni koji budu dovedeni pred sudove odlučno će braniti istinu, i neki koji ih budu slušali bit će potaknuti na odluku da vrše sve Božje zapovijedi. Na taj će način svjetlost doći do tisuća drugih koji inače o tim istinama ništa ne bi znali.

608   Savjesna poslušnost Božjoj riječi smatrat će se pobunom. Zaslijepljen od Sotone, roditelj će grubo i okrutno postupati spram djeteta koje vjeruje; gospodar ili gospodarica će vršiti nasilje nad slugom koji vrši Božje zapovijedi. Ljubavi će nestati; djeca će biti razbaštinjena i otjerana od kuće. Doslovno će se ispuniti Pavlove riječi: "A i svi koji hoće pobožno živjeti u Kristu Isusu bit će progonjeni." (2. Timoteju 3,12) Budući da će branitelji istine odbiti da poštuju nedjelju, neki će od njih dopasti zatvora, neki će biti prognani, a s nekima će se postupati kao s robovima. Sve se to danas ljudskom razumu čini nemo-

gućim, ali kad se obuzdavajući Božji Duh bude povukao od ljudi i oni dođu pod nadzor Sotone koji mrzi božanske propise, doći će do neobičnog razvitka događaja. Srce može biti vrlo okrutno kad u njemu nema Božjeg straha i ljubavi.

Kad se oluja približi, veliki broj onih koji su tvrdili da vjeruju u poruku trećeg anđela, ali nisu bili posvećeni poslušnošću prema istini, napustit će svoje položaje i pridružiti se redovima protivnika. Budući da će se ujediniti sa svijetom i postati dionicima njegova duha, oni će promatrati stvari u gotovo istom svjetlu, a kad kušnja dođe, bit će spremni izabrati lakšu, popularniju stranu. Daroviti ljudi, ugodna govora, koji su se nekada radovali u istini, upotrijebit će svoje snage da prevare i zavedu duše. Oni će postati najogorčeniji neprijatelji svojoj negdašnjoj braći. Kad svetkovatelji subote budu izvedeni pred sudove da odgovaraju za svoju vjeru, ti će otpadnici biti najdjelotvorniji Sotonini izaslanici da ih krivo predstave i optuže te da lažnim izvješćima i sumnjičenjima potaknu vlastodršce protiv njih.

U to će se vrijeme progonstva ispitati vjera Gospodnjih slugu. Oni su vjerno objavili upozorenje, gledajući samo na Boga i Njegovu Riječ. Božji Duh, djelujući na njihovo srce, nagnao ih je da govore. Potaknuti svetom revnošću i snažnim božanskim djelovanjem, oni su pošli izvršiti svoje dužnosti bez razmišljanja o posljedicama kad ljudima budu izgovorili riječi koje im je Gospodin povjerio. Oni nisu gledali na ovozemaljske koristi, niti su nastojali sačuvati svoj ugled ili život. Ali kad se na njih bude sručila oluja protivljenja i ruganja, neki će, ispunjeni zabrinutošću, biti gotovi uzviknuti: "Da smo mogli predvidjeti posljedice naših riječi, mi bismo šutjeli." Bit će okruženi nevoljama. Sotona će ih napadati žestokim kušnjama. Učinit će im se da djelo što su ga preuzeli na sebe nadmašuje njihove sposobnosti. Zaprijetit će im uništenje. Nestalo je oduševljenja koje ih je pokretalo, ali povratka nema. Tada će, svjesni potpune bespomoćnosti, potražiti snagu kod Svemogućega. Sjetit će se da riječi što su ih izgovarali nisu bile njihove, nego Onoga koji im je naložio da objave upozorenje. Bog je stavio istinu u njihova srca i oni nisu mogli drukčije nego je objaviti.

Iste kušnje doživjeli su Božji ljudi u prošlosti. Wycliffe, Hus, Luther, Tyndale, Baxter i Wesley — svi su zahtijevali da se svako učenje ispita Biblijom i izjavili da će se odreći svega što ona osuđuje. Progonstvo je bjesnilo nesmiljenom žestinom protiv

609

tih ljudi, ali oni nisu prestali objavljivati istinu. Svako od različitih razdoblja u povijesti Crkve bilo je obilježeno razvitkom neke posebne istine, prilagođene potrebama Božjeg naroda u ono vrijeme. Svaka se nova istina morala probijati kroz mržnju i protivljenje; oni koji su bili blagoslovljeni njezinom svjetlošću bili su izloženi kušnji i prokušani. Gospodin daje posebnu istinu narodu izloženom opasnosti. Tko se usuđuje da je ne objavi? On zapovjeda svojim slugama da svijetu upute posljednji milosrdni poziv. Oni ne mogu šutjeti, osim uz opasnost za svoju dušu. Kristovi veleposlanici nemaju ništa s posljedicama. Oni moraju izvršiti dužnost, a posljedice prepustiti Bogu.

610

Kad protivljenje dosegne vrhunac žestine, Božji će se sluge ponovno zbuniti, jer će im se činiti da su sami izazvali tu krizu. No savjest i Božja riječ uvjerit će ih da su na ispravnom putu; premda nevolje neće prestati, oni će biti osnaženi da ih mogu podnijeti. Borba će postati odlučnija i žešća, ali s opasnošću će rasti i njihova vjera i hrabrost. Njihovo će svjedočanstvo biti: "Ne usuđujemo se poigravati s Božjom riječju dijeleći Božji zakon, nazivajući jedan dio bitnim a drugi nebitnim da bismo stekli naklonost svijeta. Gospodin kojemu služimo može nas izbaviti. Krist je pobijedio zemaljske sile; hoćemo li se bojati svijeta koji je već pobijeđen?"

Progonstvo u različitim oblicima jest razvitak načela koje će postojati dokle postoji Sotona i dokle kršćanstvo ima životnu snagu. Nijedan čovjek ne može služiti Bogu a da ne pokrene protiv sebe otpor sila tame. Zli anđeli oborit će se na njega, bojeći se da im on svojim utjecajem ne otme plijen iz ruku. Zli ljudi ukoreni njegovim primjerom udružit će se s njima, nastojeći ga primamljivim kušnjama odvojiti od Boga. Ako u tome ne uspiju, primijenit će prisilu da utječu na njegovu savjest.

Dokle god Isus ostaje čovjekov posrednik u nebeskom Svetištu, vlastodršci i narod će osjetiti obuzdavajući utjecaj Svetoga Duha. On još uvijek u određenoj mjeri nadzire zemaljske zakone. Da nije njih, prilike u svijetu bi bile gore. Premda su mnogi naši vlastodršci Sotonini aktivni poslanici, Bog među vodećim ljudima nacije ima i svoje poslanike. Neprijatelj potiče svoje sluge da predlažu mjere koje bi itekako omele Božje djelo, ali državnike koji se boje Gospodina sveti anđeli potiču da se neoborivim argumentima usprotive takvim prijedlozima. Na taj će

način nekolicina zadržati moćnu struju zla. Protivljenje neprija-   *611*
telja istine bit će obuzdano kako bi poruka trećeg anđela mogla
obaviti svoju zadaću. Kad bude objavljeno posljednje upozo-
renje, ono će privući pozornost vodećih ljudi preko kojih Go-
spodin danas radi, i neki će ga od njih prihvatiti te stati uz
Božji narod u vrijeme nevolje.

Anđeo koji se pridružuje objavi poruke trećeg anđela rasvi-
jetlit će čitavu Zemlju svojim sjajem. Ovdje je prorečeno djelo
svjetskih razmjera i neuobičajene sile. Adventni pokret od 1840.
do 1844. godine bio je slavna objava Božje sile; poruka prvog
anđela odnesena je u svaku misionarsku postaju na svijetu, i u
nekim se zemljama pojavilo najveće vjersko zanimanje, kakvo-
ga nije bilo ni u jednoj zemlji od reformacije u šesnaestom sto-
ljeću; ali silan pokret u vrijeme posljednjeg upozorenja trećeg
anđela daleko će sve to nadmašiti.

To će djelo biti slično onome na Duhove. Kao što je "rana
kiša" bila dana izlijevanjem Svetoga Duha u početku objavljiva-
nja Evanđelja da izazove klijanje dragocjenog sjemena, tako će
"kasna kiša" biti dana pri njenom završetku za dozrijevanje že-
tve. "Težimo da upoznamo Jahvu: ko zora pouzdan mu dola-
zak. On će nam doći poput dažda jesenskog, poput kiše pro-
ljetne što natapa zemlju." (Hošea 6,3) "Sinovi sionski, radujte
se, u Jahvi se veselite, svojem Bogu; jer vam daje kišu jesensku
u pravoj mjeri, izli na vas kišu kao nekoć." (Joel 2,23) "U po-
sljednje ću vrijeme – veli Gospodin – izliti od svoga Duha na
svako ljudsko biće. ... Tko god tada zazove ime Gospodnje, bit
će spašen." (Djela 2,17.21)

Veliko se djelo Evanđelja neće završiti manjom objavom Božje
sile od one koja je pratila njegov početak. Proročanstva koja
su se ispunila u izlijevanju rane kiše u samom početku pro-   *612*
povijedanja Evanđelja, opet će se pri njegovu završetku ispu-
niti u kasnoj kiši. To je vrijeme "utjehe" kojemu se apostol Petar
nadao kad je rekao: "Dakle, obratite se i povratite se da vam
se izbrišu grijesi, tako da od Gospodnje prisutnosti mognu doći
vremena utjehe i da on pošalje predodređenog vam Mesiju,
Isusa." (Djela 3,19.20)

Božji sluge, ozarena lica svetim posvećenjem, žurit će iz
mjesta u mjesto objaviti poruku s Neba. Tisuće će glasova, di-
ljem čitave Zemlje, objaviti upozorenje. Činit će se čuda, bole-
sni će ozdravljati, a znakovi i čudesa pratit će vjerne. I Sotona

će djelovati lažnim čudesima, čak spuštajući vatru s neba naočigled ljudi. (Otkrivenje 13,13) Na taj će način stanovnici Zemlje biti navedeni na odluku. Vijest se neće toliko širiti dokazivanjem koliko dubokim osvjedočenjem Božjeg Duha. Dokazi su bili predočeni. Sjeme je bilo posijano, a sada će niknuti i donijeti plod. Tiskovine što su ih razdijelili evanđeoski djelatnici izvršile su svoj utjecaj, ali su mnogi čiji su umovi njima bili dirnuti, dotad bili sprečavani shvatiti istinu u cijelosti i poslušati je. Zrake svjetlosti sada prodiru posvuda, istina se vidi u svoj svojoj jasnoći, a iskrena Božja djeca kidaju veze koje su ih dosad držale. Obiteljske i crkvene veze su nemoćne da ih zadrže. Istina im je dragocjenija od svega drugoga. Unatoč udruženim snagama što se protive istini, velik broj ljudi stat će na Gospodnju stranu.

39

Vrijeme nevolje

"U ono će vrijeme ustati Mihael, veliki knez koji štiti sino- 613 ve tvog naroda. Bit će to vrijeme tjeskobe kakve ne bijaše otkako je ljudi pa do toga vremena. U ono vrijeme tvoj će se narod spasiti – svi koji se nađu zapisani u Knjizi." (Daniel 12,1) Kad bude završeno objavljivanje poruke trećeg anđela, milost više neće moliti za grešne stanovnike Zemlje. Božji je narod završio posao. Primio je "kasnu kišu", utješen je od "Gospodnje prisutnosti" i pripremljen za čas kušnje koji je pred njim. Anđeli na Nebu su u pokretu. Anđeo koji se vraća sa Zemlje objavljuje da je završio zadaću; svijet je bio izložen završnom ispitu i svi koji su se pokazali vjerni božanskim propisima primili su "pečat živoga Boga". Tada Isus obustavlja svoje posredovanje u nebeskom Svetištu. Podiže svoje ruke i jakim glasom kaže: "Svršeno je!", a sva anđeoska vojska odlaže svoje krune dok On svečano objavljuje: "Neka nepravednik i dalje bude nepravedan; neka se nečisti i dalje onečišćuje; neka pravednik i dalje živi pravedno; neka se sveti i dalje posvećuje!" (Otkrivenje 22,11) Svaki je slučaj odlučen za život ili za smrt. Krist je izvršio pomirenje za svoj narod i izbrisao njegove grijehe. Broj je Njego- 614 vih podanika ispunjen; došao je trenutak da se "kraljevstvo, vlast i veličanstvo pod svim nebesima" preda baštinicima spasenja i da Isus zavlada kao Kralj kraljeva i Gospodar gospodara.

Kad On napusti Svetište, tama prekriva stanovnike Zemlje. U to zastrašujuće vrijeme pravedni moraju živjeti bez posrednika pred svetim Bogom. Uklonjene su ograde koje su sputavale zle i Sotona ima posvemašnji nadzor nad grešnicima koji se nisu pokazali. Božjem je strpljenju kraj. Svijet je odbacio Njegovo milosrđe, prezreo Njegovu ljubav i pogazio Njegov Zakon. Zli su prešli granice vremena milosti; Božji Duh, kome su se uporno protivili, napokon se povukao. Nezaštićeni božanskom milošću, nemaju zaštite pred Zlim. Tada će Sotona zemaljske stanovnike izložiti posljednjoj velikoj nevolji. Kad Božji anđeli budu prestali zadržavati divlje vjetrove ljudskih strasti, svi će elementi sukoba biti odriješeni. Cijeli će svijet biti zahvaćen propašću strašnijom od one koja je zadesila drevni Jeruzalem. Jedan jedini anđeo pobio je sve egipatske prvorođence i ispunio zemlju jaukom. Kad je David sagriješio Bogu prebrojavanjem naroda, jedan je anđeo prouzročio strahovito uništenje kojim je kažnjen njegov grijeh. Istu razornu silu što su je sveti anđeli pokazali na Božju zapovijed, pokazat će i zli anđeli kad On to dopusti. Postoje sile koje su spremne i samo čekaju božansko dopuštenje da pustoše na sve strane.

Oni koji poštuju Božji zakon optuženi su da su prouzročili pošasti što dolaze na svijet; njih će smatrati uzročnicima strašnih poremećaja u prirodi, sukoba i krvoprolića među ljudima, koji jaukom ispunjavaju Zemlju. Sila koja je pratila objavljivanje posljednjeg upozorenja razgnjevila je zle; njihova se srdžba raspalila protiv svih koji su prihvatili poruku i Sotona će s još većom žestinom raspirivati duh mržnje i progonstva.

Kad se Božja prisutnost zauvijek povukla od židovskog naroda, to nisu znali ni svećenici ni narod. Premda pod nadzorom Sotone i prožeti najužasnijim i najpogubnijim strastima, oni su se još uvijek smatrali Božjim izabranicima. Služba u Hramu je nastavljena; na oskvrnjenim su žrtvenicima prinošene žrtve, a božanski je blagoslov svakodnevno prizivan na narod koji je bio kriv za krv Božjeg dragog Sina, i nastojao je pobiti Njegove propovjednike i apostole. Tako i onda kad bude objavljena neopoziva odluka Svetišta i sudbina svijeta zauvijek zapečaćena, stanovnici Zemlje neće o tome imati pojma. Narod od kojega se Božji Duh zauvijek povukao nastavit će održavati vjerske forme, a sotonska revnost kojom će ih knez zla nadahnuti za ostvarenje njegovih paklenih planova nalikovat će revnosti za Boga.

Budući da je subota u cijelom kršćanskom svijetu postala posebnim predmetom rasprave, a svjetovne i crkvene vlasti su se udružile kako bi nametnule svetkovanje nedjelje, uporno odbijanje manjine da popusti popularnom zahtjevu izložit će je sveopćem zgražanju. Zahtijevat će se da ne treba trpjeti nekolicinu koja se opire jednoj crkvenoj instituciji i državnom zakonu, kako je bolje da stradaju oni nego da čitave narode zahvati metež i bezakonje. Istim su se argumentom prije dva tisućljeljeća poslužile "starješine narodne" protiv Krista. "Vi ne mislite", rekao je lukavi Kaifa, "da je za vas bolje da jedan čovjek umre mjesto naroda nego da sav narod propadne." (Ivan 11,50) Ovo će biti odlučujući argument; i na kraju će protiv onih koji svetkuju subotu sukladno četvrtoj zapovijedi biti izdan proglas kojim će biti proglašeno da zaslužuju najoštriju kaznu, uz slobodu da ih, nakon određenog vremena, narod može pobiti. Rimokatolicizam u Europi i otpali protestantizam u Americi poduzet će slične mjere protiv svih koji poštuju sve božanske propise.

Tada će Božji narod biti izložen prizorima stradanja i tjeskobe što ih je prorok opisao kao vrijeme Jakovljeve nevolje: "Ovako govori Jahve: Čujem krik užasa; strava je to, a ne mir. ... Zašto su sva lica izobličena i problijedjela: Jao, jer velik je dan ovaj, slična mu ne bi! Vrijeme je nevolje za Jakova, al' će se izbaviti iz nje." (Jeremija 30,5-7)

Jakovljeva noć tjeskobe, kada se u molitvi borio za izbavljenje od Ezavove ruke (Postanak 32,24-30), prikaz je iskustva Božjeg naroda u vrijeme nevolje. Zbog prijevare koju je izveo kako bi osigurao očev blagoslov namijenjen Ezavu, Jakov je morao bježati da sačuva život, prestrašen bratovim prijetnjama da će ga ubiti. Nakon što je godine proveo u progonstvu, krenuo je na Božju zapovijed da se sa svojim ženama, djecom i stadima vrati u zavičaj. Kad je stigao na granicu zemlje, vijest da se Ezav približava na čelu skupine ratnika, nesumnjivo zato da mu se osveti, izazvala je u njemu užasan strah. Činilo se da će Jakovljevo nenaoružano i nezaštićeno društvo pasti kao bespomoćna žrtva nasilništva i krvoprolića. A teretu briga i straha pridružio se strahoviti teret samoprijekora, jer je njegov osobni grijeh izazvao tu opasnost. Njegova je jedina nada bila Božje milosrđe; jedina obrana mora biti molitva. Pa ipak sa svoje strane nije propustio učiniti sve kako bi popravio nepravdu učinjenu bratu i uklonio opasnost koja mu je prijetila. Tako i Kristovi sljedbenici, kako se približavaju vremenu nevolje, trebaju učiniti sve kako bi se pred ljudima pokazali u pravoj svjetlosti, razbili predrasude i odvratili opasnost koja prijeti slobodi savjesti.

616

Nakon što je svoju obitelj poslao naprijed da ne vidi njegovu muku, Jakov ostaje sâm da se zauzme kod Boga. Ispovijeda svoj grijeh i sa zahvalnošću priznaje Božje milosrđe prema sebi, dok se u dubokoj poniznosti poziva na Savez učinjen s njegovim očevima i na obećanja što ih je dobio u noćnom viđenju u Betelu i u zemlji progonstva. Nastupila je kriza u njegovom životu; sve je bilo na kocki. U mraku i samoći nastavlja moliti i ponizivati se pred Bogom. Iznenada osjeća ruku na svom ramenu. Pomišlja da mu neprijatelj želi oduzeti život i očajničkom se snagom počinje boriti s napadačem. Kad je počelo svitati, neznanac je upotrijebio svoju nadljudsku snagu; na njegov dodir snažni Jakov kao da je paraliziran, i bespomoćan, plačući i moleći pada oko vrata svom tajanstvenom protivniku. Jakov sada zna da se borio s Anđelom Saveza. Premda onesposobljen i trpeći veliku bol, on ne odustaje od svoje nakane. Dugo je podnosio nemir, grižnju savjesti i muku zbog svojega grijeha; sad mora dobiti jamstvo da mu je oprošten. Čini se da nebeski posjetitelj namjerava otići, ali Jakov ga hvata i moli za blagoslov. Anđeo požuruje: "Pusti me, jer zora sviće." Ali patrijarh uzvikuje: "Neću te pustiti dok me ne blagosloviš." Kakvo pouzdanje ovdje vidimo, kakvu odlučnost i ustrajnost! Da je zahtjev bio hvalisav i drzak, Jakov bi istog trenutka bio uništen; ali on je imao sigurnost čovjeka koji priznaje svoju slabost i nedostatnost, a ipak se uzda u milosrđe Boga koji drži Savez.

"S Anđelom se borio i nadvladao ga." (Hošea 12,5) Poniznošću, pokajanjem i predajom samoga sebe, taj je grešni, zabludjeli smrtnik nadvladao Veličanstvo Neba. Dršćućim se rukama oslonio na Božja obećanja, a Srce neizmjerne Ljubavi nije moglo odbiti grešnikovu molbu. Kao dokaz njegove pobjede i za ohrabrenje drugima da oponašaju njegov primjer, njegovo je ime, koje je podsjećalo na njegov grijeh, promijenjeno u drugo, koje podsjeća na njegovu pobjedu. A činjenica da se Jakov borio s Bogom bila je jamstvo da će nadvladati ljude. Više se nije bojao srdžbe svojega brata, jer je Gospodin bio njegova obrana.

Sotona je optužio Jakova pred Božjim anđelima tvrdeći da ga ima pravo uništiti zbog njegova grijeha. On je potaknuo Ezava da krene protiv njega i tijekom duge patrijarhove noćne borbe Sotona ga je nastojao opteretiti osjećajem krivnje kako bi ga obeshrabrio i slomio njegovo uporište u Bogu. Jakov je bio natjeran do granica očaja; znao je da bez pomoći s Neba mora propasti. Iskreno se pokajao zbog svog velikog grijeha i pozvao na Božje milosrđe. Nije dopustio da bude odvraćen od svoje nakane, već se čvrsto držao Anđela i nastavio iznositi svoju molbu ozbiljnim, bolnim vapajima, dok nije nadvladao.

Kao što je Sotona potaknuo Ezava da krene protiv Jakova, tako će u vrijeme nevolje poticati zle da unište Božji narod. I kao što je optužio Jakova, tako će optuživati i Božji narod. Sotona ubraja ovaj svijet među svoje podanike, ali se mala skupina koja vrši Božje zapovijedi protivi njegovoj prevlasti. Kad bi je mogao zbrisati sa Zemlje, njegova bi pobjeda bila potpuna. On vidi da ih čuvaju sveti anđeli pa zaključuje da su im grijesi oprošteni; ali ne zna da je njihov slučaj odlučen u nebeskom Svetištu. On dobro zna grijehe na koje ih je naveo, pa ih iznosi pred Bogom u uveličanom svjetlu, tvrdeći da ti ljudi ne zaslužuju Božju naklonost kao ni on sâm. Tvrdi da Gospodin ne može biti pravedan ako njima oprosti grijehe, a njega i njegove anđele uništi. On tvrdi da su njegov plijen i zahtijeva da mu budu predani u ruke kako bi ih uništio.

Budući da Sotona optužuje Božji narod za njihove grijehe, Gospodin dopušta da ih iskuša do krajnjih granica. Njihovo pouzdanje u Boga, njihova vjera i odlučnost bit će ozbiljno iskušani. Dok se sjećaju prošlosti, njihove nade tonu, jer u cijelom svom životu mogu vidjeti malo dobra. Posve su svjesni svoje slabosti i nedostatnosti. Sotona ih nastoji zastrašiti mišlju da je njihov slučaj beznadan i da se mrlje njihove okaljanosti nikada ne mogu oprati. Nada se da će uništiti njihovu vjeru kako bi popustili njegovim kušnjama i odrekli se svoje odanosti Bogu.

Premda će Božji narod biti opkoljen neprijateljima koji su ga odlučili uništiti, tjeskoba koja ih tišti nije strah od progonstva zbog istine; oni se boje da se nisu pokajali za svaki grijeh i da zbog neke svoje unutarnje slabosti neće doživjeti ispunjenje Spasiteljeva obećanja da će ih "sačuvati od časa kušnje koji će doći na sav svijet". (Otkrivenje 3,10) Kad bi pouzdano znali da im je oprošteno, ne bi ustuknuli pred mučenjem ili smrću, ali ako bi se pokazali nedostojnima i izgubili život zbog vlastitih nedostataka u karakteru, osramotili bi Božje sveto ime.

Sa svih strana čuju kovanje zavjera i vide djelovanje pobune; u njima se budi snažna želja, iskrena težnja duše da se uništi taj veliki otpad i učini kraj zloći zlih. No dok mole Boga da zaustavi djelovanje pobune, oni osjećaju ozbiljnu grižnju savje-

619

sti što nemaju snage da se opru i zaustave moćnu plimu zla. Uvjereni su kako bi Sotonine sile imale manje snage da ih nadvladaju da su oni sve svoje sposobnosti uvijek upotrebljavali u Kristovoj službi i jačali snagom iz trenutka u trenutak.

Oni muče svoje duše pred Bogom, podsjećajući na svoje ranije pokajanje za mnoge grijehe i pozivajući se na Spasiteljevo obećanje: "Ili u moje neka dođe okrilje, neka sklopi mir sa mnom, mir neka sklopi sa mnom." (Izaija 27,5) Njihove vjere ne ponestaje stoga što nema odmah odgovora na njihove molitve. Premda trpe najveću tjeskobu, strah i nemir, oni ne prestaju upućivati svoje molbe. Hvataju se za Božju snagu kao što se Jakov uhvatio Anđela, a duša im govori: "Neću te pustiti dok me ne blagosloviš."

620

Da se Jakov nije ranije pokajao zbog svoga grijeha stjecanja prvorođenačkog prava prijevarom, Bog ne bi uslišio njegovu molitvu i ne bi milosrdno sačuvao njegov život. Tako bi i Božji narod u vrijeme nevolje bio nadvladan ako bi imao nepriznatih grijeha koji bi se pojavili pred njegovim očima dok se muči u strahu i tjeskobi; očaj bi ugušio njihovu vjeru i oni ne bi imali slobodu moliti Boga za spasenje. Premda imaju dubok osjećaj vlastite nevrijednosti, nemaju skrivenih pogrešaka koje bi trebali otkriti. Njihovi su grijesi otišli na sud pred njima pa su izbrisani, i oni ih se više ne mogu sjetiti.

Sotona navodi mnoge da vjeruju kako će Bog prijeći preko njihove nevjernosti u manje važnim životnim zbivanjima, ali u svojem postupanju s Jakovom Gospodin pokazuje da On ni u kom slučaju neće odobriti ili trpjeti zlo. Sotona će nadvladati sve koji nastoje opravdati ili prikriti svoje grijehe, i time dopustiti da ostanu u nebeskim knjigama nepriznati i neoprošteni. Što je uzvišenije njihovo zvanje i što ugledniji položaj zauzimaju, to je teži u Božjim očima put kojim idu i sigurnija pobjeda njihovog velikog neprijatelja. Oni koji odlažu pripremu za Božji dan ne mogu je postići u vrijeme nevolje ili u koje kasnije vrijeme. Slučaj svih takvih je beznadan.

Ti kršćani po imenu, koji će nespremni dočekati ovaj strašni posljednji sukob, u svom će očaju priznati svoje grijehe riječima duboke tjeskobe, dok će zli uživati u njihovoj muci. Ovakva su priznanja slična Ezavovima i Judinima. Oni koji ih čine jadikuju zbog *posljedica* prijestupa, a ne zbog svoje krivnje. Oni ne osjećaju istinsko kajanje niti odvratnost prema zlu. Oni

priznaju svoj grijeh iz straha od kazne, ali kao faraon u staro 621
doba, oni bi se ponovno usprotivili Nebu kada bi kazne bile
povučene.

Jakovljev životopis je i jamstvo da Bog neće odbaciti one
koji su bili prevareni, kušani i navedeni na grijeh, ali su Mu se
obratili iskrenim kajanjem. Dok Sotona nastoji uništiti te ljude,
Bog će poslati svoje anđele da ih utješe i zaštite u vrijeme po-
gibelji. Sotona napada ogorčeno i odlučno, i njegove su obma-
ne strašne; ali Božje oko počiva nad Njegovim narodom i Nje-
govo uho čuje njihov jauk. Njihova je muka velika, a plamen
ognjene peći kao da će ih progutati; ali Ljevač će ih pročistiti
kao što se zlato pročišćava u vatri. U vrijeme njihovog najte-
žeg kušanja Božja ljubav prema Njegovoj djeci je isto tako sna-
žna i nježna kao u dane njihovog najvećeg procvata, ali je za
njihovo dobro da dođu u ognjenu peć. Njihova svjetovnost mora
izgorjeti, kako bi se u njima mogao savršeno odraziti Kristov
lik.

Vrijeme nevolje i tjeskobe što je pred nama zahtijevat će
vjeru koja može podnijeti umor, odlaganje i glad – vjeru koja
neće oslabiti premda je na ozbiljnoj kušnji. Razdoblje probe
osigurano je svima da se mogu pripremiti za to vrijeme. Jakov
je nadvladao jer je bio ustrajan i odlučan. Njegova je pobjeda
dokaz snage ustrajne molitve. Svi koji se kao on budu oslanjali
na Božja obećanja, i kao on budu ozbiljni i ustrajni, uspjet će
kao što je on uspio. Oni koji nisu spremni odreći se sebe, mučiti
se pred Bogom i dugo i ozbiljno moliti za Njegov blagoslov, neće
ga primiti. Boriti se s Bogom – kako ih malo zna što to znači!
Kako je malo onih koji su svojom dušom posegnuli za Bogom u
silnoj želji, upotrebljujući sve svoje snage! Kad valovi očaja što
ih nijedan jezik ne može opisati zapljusnu molitelja, kako je malo
onih koji se nepokolebljivom vjerom drže Božjih obećanja!

Oni koji danas pokazuju malo vjere, u najvećoj su opasno-
sti da padnu pod moć sotonskih obmana i propisa koji vrše 622
nasilje nad savješću. Pa i ako izdrže kušnju, naći će se u vrijeme
nevolje u još dubljem nemiru i tjeskobi, jer nisu stvorili navi-
ku pouzdanja u Boga. Lekcije vjere koje su zanemarili bit će
prisiljeni naučiti pod strahovitim pritiskom obeshrabrenja.

Sad je vrijeme da se upoznamo s Bogom stjecanjem isku-
stva s Njegovim obećanjima. Anđeli zapisuju svaku ozbiljnu i
iskrenu molitvu. Bolje je odreći se sebičnih zadovoljstava nego

zanemariti zajednicu s Bogom. Najveće siromaštvo i samoodricanje uz Božje odobravanje bolji su od bogatstva, časti, udobnosti i prijateljstva bez Njega. Moramo izdvojiti vrijeme za molitvu. Ako svojim mislima dopustimo da ih zaokupe svjetovna dobra, Gospodin nam može dati vremena oduzimajući naše idole od zlata, kuća ili plodne zemlje.

Mladež ne bi bila namamljena u grijeh kad bi odbila stupiti na bilo koji put osim onoga za koji može zatražiti Božji blagoslov. Kad bi se glasnici koji svijetu objavljuju posljednje svečano upozorenje molili za Božji blagoslov – ne hladno, nehajno i lijeno, već gorljivo i s vjerom kao Jakov – imali bi na mnogim mjestima priliku da kažu: "Vidjeh Boga licem u lice, i na životu ostadoh." (Postanak 32,31) Nebo bi ih ubrojilo među knezove, budući da imaju snage nadvladati u borbi s Bogom i s ljudima.

Uskoro će nastupiti "vrijeme tjeskobe kakve ne bijaše otkako je ljudi", i bit će nam potrebno iskustvo koje sad nemamo, a koje mnogi zanemaruju steći. Često se dogodi da nam se nevolja koju očekujemo čini većom no što zapravo jest, ali to nije slučaj s krizom koja je pred nama. Ni najživlji prikaz ne može predočiti veličinu te kušnje. U to vrijeme nevolje svaka duša mora stajati pred Bogom za sebe. Ako bi u zemlji preostali samo "Noa, Daniel i Job, života mi moga – riječ je Jahve Gospoda – oni neće spasiti ni sinova ni kćeri, nego samo sebe svojom pravednošću". (Ezekiel 14,20)

Dok još naš Veliki svećenik vrši pomirenje za nas, mi trebamo nastojati postati savršeni u Kristu. Našeg Spasitelja nije bilo moguće navesti ni jednom jedinom mišlju da popusti sili kušnje. Sotona u ljudskim srcima nalazi točku koja mu može poslužiti kao uporište; njeguje se poneka grešna želja u kojoj njegova kušnja pokazuje svoju moć. Ali Krist je o sebi rekao: "Jer se približuje knez ovoga svijeta. On protiv mene ne može ništa." (Ivan 14,30) Na Božjem Sinu Sotona nije mogao naći ništa što bi mu omogućilo da izbori pobjedu. Isus je vršio zapovijedi svojega Oca i stoga na Njemu nije bilo grijeha kojim bi se Sotona mogao poslužiti u svoju korist. U takvom se stanju moraju naći svi koji će opstati u vrijeme nevolje.

Već se u ovom životu moramo odvojiti od grijeha vjerom u Kristovu krv pomirenja. Naš nas dragocjeni Spasitelj poziva da Mu se pridružimo, da udružimo svoje slabosti s Njegovom

623

snagom, svoje neznanje s Njegovom mudrošću, svoju nedostat-
nost s Njegovim zaslugama. Božja providnost je škola u kojoj
se moramo učiti Isusovoj krotkosti i poniznosti. Gospodin uvi-
jek iznosi pred nas prave životne ciljeve, a ne put koji bismo
mi izabrali, koji nam se čini lakšim i ugodnijim. Nama je pre-
pušteno da surađujemo s oruđima kojima se Nebo služi u pri-
lagodbi svog karaktera božanskom uzoru. Tko god zanemari ili
odlaže ovo djelo, čini to uz strašnu opasnost za svoju dušu.

U viđenju je apostol Ivan čuo kako jedan glas na Nebu uzvi-
kuje: "Jao, vama, zemljo i more, jer je đavao sišao k vama s
velikim gnjevom, svjestan da ima samo još malo vremena!" (Ot-
krivenje 12,12) Strahoviti su prizori koji izazivaju ovaj uzvik ne-
beskog glasa. Sotonina srdžba raste kako se njegovo vrijeme skra-
ćuje, a njegovo će djelo obmane i razaranja dosegnuti vrhunac
u vrijeme nevolje.

Uskoro će se na nebu pojaviti strašni nadnaravni prizori,
znak moći demona da čine čuda. Đavolski će duhovi otići kra- 624
ljevima cijeloga svijeta da ih utvrde u obmani i potaknu kako
bi se udružili sa Sotonom u njegovoj posljednjoj borbi protiv
nebeske vladavine. Tako će i vladari i podanici biti podjedna-
ko prevareni. Pojavit će se osobe, pretvarajući se da su Krist,
i zahtijevati titule i štovanje koje pripada Otkupitelju svijeta.
One će izvesti neobična čuda liječenja i tvrditi da s Neba ima-
ju objave koja se suprote svjedočanstvu Svetoga pisma.

Kao završni čin velike obmanjujuće drame, sâm će Sotona
glumiti Krista. Crkva je dugo tvrdila da čeka na Spasiteljev do-
lazak kao na ostvarenje svojih nada. Sad će veliki varalica po-
kazati kao da je Krist došao. U različitim krajevima svijeta So-
tona će se pojaviti među ljudima kao veličanstveno biće blje-
štava sjaja, slično opisu Božjeg Sina u Ivanovu Otkrivenju 1,13-
15. Slava kojom je okružen nadmašuje sve što su smrtne oči
ikada vidjele. Zrakom odzvanja poklič pobjede: "Krist je došao!
Krist je došao!" Ljudi padaju ničice pred njim, dok on diže ru-
ke i izriče blagoslov kao što je Krist blagoslivljao svoje učeni-
ke dok se nalazio na Zemlji. Njegov je glas mek i prigušen, ali
melodičan. Blagim, suosjećajnim tonom iznosi neke od onih pre-
krasnih nebeskih istina što ih je Spasitelj izgovorio; liječi bole-
sti ljudi i tada, glumeći Krista, tvrdi da je subotu promijenio u
nedjelju, i svima zapovjeda da svetkuju dan koji je on blagoslo-
vio. On objavljuje da oni koji uporno svetkuju sedmi dan hule

na njegovo ime, jer odbijaju poslušati anđele koje im je poslao
sa svjetlošću i istinom. To će biti silna, gotovo neodoljiva ob-
mana. Poput Samarijanaca koje je Šimun Mag prevario, mno-
625 štvo će, od najmanjeg do najvećeg, povjerovati tim prijevara-
ma govoreći: "Ovaj je snaga Božja, nazvan Velika." (Djela 8,10)
Božji narod neće biti zaveden. Učenja tog lažnog Krista nisu
sukladna sa Svetim pismom. On izriče blagoslov nad štovateljima
Zvijeri i njezinog kipa, upravo nad onima za koje Biblija objavljuje
da će se na njih izliti čista Božja srdžba.

Ali osim spomenutog, Sotoni nije dopušteno oponašati način
Kristova dolaska. Spasitelj je upozorio svoj narod na prijevaru
takve vrste i jasno opisao način svog dolaska: "Jer će se pojaviti
lažni mesije i lažni proroci te će činiti tolike čudesne znakove
da bi zaveli, kad bi bilo moguće, i same izabranike. ... Zato,
reknu li vam: 'Eno ga u pustinji!' – nemojte izlaziti! 'Eno ga u
tajnim odajama!' – nemojte vjerovati. Jer će dolazak Sina Čo-
vječjega biti sličan munji što sijevne na istoku i rasvijetli sve
do zapada." (Matej 24,24-27.31; 25,31; Otkrivenje 1,7; 1. Solu-
njanima 4,16.17) Takav dolazak nije moguće oponašati. On će
biti sveopće poznat – vidjet će ga cijeli svijet.

Samo će oni koji su marljivo proučavali Sveto pismo i pri-
hvatili ljubav prema istini biti zaštićeni od moćne prijevare ko-
ja će osvojiti svijet. Uz pomoć svjedočanstva Svetoga pisma ot-
krit će prerušenog varalicu. Vrijeme kušnje će doći na sve. Istin-
ski će se kršćani otkriti sitom kušnje. Je li Božji narod danas
tako utvrđen u Njegovoj riječi da neće popustiti pred dokazi-
ma što ih pružaju njihova osjetila? Hoće li se u takvoj krizi uhva-
titi Biblije i samo Biblije? Sotona će ih, ako je moguće, poku-
šati spriječiti kako bi se pripremili da opstanu u onaj Dan. On
će tako voditi zbivanja ne bi li im zagradio put, zarobljujući ih
zemaljskim bogatstvom, tovareći im težak i mučan teret, ne bi
626 li im srce preopteretio životnim brigama pa ih dan kušnje zate-
kne kao lopov.

Budući da će ukaz što ga budu izdali razni vladari kršćan-
skog svijeta protiv onih koji vrše Božje zapovijedi uskratiti za-
štitu vlasti i prepustiti ih onima koji ih žele uništiti, Božji će
narod pobjeći iz gradova i sela, i u skupinama boraviti na naj-
pustijim i najsamotnijim mjestima. Mnogi će potražiti skloni-
šte u planinskim utvrdama. Kao kršćanima iz pijemontskih do-
lina, utvrde na stijenama postat će im utočište pa će zahvaljivati

Bogu za mogućnost da prebivaju u visinama. (Izaija 33,16) Ali
će mnogi iz svih naroda i slojeva, svi odreda, bogati i siromašni,
crni i bijeli dospjeti u najnepravednije i najokrutnije ropstvo.
Voljena će Božja djeca provoditi teške dane, vezani lancima,
zatvoreni iza rešetaka, osuđeni na smrt, neki naizgled ostavlje-
ni da umru od gladi u mračnim i odvratnim tamnicama. Nije-
dno ljudsko uho nije otvoreno da čuje njihov jauk, nijedna ljudska
ruka nije im spremna pomoći.
Hoće li Bog u ovome teškom času zaboraviti svoj narod?
Je li zaboravio vjernoga Nou kad je pretpotopni svijet bio poho-
đen kaznama? Je li zaboravio Lota kad je vatra došla s neba da
proguta gradove u ravnici? Je li zaboravio Josipa okruženog ido-
lopoklonicima u Egiptu? Je li zaboravio Iliju kad mu je Izebela
zaprijetila da će doživjeti sudbinu Baalovih proroka? Je li za-
boravio Jeremiju u mračnoj i strašnoj tamničkoj jami? Je li za-
boravio trojicu hrabrih mladića u ognjenoj peći? Ili Daniela u
lavovskoj jami?
"Sion reče: 'Jahve me ostavi, Gospod me zaboravi.' Može
li žena zaboravit svoje dojenče, ne imat sućuti za čedo utrobe
svoje? Pa kad bi koja i zaboravila, tebe ja zaboravit neću. Gle,
u dlanove sam te svoje urezao." (Izaija 49,14-16) Gospodin nad
Vojskama rekao je: "Tko vas dira, dira mi zjenicu oka." (Zaha-
rija 2,12)
Premda ih neprijatelji mogu baciti u zatvor, tamnički zido-
vi ne mogu prekinuti vezu između njihove duše i Krista. Onaj   *627*
koji vidi svaku njihovu slabost, koji je upoznat sa svakom kuš-
njom, viši je od svih zemaljskih sila, i anđeli će ih posjetiti u
samicama, donoseći svjetlo i mir s Neba. Zatvor će sličiti palači,
jer tu borave bogati vjerom, a turobni će zidovi biti osvijetlje-
ni nebeskim svjetlom kao onda kad su Pavao i Sila u ponoć
molili i pjevali pjesme hvale u tamnici u Filipima.
Božji će sudovi doći na one koji nastoje tlačiti i uništiti
Njegov narod. Njegova je dugotrajna strpljivost sa zlima osmjelila
ljude u prijestupu, ali im njihova kazna, premda tako dugo
odgađana, nije ništa manje sigurna i strašna. "Da, kao na gori
Perasimu, Jahve će ustati, kao u Dolini gibeonskoj, on će se
razjariti, da izvrši djelo svoje, djelo čudnovato, da ispuni naum
svoj, naum tajnoviti." (Izaija 28,21) Našem je milostivom Bogu
kažnjavanje čudnovat čin. "Života mi moga — riječ je Jahve Go-
spoda — nije meni do smrti bezbožnikove." (Ezekiel 33,11) Go-

spodin je "milosrdan i milostiv, spor na srdžbu, bogat ljubav-
lju i vjernošću ... podnosi opačinu, grijeh i prijestup". Ali On
neće ostaviti krivca nekažnjena." "Jahve je spor u gnjevu, ali si-
lan u moći." "Ne, Jahve neće pustiti krivca nekažnjena." (Izla-
zak 34,6.7; Nahum 1,3) Strašnim će postupcima u pravednosti
obraniti autoritet svog pogaženog Zakona. Oštrina kazne koja
očekuje prijestupnika može se prosuditi prema Gospodnjem
oklijevanju da izvrši pravdu. Narod kojega toliko dugo trpi i
kojega neće udariti dok ne navrši mjeru svog bezakonja na
Božjem računu, ispit će na kraju čašu srdžbe, nepomiješanu
s milosrđem.

Kad Krist završi s posredovanjem u Svetištu, izlit će se čista
srdžba na one koji štuju Zvijer i njezin kip i primaju njezin
žig. (Otkrivenje 14,9.10) Zla koja su snašla Egipat kad je Bog
628   oslobađao Izraela slična su tim strašnim i još žešćim kaznama
koje će snaći svijet prije konačnog izbavljenja Božjeg naroda.
Opisujući te zastrašujuće kazne pisac Otkrivenja veli: "Tada se
pojavi opasan i poguban čir na osobama koje su imale žig Zvi-
jeri i koje se klanjaju njezinu kipu." More "postade kao krv
mrtvaca te uginu svako živo biće u moru". Rijeke i izvori voda
"postadoše krv". Koliko god bile strašne te kazne, Božja je pravda
u cijelosti obranjena. Božji anđeo objavljuje: "Pravedan si, o Sve-
če, što si ih udario tim kaznama, budući da su prolili krv svetih
i proroka. Sad im daješ da piju krv; to su zaslužili." (Otkrive-
nje 16,2-6) Osuđivanjem Božjeg naroda na smrt navukli su krivnju
za njihovu krv kao da su je prolili svojim rukama. Tako je i
Krist proglasio Židove svog vremena krivima za svu krv svetih
ljudi koja je prolivena od Abelovih dana, jer su imali isti duh i
nastojali izvršiti isto djelo s tim ubojicama proroka.

U zlu koje slijedi, suncu će biti dana moć "da pali ljude
vatrom. A ljudi su, goreći u velikoj žegi, psovali ime Boga".
(Otkrivenje 16,8.9) Stoga proroci ovako opisuju stanje Zemlje
u to zastrašujuće vrijeme: "Opustošeno polje, zemlja poharana
... propade žetva poljska ... svako se drvo poljsko sasuši. Da,
nestade radosti između sinova ljudskih. ... Istrunu zrnje pod
grudama, puste su žitnice ... Kako li stoka uzdiše! Krda goveda
podivljala lutaju, jer im nema paše ... presušiše potoci, oganj
popali pašnjake pustinjske." "I hramske će pjevačice jaukati tog
dana – riječ je Jahve Gospoda – bit će mnoštvo trupla, svuda
će se bacati." (Joel 1,10-12.17-20; Amos 8,3)

Ta zla neće biti sveopća, jer bi inače svi zemaljski stanovnici bili istrijebljeni. Ipak će ona biti najstrašniji bič kojega su smrtni ljudi ikada upoznali. Sve su kazne koje su snalazile ljude 629 prije završetka vremena milosti bile pomiješane s milosrđem. Kristova moliteljska krv štitila je grešnika da ne primi punu mjeru kazne za svoju krivnju. Ali na posljednjem sudu srdžba će se izliti nepomiješana s milosrđem. U taj će dan mnogi poželjeti zaklon božanskog milosrđa koje su tako dugo prezirali. "Evo dani dolaze − riječ je Jahve Gospoda − kad ću poslati glad na zemlju, ne glad kruha ni žeđ vode, već slušanja riječi Jahvine. Tumarat će od mora do mora, od sjevera do istoka potucati se ištući riječ Jahvinu, ali je neće naći." (Amos 8,11.12)

Božji narod neće biti pošteđen stradanja; no premda progonjen i zbunjen, premda oskudijeva i strada zbog nestašice hrane, neće biti ostavljen da izgine. Bog koji je skrbio za Iliju neće zaobići ni jedno svoje samopožrtvovno dijete. Onaj koji je izbrojio vlasi na njihovoj glavi skrbit će o njima i oni će biti siti u danima gladi. Dok zli umiru od gladi i kuge, anđeli će štititi pravedne i skrbiti za njihove potrebe. Onome "koji hodi u pravdi" obećano je: "Imat će dosta kruha, i vode će mu svagda dotjecati. ... Ubogi i bijedni vodu traže, a nje nema! Jezik im se osuši od žeđi. Ja, Jahve, njih ću uslišiti, ja, Bog Izraelov, ostavit ih neću." (Izaija 33,15.16; 41,17)

"Jer smokvino drvo neće više cvasti, niti će na lozi biti ploda, maslina će uskratiti rod, polja neće donijeti hrane, ovaca će nestati iz tora, u oborima neće biti ni goveda." Ali će se oni koji Ga se boje "radovati u Jahvi" i kliktati Bogu, svom Spasitelju. (Habakuk 3,17.18)

"Jahve je čuvar tvoj, Jahve je zasjen tvoj s desne tvoje! Neće ti sunce nauditi danju ni mjesec noću. Čuvao te Jahve od zla svakoga, čuvao dušu tvoju!" "Jer on će te osloboditi od zamke 630 ptičarske, od kuge pogubne. Svojim će te krilima zaštititi, i pod njegova ćeš se krila skloniti: Vjernost je njegova štit i obrana. Nećeš se bojati strašila noćnoga ni strelice što leti danju, ni kuge što se šulja kroz tmine, ni pošasti što hara o podne. Pa neka padaju tisuće kraj tebe, deseci tisuća s desne tvoje, tebi se neće primaći! Tek što okom pogledaš, već ćeš vidjeti plaću grešnika. Jer Jahve je zaklon tvoj, Višnjega odabra sebi za okrilje.

Neće te snaći nesreća, nevolja se neće prikučiti šatoru tvojemu." (Psalam 121,5-7; 91,3-10)

Ipak će se ljudskom oku činiti da Božji narod svoje svjedočanstvo mora uskoro zapečatiti krvlju poput nekadašnjih mučenika. Oni sami počinju strahovati da ih je Gospodin pustio da padnu od ruke svojih neprijatelja. To je vrijeme strahovite agonije. Danju i noću viču Bogu za izbavljenje. Zli likuju i čuje se podrugljiv povik: "Gdje vam je sada vjera? Zašto vas Bog ne izbavi iz naših ruku ako ste doista Njegov narod?" Ali čekaoci se prisjećaju Isusa kako umire na golgotskom križu, a svećenički poglavari i starješine podrugljivo dovikuju: "Druge je spasio, a sebe ne može spasiti. On je kralj Izraelov! Neka sada siđe s križa pa ćemo vjerovati u njega." (Matej 27,42) Kao Jakov, svi se bore s Bogom. Izraz na njihovom licu odražava njihovu unutarnju borbu. Sva su lica blijeda. Ali ne prestaju ozbiljno moliti.

Kad bi mogli gledati nebeskim očima, ljudi bi vidjeli skupine anđela, jakih u sili, smještenih oko onih koji su sačuvali Kristovu poruku o postojanosti. Sa suosjećajnom blagošću anđeli su bili svjedoci njihove nevolje i čuli njihove molitve. Oni čekaju na riječi svog Zapovjednika da ih istrgnu iz pogibelji. Ali moraju još malo čekati. Božji narod mora piti iz te čaše i krstiti se ognjem. Upravo je to odlaganje, tako bolno za njih, najbolji odgovor na njihove molbe. Dok nastoje s pouzdanjem čekati da Gospodin radi, oni trebaju pokazati vjeru, nadu i strpljenje koje su premalo vježbali u svom vjerskom životu. Ali radi izabranih skratit će se vrijeme nevolje. "Pa da Bog zbilja ne obrani svoje izabranike koji dan i noć vapiju prema njemu? ... Kažem vam, brzo će ih obraniti." (Luka 18,7.8) Kraj će doći brže nego što ljudi očekuju. Pšenica će se sakupiti i vezati u snopove za Božje žitnice, a kukolj će biti povezan kao lomača za oganj uništenja.

Vjerne svojoj dužnosti, nebeske straže nastavljaju bdjeti. Premda je općim ukazom određeno vrijeme kad vršitelje zapovijedi mogu pobiti, njihovi će im neprijatelji u nekim slučajevima i prije tog vremena pokušati uzeti život. Ali nitko ne može proći pored silnih čuvara postavljenih oko svake vjerne duše. Neke napadaju pri bijegu iz gradova i sela, ali mačevi podignuti protiv njih slomit će se i pasti bespomoćni poput slamke. Druge će štititi anđeli u obliku ratnika.

Bog je u svim vremenima preko svetih anđela pritjecao u pomoć i izbavljao svoj narod. Nebeska su bića aktivno sudjelovala u ljudskim poslovima. Pojavljivali su se odjeveni u odjeću koja je blistala poput munje; dolazili su odjeveni kao putnici. Anđeli su se pojavljivali u ljudskom obliku pred Božjim ljudima. U podne su se, kao da su umorni, odmarali pod hrastovima. Prihvaćali su gostoljublje ljudskih domova. Djelovali su kao vodiči putnicima koje je zatekao mrak. Vlastitim su rukama palili vatru na žrtveniku. Otvarali su tamnička vrata i Gospodnje sluge izvodili na slobodu. Odjeveni u nebesku opremu, došli su odmaknuti kamen sa Spasiteljeva groba.

U ljudskom obličju anđeli su često prisutni na skupovima pravednih i posjećuju skupove zlih, kao što su otišli u Sodomu da zapišu njihova djela i utvrde jesu li prešli granicu Božjeg strpljenja. Gospodin uživa u milosrđu, i zbog nekolicine onih koji Mu istinski služe zadržava nesreće i produžuje mir mnoštvu. Malo je grešnika protiv Boga svjesno da svoj život duguju vjernosti nekolicine koju vole ismijavati i ugnjetavati.

Premda vlastodršci ovoga svijeta ne znaju, često su na njihovim zasjedanjima govorili anđeli. Ljudske su ih oči gledale, ljudske su uši slušale njihove molbe, ljudske su se usne suprotstavljale njihovim prijedlozima i ismijavale njihove savjete, ljudske su ih ruke dočekale uvredom i zlostavljanjem. U vijećnici i sudnici ti su nebeski glasnici pokazivali temeljito poznavanje ljudske povijesti, dokazali su se boljim odvjetnicima potlačenih od njihovih najsposobnijih i najrječitijih branitelja. Spriječili su mnoge namjere i zadržali zla koja bi uvelike usporila Božje djelo i prouzročila velike patnje Njegovom narodu. U času opasnosti i nevolje "anđeo Jahvin tabor podiže oko njegovih štovalaca da ih spasi". (Psalam 34,7)

Iskrenom čežnjom Božji narod očekuje znakove dolaska svojega Kralja. Kad straže budu oslovljene: "Stražaru, koje je doba noći?", odgovor dolazi bez oklijevanja: "Dolazi jutro, a zatim opet noć." (Izaija 21,11.12) Svjetlo svjetluca na oblacima iznad gorskih vrhunaca. Uskoro će se pojaviti Njegova slava. Sunce pravde samo što nije zasjalo. I jutro i noć su tu — svitanje beskonačnog dana za pravedne i spuštanje vječne noći za zle.

Dok oni koji se bore salijeću Boga svojim molbama, zastor koji ih dijeli od nevidljivog samo što nije povučen u stranu. Nebesa plamte u svitanju vječnog dana i, poput melodije anđeo-

632

633 skih pjesama, do ušiju dopiru riječi: "Nemojte se pokolebati u svojoj vjernosti! Pomoć dolazi!" Krist, svemoćni Pobjednik, pruža svojim umornim borcima krune besmrtne slave, a Njegov glas odzvanja s prislonjenih vrata: "Evo, ja sam s vama! Ne bojte se! Upoznat sam sa svim vašim patnjama; nosio sam vaše tuge. Vi se ne borite protiv nepobijeđenih neprijatelja. Ja sam se borio namjesto vas, i vi ste u moje ime više nego pobjednici!" Dragi Spasitelj će poslati pomoć u trenutku kad nam bude potrebna. Put u Nebo posvećen je Njegovim stopama. Svaki trn koji ranjava našu nogu, ranio je Njegovu. Svaki križ koji smo pozvani ponijeti, On je nosio prije nas. Gospodin dopušta sukobe kako bi dušu pripravio za mir. Vrijeme nevolje je zastrašujuća kušnja za Božji narod, ali to je vrijeme za svakog pravog vjernika da podigne glavu pa vjerom može vidjeti kako ga okružuje duga obećanja.

"Vratit će se oni što ih je oslobodio Jahve, s radosnim kricima doći će na Sion. Vječna će sreća biti nad glavama, pratit će ih klicanje i radost, nestat će tuge i jecaja. Ja, ja sam tješitelj vaš. Tko si ti da se bojiš smrtna čovjeka i sina čovječjeg, koji je kao trava? I zaboravio si Jahvu, svoga Stvoritelja ... sveudilj strepiš, svaki dan, od tlačiteljeve jarosti. Kao da je napregnuo da te uništi. Ali gdje je sad jarost tlačiteljeva? Doskora će biti slobodan sužanj, neće umrijeti u jami, niti će mu kruha nedostajati. Jer, ja sam Jahve, Bog tvoj, koji burkam more da mu valovi buče, ime mi je Jahve nad Vojskama. Svoje sam ti riječi stavio u usta, u sjenu svoje ruke sakrio sam te..." (Izaija 51,11-16)

"Zato, čuj ovo, bijedniče, pijan, ali ne od vina. Ovako govori Jahve, Gospod tvoj, tvoj Bog, branitelj tvoga naroda: Iz ruke ti, evo, uzimam čašu opojnu, pehar gnjeva tvojega: nećeš ga više piti. Stavit ću je u ruke tvojim tlačiteljima, onima koji su 634 ti govorili: 'Prigni se da prijeđemo!' I ti si im leđa podmetao, kao put za prolaznike." (Izaija 51,21-23)

Gledajući kroz stoljeća, Božje oko je bilo upravljeno na krizu koja očekuje Božji narod kad na njega ustanu zemaljske sile. Poput zatočenih prognanika bit će u smrtnom strahu zbog gladi ili nasilja. Ali Sveti, koji je pred Izraelcima razdvojio Crveno more, pokazat će svoju moćnu silu i ukinuti njihovo ropstvo. "Moji će biti, moja stečevina — govori Jahve nad Vojskama. U dan koji spremam bit ću im milostiv kao što je milostiv otac

sinu koji mu služi." (Malahija 3,17) Kad bi taj put bila proli-
vena krv vjernih Kristovih svjedoka, ona ne bi, poput krvi mu-
čenika, bila posijano sjeme koje bi donijelo žetvu na slavu Bo-
gu. Njihova vjernost ne bi bila svjedočanstvo koje bi druge uvje-
rilo o istini, jer je okorjelo srce odbijalo valove milosrđa dok
se nisu prestali vraćati. Kad bi pravedni sad bili prepušteni da
padnu kao žrtve svojih neprijatelja, bio bi to trijumf za kneza
tame. Psalmist kaže: "U sjenici svojoj on me sklanja u dan kobni;
skriva me u skrovištu Šatora svoga." (Psalam 27,5) Krist je re-
kao: "Hajde, narode moj, uđi u sobe i vrata za sobom zatvori.
Sakrij se časkom dok jarost ne prođe. Jer, gle, izići će Jahve iz
svog prebivališta da stanovnike zemljine kazni što se o njeg ogri-
ješiše." (Izaija 26,20.21) Slavno će biti izbavljenje onih koji su
strpljivo čekali Njegov dolazak i čija su imena zapisana u knji-
zi života!

40

Božji narod izbavljen

635   Kad onima koji poštuju Božji zakon bude uskraćena zaštita ljudskih zakona, u različitim će se zemljama istodobno pojaviti pokret za njihovo uništenje. Kad se približi vrijeme određeno ukazom, ljudi će se urotiti da istrijebe "omraženu sektu". Odlučit će da jedne noći zadaju konačni udarac kojim će zauvijek ušutkati glas neslaganja i prijekora. Božji narod – neki u zatvorskim ćelijama, neki skriveni u samotnim skloništima u šumama i planinama – još uvijek vapi za božanskom zaštitom, dok se na sve strane skupine naoružanih ljudi, poticane od vojski zlih anđela, pripremaju za smrtonosno djelo. I upravo sada, u času najveće opasnosti, Izraelov Bog će se umiješati da izbavi svoje izabranike. Gospodin je rekao: "Tada će vam pjesma biti kao u noćima blagdanskim, kad su srca vesela kao u onoga koji ... hodočasti na Goru Jahvinu, k Stijeni Izraelovoj. Jahve će zagrmit glasom veličajnim, i pokazat ruku svoju što udara u jarosnu gnjevu, sred ognja zatornog, iz olujna pljuska i krupe kamene." (Izaija 30,29.30)

636   S pobjedonosnim uzvicima, uz podrugljivo dovikivanje i kletve, gomile zlih ljudi samo što se nisu obrušile na svoj plijen, kad, gle, na zemlju pada gusti mrak, crnji od najcrnje noći. Zatim dûga, sjajeći slavom s Božjeg prijestolja, premošćuje nebesa i kao da okružuje svaku skupinu koja se moli. Gnjevno mnoštvo iznenada zastaje. Zamiru njihovi podrugljivi uzvici. Zaboravili su predmet svog ubilačkog bijesa. Sa strašnim slutnjama gledaju u simbol Božjeg Saveza i teže se zaštititi od njegova nepodnošljiva sjaja.

Božji narod čuje jasan, melodičan glas kako govori: "Podignite glavu!" I kad dignu pogled prema nebu, vide dugu obećanja. Crni, prijeteći oblaci koji su prekrivali nebeski svod sad se razdvajaju, i oni poput Stjepana slobodno gledaju u Nebo i vide Božju slavu i Sina Čovječjega gdje sjedi na svom prijestolju. Na Njegovoj božanskoj pojavi primjećuju tragove Njegova poniženja, a s usana Mu čuju molbu koju je iznio pred Ocem i svetim anđelima: "Oče, htio bih da oni koje si mi dao budu gdje sam ja." (Ivan 17,24) Ponovno se čuje melodičan, pobjednički glas koji govori: "Evo ih! Dolaze! Sveti, bezazleni i neokaljani. Oni su sačuvali moju poruku o postojanosti; oni će hoditi među anđelima", a s blijedih, dršćućih usana onih koji su ustrajali u svojoj vjeri uzlazi uzvik pobjede.

U ponoći Bog pokazuje svoju moć da izbavi svoj narod. Pojavljuje se sunce u punom sjaju. Znakovi i čudesa brzo se nižu. Zli s užasom i čuđenjem gledaju prizor, dok pravedni u svečanoj radosti promatraju znakove svojeg izbavljenja. Čini se da se sve u prirodi poremetilo. Potoci prestaju teći. Pojavljuju se tamni, teški oblaci i bučno se sudaraju. Usred razbješnjelog neba nalazi se svijetli prostor neopisive slave, odakle dolazi Božji glas kao glas mnogih voda, govoreći: "Svršeno je!" (Otkrivenje 16,17)

Taj glas potresa nebesa i zemlju. Nastaje silan potres, "kakav nikad ne bî otkada se ljudi pojaviše na zemlji – tako veliki bijaše taj potres, tako snažan". (Otkrivenje 16,17.18) Kao da se nebeski svod otvara i zatvara. Kao da na trenutak kroz njega bljesne slava s Božjeg prijestolja. Planine se tresu poput trske na vjetru, a odlomljene stijene padaju na sve strane. Čuje se tutanj kao od nadolazeće oluje. More je uskipjelo. Čuje se urlanje orkana poput glasa razbješnjelih demona. Čitava se Zemlja nadima i spušta poput morskih valova. Njezina površina puca. Čini se da popuštaju njezini temelji. Planinski lanci tonu. Napučeni otoci nestaju. Razbiješnjele vode gutaju morske luke koje su poput Sodome postale poznate po zlu. "Bog se sjeti velikog Babilona da mu dadne čašu vina svoga uskipjelog gnjeva. ... Golema tuča", svako zrno "teško kao talenat", dovršava to razaranje. (Otkrivenje 16,19-21) Najponosniji gradovi sravnjeni su sa zemljom. Raskošne palače, na koje su velikani ovoga svijeta nemilice trošili svoje bogatstvo s nakanom da se proslave, pretvaraju se pred njihovim očima u ruševine. Zidine zatvora se ruše, a Božji narod koji je u njima bio zatvoren zbog svoje vjere – sada je oslobođen.

Grobovi se otvaraju, i bude se "mnogi koji snivaju u prahu zemljinu; jedni za vječni život, drugi za sramotu, za vječnu gadost". (Daniel 12,2) Svi koji su umrli u vjeri u poruke trećeg anđela izlaze proslavljeni iz svojih grobova da čuju Božji savez mira s onima koji su održali Njegov Zakon. A "i oni koji su ga proboli" (Otkrivenje 1,7), koji su se izrugivali Kristovim samrtnim mukama i najogorčeniji protivnici Njegove istine i Njegova naroda, podignuti su da Ga gledaju u Njegovoj slavi i vide čast koja je dana odanima i poslušnima.

638   Gusti oblaci još prekrivaju nebo, ali tu i tamo se probija sunce nalik na osvetničko Jahvino oko. Razjarene munje paraju nebo ovijajući Zemlju plamenim plaštem. Jači od strahovite grmljavine gromova, tajanstveni i strašni glasovi objavljuju sudbinu zlih. Svi ne razumiju izgovorene riječi, ali ih dobro razumiju lažni učitelji. Oni koji su do maločas bili toliko bezobzirni, toliko hvalisavi i prkosni, uživajući u svojoj okrutnosti prema narodu koji vrši Božje zapovijedi, sada su svladani zaprepaštenjem i dršću od straha. Njihovi jauci nadmašuju buku prirodnih sila. Demoni priznaju Kristovo božanstvo i dršću pred Njegovom moći, dok ljudi ispunjeni užasom pužeći preklinju za milost.

Promatrajući u svetom viđenju Božji Dan, drevni su proroci kazali: "Kukajte, jer je blizu Jahvin dan. Kô pohara dolazi od Svemoćnog." (Izaija 13,6) "Uđi među pećine, skrij se u prašinu, pred užasom Jahvinim, pred sjajem njegova veličanstva kad ustane da potrese zemlju. Ohol pogled bit će skršen, i bahatost ljudska ponižena. Jahve će se uzvisiti, on jedini – u dan onaj. Da, bit će to dan Jahve nad Vojskama, protiv svih oholih i bahatih, protiv sviju što se uzvisiše, da ih obori. ... U dan onaj: bacit će svaki svoje srebro i zlatne kumire koje sebi načini da im se klanja, kad uteče u šupljine pećina i u raspukline stijena pred užasom Jahvinim pred sjajem veličanstva njegova, kad ustane da potrese zemlju." (Izaija 2,10-12.20.21)

Kroz procjep u oblacima blista zvijezda čiji je sjaj četverostruko uvećan tamom. Ona je vjernima znak nade i radosti, a prekršiteljima Božjeg zakona znak neumoljivosti i srdžbe. Oni koji su za Krista žrtvovali sve, sada su sigurni, skriveni kao u Gospodnjem šatoru. Bili su iskušani, i pred svijetom i pred onima koji su prezreli istinu oni su pokazali svoju vjernost Onome koji je za njih umro. Čudesna se promjena zbiva na onima koji su ostali nepokolebljivo vjerni suočeni sa smrću. Oni su iznenada oslobođeni mračne i strašne tiranije ljudi preobraženih u demone. Njihova lica, donedavno blijeda, zabrinuta i iscrpljena, sada zrače čuđenjem, vjerom i ljubavlju. Njihovi se glasovi uzdižu u pobjedničkoj pjesmi: "Bog nam je zaklon i utvrda, pomoćnik spreman u nevolji. Stoga, ne bojmo se kad se ljulja zemlja, kad se bregovi ruše u more. Nek buče i bjesne valovi morski, nek bregovi dršću od žestine njihove." (Psalam 46,2-4) Dok se te riječi svetog povjerenja podižu Bogu, oblaci se razilaze i vidi se zvjezdano nebo, neizrecivo sjajno nasuprot mračnom i uzburkanom svodu na objema stranama. Kroz pritvorena vrata blješti slava nebeskoga grada. Zatim se na nebu pojavljuje ruka koja drži sklopljene dvije kamene ploče. Prorok kaže: "Nebesa objavljuju pravednost njegovu: on je Bog sudac!" (Psalam 50,6) Taj sveti Zakon, Božja pravednost, koji je usred grmljavine i plamena objavljen sa Sinaja da bude životni vodič, sad se ljudima otkriva kao mjerilo po kojem će se suditi. Ruka otvara ploče pa se vide propisi Dekaloga, upisani kao plamenim perom. Riječi su tako jasne da ih svi mogu čitati. Bude se sjećanja, iz uma nestaje tame praznovjerja i krivovjerja, a deset kratkih, sažetih i autoritativnih Božjih riječi izloženo je pogledu svih stanovnika Zemlje.

Nemoguće je opisati užas i očaj onih koji su gazili Božje svete zahtjeve. Gospodin im je dao svoj Zakon; mogli su s njim usporediti svoj karakter i saznati svoje nedostatke dok je još bilo prilike za pokajanje i popravljanje. Ali da bi osigurali naklonost svijeta, oni su odbacili njegove propise i poučavali druge da ih krše. Nastojali su prisiliti Božji narod da obeščasti Njegovu subotu. A sad ih osuđuje Zakon kojega su prezirali. Sa strašnom jasnoćom vide da nemaju izgovora. Oni su izabrali kome će služiti i koga će štovati. "I tada ćete opet razlikovati pravednika od grešnika, onoga koji služi Bogu od onoga koji mu ne služi." (Malahija 3,18) Neprijatelji Božjeg zakona, od svećenika pa sve do najmanjeg među njima, stječu novo razumijevanje istine i dužnosti. Prekasno uviđaju da je subota četvrte zapovijedi pečat živoga Boga. Prekasno uviđaju pravu narav svoje lažne subote i pješčani temelj na kome su zidali. Shvaćaju da su se borili protiv

639

640

Boga. Vjerski učitelji su vodili duše u propast dok su ih uvjeravali da ih vode k vratima Raja. Tek će na dan konačnog obračuna biti poznato kolika je odgovornost ljudi na svetim funkcijama i kako su strašne posljedice njihova nevjerstva. Tek u vječnosti možemo pravilno procijeniti gubitak jedne jedine duše. Strašna će biti sudbina onoga kome će Bog reći: "Odlazi, slugo nevaljali!"

S neba se čuje Božji glas koji objavljuje dan i sat Isusova dolaska i proglašuje vječni savez sa svojim narodom. Poput tutnja najjačeg groma prolamaju se Zemljom Njegove riječi. Božji Izrael stoji slušajući, pogleda uprtog prema gore. Njihova su lica obasjana Njegovom slavom i sjaje kao Mojsijevo lice kad je sišao sa Sinaja. Zli ne mogu gledati u njih. A kad je izrečen blagoslov nad onima koji su štovali Boga svetkujući Njegovu subotu, prolama se pobjednički usklik.

Ubrzo se na istoku pojavljuje mali crni oblak, velik kao pola dlana ljudske ruke. To je oblak koji okružuje Spasitelja i koji iz daljine izgleda kao obavijen tamom. Božji narod zna da je to znak Sina Čovječjega. U svečanoj tišini oni ga netremice 641 promatraju dok se približava Zemlji i postaje sve svjetliji i sjajniji, dok ne preraste u veliki bijeli oblak, kojemu donji dio sliči na razgorjelu vatru, a nad kojim lebdi dûga saveza. Isus se približuje kao silni Pobjednik. Ovaj put ne dolazi kao "čovjek boli", da ispije gorku čašu sramote i muka, nego kao Pobjednik na Nebu i na Zemlji, da sudi živima i mrtvima. "Vjerni i Istiniti ... sudi i vojuje pravedno." Prate Ga "nebeske vojske". (Otkrivenje 19,11.14) Sveti anđeli, golemo bezbrojno mnoštvo, prate Ga zvukovima nebeskih himni. Čini se da je nebeski svod prepun sjajnih bića — "tisuće tisuća ... mirijade". Nema ljudskog pera koje bi moglo opisati taj prizor; nema uma smrtnog čovjeka koji bi mogao zamisliti njegov sjaj. "Veličanstvo njegovo zastire nebesa, zemlja mu je puna slave. Sjaj mu je ko svjetlost." (Habakuk 3,3.4) Kako se živi oblak približuje, svako oko vidi Kneza života. Trnov vijenac sad ne nagrđuje Njegovu svetu glavu, na njoj počiva kruna slave. Njegovo lice nadmašuje sjajem zasljepljujuću svjetlost podnevnog sunca. "Na svom ogrtaču — na boku — nosi napisano ime: 'Kralj kraljeva' i 'Gospodar gospodara'." (Otkrivenje 19,16)

Pred Njegovom prisutnošću "sva su lica izobličena". One koji su odbacili Božje milosrđe obuzima užas vječnog očaja. "Srce zamire, koljena klecaju ... svima su lica poblijedjela." (Jeremija 30,6; Nahum 2,11) Pravedni uzvikuju dršćući: "Tko može opstati?" Anđeoska je pjesma utihnula i nastaje razdoblje zastrašujuće tišine. Tada se začuje Isusov glas koji kaže: "Dosta ti je moja milost." Lica pravednika se ozaruju, a radost ispunjava svako srce. Anđeli započinju višim tonom i opet pjevaju dok se sve više i više približavaju Zemlji. Kralj kraljeva spušta se na oblaku, obavijen razbuktalom vatrom. Nebesa se svijaju kao svitak, Zemlja drhti pred Njim, a sve gore i svi otoci pokreću se sa svojih mjesta. "Bog naš dolazi i ne šuti. Pred njim ide oganj što proždire, oko njega 642 silna bjesni oluja. On zove nebesa odozgo i zemlju da sudi narodu svojemu." (Psalam 50,3.4)

"Zemaljski kraljevi, velikaši, vojskovođe, bogataši, mogućnici, svi − robovi i slobodni − sakriše se po špiljama i gorskim pećinama, govoreći gorama i pećinama: 'Padnite na nas i sakrijte nas od lica onoga koji sjedi na prijestolju i od Janjetove srdžbe, jer dođe veliki dan njihove srdžbe! Tko može opstati?'" (Otkrivenje 6,15-17)

Podrugljivo dobacivanje je prestalo. Lažljive su usne ušutkane. Utihnuo je zveket oružja i bojni metež, "svaki plašt krvlju natopljen". (Izaija 9,4) Ne čuje se ništa osim glasa molitve i glasa plača i jadikovke. S usana onih koji su se do maloprije rugali izbija krik: "Jer dođe veliki dan njegove srdžbe i tko može opstati?" Zli mole da ih pokopaju gorske stijene samo da se ne sretnu s licem Onoga koga su prezreli i odbacili.

Poznat im je glas koji dopire do ušiju mrtvih. Koliko puta ih je Njegov moleći, nježni glas pozivao na pokajanje! Koliko puta su ga čuli u dirljivim molbama nekog prijatelja, brata, Otkupitelja! Onima koji su odbacili Njegovu milost nijedan glas ne može biti toliko pun osude, tako opterećen optužbom kao glas koji je toliko dugo molio: "Obratite se, dakle, obratite se od zloga puta svojega! Zašto da umrete?" (Ezekiel 33,11) Kad bi to bar bio glas tuđinca! Isus kaže (govoreći kao Mudrost): "Koliko sam vas zvala, a vi ste odbijali; pružala sam ruku, ali je nitko ne opazi. Nego ste odbacili svaki moj savjet i niste poslušali moje opomene." (Izreke 1,24.25) Taj glas budi sjećanja koja bi rado izbrisali − prezrena upozorenja, odbijene pozive, omalovažene prednosti.

643 Tu su oni koji su se rugali Kristovu poniženju. Uzbudljivom snagom dolaze im na um riječi Patnika, kada je na zaklinjanje velikog svećenika svečano izjavio: "Ali ja vama kažem da ćete poslije ovoga vidjeti Sina Čovječjega gdje sjedi s desnu Svemogućega i gdje dolazi na oblacima nebeskim." (Matej 26,64) Sada Ga vide u Njegovoj slavi, a još Ga trebaju vidjeti kako sjedi s desne Svemogućega. Oni koji su se rugali Njegovoj tvrdnji da je Božji Sin sada su nijemi. Tu je oholi Herod koji se podsmjehivao Njegovom kraljevskom naslovu i naredio vojnicima koji su Mu se izrugivali da Ga okrune za kralja. Tu su i oni ljudi koji su Ga bezbožnim rukama ogrnuli grimiznim plaštem, na Njegovo sveto čelo stavili trnov vijenac, u Njegove ruke koje se nisu opirale gurnuli imitaciju žezla i pred Njim se klanjali u bogohulnom ruganju. Ljudi koji su udarali i pljuvali Kneza života sada se okreću od Njegova prodorna pogleda i traže kako bi pobjegli od nepodnošljiva sjaja Njegove nazočnosti. Oni koji su zabili klinove u Njegove ruke i noge, vojnik koji je probo Njegova rebra, promatraju te oznake s užasom i kajanjem.

Zastrašujućom jasnoćom svećenici i starješine podsjećaju se zbivanja na Golgoti. Tresući se od užasa podsjećaju se kako su u sotonskom oduševljenju mahali glavama i dobacivali: "Druge je spasio, a sam sebe ne može spasiti. On je kralj Izraelov! Neka sada siđe s križa pa ćemo vjerovati u njega! On se uzdao u Boga, neka ga sad oslobodi, ako mu je uistinu po volji!" (Matej 27,42.43)

Živo se prisjećaju Spasiteljeve usporedbe o vinogradarima koji su odbili predati gospodaru plodove, koji su zlostavljali njegove sluge i ubili njegovog sina. Također se sjećaju presude koju su sami izrekli: Gospodar vinograda "će zločince pogubiti za zločine". (Matej 21,41) U grijehu i kazni tih nevjernih ljudi, svećenici i starješine vide svoj vlastiti postupak i svoju vlastitu pravičnu sudbinu. I na to se čuje krik samrtne agonije. Glasnije od povika: "Raspni ga! Raspni ga!" što je odzvanjao jeruzalemskim ulicama, raste strašan i očajnički jauk: "On je Sin

644 Božji! On je pravi Mesija!" Oni nastoje pobjeći ispred Kralja kraljeva. Uzalud se pokušavaju sakriti u duboke zemaljske špilje nastale poremećajem prirodnih sila.

U životu svih koji odbacuju istinu ima trenutaka kad se savjest budi, kad iz sjećanja izranjaju bolne uspomene na život ispunjen licemjerjem i kad dušu muči uzaludno kajanje. Ali što je to prema grižnji savjesti onog dana kad "navali na vas strah kao nevrijeme i zgrabi vas propast kao vihor". (Izreke 1,27) Oni koji su naumili uništiti Krista i Njegov vjerni narod sada su svjedoci slave koja počiva na njima. Usred svog straha čuju glasove svetih kako radosno kliču: "Evo, ovo je Bog naš, u njega se uzdasmo, on nas je spasio." (Izaija 25,9) Usred posrtanja Zemlje, bljeskova munja i tutnjave gromova, glas Božjeg Sina poziva svete koji spavaju. On gleda grobove pravednih i zatim, dižući ruke prema Nebu, uzvikuje: "Probudite se, probudite se, probudite se, vi koji spavate u prahu zemljinu, i ustanite!" Uzduž i poprijeko cijele Zemlje mrtvi će čuti taj glas i oni koji ga čuju oživjet će. Čitava će zemlja odzvanjati koracima iznimno velike vojske iz svakog naroda i plemena, jezika i puka. Oni dolaze iz tamnice smrti, obučeni besmrtnom slavom, kličući: "Gdje je, smrti, tvoja pobjeda? Gdje je, smrti, tvoj žalac?" (1. Korinćanima 15,55) A živi pravedni i uskrsnuli sveti sjedinjuju svoje glasove u dugi, radostan poklič pobjede.

Svi izlaze iz svojih grobova rastom kakvi su bili kad su ušli u grob. Adam, koji stoji usred uskrsnulog mnoštva, visok i veličanstvena izgleda, po rastu je tek nešto niži od Božjega Sina. On predstavlja znakovitu suprotnost ljudima kasnijih naraštaja; već se po tome vidi koliko je ljudski rod degenerirao. Ali svi ustaju u svježini i snazi vječne mladosti. U početku je čovjek bio stvoren na Božju sliku, ne samo po karakteru, već i obličjem i izgledom. Grijeh je unakazio i gotovo izbrisao božansku sliku. Ali je Krist došao obnoviti ono što je bilo izgubljeno. On će promijeniti naša jadna tijela i oblikovati ih da sliče Njegovom proslavljenom tijelu. Smrtan, propadljiv oblik, lišen pristalosti, nekada oskvrnjen grijehom, postaje savršen, lijep i besmrtan. Svi su nedostaci i deformiteti ostali u grobu. Budući da imaju pristup k drvetu života u dugo izgubljenom Edenu, otkupljeni će izrasti do pune visine ljudskog roda u njegovoj prvotnoj ljepoti. Bit će uklonjeni posljednji preostali tragovi prokletstva grijeha, a Kristovi će se vjerni pokazati u ljepoti Gospodina, Boga našega, odsjajujući u duhu, duši i tijelu savršenu sliku svojega Gospodina. Predivnoga li otkupljenja! Kako smo dugo o njemu govorili, dugo mu se nadali, razmišljali o njemu s nestrpljivim iščekivanjem, ali ga nikada nismo posve razumjeli!

645

Živi pravedni se preobražavaju "u jedan hip, u tren oka". Na Božji su glas proslavljeni; sada su besmrtni i s uskrsnulim svetima odneseni u zrak u susret Gospodinu. Anđeli okupljaju "svoje izabranike od četiri vjetra, od kraja zemlje do kraja neba". (Marko 13,27) Sveti anđeli donose malu djecu u naručje njihovim majkama. Prijatelji, dugo rastavljeni smrću, opet su sjedinjeni da se nikada više ne rastanu i s pjesmama radosti zajedno uzlaze do Božjega grada.

Sa svake strane kola od oblaka su krila, a ispod njih živi kotači; kako se kola kreću, kotači viču: "Svet", a krila, dok se pokreću, viču: "Svet", i anđeoska pratnja viče: "Svet, svet, svet Bog, Gospodar, Svemogući!" I dok se kola kreću prema Novom Jeruzalemu, spašeni kliču: "Aleluja!"

Prije nego što će ući u sveti grad, Spasitelj svojim sljedbenicima daje simbole pobjede i oznake njihovog kraljevskog dostojanstva. Sjajni redovi oblikuju savršeni četverokut oko svojega Kralja, čiji se veličanstveni stas uzdiže visoko iznad svetih i anđela, a Njegovo ih lice obasjava dobrostivom ljubavlju. Svaki je pogled tog bezbrojnog mnoštva spašenih uprt u Njega, svako oko promatra slavu Onoga kojemu je "lice bilo neljudski iznakaženo te obličjem više nije naličio na čovjeka". Na glave pobjednika Isus svojom vlastitom desnicom stavlja vijenac slave. Za svakoga ima krunu na kojoj je ispisano njegovo "novo ime" (Otkrivenje 2,17) i natpis: "Posvećen Jahvi!" U svakoj se ruci nalazi pobjednička palma i blistava harfa. A onda, na znak anđela koji daju ton, svaka ruka vješto dodiruje žice, budeći zanosnu glazbu s bogatim skladnim akordima. Neiskazani zanos obuzima svako srce i svaki se glas uzdiže u pjesmi zahvalnosti: "Njemu, koji nas ljubi i koji nas je otkupio od grijeha svojom krvlju, i učinio nas kraljevstvom svećenika za Boga, svog Oca – njemu slava i vlast u vijek vjekova!" (Otkrivenje 1,5.6)

Pred spašenim je mnoštvom Sveti Grad. Isus širom otvara biserna vrata, i narod koji je sačuvao istinu ulazi. U njemu gledaju Božji raj, Adamov dom dok je još bio nedužan. Tada se čuje glas, ljepši od svake glazbe koju je ikada čulo smrtno uho: "Vaša je borba završena!" "Dođite, blagoslovljeni Oca mog, i primite u posjed kraljevstvo koje vam je pripravljeno od postanka svijeta."

Sad je ostvarena Spasiteljeva molitva za Njegove učenike: "Htio bih da oni koje si mi dao budu gdje sam ja." "Neporočne i razdragane pred njegovom slavom" (Juda 24) Krist predstavlja Ocu kao otkupljene svojom krvlju, govoreći "Evo, ja i djeca koju si mi dao." "Ja sam ih sačuvao!" Čudesne li otkupiteljske ljubavi, radosti trenutka kad vječni Otac, gledajući otkupljene, bude vidio svoje obličje, a nesklad grijeha bude uklonjen, njegovo prokletstvo izbrisano i ljudsko ponovno usklađeno s božanskim!

Isus s neizrecivom ljubavlju dočekuje svoje vjerne dobrodošlicom u veselje njihova Gospodara. Spasitelj se raduje kad u kraljevstvu slave vidi duše koje su spašene Njegovim patnjama i poniženjem. A otkupljeni će dijeliti Njegovu radost kad među blagoslovljenima ugledaju one koje su svojim molitvama, svojim radom i požrtvovnom ljubavlju zadobili za Krista. Kad se okupe oko velikog bijelog prijestolja, neiskazana će radost ispuniti njihova srca dok budu promatrali one koje su zadobili za Krista i vidjeli da su oni zadobili druge, a ovi opet druge, svi dovedeni u luku mira da njoj polože svoje krune pred Isusove noge i da Ga slave tijekom beskrajnih razdoblja vječnosti.

Dok su spašeni pozdravljani dobrodošlicom u Božjem gradu, zrakom se prolama radostan usklik obožavanja. To je susret dvojice Adama. Božji Sin stoji raširenih ruku da primi oca našeg roda – biće koje je On stvorio, koje je sagriješilo protiv svog Stvoritelja i zbog čijeg grijeha Spasitelj nosi znakove raspeća. Kad Adam opazi tragove okrutnih klinova, on ne pada na grudi svoga Gospodina, već se u poniznosti baca pred Njegove noge s uzvikom: "Dostojno je, dostojno je Janje koje je zaklano!" Spasitelj ga nježno podiže i poziva da još jednom pogleda edenski dom iz kojega je toliko dugo bio prognan.

Nakon izgona iz Edena Adamov je život na Zemlji bio ispunjen jadom. Svaki uveli list, svaka prinesena žrtva, svako nesavršenstvo na licu prelijepe prirode, svaka mrlja na čovjekovoj čistoći, bila je svježi podsjetnik na njegov grijeh. Strašna je bila bol kajanja kada je vidio umnožavanje bezakonja i kao odgovor na svoja upozorenja susretao prebacivanje da je on prouzročio grijeh. Sa strpljivom poniznošću podnosio je gotovo tisuću godina plaću za prijestup. Iskreno se pokajao zbog svog grijeha i pouzdao u zasluge obećanog Spasitelja; umro je nadajući se uskrsnuću. Božji je Sin otkupio čovjekov promašaj i pad, i Adam, zahvaljujući djelu pomirenja, sad ponovno dobiva prvu vlast.

647

648

Ponesen radošću, on promatra stabla u kojima je nekada uživao – drveće s kojega je u danima svoje nedužnosti i radosti brao voće. Gleda loze koje su njegove vlastite ruke njegovale, ono cvijeće za koje se nekada s ljubavlju brinuo. Njegov um shvaća stvarnost prizora; razumije da je to doista obnovljeni Eden, daleko ljepši nego kad ga je morao napustiti. Spasitelj ga vodi do stabla života, ubire prekrasan plod i nudi mu da ga kuša. On se ogledava i zamjećuje mnoštvo svoje spašene obitelji kako stoji u Božjem raju. Na to stavlja svoju blještavu krunu pred Isusove noge i padajući Mu na grudi, grli Otkupitelja. Dodiruje zlatnu harfu i nebeskim svodom odjekuje pobjednička pjesma: "Dostojno, dostojno, dostojno je Janje koje je zaklano, i opet živi!" Adamova obitelj preuzima pjesmu i stavlja svoje krune do Spasiteljevih nogu dok Mu klanjanjem izriče obožavanje.

Taj ponovni susret promatraju anđeli koji su plakali kad je Adam pao, i radovali se kad je Isus nakon svoga uskrsnuća uzašao na Nebo i time otvorio grob svima koji će uzvjerovati u Njegovo ime. Sad vide djelo otkupljenja dovršeno, i svoje glasove ujedinjuju u pjesmi hvale.

Na kristalnome moru pred prijestoljem, tom staklenom moru pomiješanom s vatrom – što tako odsjajuje Božjom slavom – okupljeno je mnoštvo pobjednika "Zvijeri, njezina kipa i broja njezina imena". Sto četrdeset i četiri tisuće koje su otkupljene sa Zemlje, stoje na gori Sionu s Janjetom, "s citrama Božjim"; čuje se glas svirača, poput šuma velikih voda i udaranje jakog 649 groma, dok "sviraju na svojim citrama". Oni pred prijestoljem pjevaju "nešto slično novoj pjesmi", pjesmu koju ne može naučiti nitko osim onih sto četrdeset i četiri tisuće. To je Mojsijeva i Janjetova pjesma – pjesma spasenja. Nitko osim onih sto četrdeset i četiri tisuće ne može naučiti tu pjesmu, jer je to pjesma njihovog iskustva – iskustva kakvo nijedna druga skupina nije nikada doživjela. "Oni prate Janje kud god ono ide." Budući da su preneseni sa Zemlje između živih, računaju se "kao prvenci Bogu i Janjetu". (Otkrivenje 15,2.3; 14,1-5) "Ovo su oni što dolaze iz velike nevolje"; prošli su kroz vrijeme nevolje kakve ne bijaše otkako je ljudi; pretpjeli su strah vremena Jakovljeve nevolje. Tijekom konačnog izlijevanja Božjih kazni ostali su bez posrednika. Ali su izbavljeni, jer "su oprali svoje haljine i ubijeliše haljine svoje u krvi Janjetovoj". "U njihovim se ustima ne nađe laž; oni su bez mane" pred Bogom. "Zato stoje pred prijestoljem Božjim i služe mu dan i noć u njegovu hramu. A onaj koji sjedi na prijestolju spustit će se na njih da boravi s njima." Oni su vidjeli Zemlju opustošenu glađu i kugom, sunce, kome je dana moć da ljude pali vatrom, i sami su pretrpjeli patnje, glad i žeđ. Ali "više nigda neće ni ogladnjeti ni ožednjeti; više ih nigda neće moriti ni sunce ni ikakva žega, jer će ih Janje, koje stoji nasred prijestolja, pasti i voditi na izvore žive vode. I Bog će otrti svaku suzu s njihovih očiju". (Otkrivenje 7,14-17)

U svim su stoljećima Spasiteljevi izabranici odgajani i disciplinirani u školi kušnje. Na Zemlji su koračali uskim stazama; pročišćeni su u peći nevolje. Zbog Isusa su podnosili protivljenje, mržnju, klevete. Slijedili su Ga kroz bolne sukobe; podnijeli su samoodricanje i iskusili gorka razočaranja. Vlastitim su bolnim iskustvom spoznali zlo grijeha, njegovu moć, krivnju i bijedu; stoga na njega gledaju s gađenjem. Svijest o neizmjernoj žrtvi podnesenoj za njegovo izlječenje čini ih poniznima u vlastitim očima, i ispunjava njihova srca zahvalnošću i slavljenjem koje oni koji nikada nisu pali ne mogu cijeniti. Oni pokazuju mnogo ljubavi jer im je mnogo oprošteno. Budući da su bili dionici Kristovih muka, sada mogu biti dionici i Njegove slave.

Božji baštinici su došli s potkrovlja, iz stračara i tamnica, s lomača i planina, iz pustinja i zemaljskih špilja, iz morskih dubina. Na Zemlji su bili "oskudni, nevoljni i zlostavljani". Milijuni su sišli u grob opterećeni sramotom zato što su se odlučno protivili popustiti Sotoninim obmanjujućim zahtjevima. Ljudski su ih sudovi osudili kao najokorjelije zločince. Ali sada "je Bog sudac". (Psalam 50,6) Sada su opozvane zemaljske presude. "Sramotu će svog naroda na svoj zemlji skinuti." (Izaija 25,8) "Oni će se zvati 'Sveti narod', 'Otkupljenici Jahvini'." On im je odlučio dati "vijenac mjesto pepela, ulje radosti mjesto ruha žalosti, pjesmu zahvalnicu mjesto duha očajna". (Izaija 62,12; 61,3) Više nisu malaksali, mučeni, raštrkani i ugnjetavani. Odsada će zauvijek biti s Gospodinom. Stoje pred prijestoljem odjeveni u ruho raskošnije od odjeće što su je ikada nosili najugledniji ljudi na Zemlji. Okrunjeni su krunama slavnijim no što su ikada bile stavljene na glavu zemaljskih vladara. Danima boli i plakanja zauvijek je kraj. Kralj slave obrisao je suze sa svakog lica;

650

svaki je uzrok tuge uklonjen. Usred mahanja palminim grana-
ma oni započinju pjesmu hvale – čistu, milozvučnu i skladnu.
Svi prihvaćaju melodiju dok nebeskim svodom ne odjekne himna:
"Spasenje je djelo našega Boga, koji sjedi na prijestolju, i Ja-
njeta!" A svi stanovnici Neba odgovaraju dodajući: "Amen! Hvala,
651   slava, mudrost i zahvala, čast, moć i snaga našem Bogu u vije-
ke vjekova!" (Otkrivenje 7,10.12)

U ovome životu tek počinjemo razumijevati čudesni pred-
met otkupljenja. S obzirom na svoje ograničeno razumijevanje
mi možemo odlučiti da ćemo najozbiljnije razmotriti kako su
se na križu sreli sramota i slava, život i smrt, pravednost i milo-
srđe; ipak ni najvećim naporom svojih umnih moći nećemo shva-
titi njihovo puno značenje. Dužinu i širinu, dubinu i visinu spa-
sonosne ljubavi moguće je shvatiti samo maglovito. Plan spase-
nja otkupljeni neće u cijelosti razumjeti ni onda kad budu vi-
djeli licem k licu i spoznali kao što su spoznati, ali će se njihovom
zadivljenom i ushićenom umu kroz vječnost neprestano otkri-
vati nove istine. Premda je došao kraj zemaljskoj boli, patnja-
ma i kušnjama, premda je uzrok uklonjen, Božji će narod uvi-
jek imati jasnu, razumnu spoznaju cijene kojom je plaćeno nji-
hovo spasenje.

Kristov će križ biti znanost i pjesma otkupljenih kroz svu
vječnost. U Kristu proslavljenom gledat će Krista raspetog. Ni-
kada se neće zaboraviti da se Onaj čija je moć stvorila i odr-
žava nebrojene svjetove u širokom svemirskom prostranstvu –
Božji miljenik, Veličanstvo Neba, Onaj kome se kerubi i sjajni
serafi oduševljeno klanjaju – ponizio da bi podigao palog čo-
vjeka; da je ponio krivnju i sramotu grijeha, i skrivanje Očeva
lica, dok bol za izgubljenim svijetom nije slomila Njegovo srce
i ugasila Njegov život na golgotskom križu. To što je Stvoritelj
svih svjetova, Presuditelj svih sudbina, odložio svoju slavu i
ponizio se iz ljubavi prema čovjeku, uvijek će izazivati čuđe-
nje i divljenje svemira. Kad spašeni narodi pogledaju Otkupi-
telja i na Njegovu licu vide vječnu Očevu slavu; kad budu pro-
matrali Njegovo prijestolje koje traje od vijeka do vijeka, i kad
shvate da Njegovom kraljevstvu nema kraja, uskliknut će u uz-
652   višenoj pjesmi: "Dostojno, dostojno je Janje koje je bilo zakla-
no i svojom nas dragocjenom krvlju iskupilo Bogu!"

Tajna križa objašnjava sve druge tajne. U svjetlosti koja zrači
s Golgote, Božje osobine koje su nas ispunjavale tjeskobom i

strahopoštovanjem sada se pojavljuju prekrasne i privlačne. Vidi se da se milosrđe, nježnost i očinska ljubav stapaju sa svetošću, pravdom i silom. Dok promatramo veličanstvo Njegova prijestolja, visoka i uzvišena, vidimo najmilostivije očitovanje Njegova karaktera i shvaćamo kao nikada ranije značenje onog predragog naziva: "Naš Otac."

Postat će jasno da Onaj koji je neizmjeran u mudrosti nije mogao smisliti drugi plan za naše spasenje osim žrtve svojega Sina. Nagrada za tu žrtvu jest radost što će Zemlju napučiti otkupljena bića – sveta, sretna i besmrtna. Rezultat Spasiteljeva sukoba sa silama tame jest radost otkupljenih koja će kroz svu vječnost odjekivati u slavu Bogu. A vrijednost duše je toliko velika da je Otac zadovoljan plaćenom cijenom, a sâm Krist je zadovoljan gledajući plodove svoje velike žrtve.

41

Zemlja pretvorena u pustoš

653 "Jer njezini su grijesi doprli do neba i Bog se sjetio njezinih opačina ... U čašu u koju je ulijevala ulijte joj dvostruko! Koliko se hvalisala sjajem i uživanjem, toliko joj zadajte muka i tuge! 'Sjedim kao kraljica – govori ona u svom srcu – nisam udovica i nikada neću okusiti tuge.' Eto, zato će je u jednom danu zadesiti zla: kuga, tuga i glad. Ona će izgorjeti u vatri, jer je moćan Gospodin, Bog koji je osudi! Plakat će i tugovat za njom kraljevi zemlje koji su s njom provodili i uživali ... naricat će: 'Jao! Jao, veliki grade Babilone, silni grade, jer je u jednom jedinom času došao sud na te!'" (Otkrivenje 18,5-10) "Zemaljski trgovci", koji su se "obogatili njezinom pretjeranom raskoši, ... stat će daleko, u strahu od njezine muke te plakati i tugovati: 'Jao! Jao, veliki grade, obučeni u lan, grimiz i skrlet, nakićeni zlatom i dragim kamenjem s biserima, jer je u jednom jedinom času propalo toliko bogatstvo!'" (Otkrivenje 18,11.3.15-17)

Takvi su sudovi koji padaju na Babilon u dan Božje srdžbe. On je napunio mjeru svoje pokvarenosti; njegovo je vrijeme došlo; zreo je za uništenje.

654 Kada Božji glas izmijeni udes Njegova naroda, dolazi do velikog otrežnjenja među onima koji su u velikom životnom sukobu izgubili sve. Za trajanja vremena milosti bili su zaslijepljeni Sotoninim obmanama i opravdavali svoj grešni put. Bogati su se ponosili svojom nadmoćnosti nad onima koji nisu imali takve prilike, a svoje su bogatstvo stekli kršenjem Božjeg zakona. Zanemarili su nahraniti gladne, odjenuti gole, postupati pravično i ljubiti milosrđe. Nastojali su uzvisiti sebe i

tako steći štovanje svojih bližnjih. Sada su lišeni svega što ih je činilo velikima i ostavljeni su sami i nezaštićeni. S užasom promatraju uništenje svojih idola koje su voljeli više od svog Stvoritelja. Prodali su svoje duše za zemaljska bogatstva i uživanja, i nisu se trudili bogatiti u Bogu. Posljedica je promašen život; njihova su uživanja pretvorena u gorčinu, a njihovo blago u trulež. Ono što su stjecali čitavog života, u trenutku je nestalo. Bogati oplakuju uništenje svojih raskošnih kuća, rasipanje svog zlata i srebra. Ali njihovo jadikovanje ušutkuje strah da će i sami propasti sa svojim idolima.

Zli žale, ali ne zbog grešnog zanemarivanja Boga i bližnjih, već zato što je Bog pobijedio. Jadikuju zbog posljedica, a ne kaju se zbog svoje zloće. Kad bi mogli, ne bi propustili upotrijebiti svako sredstvo da pobijede.

Svijet vidi upravo onu skupinu kojoj se rugao i ismijavao je, koju je želio uništiti, kako neozlijeđena prolazi kroz epidemije, oluju i potres. Onaj koji je kršiteljima svog Zakona poput ognja koji proždire, svom je narodu siguran zaklon.

Svećenik koji je žrtvovao istinu kako bi stekao naklonost ljudi, sada uviđa karakter i utjecaj svojih učenja. Jasno je da ga je sveznajuće oko pratilo dok je stajao za propovjedaonicom, dok je hodao ulicama i družio se s ljudima u različitim životnim prigodama. Svaki osjećaj u duši, svaki napisani redak, svaka izgovorena riječ, svaki postupak koji je navodio ljude da se zaklone u utočištu laži bilo je sijanje sjemena; a sada u bijednim izgubljenim dušama oko sebe vidi žetvu.

655

Gospodin je rekao: "I olako liječe ranu naroda mojega, vičući: 'Mir! Mir!' Ali mira nema." "Jer vi lažju ražalostiste srce pravednika, koje ja ražalostiti ne htjedoh, a okrijepiste ruke bezbožnika da se ne obrati od zla puta bezbožničkog pa da život spasi." (Jeremija 8,11; Ezekiel 13,22)

"Jao pastirima koji upropašćuju i raspršuju ovce paše moje. ... Zato ću se ja sada pobrinuti za vas zbog zlodjela vaših. ... Kukajte, pastiri, i vičite, valjajte se po prašini, vodiči stada, jer vam se ispuniše dani za klanje, popadat ćete... Više nema utočišta pastirima, niti spasa vodičima stada." (Jeremija 23,1.2; 25,34.35)

Propovjednici i narod uviđaju da nisu isticali važnost održavanja pravog odnosa spram Boga. Uviđaju da su se pobunili protiv Autora svekolike pravde i pravičnih zakona. Odbacivanje božanskih propisa omogućilo je stvaranje tisuća izvora zla, nesklada, mržnje, zloće, dok Zemlja nije postala golemo polje sukoba, kaljužom pokvarenosti. Taj se prizor sada pojavljuje pred onima koji su odbacili istinu i odlučili njegovati laž. Nema jezika koji može izraziti čežnju što je neposlušni i nevjerni osjećaju za onim što su zauvijek izgubili – za vječnim životom. Ljudi koje je svijet obožavao zbog njihove darovitosti i rječitosti, sada sve to vide u pravome svjetlu. Shvaćaju što su prijestupom izgubili te padaju pred noge onih čiju su vjernost prezirali i ismijavali, i priznaju da ih je Bog ljubio. Ljudi uviđaju da su bili obmanuti. Optužuju jedni druge da su ih vodili u propast, ali se svi ujedinjuju u najogorčenijem osuđivanju svećenika. Nevjerni su pastiri proricali samo ono što je bilo ugodno; svoje su slušatelje navodili da Božji zakon proglase nevažećim i progone one koji bi ga držali svetim. Očajni, ti učitelji sada pred svijetom priznaju svoje prijevarno djelo. Mnoštvo je ispunjeno bijesom. "Mi smo izgubljeni," viču, "a vi ste uzrok našoj propasti!" Zatim ustaju protiv lažnih pastira. Upravo oni koji su im se nekada najviše divili izgovorit će protiv njih najstrašnije kletve. Iste ruke koje su ih nekada okrunile lovorikama podignut će se da ih unište. Mačevi kojima su namjeravali pobiti Božji narod, sada služe za uništenje Njegovih neprijatelja. Posvuda dolazi do sukoba i krvoprolića.

"Dopire bojni klik – do nakraj svijeta – jer Jahve se parbi s narodima, izlazi na sud sa svakim tijelom, bezbožnike će maču izručiti." (Jeremija 25,31) Šest tisuća godina traje veliki sukob; Božji Sin i Njegovi nebeski glasnici bili su u sukobu sa silom Zloga da bi upozorili, prosvijetlili i spasili sinove čovječje. Sada su svi odlučili; zli su se u cijelosti ujedinili sa Sotonom u njegovoj borbi protiv Boga. Došlo je vrijeme da Bog opravda autoritet svog pogaženog Zakona. Sada se borba ne vodi samo sa Sotonom, već i s ljudima. "Jahve se parbi s narodima, ... bezbožnike će maču izručiti."

Znakom izbavljenja obilježeni su oni "koji tuguju i plaču zbog gnusoba što se u njemu čine". Sada kreće anđeo smrti koji je u Ezekielovu viđenju predočen ljudima sa zatornim oružjem u ruci, kome je zapovijeđeno: "Starce, mladiće, djevojke, djecu i žene; istrijebite ih sve do posljednjega. Ali na kome bude znak 'tau', njega ne dirajte. Počnite od mojega Svetišta!" Prorok dodaje: "I oni počeše od starješina koji stajahu pred

656

Domom." (Ezekiel 9,1-6) Djelo uništenja počinje među onima koji su tvrdili da su duhovni čuvari naroda. Prvo padaju lažni čuvari. Nema se koga sažalijevati niti štedjeti. Muškarci, žene, djevojke i mala djeca – svi će zajedno izginuti. "Jer, gle, izići će Jahve iz svog prebivališta da stanovnike zemljine kazni što se o njeg ogriješiše. Izbacit će zemlja svu 657 krv što je na njoj prolivena i neće više kriti onih koji su na njoj poklani." (Izaija 26,21) "A evo kojom će ranom Jahve udariti sve narode koji budu zavojštili na Jeruzalem: meso će im se raspadati dok budu na nogama; oči će im trunuti u dupljama, jezik gnjiti u ustima. U onaj dan nastat će među njima silan metež od Jahve: jedan će drugoga za ruku hvatati, i ruka će se jednoga dizati na drugoga." (Zaharija 14,12.13) U ludilu vlastitih raspaljenih strasti i uslijed užasnog izlijevanja Božje nepomiješane srdžbe, padaju zli stanovnici Zemlje – svećenici, vladari i narod, bogati i siromašni, veliki i mali. "U onaj dan bit će pobijenih Jahvinih od jednoga kraja svijeta do drugoga. Za njima nitko neće naricati, niti će ih tko pokupiti i sahraniti." (Jeremija 25,33)

Pri Kristovu dolasku zli su zbrisani s lica cijele Zemlje – ubijeni dahom Njegovih usta i uništeni sjajem Njegova dolaska. Krist vodi svoj narod u Božji Grad i Zemlja ostaje bez svojih stanovnika. "Gle, Jahve razvaljuje zemlju, razara je, nakazi joj lice, raspršuje stanovnike njene. ... Opustošena će biti zemlja, opljačkana sasvim, jer je Jahve odlučio. ... Jer prestupiše Zakon, pogaziše odredbu, Savez vječni razvrgoše. Zato prokletstvo proždrije zemlju, okajavaju stanovnici njeni. Zato su sažgani žitelji zemljini." (Izaija 24,1.3.5.6)

Cijela Zemlja sliči na ogoljelu pustinju. Ruševine gradova i sela razorenih potresom, iščupano drveće, raskomadane stijene što ih je more izbacilo ili su iščupane iz same zemlje, rasute su po njezinoj površini, dok goleme provalije označuju mjesta na kojima su planine izvaljene iz svojih temelja.

Sad se zbiva događaj koji je bio predočen posljednjom 658 svečanom službom na Dan pomirenja. Kad je završena služba u Svetinji nad svetinjama, a grijesi Izraela uklonjeni iz Svetišta putem krvi žrtve okajnice, pred Gospodina je doveden živi jarac, i u prisutnosti naroda veliki je svećenik nad njim ispovjedio "sve krivnje Izraelaca, sve njihove prijestupe i sve njihove grijehe" (Levitski zakonik 16,21) i položio ih na glavu jarca. Na isti način, kada djelo pomirenja u nebeskom Svetištu bude dovršeno, u prisutnosti Boga, svetih anđela i mnoštva otkupljenih, grijesi Božjeg naroda bit će stavljeni na Sotonu; on će biti proglašen krivim za sva zla koja ih je naveo da učine. I kao što je jarac za Azazela bio poslan u nenastanjenu zemlju, tako će i Sotona biti prognan na opustošenu Zemlju, nenapučenu i zastrašujuću pustoš.

Pisac Otkrivenja proriče Sotonino progonstvo i stanje kaosa i pustoši na koju će biti svedena Zemlja te objavljuje da će to stanje trajati tisuću godina. Nakon opisa Gospodnjeg drugog dolaska i uništenja zlih, proročanstvo nastavlja: "Potom opazih anđela gdje silazi s neba držeći u ruci ključ od Bezdana i velike verige. On uhvati Zmaja, staru zmiju – a to je đavao, sotona – i sveza ga za tisuću godina te ga baci u Bezdan, koji nad njim zaključa i zapečati, da više ne zavodi narodâ, dok se ne navrši tisuću godina. Poslije toga ima biti odvezan kratko vrijeme." (Otkrivenje 20,1-3)

Da izraz "Bezdan" označava Zemlju u stanju zbrke i tame, očito je iz drugih mjesta u Svetome pismu. O stanju Zemlje "u početku", Biblija izvješćuje da "bijaše pusta i prazna; tama se 659 prostirala nad bezdanima". (Postanak 1,2) Proroštvo uči da će se Zemlja, bar djelomično, vratiti u takvo stanje. Gledajući unaprijed veliki Božji dan, prorok Jeremija kaže: "Gledam zemlju: pusta je, evo, i prazna, nebesa: svjetlost im iščezla. Gledam brda: gle, tresu se, a svi se humci uzdrmali. Gledam: evo čovjeka nema, ptice nebeske sve su odletjele. Gledam: plodno polje, evo, opustje, sve gradove razori Jahve žestinom gnjeva svoga." (Jeremija 4,23-26)

Ovdje će tisuću godina biti stan Sotoni i njegovim zlim anđelima. Ograničen samo na Zemlju, neće imati pristupa drugim svjetovima da kuša i uznemiruje one koji nisu nikada pali. U tom je smislu svezan; nije ostao nitko nad kime bi mogao vladati. Sada je potpuno onemogućen u varanju i upropaštavanju, što je toliko stoljeća bio njegov jedini užitak.

Gledajući unaprijed vrijeme Sotonina pada, prorok Izaija uzvikuje: "Kako pade s nebesa, Svjetlonošo, sine Zorin! Kako li si oboren na zemlju, ti, vladaru narodâ? U svom si srcu govorio: Uspet ću se na nebesa, povrh zvijezda Božjih prijesto ću sebi dići ... bit ću jednak Višnjemu. A sruši se u Podzemlje u dubine provalije! Koji te vide, motre na te, i o tebi razmiš-

ljaju: 'Je li to čovjek koji je zemljom tresao i drmao kraljev-
stvima, koji je u pustinju svijet obraćao i sa zemljom sravnji-
vao gradove, koji sužnjeva svojih nikada nije kući otpuštao?'"
(Izaija 14,12-17)

Šest tisuća godina Sotona je pobunom "zemljom tresao".
On je "u pustinju svijet obraćao i sa zemljom sravnjivao gra-
dove". On "sužnjeva svojih nikada nije kući otpuštao". Šest tisuća
godina njegova je tamnica primala Božji narod i on bi ga zauvijek
držao zatočena da Krist nije raskinuo njegove okove i oslobo-
dio sužnje.

Ni grešnici više nisu izloženi Sotoninoj moći i on ostaje   *660*
sâm sa svojim zlim anđelima kako bi razmislio o posljedicama
prokletstva što ih je grijeh donio. "Kraljevi naroda svi u časti
počivaju, svaki u svojoj grobnici. A ti si iz groba izbačen, kao
smeće odvratno. ... Nećeš se združiti s njima u grobu, jer si
zemlju svoju uništio i narod svoj poklao." (Izaija 14,18-20)

Tisuću će godina Sotona lutati amo-tamo pustom Zemljom
promatrajući posljedice svoje pobune protiv Božjeg zakona. Za
to će vrijeme strašno patiti. Od svog pada, svojim životom ne-
prekidne aktivnosti potiskivao je razmišljanje; ali sada je lišen
svoje sile i ostavljen da razmišlja o ulozi koju je odigrao otkako
se pobunio protiv vladavine Neba, i da s drhtanjem i strahom
gleda u strašnu budućnost kad bude morao ispaštati zbog sve-
ga zla što ga je počinio i biti kažnjen za sve grijehe što ih je
prouzročio.

Božjem će narodu Sotonino zatočeništvo donijeti zadovolj-
stvo i radost. Prorok kaže: "U dan kad ti Jahve dade da poči-
neš od svojih stradanja, nemira i teškog robovanja, zapjevat ćeš
ovu rugalicu kralju babilonskom [koji ovdje predstavlja Soto-
nu]: Kako nestade silnika? ... Jahve slomi štap zlikovački i že-
zlo vladarsko što je bijesno bilo narode udarcima bez kraja i
konca, što je gnjevno vladalo narodima progoneć ih nemilice."
(Izaija 14,3-6)

Tijekom tisuću godina između prvog i drugog uskrsnuća
odvija se sud nad zlima. Apostol Pavao upućuje na taj sud kao
na događaj koji slijedi nakon Kristova ponovnog dolaska. "Zato
ne sudite prerano, prije nego dođe Gospodin! On će osvijetliti
što je sakriveno u tami i objaviti nakane srdaca." (1. Korinćanima   *661*
4,5) Daniel objavljuje da će kad Pradavni dođe, dosuditi "prav-
du Svecima Svevišnjega". (Daniel 7,22) U to će vrijeme pravedni

vladati kao kraljevi i svećenici Bogu. Ivan u Otkrivenju kaže: "Zatim opazih prijestolja i onima što sjedoše na njih bî dana vlast da sude. ... Nego će biti svećenici Božji i Kristovi i s njime će kraljevati tisuću godina." (Otkrivenje 20,4.6) U to će vrijeme, kako je prorekao Pavao, "sveti suditi svijetu". (1. Korinćanima 6,2) Zajedno s Kristom sude zle, uspoređujući njihova djela s knjigom zakona, Biblijom, i presuđujući svaki slučaj prema djelima počinjenim u tijelu. Zatim se odmjerava kazna koju zli moraju podnijeti prema svojim djelima; ona se upisuje pored njihovog imena u knjizi smrti.

Krist i Njegov narod sude i Sotoni i njegovim zlim anđelima. Pavao kaže: "Ne znate li da ćemo suditi anđelima?" (1. Korinćanima 6,3) A Juda izjavljuje "kako je ostavio u vječnim okovima, paklenom tamom pokrivene, za sud velikoga Dana anđele koji nisu sačuvali svoje dostojanstvo, nego su ostavili svoje boravište". (Juda 6)

Kad se navrši tisuću godina, dolazi do drugog uskrsnuća. Tada će zli uskrsnuti iz mrtvih i pojaviti se pred Bogom da prime "sud davno napisan". Tako pisac Otkrivenja, nakon što je opisao uskrsnuće pravednih, kaže: "Ostali mrtvaci ne oživješe dok se nije navršilo tisuću godina." (Otkrivenje 20,5) A Izaija o zlima kaže: "Bit će skupljeni i zasužnjeni u jami, zatvoreni u tamnicu i nakon mnogih dana kažnjeni." (Izaija 24,22)

42

Sukob je završen

Po završetku tisuću godina Krist se ponovo vraća na Zemlju. *662* S Njim se vraća mnoštvo otkupljenih u pratnji svite anđela. Dok se spušta u nepojmljivu veličanstvu, On poziva zle da ustanu iz mrtvih i prime sud. Oni izlaze, silno mnoštvo, bezbrojno poput morskog pijeska. Kakva suprotnost prema onima koji su ustali u prvom uskrsnuću! Pravedni su bili obučeni u besmrtnu mladost i ljepotu. Zli nose tragove bolesti i smrti. Svako oko tog beskrajnog mnoštva usmjereno je na promatranje slave Božjeg Sina. Mnoštvo zlih jednoglasno uzvikuje: "Blagoslovljen koji dolazi u ime Gospodnje!" Takve riječi nije nadahnula ljubav prema Isusu. Snaga istine otkida ove riječi s nevoljkih usana. Kakvi su zli otišli u grob, takvi i izlaze iz njega, s istim neprijateljstvom prema Kristu i s istim duhom pobune. Više im se neće dati vrijeme u kojem bi mogli ispraviti nedostatke svojeg prošlog života. Time se ništa ne bi postiglo. Čitav život ispunjen prijestupom nije omekšao njihova srca. Kad bi im bilo dano drugo vrijeme milosti, oni bi ga, kao i prvo, proveli u izbjegavanju Božjih zahtjeva i pokretanju pobune protiv Njega.

Krist silazi na Maslinsku goru s koje je nakon svojeg uskrsnuća uzašao, i na kojoj su anđeli ponovili obećanje o Njegovu povratku. Prorok kaže: "Tada će doći Jahve, Bog tvoj, i svi sveci s njim. ... Noge će mu u dan onaj stajati na Gori maslinskoj, *663* koja je nasuprot Jeruzalemu, na istoku. I raskolit će se Gora maslinska po srijedi ... u golemu dolinu." "I Jahve će biti kralj nad svojom zemljom; u onaj dan bit će Gospodin jedan i ime njegovo jedno." (Zaharija 14,5.4.9; 9. redak – DK) Kad se Novi

Jeruzalem u blještavom sjaju spusti s Neba, ostaje na očišćenom i pripremljenom mjestu, a Krist sa svojim narodom i anđelima ulazi u Sveti Grad.

Sada se Sotona priprema za posljednju ogorčenu bitku za prevlast. Dok je bio lišen sile i mogućnosti da vara, knez zla se osjećao bijedno i odbačeno, ali čim su zli uskrsnuli i on vidi golemo mnoštvo na svojoj strani, njegove se nade bude i on odlučuje da ne odustane od velikog sukoba. On će pod svoju zastavu skupiti sve vojske izgubljenih, i s pomoću njih pokušati ostvariti svoje planove. Zli su Sotonini zarobljenici. Odbijajući Krista, prihvatili su vlast pobunjenog vođe. Spremni su prihvatiti njegove prijedloge i izvršiti njegove naloge. Ali vjeran svome ranijem lukavstvu, on ne otkriva da je Sotona. Tvrdi za sebe da je knez, zakoniti vlasnik svijeta, kome je nasljedstvo nezakonito oduzeto. Svojim se zavedenim podanicima predstavlja kao izbavitelj, uvjeravajući ih da ih je svojom silom podigao iz grobova i da ih kani osloboditi od najokrutnije tiranije. Budući da je Kristova nazočnost uklonjena, Sotona čini čudesa da potvrdi svoje tvrdnje. On čini slabe jakima i sve ih nadahnjuje svojim duhom i snagom. Predlaže da ih povede na tabor svetih i zauzme Božji grad. S paklenskim likovanjem pokazuje na nebrojene milijune koji su uskrsnuli iz mrtvih i objavljuje da kao njihov vođa može osvojiti grad i ponovno zadobiti svoje prijestolje i svoje kraljevstvo.

664 U tom golemom mnoštvu veliki je broj iz dugovječnog naraštaja ljudi koji su živjeli prije potopa, ljudi visoka stasa i divovskog razuma, koji su, pokoravajući se vlasti palih anđela, sve svoje sposobnosti i znanje posvetili uzdizanju samih sebe; ljudi čija su čudesna umjetnička djela navela svijet da obožava njihovu genijalnost, ali čiji su okrutni i zli pronalasci, koji su oskvrnili Zemlju i unakazili Božju sliku, potaknuli Boga da svoja stvorenja izbriše s lica zemlje. Među njima su kraljevi i vojskovođe koji su pobjeđivali narode, hrabri ljudi koji nikada nisu izgubili bitku, ponositi i slavohlepni ratnici od čijeg su približavanja drhtala kraljevstva. U grobu nisu doživjeli promjenu. Kad ustaju iz groba, tijek se njihovih misli nastavlja tamo gdje je prekinut. Njih pokreće ista želja za osvajanjem koja ih je prožimala kad su pali na bojnom polju.

Sotona se dogovara sa svojim anđelima, a zatim i s tim kraljevima, osvajačima i moćnicima. Oni procjenjuju snagu i brojnost na svojoj strani i izjavljuju da je vojska u gradu, usporeðena s njihovom, malena i da je mogu svladati. Čine planove kako da se dograbe bogatstva i slave Novog Jeruzalema. Svi se smjesta počinju pripremati za bitku. Vješti stručnjaci izrađuju oružje. Vojskovođe, na glasu zbog svojih uspjeha, svrstavaju mnoštvo ratnički raspoloženih ljudi u satnije i bojne.

Napokon je izdana naredba za pokret i bezbrojno mnoštvo kreće – vojska kakvu zemaljski osvajači nisu nikada okupili, s kojom se ne bi mogle usporediti, kad bi se ujedinile, vojske svih vremena otkako je počeo rat na Zemlji. Sotona, najmoćniji među ratnicima, vodi, a njegovi anđeli udružuju svoje snage za predstojeću konačnu bitku. Prate ga kraljevi i ratnici, a mnoštvo ih slijedi u beskrajnim odredima, svaki pod svojim zapovjednikom. S vojničkom se točnošću zbijeni redovi kreću preko ispucane i neravne Zemljine površine prema Božjem Gradu. Na Isusovu se zapovijed zatvaraju vrata Novog Jeruzalema, a Sotonine vojske opkoljavaju grad i pripremaju se za juriš.

Krist se sada ponovno pojavljuje pred svojim neprijateljima. Visoko iznad grada, na temeljima pretopljenog zlata stoji prijestolje, visoko i uzdignuto. Na njemu sjedi Božji Sin, a oko Njega su podanici Njegovog kraljevstva. Nema jezika niti pera koje bi opisalo Kristovu moć i veličanstvo. Slava vječnog Oca okružuje Njegova Sina. Sjaj Njegove pojave ispunjava Božji Grad i razlijeva se izvan vrata, preplavljujući cijelu Zemlju svojim blještavilom.

Najbliži prijestolju su oni koji su nekada revnovali za Sotoninu stvar, ali koji su, kao "glavnje iz ognja istrgnute" (Amos 4,11), pošli za svojim Spasiteljem u dubokoj, iskrenoj privrženosti. Do njih su oni koji su usavršili kršćanski karakter usred prijevara i nevjerstva, koji su poštovali Božji zakon kad ga je kršćanski svijet proglasio ukinutim, i milijuni iz svih vremena koji su zbog svoje vjere podnijeli mučeničku smrt. A iza njih je "veliko mnoštvo, koje nitko nije mogao izbrojiti, iz svakoga naroda i plemena, puka i jezika ... pred prijestoljem i pred Janjetom, obučeni u bijele haljine, s palmama u rukama". (Otkrivenje 7,9) Njihova je borba završena, a pobjeda izvojevana. Trčali su trku i postigli cilj. Palmova grana u njihovim rukama simbol je njihove pobjede, a bijela haljina znak neukaljane Kristove pravednosti koja im sada pripada.

665

Otkupljeni započinju pjesmu hvale koja odjekuje i odzvanja nebeskim prostorima: "Spasenje je djelo našega Boga, koji sjedi na prijestolju, i Janjeta!" (Otkrivenje 7,10) A anđeo i seraf ujedinjuju svoje glasove u obožavanju. Kao što su se otkupljeni osvjedočili u Sotoninu moć i zlobu, uvidjeli su, kao nikada ranije, da im ništa osim Kristove moći nije moglo osigurati pobjedu. U cijelom tom blistavom mnoštvu spašenih nema nijednoga koji bi spasenje pripisao sebi, kao da su pobijedili svojom snagom i dobrotom. Ne spominje se što su oni učinili i propatili, već je osnovna tema svake pjesme, sadržaj svake himne: Spasenje je djelo našega Boga i Janjeta!

666   U nazočnosti okupljenih stanovnika Zemlje i Neba otpočinje završna krunidba Božjeg Sina. Zaodjenut najvećim veličanstvom i silom, Kralj kraljeva sada izriče presudu nad pobunjenicima protiv Njegove vladavine i izvršava pravdu nad onima koji su prestupali Njegov zakon i ugnjetavali Njegov narod. Božji prorok kaže: "Zatim opazih veliko bijelo prijestolje i onoga koji je sjedio na njemu. Ispred njegova lica iščeznu zemlja i nebo. Ni trag im nije ostao. I opazih mrtvace, male i velike, gdje stoje pred prijestoljem. I otvoriše se knjige. I druga knjiga, knjiga života bî otvorena. Tada su mrtvaci suđeni prema onom što je napisano u knjigama, po svojim djelima." (Otkrivenje 20,11.12)

Čim se otvore knjige izvještaja i Isusovo oko pogleda zle, oni su svjesni svakoga grijeha što su ga ikada počinili. Oni točno vide gdje su njihove noge skrenule s puta čistoće i svetosti, kako su ih daleko odveli ponos i buntovnost u kršenju Božjeg zakona. Zavodničke kušnje koje su sami poticali popuštanjem grijehu, zloupotrijebljeni blagoslovi, prezreni Božji glasnici, odbačena upozorenja, valovi milosrđa koje su tvrdoglava, nepokajana srca odbijala – sve se to pojavljuje kao da je napisano vatrenim slovima.

Ponad prijestolja se pojavljuje križ i kao u panoramskom prikazu pojavljuju se prizori Adamova kušanja i pada, i uzastopni koraci u velikom planu spasenja. Spasiteljevo skromno rođenje, Njegov rani život jednostavnosti i poslušnosti, krštenje na Jordanu, post i kušanje u pustinji, Njegova javna služba u kojoj je ljudima otkrio najdragocjenije nebeske blagoslove, dani ispunjeni djelima ljubavi i milosrđa, noći molitve i bdjenja u planinskoj samoći, zavjere, zavisti, mržnje i pakosti kojima je uzvraćeno za Njegova dobročinstva, strašna tajanstvena agonija u Getsema-

niju pod užasnim teretom grijeha cijeloga svijeta, izdaja i predaja
u ruke krvožednoj rulji, zastrašujući događaji one užasne noći   *667*
kad je zatvorenik koji nije pružao otpor napušten od najvolje-
nijih učenika, grubo vučen jeruzalemskim ulicama, Božji Sin
uz likovanje izveden na sud u palaču velikog svećenika Ane, u
Pilatovu sudnicu, pred kukavičkog i okrutnog Heroda, ismija-
van, vrijeđan, mučen i osuđen na smrt – sve je to živo prikazano.
I sada se pred uznemirenim mnoštvom otkrivaju posljed-
nji prizori – strpljivi Patnik korača putem na Golgotu, Knez
Neba visi na križu, oholi svećenici i zlurada rulja rugaju se Nje-
govoj samrtnoj borbi, nadnaravna tama, ustalasana zemlja, ras-
kinute stijene i otvoreni grobovi označuju trenutak kada je Otku-
pitelj svijeta položio svoj život.
Strašan prizor ukazuje se upravo onako kako se odigrao.
Sotona, njegovi anđeli i njegovi podanici nemaju snage okrenuti
se od slike svog vlastitog djela. Svatko od nazočnih prisjeća se
onoga što je sam učinio. Herod, koji je pobio nevinu dječicu
u Betlehemu kako bi uništio izraelskog Kralja; pokvarena Hero-
dijada, na čijoj grešnoj duši počiva krv Ivana Krstitelja; ko-
lebljivi Pilat, bijedni rob okolnosti; vojnici koji se rugaju; sve-
ćenici, knezovi i podivljalo mnoštvo koje viče: "Krv njegova
neka padne na nas i na našu djecu!" – svi vide veličinu svoje
krivnje. Uzalud se nastoje skriti pred božanskim veličanstvom
Njegova lica koje nadmašuje sjaj sunca, dok otkupljeni stavljaju
svoje krune pred Spasiteljeve noge i kliču: "On je umro za
mene!"
Usred otkupljenog mnoštva nalaze se i Kristovi apostoli:
junački Pavao, gorljivi Petar, omiljeni Ivan pun ljubavi i njihova
vjerna braća, a s njima golemo mnoštvo mučenika; dok se izvan
zidina, zajedno sa svakom pokvarenosti i gadosti, nalaze oni koji
su ih progonili, stavljali u tamnicu i ubijali. Tamo je Neron,
čudovište okrutnosti i poroka, koji promatra radost i uzvisiva-
nje onih koje je nekada mučio i u čijim je najtežim mukama
nalazio sotonsko zadovoljstvo. Tamo je njegova majka da se os-
vjedoči o posljedicama svog vlastitog djela, da vidi kako je zao   *668*
biljeg karaktera prenesen na njezina sina, strasti što ih je poti-
cala svojim utjecajem i primjerom, urodio zločinima koji su zgro-
zili svijet.
Tamo su papini svećenici i prelati, koji su tvrdili da su Kri-
stovi poslanici, a koristili su sprave za mučenje, tamnicu i lomače

da zavladaju savješću Božjeg naroda. Tamo su ponositi pontifi koji su se uzdizali iznad Boga i usudili se promijeniti Zakon Svevišnjega. Ti samozvani "crkveni oci" moraju položiti račun Bogu, što bi rado izbjegli. Prekasno uviđaju da je Svemogući ljubomoran na svoj Zakon i da nikoga neće osloboditi krivnje.

Sad shvaćaju da Krist poistovjećuje svoje interese s dobrom svojeg napaćenog naroda; osjećaju silu Njegovih riječi: "Meni ste učinili koliko ste učinili jednomu od ove moje najmanje braće." (Matej 25,40) Čitav grešni svijet stoji na Božjem sudu pod optužbom za veleizdaju protiv vladavine Neba. Nemaju nikoga da ih zastupa; nemaju izgovora, i protiv njih je izrečena presuda vječne smrti.

Sada je svima jasno da plaća za grijeh nije plemenita samostalnost i vječni život, nego ropstvo, propast i smrt. Zli uviđaju što su izgubili zbog svojeg buntovničkog života. Kad im je bila ponuđena, oni su prezreli izvanredno veliku i vječnu slavu; a kako im se sad poželjno izgleda! "Sve to", jadikuje izgubljena duša, "mogao sam imati; ali ja sam to odlučio odbaciti. Kakve li zaslijepljenosti! Dao sam mir, sreću i čast u zamjenu za nesreću, sramotu i očaj." Svi uviđaju da je njihovo isključenje s Neba pravično. Svojim su životom izjavili: "Nećemo da ovaj [Isus] zavlada nad nama!" (Luka 19,14)

Zli su kao u zanosu promatrali krunidbu Božjeg Sina. U Njegovim rukama vide ploče božanskog Zakona, naredbe koje su prezirali i kršili. Svjedoci su provale divljenja, ushita i obožavanja spašenih, i kad zvuci glazbe preplave golemo mnoštvo izvan grada, svi jednoglasno uzvikuju: "Velika su i divna tvoja djela, Gospodaru, Bože, Svemogući! Pravedni su i ispravni tvoji putovi, Kralju naroda!" (Otkrivenje 15,3) i padajući ničice, klanjaju se Knezu života.

Sotona izgleda paraliziran dok gleda Kristovu slavu i veličanstvo. Onaj koji je nekada bio kerub zaštitnik, sjeća se odakle je pao. Sjajni seraf, "sin Zorin", kako se promijenio, kako se pokvario! Zauvijek je isključen iz nebeskog savjeta u kojemu je nekada bio poštovan. Sad vidi drugoga gdje stoji blizu Oca, zastirući Njegovu slavu. Vidi kako jedan anđeo visoka stasa i veličanstvene pojave polaže krunu na Kristovu glavu i zna da je on mogao uživati uzvišeni položaj tog anđela.

Prisjeća se zavičaja svoje nevinosti i čistoće, mira i zadovoljstva što ih je uživao sve dok nije počeo gunđati protiv Boga i zavidjeti Kristu. Njegove optužbe, njegova pobuna, njegove prijevare kako bi stekao naklonost i podršku anđela, njegovo uporno odbijanje da učini bilo kakav napor da se vrati kako bi mu Bog oprostio – sve to oživljuje pred njim. Razmišlja o svojem djelovanju među ljudima i njegovim posljedicama – neprijateljstvu čovjeka prema bližnjemu, strašnom uništavanju života, usponu i padu kraljevstava, rušenju prijestolja, dugom nizu buna, sukoba i revolucija. Prisjeća se svojih stalnih napora da spriječi Kristovo djelo i čovjeka spusti sve niže i niže. Uviđa da su njegove paklene zavjere bile nemoćne da unište one koji su se pouzdali u Isusa. Dok promatra svoje kraljevstvo, plod svojega truda, vidi samo neuspjeh i propast. On je naveo mnoštvo da povjeruje kako će lako osvojiti Božji Grad, ali zna da to nije istina. Uvijek bi iznova, tijekom velikog sukoba, bio poražen i prisiljen na uzmak. On i predobro poznaje moć i veličanstvo Vječnoga.

Veliki buntovnik je uvijek imao cilj opravdati sebe i dokazati da je božanska vladavina odgovorna za pobunu. Tom je cilju on podredio sve snage svog moćnog uma. Radio je promišljeno i sustavno, s velikim uspjehom, navodeći golemo mnoštvo da prihvati njegovo tumačenje velikog sukoba koji se tako dugo odvijao. Tisućama je godina taj vrhunski zavjerenik podmetao laž namjesto istine. Ali sada je došao trunutak da pobuna konačno bude ugušena, a Sotonina povijest i karakter razotkriveni. U svom posljednjem velikom pokušaju da svrgne Krista, uništi Njegov narod i zauzme Božji Grad, davni varalica je u cijelosti raskrinkan. Oni koji su se udružili s njime uviđaju potpuni neuspjeh njegova pothvata. Kristovi sljedbenici i vjerni anđeli vide svu veličinu njegovih spletaka protiv Božje vladavine. On je predmet sveopćeg gnušanja.

Sotona uviđa da ga je njegova svojevoljna pobuna učinila neprikladnim za Nebo. On je svoje snage uvježbao za borbu protiv Boga. Čistoća, mir i nebeski sklad bili bi za njega najveće mučenje. Sad su utihnule njegove optužbe protiv Božjeg milosrđa i pravednosti. Sramota kojom je nastojao osramotiti Jahvu sada je u cijelosti pala na njega. I sada se Sotona klanja i priznaje pravednost osude koja mu je određena.

670

"Tko da te, Gospodaru, ne poštuje i tvoje ime ne slavi? Ti si, naime, jedini svet; da, svi će narodi doći i pokloniti se pred tobom, jer si pokazao svoja pravedna djela." (Otkrivenje 15,4) Sad je razjašnjeno svako pitanje o istini i zabludi koje se pojavilo u dugotrajnom sukobu. Posljedice pobune, plodovi odbacivanja božanskih propisa izloženi su pogledu svih razumnih stvorenja. Cijelom svemiru prikazano je djelovanje Sotonine vladavine nasuprot Božjoj vladavini. Sotonu su osudila njegova vlastita djela. Božja mudrost, Njegova pravednost i dobrota sada su u cijelosti opravdani. Sada je jasno da je On svaki svoj postupak u velikom sukobu učinio držeći u vidu vječno dobro svojeg naroda i svih svjetova što ih je stvorio. "Neka te slave, Jahve, sva djela tvoja i tvoji sveti nek te blagoslivlju." (Psalam 145,10) Povijest grijeha će za svu vječnost stajati kao svjedok da je sreća svih bića koja je On stvorio vezana uz postojanje Božjeg zakona. Imajući pred očima sve činjenice velikog sukoba, čitav svemir, i vjeran i pobunjen, jednoglasno objavljuje: "Pravedni su i ispravni tvoji putovi, Kralju naroda!" (Otkrivenje 15,3)

671

Svemiru je bila jasno predočena velika žrtva koju su Otac i Sin učinili radi čovjeka. Došao je čas kad Krist zauzima položaj koji Mu s pravom pripada, i kad biva postavljen iznad svakog poglavarstva, vlasti i imena. Pretrpio je križ i podnio sramotu zbog radosti koja mu je bila obećana — da će privesti k slavi mnoge sinove. Premda su bol i sramota bili neshvatljivo veliki, ipak su radost i slava veći. On promatra otkupljene, obnovljene na Njegovu sliku, svako srce sa savršenim otiskom božanskog, svako lice kako pokazuje sličnost sa svojim Kraljem. U njima vidi posljedicu patnje svoje duše i siti se njezinom spoznajom. Zatim glasom koji dopire do okupljenog mnoštva pravednih i zlih objavljuje: "Evo otkupljenih mojom krvlju! Za njih sam stradao, za njih sam umro, da bi oni mogli vječno prebivati u mojoj blizini." A od obučenih u bijele haljine oko prijestolja uzdiže se pjesma hvale: "Dostojno je Janje koje je zaklano da primi moć, bogatstvo, mudrost, snagu, čast, slavu i hvalu!" (Otkrivenje 5,12)

Bez obzira što je Sotona bio prisiljen priznati Božju pravičnost i pokloniti se Kristovoj prevlasti, njegov karakter ostaje nepromijenjen. Ponovno provaljuje duh pobune, nalik silnoj bujici. Ispunjen ludilom odlučuje da ne odustane od velikog sukoba. Došlo je vrijeme za posljednju očajničku borbu s Kraljem Neba. Utrčava među svoje podanike i nastoji ih zapaliti 672 vlastitom srdžbom i izazvati ih da odmah krenu u boj. Ali među bezbrojnim milijunima koje je naveo na pobunu nema nijednoga koji bi sada priznao njegovu vlast. Njegovoj je moći došao kraj. Zli su kao i Sotona ispunjeni istom mržnjom protiv Boga, ali uviđaju da je njihov slučaj beznadan, da ne mogu nadvladati Jahvu. Njihov bijes se sad okreće protiv Sotone i onih koji su bili njegova oruđa u prijevarama, pa u demonskom bijesu sada kreću na njih.

Gospodin je rekao: "Jer svoje srce s Božjim izjednači, dovest ću, evo, na te tuđince najnasilnije među narodima. Isukat će mačeve na mudrost ti divnu, i ljepotu će ti okaljati, bacit će te u jamu. ... Istrgoh te, kerube zaštitniče, isred ognjenoga kamenja. ... Na zemlju te bacih i predah te zemaljskim kraljevima da te prezrivo gledaju. ... Pretvorih te na zemlji u pepeo na oči onih što te motre. ... Jer ti strašilo posta, nestade zauvijek." (Ezekiel 28,6-8.16-19)

"Da, sva bojna obuća, svaki plašt krvlju natopljen, izgorjet će i bit će ognju hrana. ... Jer razgnjevi se Jahve na sve narode, razjari se na svu vojsku njihovu. Izruči ih uništenju, pokolju ih predade." "Na grešnike će izlit žeravu i sumpor, vjetar ognjeni bit će dio njihove sudbine." (Izaija 9,4; 34,2; Psalam 11,6) Vatra pada od Boga s neba. Zemlja se kida; izvučena su oružja skrivena u njezinim dubinama. Proždirući plamenovi izbijaju iz svake razjapljene pukotine. Gore i same stijene. Došao je dan poput peći užaren. Počela se rastapaju u ognju, a Zemlja se sa svojim ostvarenjima više neće naći. (Malahija 3,19; 2. Petrova 3,10) Zemljina površina izgleda poput rastaljene mase – golemo ključalo ognjeno jezero. Vrijeme je suda i pro- 673 pasti bezbožnih ljudi – Gospodnji "dan odmazde, godina naplate da Sion osveti". (Izaija 34,8)

Zli primaju svoju plaću na Zemlji. (Izreke 11,31) "Bit će kao strnjika: dan koji se bliži spalit će ih – govori Jahve nad Vojskama." (Malahija 3,19) Neki su u trenutku uništeni, dok drugi pate više dana. Svi su kažnjeni "po djelima njihovim". Budući da su grijesi pravednih preneseni na Sotonu, on će patiti ne samo za svoju osobnu pobunu već i zbog svih grijeha na koje je naveo Božji narod. Njegova će kazna biti daleko veća od kazne onih koje je prevario. Nakon uništenja svih koji su podlegli njegovim prijevarama, on će još živjeti i trpjeti. Zli će na kraju biti uništeni očišćujućom vatrom, korijen i grančice – Sotona korijen, a njegovi sljedbenici grančice. Plaćena je puna kazna prema Zakonu; zadovoljena je pravda, a Nebo i Zemlja, promatrajući sve to, objavljuju Jahvinu pravednost. Zauvijek je završeno Sotonino djelo razaranja. Šest tisuća godina sprovodio je svoju volju, ispunjavajući Zemlju jadom i nanoseći bol cijelom svemiru. Sve je stvaranje uzdisalo u mukama. Sad su Božja stvorenja zauvijek oslobođena njegove prisutnosti i kušanja. "Počiva, miruje sva zemlja kličući od radosti." (Izaija 14,7) A od cijelog vjernog svemira uzdiže se usklik hvale i slavljenja. Čuje se kao "glas golemog mnoštva, kao šum mnogih voda, kao prasak jakih gromova: 'Aleluja! jer se domognu kraljevstva Gospodin, naš Bog, Svemogući.'" (Otkrivenje 19,6)

Dok je Zemlja bila obavijena plamenom uništenja, pravedni su bili sigurni u Svetom Gradu. Nad onima koji su dionici prvog uskrsnuća, druga smrt nema vlasti. Dok je Bog zlima oganj koji proždire, svome je narodu sunce i štit. (Otkrivenje 20,6; Psalam 84,11)

674   "Potom opazih novo nebo i novu zemlju, jer su iščezli prvo nebo i prva zemlja." (Otkrivenje 21,1) Vatra koja uništava grešnike čisti Zemlju. Nestaje svaki trag prokletstva. Nikakav "vječni pakao" neće podsjećati otkupljene na strašne posljedice grijeha.

Ostaje samo jedan podsjetnik: naš Otkupitelj će uvijek nositi ožiljke raspeća. Na Njegovoj izranjenoj glavi, na Njegovim rebrima, rukama i nogama vidljivi su jedini tragovi okrutnog djela što ga je grijeh počinio. Gledajući Krista u Njegovoj slavi, prorok kaže: "Zrake sijevaju iz njegovih ruku, ondje mu se krije sila." (Habakuk 3,4) Ta probodena slabina iz koje je potekao grimizni mlaz koji je pomirio čovjeka s Bogom – u njoj je Spasiteljeva slava, "ondje mu se krije sila". "Velik kad spasava", zahvaljujući žrtvi otkupljenja, On je imao moć da izvrši kaznu nad onima koji su prezreli Božje milosrđe. Znakovi Njegova poniženja su Njegova najveća čast; kroz vječna će vremena rane s Golgote isticati Njegovu veličinu i objavljivati Njegovu moć.

"I ti, Kulo stada, Ofele Kćeri sionske, opet će se tebi vratiti prijašnja vlast." (Mihej 4,8) Došlo je vrijeme koje su sveti ljudi sa čežnjom očekivali otkako je plameni mač protjerao prve ljude iz Edena – vrijeme "za otkupljenje onih što su postali Božje vlasništvo". (Efežanima 1,14) Zemlja prvotno dana čovjeku kao njegovo kraljevstvo, koja je izdajom prešla u Sotonine ruke i tako dugo držana pod vlašću tog moćnog neprijatelja, velikim je planom otkupljenja čovjeku vraćena. Sve što je grijehom izgubljeno, ponovno je obnovljeno. "Da, ovako govori Jahve ... koji je oblikovao i sazdao zemlju, koji ju je učvrstio i nije je stvorio pustu, već ju je uobličio za obitavanje." (Izaija 45,18) Božja prvobitna namjera pri stvaranju je ostvarena kad je učinjena vječnim obitavalištem otkupljenih. "Zemlju će posjedovati pravednici i živjet će na njoj dovijeka." (Psalam 37,29)

Strah da buduća baština ne izgleda previše materijalno, naveo je mnoge na simbolično tumačenje upravo onih istina koje nas navode da u njoj vidimo svoj dom. Krist je svojim učenicima potvrdio da im ide pripremiti stanove u kući svog Oca. Oni koji prihvate učenja Božje riječi neće biti potpuno neupućeni u vezi s nebeskom domovinom. A ipak, "što oko nije vidjelo, što uho nije čulo, na što ljudsko srce nije pomislilo: to je Bog pripravio onima koji ga ljube". (1. Korinćanima 2,9) Ljudski jezik nije sposoban opisati nagradu pravednih. Ona će biti poznata samo onima koji je budu vidjeli. Nijedan ograničeni um ne može shvatiti slavu Božjeg Raja.

U Bibliji je baština spašenih nazvana domovinom. (Hebrejima 11,14-16) Tamo nebeski Pastir vodi svoje stado na izvore žive vode. Drvo života daje plod svakog mjeseca, a lišće stabla služi za lijek narodima. Tamo su potoci koji vječno žubore, bistri kao kristal, a uz njih lelujavo drveće baca svoje sjene na putove što ih je Gospodin pripravio za otkupljene. Tamo se prostrane ravnice protežu u prekrasne brežuljke, a Božje gore uzdižu svoje uzvišene vrhove. Na tim će mirnim ravnicama sa živahnim potocima Božji narod, toliko dugo tuđinci i putnici, naći dom.

"Narod će moj prebivati u nastambama pouzdanim, u bezbrižnim počivalištima. ... Više se neće slušat o nasilju u tvojoj zemlji, ni o pustošenju i razaranju na tvojem području. Zidine ćeš svoje nazivati Spasom, Slavom svoja vrata. ... Gradit će kuće i stanovat u njima, saditi vinograde i uživati rod njihov. Neće se više graditi da drugi stanuju, ni saditi da drugi uživa ... izabranici moji dugo će uživati plodove ruku svojih." (Izaija 32,18; 60,18; 65,21,22)

"Nek se uzraduje pustinja, zemlja sasušena, nek kliče stepa, nek ljiljan procvjeta. ... Umjesto trnja rast će čempresi, umjesto koprive mirta će nicati. ... Vuk će prebivati s jagnjetom, ris ležati s kozlićem ... a djetešce njih će voditi. ... Zlo se više neće činiti, neće se pustošiti na svoj svetoj gori mojoj", rekao je Gospodin. (Izaija 35,1; 55,13; 11,6.9) U nebeskom ozračju ne može biti boli. Tamo više neće biti suza, ni pogrebnih povorki, ni znaka žalosti. "Smrti više neće biti; neće više biti ni tuge, ni jauka ... jer stari svijet prođe." "I nijedan građanin neće reći: 'Bolestan sam!' Narodu što živi ondje krivnja će se oprostiti." (Otkrivenje 21,4; Izaija 33,24)

Tu je Novi Jeruzalem, prijestolnica slavne nove Zemlje, "kruna divna, i kraljevski vijenac na dlanu Boga svog". "Njegov sjaj bijaše sličan dragom kamenu, prozirnom kamenu jaspisu. ... Narodi će hoditi u njegovu svjetlu, zemaljski će kraljevi donijeti u nj svoju raskoš." Gospodin je rekao: "I klicat ću nad Jeruzalemom, radovat se nad svojim narodom." "Evo stana Božjeg među ljudima! On će stanovati s njima: oni će biti njegov narod, i on sâm, Bog bit će s njima." (Izaija 62,3; Otkrivenje 21,11.24; Izaija 65,19; Otkrivenje 21,3)

U Božjem Gradu "neće više biti noći". Nikome neće trebati, niti će tko zaželjeti počinak. Neće više biti umora u izvršavanju Božje volje i proslavljanju Njegova imena. Stalno ćemo osjećati jutarnju svježinu, nje nikada neće nestati. "I neće trebati ni svjetla od svjetiljke, ni svjetla od sunca, jer će nad njima svijetliti Gospodin, Bog." (Otkrivenje 22,5) Svjetlost sunca bit će nadmašena sjajem čije bliještavilo neće biti bolno, a daleko će nadmašiti sjaj našeg sunčanog podneva. Slava Boga i Janjeta preplavljuje Sveti Grad svjetlošću koja ne blijedi. Otkupljeni će i bez sunčane svjetlosti hoditi u slavi vječnoga dana.

"Hrama ne vidjeh u njemu. Njegov hram, naime, jest Gospodin, Bog, Svemogući, i Janje." (Otkrivenje 21,22) Božji narod uživa prednost neposredne zajednice s Ocem i Sinom. "Sad vidimo u ogledalu, nejasno." (1. Korinćanima 13,12) Sad vidimo odraz Božjeg lika kao u ogledalu: u djelima prirode i Njegovom postupanju s ljudima; ali onda ćemo Ga vidjeti licem u lice, bez zasjenjujuće koprene među nama. Stajat ćemo pred Njim i promatrati slavu Njegova lica.

Tamo će otkupljeni spoznati kao što su spoznati. Tamo će osjećaji ljubavi i sućuti što ih je sâm Bog usadio u dušu doći do najstvarnijeg i najljepšeg izražaja. Čista zajednica sa svetim bićima, skladan društveni život s blagoslovljenim anđelima i s vjernima svih vremena koji su prali svoje haljine i obijelili ih u Janjetovoj krvi, svete veze koje povezuju svu "čeljad i na nebesima i na zemlji" (Efežanima 3,15) – sve to pridonosi sreći otkupljenih. Tamo će besmrtni umovi s nepresušnim uživanjem proučavati čudesa stvaralačke moći, tajne spasonosne ljubavi. Tamo neće biti okrutnog, zavodljivog neprijatelja da navede na zaboravljanje Boga. Svaka sposobnost će se razviti, svako svojstvo povećati. Stjecanje znanja neće umarati um niti iscrpljivati životnu snagu. Tamo će se moći ostvariti najveći pothvati, dosegnuti najuzvišenije težnje, ispuniti najveće želje, i još uvijek će se pojaviti nove visine koje treba savladati, nova čuda za divljenje, nove istine za razumijevanje, novi predmeti da pokrenu sile uma, duše i tijela.

Otkupljenima će sva blaga svemira biti otvorena za istraživanje. Nevezani smrtnošću vinut će se neumornim letom u daleke svjetove – svjetove koji su bili obuzeti sućuti gledajući ljudske jade, a odzvanjali pjesmama radosti na vijest o nekoj spašenoj duši. Neizrecivim će se oduševljenjem djeca ove Zemlje upoznati s radošću i mudrošću bića koja nisu pala. Ona će podijeliti bogatstvo znanja i razumijevanja što su ga stekla tijekom vjekova razmišljajući o Božjim djelima. Nezamagljenim pogledom promatrat će slavu stvaranja – sunca, zvijezda i sustava, kako svi prema utvrđenom redu kruže oko Božjeg prijestolja. Na svemu, od najmanjeg do najvećeg, napisano je Stvoriteljevo ime, i na svima se očituje bogatstvo Njegove moći. 678

I kako odmiču, godine vječnosti donosit će sve bogatija i slavnija otkrivenja o Bogu i Kristu. Kako napreduje znanje, tako će rasti ljubav, štovanje i sreća. Što ljudi više nauče o Bogu, to će biti veće njihovo divljenje prema Njegovom karakteru. Kako Isus pred njima otkriva bogatstvo otkupljenja i zadivljujuća dostignuća u velikom sukobu sa Sotonom, srca otkupljenih plamte snažnijom predajom i s još većim ushitom diraju strune zlatnih harfi, a tisuće se tisuća i nebrojeno mnogo glasova udružuje i prerasta u silan zbor hvale.

"I čuh sva stvorenja na nebu, na zemlji, pod zemljom i na moru sa svim bićima što se u njima nalaze gdje govore: 'Onomu koji sjedi na prijestolju, i Janjetu: hvala, čast, slava i vlast u vijeke vjekova.'" (Otkrivenje 5,13) Veliki je sukob završen. Grijeha i grešnika više nema. Cijeli je svemir čist. Bilo neizmjerna svemira kuca istim otkucajem sklada i radosti. Od Njega koji je sve stvorio teče život, svjetlost i radost kroz prostranstva beskrajnog svemira. Od najmanjeg atoma do najvećeg svijeta, sve – živo i neživo, u svojoj nepomućenoj ljepoti i savršenoj radosti objavljuje da je Bog ljubav.

Dodatak

Bilješke

Stranica 39. TITULE. – U ulomku koji je uključen u rimokatoličko Kanonsko pravo, ili *Corpus Iuris Canonici*, papa Inocent III. objavljuje da je rimski pontifeks "namjesnik na zemlji, ne samo čovjek, već sam Bog"; a u primjedbi je objašnjeno da je to zato što je on Kristov namjesnik, koji je "pravi Bog i pravi čovjek". Vidi *Decretales Domini Gregorii Papae IX (Dekretali Gospodina Pape Grgura IX.)*, knj. 1, *de translatione Episcoporum, (o prijenosu biskupa)*, odsjek 7, pogl. 3; *Corpus Iuris Canonici* (2. izd., Leipzig, 1881), stupac 99; (Paris, 1612.), sv. 2, *Decretales*, stupac 205. Dokumenti koji čine Dekretale prikupio je Gracijan koji je predavao na Bolonjskom sveučilištu oko 1140. godine. Njegovo je djelo proširio i redigirao papa Grgur IX. u izdanju 1234. godine. Drugi su se dokumenti tijekom narednih godina pojavili s vremena na vrijeme, uključujući *Extravagantes*, koji su dodani pri kraju petnaestog stoljeća. Svi su oni, zajedno s Gracijanovim *Decretom*, izdani kao *Corpus Iuris Canonici* 1582. godine. Papa Pio X. autorizirao je kodifikaciju u Kanonsko pravo 1904. godine, a nastali kodeks stupio je na snagu 1918. godine.

Za titulu "Gospodin Bog Papa" vidi primjedbu u *Extravagantes* Ivana XXII., odsjek 14, pogl. 4, *Declaramus*. U dokumentima *Extravagantes*, izdanim u Antwerpenu 1584. godine, riječi *"Dominum Deum nostrum Papam"* ("Naš Gospodin Bog Papa") pojavljuju se u stupcu 153. U pariškom izdanju iz 1612. godine u stupcu 140. U više izdanja objavljenih nakon 1612. izostavljena je riječ *"Deum"* ("Bog").

Stranica 39. NEPOGREŠIVOST. – U vezi s učenjem o nepogrešivosti iznesenim na Vatikanskom koncilu 1870.–1871. vidi Philip Schaff, *The Creeds of Christendom*, sv. 2, *Dogmatic Decrees of the Vatican Council*, str. 234–271, gdje nalazimo latinski i engleski tekst. Za raspravu s rimokatoličkog stajališta vidi *The Catholic Encyclopedia*, sv. 7, čl. "Infallibility" ("Nepogrešivost") Patricka J. Tonera, str. 790 i dalje; James Cardinal Gibbons, *The Faith od Our Fathers* (Baltimore: J. Murphy Company, 110. izdanje, 1917.), pogl. 7 i 11. U vezi s rimokatoličkim protivljenjem učenju papinske nepogrešivosti vidi Johann Joseph Ignaz von Döllinger (pseudonim "Janus"), *The Pope and the Council* (New Yorks: Ch. Sribner's Sons, 1869.) i W. J. Sparrow Simpson, *Roman Catholic Opposition to Papal Infallibility* (London: John Murray, 1909.). Za nekatoličko stajalište vidi George Salmon, *Infallibility of the Church* (London: John Murray, rev. izdanje, 1914.).

Stranica 40. OBOŽAVANJE KIPOVA I SLIKA. – "Obožavanje likova... bila je jedna od onih izopačenosti kršćanstva koja se krišom i gotovo neprimjetno uvukla u Crkvu. Ova se izopačenost nije, kao druga krivovjerja, razvila odjednom, jer bi u tom slučaju naišla na odlučan otpor i prijekor, već, javljajući se pod privlačnom krinkom, postupno je uveden jedan običaj za drugim. Tako je Crkva duboko ogrezla u praktičnu idolatriju, ne samo bez nekog djelotvornog protivljenja, nego takoreći bez ozbiljnijeg prosvjeda, a kad je se ipak pokušalo iskorijeniti, ustanovljeno je da se zlo previše duboko učvrstilo da bi ga se moglo ukloniti... Uzroke treba tražiti u idolopokloničkoj sklonosti ljudskog srca i njegovoj naklonosti da radije štuje stvorenje nego Stvoritelja...

"Kipovi i slike su isprva ušli u crkve ne zato da im se klanja, već ili namjesto knjiga, da bi se poučilo one koji nisu znali čitati, ili za poticanje pobožnosti u umovima drugih. Koliko su ikada ostvarili ovaj cilj dvojbeno je, ali čak ako i dopustimo da je to bio slučaj za neko vrijeme, uskoro je to prestao biti pa je ustanovljeno da su slike i kipovi u crkve doveli prije zamračene nego prosvijetljene umove neukih – te su tako umanjivali, a ne uzdizali pobožnost vjernika. Tako su im misli, koliko god im bila nakana da ih usmjere na Boga, na kraju odvratile od Njega na štovanje stvorenja." (J. Mendham, *The Seventh General Council, the Second Nicaea*, Uvod, str. iii–vi)

Za zapis o izvješćima i odlukama Drugog nicejskog sabora, 787. godine, sazvanog radi uspostave štovanja likova, vidi Baronius; *Ecclesiastical Annals*, sv. 9, str. 391–407. (Antwerpen, 1612.); J. Mendham, *The Seventh General Council, the Second Nicaea*; Ed. Stillingfleet, *Defense od the Discourse Concerning the Idolatry Practiced in the Church of Rome* (London, 1686.); *A Select Library of Nicene and Post-Nicene Fathers*, serija 2, sv. 14, str. 521.–587. (New York, 1900.); Charles J. Hefele, *A History of the Councils of the Church, From the*

Orginal Documents, knj. 18, pogl. 1, odsjeci 332, 333; pogl. 2, odsjeci 345–352. (T. and T. Clark izd., 1896.), sv. 5, str. 260–304. 342–372.

Stranica 41. KONSTANTINOV NEDJELJNI ZAKON. – Zakon što ga je imperator Konstantin izdao 7. ožujka 321. godine u vezi s danom odmora glasi: "Neka se svi suci i žitelji grada i zanatlije odmaraju u časni Dan Sunca. Međutim narod na selu može slobodno obrađivati svoje njive, jer se često događa da nijedan drugi dan nije tako pogodan za sijanje sjemena ili obrađivanje vinograda, kako kratkotrajna prednost što je pruža nebeska providnost ne bi propala." – Joseph Cullen Ayer, *A Source Book for the Ancient Church History* (New York: Ch. Scribner's Sons, 1913.), knj. 2, dio. 1, pogl. 1, odsjek 59 g, str. 284. 285.

Latinski se izvornik nalazi u Codex Iustiniani (*Justinijanov kodeks*), knj. 3, odsjek 12, zakon 3. Zakon na latinskom i u engleskom prijevodu nalazimo u Philip Schaffovoj *History of the Christian Church,* sv. 3, per. 3, pogl. 7, odsjek 75, str. 380, fusnota 1, i u James A. Hesseyevu *Bampton Lectures, Sunday,* predavanje 3, par. 1, 3. izdanje, tisak Murray 1866., str. 58. Vidi raspravu u Schaff, gore navedeno djelo; u Albert H. Newman, *A Manual of Church History* (Philadelphia: The American Baptist Publication Society, tiskano 1933.), rev. izdanje, sv. 1, str. 305–307. i u LeRoy E. Froom, *The Prophetic Faith of Our Fathers* (Washington, D.C: Review and Herald Publishing Assn., 1950.), sv. 1, str. 376–381.

Stranica 42. PROROČKI DATUMI. – Važno načelo tumačenja proročanstava vezanih uz vrijeme jest načelo godina – dan, prema kojem se dan proročkog vremena broji kao kalendarska godina povijesnog vremena. Prije no što su ušli u Kanaan, Izraelci su poslali dvanaest uhoda da istraže zemlju. Uhoda nije bilo četrdeset dana, a nakon njihova povratka, prestrašen njihovim izvješćem, narod je odbio poći i zauzeti Obećanu zemlju. Gospodin je na to nad njima proglasio presudu: "Prema broju dana u koje ste istraživali zemlju – dana četrdeset, za svaki dan jednu godinu – ispaštavajte svoje opačine četrdeset godina." (Br 14,34) Sličnu metodu računanja budućeg vremena nalazimo i kod proroka Ezekiela. Judino kraljevstvo je čekalo četrdeset godina kazne za opačine. Gospodin je preko proroka rekao: "A kad to završiš, četrdeset ćeš dana ležati na desnoj strani da nosiš grijeh doma Judina; dajem ti po dan za svaku godinu." (Ez 4,6) Ovo načelo godina – dan značajno je kod tumačenja vremenskog elementa u proročanstvu o "dvije tisuće i tri stotine večeri i jutara" (Dn 8,14) i razdoblja od 1260 dana različito označenog i kao "jedno vrijeme i dva vremena i polovinu vremena" (Dn 7,25), "četrdeset i dva mjeseca" (Otk

11,2; 13,5), "tisuću dvjesta i šezdeset dana" (Otk 11,3; 12,6) i "tri i po dana" (Otk 11,9).

Stranica 43. KRIVOTVORENI SPISI. – Među dokumente za koje se danas općenito priznaje da su krivotvorine od primarne važnosti jesu Konstantinova darovnica i Pseudoizidorovi dekretali. "'Konstantinova darovnica' je, još od kasnog srednjeg vijeka, tradicionalno ime dokumenta koji je navodno Konstantin Veliki naslovio na papu Silvestra I., a prvi je put nađen u jednom pariškom rukopisu (*Codex lat.* 2777) iz po svemu sudeći početka 9. stoljeća. Od 11. stoljeća naovamo dokument je korišten kao snažni argument u prilog papinskih tvrdnji i zbog toga od dvanaestog stoljeća bio predmetom žučne polemike. Istodobno, time što je omogućavao da se papinstvo smatra umetkom između prvotnog i srednjovjekovnog Rimskog Imperija, i tako stvorio teorijsku osnovu kontinuiteta za prihvaćanje rimskog prava u srednjem vijeku, on je izvršio nemali utjecaj na svjetovnu povijest." (*The New Schaff-Herzog Encyclopedia of Religious Knowledge*, sv. 3, članak "Donation of Constantine", str. 484. 485)

Povijesna teorija, razvijena u "Darovnici" temeljito je raspravljena u djelu Henryja E. Cardinala Manninga *The Temporal Power of the Vicar of Jesus Christ,* London, 1862. Argumenti "Darovnice" su bili skolastičkog tipa, a mogućnost krivotvorine nije bila spomenuta sve do pojave povijesne kritike u petnaestom stoljeću. Među prvima je Nicholas iz Cuse zaključio da Konstantin nikada nije učinio takav poklon. Lorenzo Valla iz Italije načinio je 1450. godine briljantnu demonstraciju njene sumnjivosti. Vidi Christopher B. Coleman, *Treatise of Lorenzo Valla on the Donation of Constantine* (New York, 1927.). Međutim, još se jedno stoljeće održalo živim vjerovanje u autentičnost "Darovnice" i *Lažnih dekretala.* Naprimjer, Martin Luther je isprva prihvatio dekretale, ali je ubrzo nakon toga rekao Ecku: "Pobijam ove dekretale", a Spalatinu: "On [papa] u svojim dekretalima iskrivljuje i razapinje Krista, odnosno istinu."

Danas se zna da je "Darovnica" (1) krivotvorina, (2) djelo jednog čovjeka ili razdoblja, (3) krivotvoritelj se poslužio starijim dokumentima, (4) krivotvorina je nastala oko 752. i 778. godine. Što se katolika tiče, oni su prestali braniti autentičnost dokumenta s Baronijevim, *Ecclesiastical Annals* 1592. godine. Za najbolji tekst potraži K. Zeumer u *Festgabe für Rudolf von Gneist* (Berlin, 1888.). Prijevod u Colemanovu već navedenu djelu *Treatise* i u Ernest F. Hendeson, *Select Historical Documents of the Middle Ages* (New York, 1892.), str. 319; *Briefwechsel* (Weimar izd.), str. 141. 161. Vidi i *The New Schaff–Herzog Encyclopedia of Religious Knowledge* (1950.), sv. 3, str. 484; F. Gregorovius, *Rome in the Middle Ages,* sv. 2, str. 329 i Johann Joseph Ignaz Döllinger, *Fables Respecting the Popes of the Middle Ages* (London, 1871.).

"Lažni spisi" spomenuti u tekstu uključuju i Pseudoizidorove dekretale, zajedno s drugim krivotvorinama. Pseudoizidorovi dekretali su izmišljena pisma pripisana prvim papama od Klementa (100. godina) do Grgura Velikog (600. godina), uključena u jednu zbirku iz devetog stoljeća koju je navodno načinio "Isidorus Mercator". Ime "Pseudoizidorovi dekretali" bilo je u uporabi od samog početka kriticizma u petnaestom stoljeću. Pseudoizidor je kao osnovu svojih krivotvorina uzeo zbirku neospornih kanona nazvanih *Hispana Gallica Augustodunensis,* umanjujući tako opasnost od raskrinkavanja, budući da su zbirke kanona inače pravljene dodavanjem novog materijala starome. Tako su ove krivotvorine bile manje očite jer su bile uključene u istiniti materijal. Laž Pseudoizidorskih izmišljotina je danas nepobitno priznata, jer je dokazana unutarnjim dokazima, ispitivanjem izvora, upotrijebljenim metodama i činjenicom da je taj materijal bio nepoznat prije 852. godine. Povjesničari se slažu da je 850. ili 851. godina najvjerojatniji datum za dovršenje ove zbirke, budući da je dokument prvi put citiran u *Admonitio* kaptola u Quiercyju 857. godine.

Autor ovih krivotvorina nije poznat. Moguće je da su potekle od agresivne nove crkvene stranke nastale u devetom stoljeću u Rheimsu u Francuskoj. Stručnjaci se slažu da je rheimski biskup Hincmar upotrijebio Dekretale prigodom svrgavanja Rothada Soissonskog, koji ih je donio 864. u Rim i predao papi Nikoli I. Među onima koji su izrazili sumnju u njihovu autentičnost bili su Nicholas iz Cuse (1401.–1464.), Charles Dumoulin (1500.–1566.) i George Cassender (1513.–1564.). Neoborivi dokaz njihove lažnosti pružio je David Blondel 1628. godine.

Jedno od ranih izdanja nalazi se u *Migne Patrolgia Latina,* CXXX. Najstariji i najbolji rukopis je u P. Hinschius, *Decretales Pseudo-Isidorianiae at capitula Angilramni* (Leipzig, 1863.). Ispitaj *The New Schaff-Herzog Encyclopedia of Religious Knowledge* (1950.), sv. 9, str. 343–345. Vidi i H. H. Milman, *Latin Christianity* (9 sv.), sv. 3; Johann Joseph Ignaz von Döllinger, *The Pope and the Council* (1869.); i Kenneth Scott Latourette, *A History of the Expansion of Christianity* (1939.), sv. 3; *The Catholic Encyclopedia,* sv. 5, čl. "False Decretals" i Fournier, "Etudes sure les Fausses Decretals" u *Revue d'Historique Ecclesiastique* (Louvain), sv. 7 (1906.) i sv. 8 (1907.).

Stranica 44. HILDEBRANDOV DIKTAT (Grgur VII). – Izvorni latinski tekst u Baroniusovom *Annales Ecclesiastici,* ann. 1076., sv. 17

str. 405.406. tiskano u Parizu 1869. i *Monumenta Germaniae Historica Selecta*, sv. 3 str. 17. Za engleski prijevod vidi Frederic A. Ogg, *Source Book of Medieval History* (New York: American Book Co., 1907.), pogl. 16, odsjek 45, str. 262–264. Oliver J. Thatcher i Edgar H. McNeal, *Source Book for Medieval History* (New York: Ch. Scribner's Sons, 1905.), odsjek 3, predmet 65, str. 136–139. Za raspravu o pozadini spisa *Dictate*, vidi James Bryce, *The Holy Roman Empire*, rev. izdanje, pogl. 10 te James W. Thompson i Edgar N. Johnson, *An Introduction to Medieval Europe*, 300.–1500. godine, str. 377–380.

Stranica 45. ČISTILIŠTE. – Dr. Jospeh Faa Di Bruno ovako definira čistilište: "Čistilište je stanje patnje nakon ovog života u koje su za neko vrijeme zatvorene one duše koje odlaze iz ovog života nakon što su njihovi smrtni grijesi oprošteni što se tiče mrlje i krivnje, i vječnih muka koje su zaslužili, ali koji na račun tih grijeha još uvijek moraju platiti dug ovozemaljske kazne, kao i duše koje napuste ovaj svijet krive samo za lake grijehe." (*Catholic Belief*, izd. 1884., imprimatur njujorškog nadbiskupa), str. 196.

Vidi i K. R. Hagenbach, *Compendium of the History of Doctrines* (T. i T. Clark, izd.) sv. 1., str. 234–237. 405.408; sv. 2, str. 135–150. 308.309; Charles Elliot, *Delineation of Roman Catholicism*, knj. 2, pogl. 12; *The Catholic Encyclopedia*, sv. 12, članak "Purgatory".

Stranica 46. OPROŠTAJNICE. – Za detaljnu povijest učenja o oproštajnicama vidi Mandell Creighton, *A History of the Papacy From the Great Shism in the Sack of Rome* (London: Longmans, Green and Co., 1911.), sv. 5, str. 55–64. 71; W. H. Kent, "Indulgences", *The Catholic Encyclopedia*, sv. 7, str. 783–789; H. C. Lea, *A History of Auricular Confession and Indulgences in Latin Church* (Philadelphia: Lea Brothers and Co., 1896.); Thomas Lindsay, *A History of Reformation* (New York: Ch. Scribner's Sons, 1917.), sv. 1, str. 216–227; Albert H. Newman, *A Manual of Church History* (Philadelphia: The American Baptist Pub. Society, 1953.), sv. 2, str. 53.54.62; Leopold Ranke, *History of Reformation in Germany* (London, 2. izd., 1845.), prijevod Sarah Austin, sv. 1, str. 331. 335–337. 343–346; Preserved Smith, *The Age of Reformation* (New York: Henry Holt and Co., 1920.), str. 23–25. 66.

O praktičnom djelovanju učenja o oproštajnicama tijekom razdoblja reformacije vidi rad dr. H. C. Lea pod naslovom "Indulgences in Spain", objavljenom u *Papers of the American Society of Church History*, sv. 1, str. 129–171. O vrijednosti ovog povijesnog gledišta dr. Lea kaže u svom uvodnom ulomku: "Nedirnuta sukobom koji je bjesnio između Luthera i dr. Ecka i Silvestera Prieriasa, Španjolska je smireno nastavila starim utabanim putem, pa nas opskrbljuje nepobitnim službenim dokumentima koji nam omogućuju da stvar ispitamo u čisto povijesnom svjetlu."

Stranica 46. MISA. – Za nauk o misi kako je iznesen na koncilu u Trentu vidi *The Canons and Decrees of the Council of Trent* u Philip Schaff, *Creeds of Christendom*, sv. 2, str. 126–139, gdje nalazimo latinski i engleski tekst. Vidi i H. G. Schroeder, *Canons and Decrees of the Council of Trent* (St. Louis, Missouri: B. Herder, 1941.). Za raspravu o misi vidi *The Catholic Encyclopedia*, sv. 5, članak "Eucharist" Josepha Pohlea, str. 572 i dalje; Nicolaus Gihr, *Holy Sacrifice of the Mass, Dogmatically, Liturgicalli, Ascetically Explained*, 12. izdanje. (St. Louis, Missouri: B. Herder, 1937.); Joseph Andreas Jungmann, *The Mass of the Roman Rite, Its Origins and Development*, prijevod s njemačkog Francis A. Brunner (New York: Benziger Bros., 1951.). Za nekatoličko stajalište vidi John Calvin, *Institutes of the Christian Religion*, knj. 4, pogl. 17. i 18., i Edward Bouverie Pusey, *The Doctrine of the Real Presence* (Oxford: John H. Parker, 1855.).

Stranica 51. VALDENŠKI PRIJEVODI BIBLIJE. – O nedavnim otkrićima valdenških rukopisa vidi M. Esposito, "Sur quelques manuscrits dè l'ancienne littérature des Vaudois du Piémont", u *Revue d'Historique Ecclésiastique* (Louvain, 1951.), str. 130 i d.; F. Jostes, "Die Waldenserbibeln", u *Historisches Jahrbuch*, 1894.; D. Lortsch, *Historie de la Bible en France* (Paris, 1910.), pogl. 10.

Klasično je djelo napisao jedan od valdenških "barba", Jean Legèr, *Histoire Générale des Églises Évangélique des Vallées de Piémont* (Leyden, 1669.); pisano je u vrijeme velikog progonstva i sadrži informacije s crtežima iz prve ruke.

Za literaturu valdenških tekstova vidi A. de Stefano, *Civilta Medioevale* (1944.) i *Riformatori ed eretici nel medioeve* (Palermo, 1938.); J. D. Bounous, *The Waldensian Patois of Pramol* (Nashville, 1936.) i A. Dondaine, *Archivum Fratrum Praedicatorum* (1946.).

U vezi s poviješću Valdenza neka od novijih pouzdanih djela jesu: E. Comba, *History of the Waldenses in Italy* (vidi kasnije talijansko izdanje objavljeno u Torre Pellice, 1934.); E. Gebhart, *Mystics and Heretics* (Boston, 1927.); G. Gonnet, *Il Valdismo Medioevale, Prolegomeni* (Torre Pellice, 1935.) i Jalla, *Historie des Vaudois et leurs colonies* (Torre Pellice, 1935.).

Stranica 51. SUBOTA MEĐU VALDENZIMA. – Ima pisaca koji su tvrdili da su Valdenzi običavali svetkovati subotu. Ovaj je zaključak

načinjen na osnovi izvora koji na izvornom latinskom opisuju valdenze da svetkuju *dies dominicalis* ili Gospodnji dan (nedjelju), ali u kojima je postupkom koji datira od reformacije riječ "nedjelja" prevedena sa "subota".
Ali postoje povijesni dokazi o nekima među valdenzima koji su svetkovali subotu. Prema izvješću inkvizicije, pred koju su izvedeni neki valdenzi iz Češke sredinom petnaestog stoljeća, među valdenzima je "ne malo njih slavilo subotu zajedno sa Židovima". (Johann Joseph von Döllinger, *Beitrage zur Sektengeschichte der Mittelalters [Izvješća o povijesti sekti u srednjem vijeku]*, München, 1890., 2. izd., str. 661) Nema sumnje da ovaj izvor upućuje na svetkovanje sedmog dana, subote.

Stranica 60. EDIKT PROTIV VALDENZA. – Priličan dio teksta papinske bule Inocenta VIII. 1487. godine protiv valdenza (original se nalazi na Sveučilištu u Cambridgeu) nalazimo u engleskom prijevodu u djelu John Dowlinga, *History of Romanism* (izd. 1871.), knj. 6, pogl. 5, dio 62.

Stranica 67. WYCLIFFE. – Povjesničar će ustanoviti da se ime Wycliffe izgovara na mnogo različitih načina. Cjelovitu raspravu o tome nalazimo u djelu J. Dahmija, *The Prosecution of John Wyclyf* (New Haven: Yale University Press, 1952.), str. 7.

Stranica 68. NEPOGREŠIVOST. – Vidi bilješku za stranicu 39.
Za izvorni tekst papinih bula izdanih protiv Wycliffea s engleskim prijevodom vidi J. Dahmus, *The Prosecution of John Wyclif* (New Haven: Yale University Press, 1952.), str. 35–49; isto tako John Foxe, *Acts and Monuments of the Church* (London: Pratt Townsend, 1870.), sv. 3, str. 4–13.
Za sažetak ovih bula poslan Canterburyjskom nadbiskupu, kralju Edwardu i kancelaru Oxfordskog sveučilišta, vidi Merle d'Aubigné, *The History od the Reformation in the Sixteenth Century* (London: Blackie and Son, 1885.), sv. 4, dio 7, str. 93; August Neander, *General History of the Christian Church* (Boston: Crocker and Brester, 1862.), sv. 5, str. 146. 147; George Sargeant, *History of the Christian Church* (Dallas: Frederick Pub. House, 1948.), str. 323; Gotthard V. Lechler, *John Wycliffe and His English Precursors* (London: The Religious Tract Society, 1878.), str. 162–164; Philip Schaff, *History of the Christian Church* (New York: Ch. Scribner's Sons ,1915.), sv. 5, dio 2, str. 317.

Stranica 81. KONCIL U KONSTANZU. – Primarni izvor podataka o Koncilu u Konstanzu je Richendal Ulrich, *Das Concilium so zu Constanz gehalten ist worden* (Augsburg, 1483.). Jedna zanimljiva, nedavna studija ovog teksta zasnovanog na "Aulendorf Codexu" nalazi se u Spencerovoj zbirci njujorške Public Library, izdana po Karlu Küpu, *Ulrich von Richental's Chronicle of the Council of Constance* (New York, 1936.). Također vidi H. Finke (ur.), *Acta Concilii Constanciensis* (1896.), sv. 1; Hefele, *Conciliengeschichte* (9 svezaka), sv. 6 i 7; L. Mirbt, *Quellen zur Geschichte des Papsttums* (1934.); Milman, *Latin Christianity*, sv. 7, str. 426–524; Pastor, *The History of the Popes* (34 sveska), sv. 1, str. 194. i dalje.

Novije publikacije o koncilu su K. Zähringer, *Das Kardinal Kollegium auf dem Konstanzer Konzil* (Münster, 1935.); Th. F. Grogau, *The Conciliar Theory as It Manifested Itself at the Council of Constance* (Washington, 1949.); Fred A. Kremple, *Cultural Aspects of the Council of Constance and Basel* (Ann Arbor, 1955.); John Patrick McGowan, *D'Ailly and the Council of Constance* (Washington: Catholic University, 1936.).

Za Jana Husa vidi Jan Hus, *Letters,* 1904.; E. J. Kitts, *Pope John XXIII and Master John Hus* (London, 1910.); D. S. Schaff, *John Hus* (1915.) Schwarze, *John Hus* (1915.); i Matthew Spinka, *John Hus and the Czech Reform* (1941.).

Stranica 184. ISUSOVCI. – Za izvještaj o podrijetlu, načelima i ciljevima "Isusove družbe", kako su ih opisali članovi ovog reda, vidi djelo pod naslovom *Concerning Jesuits,* urednik Rev. John Gerard, S. J. izdano u Londonu 1902. godine od strane Catholic Truth Society. U ovom djelu stoji: "Osnova cijele organizacije Družbe je duh potpune poslušnosti: 'Neka svatko', piše sv. Ignacije, 'osvjedoči sebe da oni koji žive pod poslušnošću trebaju dopustiti da ih Providnost pokreće i usmjerava preko njihovih nadstojnika, kao da su mrtvo tijelo koje dopušta da ga nose bilo gdje i da se s njim postupa bilo kako, ili kao štap starca koji služi onome koji ga drži u ruci onako kako to on želi.'

Ova apsolutna pokornost oplemenjena je pobudom i treba biti, nastavlja... osnivač, 'trenutačna, radosna i ustrajna... poslušni vjernik radosno ostvaruje ono što su mu njegovi pretpostavljeni povjerili za opće dobro, uvjeren da time doista čini božansku volju.'" (The Comtesse R. de Courson u *Concerning Jesuits,* str. 6).

Vidi također L. E. Dupin, *A Compendious History of the Church,* 16. st., pogl. 33 (London, 1713.), sv. 4, str. 132–135; Mosheim, *Ecclesiastical History,* 16. st., odsjek 3, točka 1, pogl. 1, par. 10 (uključujući i bilješke); *The Encyclopedia Britannica* (9. izd.), članak "Jesuits"; C. Paroissen, *The Priciples of Jesuits, Developed in a Collection of Extracts From Their Own Authors* (London, 1860. – jedno ranije izdanje pojavilo se 1839.); W. C. Cartwright, *The Jesuits, Their Consti-*

544　　　*Veliki sukob*

tution and Teaching (London, 1876.); E. L. Taunton, *The History of the Jesuits in England,* 1580.–1773. (London, 1901.).
Vidi također H. Boehmer, *The Jesuits* (prijevod s njemačkog, Castle Press, 1928.); E. Goethein, *Ignatius Loyola and the Gegenreformation* (Halle, 1895.); T. Campbell, *The Jesuits, 1534.–1921.* (New York, 1922.); E. L. Taunton, *The History of the Jesuits in England,* 1580.–1773. (London, 1901.).

Stranica 185. INKVIZICIJA. – Za rimokatoličko gledište vidi *The Catholic Encyclopedia,* sv. 8, članak "Inquisition", Josepha Blötzera, str. 26 i dalje. i E. Vacandard, *The Inquisition: A Critical and Historical Study of the Coercive Power of the Church* (New York: Longmans, Green and Co., 1908.).
Za anglikansko gledište vidi Hoffman Nickerson, *The Inquisition: A Political and Military Study of Its Establishment.* Za nekatoličko gledište vidi Philip Van Limborch, *History of the Inquisition;* Henry Charles Lea, *A History of the Inquisition of the Middle Ages,* 3. svezak; *A History of the Inquisition of Spain,* 4. svezak i *The Inquisition in the Spanish Dependencies* i H. S. Turberville, *Medieval Heresy and the Inquisition* (London: C. Lockwood and Son, 1920. – pomirljivo gledište).

Stranica 210. UZROCI FRANCUSKE REVOLUCIJE. – U vezi s dalekosežnim posljedicama odbacivanja Biblije i biblijske religije francuskog naroda vidi H. von Sybel, *History of the French Revolution,* knj. 5, pogl. 1, odsjeci 3–7; Henry Thomas Buckle, *History of Civilization in England,* pogl. 8, 12, 14 (New York, 1895.), sv. 1, str. 364.–366. 369.–371. 437. 540. 541. 550; *Blackwood's Magazine,* sv. 34, br. 215 (studeni 1833.), str. 739; J. G. Lorimer, *An Historical Sketch of the Protestant Church in France,* pogl. 8, odsjeci 6 i 7.

Stranica 212. NASTOJANJA DA SE POTISNE I UNIŠTI BIBLIJA. – Na koncilu u Toulousi, koji se sastao u vrijeme križarskog pohoda protiv Albigenza, odlučeno je: "Zabranjujemo laicima da posjeduju primjerke Starog i Novog zavjeta... Najstrože im zabranjujemo da imaju gornje knjige na narodnom jeziku." "Upravljači distrikta trebaju pažljivo potražiti krivovjerce u nastambama, straćarama i šumama, a njihova podzemna skrovišta treba potpuno uništiti." (*Council Tolosanum, Pope Gregory IX, Anno. chr. 1229.,* kanoni 14 i 2)
"Ova se kuga [Biblija] toliko proširila da su neki imenovali vlastite svećenike, i čak neke evanđeliste koji iskrivljuju i razaraju istinu evanđelja i stvaraju nova evanđelja za svoje ciljeve... (oni znaju da) je propovijedanje i tumačenje Biblije laicima apsolutno zabranjeno." (*Acts*

of Inquisition, Philip van Limborch, *History of the Inquisition*, pogl.
8)
	Na koncilu u Tarragoni 1234. je zaključeno: "Nitko ne smije
posjedovati knjige Staroga i Novoga zavjeta na romanskom jeziku i ako
ih tko ima, mora ih predati mjesnom biskupu u roku od osam dana
od proglašenja ovog dekreta, kako bi bile spaljene da klerik ili laik
ne bi bili osumnjičeni i sasvim oslobođeni sumnje." (D. Lortsch, *His-
toire de la Bible en France*, str. 14, 1910.)
	Na koncilu u Konstanzu 1415. godine Arundel, Canterburyjski
nadbiskup, posmrtno je prokleo Wycliffea kao "tog kužnog bijednika
prokletog krivovjerja koji je smislio novi prijevod Pisma na svom ma-
terinskom jeziku".
	Protivljenje rimokatoličke Crkve prema Bibliji nastavljeno je tije-
kom stoljeća i bilo posebno pojačano u vrijeme osnivanja Biblijskih
društava. Osmog prosinca 1866. godine je papa Pio IX., u svojoj enciklici
Quanta cura izdao silabus sa osam zabluda pod deset različitih na-
slova. Pod naslovom IV nalazimo nabrojeno: "Socijalizam, komunizam,
tajna društva, Biblijska društva... Kuga te vrste mora se uništiti svim
mogućim sredstvima."

	Stranica 217. STRAHOVLADA. – Pouzdan, kratak uvod u povi-
jest Francuske revolucije pruža L. Gershoy, *The French Revolution*
(1932.); G. Lefebvre, *The Coming of the French Revolution* (Princeton,
1947.) i H. von Sybel, *History of the French Revolution* (1869.), 4.
svezak.
	Moniteur Officiel su bile vladine novine u vrijeme Francuske revo-
lucije; one su primarni izvor jer sadrže činjenična izvješća o odluka-
ma Skupštine, pun tekst dokumenata i drugo. Postoji reprint. Vidi
također A. Aulard, *Christianity and the French Revolution* (London,
1927.) u kojem nalazimo izvješća sve do 1802. godine – izvanredna
studija; W. H. Jervis, *The Gallican Church and the Revolution* (London,
1882.), brižljivo načinjeno djelo anglikanca koji pokazuje naklonost
prema katolicizmu.
	O odnosu između Crkve i države u Francuskoj tijekom Francu-
ske revolucije vidi Henry H. Walsh, *The Concordate of 1801: A Study
of Nationalism in Relation to Church and State* (New York, 1933.);
Charles Ledre, *L'Église de France sous la Révolution* (Paris, 1949.).
	Neke suvremenije studije o vjerskom značaju Revolucije su G. Chais
de Sourcesol, *Le Livre des Manifestes* (Avignon, 1800.) u kojoj pisac
nastoji odrediti uzroke pobune, njen vjerski značaj i drugo; James
Bicheno, *The Signes of the Times* (London, 1794.); James Winthorp,
A Systematic Arrangement of Several Scripture Prophecies Relating

to Antichrist; With Their Application to the Course of History (Boston, 1795.) i Lathorp, *The Prophecy of Daniel Relating to the Time of End* (Springfield, Massachusetts, 1811.). O Crkvi tijekom Revolucije vidi W. M. Sloan, *The French Revolution and Religious Reform* (1901.); P. F. La Gorce, *Histoire Religieuse de la Révolution* (Paris, 1909.). O odnosu s papinstvom vidi G. Bourgin, *La France et Rome de 1788.–1797.* (Paris, 1808.), zasnovan na tajnim vatikanskim dokumentima; A Latreille, *L'Église Catholique et la Révolution* (Paris, 1950.), posebno zanimljivo o Piju VI. i vjerskoj krizi 1775.–1799. O protestantima tijekom Revolucije vidi Pressensé (urednik), *The Reign of Terror* (Cincinnati, 1869.).

Stranica 221. MASE I PRIVILEGIRANI STALEŽI. – U vezi s prilikama koje su prevladavale u Francuskoj prije razdoblja Revolucije vidi H. von Holst, *Lowell Lectures on the French Revolution*, predavanje 1; također Taine, *Ancien Régime* i A. Young, *Travels in France*.

Stranica 223. ODMAZDA. – Za daljnje pojedinosti o osvetničkom karakteru Francuske revolucije vidi Thos. H. Gill, *The Papal Drama*, knj. 10; Edmond de Pressensé, *The Church and the French Revolution*, knj. 3, pogl. 1.

Stranica 224. ZVJERSTVA STRAHOVLADE. – Vidi M. A. Thiers, *History of the French Revolution*, sv. 3, str. 42–44. 62–74. 106 (New York, 1890., prijevod F. Shoberl); F. A. Mignet, *History of the French Revolution*, pogl. 9, odsjek 1 (Bohn, 1894.); A. Alison, *History of Europe*, 1789.–1815., sv. 1, pogl. 14, str. 293.–312. (New York, 1872.).

Stranica 227. ŠIRENJE SVETOGA PISMA. – Prema gosp. Williamu Cantonu iz Britanskog i inozemnog biblijskog društva, 1804. godine "sve Biblije što su postojale u svijetu, u rukopisu ili tiskane, računajući sve prijevode u svakoj zemlji, nisu zajedno brojale nešto više od četiri milijuna... Različitih jezika na kojima je bilo napisano tih četiri milijuna primjeraka, uključujući takve zastarjele govore kao što je moesogotski iz Ulfilasa i anglosaksonski kojim se Beda služio, bilo je oko pedeset." (*What Is the Bible Society?* pregl. izdanje 1904., str. 23) Američko biblijsko društvo izvijestilo je da je od 1816. do 1955. godine izdalo 481,149.365 Biblija, Zavjeta i dijelova Zavjeta. Ovome se može dodati preko 600 milijuna Biblija ili njezinih dijelova što ih je izdalo Britansko i inozemno biblijsko društvo. Samo 1955. godine je Američko biblijsko društvo rasprostranilo ukupno 23,819.733 Biblije, Novih zavjeta i njegovih dijelova po svijetu.

Biblija je čitava ili u dijelovima do prosinca 1955. godine objavljena na 1.092 jezika, a do 2010. godine na više od dvije tisuće jezika. Najnovije podatke o prijevodima i širenju Svetog pisma pogledajte na: www.biblesociety.org.

Stranica 227. STRANE MISIJE. – Misionarska aktivnost prve kršćanske Crkve nije bila udvostručena do naših dana. Ona je zapravo izumrla oko 1000. godine i nadomještena vojnim križarskim pohodima. U vrijeme reformacije bilo je malo misionarskog rada u drugim zemljama, osim od strane isusovaca. Pijetističko buđenje dalo je i neke misionare. Djelo moravske (češke) Crkve u 18. stoljeću bilo je značajno, a Britanci su za rad u koloniziranoj Sjevernoj Americi osnovali neka misionarska društva. Ali snažna pojava aktivnosti stranih misija počinje oko 1800. godine, u vrijeme "svršetka" (Dn 12,4). Godine 1792. osnovano je Baptističko misionarsko društvo koje je poslalo Careya u Indiju. Godine 1795. osnovano je Londonsko misionarsko društvo i još jedno Društvo 1799. godine, koje je 1812. postalo Crkveno misionarsko društvo. Ubrzo nakon toga osnovano je Wesleyevo misionarsko društvo. U Sjedinjenim Američkim Državama osnovan je 1812. Odbor za strane misije, a Adoniram Judson je te godine poslan u Calcuttu. On se iduće godine preselio u Burmu. Godine 1814. osnovana je Američka baptistička misionarska unija. Prezbiterijanski odbor za strane misije osnovan je 1837. godine.

"Oko 1800. godine... velika većina kršćana su bili potomci onih koji su bili pridobijeni prije 1500. godine... U devetnaestom stoljeću došlo je do daljnjeg širenja kršćanstva. Ono nije ušlo u toliko kontinenata ili poznatih zemalja po prvi put kao u prethodna tri stoljeća. To bi bilo nemoguće, jer se kršćanstvo prije 1800. godine proširilo na sve veće zemljine površine osim Australije i među sve brojnije narode i u sva područja visoke civilizacije. Sada je došlo do stvaranja svježih uporišta u područjima i među već pridobijenim ljudima, da proširenja nezamislivog dometa kako iz starih tako i iz novih uporišta, kao i do ulaska kršćanstva u većinu zemalja, otoka, naroda i plemena koja ranije nisu bila dotaknuta...

U devetnaestom stoljeću širenju kršćanstva pridonijelo je prvenstveno novo izbijanje vjerskog života kojemu je kršćanstvo dalo poticaj... Nikada u jednom takvom sličnom razdoblju vremena kršćanski impuls nije potaknuo tako veliki broj novih pokreta. Nikada nije tako snažno utjecalo na zapadnoeuropske narode. Iz ovog obilja snage potekli su misionarski pothvati koji su tijekom devetnaestog stoljeća povećali brojčanu snagu i utjecaj kršćanstva." (Kenneth Scott Latourette, *A History of the Expansion of Cristianity*, sv. IV, *The Great*

Century A.D. 1800.–A.D. 1914., New York: Harper & Brothers, 1941., str. 2–4.)

Stranica 258. i 259. PROROČKI DATUMI. – Prema hebrejskom računanju peti mjesec (Ab) sedme godine Artakserksove vladavine padao je od 23. lipnja do 21. srpnja 457. godine prije Krista. Nakon Ezrina dolaska u Jeruzalem ujesen te godine, kraljev je dekret stupio na snagu. Za sigurnost da je 457. prije Krista sedma godina kralja Artakserksa vidi S. H. Horn i L. H. Wood, *The Chronology of Ezra 7* (Washington, D.C: Review and Herald Pub. Assn., 1953.); E. G. Kraeling, *The Brooklyn Museum Aramaic Papyri* (New Haven ili London, 1953.), str. 191–193; *The Seventh-day Adventist Bible Commentary* (Washington, D.C: Review and Herald Pub. Assn., 1954.), sv. 3, str. 97–100.

Stranica 264. PAD OTOMANSKOG CARSTVA. – Utjecaj muslimanske Turske na Europu nakon pada Konstantinopolja 1453. godine jednako je snažno djelovao kao i katastrofalno osvajanje muslimanskih Saracena tijekom stoljeća i pol nakon Muhamedove smrti na Istočnorimski Imperij. U razdoblju reformacije Turska je bila stalna prijetnja istočnim vratima europskog kršćanstva; spisi reformatora su puni osude otomanske sile. Kršćanski su pisci zbog toga bili zaokupljeni ulogom Turske u budućim događajima u svijetu, a komentatori proročanstava smatrali su da je Turska kao sila i njen postupni pad proročen u Svetome pismu.

U poglavlju što slijedi, u proročanstvu "za sat, za dan, za mjesec i za godinu", kao dijela šeste trube, Josiah Litch je izradio primjenu vremena proročanstva, tvrdeći da će Turska izgubiti nezavisnost u srpnju 1840. godine. Litchovo gledište se u cijelosti može naći u njegovom *The Probability of the Second Coming of Christ About A.D. 1843.* (izdano u lipnju 1838. godine); *An Adress to the Clergy* (objavljeno u proljeće 1840; drugo izdanje, s povijesnim podacima što podupiru točnost ranijih računanja ovog proročkog razdoblja koje seže do pada Otomanskog Imperija, objavljeno je 1841. i jedan članak u *Signs of the Times and Expositor of Prophecy,* 1. srpnja 1840. Vidi također *Signs of the Times and Expositor of Prophecy,* 1. veljače 1841. godine i J. N. Loughborough, *The Great Advent Movement* (1905.), str. 129–132. Knjiga Uriah Smitha, *Thoughts on Daniel and the Revelation,* pregl. izd. 1944., raspravlja o ispunjenju ovog proročanstva na str. 506–517.

Za raniju povijest Otomanskog Imperija i opadanja turske moći vidi i William Miller, *The Ottoman Empire and Its Successors,* 1801.–1927. (Cambridge University Press, 1936.); George G. S. L. Eversley, *The Turkish Empire From 1288. to 1914.* (London: T. Fisher Unwin,

Ltd, 2. izd. 1923.); Joseph van Hammer-Purgstall, *Geschichte des Os-mannischen Reiches* (Pesth: C. A. Hartleben, 2. izd. 1834–1836), 4. svezak; Herbert A. Gibbons, *Foundation of the Ottoman Empire, 1300– 1403* (Oxford Univerity Press, 1916.); Arnold J. Toynbee i Kenneth B. Kirkwood, *Turkey* (London, 1926.).

Stranica 269. USKRAĆIVANJE BIBLIJE NARODU. – O stajalištu Rimokatoličke crkve prema širenju Svetog pisma prevedenog na narodne jezike među laicima vidi *The Catholic Encyclopedia,* članak "Bible"; vidi i G. P. Fisher, *The Reformation,* pogl. 15, odsjek 16 (1873.), str. 530–532; J. Cardinal Gibbons, *The Faith of Our Fathers,* pogl. 8 (49. izd.), str. 98–117; John Dowling, *History of Romanism,* knj. 7, pogl. 2, dio 14 i knj. 9, pogl. 3, dijelovi 24–27 (1871.), str. 491– 496., 621–625; L. F. Bungener, History of the Council of Trent, str. 101–110 (2. izd. Edinburgh, 1853., prijevod D. D. Scott); G. H. Putnam, *Books and Their Makers During the Middle Ages,* sv. 1, pogl. 2, odsjek 49. 54–56.

Vidi također William Muir, *The Arrested Reformation* (Morgan and Scott, 1912.), str. 37–43; Harold Grimm, *The Reformation Era* (Macmillan, 1954.), str. 285; *Index of Prohibited Books* (Vatican Polyglot Press, 1930.), str. ix i x; Timothy Hurley, *A Commentary on the Present Index Legislation* (New York: Benziger Brothers 1908.), str. 71; *Translation of the Great Encyclical Letters of Leo XIII* (New York: Benziger Brothers 1903.), str. 413.

Stranica 295. ODJEĆA ZA UZAŠAŠĆE. – Priču da su adventisti izradili odjeću kojom bi uzašli "u susret Gospodinu" izmislili su oni koji su željeli baciti ljagu na propovijedanje Drugog dolaska. Nju su tako marljivo širili da su je mnogi povjerovali, ali pažljivo istraživanje je pokazalo njezinu neistinitost. Niz godina važila je ponuda prilične nagrade za dokaz da se tako što dogodilo, ali dokaza nije bilo. Nitko tko se radovao Spasiteljevu dolasku nije bio toliko neupućen u biblijsko učenje da bi pretpostavio potrebu za izradom odjeće za takvu prigodu. Jedina odjeća što će svetima biti potrebna da sretnu Gospodina jest Kristova pravednost. Vidi Izaija 61,10; Otkrivenje 19,8.

Za temeljito pobijanje legende o odjeći za uzašašće vidi Francis D. Nichol, *Midnight Cry* (Washington, D.C.: Review and Herald Pub. Assn., 1944.), pogl. 25–27 i Dodatke H–J. Vidi također LeRoy Edwin Froom, *Prophetic Faith of Our Fathers* (Washington; D.C.: Review and Herald Pub. Assn., 1954.), sv. 4, str. 822–826.

Stranica 296. PROROČKA KRONOLOGIJA. – Dr. George Bush, profesor katedre za hebrejsku i orijentalnu literaturu na Sveučilištu u New Yorku, iznio je u pismu naslovljenom na Williama Millera i objavljenom u *Advent Herald i Signs of the Times Reporter* 6. i 13. ožujka 1844. godine nekoliko važnih priznanja vezanih uz njegovo računanje proročkog vremena. Dr. Bush je pisao:

"Ne treba kritizirati, smatram, ni vas ni vaše prijatelje što ste posvetili dosta vremena proučavanju *kronologije* proroštva i što ste se trudili da odredite početak i kraj datuma njegovih velikih razdoblja. Ako je ova razdoblja zbilja dao Sveti Duh u proročkim knjigama, to je bilo nesumnjivo s nakanom da se proučavaju, a vjerojatno, na koncu, i sasvim razumiju; i ne treba optuživati za umišljenu ludost nikoga tko to pokuša učiniti... Uzimajući jedan *dan* kao proročki izraz za *godinu*, uvjeren sam da ste ostali kod najzdravije egzegeze što je podupiru tako časna imena kao što su Mede, Sir Isaac Newton, biskup Newton, Kirby, Scott, Keith i mnoštvo drugih koji su po tom pitanju odavno došli do *zapravo* vaših zaključaka. Svi se oni slažu da vodeća razdoblja spomenuta od strane Daniela i Ivana trebaju isteći nekako u *ovom razdoblju svijeta* i bilo bi nelogično osuditi vas za krivovjerje zbog zapravo istih gledišta koja su tako vidljivo istaknuta u bilješkama ovih eminentnih teologa." "Vaši rezultati na ovom području istraživanja ne utječu na mene toliko da bi to izazvalo neko veliko zanimanje za istinitost ili dužnost." "Vaša je greška, čini mi se, u nečemu drugom a ne u *kronologiji*." "Vi ste pogriješili u vezi s događajima koji se trebaju zbiti nakon završetka ovih razdoblja. Zbog toga je vaše tumačenje izloženo napadu." Vidi također LeRoy Edwin Froom, *Prophetic Faith of Our Fathers* (Washington, D.C.: Review and Herald Pub. Assn., 1950.), sv. 1, pogl. 1. i 2.

Stranica 345. TROSTRUKA PORUKA. – Otkrivenje 14,6.7 proriče navješćivanje poruke prvog anđela. Zatim prorok nastavlja: "Drugi anđeo nastupi za njim vičući: 'Pade, pade veliki Babilon...' Treći anđeo nastupi za njima." Obrati pozornost na riječi "nastupi za njima". Vidi Henry George Little and Robert Scott, *Greek English Lexicon* (Oxord, Clarendon Press, 1940.), sv.1, str. 52. One znače i "pratiti". Vidi George Abbot-Smith, *A Manual Greek Lexicon of the New Testament* (Edinburgh: T. and T. Clark, 1950.), str.15. To je ista riječ koju je Isus upotrijebio u Marku 5,24: "Tada pođe s njim. Sav je narod išao za njim i tiskao se oko njega." Nalazimo je i kod 144.000 spašenih u Otkrivenju 14,4, gdje stoji: "Oni *prate* Janje kud god ono ide." U oba slučaja očita je misao zajedništva, biti u društvu. Tako je i u 1. Korinćanima 10,4, gdje čitamo o tome da su Izraelci "pili... naime, iz duhovne stijene koja ih je *pratila*, a ta stijena bješe Krist", riječ "pratila" ista grčka riječ. Iz ovog saznajemo da misao u Otkrivenju 14,8.9 nije samo da drugi i treći anđeo u određenom trenutku slijede prvoga, već da idu zajedno s njim. Te su tri poruke jedna, trostruka vijest. Tri su samo s obzirom na red kojim se javljaju. Ali kad se pojave, one idu zajedno i nerazdvojne su.

Stranica 353. VRHOVNA VLAST RIMSKIH BISKUPA. – Za glavne okolnosti koje su dovele do umišljene supremacije rimskih biskupa vidi Robert Francis Cardinal Bellarmine, *Power of the Popes in Temporal Affairs* (u Kongresnoj knjižnici u Washingtonu, D.C. postoji engleski prijevod); Henry Edward Cardinal Manning, *The Temporal Power of the Vicar of Jesus Christ* (London: Burns and Lambert, 2. izd., 1862.) i James Cardinal Gibbons, *Faith of Our Fathers* (Baltimore: John Murphy Co., 110. izd., 1917.), pogl. 5, 9, 10 i 12. Od protestantskih autora vidi Trevor Garvase Jalland, *The Church and the Papacy* (London: Society for Promoting Christian Knowledge 1944., Bamptonova predavanja) i Richard Frederick Littledale, *Petrine Claims* (London: Society for Promoting Christian Knowledge, 1899.). Za izvore o Petrovoj teoriji iz prvih stoljeća vidi James T. Shotwell i Louise Ropes Loomis, *The See of Peter* (New York: Columbia University Press, 1927.). O lažnoj "Konstantinovoj darovnici" vidi Christopher B. Coleman, *The Treatise of Lorenzo Valla on the Donation of Constantine* (New York, 1914.) što sadrži čitav latinski tekst i prijevod kao i kompletnu kritiku dokumenta i njegove teze.

Stranica 455. ETIOPSKA CRKVA I SUBOTA. – Donedavno koptska Crkva u Etiopiji svetkovala je sedmi dan, subotu. Etiopljani su svetkovali i nedjelju, prvi dan tjedna tijekom svoje povijesti kao kršćani. Ovi su dani bili obilježeni posebnim službama u crkvama. Međutim svetkovanje sedmog dana, subote, ustvari je prestalo u suvremenoj Etiopiji. Za izvješća očevidaca o blagdanima u Etiopiji vidi Pero Gomes de Teixeira, *The Discovery of Abyssinia by the Portuguese in 1520* (prevedeno na engleski u Londonu: British Museum, 1938.), str. 79; Father Francisco Alverez, *Narrative of the Portuguese Embassy to Abyssinia During the Years 1520–1527* u Records of the Hakluyt Society (London 1881.), sv. 64; str. 22–49; Michael Russel, *Nubia and Abyssinia* (citiran otac Lobo, katolički misionar u Etiopiji 1622.) (New York: Harper & Brothers 1837.), str. 226–229; S. Giacomo Baratti, *Late Travels Into the Remote Countries of Abyssinia* (London: Benjamin Billingsley, 1670.), str. 134–137; Job Ludolphus, *A New History of Ethiopia* (London: S. Smith, 1682.), str. 234–357; Samuel Gobat, *Journal of Three Year's Residence in Abyssinia* (New York: izd. 1850.), str. 55–58. 83–98. Za druga djela što dodiruju ovaj predmet vidi Peter P. Heylyn, *History of the Sabbath*, 2. izd, str. 198–200; Arhur P. Stanley, *Lectures on the History of the Eastern Church*

(New York: Ch. Scribner's Sons, 1882.), predavanje 1, odsjek 1; C. F. Rey, *Romance of the Portugeuse in Abyssinia* (London: F. H. i G. Witherley, 1929.), str. 59. 253–297.

Navedena djela

1.

[1] Milman, The History of the Jews, knj. XIII.
[2] Isto, knj. XIII.
[3] Isto, knj. XVI.
[4] U prijevodu Zagrebačke Biblije umjesto toga stoji: "Uništit ću te, Izraele!"

2.

[1] Tertulian, Apology, paragraf 50.

3.

[1] Kardinal Wiseman, The Real Presence of the Body and Blood of Our Lord Jesus Christ in the Blessed Eucharist, Proved from Scripture, 8. predavanje, dio 3, paragraf 26.
[2] J. A. Wylie, The History of Protestantism, knj. I, pogl. 4.

4.

[1] J. H. Merle D'Aubigné, History of the Reformation of the Sixteenth Century, knj. XVII, pogl. 2.
[2] J. A. Wylie, The History of Protestantism, knj. I, pogl. 7.
[3] Ibid, knj. XVI, pogl. 1.
[4] Ibid., knj. XVI, pogl. 1.

5.

[1] Barnas Sears, The Life of Luther, str. 70. 69.
[2] J. H. Merle D'Aubigné, History of the Reformation of the Sixteenth Century, knj. XVII, pogl. 7.
[3] John Lewis, History of the Life and Sufferings of J. Wyclif, str. 37.
[4] Augustus Neander, General History of the Christian Religion and Church, razdoblje 6, dio 2, točka I, str. 8. (Vidi Dodatak.)
[5] R. Vaughan, Life and Opinions of John de Wycliffe, knj. II, str. 6.
[6] D'Aubigné, knj. XVII, pogl. 7.

[7] J. A. Wylie, The History of Protestantism, knj. II, pogl. 13.
[8] John Foxe, Acts and Monuments, knj. III, str. 49. 50.
[9] D'Aubigné, knj. XVII, pogl. 8.
[10] T. Fuller, Church History of Britain, knj. IV, dio 2, par. 54.

6.

[1] J. A. Wylie, The History of Protestantism, knj. III, pogl. 1.
[2] Isto, knj. III, pogl. 1.
[3] E. De Bonnechose, The Reformers Before the Reformation, sv. 1, str. 87.
[4] Wylie, knj. III, pogl. 2.
[5] Bonnechose, sv. I, str. 147. 148.
[6] Isto, sv. I, str. 148. 149.
[7] Isto, sv. I, str. 247.
[8] Jacques Lenfant, History of the Council of Constance, sv. I, str. 516.
[9] Bonnechose, sv. II, str. 67.
[10] J. H. Merle D'Aubigné, History of the Reformation of the Sixteenth Century, knj. I, pogl. 6.
[11] Bonnechose, sv. II, str. 84.
[12] Isto, sv. II, str. 86.
[13] Wylie, knj. III, pogl. 7.
[14] Isto, knj. III, pogl. 7.
[15] Isto, knj. III, pogl. 7.
[16] Bonnechose, knj. I, str. 234.
[17] Isto, sv. II, str. 141.
[18] Isto, knj. II, str. 146. 147.
[19] Bonnechose, knj. II, str. 151.
[20] Isto, knj. II, str. 151–153.
[21] Wylie, knj. III, pogl. 10.
[22] Bonnechose, sv. II, str. 168.
[23] Wylie, knj. III, pogl. 17.
[24] Isto, knj. III, pogl. 18.
[25] Isto, knj. III, pogl. 19.
[26] Isto, knj. III, pogl. 19.
[27] Ezra Hall Gillett, Life and Times of John Huss, sv. II, str. 570.
[28] Wylie, knj. III, pogl. 19.

7.

[1] J. H. Merle D'Aubigné, *History of the Reformation of the Sixteenth Century*, knj. II, pogl. 2.
[2] Isto, knj. II, pogl. 2.
[3] Isto, knj. II, pogl. 3
[4] Isto, knj. II, pogl. 4.
[5] Isto, knj. II, pogl. 6.
[6] Isto, knj. II, pogl. 6.
[7] Isto, knj. V, pogl. 2.
[8] John C. L. Gieseler, A. *Compendium of Ecclesiastical History*, razdoblje 4, dio I, par. 5.
[9] D' Aubigné, knj. III, pogl. 1.
[10] K. R. Hagenbach, *History of the Reformation*, sv. I, str. 96.
[11] D' Aubigné, knj. 3, pogl. 4.
[12] Isto, knj. III, pogl. 6.
[13] Isto, knj. III, pogl. 6.
[14] Isto, knj. III, pogl. 7.
[15] Isto, knj. III, pogl. 9.
[16] Isto, knj. IV, pogl. 2.
[17] Isto, knj. IV, pogl. 4.
[18] Martyn, *The Life and Times of Luther*, str. 271. 272.
[19] D' Aubigné, knj. IV, pogl. 8. (Londonsko izdanje)
[20] Isto, knj. IV, pogl. 10.
[21] Isto, knj. IV, pogl. 10.
[22] Isto, knj. V, pogl. 1.
[23] Isto, knj. VI, pogl. 2.
[24] Isto, knj. VI, pogl. 2.
[25] Wylie, knj. VI, pogl. 1.
[26] D' Aubigné, knj. VI, pogl. 3.
[27] Isto, knj. VI, pogl. 3.
[28] Isto, knj. VI, pogl. 9. (treće izd., London, Walther, 1840.)
[29] Isto, knj. VI, pogl. 9.
[30] Isto, knj. VI, pogl. 10.
[31] Isto, knj. VI, pogl. 10.
[32] Martyn, str. 372. 373.

8.

[1] J. H. Merle D'Aubigné, *History of the Reformation of the Sixteenth Century*, knj. VI, pogl. 11.
[2] Isto, knj. VII, pogl. 1.
[3] Isto, knj. VII, pogl. 1.
[4] J. A. Wylie, *The History of Protestantism*, knj. VI, pogl. 4.
[5] D' Aubigné, knj. VII, pogl. 3.
[6] Isto, knj. VII, pogl. 4.
[7] Isto, knj. VII, pogl. 4.
[8] Isto, knj. VII, pogl. 6.
[9] Isto, knj. VII, pogl. 7.

[10] Isto, knj. VII, pogl. 7.
[11] Isto, knj. VII, pogl. 7.
[12] Isto, knj. VII, pogl. 7.
[13] Isto, knj. VII, pogl. 7.
[14] Isto, knj. VII, pogl. 8.
[15] Martyn, *The Life and Times of Luther*, str. 393.
[16] D' Aubigné, knj. VII, pogl. 8.
[17] Isto., knj. VII, pogl. 8.
[18] Isto, knj. VII, pogl. 8.
[19] Isto, knj. VII, pogl. 8.
[20] Isto, knj. VII, pogl. 8.
[21] Isto, knj. VII, pogl. 8.
[22] Isto, knj. VII, pogl. 8.
[23] Isto, knj. VII, pogl. 8.
[24] Isto, knj. VII, pogl. 8.
[25] Isto, knj. VII, pogl. 9.
[26] Isto, knj. VII, pogl. 9.
[27] Isto, knj. VII, pogl. 9.
[28] Jacques Lenfant, *History of the Council of Constance*, knj. I, str. 422.
[29] D' Aubigné, knj. VII, pogl. 9.
[30] Martyn, sv. I, str. 404.
[31] D' Aubigné, knj. VII, pogl. 10.
[32] Isto, knj. VII, pogl. 10.
[33] Isto, knj. VII, pogl. 10.
[34] Martyn, knj. I, str. 410.
[35] D' Aubigné, knj. VII, pogl. 11.
[36] Isto, knj. VII, pogl. 11.
[37] Martyn, knj. I, str. 420.
[38] D' Aubigné, knj. VII, pogl. 11
[39] Isto, knj. IX, pogl. 2.

9.

[1] J. A. Wylie, *The History of Protestantism*, knj. VIII, pogl. 5.
[2] Isto, knj. VIII, pogl. 6.
[3] J. H. Merle D'Aubigné, *History of the Reformation of the Sixteenth Century*, knj. VIII, pogl. 9.
[4] Isto, knj. VIII, pogl. 5.
[5] Isto, knj. VIII, pogl. 5.
[6] Isto, knj. VIII, pogl. 6.
[7] Isto, knj. VIII, pogl. 6.
[8] Isto, knj. VIII, pogl. 6.
[9] Isto, knj. VIII, pogl. 6.
[10] Isto, knj. VIII, pogl. 6.
[11] Isto, knj. VIII, pogl. 6.
[12] Wylie, knj. VIII, pogl. 9.
[13] D' Aubigné, knj. VIII, pogl. 9.
[14] Wylie, knj. VIII, pogl. 11.
[15] D' Aubigné, knj. VIII, pogl. 11. (Londonsko izdanje)
[16] Wylie, knj. VIII, pogl. 11.
[17] Isto, knj. VIII, pogl. 15.

[18] D' Aubigné, knj. 11, pogl. 13.
[19] Isto, knj. 11, pogl. 13
[20] Isto, knj. 11, pogl. 13
[21] Isto, knj. 11, pogl. 13.

10.

[1] J. H. Merle D'Aubigné, *History of the Reformation of the Sixteenth Century*, knj. IX. pogl. 1.
[2] Isto, knj. IX, pogl. 7.
[3] Isto, knj. IX, pogl. 7.
[4] Isto, knj. IX, pogl. 7.
[5] Isto, knj. IX, pogl. 7.
[6] Isto, knj. IX, pogl. 7.
[7] Isto, knj. IX, pogl. 7.
[8] Isto, knj. IX, pogl. 8.
[9] Isto, knj. IX, pogl. 7.
[10] Isto, knj. IX, pogl. 8.
[11] Isto, knj. IX, pogl. 8.
[12] Isto, knj. X, pogl. 10.
[13] Isto, knj. IX, pogl. 8.
[14] Isto, knj. X, pogl. 10.
[15] Isto, knj. IX, pogl. 11.
[16] Isto, knj. IX, pogl. 11.
[17] Isto, knj. IX, pogl. 11.

11.

[1] J. H. Merle D'Aubigné, *History of the Reformation of the Sixteenth Century*, knj. XIII, pogl. 6.
[2] Isto, knj. XIII, pogl. 5.
[3] Isto, knj. XIII, pogl. 5.
[4] Isto, knj. XIII, pogl. 5.
[5] Isto, knj. XIII, pogl. 5.
[6] Isto, knj. XIII, pogl. 5.
[7] J. A. Wylie, *The History of Protestantism*, knj. IX, pogl. 15.
[8] D' Aubigné, knj. XIII, pogl. 5.
[9] Isto, knj. XIII, pogl. 5.
[10] Isto, knj. XIII, pogl. 5.
[11] Isto, knj. XIII, pogl. 5.
[12] Isto, knj. XIII, pogl. 5.
[13] Isto, knj. XIII, pogl. 6.
[14] Isto, knj. XIII, pogl. 6.
[15] Isto, knj. XIII, pogl. 6.
[16] Isto, knj. XIII, pogl. 6.
[17] Isto, knj. XIII, pogl. 6.
[18] Isto, knj. XIV, pogl. 2.
[19] Isto, knj. XIV, pogl. 6.
[20] Isto, knj. XIV, pogl. 7.
[21] Isto, knj. XIV, pogl. 7.
[22] Isto, knj. XIV, pogl. 7.
[23] Isto, knj. XIV, pogl. 8.
[24] Isto, knj. X, pogl. 14. (Londonsko izdanje)

[25] Isto, knj. X, pogl. 14.
[26] Isto, knj. XIV, pogl. 1.
[27] Isto, knj. XIV, pogl. 6.
[28] Isto, knj. XIV, pogl. 6.

12.

[1] J. A. Wylie, *The History of Protestantism*, knj. XIII pogl. 1.
[2] J. H. Merle D'Aubigné, *History of the Reformation of the Sixteenth Century*, knj. XII, pogl. 2. (Londonsko izdanje)
[3] Isto, knj. XII, pogl. 2.
[4] Wylie, knj. XIII, pogl. 2.
[5] Isto, knj. XIII, pogl. 2.
[6] D'Aubigné, knj. XII, pogl. 3.
[7] Wylie, knj. XIII, pogl. 9.
[8] Isto, knj. XIII, pogl. 9.
[9] Isto, knj. XIII, pogl. 9.
[10] Isto, knj. XIII, pogl. 9.
[11] D' Aubigné, *History of the Reformation in Europe in the Time of Calvin*, knj. II, pogl. 16.
[12] Wylie, knj. XIII, pogl. 9.
[13] Isto, knj. XIII, pogl. 9.
[14] D' Aubigné, *History of the Reformation in Europe in the Time of Calvin*, knj. II, pogl. 16.
[15] D' Aubigné, *History of the Reformation in Europe in the Sixteenth Century*, knj. XII, pogl. 9.
[16] Wylie, knj. XIII, pogl. 7.
[17] Martyn, *The Life and Times of Luther*, sv. III, pogl. 13.
[18] Wylie, knj. XIII, pogl. 9.
[19] D' Aubigné, *History of the Reformation in Europe in the Time of Calvin*, knj. II, pogl. 30.
[20] Isto, knj. IV, pogl. 10.
[21] Ibid., knj. IV, pogl. 10.
[22] Wylie, knj. XIII, pogl. 20.
[23] Isto, knj. XIII, pogl. 21.
[24] D' Aubigné, *History of the Reformation in Europe in the Time of Calvin*, knj. IV, pogl. 12.
[25] Wylie, knj. XIII, pogl. 21.
[26] D' Aubigné, *History of the Reformation in Europe in the Time of Calvin*, IV, pogl. 12.
[27] Wylie, knj. XIII, pogl. 21.
[28] Ibid, knj. XIV, pogl. 3.
[29] D' Aubigné, *History of the Reformation in Europe in the Time of Calvin*, knj. IX, pogl. 17.

13.

[1] Gerard Brandt, *History of the Reformation in and About the Low Countries*, knj. I, str. 6.
[2] Isto, knj. I, str. 14.
[3] Martyn, *The Life and Times of Luther*, sv. II, str. 87.
[4] J. A. Wylie, *The History of Protestantism*, knj. XVIII, pogl. 6.
[5] Isto, knj. XVIII, pogl. 6.
[6] Tertullian, *Apology*, paragraf 50.
[7] Wylie, knj. X, pogl. 4.
[8] Isto, knj. X, pogl. 4.

14.

[1] D' Aubigné, *History of the Reformation of the Sixteenth Century*, knj. XVIII, pogl. 4.
[2] Isto, knj. XVIII, pogl. 4.
[3] Isto, knj. XVIII, pogl. 4.
[4] Anderson, *Annals of the English Bible*, str. 19.
[5] Hugh Latimer, *First Sermon Preached Before King Edward VI.*
[6] Hugh Latimer, *Sermon of the Plough.*
[7] *Works of Hugh Latimer*, sv. I, str. 13.
[8] David Laing, *The Collected Works of John Knox*, sv. II, str. 281. 284.
[9] J. Whitehead, *Life of the Rev. Charles Wesley*, str. 102.
[10] J. Whitehead, *Life of Rev. John Wesley*, str. 10.
[11] Isto, str. 11. 12.
[12] Isto, str. 52.
[13] Isto, str. 74.
[14] John Wesley, *Works*, sv. III, str. 297. 298.
[15] Isto, sv. III, str. 152. 153.
[16] McClintock and Strong, *Cyclopedia*, članak "Antinomians".
[17] Antinomijanizam je učenje koje odbacuje valjanost Božjeg zakona.
[18] Wesley, propovijed 25.
[19] Isto, propovijed 25.
[20] Wesley, propovijed 35.

15.

[1] Sir Walter Scott, *Life of Napoleon*, sv. I, pogl. 17.
[2] *Blackwood's Magazine*, studeni, 1870.
[3] Scott, sv. I, pogl. 17.
[4] J. A. Wylie, *The History of Protestantism*, knj. XXII, pogl. 6.
[5] Isto, knj. XXII, pogl. 7.
[6] Henry White, *The Massacre of St. Bartholomew*, pogl. 14. par. 34.

[7] Scott, sv. I, pogl. 17.
[8] Lacrettelle, *History*, sv. XI, str. 309; u Sir Archibald Alison, *History of Europe*, sv. I, pogl. 10.
[9] Scott, sv. I, pogl. 17.
[10] M. A. Thiers, *History of the French Revolution*, sv. II, str. 370. 371.
[11] Sir Archibald Alison, *History of Europe*, sv. I, pogl. 10.
[12] *Journal of Paris*, 1793, No 318. (Navedeno u Buchez-Roux, *Collection of Parliamentary History*, sv. XXX, str. 200. 201)
[13] G. de Félice, *History of the Protestants of France*, knj. I, pogl. 2. par. 8.
[14] D' Aubigné, *History of the Reformation in Europe in the Time of Calvin*, knj. II, pog. 36.
[15] Wylie, knj. XIII, pogl. 4.
[16] Wylie, knj. XIII, pogl. 20.

16.

[1] Martyn, *The Life and Times of Luther*, sv. V, str. 22.
[2] George Bancroft, *History of the United States of America*, dio I, pogl. 12. par. 6.
[3] J. G. Palfrey, *History of New England*, pogl. 3. par. 43.
[4] Bancroft, knj. I, pogl. 12, par. 15.
[5] J. Brown, *The Pilgrim Fathers*, str. 74.
[6] Martyn, sv. V, str. 70.
[7] D. Neal, *History of the Puritans*, sv. I, str. 269.
[8] Martyn, sv. V, str. 70.71.
[9] Isto, sv. V, str. 297.
[10] Isto, sv. V, str. 335.
[10] Isto, sv. V, str. 349.
[11] Bancroft, pt. I, pogl. 15, par. 16.
[12] Martyn, sv. V, str. 340.
[13] Bancroft, pt.. I, pogl. 15, par. 2.
[14] Isto, pt. I, pogl. 15, par. 10.
[15] Martyn, sv. V, str. 349. 350.
[16] Ibid., sv. V, str. 354.
[17] *Congressional documents (U.S.A.)*, serial No. 200, dokument br. 271.
[18] Martyn, sv. V, str. 417.
[19] Bancroft, knj. I, pogl. 19, par. 25.

17.

[1] Daniel Taylor, *The Reign of Christ on Earth or The Voice of the Church in All Ages*, str. 33.
[2] Isto, str. 54.

³ Isto, str. 129–132.
⁴ Isto, str. 132–134.
⁵ Isto, str. 158. 134.
⁶ Isto, str. 158. 134.
⁷ Isto, str. 151. 145.
⁸ Richard Baxter, *Works,* sv. XVII. str. 555.
⁹ Ibid, sv. XVII, str. 500.
¹⁰ Ibid, sv. XVII, str. 182. 183.
¹¹ Sir Charless Lyell, *Principles of Geology*, str. 495.
¹² Isto, str. 495.
¹³ *Encyclopedia Americana*, članak "Lisbon" (izd. 1831).
¹⁴ R. M. Devens, *Our First century*, str. 89.
¹⁵ *The Essex Antiquarian,* travanj 1899. sv III, br. 4, str. 53. 54.
¹⁶ William Gordon, *History of the Rise, Progress and Establishment of the Independence of U.S.A.*, sv. III, str. 57.
¹⁷ Isaiah Thomas, *Massachusetts Spy; or, American Oracle of Liberty,* sv. X, br. 472, 25. svibnja 1780.
¹⁸ Pismo dr. Samuela Tenneya iz Extera, New Hampshire, prosinac 1785. u *Massachusetts Historical Society Collections,* 1792., niz I, sv. I, str. 97.

18.

¹ S. Bliss, *Memoirs of Wm. Miller*, str. 65–67.
² Isto, str. 70.
³ Isto, str. 74. 75.
⁴ Isto, str. 75.
⁵ Isto, str. 76.
⁶ Isto, str. 76. 77.
⁷ Isto, str. 81.
⁸ Isto, str. 92.
⁹ Isto, str. 138.
¹⁰ R. M. Devens, *American Progress; or, The Great Events of the Greatest Century,* pogl. 28. par. 1–5.
¹¹ F. Reed, *Christian Advocate and Journal,* 13. prosinca 1833.
¹² The Old Countryman, *Evening Advertiser,* Portland, 26. studenog 1833.
¹³ Isto, 26. studenog 1833.
¹⁴ Josiah Litch, *Signs of The Times, and Expositor of Prophecy,* 1. kolovoza 1840.
¹⁵ Bliss, 183.
¹⁶ Isto, str. 250. 252.
¹⁷ Isto, str. 146.

20.

¹ *Travels and Adventures of the Rev. Joseph Wolff,* sv. I, str. 6.
² Isto, sv. I., str. 7.
³ Joseph Wolff, *Researches and Missionary Labors*, str. 62.
⁴ *Journal od the Rev. Jospeh Wolff*, str. 378. 379.
⁵ Isto, str. 294.
⁶ Wolff, *Researches and Missionary Labors*, str. 404. 405.
⁷ *Journal of the Rev. Joseph Wolff*, str. 96.
⁸ Isto, str. 398. 399.
⁹ W. H. D. Adams, *In Perils Oft,* str. 192.
¹⁰ Isto, str. 201.
¹¹ *Journal od the Rev. Jospeh Wolff,* str. 377.
¹² Isto, str. 389.
¹³ *Encyclopedia Britannica,* 9. izdanje, članak "Bengel".
¹⁴ L. Gaussen, *Daniel the Prophet*, sv. 2, Predgovor.

21.

¹ S. Bliss, *Memoirs of Wm. Miller*, 328.
² *Congregational Journal*, 23. svibnja 1844.
³ Richard Challoner, *The Catholic Christian Instructed*, Predgovor, str. 21. 22.
⁴ Samuel Hopkins, *Works*, sv. II, str. 328.
⁵ Thomas Guthrie, *The Gospel in Ezekiel,* str. 327.
⁶ Robert Robinson, *Ecclesiastical Researches*, pogl. 6, dio 17, str. 51.
⁷ Gavazzi, *Lectures,* str. 278.
⁸ Isto, str. 278.
⁹ Wesley, *Works*, Propovijed 50. "Uporaba novca"
¹⁰ *The Healthy Christian: An Appeal to the Church*, str. 141. 142.
¹¹ Second Advent Library, traktat broj 39.
¹² Propovijed *Biblija, dostatno uvjerenje,* održana u Fort Wayneu, Indiana, 22. veljače 1846.

22.

¹ S. Bliss, *Memoirs of Wm. Miller*, str. 236. 237.
² *The Advent Herald and Sings of the Times Reporter,* sv. VIII, broj 23 (15. siječnja 1845.).
³ Bliss, str. 282.
⁴ Isto, str. 270. 271.

[5] Bliss, *Advent Shield and Review*, sv. I, str. 271. (siječanj 1845.)
[6] *The Advent Herald and Sings of the Times Reporter*, sv. VIII, broj 14 (13. studenog 1844.).
[7] Bliss, str. 256. 255. 277. 280. 281.
[8] J. White, *Life of Wm. Miller*, str. 315.

25.
[1] J. N. Andrews, *History of the Sabbath*, pogl. 27.
[2] G. A. Townsend, *The New World Compared With the Old*, str. 462.
[3] *The Dublin Nation.*
[4] Govor održan u Plymouthu, Massachusetts, 22. prosinca 1824., str. 11.
[5] Propovijed *Biblija, dostatno uvjerenje*, održana u Fort Wayneu, Indiana, 22. veljače 1846.
[6] George Elliott, *The Abiding Sabbath*, str. 184.
[7] A. E. Waffle, *The Lord's Day*, str. 186–188.
[8] Henry Tuberville, *An Abridgment of the Christian Doctrine*, str. 58.
[9] Mgr. Segur, *Plain Talk About the Protestantism of Today*, str. 213.

33.
[1] William Tyndale, *Preface to New Testament* (izd. 1534.), pretisak u *British Reformers – Tyndal, Frith, Barnes*, str. 349.

[2] *Commentary*, primjedbe na 1. Korinćanima 15, paragraf 3.
[3] E. Petavel, *The Problem of Immortality*, str. 255.
[4] Martin Luther, *Exposition of Solomon's Book Called Ecclesiastes*, str. 152.

35.
[1] John L. von Mosheim, *Institutes of Ecclesiastical History*, knj. III, 2. stoljeće. 2. dio, pogl. 2, odsjek 9, bilješka 17.
[2] Josiah Strong, *Our Country*, pogl. V, dijelovi 2–4.
[3] Lenfant, sv. I, str. 516.
[4] Robert Cox, *Sabbath Laws and Sabbath Duties*, str. 538.
[5] Francis West, *Historical and Practical Discourse on the Lord's Day*, str. 174.
[6] Thomas Morer, *Discourse in Six Dialogues on the Name, Nation and Observation of the Lord's Day*, str. 271.
[7] Heylyn, *History of the Sabbath*, dio 2, pogl. 5, odsjek 7.
[8] Roger de Hoveden, *Annals*, sv. 2, str. 528–530.
[9] Morer, str. 290. 291.
[10] Isto, str. 281. 282.
[11] Michael Geddes, *Church History of Ethiopia*, str. 311. 312.
[12] J. Dowling, *The History of Romanism*, knj. V, pogl. 6, odsjek 55.
[13] Mosheim, knj. III, 2. stoljeće, dio 2, pogl. 2, odsjek 9, bilješka 17.

Biblijski navodi

Postanak

1,2	518
2,1-3	360
2,2.3	40
3,1	419
3,2-5	420
3,4.5	442
3,5	436
3,15	399
3,19	420
3,24	421
6,5.11	428
15,1	67
22,9.16-18	14
28,12	14
32,24-30	485
32,31	490

Izlazak

5,2	213
20,8-11	344
20,10.11	346
25,8	326
25,9.40	327
31,17	346
32,33	382
34,6	15
34,6.7	395,427,494

Levitski zakonik

10,17	331
16,8.21.22	332
16,16.19	332
16,17	339
16,21	517
16,22	384
16,29-34	316
17,11	331
19,31	438
20,27	438

Brojevi

14,34	256
23,8.10.20.21.23	418
24,9	418
25,1-3	438

Ponovljeni zakon

4,6	181
28,56.57	25
29,28	255
30,15	429

2. Samuelova

13,39	424

1. Kraljevi

18,17	81
18,17.18	464

2. Kraljevi

6,17	164
19,35	405

1. Ljetopisa

21	14
28,12.19	18

2. Ljetopisa

32,21	405
36,16.15	15

Ezra

3,12	18
7,12-26	257

Nehemija

4,4.8	44
8,10	378
13,14	380

Job

1,6	409
1,9.10	405
9,2	201
11,7	271
14,10-12	433
14,21	433
19,25-27	236
38,6.7	360
38,7	404
42,6	372

Psalmi

1,1-3	378
6,6	431
8,5	404
9,6.7	429
11,6	529
14,1	217
16,4	244
19,7	371
25,14	245
27,6	499
30,5	277
34,7	405,497
37,10	429
37,29	531
37,38	427
40,9	369
46,2-4	503
48,3	13
50,2-4	236
50,3.4	505
50,6	503,511
51,17	383
53,6	92
56,9	380
73,11	217
76,2	18
78,69	18

8,7	370	3,15	533	**2. Timoteju**	
8,32	377	3,16-19	377	1,10	420
8,34	277	4,3-5	300	3,1-5	351
8,38.39.37	277	5,5	426	3,12	37,401,478
11,33	416	5,14-16	474	3,13.1	253
12,1	374	5,27	337,383	3,16	256
13,10	369	6,11	403	4,3	468
14,23	345	6,12	403		
15,4	256	6,17	44	**Titu**	
15,16	371			2,11	207

Filipljanima

1. Korinćanima		1,12	172	**Hebrejima**	
1,27.25	183	2,12.13	372	1,6	396
2,9	531	3,13.14	372	1,14	404
2,14	414	3,21	316	2,11	377
3,10.11	43	4,3	380	2,14	398
4,5	381,519	4,4	378	2,18	330
5,7	316			3,19	362
6,2.3	520	**Kološanima**		4,15	330
6,10	425	1,9-11	377	4,16	274
6,19.20	375	1,16	390	6,18.19	276
10,20	438			6,19.20	333
13,12	532	**1. Solunjanima**		6,20	386
15,16-18	431	4,3	371	7,25	382
15,22	429	4,14	433	8,1.2	327
15,23.20	316	4,16	238	8,5	327,331
15,50	254	4,16.17	254,492	9,1-5	326
15,51-53	254	4,16-18	238,432	9,9.23	327
15,52-55	433	5,2-6	294	9,12	333
15,55	507	5,4.5	248	9,22.23	331
15,57	372	5,16-18	378	9,24	327,333,382
		5,23	371,374	9,28	248,384
2. Korinćanima				10,29	479
4,4	402	**2. Solunjanima**		10,32	30
4,17	367	1,8	336	10,35-39	322
5,19	330,397	2,3	282,351,361	11,6	58,345
6,17.18	376	2,3.4	449	11,14-16	531
7,1	375	2,3.4.7	38	11,26	364
7,10.11	366	2,4	41	11,35	31
11,2	302	2,7	42,304	11,36-38	30,31
12,2-4	373	2,8	28,253,455	12,14	426
12,9	387	2,9.10	436	12,22	404
13,8	79	2,9-11	308,351		
		2,10.11	440	**Jakov**	
Galaćanima		2,10-12	341,413	1,25	369
1,8	192	2,12	309	2,8	369
5,22.23	375			2,10	458
		1. Timoteju		2,12	381
Efežanima		2,3-6	207	2,14-24	373
1,14	531	4,1	351	3,15	436
2,20-22	329	6,20	412		
3,8	373				

Opće kazalo

Priredili:
Darko Pirija i Ivan Đidara

Bilješka o spisateljici

Ellen G. White (Ellen Gould Harmon White), spisateljica, predavačica i savjetnica, jedna je od utemeljitelja Crkve adventista sedmoga dana, žena za koju adventisti vjeruju da je imala dar Duha proroštva. Rođena je 26. studenoga 1827. godine u Gorhamu u saveznoj državi Maine, u Sjedinjenim Američkim Državama, kao jedno od osmero djece Eunice i Roberta Harmona. Njezina književna ostavština obuhvaća više od dvadeset knjiga (ne uključujući kompilacije), oko dvjesto traktata i letaka, više od 5.000 članaka, 6.000 otipkanih pisama i općih zapisa, časopisa i dnevnika, što ukupno sadrži oko 100.000 stranica gradiva nastalih tijekom sedamdeset godina njezine službe.

Njezina služba obuhvaćala je mnogo više od samog pisanja, jer njezini dnevnici govore o javnom djelovanju, putovanjima, osobnom radu, gostoprimstvu, susretima sa susjedima, o njoj kao o majci, supruzi i domaćici. Njezine ambicije i briga, njezina zadovoljstva i radosti, njezine žalosti i tuge – cjelokupni njezin život – sve je to bilo posvećeno napretku Božjeg djela koje je voljela. Vođena Svetim Duhom ona je uzdizala Isusa Krista i ukazivala na Sveto pismo kao temelj vjere. Cijeli život posvetila je službi Bogu i bližnjima. Umrla je 16. srpnja 1915. s čvrstim pouzdanjem u Onoga u koga je vjerovala.

Ellen G. White uživa glas najprevođenije spisateljice u svijetu i najprevođenijeg američkog autora uopće. Primjerice, njezina knjižica *Put Kristu* objavljena je na stotinu šezdeset i šest jezika, u milijunima primjeraka, a samo na hrvatskom jeziku doživjela je više od četrdeset izdanja.

Više: www.whiteestate.org

Kazalo